GÄRTEN IM WINTER

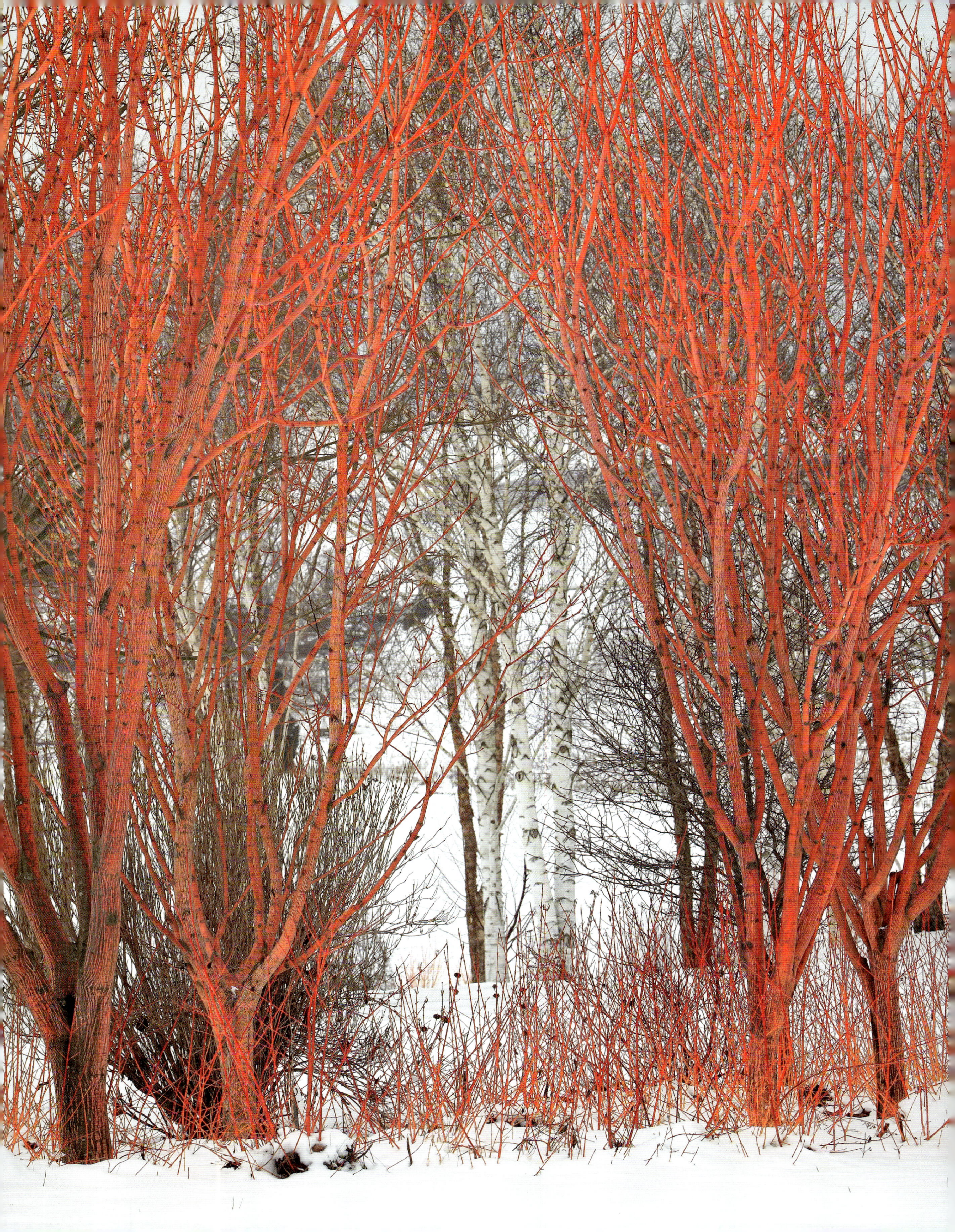

CÉDRIC POLLET

GÄRTEN IM WINTER

Von der Wiederentdeckung einer Jahreszeit

Aus dem Französischen von
SABINE HESEMANN

Ulmer

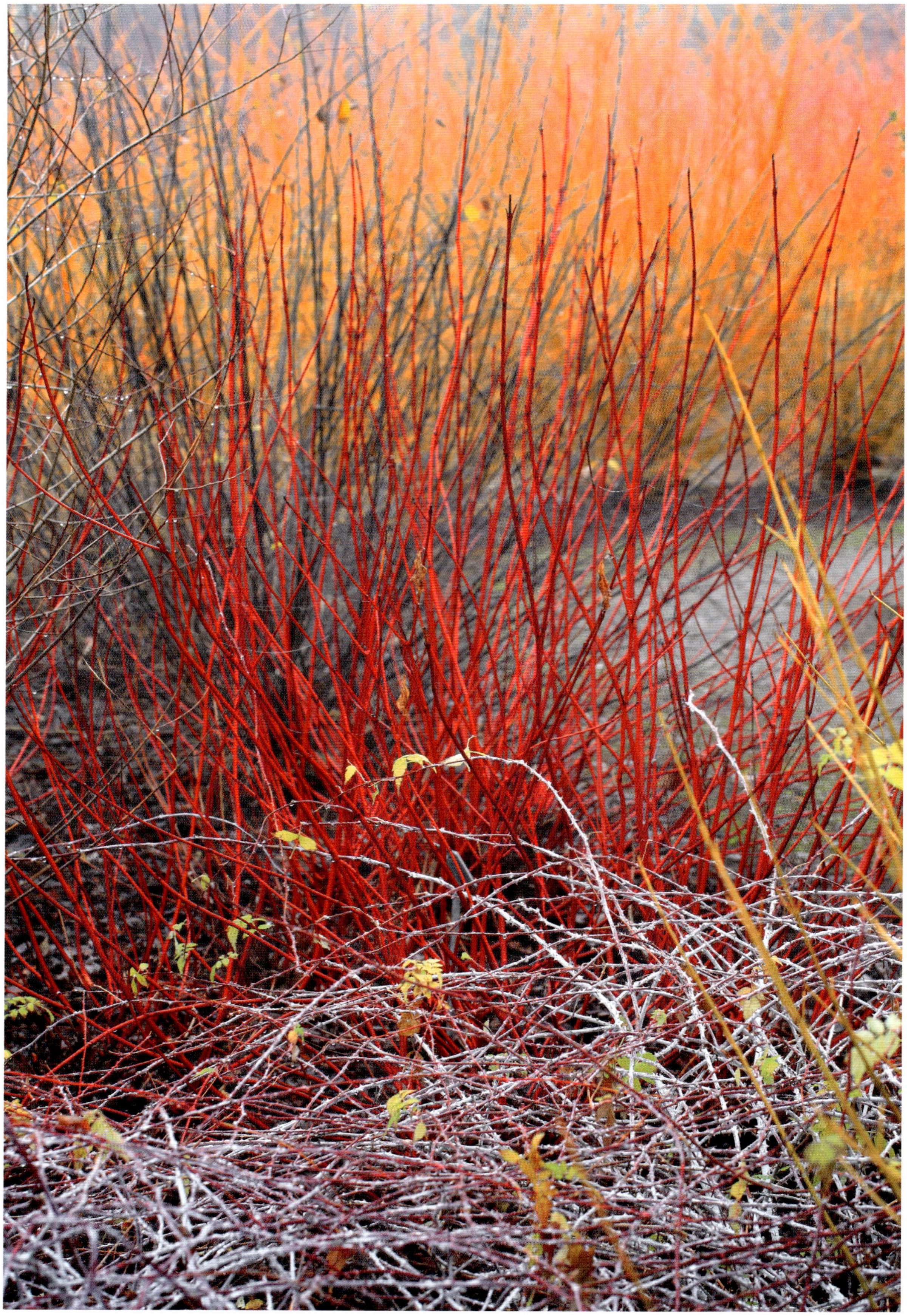

Meinem Vater und meiner Mutter gewidmet, zum Dank für alles, was sie mir gaben und mich lehrten …

INHALT

Die weißen Triebe von *Rubus cockburnianus* 'Goldenvale' winden sich um den Fuß des straff emporwachsenden Hartriegels *Cornus alba* 'Sibirica'. Im Hintergrund verwandelt *Cornus sanguinea* 'Midwinter Fire' den Garten in ein Flammenmeer.

WISLEY, ENGLAND

EINLEITUNG

Wenn man das Thema eines Buches auswählt und dieses zum Leben erweckt, dann möchte man die Leser damit in erster Linie an einer echten Leidenschaft teilhaben lassen, die mit schönen Geschichten und unvergesslichen Begegnungen verknüpft ist. Den Anstoß zu den ersten beiden Büchern *Rinde* und *Écorces, galerie d'art à ciel ouvert* (erschienen bei Éditions Ulmer) gab eine Jahrhunderte alte Eiche in England.

Den Anstoß zu diesem dritten Buch *Gärten im Winter. Von der Wiederentdeckung einer Jahreszeit* gab nicht ein Baum, sondern Christian Peyron und meine Entdeckung seines außergewöhnlichen Gartens Jardin du Bois Marquis im Jahr 2007. Bei meinem ersten Besuch fühlte ich mich wie ein Kind, das seine Geschenke unter dem Weihnachtsbaum entdeckt. Meine Augen glänzten und mein Blick blieb an dem reichen Bestand unwiderstehlicher Baumrinden und Details hängen. Als die Aufregung sich etwas gelegt hatte, konnte ich den Garten mit etwas Abstand und genauer betrachten. Ich geriet in einen Begeisterungssturm über die Pflanzung von schlangenhäutigen Ahornbäumen, die zwischen den flammenden Trieben des roten Hartriegels badeten. Der Anblick schien unwirklich.

Oft ist ein Bild wirkungsvoller als lange Gespräche. So begab ich mich auf die Suche nach weiteren winterlichen Szenerien, die ebenso farbenprächtig und spektakulär waren, um mit diesem Buch meine Trilogie über schöne Baumrinden zum Abschluss zu bringen. Christian meinte, dass ich unbedingt nach England reisen müsste. Dort entdeckte ich von 2009 an jene Gärten, die mir als Referenz dienen, darunter auch die Gärten von Sir Harold Hillier. Christian machte mich mit Liebhabern schöner Rinden bekannt, darunter seinem Freund Jean-Louis Dantec und der Baumschule Jean-Pierre Hennebelle, die mir ihrerseits bei weiteren Recherchen halfen.

Im Winter ist die Versuchung groß, hinter dem Ofen sitzen zu bleiben. Regen, Feuchtigkeit, Kälte, Nebel und das fehlende Sonnenlicht laden uns nicht dazu ein, die Stiefel anzuziehen und uns nach draußen zu begeben. Doch Raureif und Schnee sind nicht die einzigen Zauberwerkzeuge, auf die man während dieser Jahreszeit zur Verschönerung des Gartens zählen kann. Und als Gärtner muss man nicht resignierend auf die ersten Frühjahrsblüher warten, die das Erwachen von Mutter Natur einläuten. Die Palette winterlicher Pflanzen ist derartig reich, dass der Garten sich nach sorgfältiger und wohl überlegter Auswahl der Arten in eine Zauberwelt von Farben und feinen Düften verwandeln kann.

Neben dem Überraschungseffekt durch die einzigartige Bildwirkung bewegt mich der Winter-Garten aufgrund seiner Beschränkung auf das Wesentliche und seine Effizienz. Es ist nicht nötig, die Anzahl der Arten zu erhöhen. Einige Gruppenpflanzungen mit maximal drei bis vier verschiedenen Arten, die man in der Komposition wiederholt, wirken am schönsten. Besser ist es noch, wenn diese aufgrund der schönen Rinde und bunten Geäste ausgewählten Arten ihre Merkmale bereits als Jungpflanzen zur Schau stellen und durch bemerkenswertes Herbstlaub glänzen. So muss man die Gestaltung nur noch um frühlingshafte und sommerliche Blüten erweitern, um eine Komposition das ganze Jahr hindurch attraktiv zu halten.

Die Vorliebe für bunte und duftende winterliche Gärten wird vor allem in England gehegt. Man sieht häufig Hunderte Gartenbesucher, die der Kälte die Stirn bieten und bei *winter walks* (Winterspaziergängen in englischer Manier) durch Gärten und Parks streifen. Hoffen wir, dass dieser Enthusiasmus eines Tages über den Ärmelkanal herübergetragen wird!

Ich bin ein großer Englandfan, seit ich dort studiert habe. Zusammen mit Frankreich vertritt das Land die stärkste Avantgarde bei den winterlichen Gärten. Daher ist es selbstverständlich, diese beiden Länder als Modell zu betrachten, um das Phänomen eingehender zu

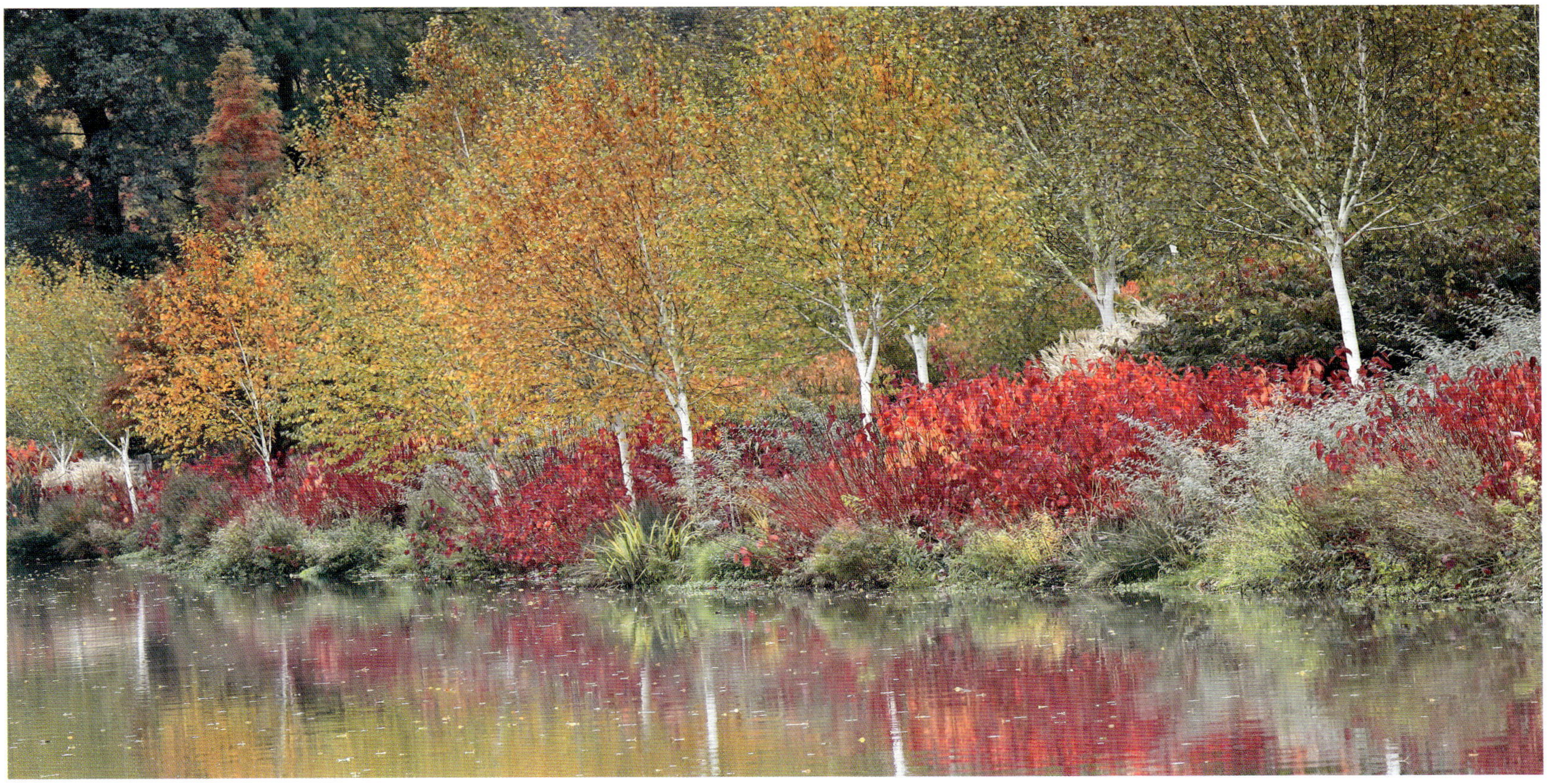

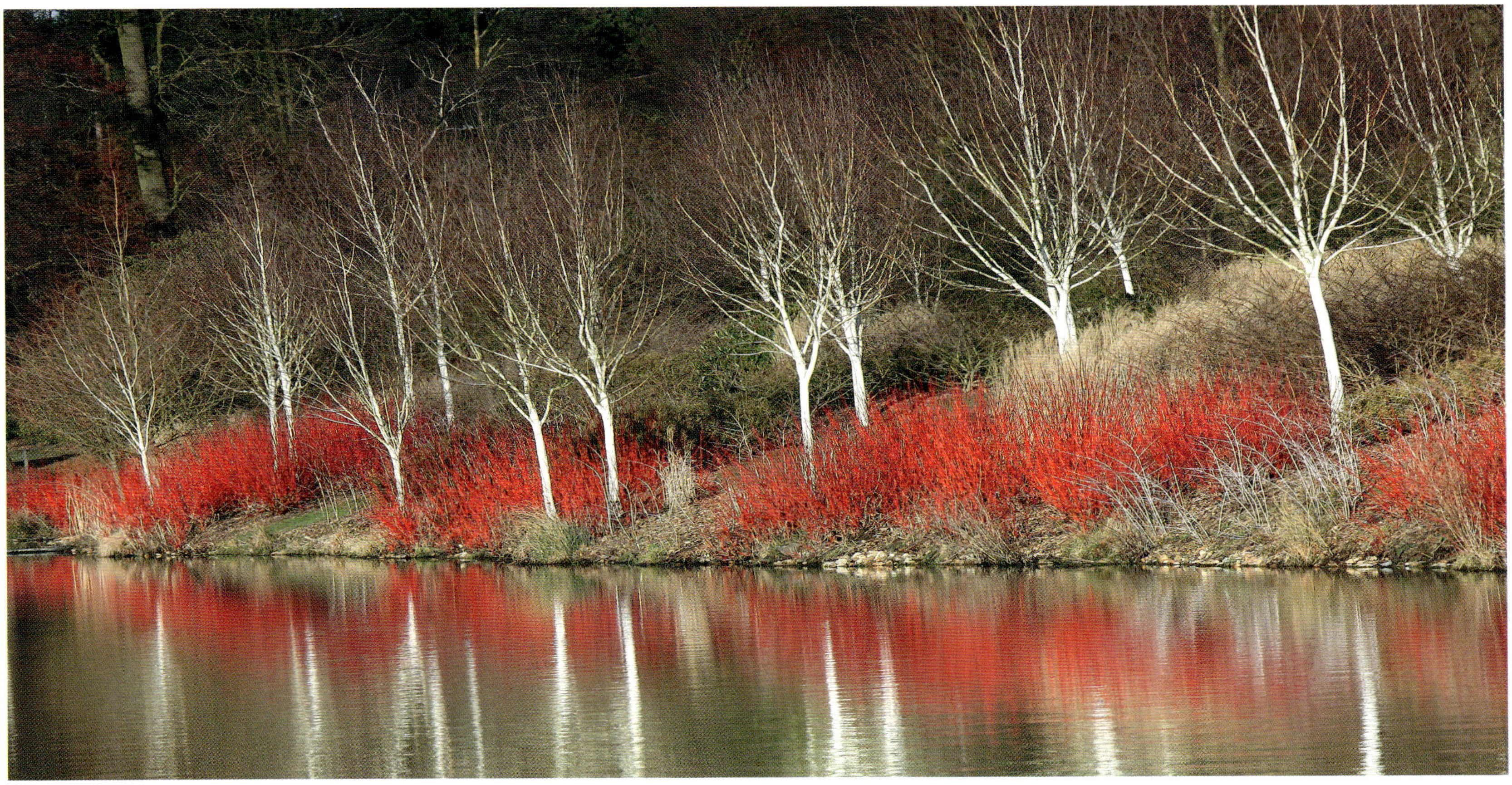

Mit sorgfältig ausgewählten Arten bietet der Winter-Garten auch im Herbst spektakuläre Anblicke.
MARKS HALL GARDENS & ARBORETUM, ENGLAND.

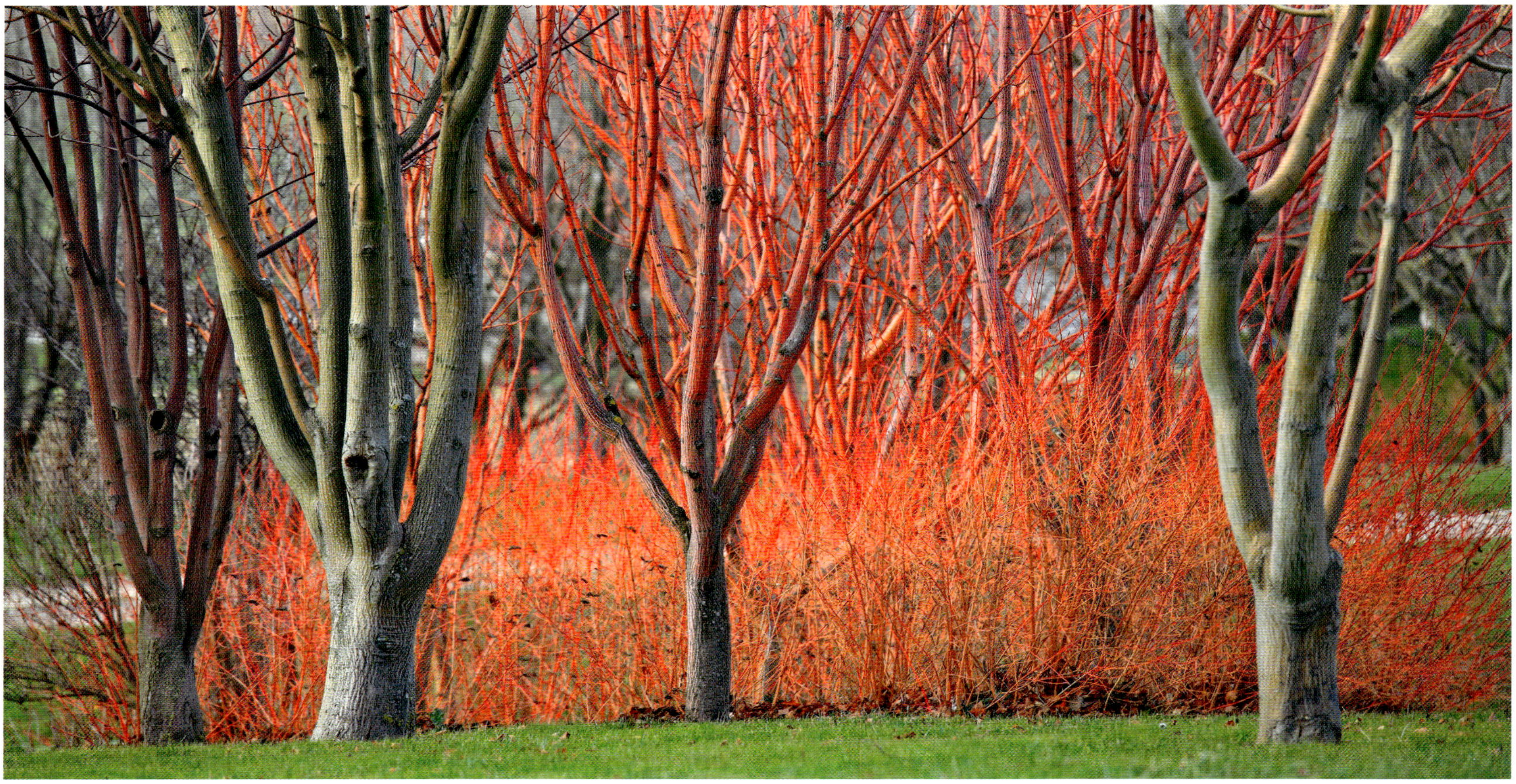

Im Jahr 2007 wurde für mich die Begegnung mit diesen schlangenhäutigen, bunten Ahornbäumen und den flammend roten Hartriegeln zur Offenbarung.
JARDIN DU BOIS MARQUIS, FRANKREICH.

untersuchen. Gärten dieses Typs sind auf das nordatlantische, semi-kontinentale Klima beschränkt. Aus diesem Grund spare ich die mediterrane Flora bis auf wenige Ausnahmen wie Eukalyptus und Erdbeerbaum in diesem Buch aus.

Die beiden ersten Buchabschnitte stellen die schönsten Ansichten aus winterlichen Gärten vor, die man in den beiden Ländern diesseits und jenseits des Ärmelkanals finden kann. Die Ideen sind so verlockend, dass auch Sie beginnen werden, den Garten bunt zu zeichnen und die verkannte Winterzeit neu zu erfinden. Vier außergewöhnliche Gärten heben sich bei der Gesamtauswahl hervor. Vier Begeisterungsstürme als Hommage an vier leidenschaftliche Gärtner, die ihr Leben den Pflanzen gewidmet haben und damit maßgeblich zu der Entwicklung des Gartenbaus in ihren Ländern beitrugen.

Der dritte Abschnitt stellt die Arten vor, die in einer gelungenen winterlichen Gartengestaltung nicht fehlen dürfen. Zwar ist die Auswahl nicht vollständig, aber sie vermittelt ausreichende Grundlagen, um den eigenen Garten im Winter mit zauberhafter Farbgestaltung zu füllen. Mein Ziel ist es, bunte Triebe und Rinden hervorzuheben, die in der Gartenliteratur gewöhnlich zu kurz kommen. Tatsächlich werden in Büchern über winterliche Gartengestaltung die duftenden Blüten, bunten Fruchtstände oder eigentümlichen Blätter der immergrünen Arten in den Vordergrund gestellt. Ich möchte diese Tendenz umkehren und der Rinde bei der Gestaltung von spektakulären Winterkompositionen die Hauptrolle geben.

Dieses Buch ist kein praktischer Ratgeber zu den im Winter anfallenden Handgriffen wie Schneiden oder Umgraben. Ich erweise damit allen visionären Gärtnern die Ehre, die mir während der letzten Jahre begegneten. Es richtet sich an alle Pflanzenliebhaber, leidenschaftlichen Gärtner und alle von Berufs wegen mit der Landschaftsgestaltung Befassten. Im Wettbewerb mit dem üppigen Frühling und dem flammenden Herbst wird der Winter zu einer attraktiven, bunten und hellen Jahreszeit, die man von nun an gerne haben wird.

Das Werk möchte Ihrer poetischen Seele zugleich einen Raum des Wohlklangs und der natürlichen Schönheit bieten, in dem Sie fernab von winterlicher Kälte ein Refugium finden.

DER WINTER-GARTEN – EINE NEUE STILRICHTUNG DER GARTENKUNST

Der Begriff Winter-Garten tauchte erstmals zu Beginn des 19. Jahrhunderts in England auf, meinte jedoch etwas grundlegend anderes als heute. Während der viktorianischen Zeit entstanden in vielen Städten unglaublich große Glasgewächshäuser, worin man sich vergnügte. Diese populären Vergnügungsstätten verwandelten sich später in exotische Gewächshäuser. Mitten in der Stadt wurden sie zu Gärten, die man im Winter aufsuchte. Das galt vor allem für die Kurorte und Thermalbäder Bath oder auch Harrogate. Damit war das erste Konzept des Winter-Gartens aus der Taufe gehoben. Nach dem ersten Weltkrieg verschwanden diese botanischen Paradiese sehr schnell, weil ihr Unterhalt zu kostspielig wurde.

Die Idee, Baumrinden als Schmuck im Garten während der winterlichen Monotonie einzusetzen, entwickelte sich in der Gartengeschichte nur langsam zur eigenen Stilrichtung. Ihre Vorreiter waren jedoch alle von derselben Motivation getrieben: der Gestaltung eines ganzjährig – und vor allem im Winter – attraktiven Gartenraums. Den großen Landschaftsgestaltern und berühmten Gärtnern stand seinerzeit nur wenige dekorative Rinden zur Verfügung, um einen Winter-Garten zu gestalten, der diesen Namen auch verdiente. Die drei wichtigsten Gattungen – *Betula* (Birke), *Acer* (Ahorn) und *Prunus* (Kirsche) – verbreiteten sich nur langsam in Europa. Manche Arten, vor allem die amerikanischen wie Streifen-Ahorn und Papier-Birke, kamen ab 1750 dazu. Aber erst gegen Ende des 19. Jahrhunderts erweiterte sich die Auswahl merklich. Diese Artenvielfalt stammte überwiegend aus China. Die Entdeckungen des französischen Botanikers Pater David und die Expeditionen der englischen Botaniker und Pflanzenjäger Hooker und Wilson waren hierbei bedeutend.

In den 1860er-Jahren zeigt der englische Baumschul-Fachmann William Paul in einigen Veröffentlichungen bereits Interesse an dekorativen Baumrinden. 1908 veröffentlichte Gertrude Jekyll, eine der einflussreichsten Landschaftsgärtnerinnen, ein Buch über die Farbe im Garten (*Colour schemes for the flower garden*). Im Kapitel „Pflanzung für winterliche Farbigkeit" umreißt sie die Bedeutung von Rinden und Ästen einiger Arten, um dem Garten im Winter Farbe zu geben. Dabei gebührt ihrer Inspirationsquelle Lord Somers alle Ehre, der als Pionier etwa 50 Jahre eher die Waldlandschaft seines Anwesens Eastnor Castle nördlich von Bristol mit strahlend farbigen Weiden- und Hartriegelarten bunt gezeichnet hatte.

Danach erwachte das Interesse an Baumrinden. Doch erst nach Ende des zweiten Weltkrieges fanden die Menschen wieder Spaß am Gärtnern. Seither interessieren sich manche Fachleute im Sektor Gartenbau für winterliche Farbigkeit und für das Potenzial, das die Rinden für eine pittoreske Gartengestaltung bereithalten. Stanley Whitehead (*The Winter Garden*, 1948) und später Graham Stuart Thomas (*Colour in the Winter Garden*, 1957) gehörten zu den ersten Autoren, die dem Thema ein ganzes Buch widmeten.

Die Ehre als Gestalter des ersten, für den winterlichen Anblick konzipierten Gartenraums gebührt John Gilmore im Jahre 1951. Er legte den Botanischen Garten der Universität Cambridge an. In sehr formalem Stil besteht seine erste experimentelle Pflanzung aus einigen quadratischen und rechteckigen Beeten. Sie waren ausschließlich mit Arten bestellt, die im Winter einen ornamentalen Anblick bieten. Es ging dabei um die Präsentation der einzelnen Arten zu Studienzwecken, nicht um ihre Einbindung in eine Gartengestaltung.

Erst in den frühen 1960er-Jahren sah man in England die ersten wirklichen Gestaltungen in diesem neuen Gartenstil aufkeimen. Der Züchter Alan Bloom und seine Baumschule waren seinerzeit für ihre Staudenkollektion berühmt. Doch sein Sohn Adrian züchtete ein einzigartiges Sortiment von Nadelbäumen unterschiedlichster Statur mit variationsreichem Nadelkleid und

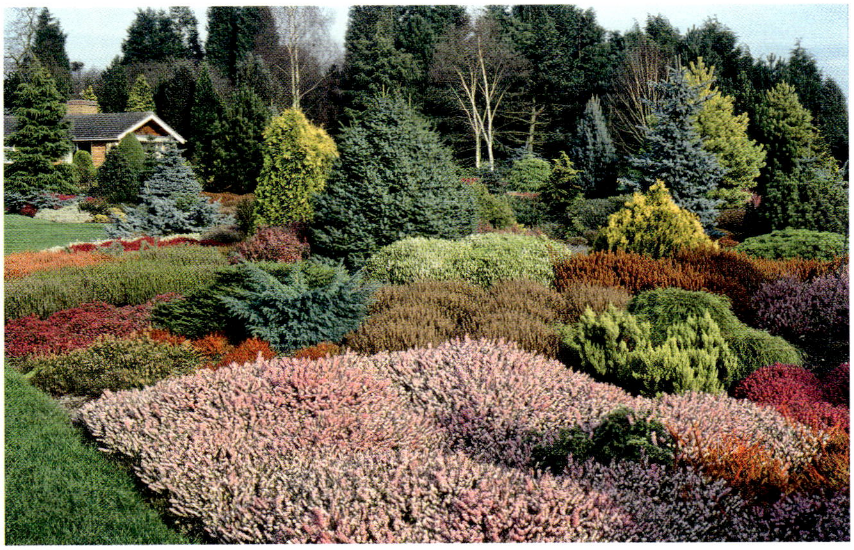

Foggy Bottom im März 1989, mehr als 20 Jahre nach der Neuanlage: der erste elegante winterliche Landschaftsgarten mit seinem Heideteppich, bunten Zwergkoniferen und Birken.
BRESSINGHAM GARDENS, ENGLAND.

bunter Färbung heran. Im Jahr 1962 schuf er als Antwort auf die Tristesse der winterlichen Staudenbeete seines Vaters einen der ersten echten Winter-Gärten in der Gartengeschichte. Seine Gestaltung nutzte Zwergformen und langsam wachsende Koniferen, die er mit einer Birke und einigen Winterblumen kombinierte. 1967 entschied er sich, diesen Ansatz weiter zu verfolgen. Er schuf einen weiteren Garten um sein Haus – Foggy Bottom. Dabei pflanzte er zuerst eine dominante Gruppe aus Koniferen und Heidekraut. Dazwischen verteilte er einige Hamamelis-Sträucher und einen weiß-goldenen Hartriegel sowie eine verwachsene Birke mit dreigeteiltem Stamm. Durch diese Erfahrung bestärkt, schrieb er 1972 seine erste Monografie über Koniferen mit dem Titel *Conifers for your garden*. Mitte der 1970er-Jahre entwickelte er seinen Garten weiter, indem er zahlreiche, das ganze Jahr über dekorative Bäume und Sträucher hinzufügte. Erst 1980 gelang ihm die winterliche Gestaltung mithilfe von einfachen und grafisch-linearen Gewächsen wie Gräsern. 1993 stellte er seine Geheimnisse des winterlichen Gartens in einem Bestseller *Winter Garden Glory* zusammen.

Zeitgleich präsentierten andere spezialisierte Baumschulen originelle und variationsreiche Züchtungen von Baumrinden. Daraus entwickelte sich eine Vorliebe für Wintergestaltungen.

In England experimentierte das botanische Institut der Universität Cambridge als erste Institution mit dem neuen Konzept. 1978 entschloss sich Peter Orriss, der damalige Direktor des botanischen Gartens, die 1951 angelegte Versuchspflanzung zu verbessern. Inspiriert durch Adrian Blooms Erfahrungen, vorherige Fehlschläge sowie Erfolge, verwirklichte er in einem freieren und landschaftlichen Stil eine neue Fläche, die dem Winter gewidmet war und rasch Vorbildfunktion entwickelte. Die größten englischen Gärten stürzten sich in der Folge in dieses Abenteuer. Bis heute erhalten haben sich die frühen Anlagen unter anderem von Wakehurst Palace (1986), Rosemoor (1989), Teile der Sir Harold Hillier Gardens und von Anglesey Abbey (1996), Marks Hall Gardens und Arboretum (2000), Wisley (2002), in Harlow Carr (2006), Savill Garden (2008) und auch Dunham Massey (2009).

Parallel dazu entwickelte sich in Frankreich die Idee von der Bedeutung der Baumrinde für die Gartengestaltung in einem Garten des kleinen Dorfes Varengeville-sur-Mer an der normannischen Atlantikküste. Prinzessin Greta Sturdza, deren Namen aufs engste mit Gartenkultur und -gestaltung verknüpft ist, schuf hier im Jahr 1957 mit der Anlage Vasterival ihr Gartenparadies. Sie wollte von Anfang an einen Garten der vier Jahreszeiten gestalten, indem sie Arten auswählte, die auch im Winter dekorativ und interessant aussahen. Ab den späten 1960er-Jahren pflanzte sie ihre ersten atemberaubenden Rinden: *Prunus serrula* (Mahagoni-Kirsche), *Acer griseum* (Zimt-Ahorn) und *Acer davidii* (Davids-Ahorn).

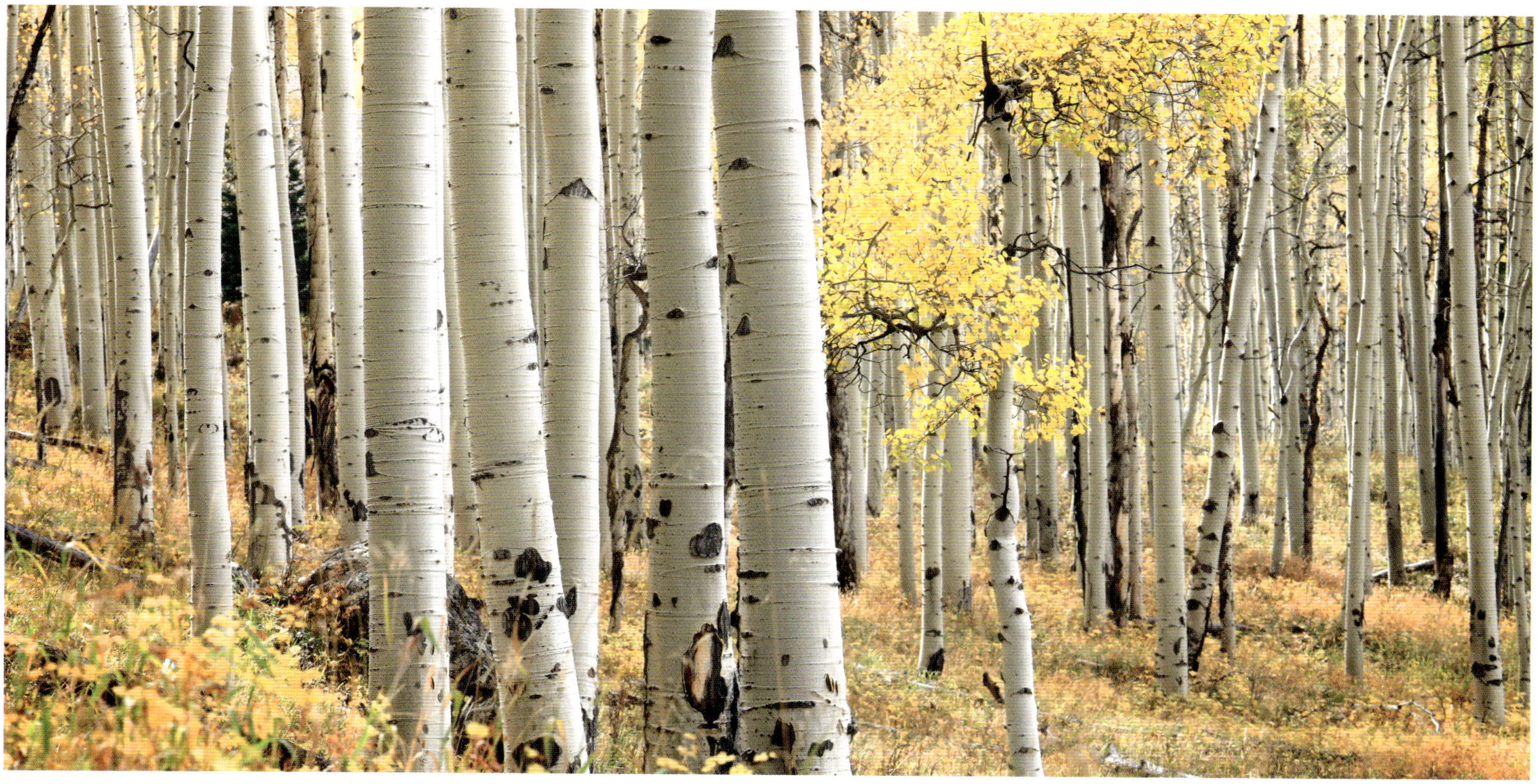

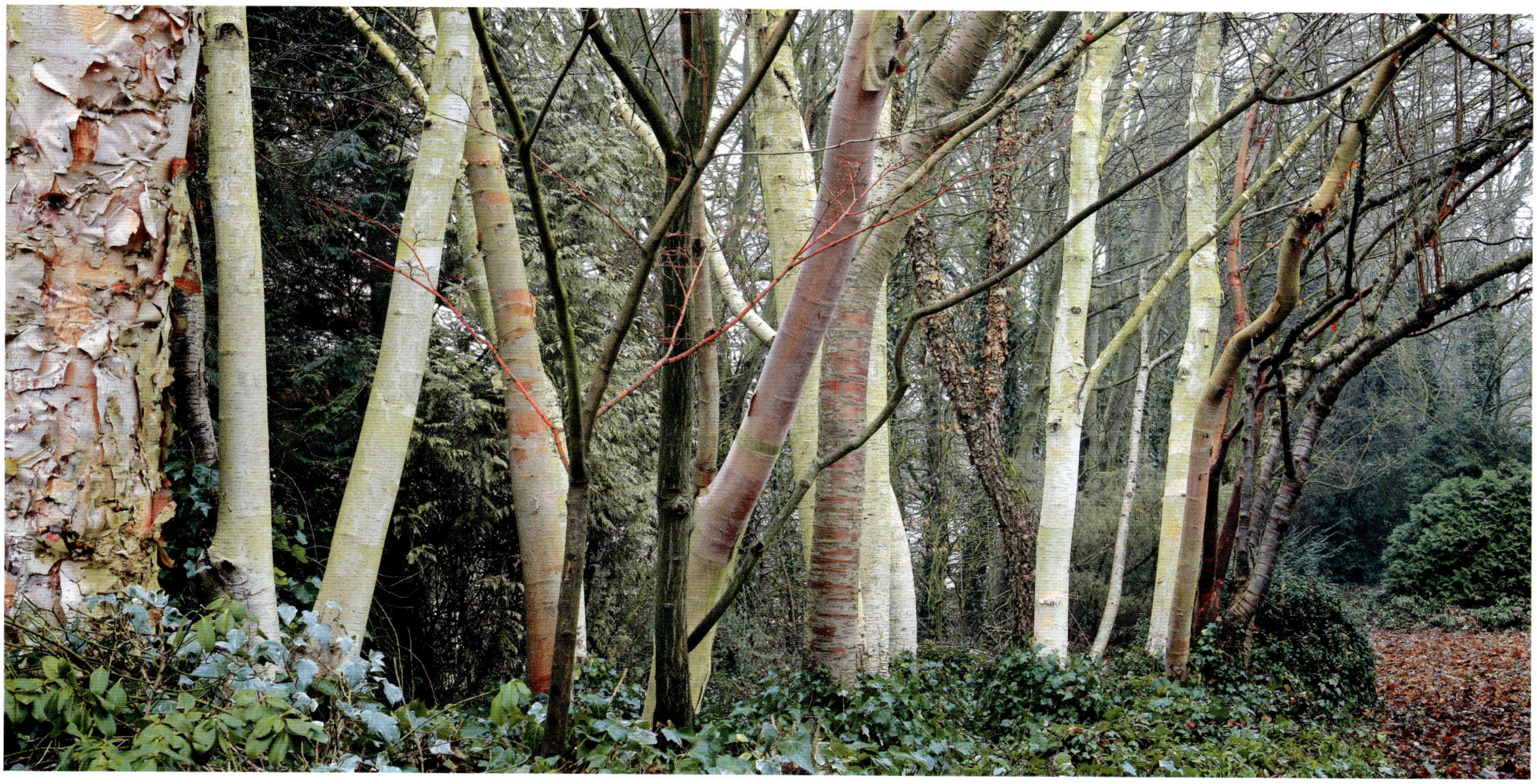

OBEN: In der Natur stehen die Bäume oft dicht beieinander. Trotz der Nähe wachsen diese Amerikanischen Espen (*Populus tremuloides*) normal.

ASPEN, COLORADO, USA.

UNTEN: Nach dem Vorbild der Natur gestaltete Jean-Pierre Hennebelle im Jahr 1983 ein einzigartiges Wäldchen, in dem Birken, Ahorn und Kirschen gedeihen, ohne sich gegenseitig zu stören.

PÉPINIÈRE HENNEBELLE, FRANKREICH.

Als Ehrenvorsitzende der Internationalen Gesellschaft für Dendrologie pflegte sie Kontakt zu wichtigen Mitgliedern, die von Pflanzen mit winterlich schöner Rinde und Winterblüte angetan waren. Ihre Verbindung zu Prinz Wolkonsky (Gärten von Kerdalo, Bretagne), Bernard und Brigitte de La Rochefoucauld (Arboretum des Grandes Bruyères, Frankreich), Sir Harold Hillier (Sir Harold Hillier Gardens, England), Vicomte Philippe de Spoelberch (Arboretum de Wespelaar, Belgien) und Baronin Jelena de Belder (Domaine d'Hemelrijk, Belgien) erlaubten ihr, wahre Schätze zu heben. Viele seltene Arten von Birken, schlangenhäutige Ahornarten, Kirschbäume, chilenische Myrte (*Luma* sp.), Scheinkamelien (*Stewartia* sp.) und Zimterlen (*Clethra* sp.) fanden aufgrund der Schönheit ihrer Rinde den Weg nach Vasterival.

Im Jahr 1959, also zur gleichen Zeit, gründete Jean-Pierre Hennebelle in Boubers-sur-Canche im Departement Pas de Calais seine erste Baumschule und Gärtnerei für seltene Pflanzen. 1976 reiste er nach England, um in den berühmten Harold Hillier Gardens weitere Arten mit schöner Rinde für seine Kunden in der Normandie zu kaufen. Zwei Jahre später lernte er Prinzessin Sturdza kennen, was den Beginn einer großen Freundschaft bedeutete.

1979 pflanzte er als erster Gärtner überhaupt, entgegen allen Lehrmeinungen des Gartenbaus, ein Grüppchen aus Bäumen mit dekorativen Rinden an. Seine Inspiration dazu hatte er von Wald- und Naturspaziergängen mitgebracht. Diese auf wenigen Quadratmetern gedrängte Pflanzung bestand aus zwei weißen Himalaya-Birken, einer Birke der Sorte 'Princesse Sturdza', einer mandschurischer Kirsche, zwei schlangenhäutigen Ahornbäumen und einer gelben Esche. Damit war der Anfang winterlicher Gartengestaltung in Frankreich gemacht. Anders als bei dem üppigen Winterdesign in England stellte Hennebelle mit diesem Konzept die Schlichtheit und die grafische Wirkung der Rinde in den Mittelpunkt.

Wenige Jahre später, im Jahr 1983, pflanzte er eine noch gelungenere, dichte und größere Gruppe, die man bis heute in seiner Baumschule bewundern kann. Damit wollte er zeigen, dass man durchaus auf kleiner Fläche ohne viel Pflegeaufwand eine im Winter ansprechende Landschaftsszene wie ein Naturbild anlegen kann.

Patrick Garconnet, einer von Hennebelles Kunden, war von der strahlend weißen Rinde der Himalaya-Birken so begeistert, dass er Ende der 1980er-Jahre seinen eigenen Winter-Garten La Pommeraie in Saint-Nicholas-d'Aliermont (Departement Seine-Maritime) anlegte. Inspiriert von der Pflanzung in Hennebelles Baumschule gestaltete er seinen ganzen Garten mit diesem winterlichen Thema.

Prinzessin Sturdza machte in ihrem Umfeld ihre Passion für die dekorativen Baumrinden bekannt, besonders bei ihren Freunden und Nachbarn, darunter Jean-Louis Dantec. Bei einem seiner Besuche in Vasterival 1989 zog ihn die Rinde einer Scheinkamelie in ihren Bann. Diese Entdeckung beeinflusste maßgeblich die Gestaltung seines Gartens L'Étang de Launay. Mit großem Geschmack, Finesse, Einfachheit, aber auch Leidenschaft und Hingabe sammelt er schöne Rinden, die er in Szene zu setzen versteht. Im Winter ist das Farbenspiel seines Gartens spektakulär, doch auch die anderen Jahreszeiten sind beeindruckend.

In derselben Ecke der Normandie, der Wiege des Winter-Gartens in französischer Manier, nutzte auch Martine Lemonnier dekorativ-ornamentale Rinden für ihre Gartengestaltung von Jardins de Bellevue in Beaumont-le-Hareng. Sie entwickelte aber auch Ideen mit winterblühenden Pflanzen wie *Helleborus*. Für diese ist sie eine wahre Fachfrau geworden.
Diese drei leidenschaftlichen Gärtner, zugleich die tragenden Mitglieder eines nicht öffentlichen Vereins mit dem Namen „die Gartenverrückten", tauschen sich regelmäßig über ihre Versuche und Entdeckungen aus. Überdies tauschen sie zur Bereicherung ihrer Gärten auch Pflanzen aus – vor allem im Winter.

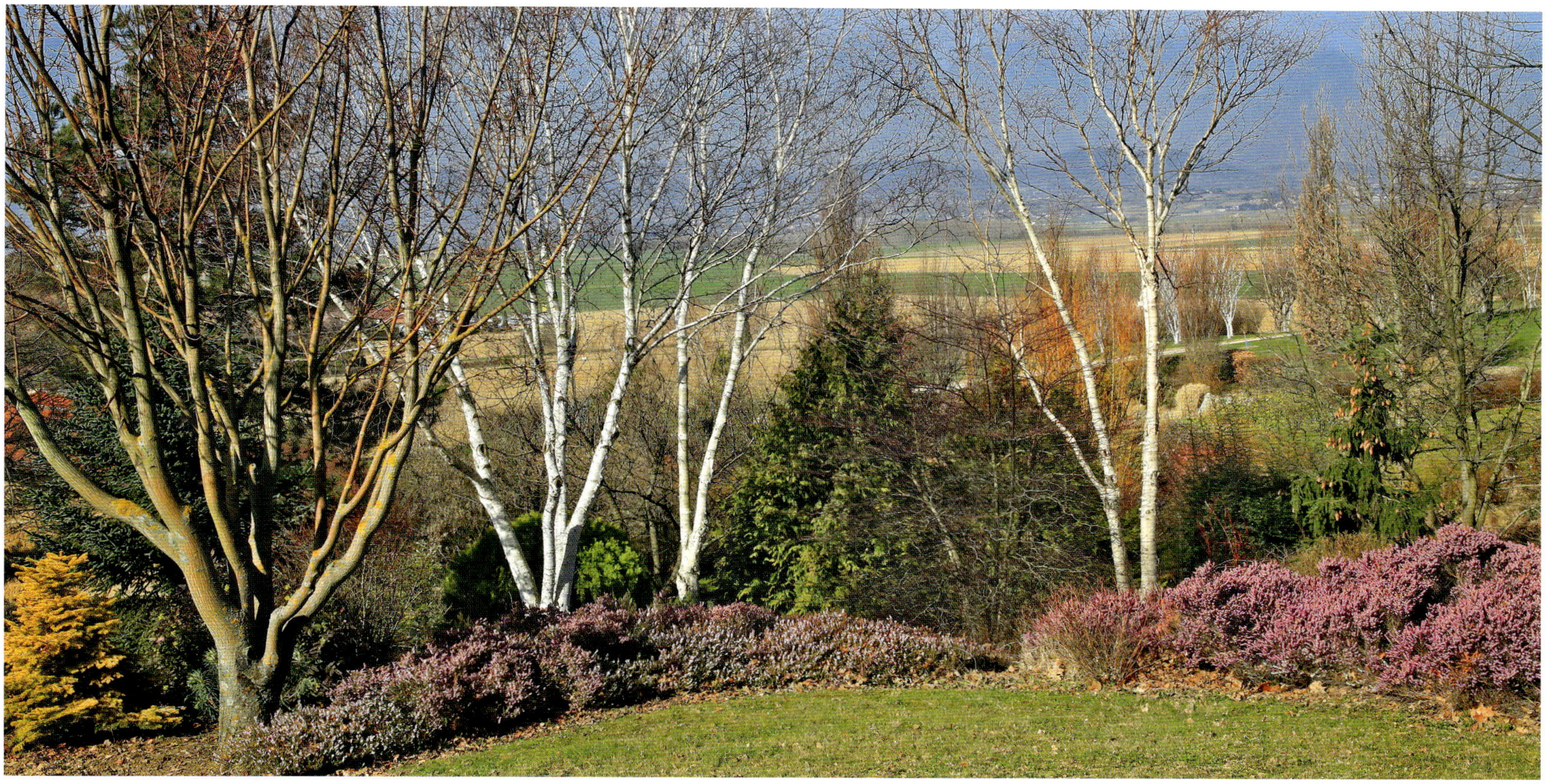

Vor einer farbigen Kulisse aus Heide und Koniferen gehörten *Acer grosseri* var. *hersii*, *Betula papyrifera* var. *commutata* und *B. utilis* var. *jacquemontii* 'Jermyns' und 'Hergest' zu den ersten Rinden, die Christian Peyron zu Beginn der 1980er-Jahre in seinem Garten Jardin du Bois Marquis gestalterisch einsetzte.

Weit entfernt von der normannischen Aufregung um dekorative Rinden lebt mit Christian Peyron ein weiterer Rinden-Fan mit seinem Garten Jardin du Bois Marquis im Dörfchen Vernioz bei Lyon. 1980 sah er zufällig einen schlangenhäutigen Ahorn in einer Baumschule. Die Begegnung sollte seine Vorstellung von Gärten maßgeblich beeinflussen. Seither spielen schöne Baumstämme bei seinen Gestaltungen die Hauptrolle. Er schuf in seinem Garten die erste Winter-Komposition in Frankreich, die diesen Namen verdiente, indem er verschiedene Arten von Birken und schlangenhäutigem Ahorn mit bunten Koniferen sowie Winterheide kombinierte. Da Peyron nicht alle seltenen Arten in Frankreich bekam, lernte er das Veredeln. Danach ging er nach England, um Edelreiser zusammenzutragen. Nur so konnte er die schönsten Mutterbäume entdecken und sicher sein, dass ihre Klone die schönste Rinde haben würden, die zu finden war. Auf dem Rückweg hielt er in Jean-Pierre Hennebelles berühmter Baumschule, um weitere bemerkenswerte Pflanzen zu erwerben und neue Funde zu tauschen.

Nach einer beachtlichen Vergrößerung von Peyrons Garten im Jahr 1991 erweiterte sich auch das Sortiment der Rinden deutlich. Der Garten bietet nun einen einzigartigen, zauberhaften Winteranblick, der seinesgleichen sucht.

Claude Bellion von der Baumschule Minier und sein Nachfolger Jean-Noël Nivelle leisteten einen bedeutenden Beitrag zur Bereicherung der winterlichen Gartengestaltung in Frankreich. In den späten 1990ern erlaubten sie dem harten Kern der Rindenbegeisterten die Pflanzung von gärtnerisch neuen Sorten zu Versuchszwecken. Dank ihrer Unterstützung lernte der Rinden-Fan aus Lyon weitere Gleichgesinnte in der Normandie kennen und der Kreis schloss sich. Die kleine Gruppe von französischen Liebhabern schöner Rinden und winterlicher Gärten war vollständig.

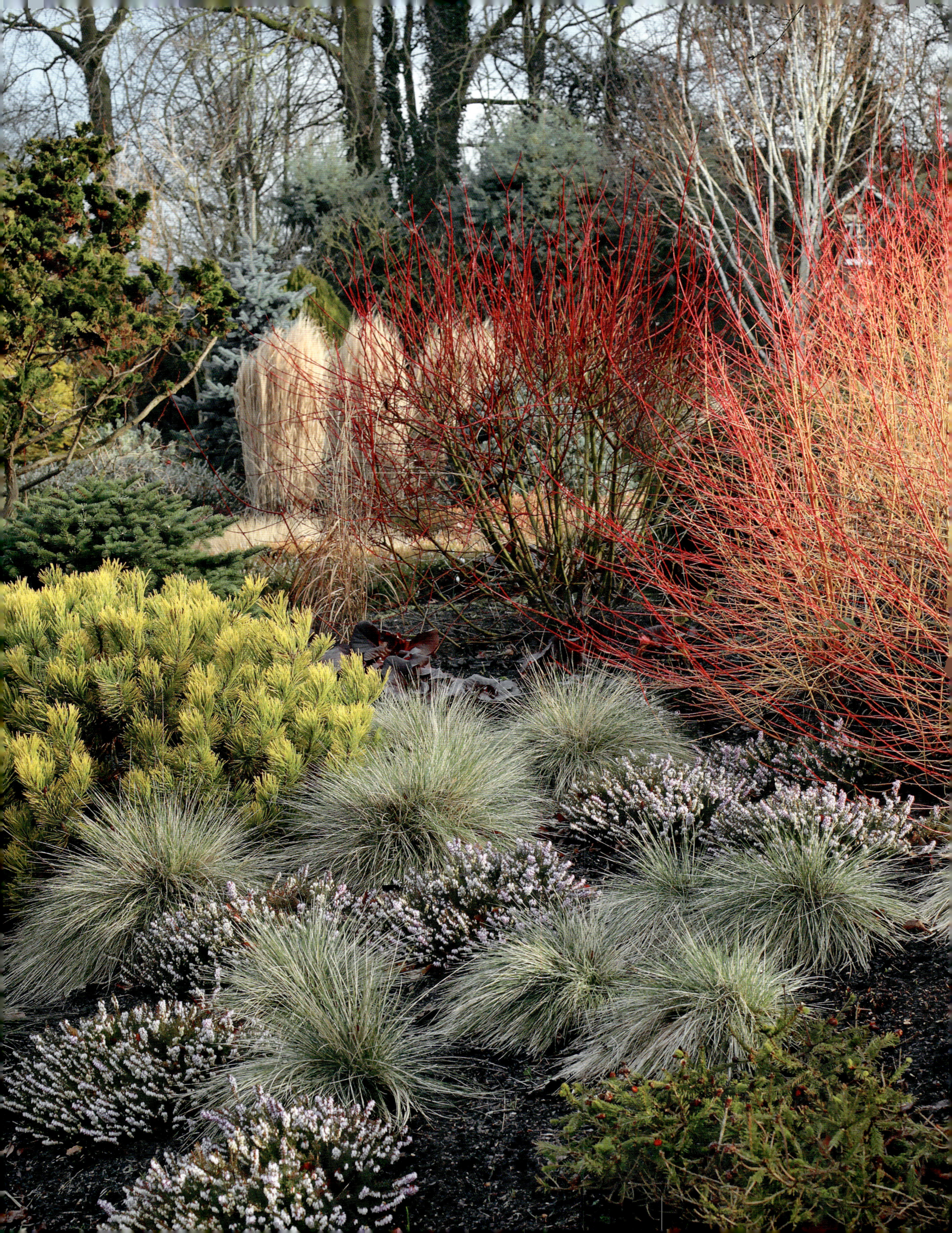

GÄRTEN IM WINTER

VIER ANLAGEN, DIE DAS HERZ HÖHER SCHLAGEN LASSEN

L'ÉTANG DE LAUNAY

An der Alabasterküste in der Normandie, auf den Klippen von Varengeville-sur-Mer gelegen, erstreckt sich der bemerkenswerte Privatgarten L'Étang de Launay über eine Fläche von fast sechs Hektar. Er wurde vollständig vom Eigentümer und Liebhaber seltener Pflanzen Jean-Louis Dantec angelegt.

Seit 1990 legte Dantec hier 17 Jahre lang gewaltige Aufschüttungen an. Die ursprünglich wilden, leicht hügeligen Parzellen haben sich in einen idyllischen Garten verwandelt, den etliche Wasserflächen durchziehen. Der Boden dieser ehemaligen Weideflächen ist schwer und leicht sauer. Das milde Klima profitiert von reichlich Feuchtigkeit. Es herrschen also ideale Bedingungen, sodass unzählige Arten harmonisch nebeneinander gedeihen können und dieses Paradies das ganze Jahr hindurch zieren.

Dank einer von Anfang an luftig geplanten Gestaltung und des auflockernden Baumschnitts ist der Garten hell und er heißt die eher sparsamen Strahlen der normannischen Sonne mit offenen Armen willkommen.

Unter dem starken Einfluss der Nachbarin und Freundin Prinzessin Greta Sturdza (Le Vasterival) hegt Dantec seit 1989 eine große Leidenschaft für dekorative Baumrinden, die er wunderbar zur Geltung bringt. Er kombiniert sie gerne mit Hortensien, Hartriegel, Gräsern und Sträuchern, die im Winter blühen oder Früchte tragen, wie zum Beispiel Zaubernuss, Erika oder Skimmien, oder mit interessantem Blattwerk wie dem von Rhododendren oder Koniferen. Seine Gestaltungen, die den Winter in ein Farbfeuerwerk tauchen, sind schlicht, aber dennoch spektakulär und extrem wirkungsvoll.

Besonders repräsentativ im Pflanzenbestand von L'Étang de Launay sind die Gattungen *Betula*, *Acer*, *Prunus*, *Stewartia*, aber auch *Magnolia*, *Hydrangea* und winter-grüne Rhododendren. Sie alle tragen dazu bei, dass die Jahreszeiten nahtlos ineinander übergehen.

Hoch oben auf ihrem Mooshügel ragt die Weiße Himalaya-Birke (*Betula utilis* var. *jacquemontii*) über den Teich. Ihre weiße Rinde kontrastiert mit den umstehenden Koniferen (*Chamaecyparis lawsoniana* 'Wissel's Saguaro', *Pinus mugo* ...).

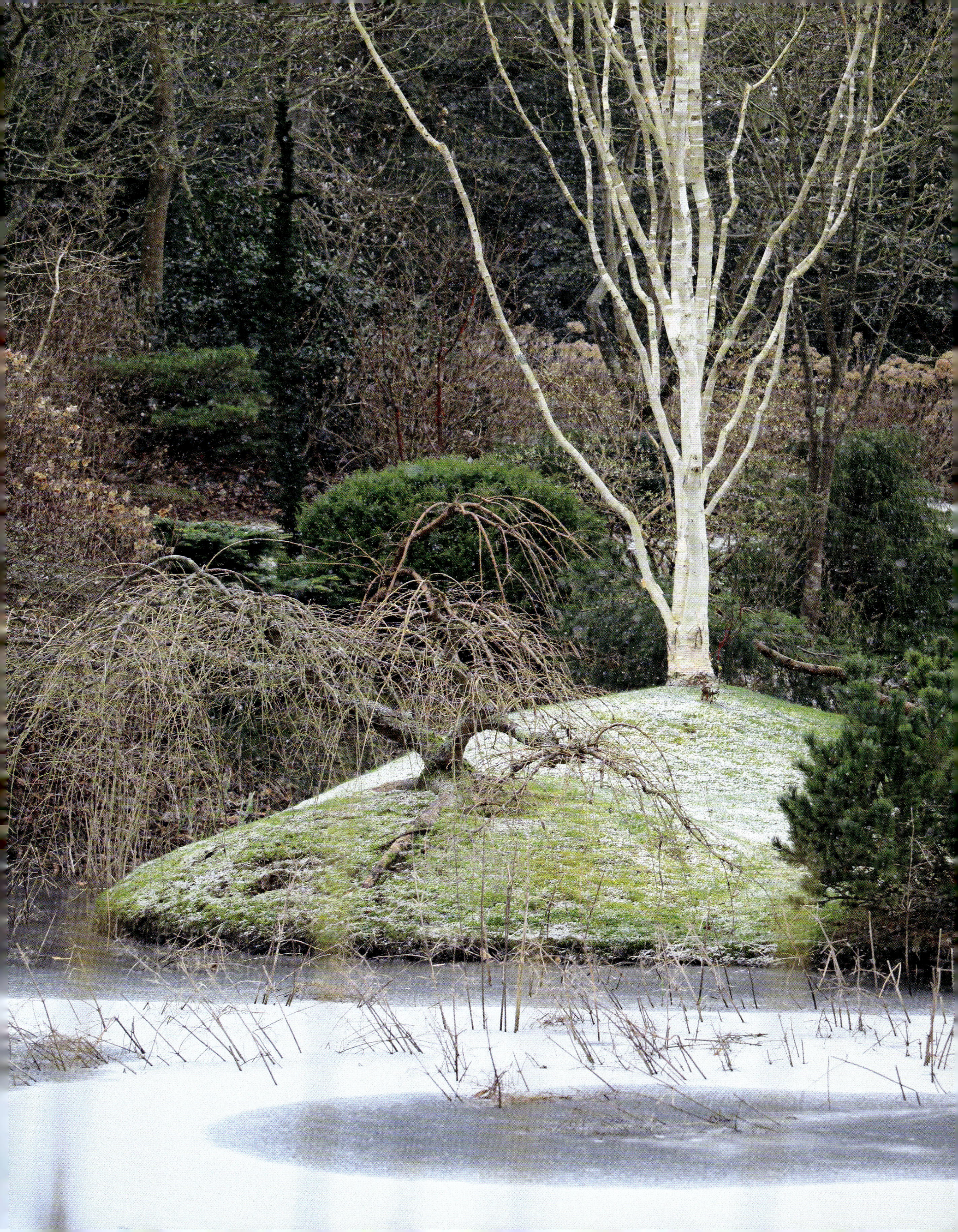

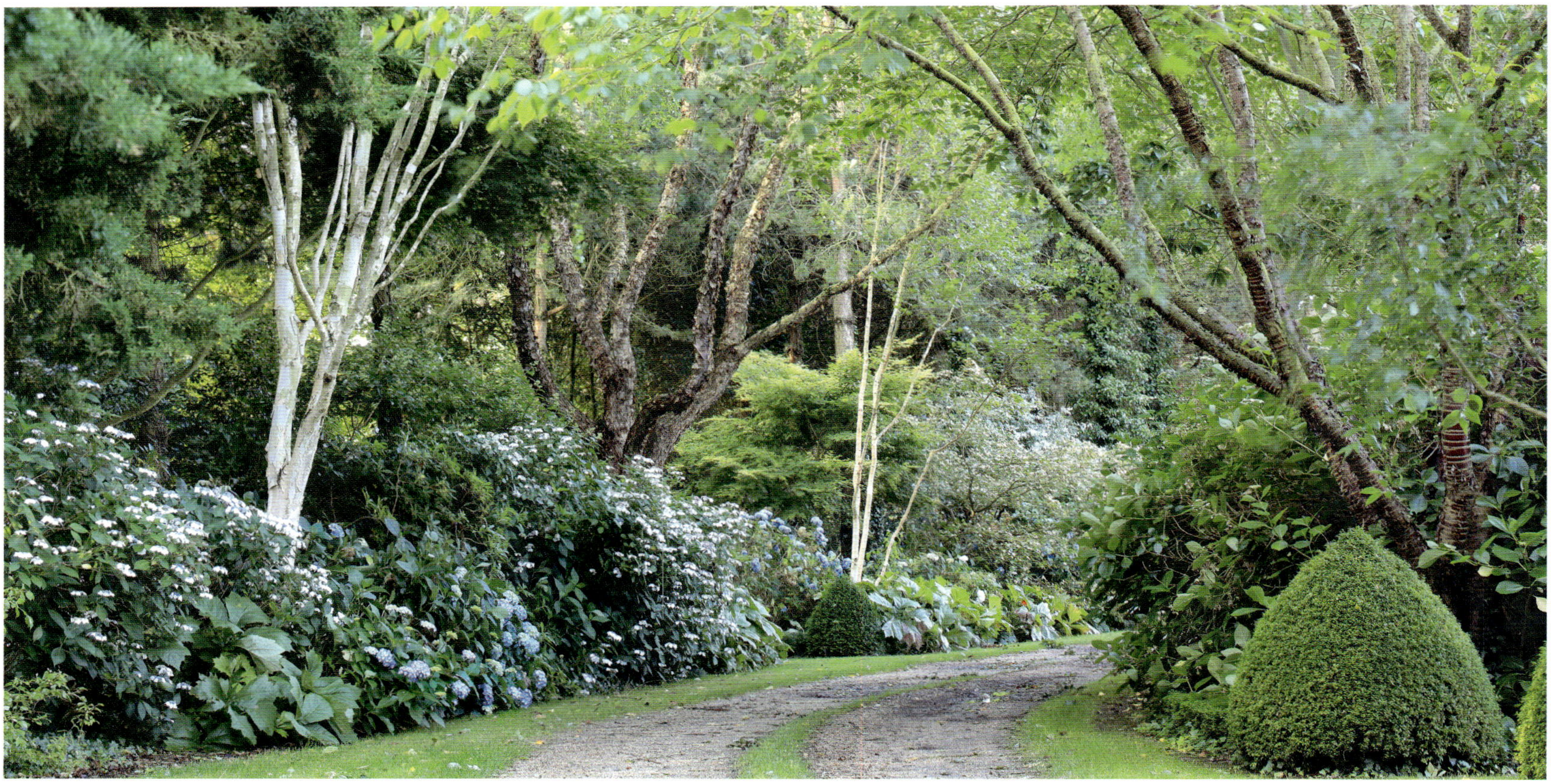

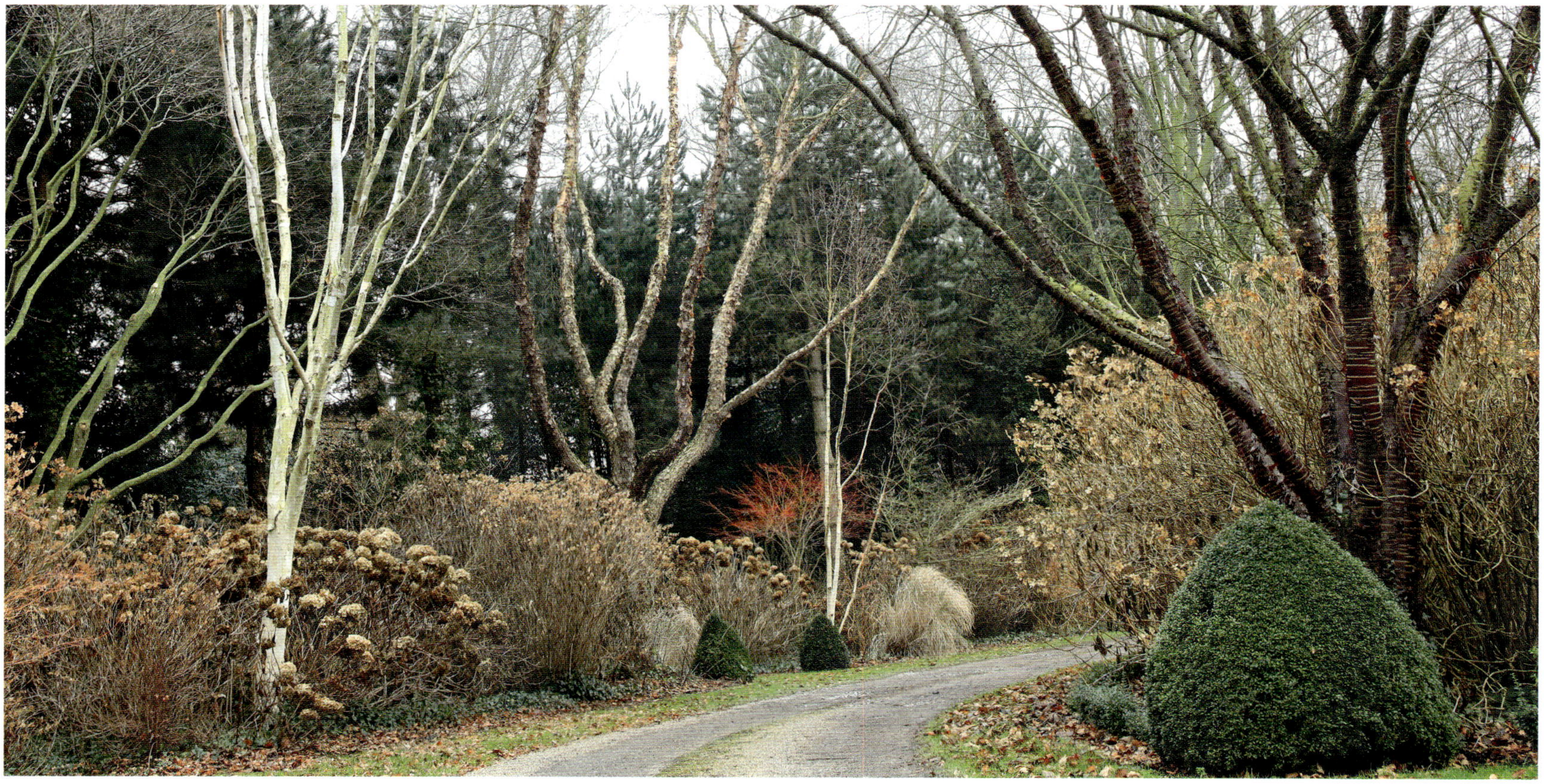

OBEN: Die Hortensien passen bestens zu den schönen Rinden. Am Zugang zum Garten Étang de Launay bilden die reichlich blühenden Sorten *Hydrangea macrophylla* 'Tokyo Delight' und 'Vicomtesse de Vibraye' vom Sommer bis zum ersten Frost eine bunte Beetbepflanzung.
UNTEN: Im Winter sorgt die strohgelbe Farbe ihrer vertrockneten Blütenstände für einen markanten Farbwechsel in diesem Gartenbereich.

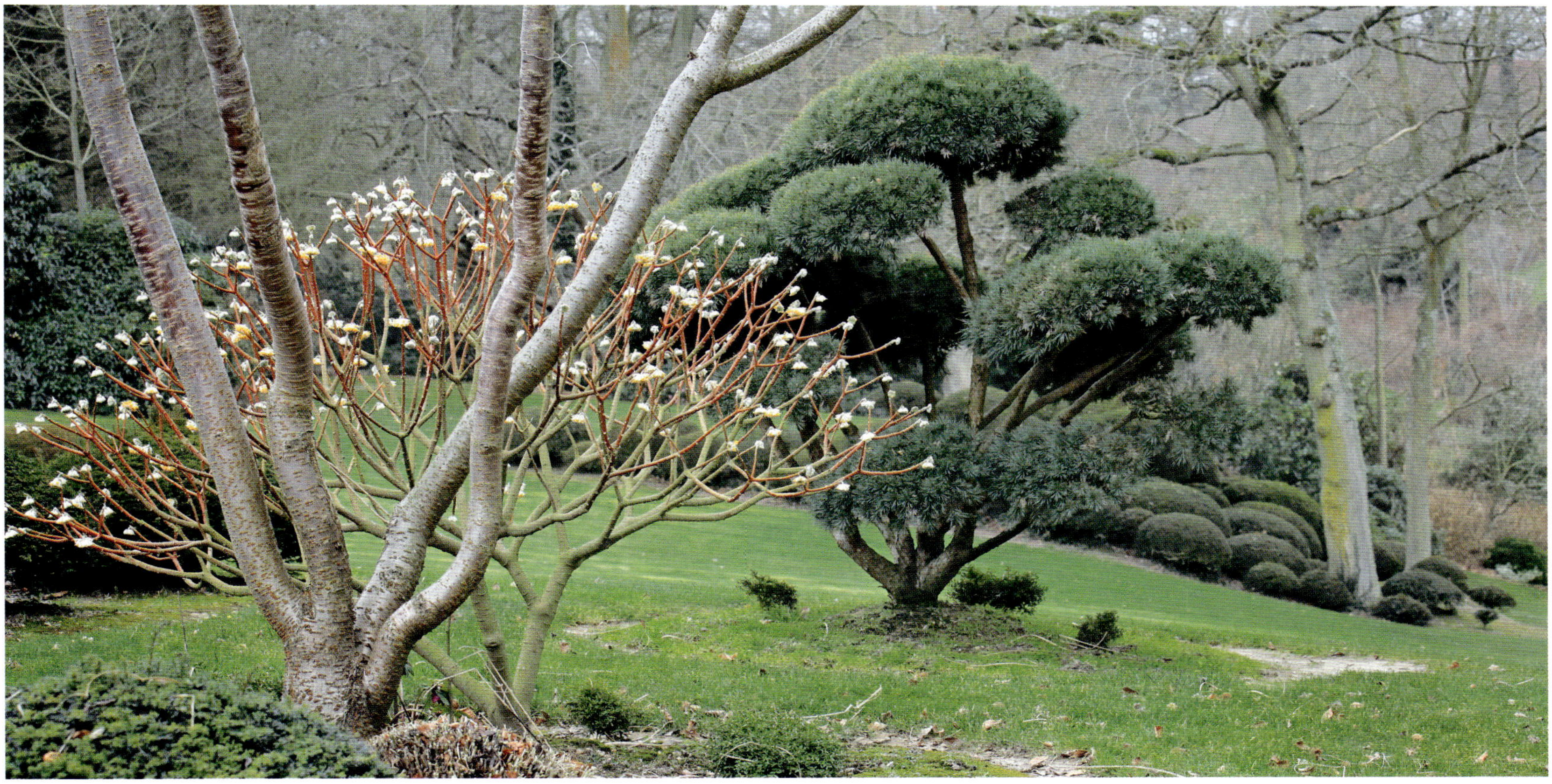

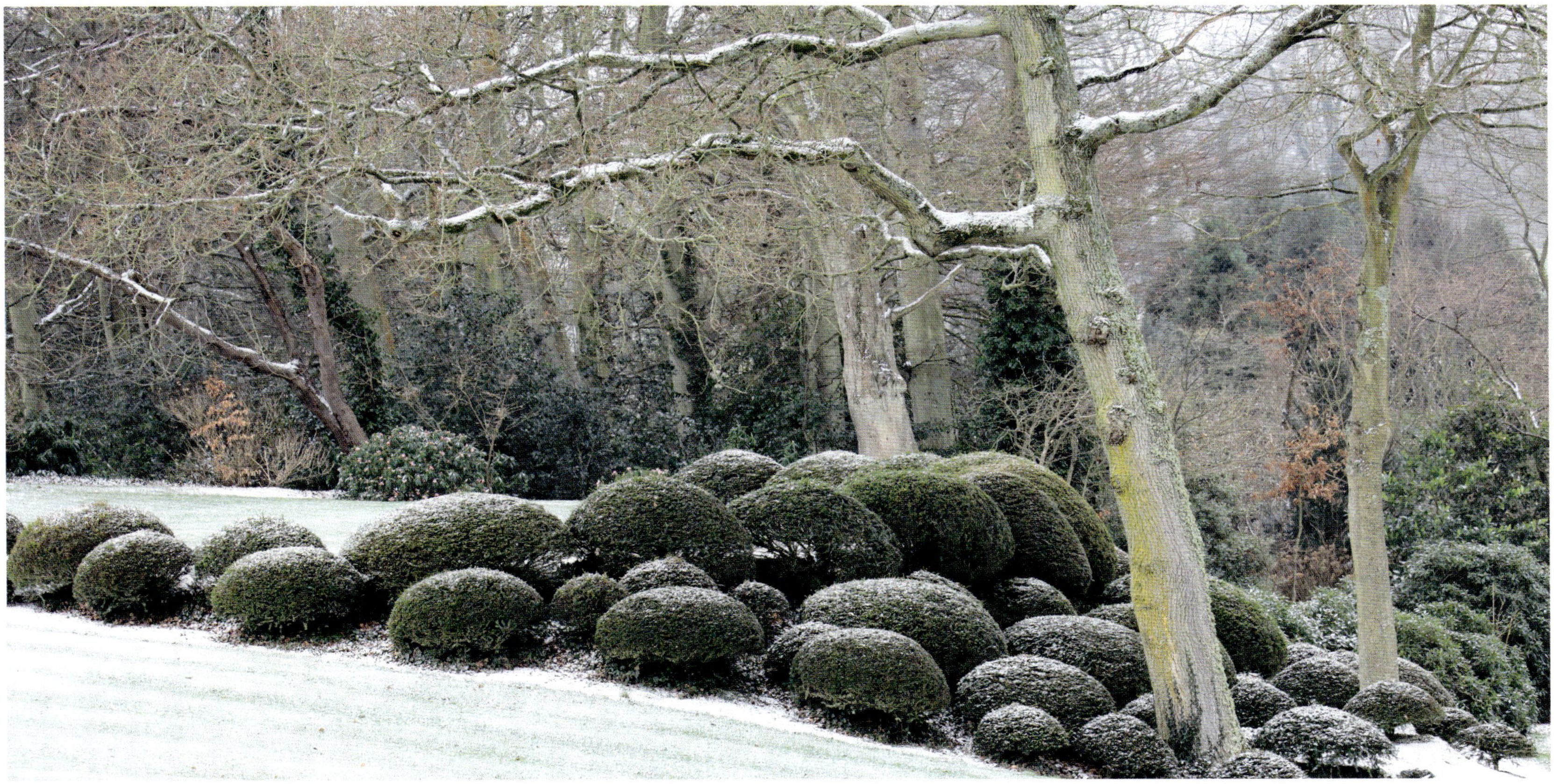

Da die Rinde nicht farbig ist, kann man den Winter nur durch ein Gleichgewicht von immergrünen und sommergrünen Arten verzaubern. Während dieser Jahreszeit treten die wolkenförmig geschnittene *Pinus sylvestris* 'Watereri' und die Kugeln von *Taxus baccata* vor den blattlosen Bäumen deutlich hervor. Die zarte *Edgeworthia chrysantha* 'Grandiflora' sorgt für die Blüten am Wegesrand und schmückt den Garten.

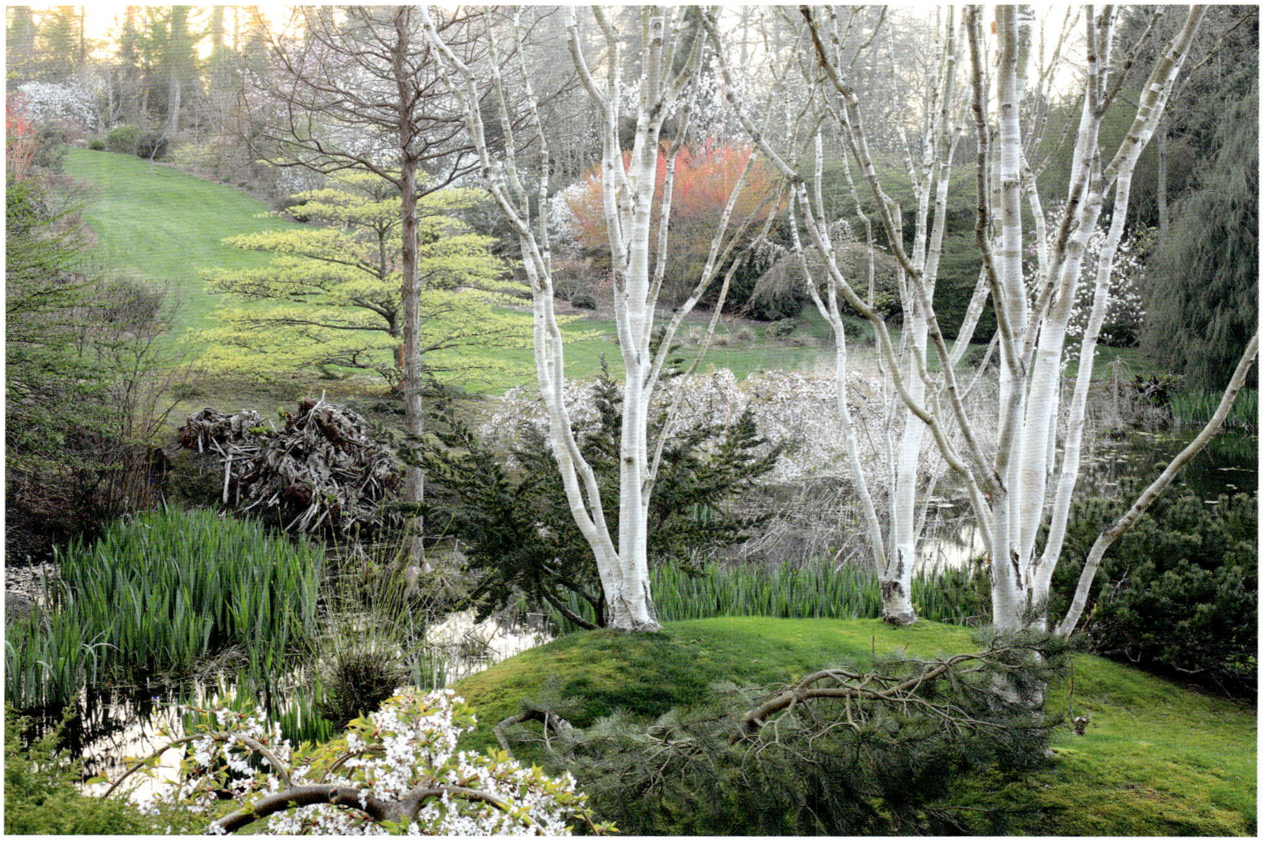

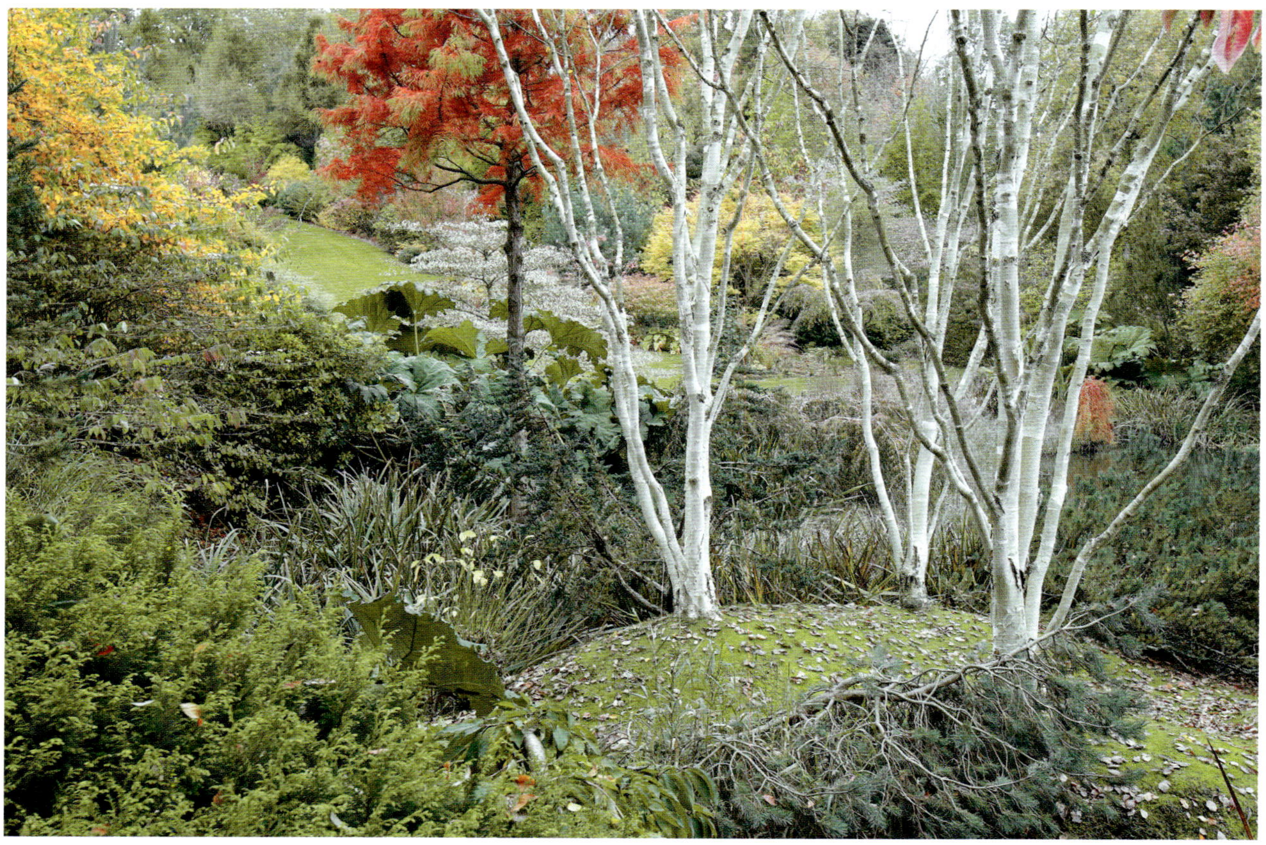

Diese drei *Betula utilis* var. *jacquemontii*, die mehrstämmig gezogen sind, bilden den Mittelpunkt der Anlage. Um sie herum wachsen weitere Bäume, die den Übergang der Jahreszeiten gestalten: Pagoden-Hartriegel *Cornus controversa* 'Variegata' mit seinem majestätischen Wuchs und den frühen, zartgrünen Blatttrieben, *Taxodium distichum* 'Pendens', der sich im Herbst bunt färbt, oder auch im Hintergrund der Fächer-Ahorn *Acer palmatum* 'Sango-kaku', der sich im Winter in eine Flammenkugel verwandelt.

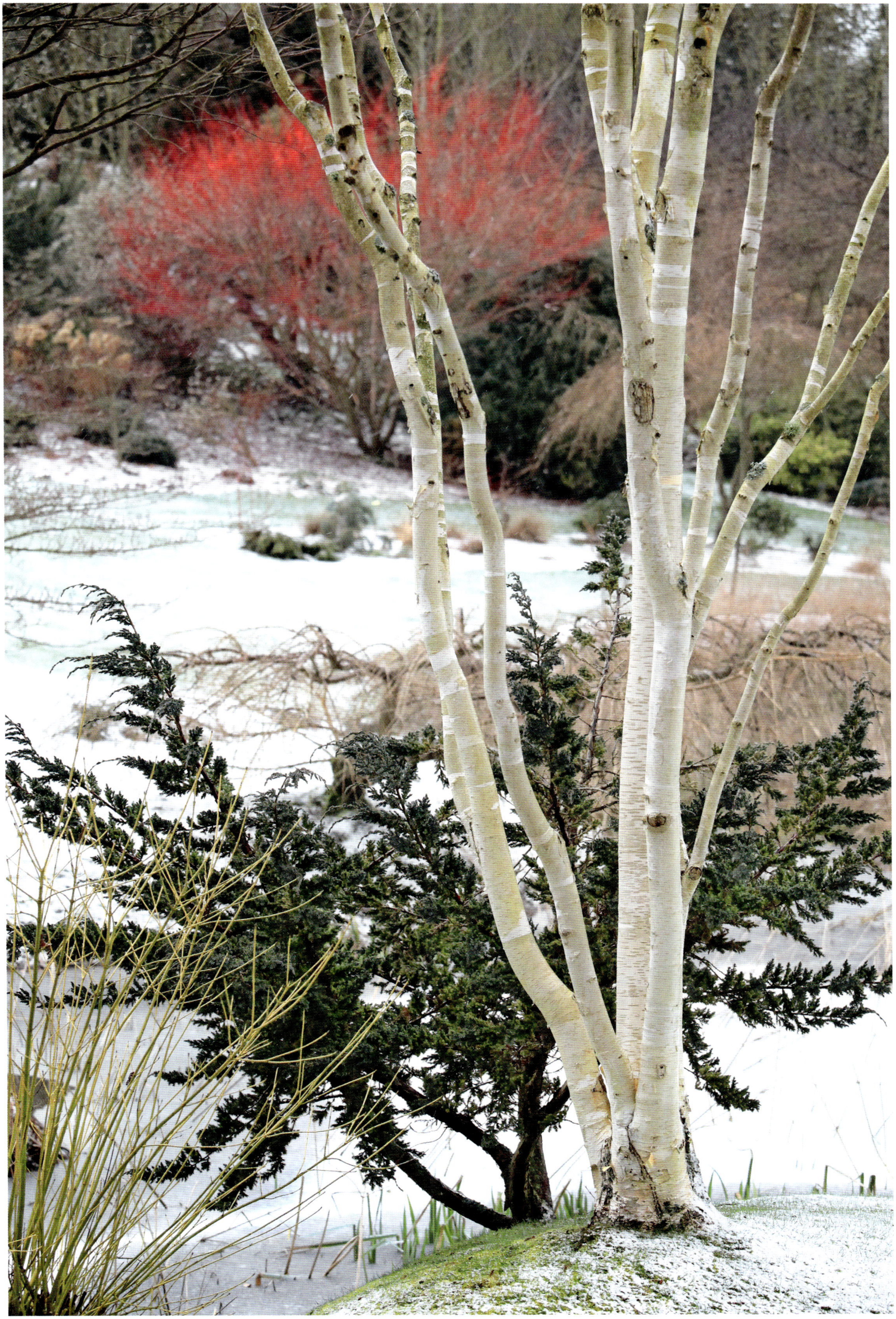

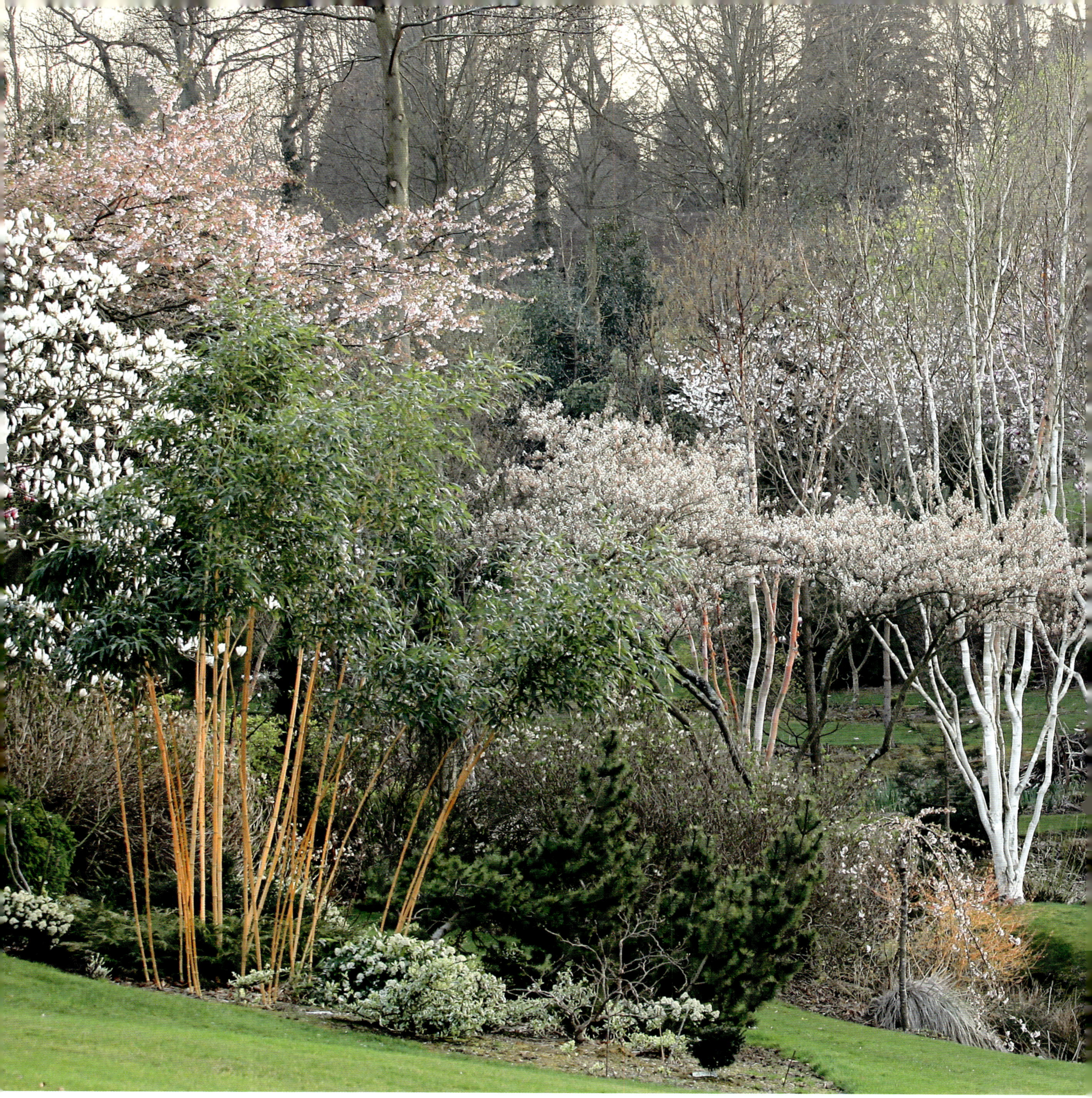

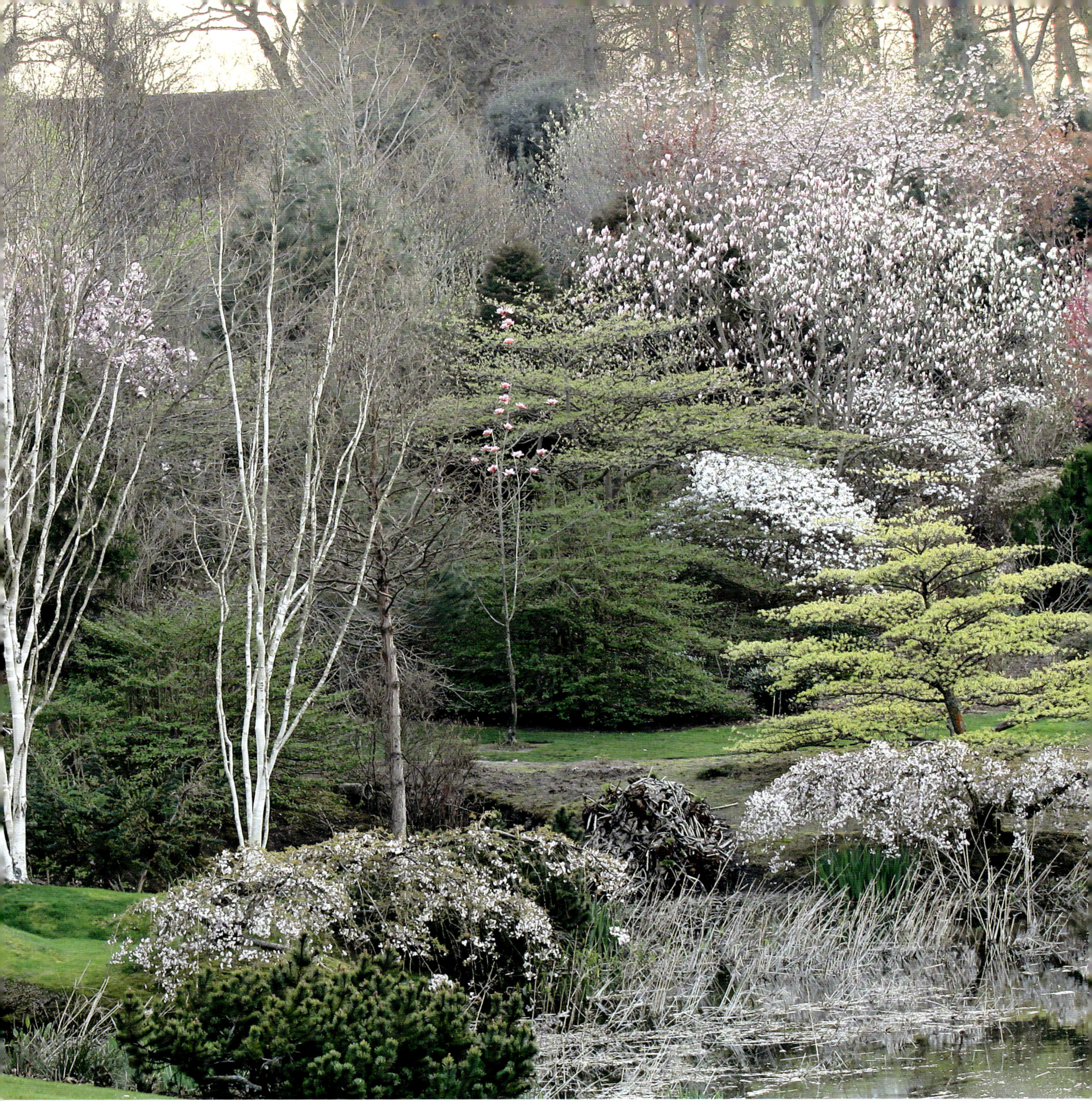

Sanft und voller Poesie geleiten die üppigen Blüten der Magnolien und Zierkirschen den Garten aus der Winterzeit. Die pastellfarbenen Blüten harmonieren perfekt mit den weißen Birkenstämmen. Aus der Gattung *Prunus* verwendet Dantec bevorzugt die Sorten 'The Bride', 'Collingwood Ingram' und 'Taihaku'. Seine Favoriten unter den Magnolien sind 'Leonard Messel' und 'J.-C. Williams'.

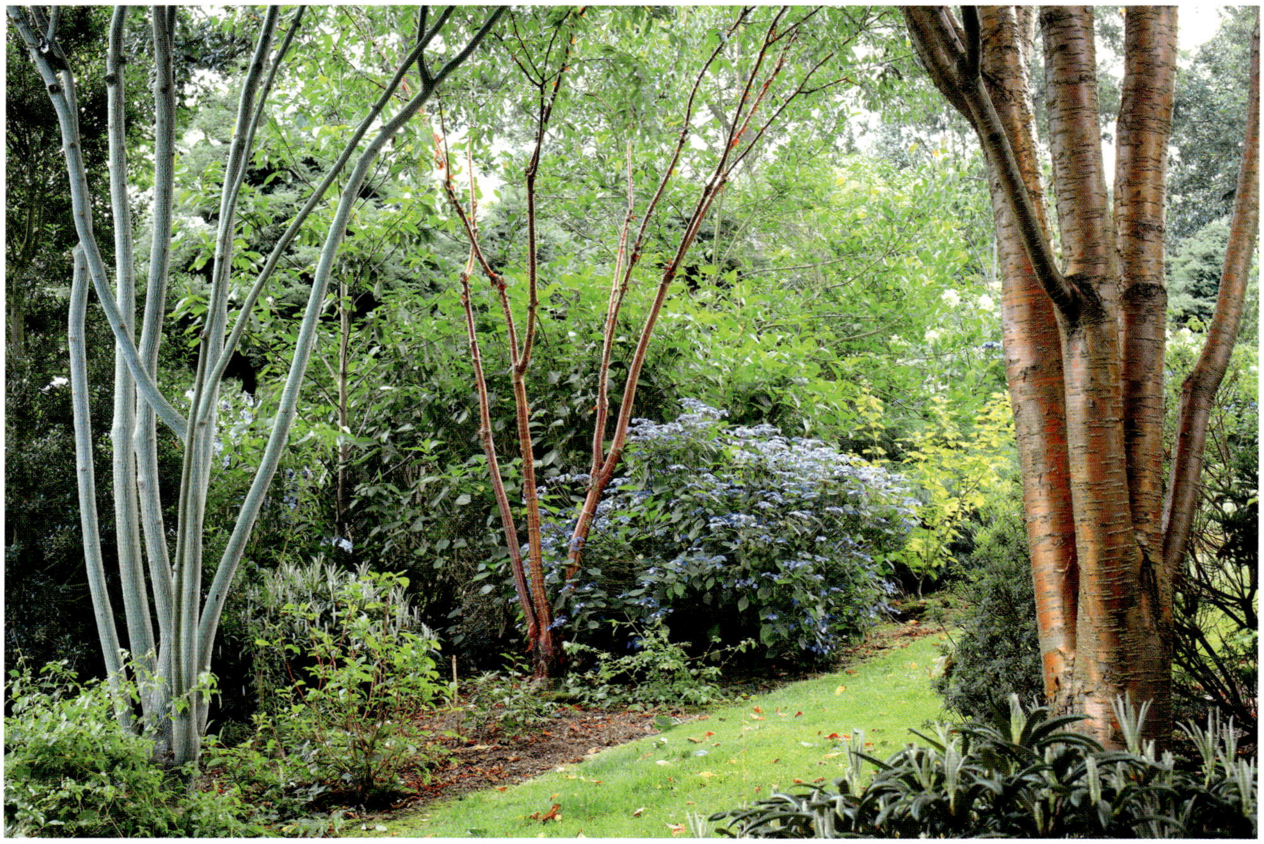

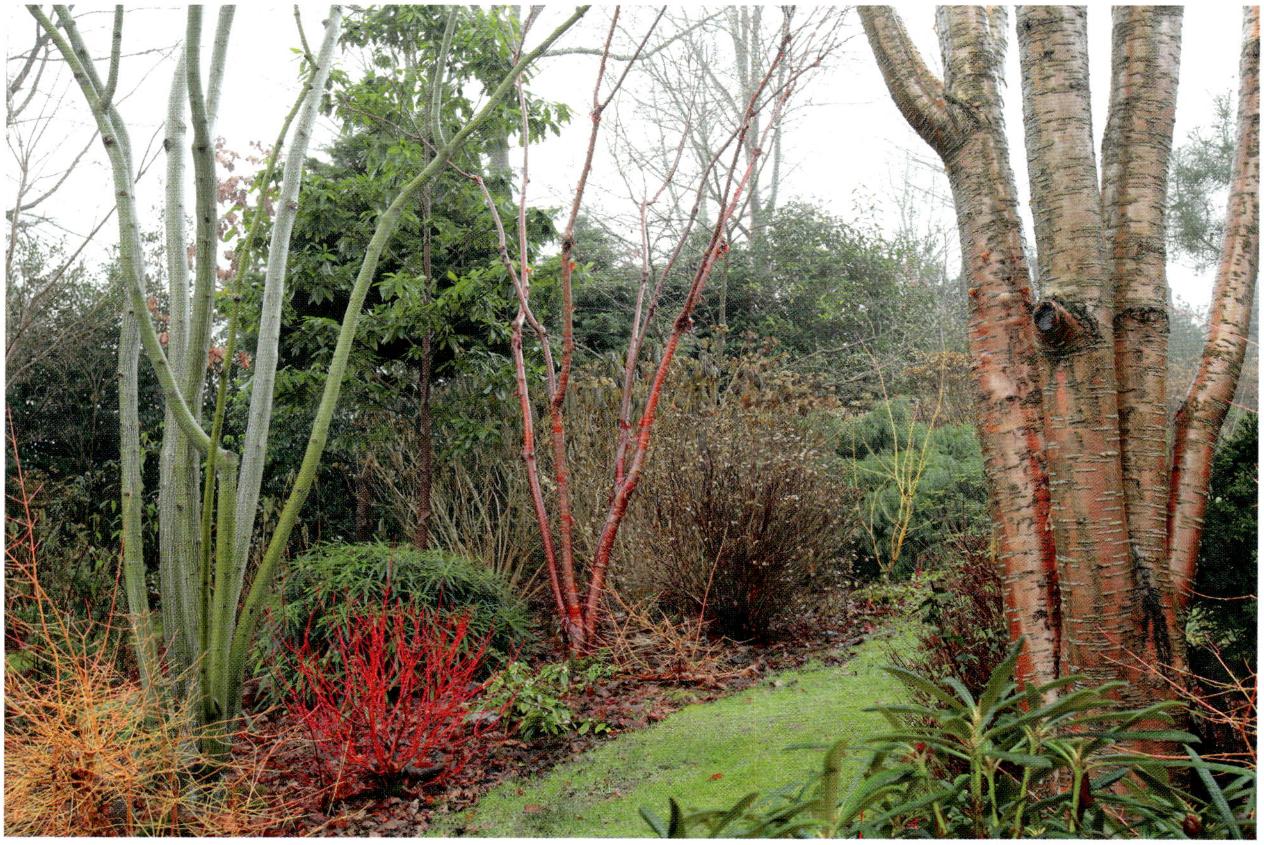

Die Farben der Baumrinden verändern sich im Lauf der Jahreszeiten.
OBEN UND RECHTS: Im Sommer ist *Acer tegmentosum* von einem feinen weißen Film überzogen. Diese mehlige Schicht verleiht ihm einen bläulichen Schimmer, der wunderbar zu den Blüten von *Hydrangea serrata* 'Veerle' passt. *Prunus serrula* 'Jaro' in der Bildmitte ist zu dieser Zeit eher orangefarben.
UNTEN: Bei *Cornus* 'Winter Flame' und 'Westonbirt' muss man auf den Herbst und Winter warten, um das bunte Geäst bewundern zu können.

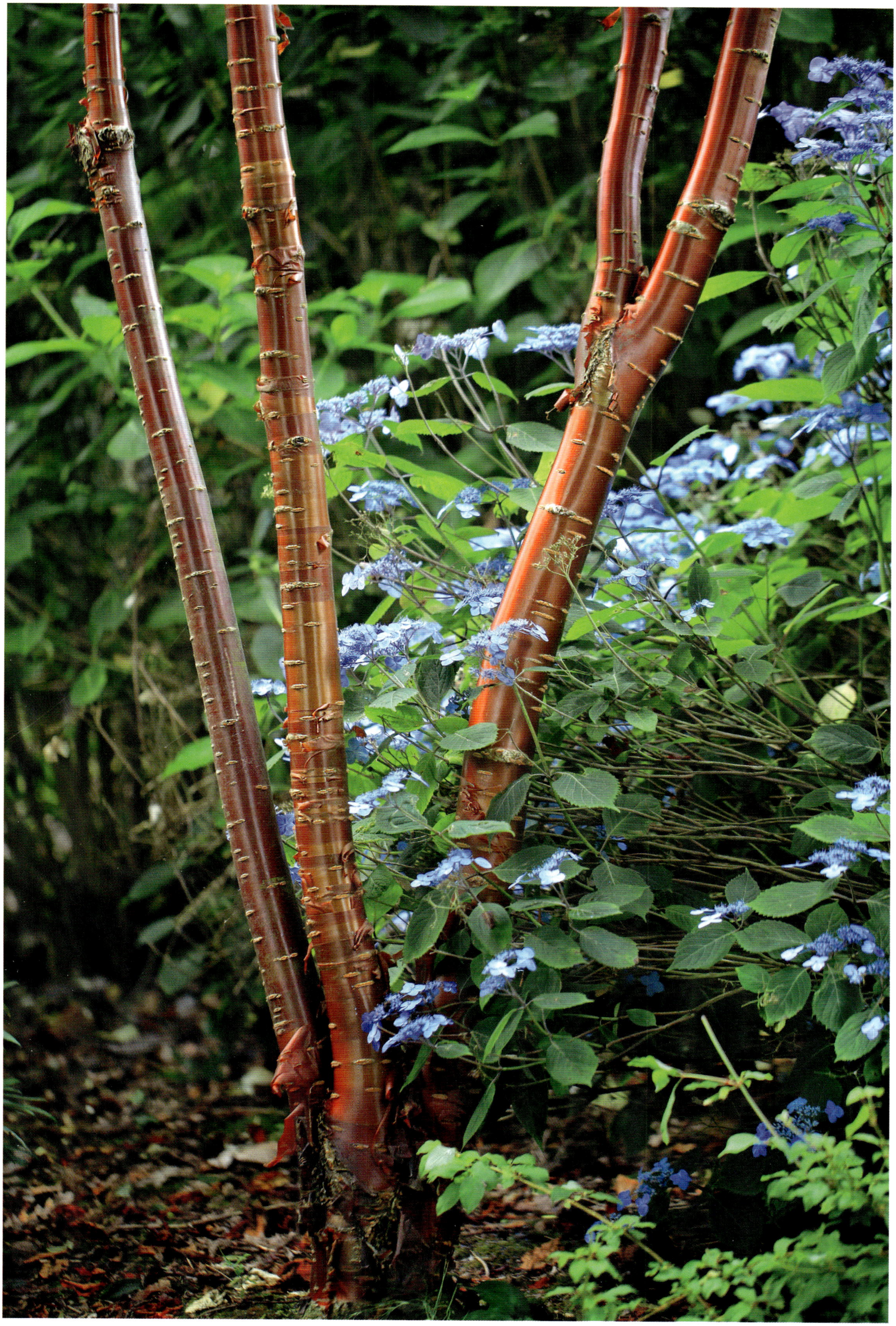

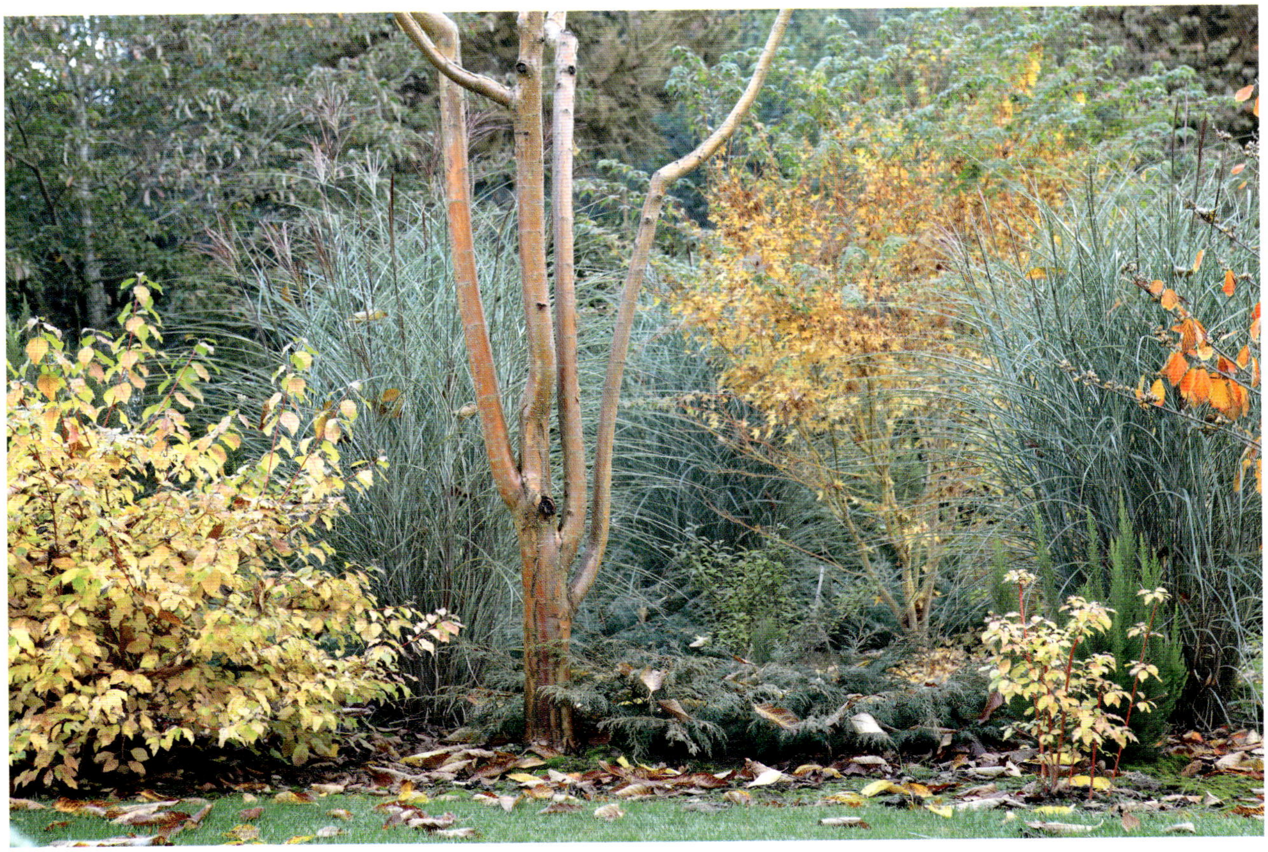

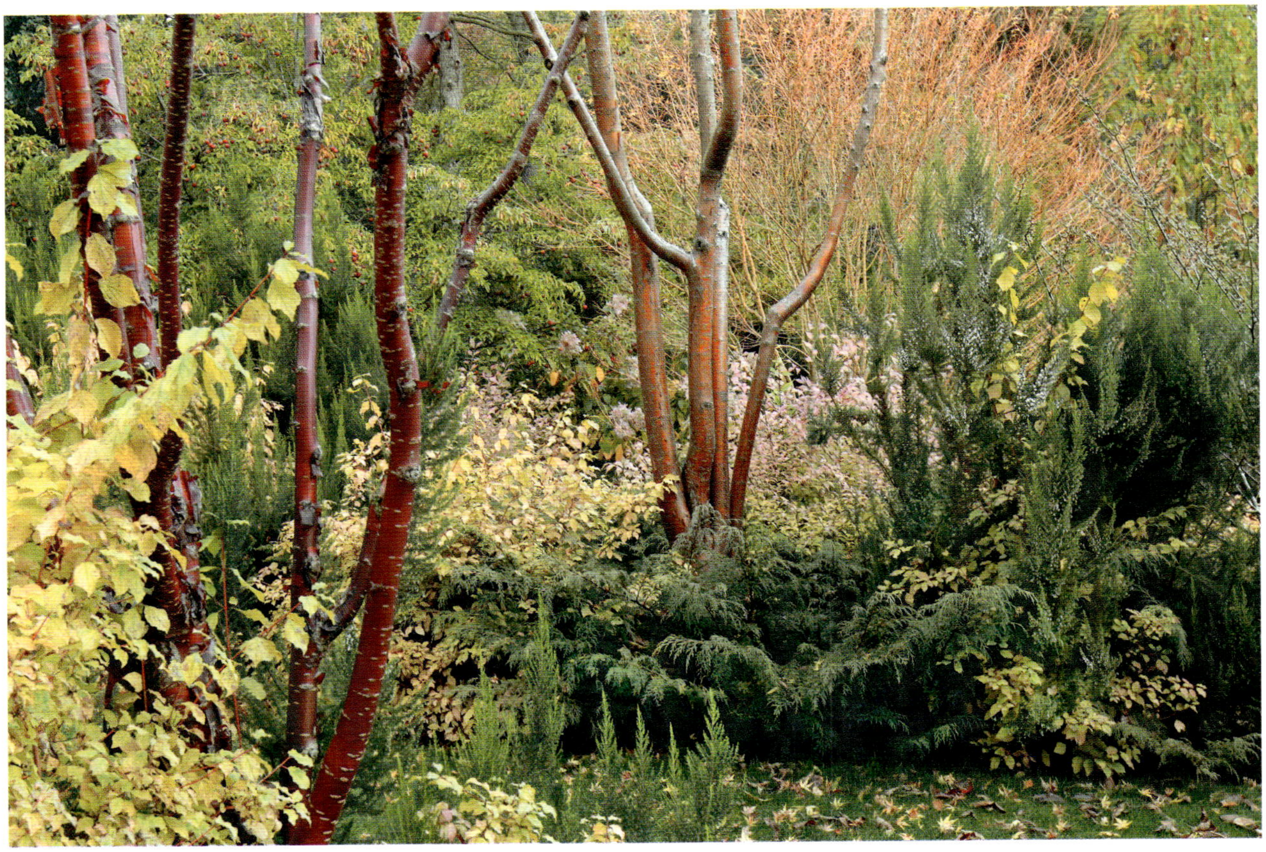

Scheuen Sie sich bei einer Neupflanzung nicht, für rasche Fülle zu sorgen. Setzen Sie wuchskräftige Pflanzen, die sich im Jahreslauf verfärben.
OBEN: Gräser wie das wunderbare Silber-Chinaschilf *Miscanthus sinensis* 'Gracillimus' füllen schnell die Fläche. Der unter der Amur-Traubenkirsche (*Prunus maackii*) gepflanzte Zwerglebensbaum (*Microbiota decussata*) ist ein wunderbarer Bodendecker, der sich im Winter bronzegold färbt.

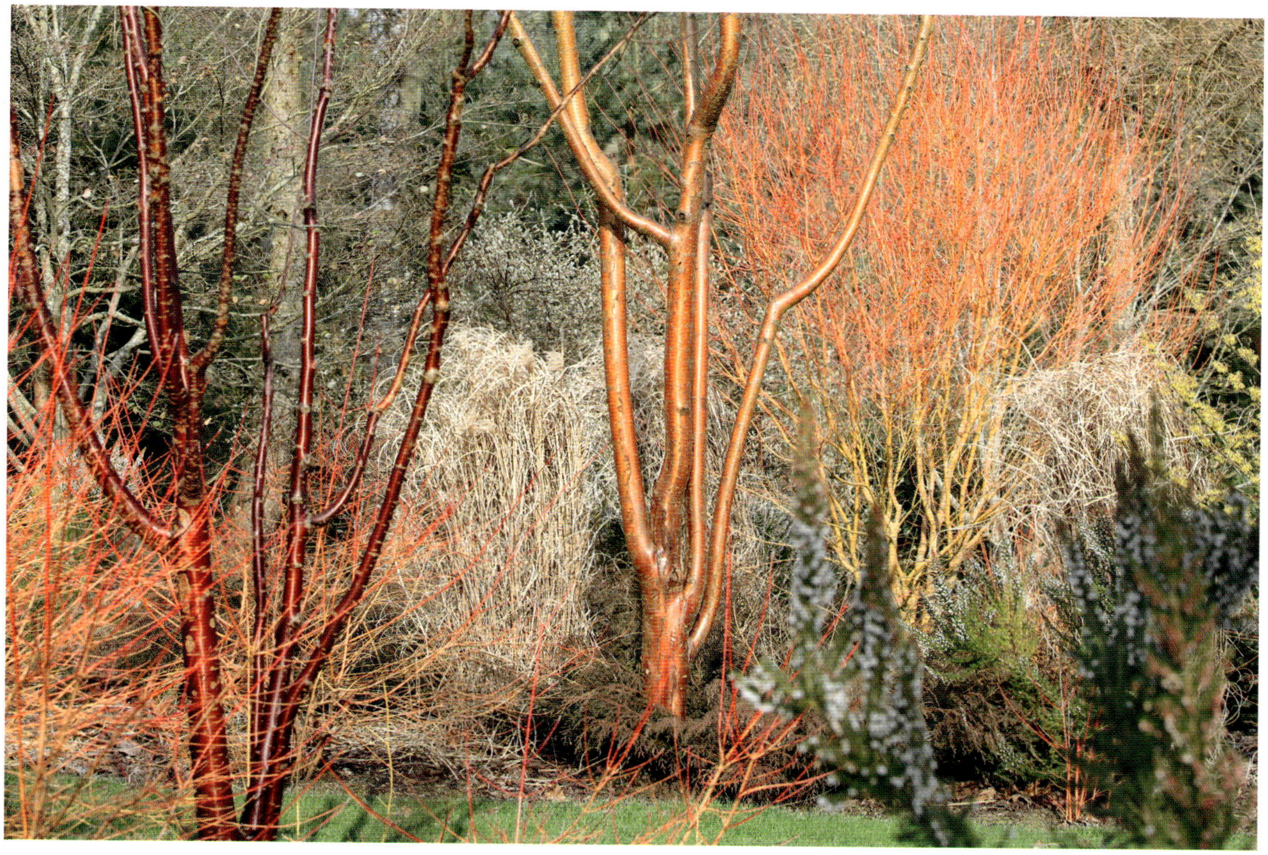

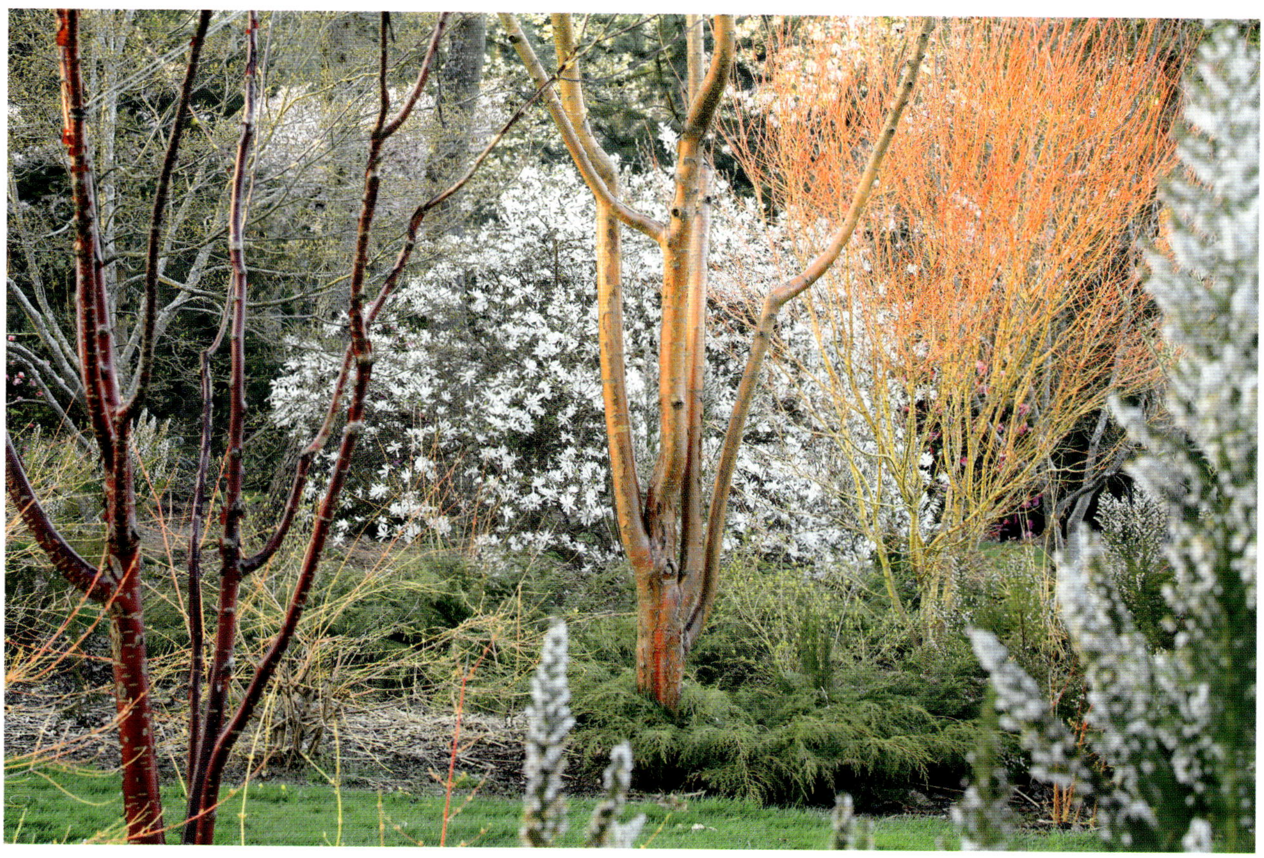

Es ist immer interessant, wenn man ein und dieselbe Farbe in verschiedenen Ebenen der Komposition wieder aufnimmt.
OBEN: *Cornus* 'Winter Flame' links bildet mit *Prunus maackii* in der Mitte und *Acer palmatum* 'Bi Hoo' im Hintergrund eine schöne Diagonale in Orange.
UNTEN: Im zeitigen Frühling bilden die weißen Blüten der Baum-Heide (*Erica arborea* var. *alpina* × *veitchii*) im Vordergrund einen wundervollen Gleichklang mit *Magnolia* 'Wada's Memory' in der Mitte.

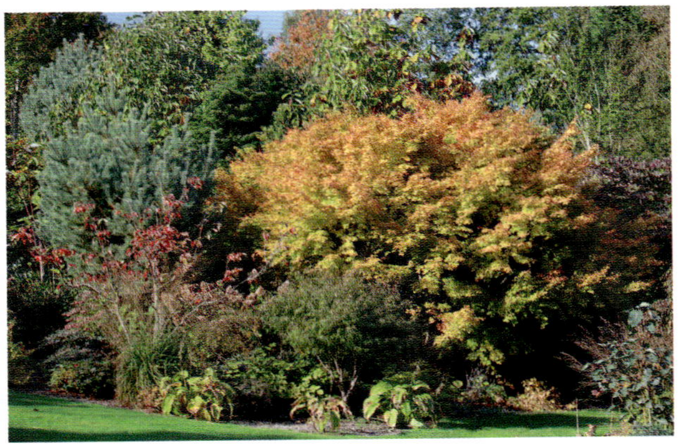

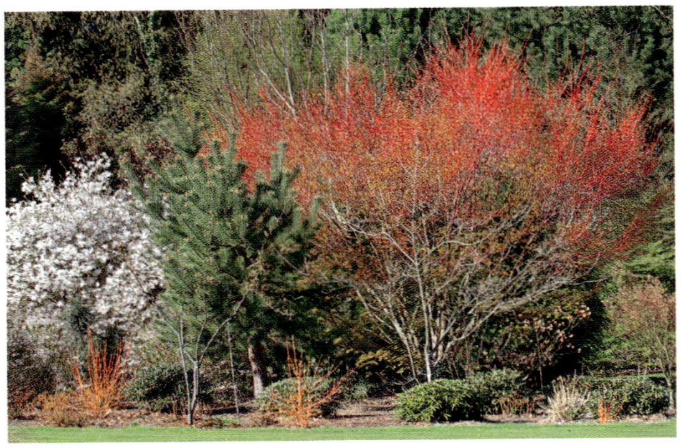

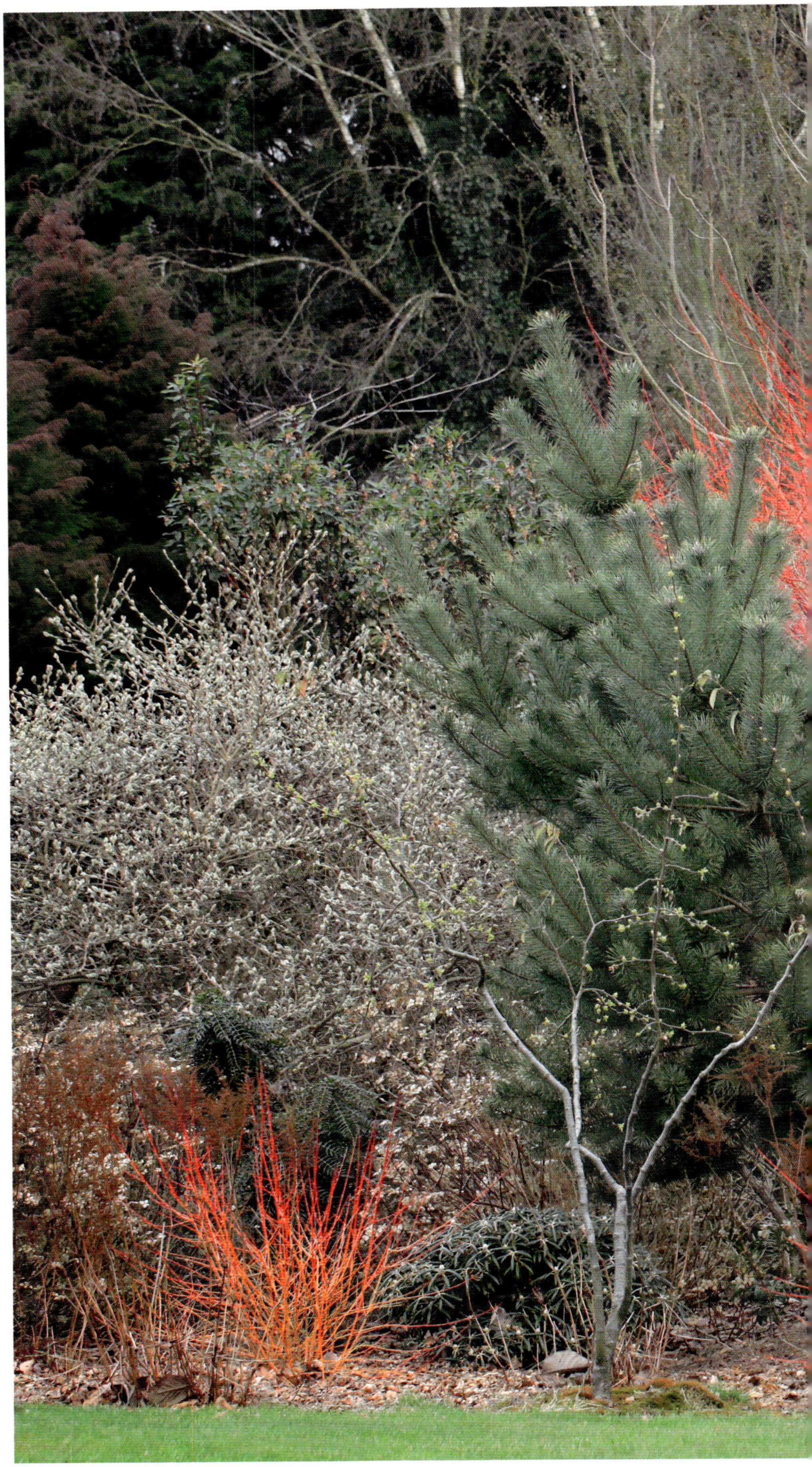

Egal zu welcher Jahreszeit: Der Fächer-Ahorn *Acer palmatum* 'Sango-kaku' bietet immer einen spektakulären Anblick.

OBEN: Im Herbst ist sein Laub intensiv gefärbt. UNTEN: An den Zweigspitzen leuchten die hellroten Jahrestriebe den ganzen Winter hindurch. Die umstehenden *Pinus sylvestris* und *Cryptomeria japonica* 'Elegans' bringen dies noch stärker zur Geltung. Am Boden wachsen *Cornus sanguinea* 'Winter Flame' wie flammende Wachtposten vor den *Rhododendron yakushimanum* 'Koichiro Wada'.

RECHTS: Zu Frühlingsbeginn explodieren die orangeroten Knospen der *Edgeworthia chrysantha* 'Red Dragon' unter dem 'Sango-kaku', nachdem sie den ganzen Winter darauf gewartet haben, ebenso wie die weißen Blüten der Stern-Magnolie (*Magnolia stellata*). Die Rhododendren übernehmen später den Part, während *Hydrangea paniculata* 'Early Sensation' diese zauberhafte Szenerie beschließt.

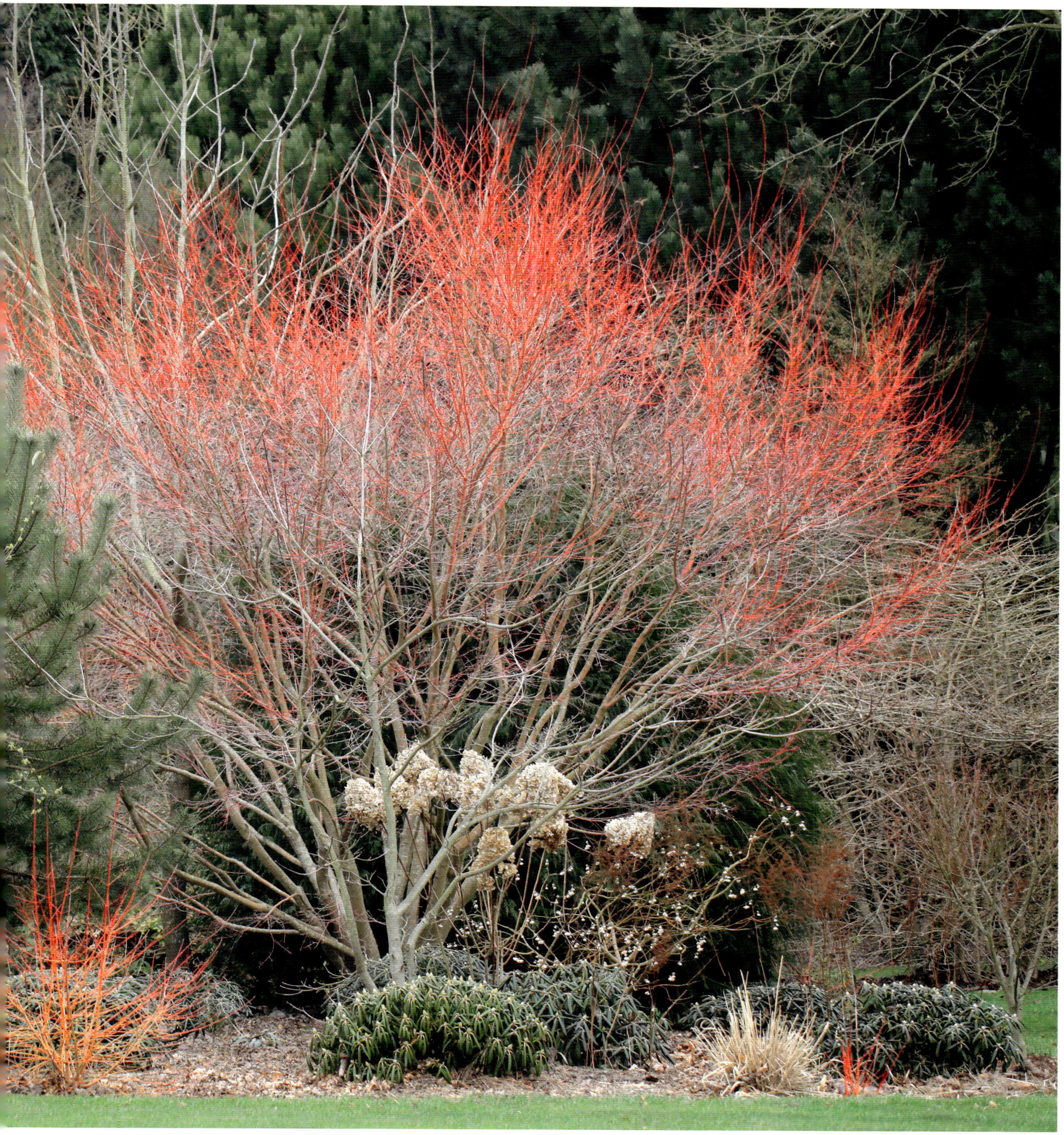

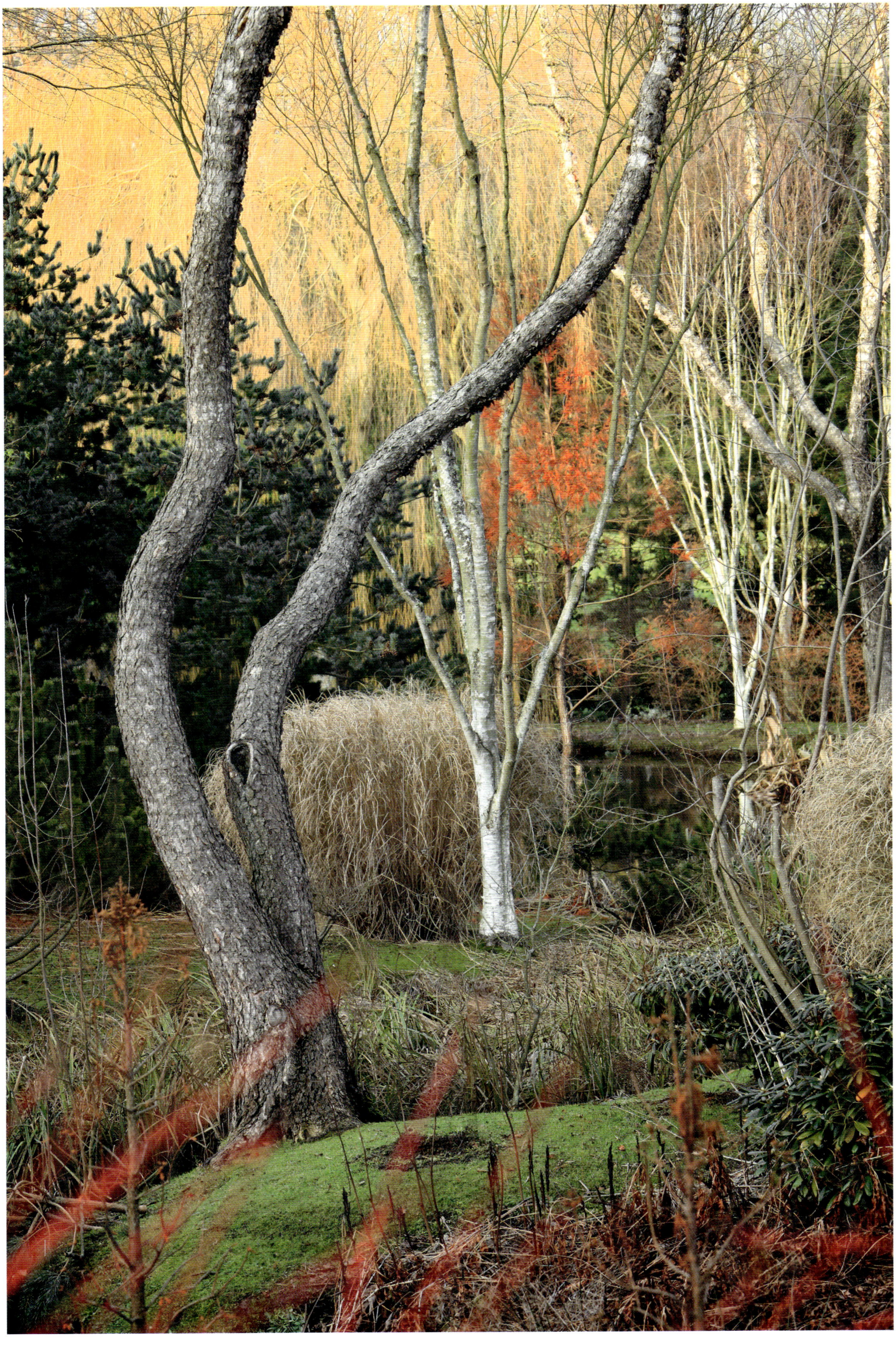

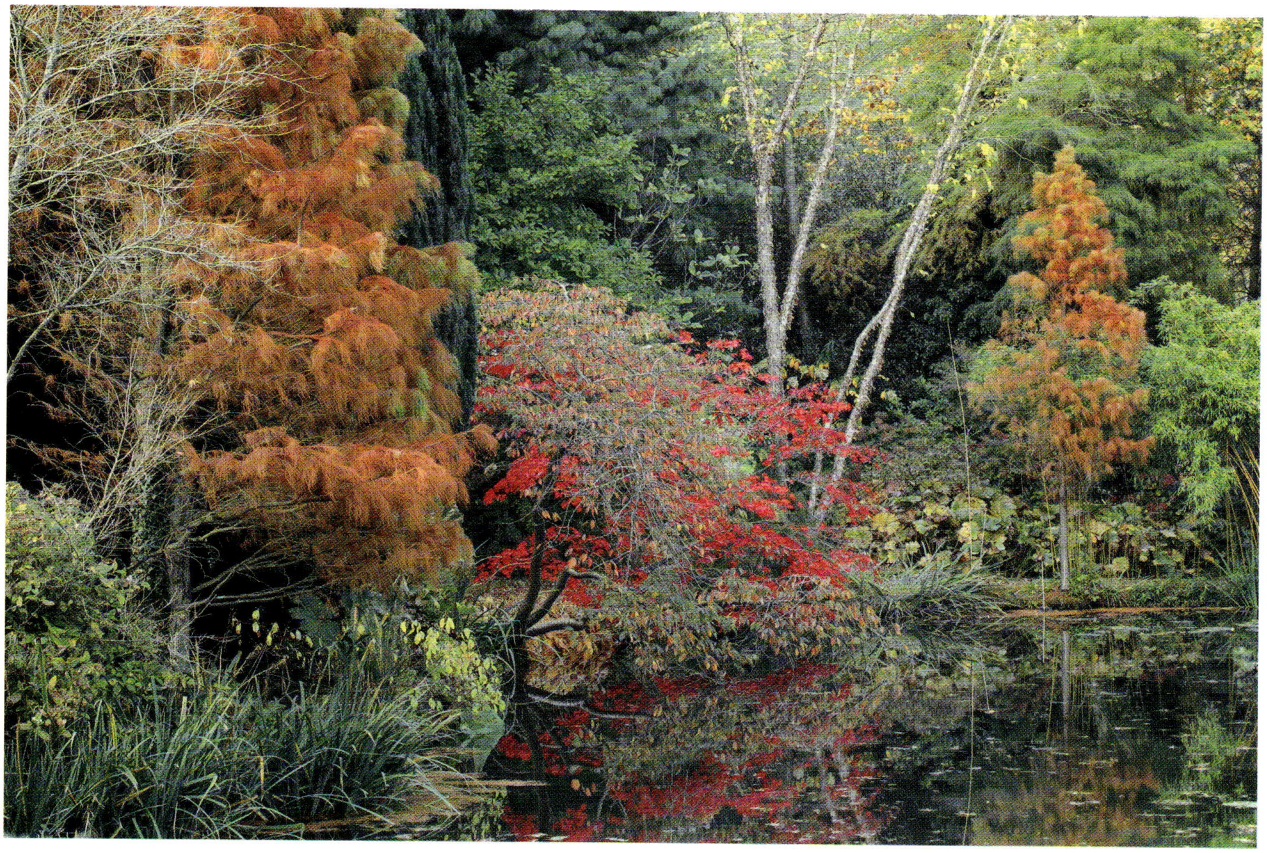

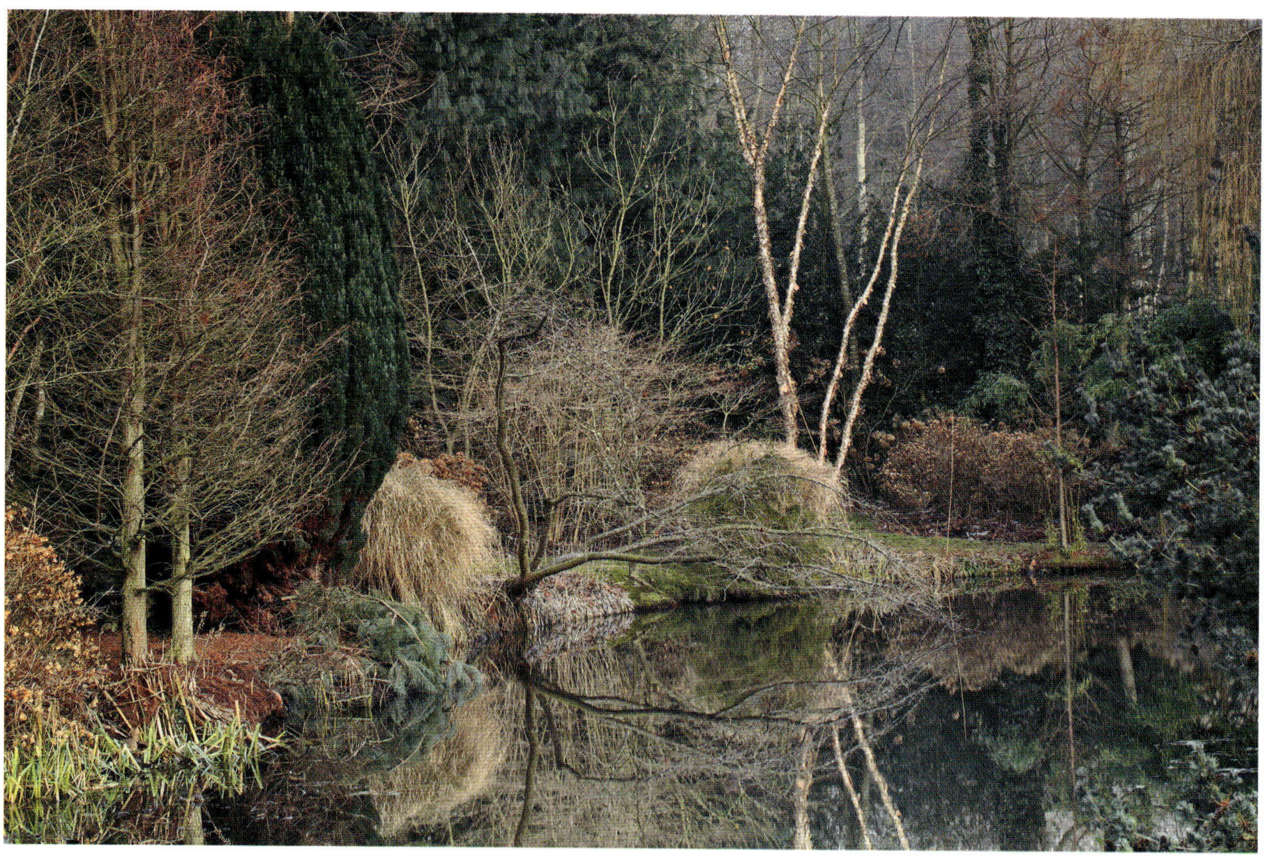

Einen Moment lang steht die Zeit in Étang de Launay still.
Die Pflanzenarten hüllen sich in eine fast aufreizende Schönheit.
OBEN: Im Herbst färbt sich *Acer palmatum* 'Jean-Louis Dantec' glutrot und die beiden Sumpfzypressen (*Taxodium ascendens* 'Nutans') schüren das Feuer weiter. UNTEN: Ist der Feuersturm der Farben vorüber, spiegeln sich die linearen Züge von Hennebelles *Betula nigra* und von dem über den Teich ragenden *Prunus* 'Shirofugen' den ganzen Winter hindurch im Wasser.

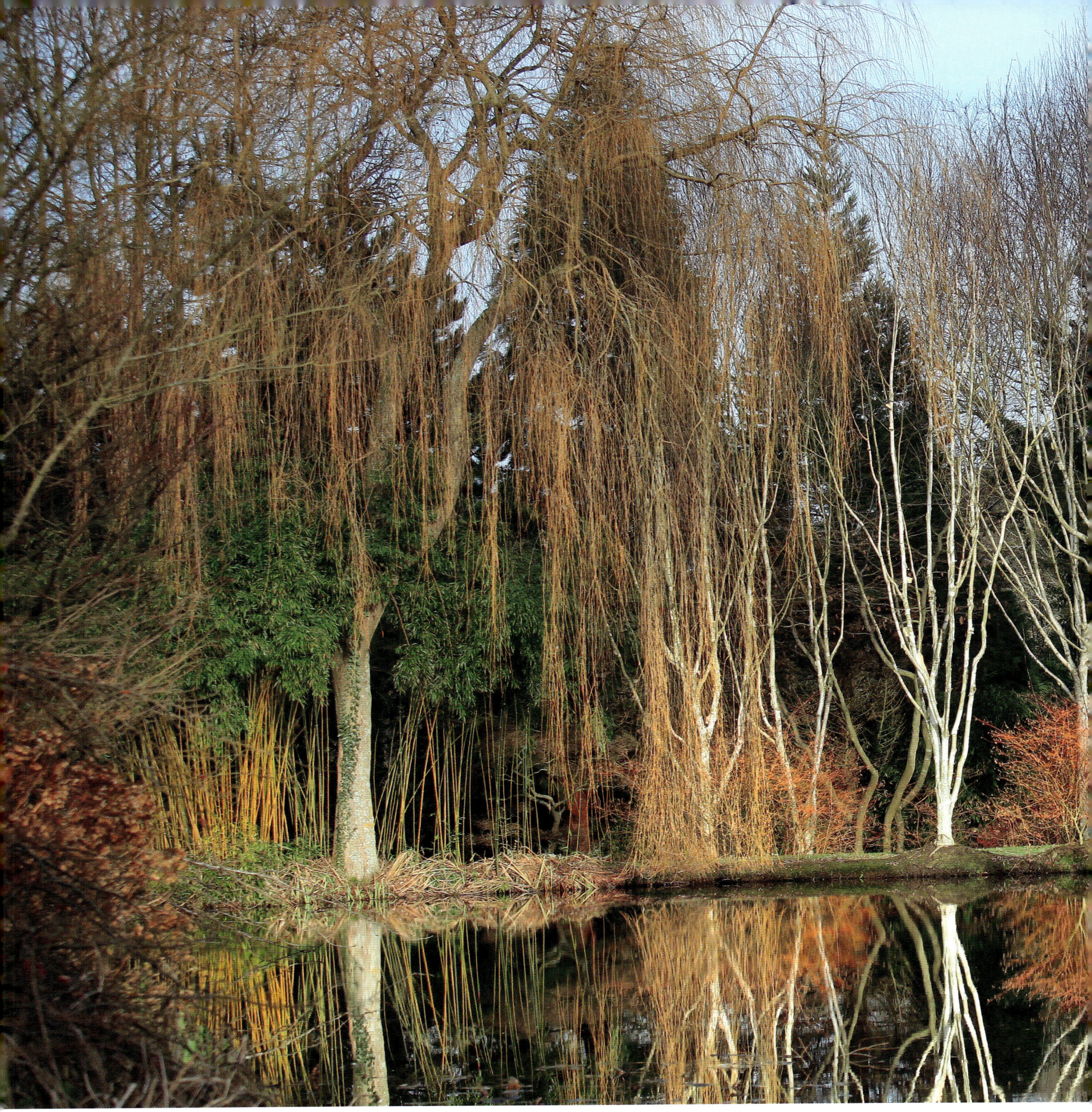

Die großartige Landschaftsgestaltung um den Teich bringt eine unglaubliche Klarheit hervor. Eine Wasserfläche im Garten macht den Winter stets zu einer magischen Jahreszeit. Die wunderbare Mädchen-Kiefer *Pinus parviflora* 'Tempelhof' im Vordergrund und die Nadelbäume im Hintergrund bilden einen perfekten Rahmen für dieses idyllische Gemälde. Das Wasser wird ein echter Spiegel, der die farbigen Halme des Bambus und die bunten Rinden von Weiden, Birken oder Hartriegel reflektiert.

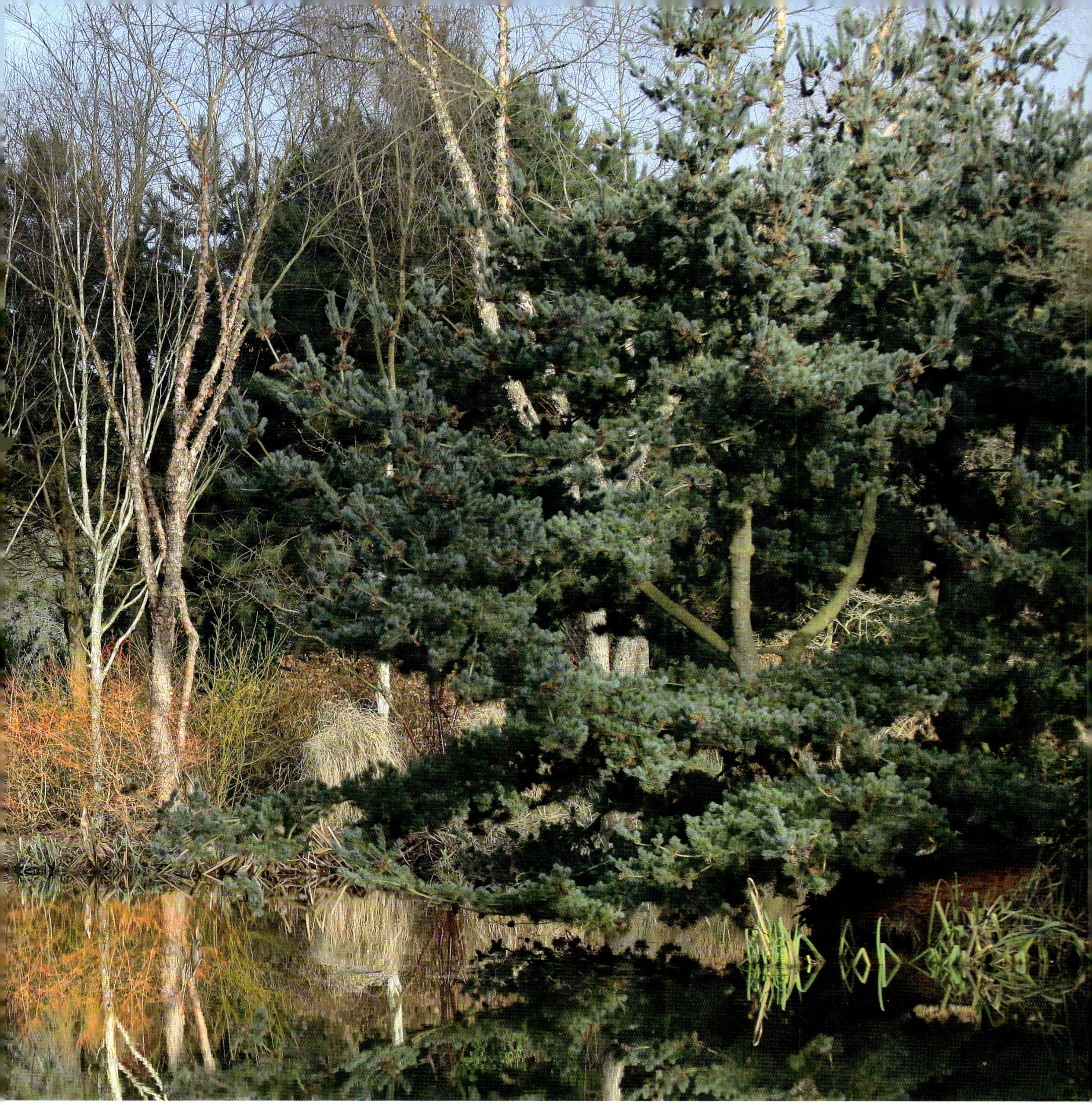

JARDIN DU BOIS MARQUIS

In dem Dorf Vernioz im Rhônetal, gut 40 Kilometer südlich von Lyon, liegt ein kleiner Gartenschatz, dessen Gestalter Christian Peyron eine wahre Passion hegt. Nachdem er dem Zauber des Berg-Ahorns *Acer pseudoplatanus* 'Brillantissimum' mit rosafarbenen Blatttrieben und einem Davids-Ahorn (*Acer davidii*) mit grün-weißer Rinde erlegen war, widmet er sich seit den frühen 1980er-Jahren dem Gärtnern.

Ohne Zäune oder Hecken wollte er aus Bois Marquis (wörtlich Wäldchen des Grafen) einen magischen Ort machen, der frei zugänglich ist und wo man das ganze Jahr hindurch einen Zaubergarten erleben kann. Dieses Ziel hat er erreicht. Vor allem im Herbst und Winter kommen Besucher von weit her, um das Fest der Farben zu bewundern. Die Wasserflächen, auf denen sich Zierenten tummeln, sind umgeben von *Nyssa*-, *Liquidambar*- und *Taxodium*-Sorten, die den Garten glutrot färben. Die Enten sind das zweite Steckenpferd von Peyron. Die Schau im Garten setzt sich fort mit den farbigen Baumrinden, wovon der Landherr die größte Sammlung in Frankreich besitzt.

Christian Peyron war zweifellos der erste Franzose, der einen Landschaftsgarten mit Ausrichtung auf den winterlichen Anblick angelegt hat, indem er verschiedene Birkenarten mit Winterheide und farbenprächtigen Immergrünen wie Zwergkoniferen kombinierte.

Heute sind die Sammlungen von *Betula*, *Acer*, *Prunus*, *Arbutus*, *Cornus*, Bambus und die Nadelbäume, dazu noch Apfelbäume und Eichen über fünf von elf Hektar Fläche verteilt. Auch wenn er unaufhörlich und in erster Linie versuchsweise gärtnerische Neuheiten pflanzt, erhebt Peyron keineswegs den Anspruch, als Sammler zu gelten. Für ihn gehen ästhetischer Wert und interessantes Aussehen einer Pflanze vor Seltenheit, weil in seinen Augen die harmonische Gesamtwirkung des Gartens am wichtigsten ist.

Der Purpurton von *Acer pectinatum* 'Sirene', das Rot des Hybriden *Acer* × *conspicuum* 'Phoenix' und das Gelbgrün von Acer davidii × rufinerve 'Albolimbatum' geben ein ansprechendes Beispiel für die reiche Farbpalette der schlangenhäutigen Ahorn-Arten.

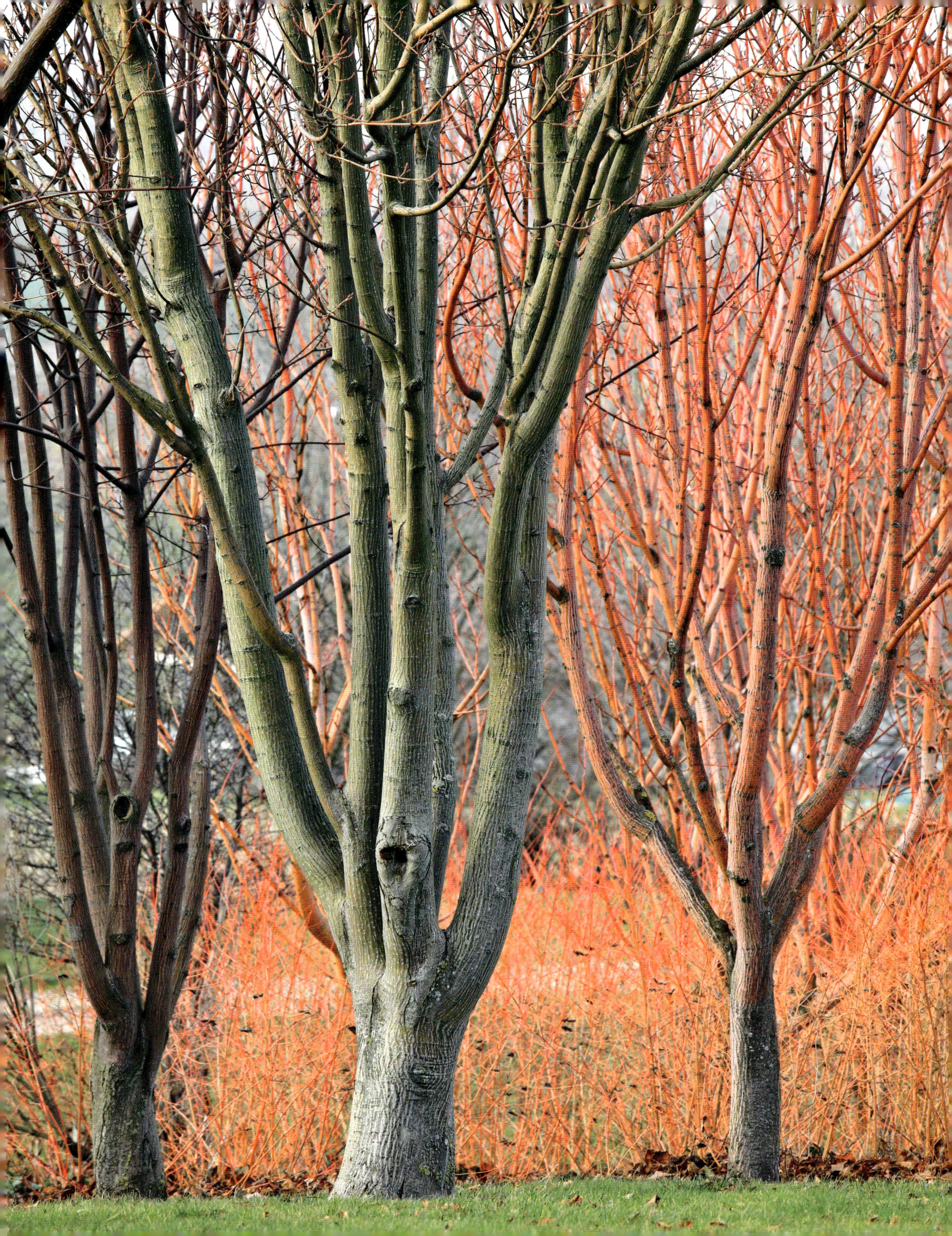

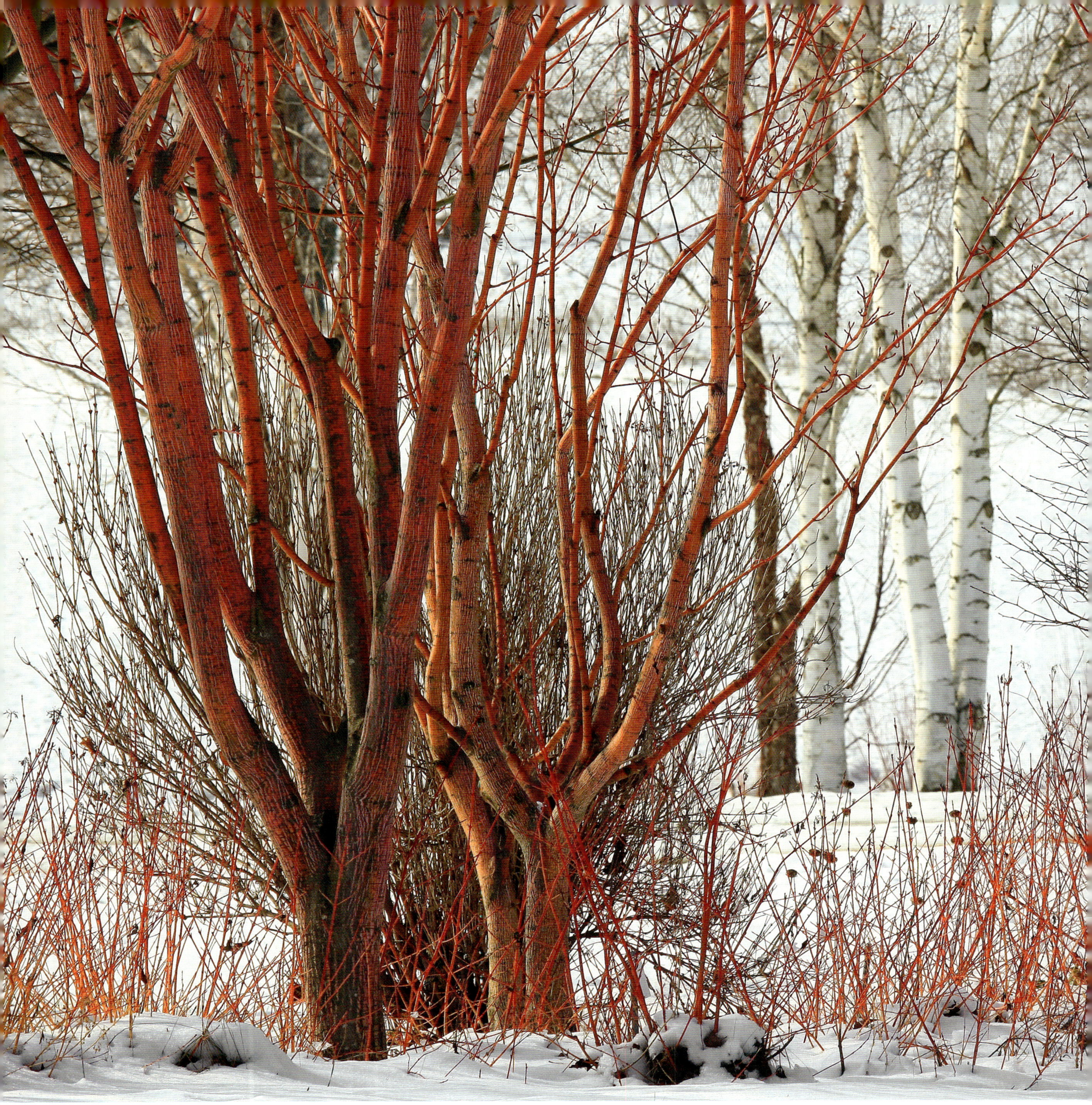

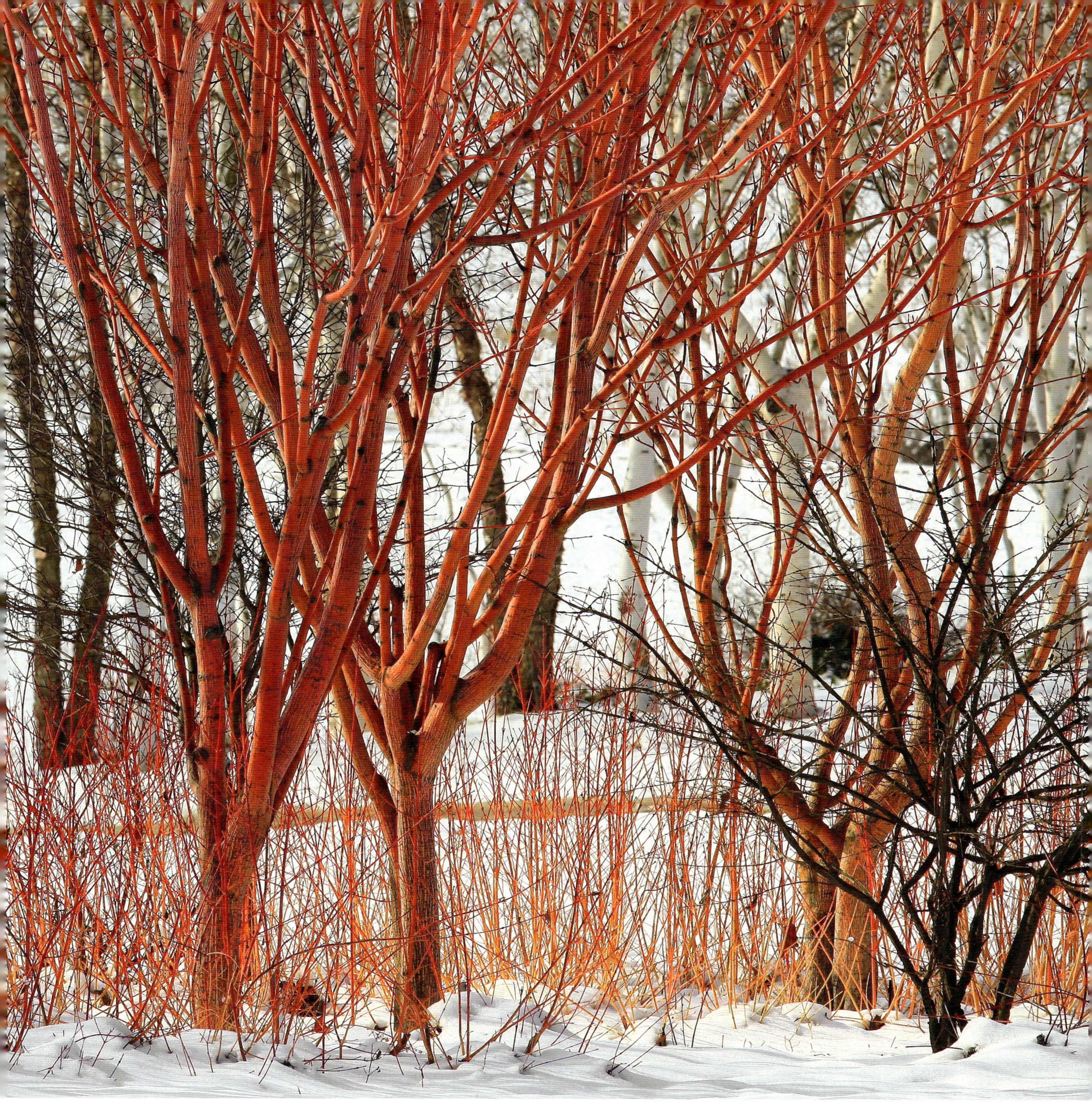

Nichts übertrifft die Schneedecke als wundervollen Kontrast zum Rot dieser winterlichen Gestaltung. Nach einem leuchtend bunten Herbst und dem Fall der Blätter von *Euonymus alatus* färbt sich der Hartriegel *Cornus sanguinea* 'Winter Flame' feuerrot um die Stämme der Ahorn-Bäume. Dahinter legt sich *Acer pensylvanicum* 'Erythrocladum' ein orangerotes Kleid zu, während *Acer × conspicuum* 'Phoenix' vorne nach dem ersten Frost zu Rosarot tendiert.

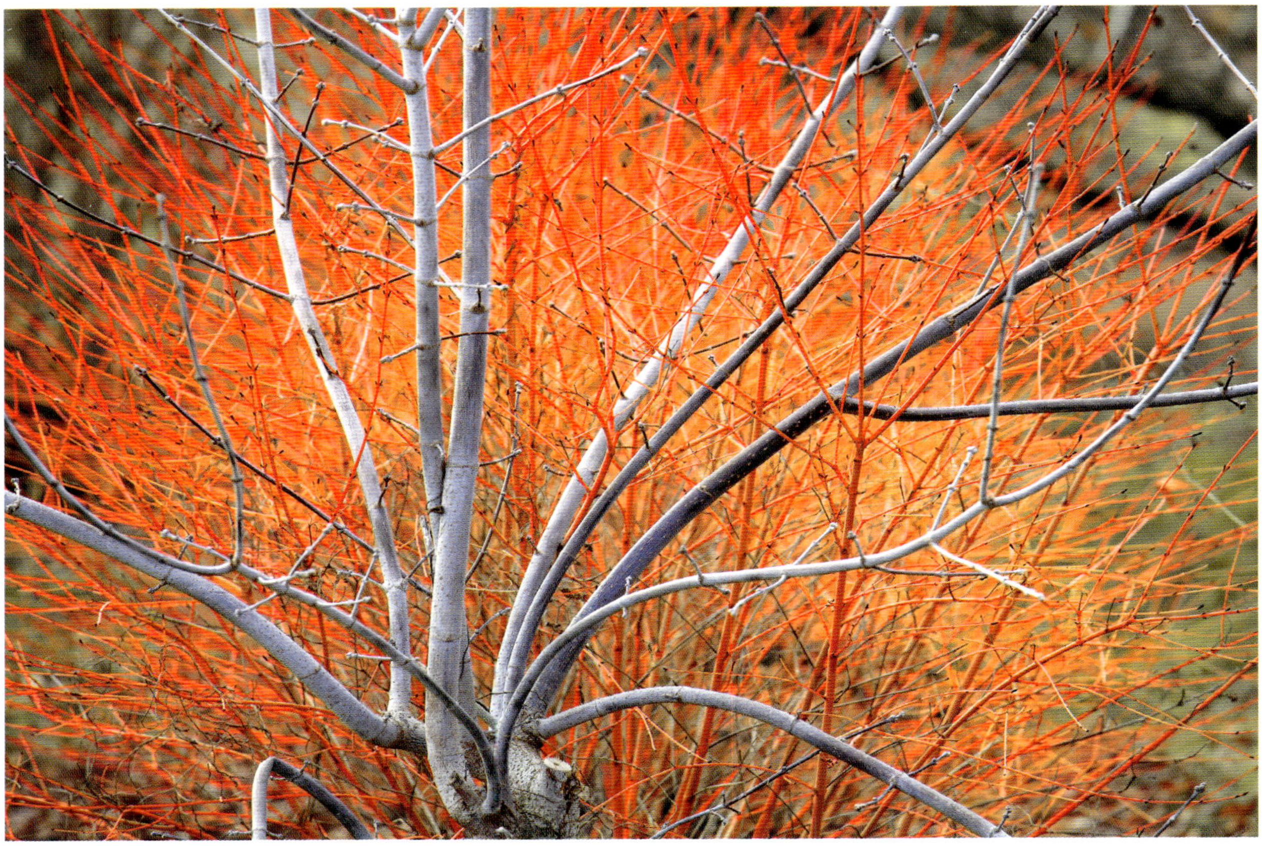

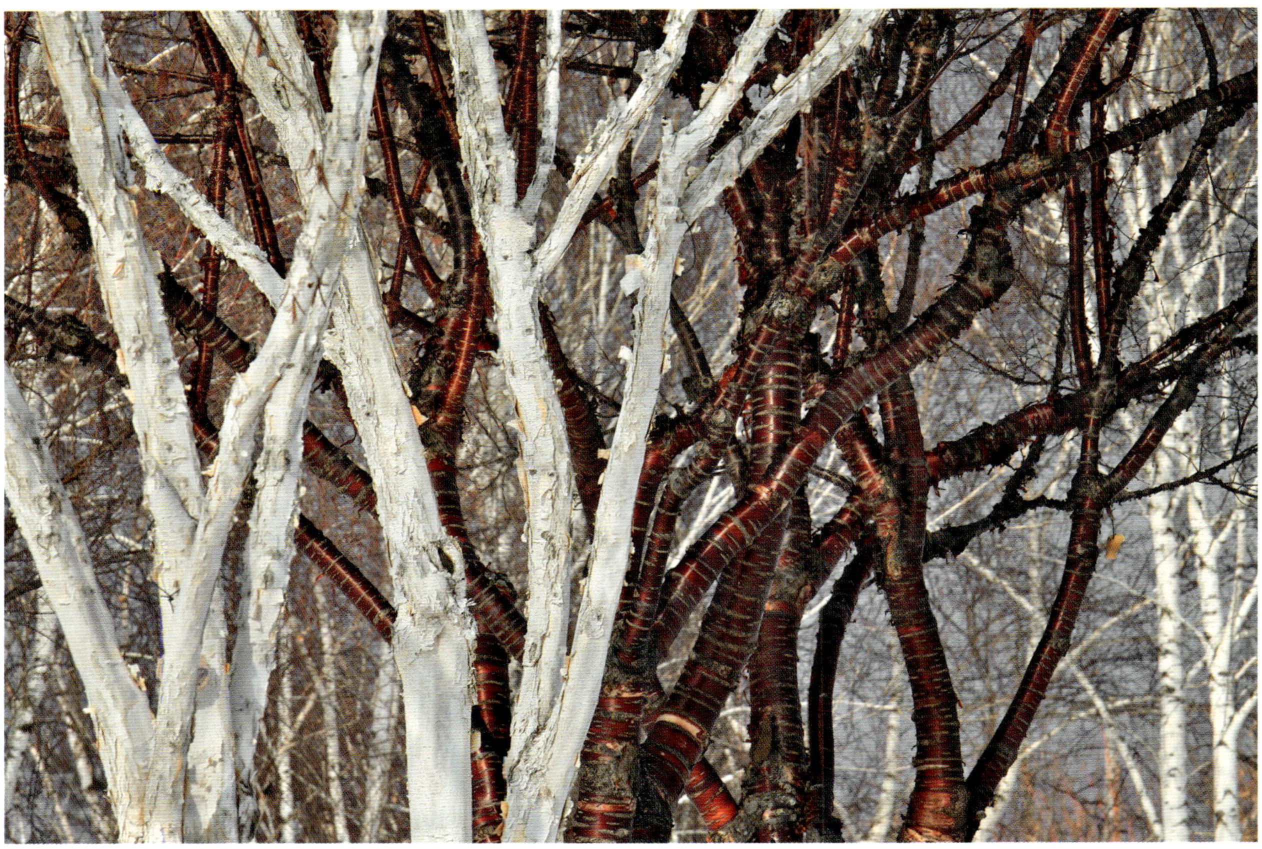

Setzen Sie kontrastreiche Baumrinden zusammen, um Ihre schönsten Baumexemplare besser zur Geltung zu bringen.

OBEN: Die kräftigen und leicht blau-violetten Äste von *Acer negundo* var. *violaceum* heben sich wunderbar vom orangefarbenen Hintergrund mit *Cornus sanguinea* 'Winter Flame' ab.

UNTEN UND RECHTS: Die kreidefarbenen Stämme der seltenen Birkensorte *Betula* 'Fetisowii' kontrastieren mit den glänzenden, mahagoniroten Ästen der Tibetischen Kirsche *Prunus serrula*.

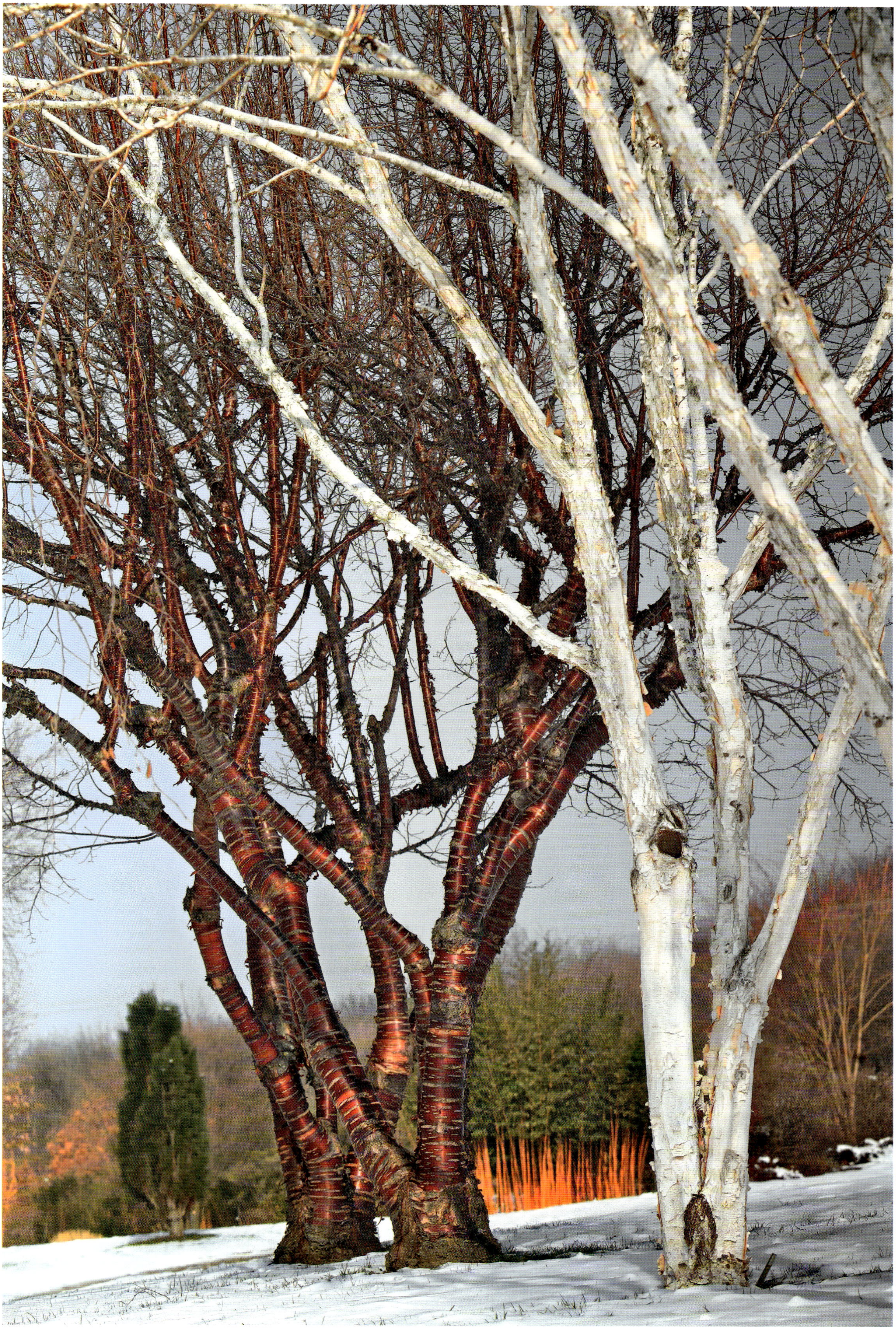

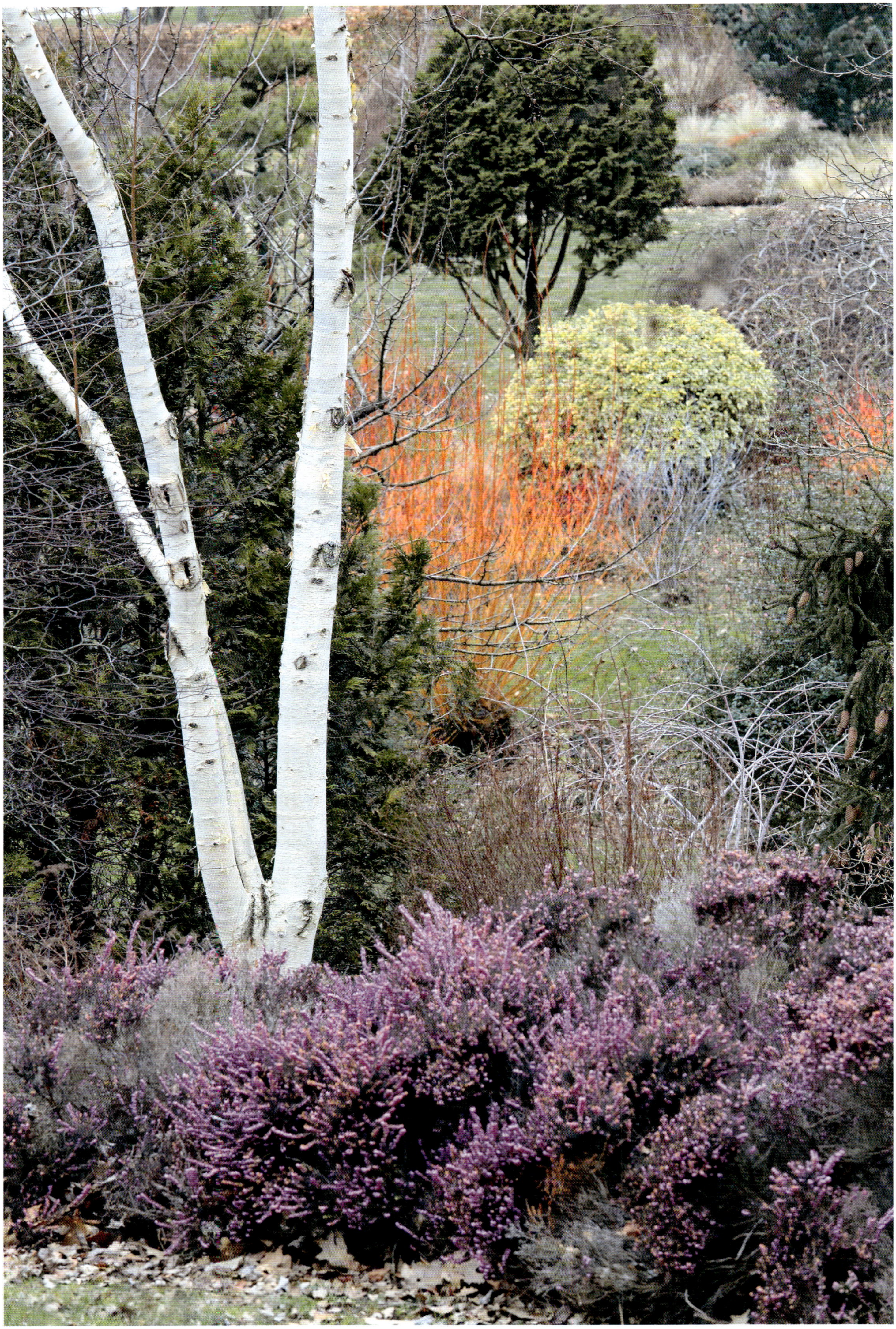

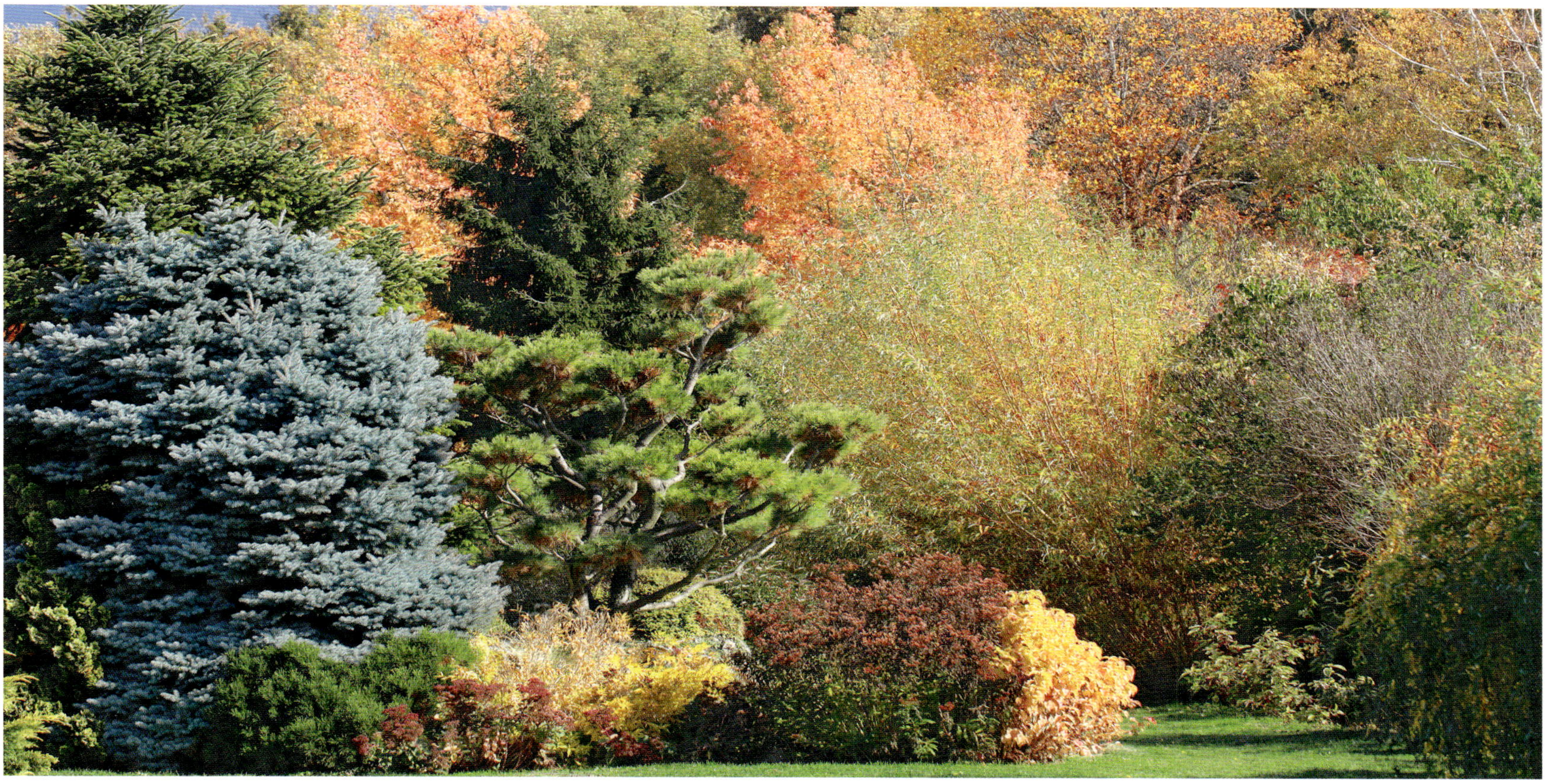

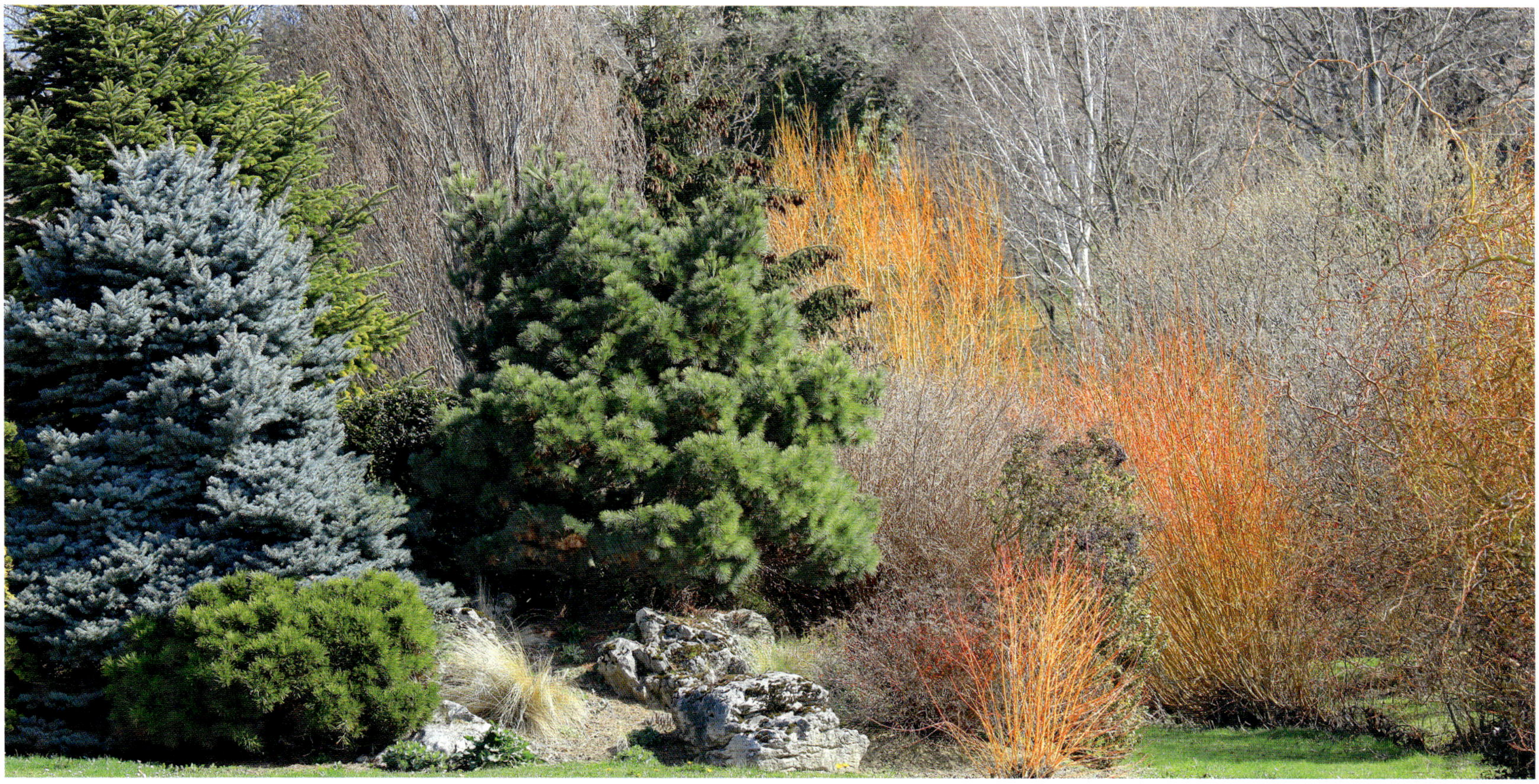

In einer nur mit sommergrünen Arten gestalteten Gartenlandschaft kehrt gegen Ende des Herbstes schnell Tristesse ein.
OBEN: Um die farbigen Rinden in Szene zu setzen, sollte man auch mit immergrünen Arten arbeiten. Eine reiche Farbpalette bieten etwa die Heide-Arten oder Nadelbäume wie die graublaue Stech-Fichte *Picea pungens* 'Glauca Globosa' und die hellgrüne Weymouths-Kiefer *Pinus strobus* 'Nana' in der Mitte.

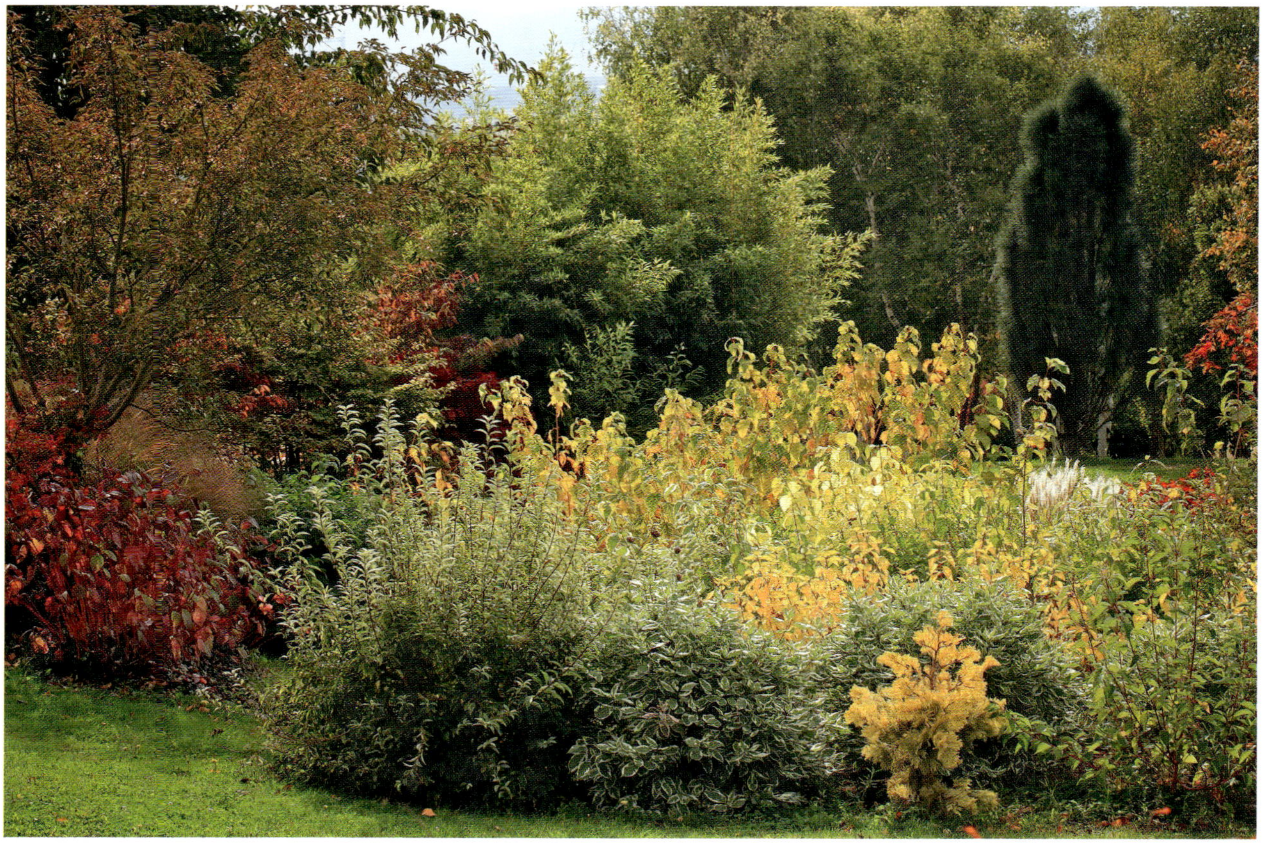

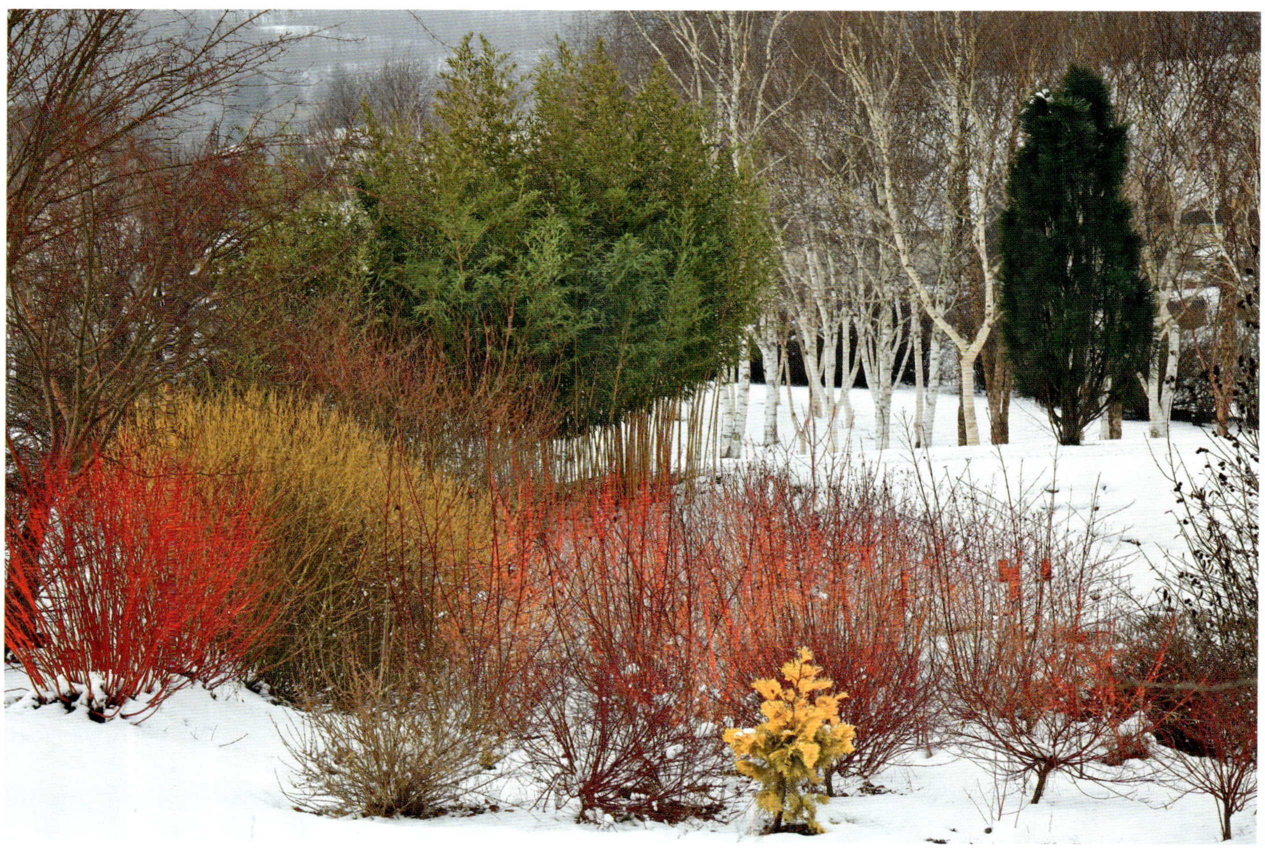

OBEN: Hartriegel-Sträucher vereinen glanzvoll das Blattwerk mit farbigen Zweigen. Im Herbst eröffnet *Cornus alba* 'Westonbirt' mit rosarotem Gewand den Reigen.
UNTEN: Sind die Blätter gefallen, zeigt er fast sechs Monate das grelle Rot seiner Zweige unter *Acer davidii* 'Viper'. Drei Immergrüne setzen in der Szenerie rhythmische Akzente: die kleine goldfarbene Flusszeder *Calocedrus decurrens* 'Berrima Gold', der zartgrüne Goldrohrbambus *Phyllostachys aurea* 'Holochrysa' und die dunkelgrüne Säule einer Schwarzkiefer *Pinus nigra* 'Fastigiata'.

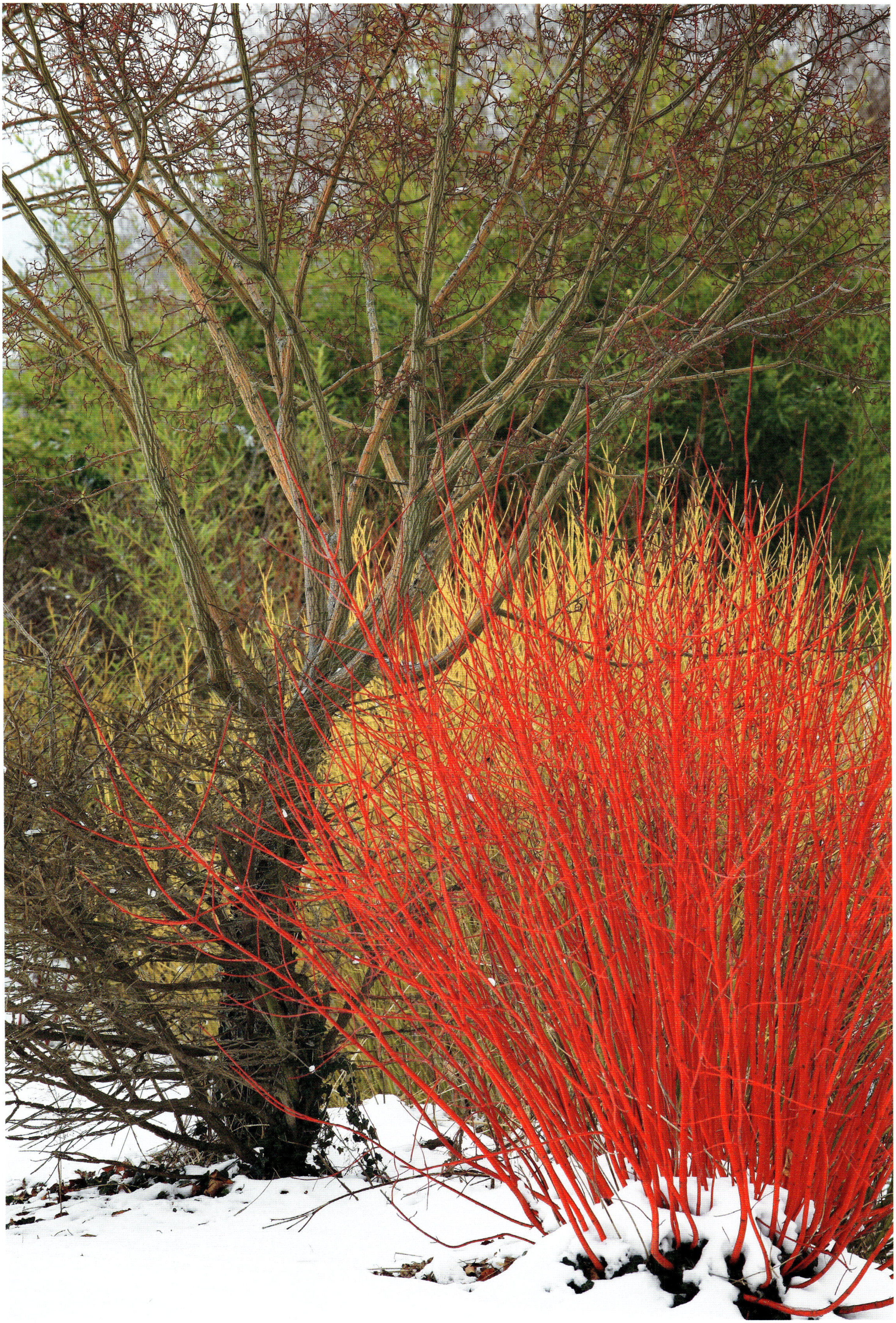

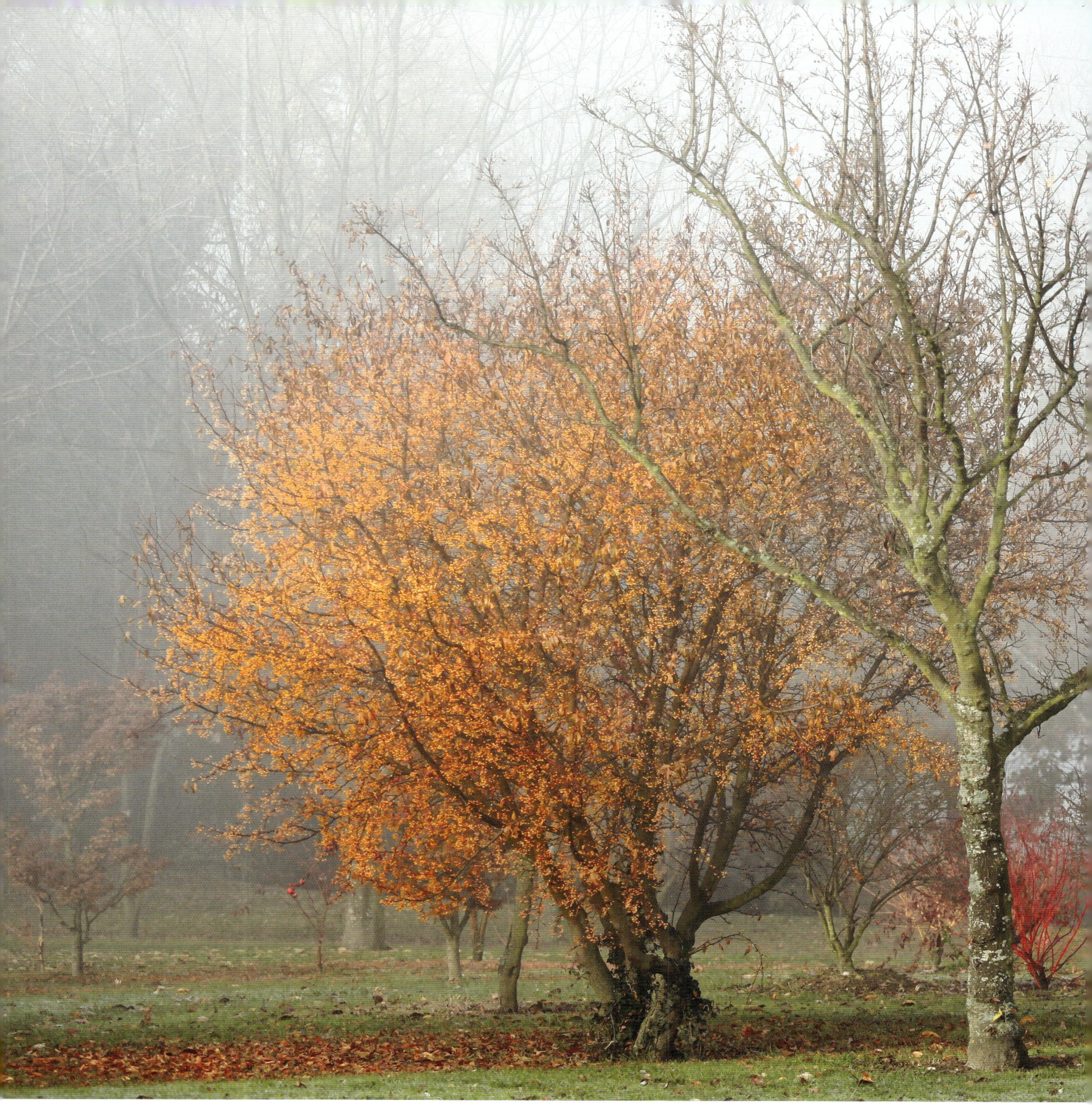

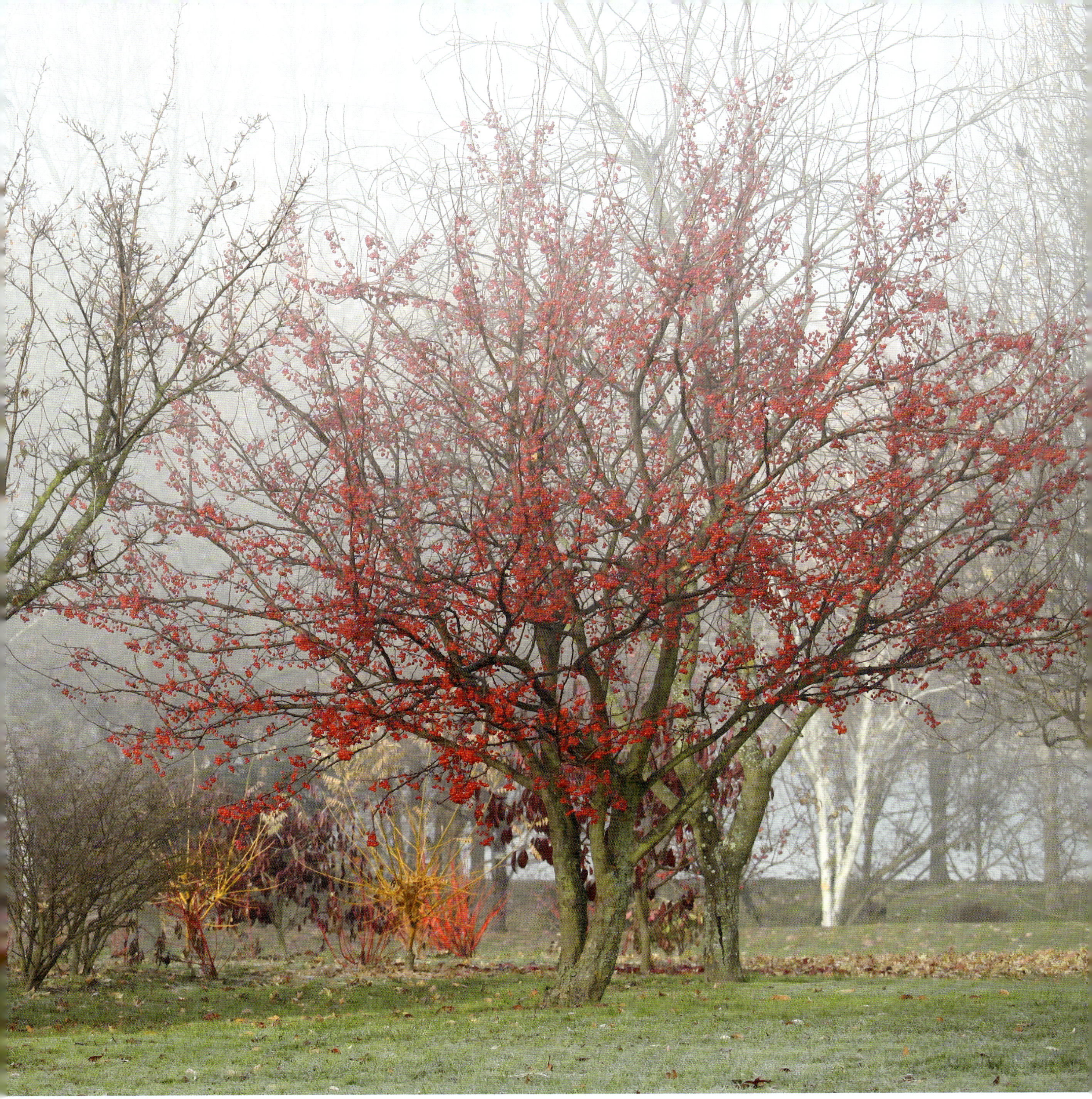

Vergessen Sie die Zierapfel-Bäume nicht als Farbtupfer Ihrer Anlage. Im Frühling und im Herbst betören sie uns durch üppige Blütenpracht oder kleine Äpfelchen, die sie auch im Winter oft noch stolz zur Schau stellen.
Im Dunst wetteifern das Gold von *Malus transitoria* und das Funkeln von 'Donald Wyman' gleichermaßen mit den farbigen Zweigen des Fächer-Ahorns in Rot (*Acer palmatum* 'Eddisbury') und Orangegelb (*A. palmatum* 'Bi Hoo').

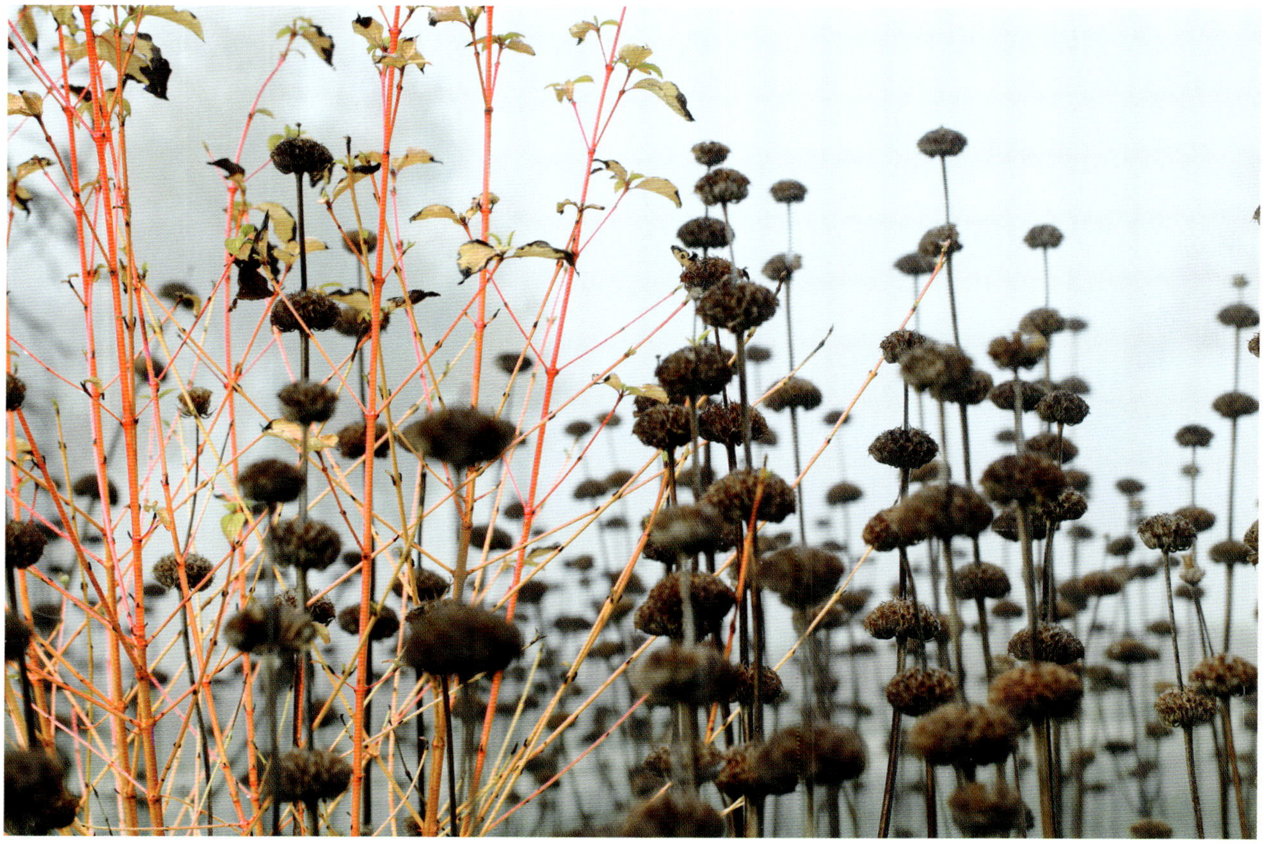

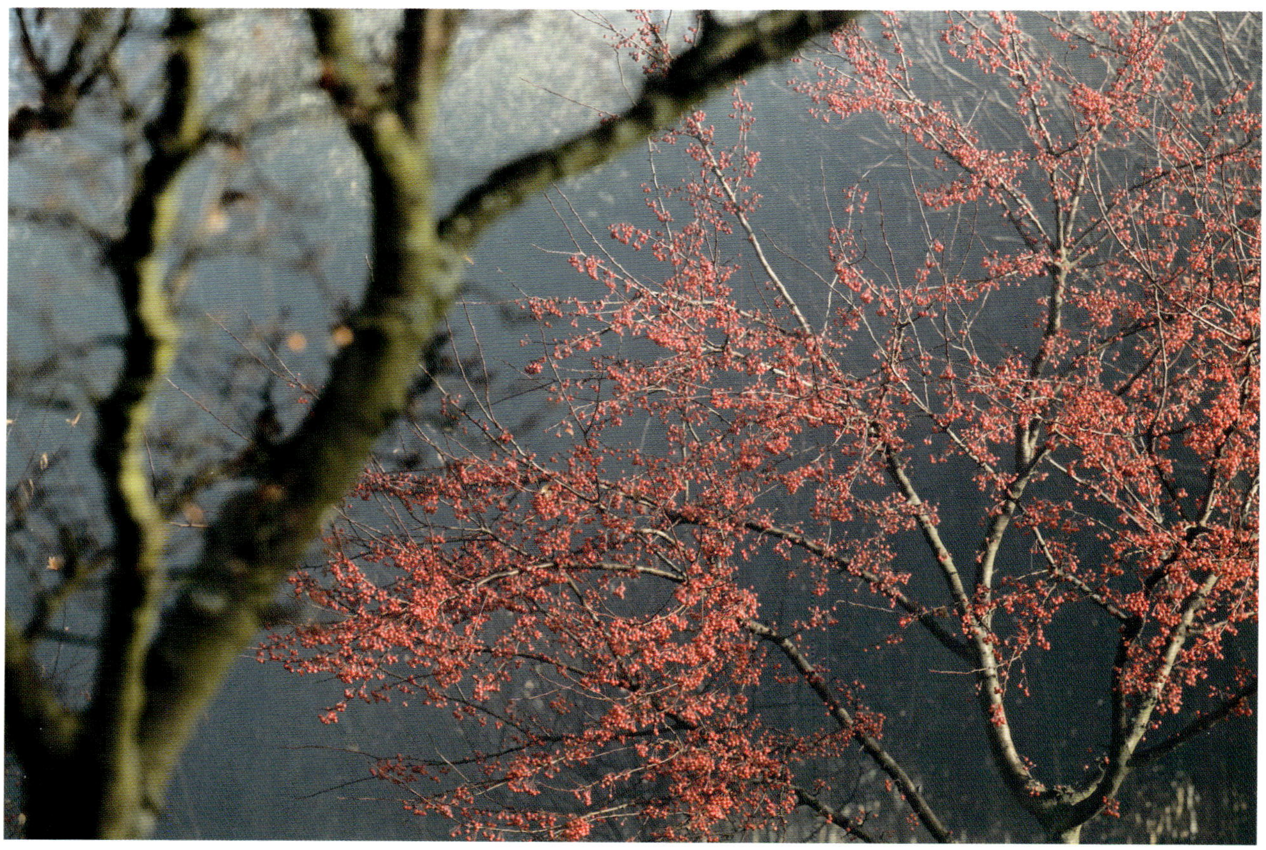

Arbeiten Sie auch mit Früchten, die im Winter hängenbleiben.
RECHTS: Die perlmuttschimmernden Blütenrispen von *Miscanthus sinensis* heben die Beeren der Orangenkirsche (*Idesia polycarpa*) optisch hervor.
OBEN: Die leuchtenden Zweige von *Cornus sanguinea* 'Winter Flame' bilden einen wunderschönen Kontrast zu den getrockneten Blütenständen des Brandkrauts (*Phlomis russeliana*). UNTEN: Die dekorativen Äpfelchen von *Malus* 'Nicolas Hennebelle' zeigen sich beim geringsten Sonnenstrahl glutrot.

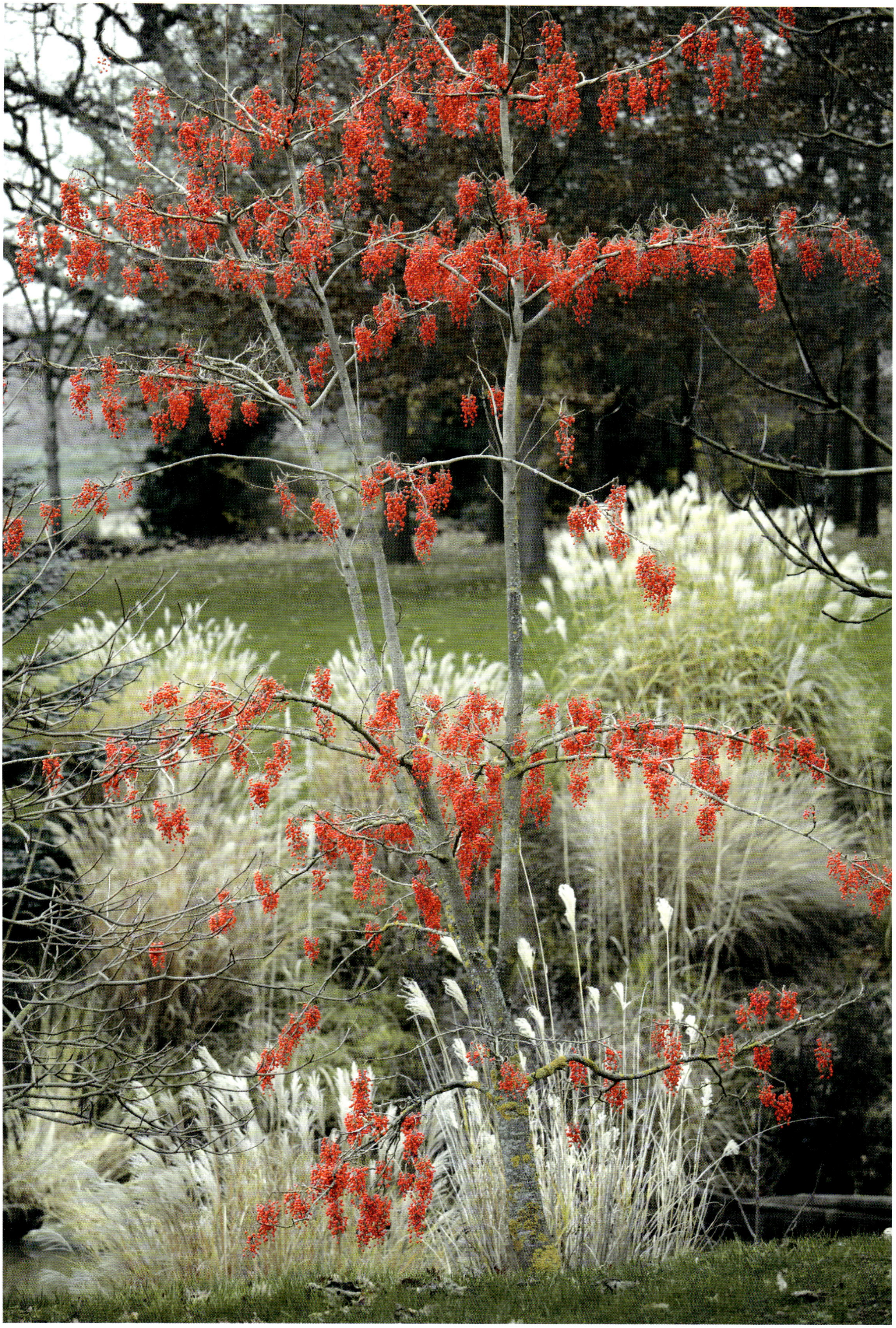

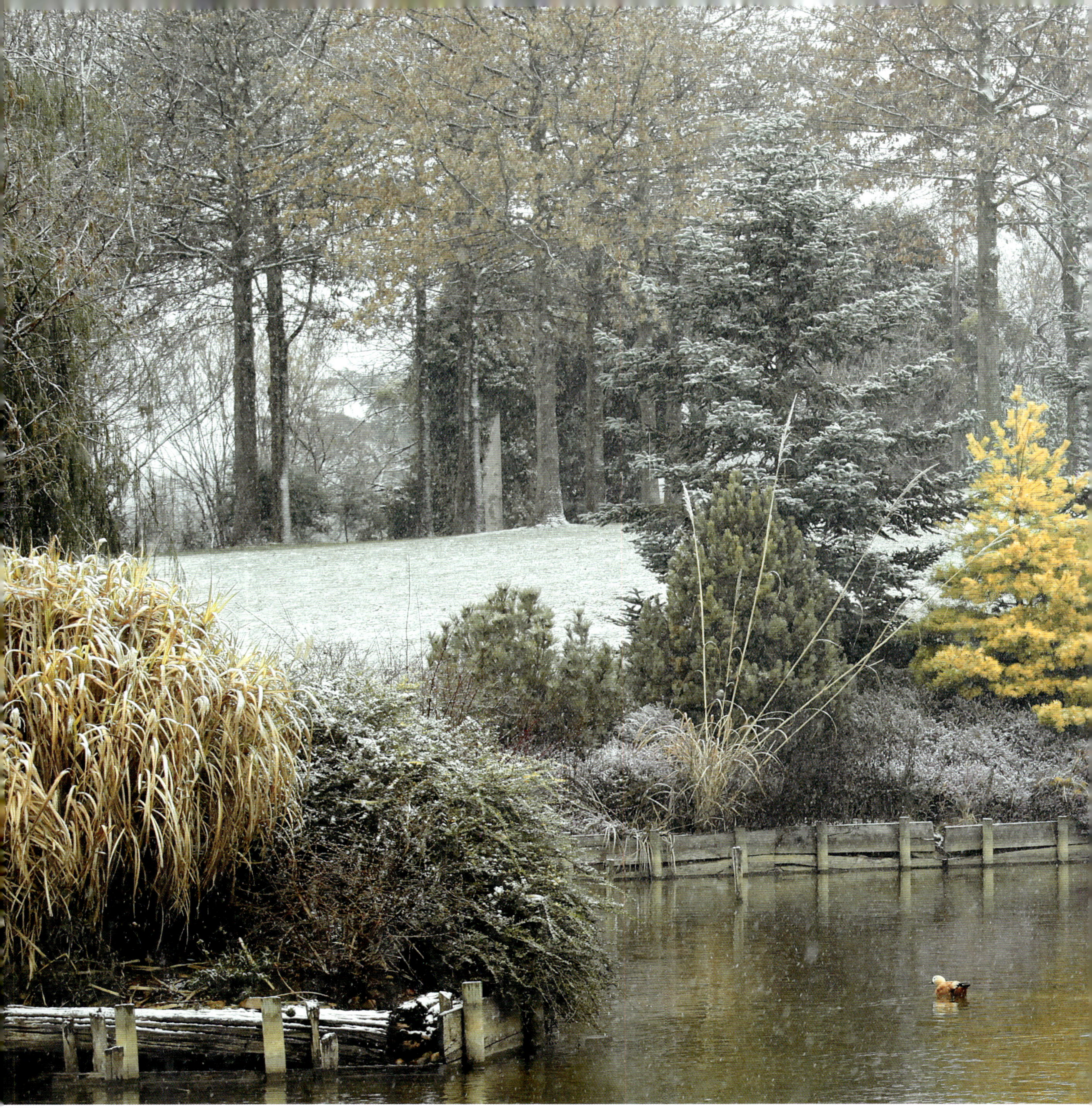

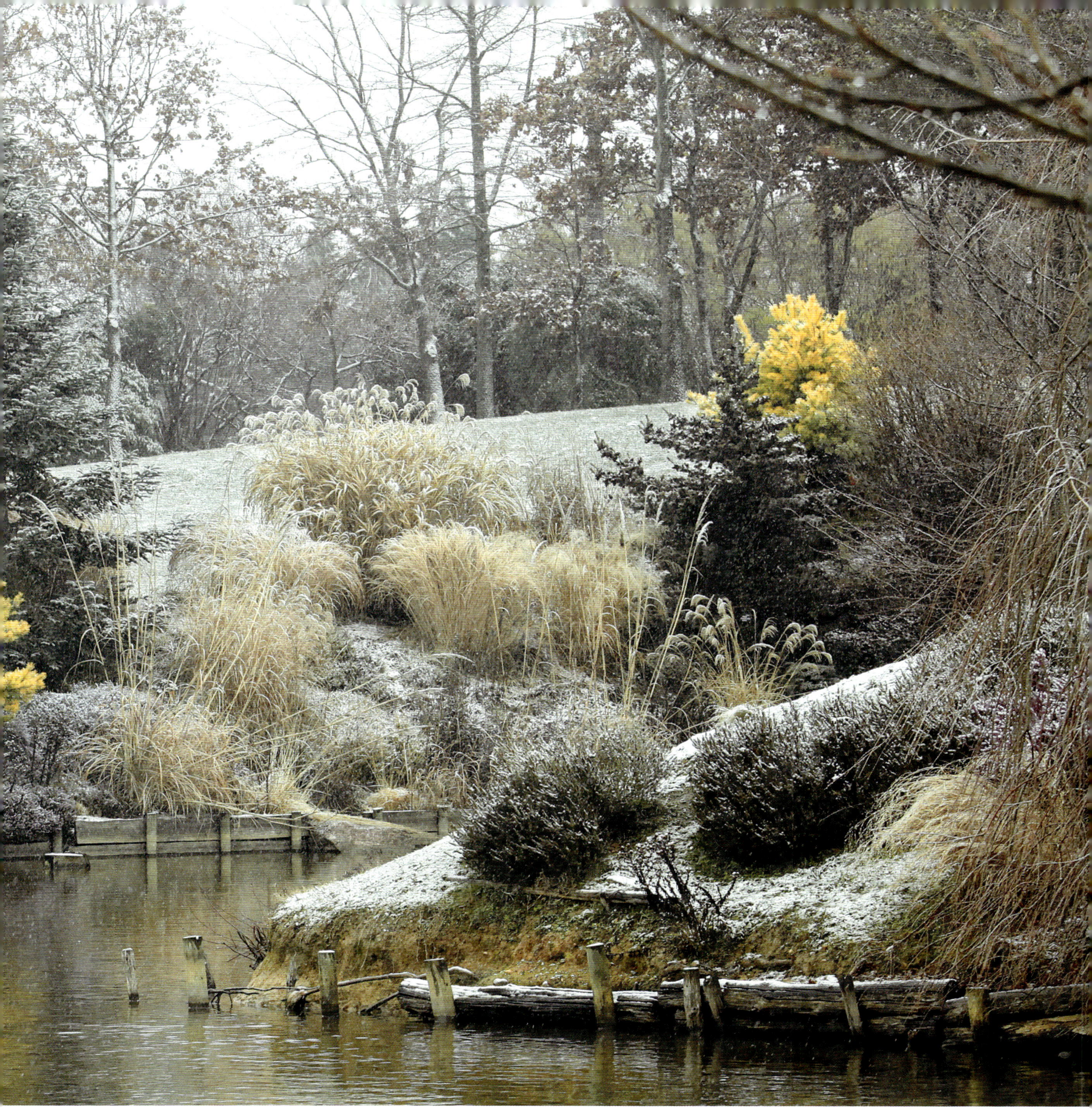

Der Winter ermöglicht, die Schönheit mancher Koniferen und die Feinheit etlicher Gräser hervorzuheben. Auf einem malvenfarbenen Heide-Teppich, flankiert von zwei Edel-Tannen *Abies procera* 'Glauca', wartet diese Wald-Kiefer *Pinus sylvestris* 'Gold Medal' auf den Frost, um sich dann im Sonnenlicht zu verwandeln. Die leicht mit Schnee bepuderten Gräser *Saccharum ravennae* und *Miscanthus sinensis* 'Cosmopolitan' sowie 'Morning Light' verleihen dieser Komposition eine gewisse Leichtigkeit.

SIR HAROLD HILLIER GARDENS

Der berühmte Baumschulgärtner Sir Harold Hillier hatte tief reichenden Einfluss auf den zeitgenössischen Gartenbau. Im Weideland am Ufer des Test, wenige Kilometer nordwestlich von Southampton, begann er im Jahr 1953 mit der Pflanzung zahlreicher seltener Baumarten. Das Arboretum beherbergt heute eine der weltweit schönsten und artenreichsten Sammlungen von Bäumen und Sträuchern der gemäßigten Klimazonen. Die Zahlen sprechen für sich: 14 Sammlungen von nationaler Bedeutung, 42 000 Bäume und Sträucher, 12 000 Taxa – und alles auf einer Fläche von 72 Hektar. Es ist ein Paradies für Pflanzenliebhaber.

Der 1996 gestaltete Winter-Garten verfügt ebenfalls über eine beeindruckende Pflanzenvielfalt. Da er sehr beliebt ist, wurde er dreimal erweitert, um das Beste zur Schau stellen zu können. Mit mehr als 650 verschiedenen Arten, die auf 1,5 Hektar beieinander stehen, bieten sich Hunderte von Kombinationen für typische winterliche Ansichten. Bei Hillier ist der Winter eine attraktive Jahreszeit. Die strahlenden Farben und erstaunlichen Strukturen der Baumrinde von *Betula*, *Prunus*, *Acer*, *Stewartia*, *Cornus*, *Rubus*, *Salix* und Co. treten schamlos in einen Schönheitswettbewerb mit den betörenden Blüten von *Daphne*, *Hamamelis*, *Lonicera*, *Viburnum*, *Galanthus*, *Cyclamen* und anderen.

Höhepunkt ist auch das unvorstellbare Sortiment von Zwergkoniferen, die in den 1960er-Jahren zusammen mit einer Heidekraut-Sammlung angepflanzt wurden. Diese Pflanzungen entwickeln sich ständig weiter, da sie alle zehn Jahre durch neuere Züchtungen ersetzt werden. Auf diese Weise entstehen viele zusätzliche Ideen für winterliche Gärten und die bezaubernden Formen und Farben bilden Kontraste zum Weiß der Himalaya-Birken.

Auf ihrem Teppich von *Carex morrowii* 'Fisher's Form' leuchten die scharlachroten Triebe von *Cornus alba* 'Sibirica' schon beim geringsten Strahl der tief stehenden Wintersonne.

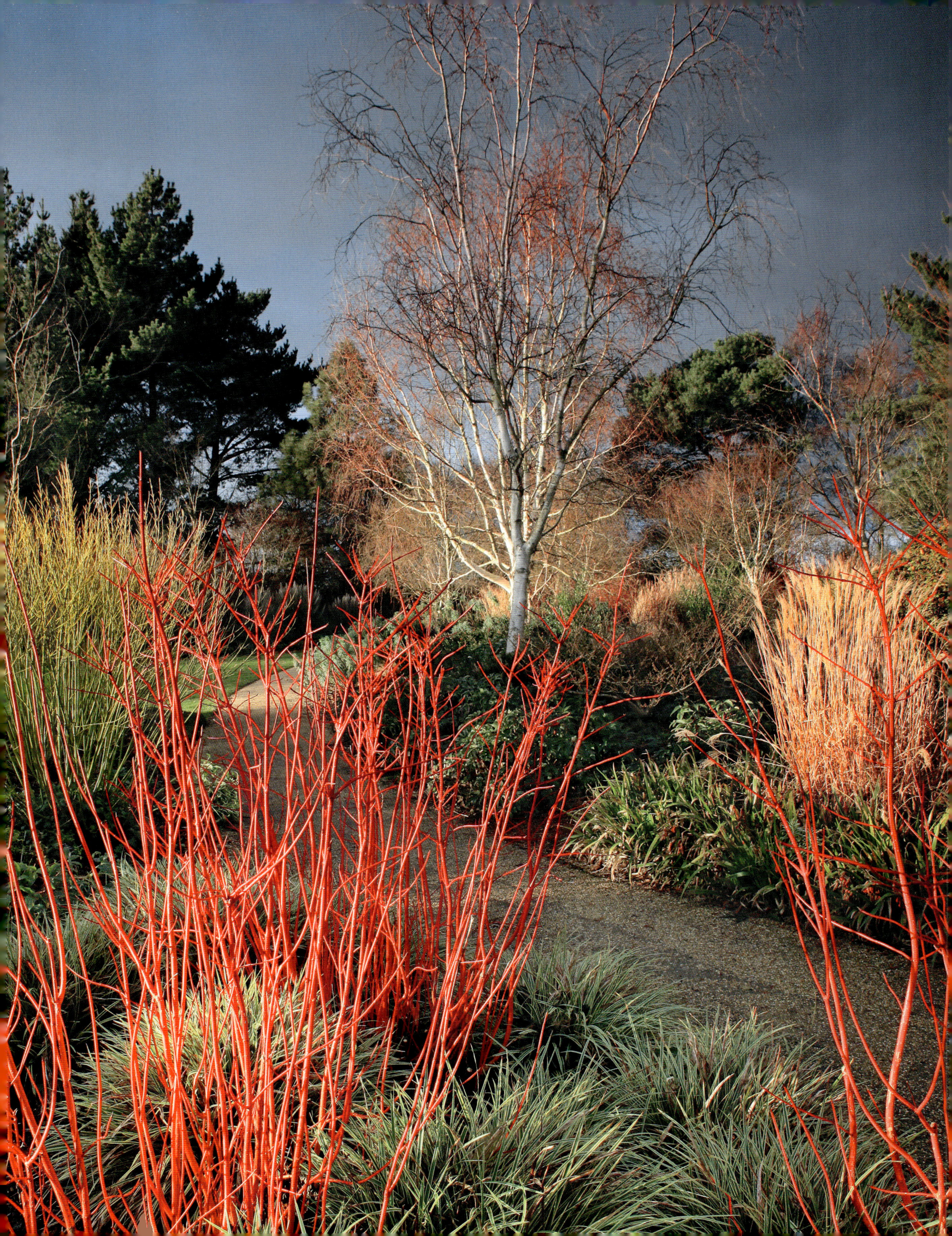

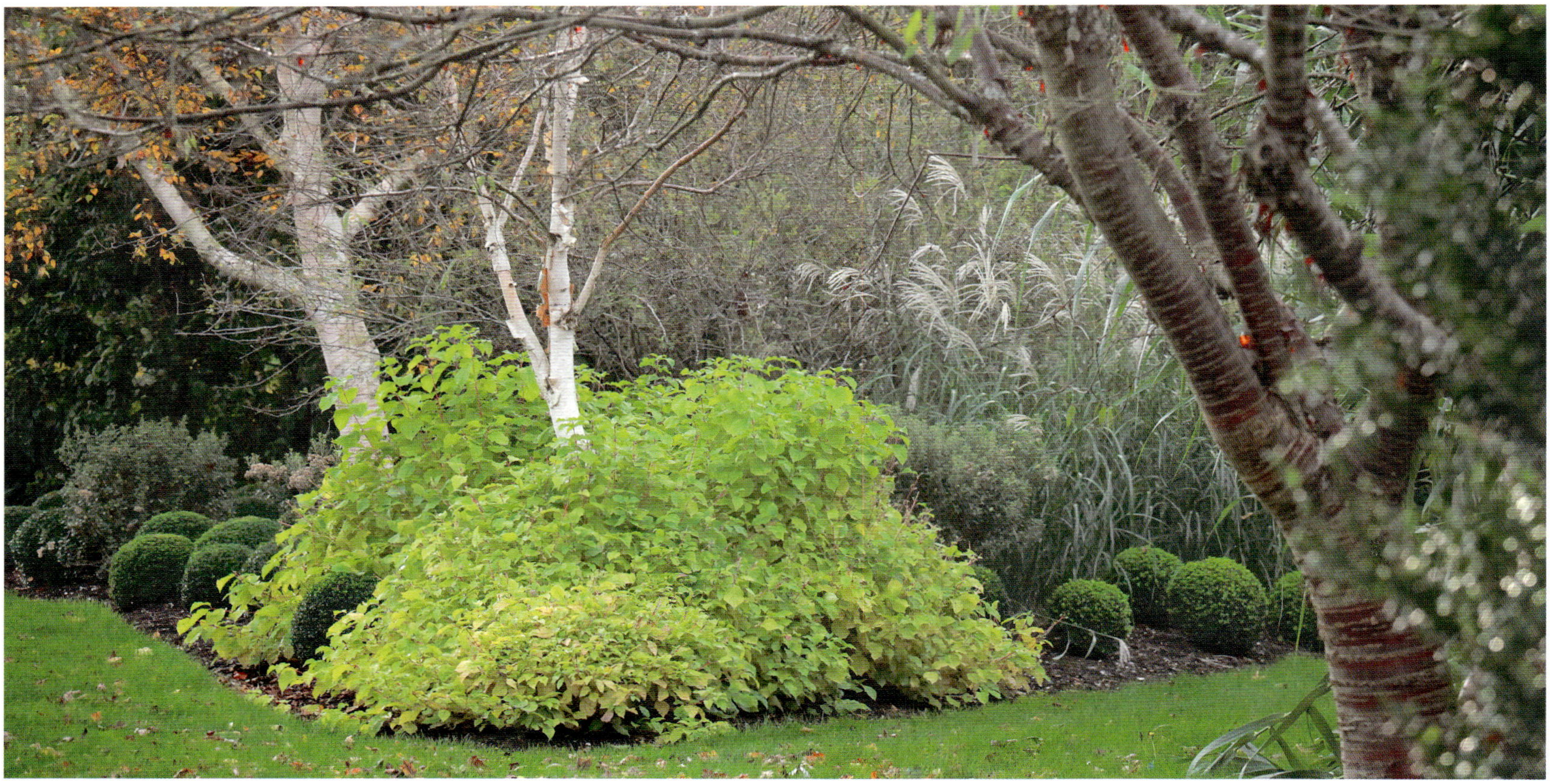

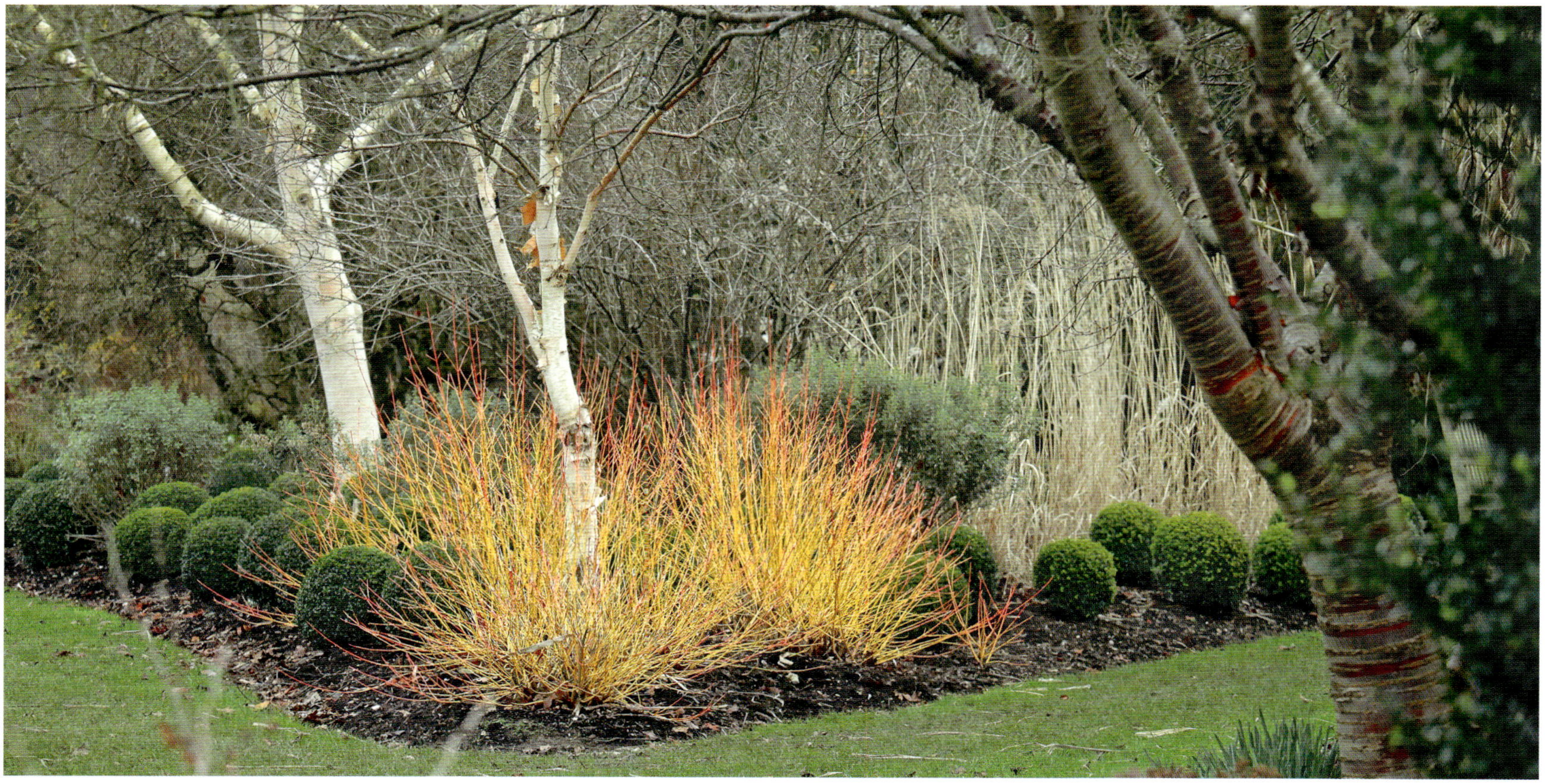

OBEN: Dicht belaubt, bildet *Cornus sanguinea* 'Midwinter Fire' einen üppigen Busch. UNTEN: Man muss auf den Winter warten, um den größten Vorzug genießen zu können. Das farbige Holz belebt den Garten und lässt die Komposition zugleich durchscheinend wirken. So kommen auch der Stamm von *Betula ermanii* und die daraus gezüchtete Sorte 'Grayswood Hill' zur Geltung.

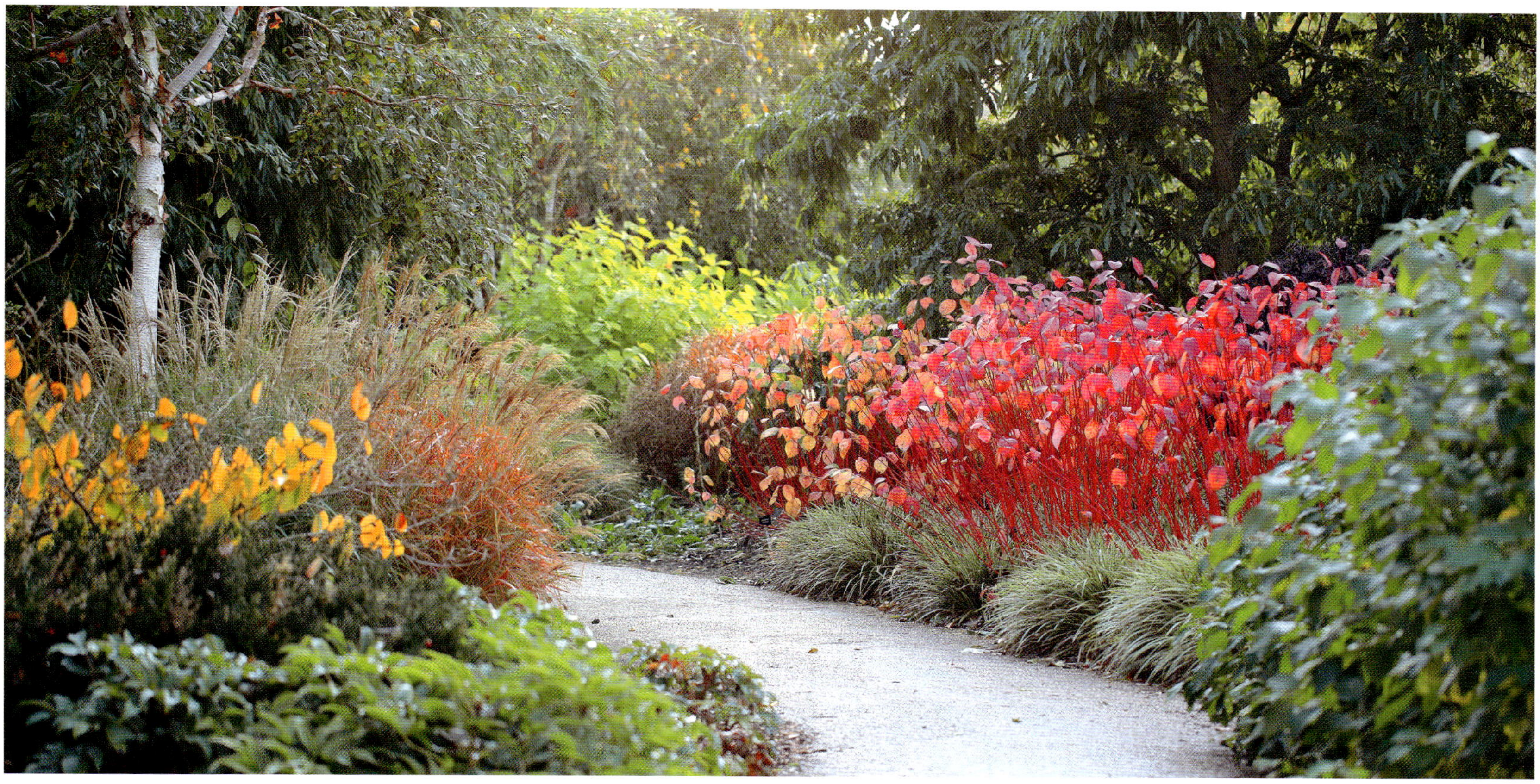

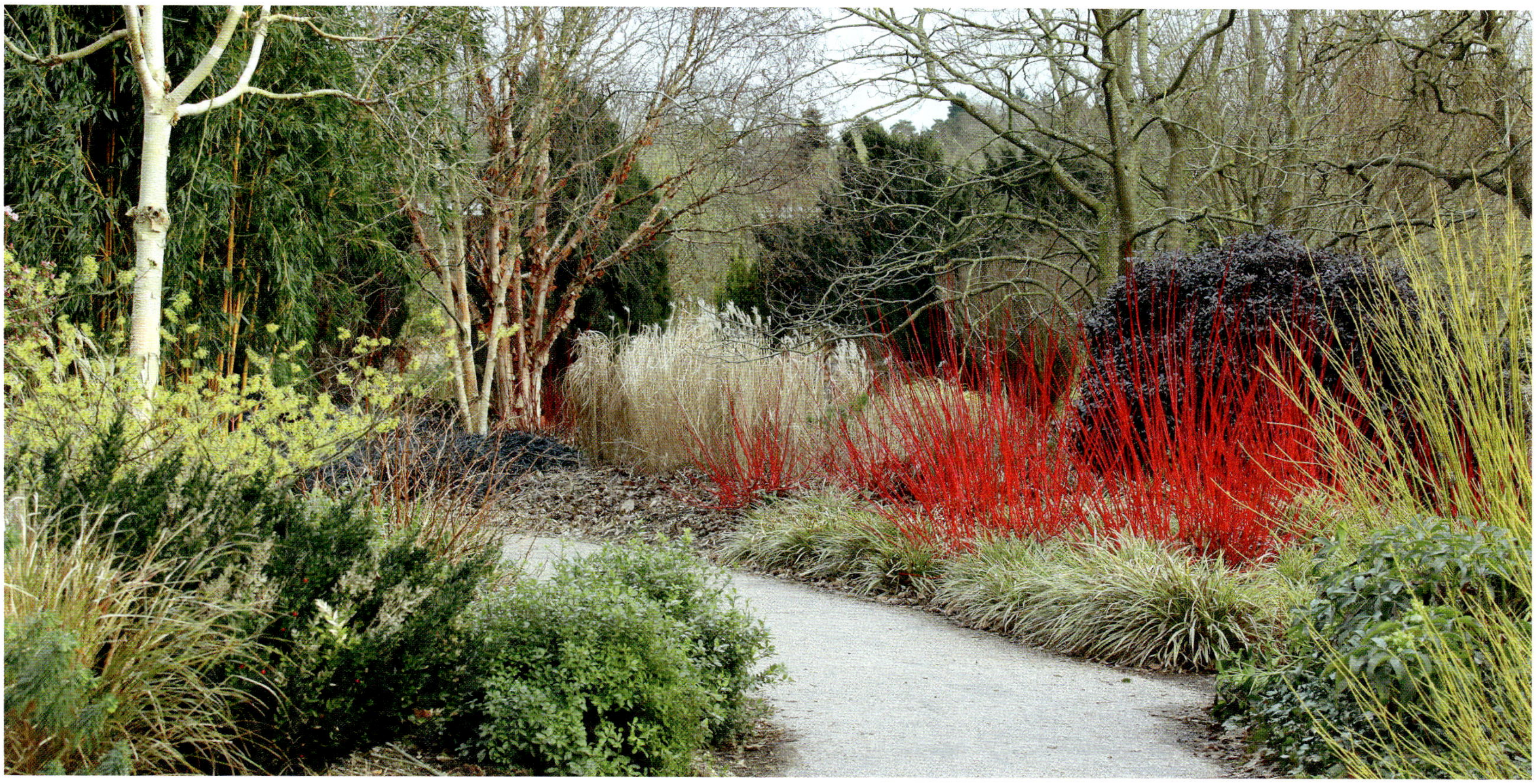

OBEN: Die gelben Blätter der Hamamelis × intermedia 'Savill Starlight' begleiten *Cornus* alba 'Sibirica' im rosaroten Herbstgewand.
UNTEN: Sobald die Blätter der Hartriegel gefallen sind, geben sie den Blick auf die überraschende schwarze Silhouette von *Pittosporum tenuifolium* 'Tom Thumb' frei. Im Hintergrund präsentiert *Betula albosinensis* 'Bowling Green' ihre ansprechende Rinde.

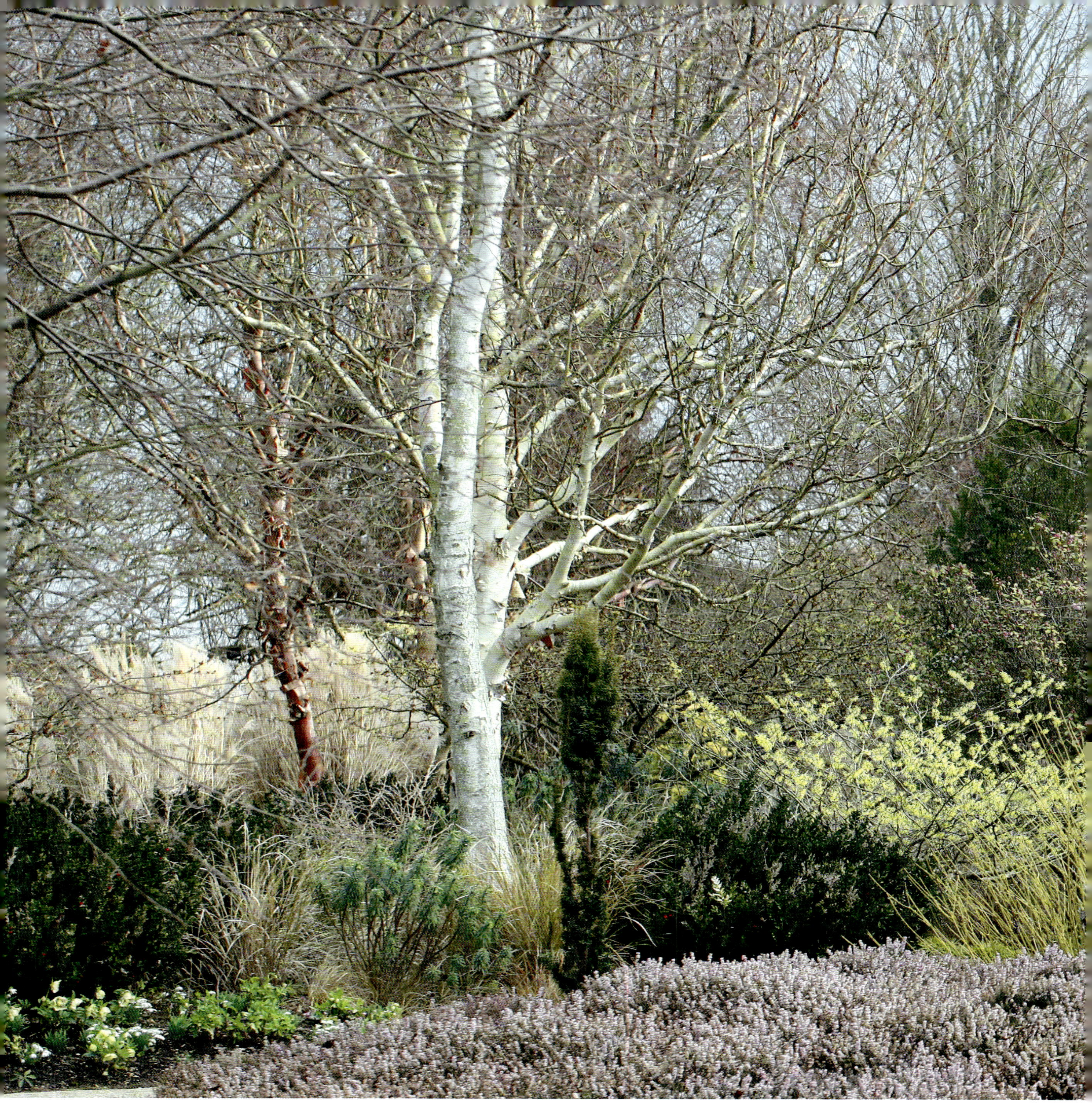

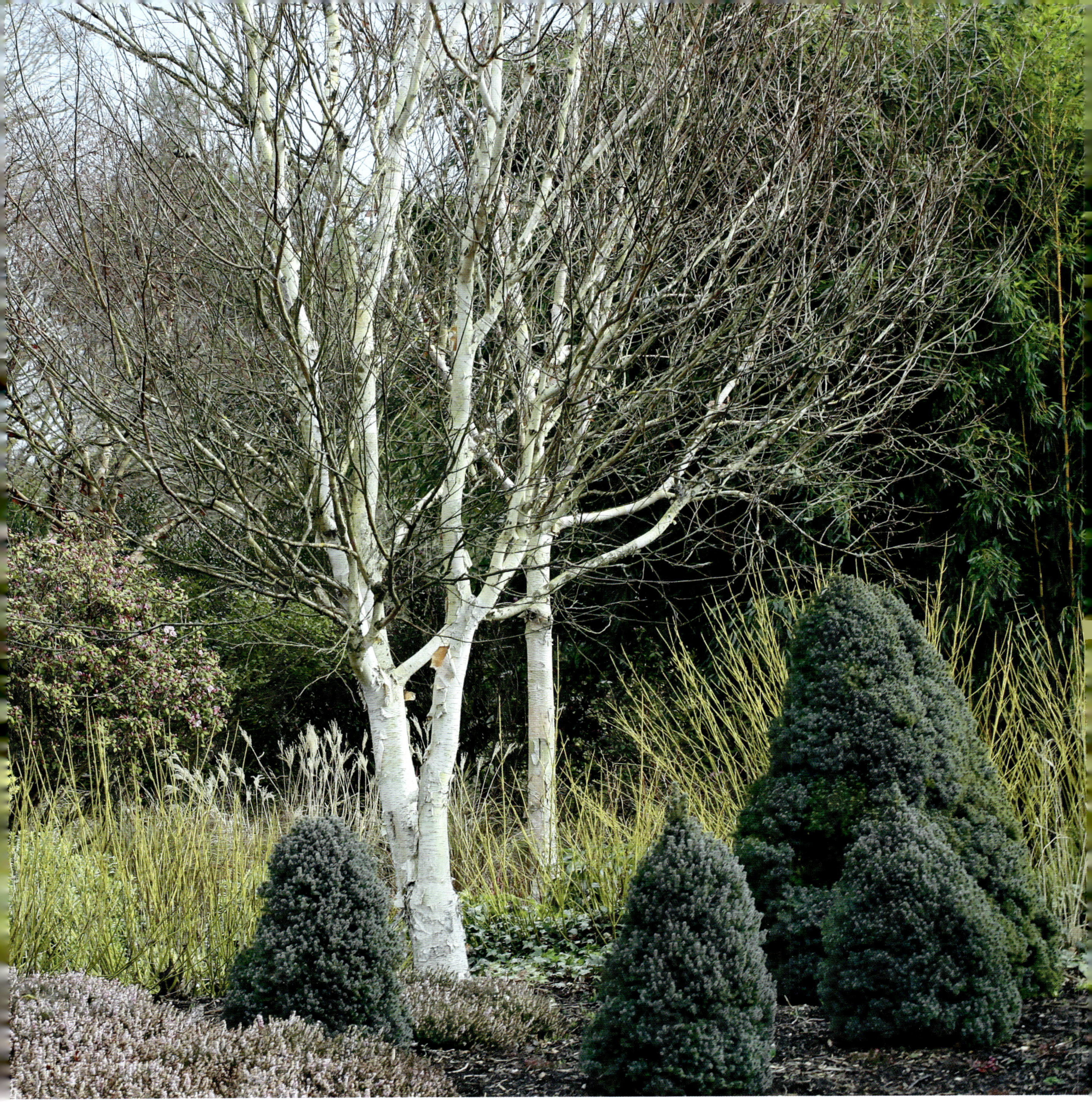

Bei der Gestaltung erweisen sich zarte und pastellfarbene Töne als ebenso wirksam wie Farben, die ins Auge springen. *Betula utilis* bildet das Gerüst dieser Szenerie. Die kalt-gelben Blüten der Zaubernuss (*Hamamelis* × *intermedia* 'Savill Starlight') und der Christrose (*Helleborus* × *hybridus*) harmonieren wunderbar mit dem Anis-Grün des Weißen Hartriegels (*Cornus sericea* 'Flaviramea'). Das Blau von *Picea glauca* 'Alberta Blue' passt perfekt zum Malventon der Schnee-Heide (*Erica carnea* 'Pink Mist'), was die dominante Farbe dieses Bildes betont.

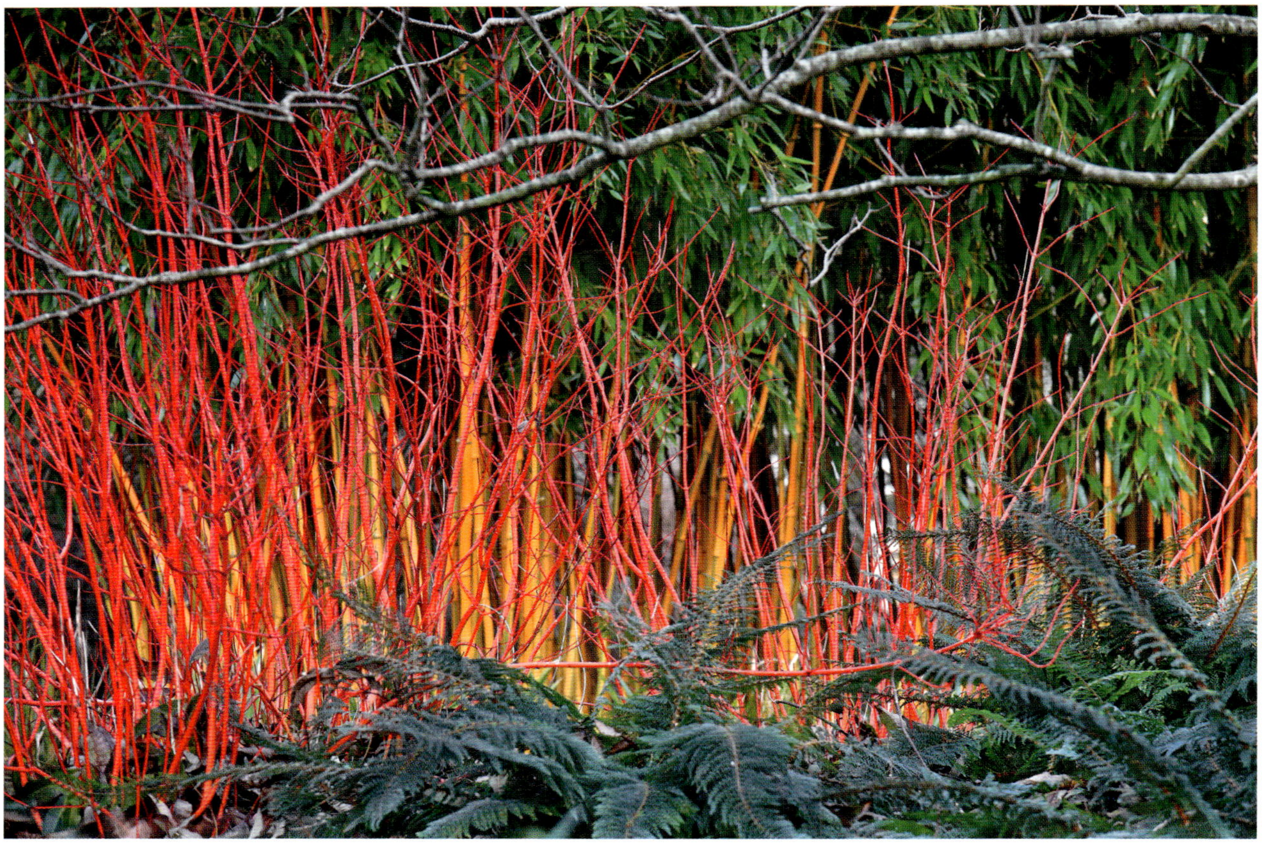

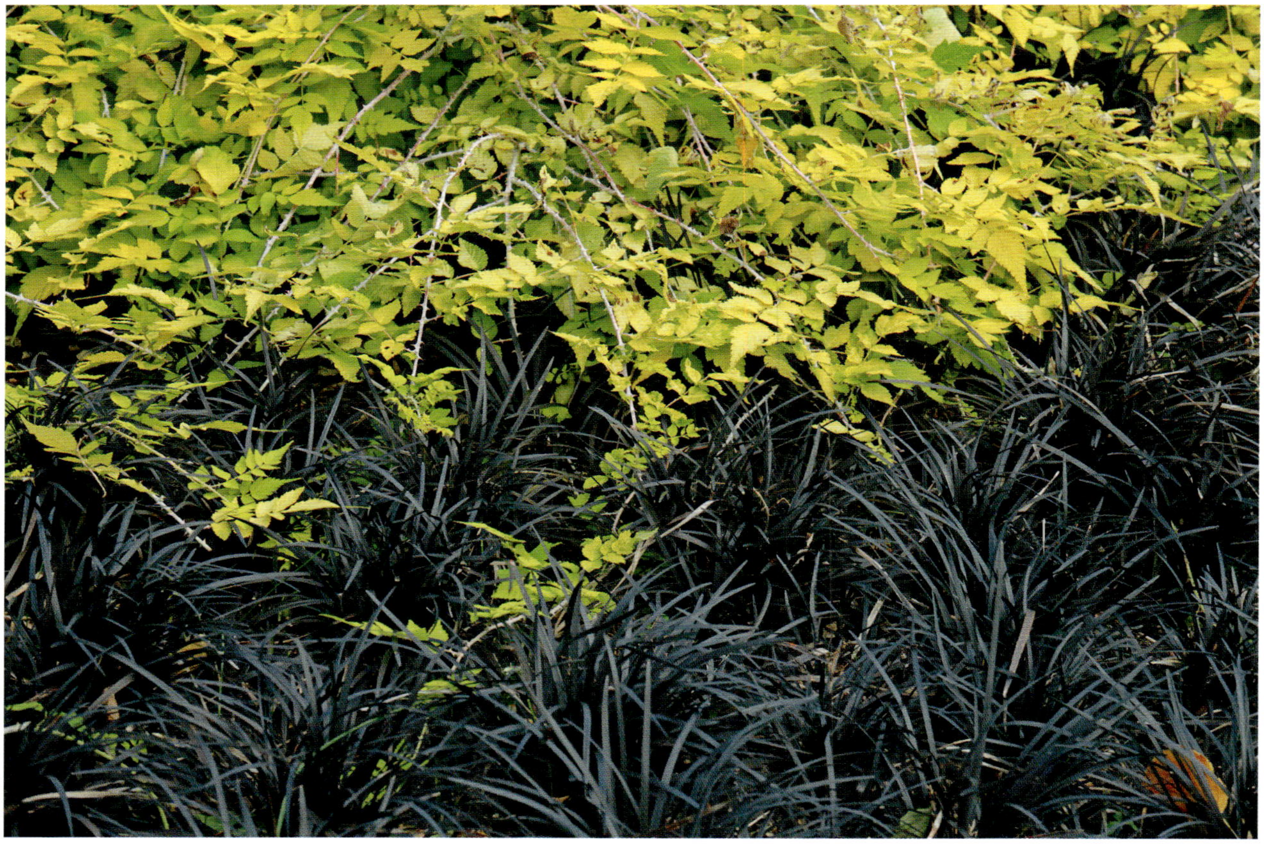

OBEN: Die roten Triebe von *Cornus alba* 'Sibirica' heben sich deutlich vom gelblichen Orange des *Phyllostachis aureosulcata* fo. *spectabilis* ab. UNTEN: Das Schwarz von *Ophiopogon planiscapus* 'Nigrescens' kontrastiert mit dem goldgelben Blattwerk und den weißen Ästen von *Rubus cockburnianus* 'Goldenvale'. RECHTS: Die Strenge der Buchskugeln und die langen Blätter von *Dianella tasmanica* 'Emerald Arch' heben sich von der lichten Silhouette der Trauer-Weide (*Salix* × 'Erythroflexuosa') ab.

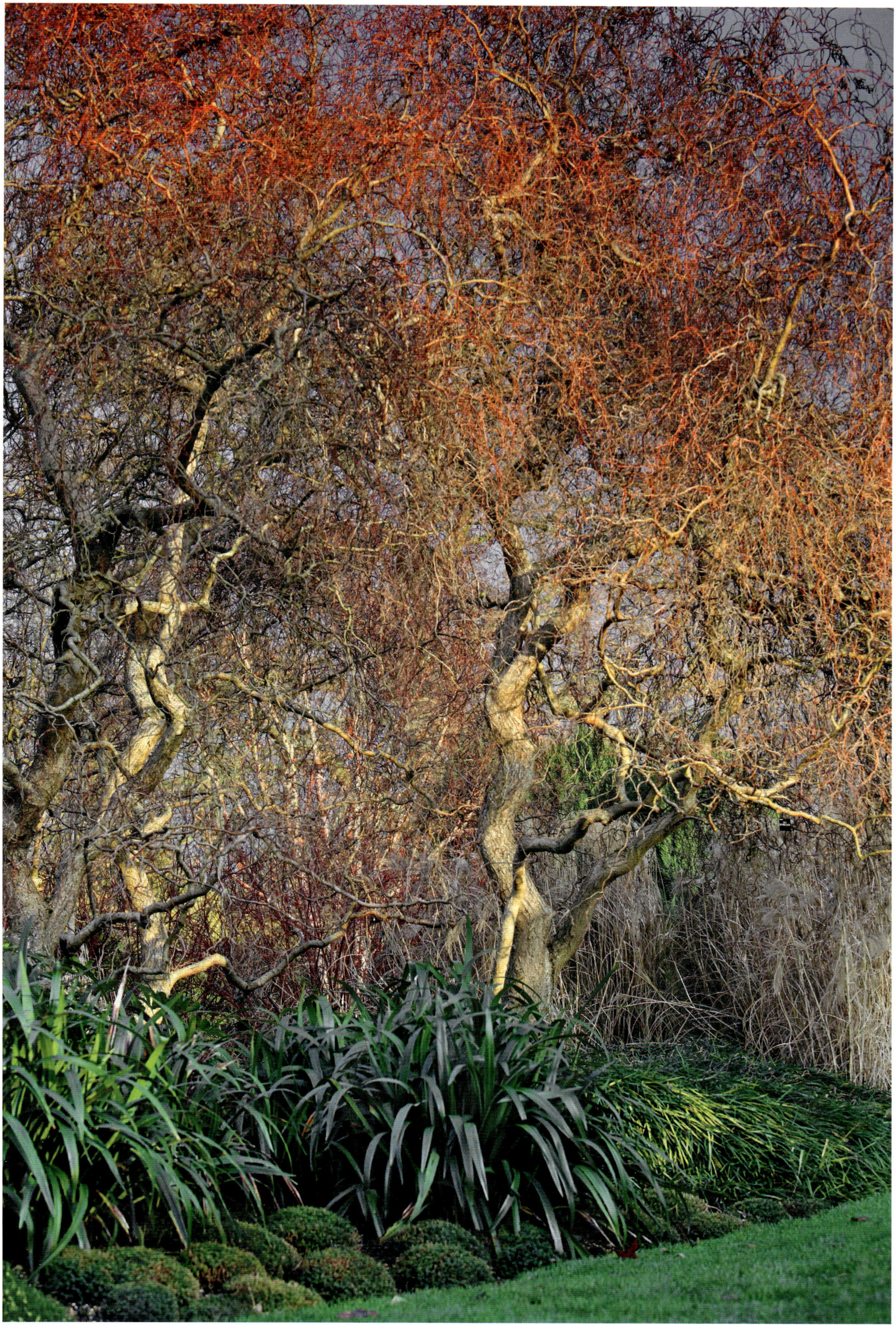

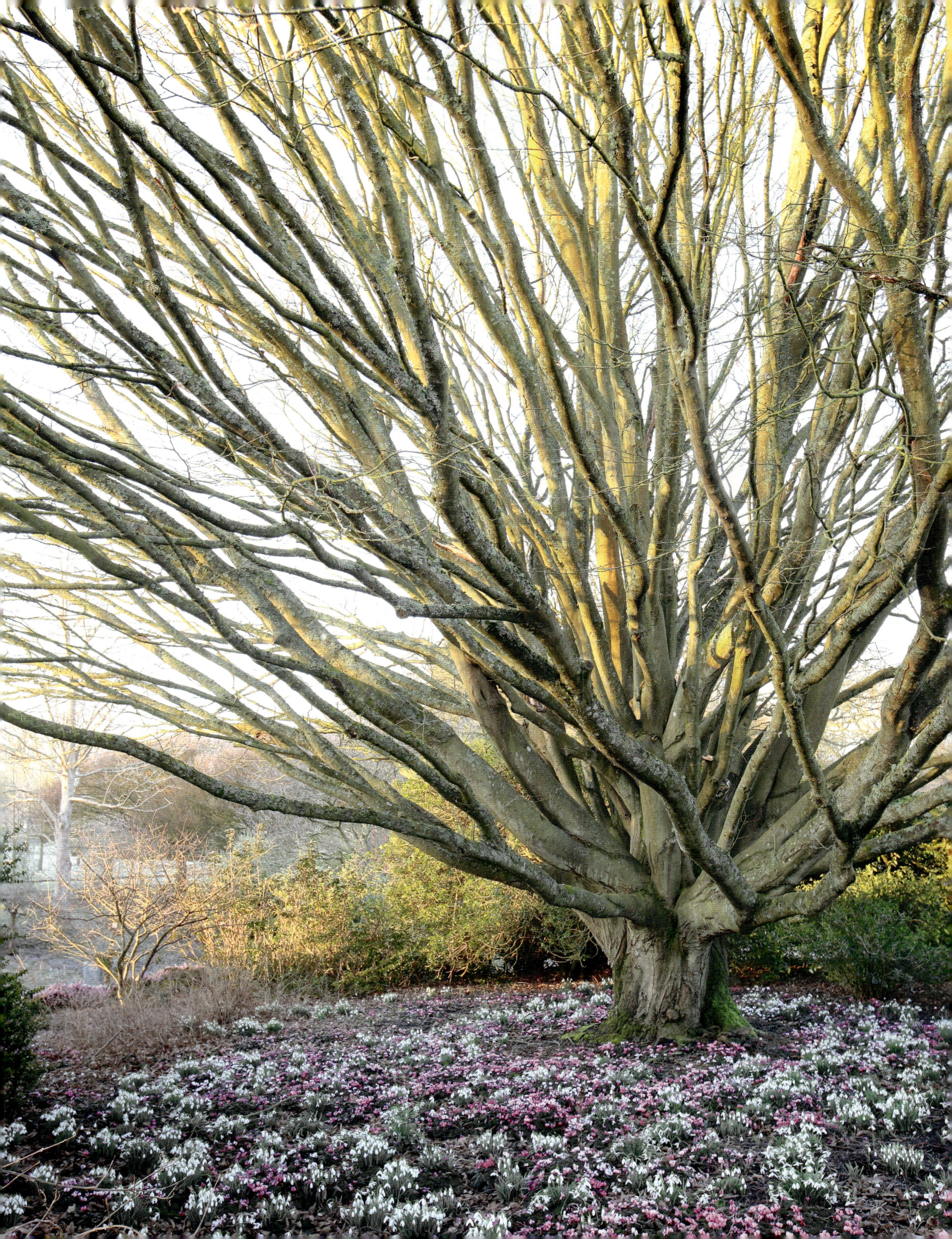

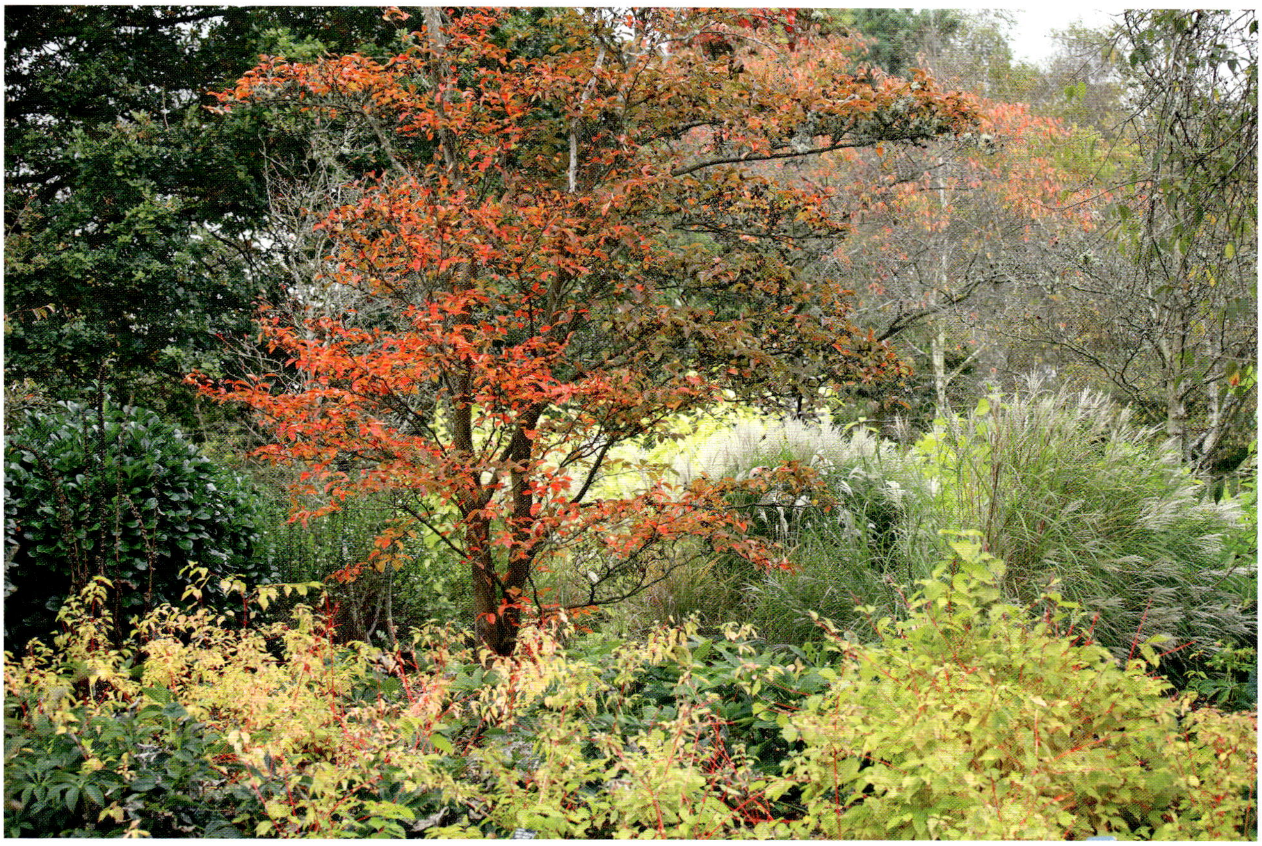

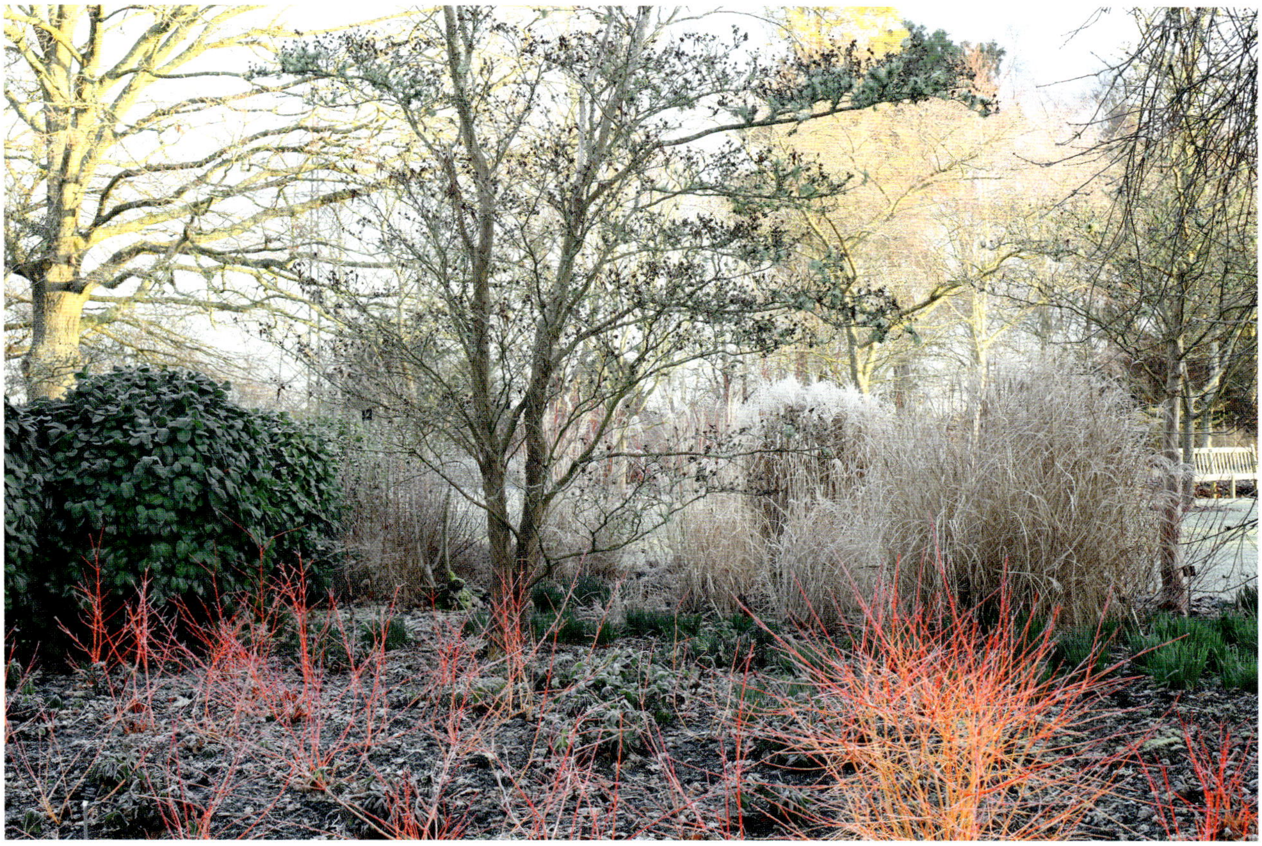

LINKS: Unter den Bäumen sorgen Knollen- und Zwiebelblumen für einen wunderbaren, aber vergänglichen Teppich – so wie hier die Alpenveilchen (*Cyclamen coum*) und die Schneeglöckchen (*Galanthus nivalis*) unter einer mächtigen Weißbuche (*Carpinus betulus* 'Fastigiata').
OBEN: Obgleich selten in den winterlichen Gärten eingesetzt, eignet sich auch *Stewartia pseudocamellia* mit ihrem eleganten Habitus und der im Alter grau-orangefarbenen Rinde wunderbar. Sie trägt im Frühsommer zudem zarte Blüten und im Herbst färbt sie sich orangerot.

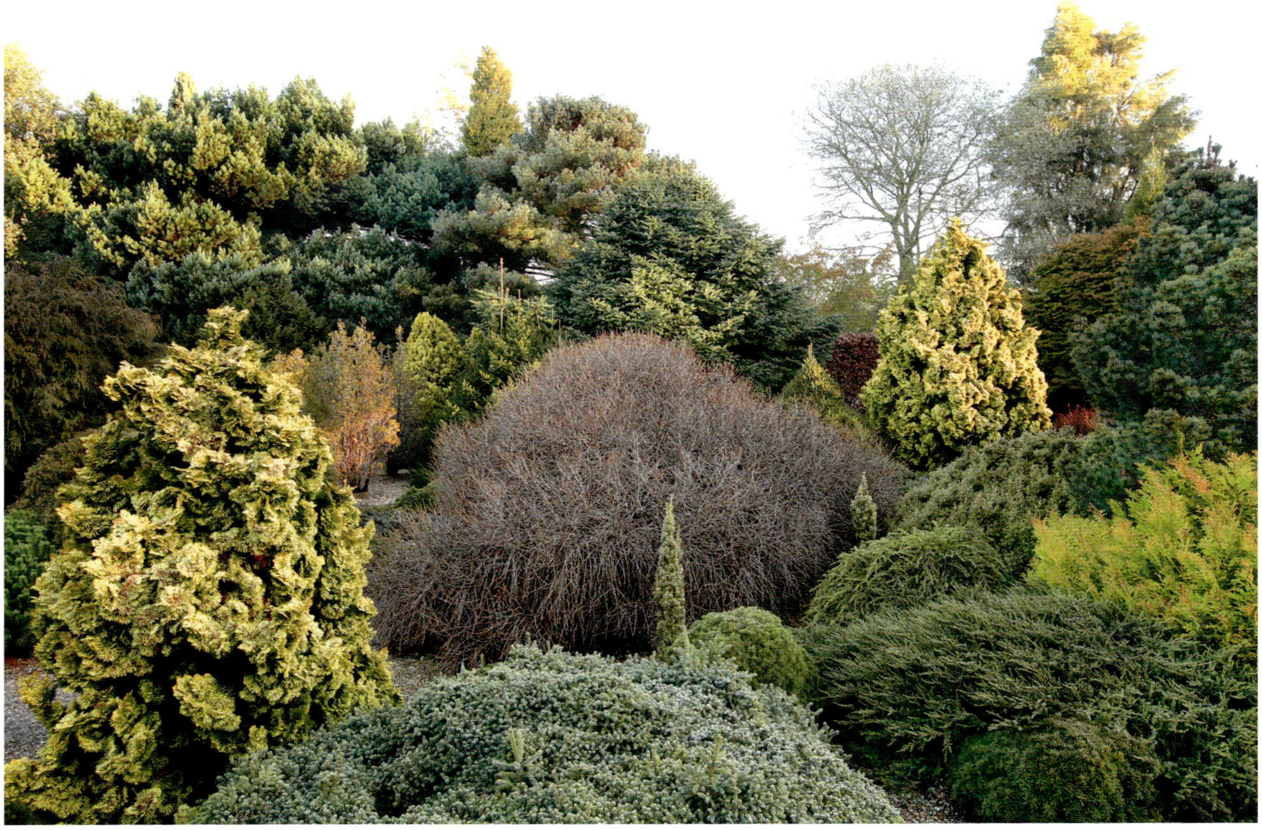

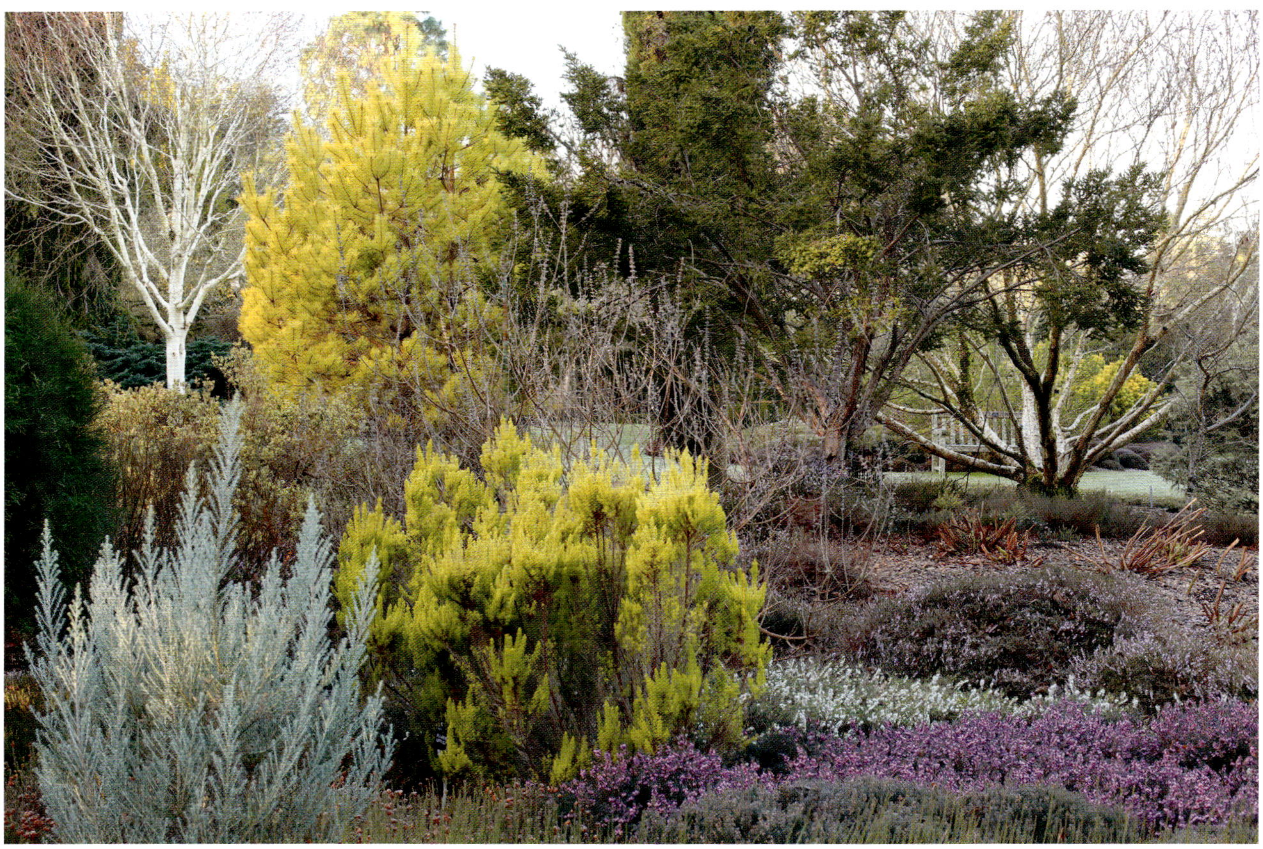

Koniferen und Heidekraut dienen hier als verbindende und gliedernde Elemente. Sie sorgen für Farbe und mit ihrer Struktur sowie ihrer unterschiedlichen Gestalt für rhythmische Akzente. Mit goldfarbenem Blattwerk sind die beiden Scheinzypressen *Chamaecyparis obtusa* 'Spiralis aurea' und 'Nana Aurea' (oben) sowie *Pinus sylvestris* 'Gold Medal' unverzichtbar, ergänzt durch *Erica arborea* 'Albert's Gold' (unten). RECHTS: Dank seiner panaschierten Nadeln, die das Licht einfangen, scheint der Chinesische Wacholder (*Juniperus chinensis* 'Japonica Variegata') von innen heraus zu leuchten.

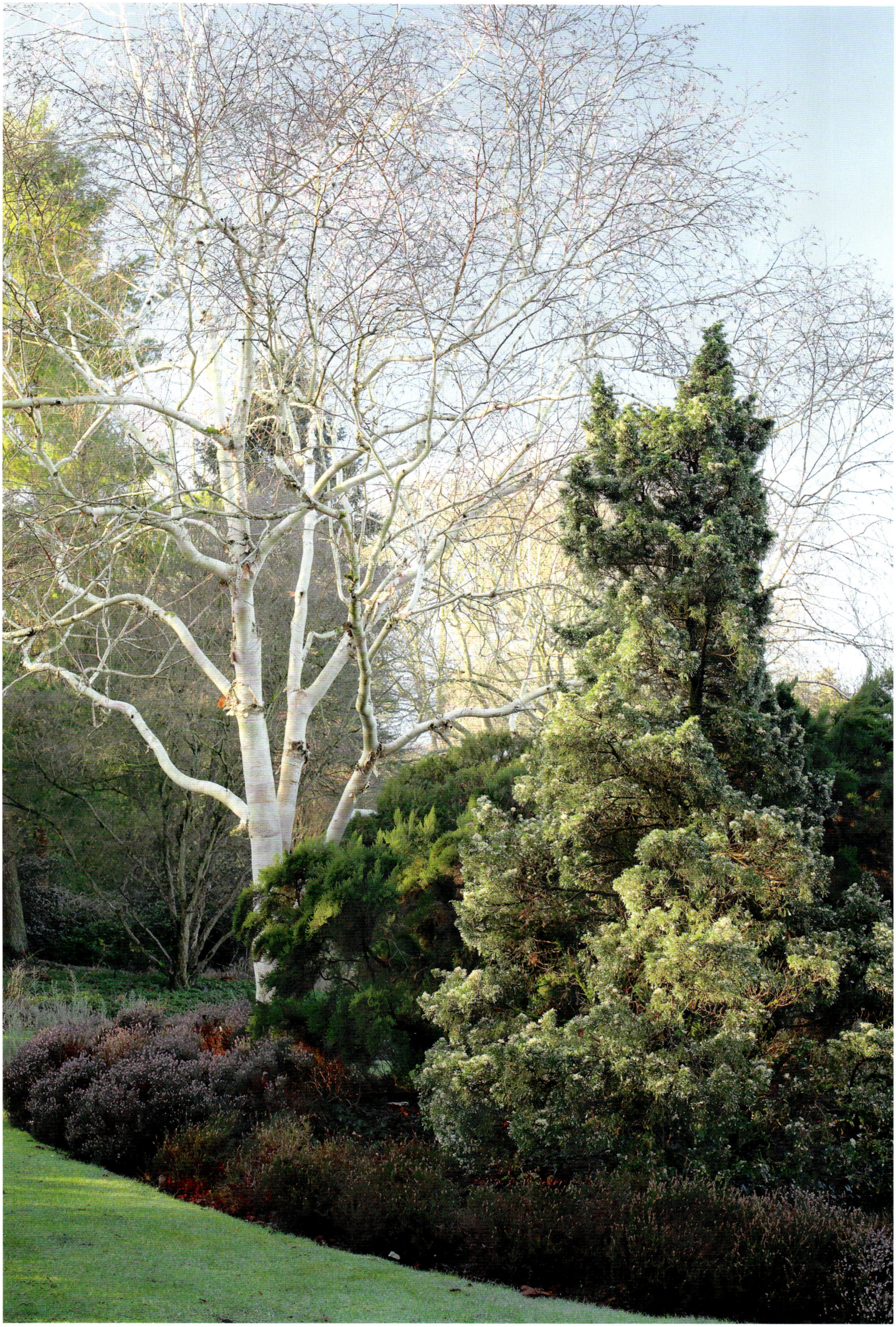

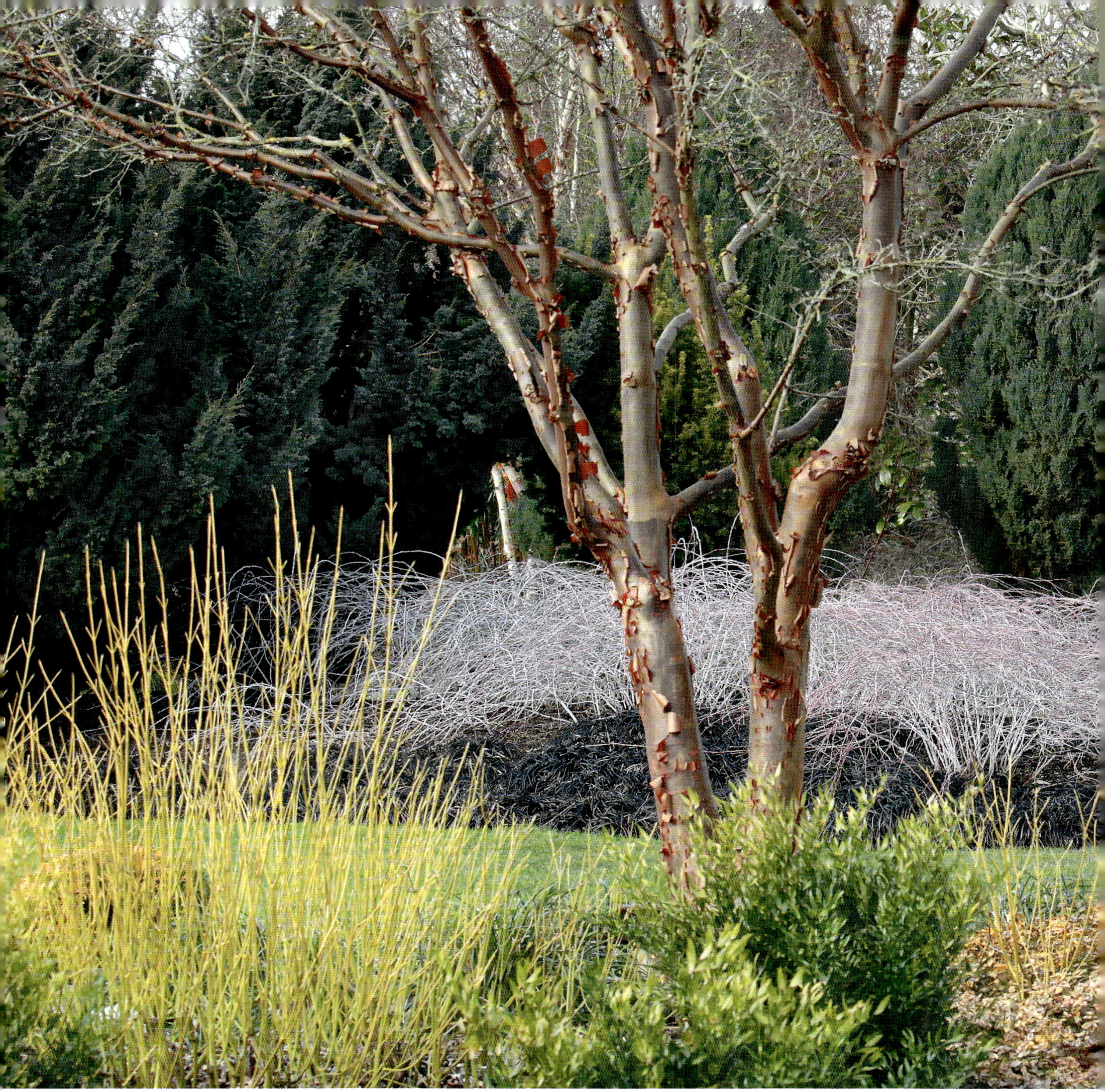

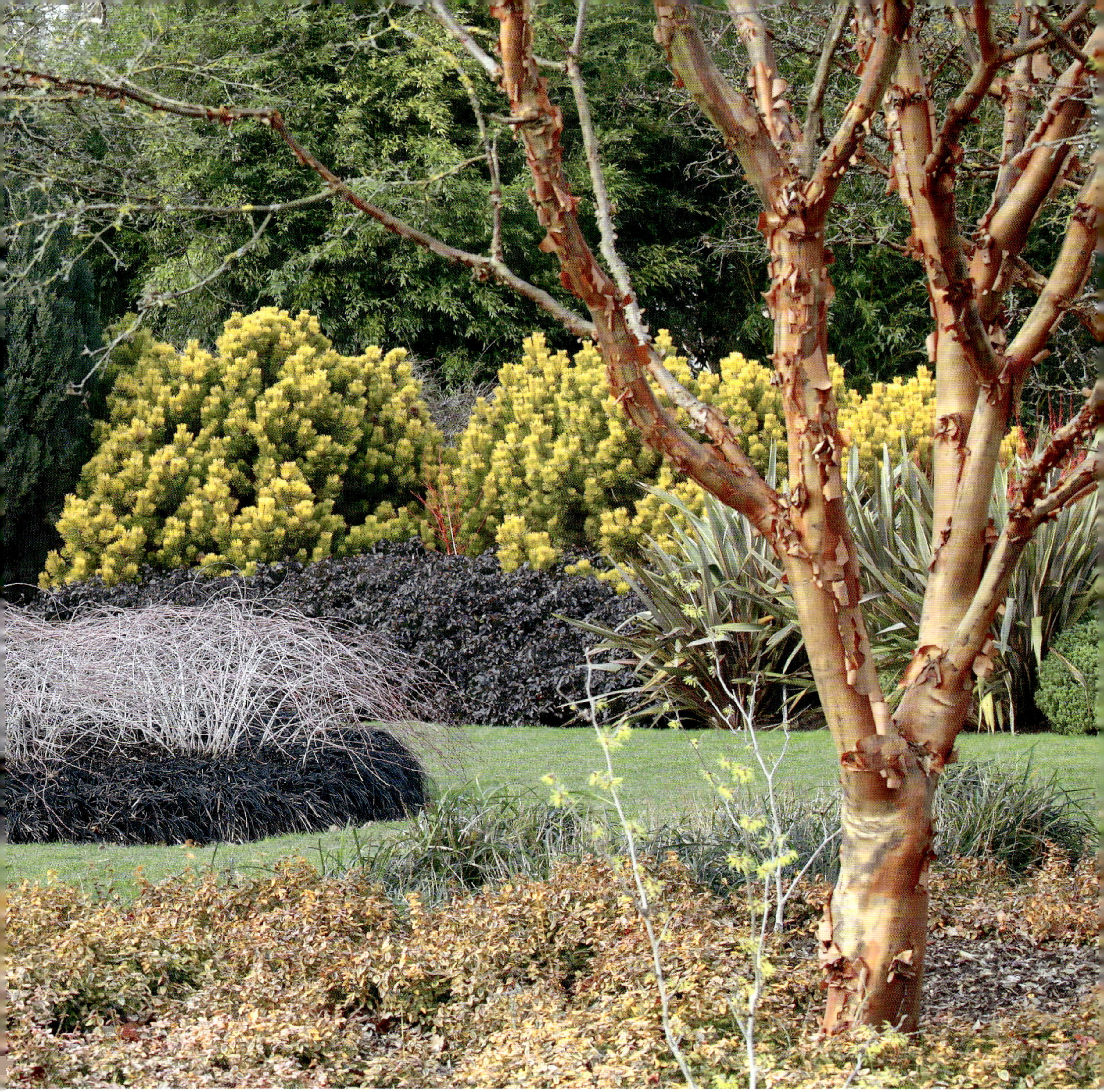

Diese beiden *Acer griseum* wachen über den Farbwechsel, wenn der Winter näher rückt. Am Boden darunter färbt sich das Beet mit *Euonymus fortunei* 'Emerald'n' Gold' von Gelb in ein orangefarben angehauchtes Rosa. In der Mitte wechselt das imposante Feld mit *Rubus cockburnianus* 'Goldenvale' von Gold zu einem rosaweißen Ton. *Pinus mugo* 'Winter Gold' im Hintergrund werden im Winter intensiv goldfarben, während *Mahonia aquifolium* 'Apollo' sich schwarz mit einem Purpurschimmer färben.

BRESSINGHAM GARDENS

Etwa 80 Kilometer nordöstlich von Cambridge liegen die Bressingham Gardens, der Besitz des Familienunternehmens Bloom. Diese Familie von Baumschulgärtnern prägte viele Jahrzehnte hindurch die internationale Gartenwelt. Auf sechs Hektar Gelände wachsen hier mehr als 8000 Pflanzenarten, verteilt über sechs Themengärten von besonderer Schönheit.

Alan Bloom, der Vater, war für seine einzigartige Staudensammlung bekannt. 1962 stieg sein Sohn Adrian in das Unternehmen ein und erweiterte die Pflanzenpalette, indem er Heidesorten, Zwergkoniferen und schwachwüchsige Nadelbäume zu züchten begann. Im Zuge dessen wandte er sich der Innovation zu, als er erste Versuche mit Winterpflanzungen durchführte, die ein großer Erfolg waren.

1967 stürzte er sich in das Abenteuer, einen ganzjährig dekorativen Garten anzulegen – Foggy Bottom. Dies war der erste auf den winterlichen Anblick hin ausgerichtete Landschaftsgarten. Auf 2,4 Hektar Fläche stellte er mehr als 500 verschiedene Koniferen in einen Kontrast zu gut 100 Heidearten und -sorten sowie einigen Bäumen mit dekorativer Rinde. Im Laufe der Jahre hat sich der Garten weiterentwickelt. Die Heide ist verschwunden und hat den ausgewachsenen Koniferen anderen Bäumen und Sträuchern, Ziergräsern und Stauden den Platz überlassen.

Um an die von ihm so geschickt in Szene gesetzte Winterzeit einmal mehr anzuknüpfen, gestaltete Adrian Bloom 2003 nochmals einen eigens auf den Wintereffekt hin konzipierten Garten. An einem Standort in der Nähe des Haupteingangs und damit für möglichst viele Besucher zugänglich, versammeln sich auf 2000 Quadratmetern fast 250 Pflanzenarten, deren Blüten oder winterliche Fruchtstände, Düfte, Rinde und Blattfarbe (bei den Immergrünen) sehr gut harmonieren. Die großartige Komposition zeichnet sich durch spektakuläre Wiederholungen von Kornelkirsche, Birken, Koniferen, Heide, Bergenien und Gräsern aus.

Im Winter schlängelt sich wie ein purpurrotes Band *Bergenia* 'Bressingham Ruby' zwischen den orangegelben Blättern von *Libertia peregrinans* 'Gold Leaf' und den leuchtenden Zweigen von *Cornus sanguinea* 'Midwinter Fire'.

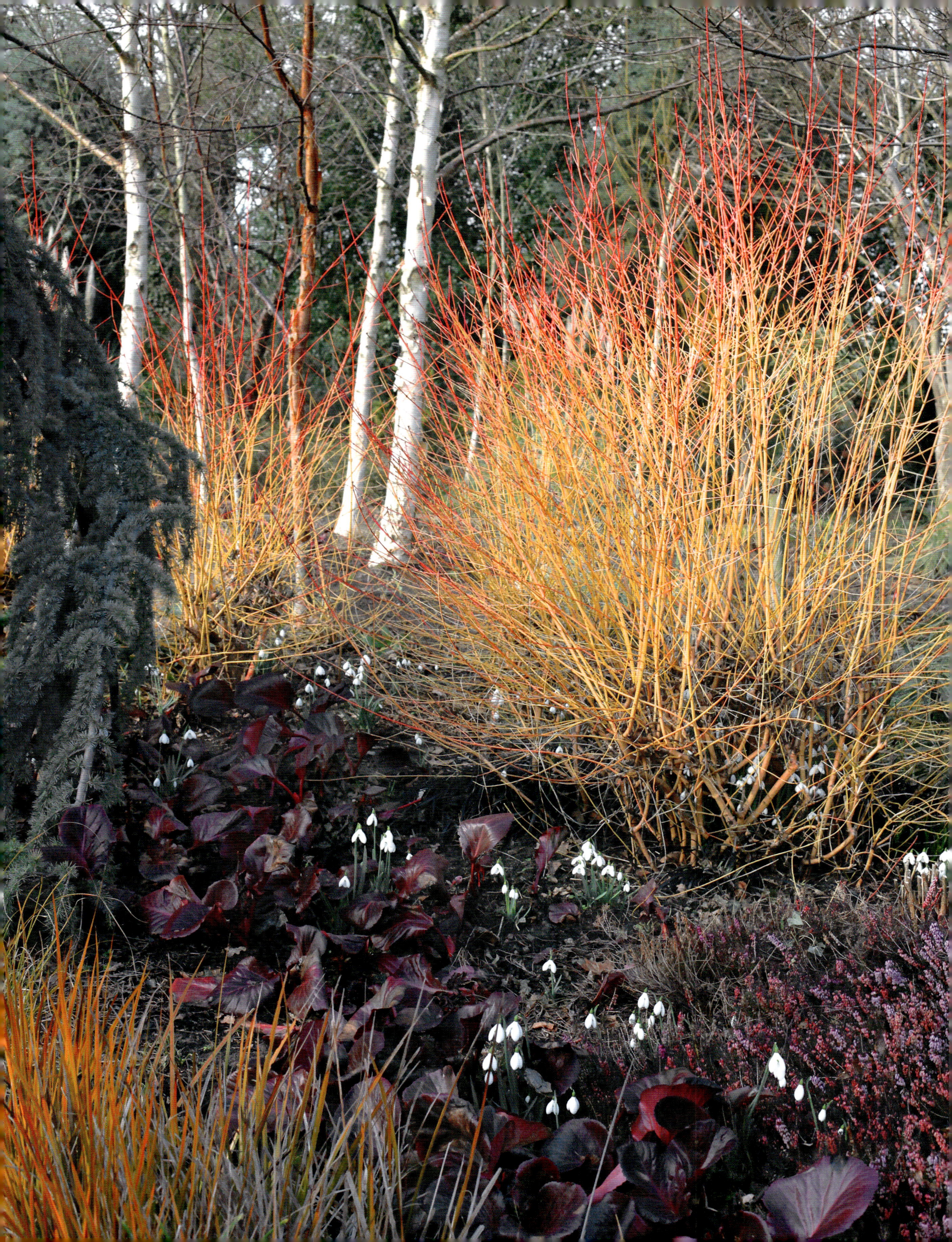

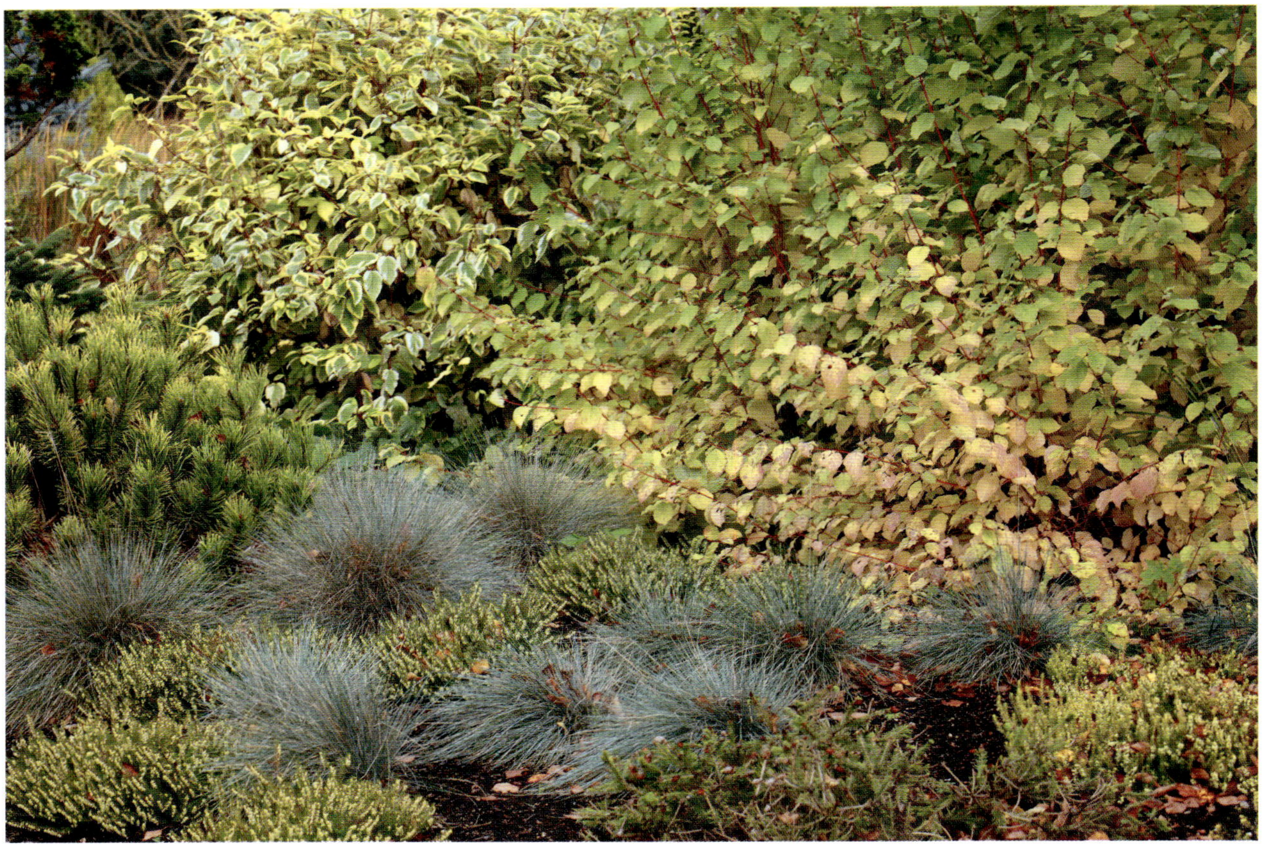

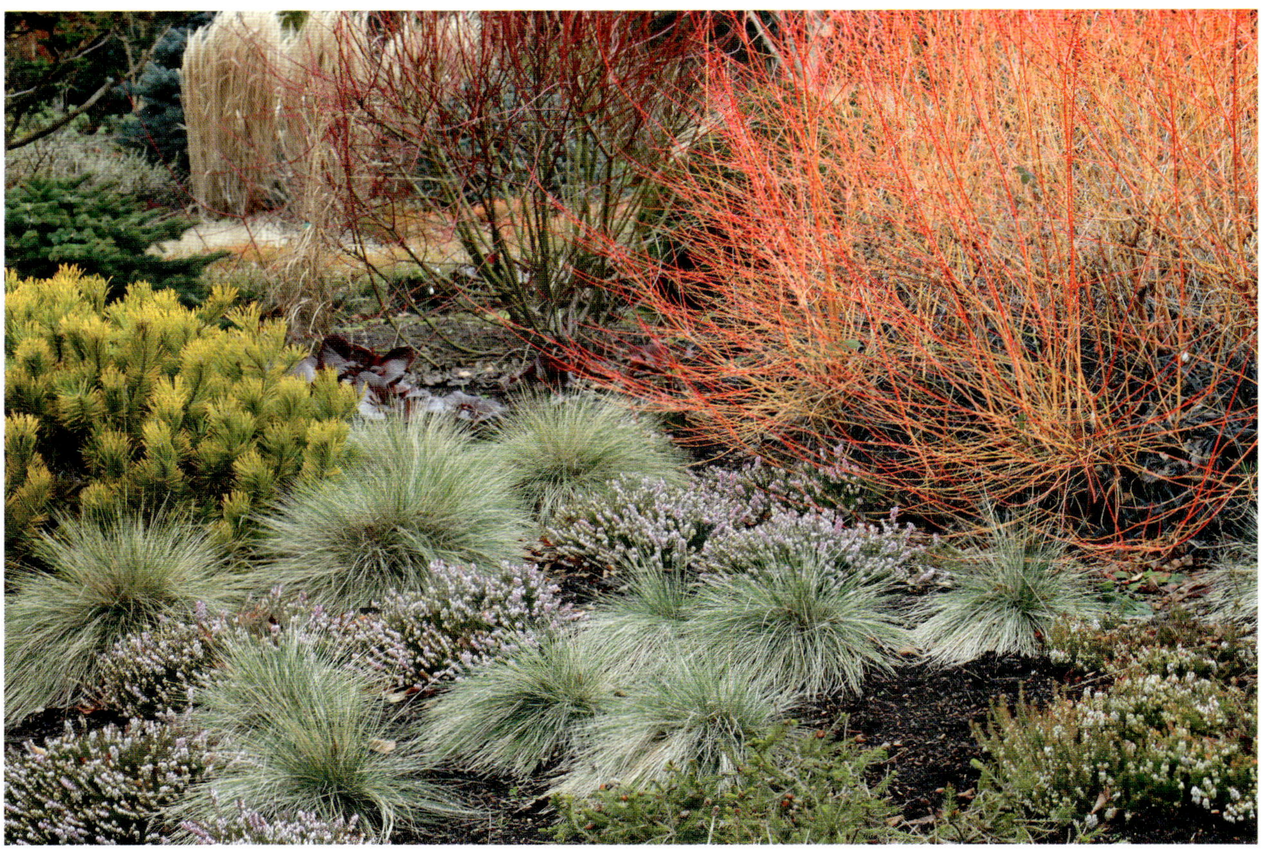

Im Blätterkleid recht gewöhnlich, wird *Cornus sanguinea* 'Midwinter Fire' im Winter durch die leuchtend orangeroten Triebe zur Attraktion. Unter dem Busch gehen die silberblauen Horste von *Festuca glauca* 'Elijah Blue' eine gelungene Verbindung mit dem hellen Lila von *Erica carnea* 'Pink Spangles' ein, während die Zwergkonifere *Pinus mugo* 'Carsten' nach dem ersten Frost eine schöne goldene Farbe entwickelt.

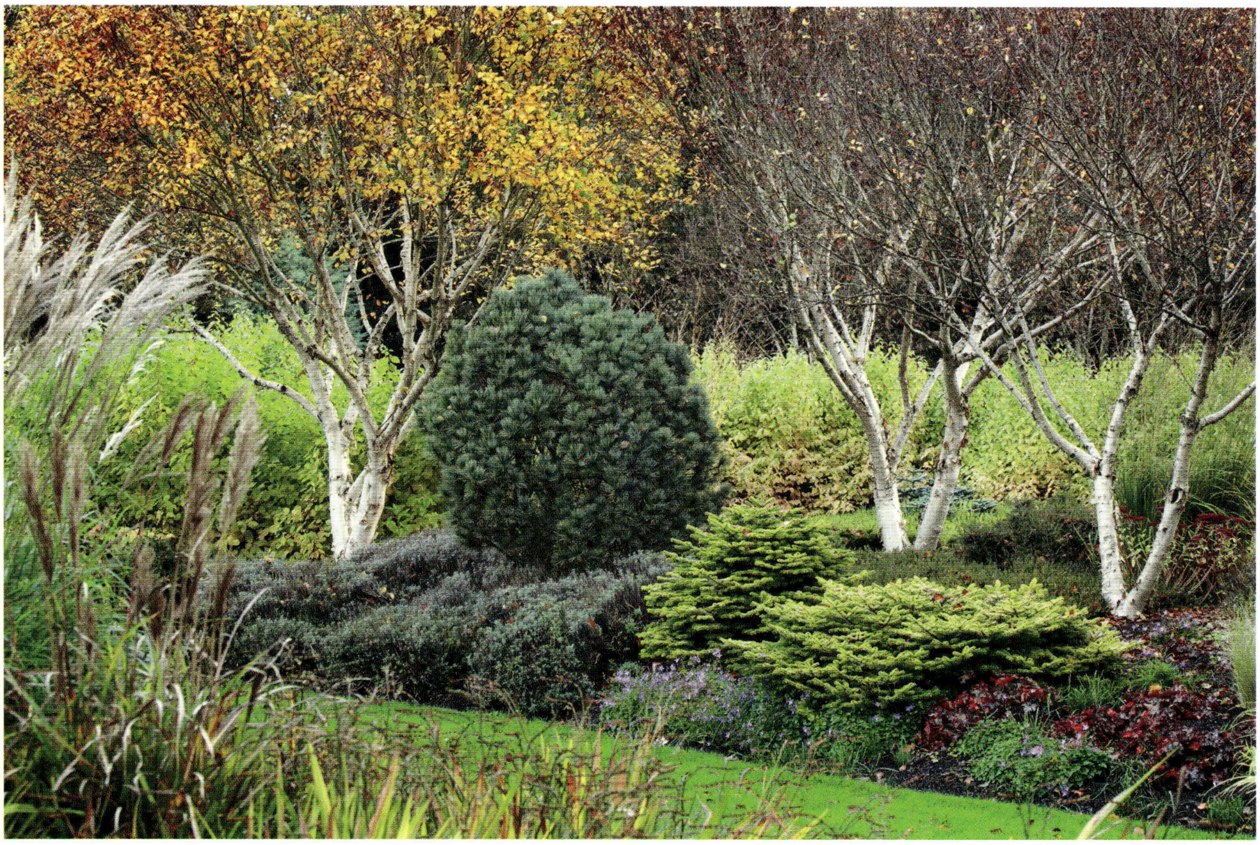

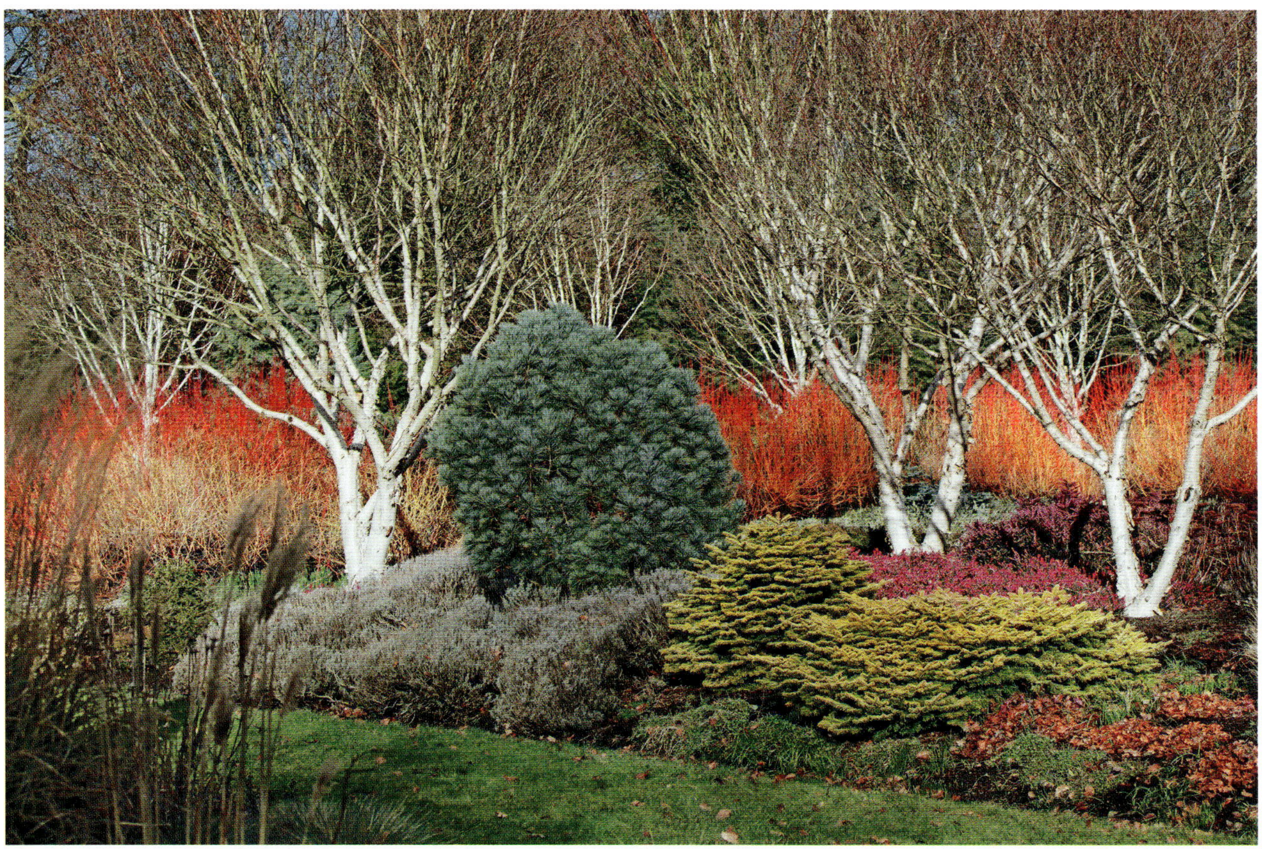

Mitten im Winter beleben warme Farbtöne den Garten. Zu dieser Jahreszeit färbt sich *Abies nordmanniana* 'Golden Spreader' im Vordergrund bernsteingelb. Das beeindruckende, buchstäblich in Flammen stehende Beet mit *Cornus sanguinea* 'Midwinter Fire' bietet eine ideale Kulisse, um die verzweigten Stämme der kleinen Birken *Betula apoiensis* 'Mount Apoi' und die blaugrüne Kugel der *Pinus pumila* 'Globe' zur Geltung zu bringen.

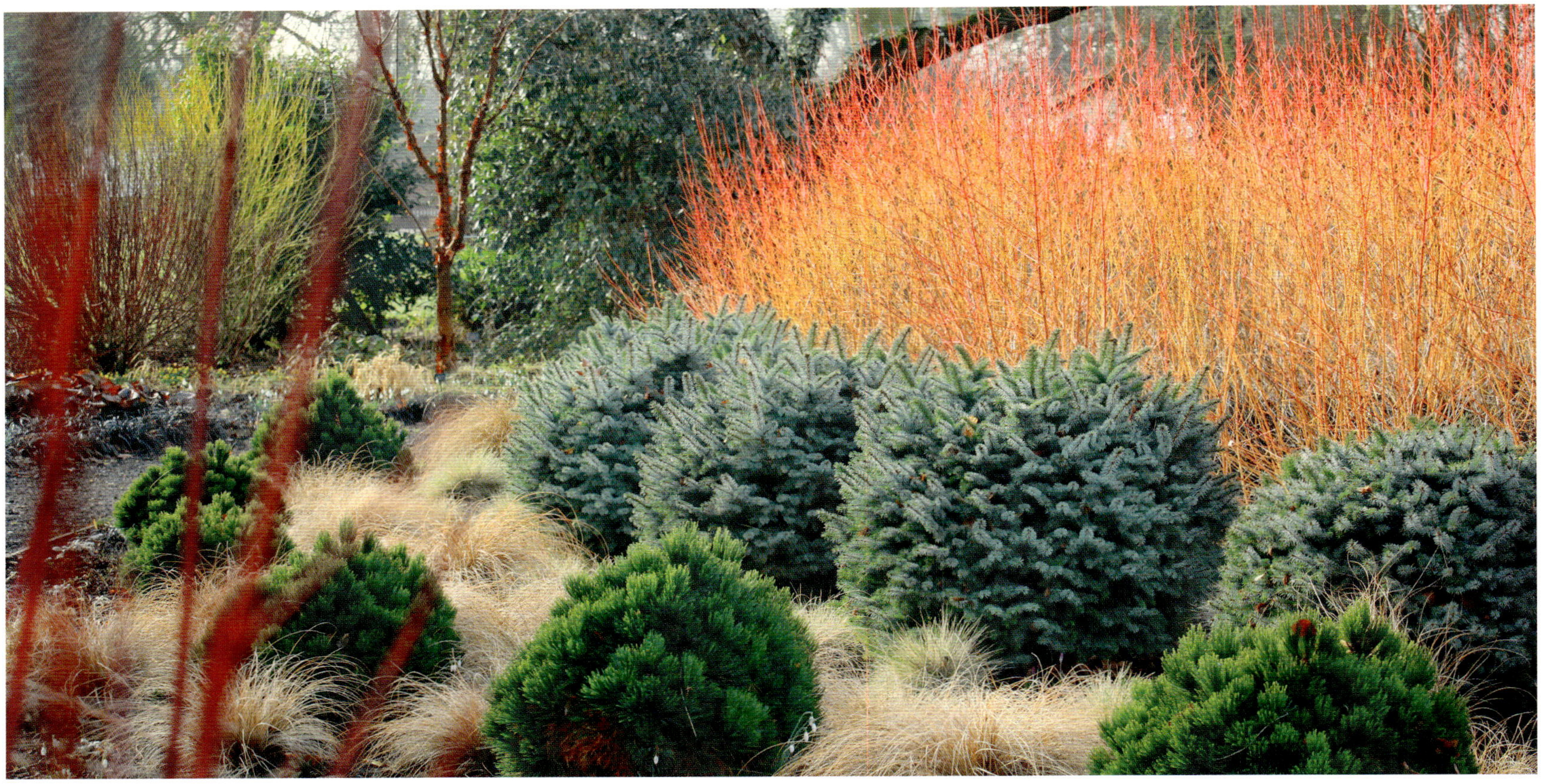

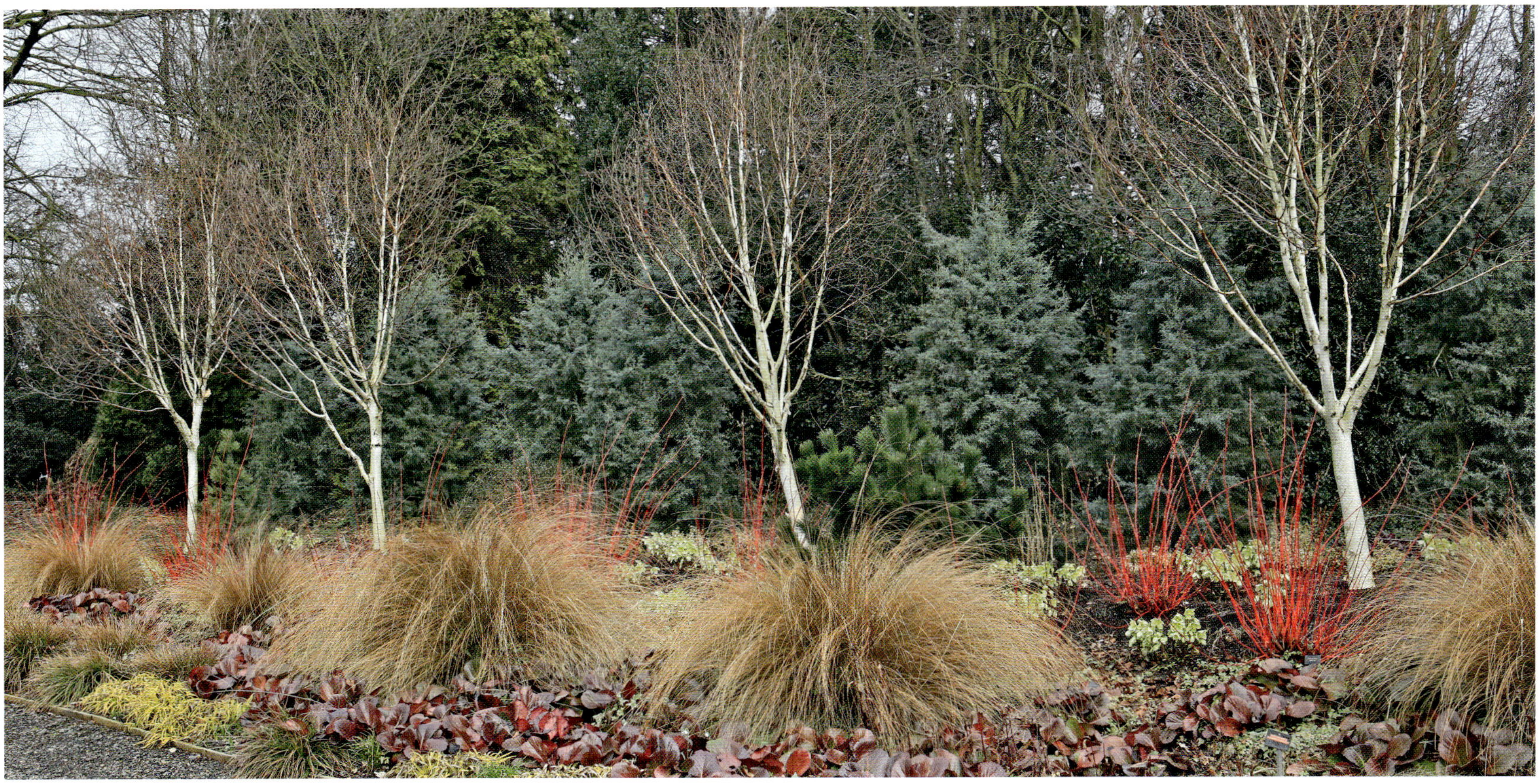

OBEN: Die Reihen aus *Cornus* 'Midwinter Fire', bläulichen Kugeln der *Picea sitchensis* 'Tenas' und grünen *Pinus heldreichii* 'Schmidtii' sorgen für eine rhythmische Gliederung.
UNTEN UND RECHTS: Das Trio aus *Chionochloa rubra*, *Bergenia* 'Bressingham Ruby' und *Cornus* 'Sibirica' wiederholt sich mehrfach in dieser dynamischen Komposition. Durch die vor dem bläulichen Hintergrund aus *Cupressus* 'Blue Ice' hervorgehobenen weißen Stämme von *Betula* 'Grayswood Ghost' und einige verstreute *Helleborus* × *nigercors* vervollkommnet sich das Bild.

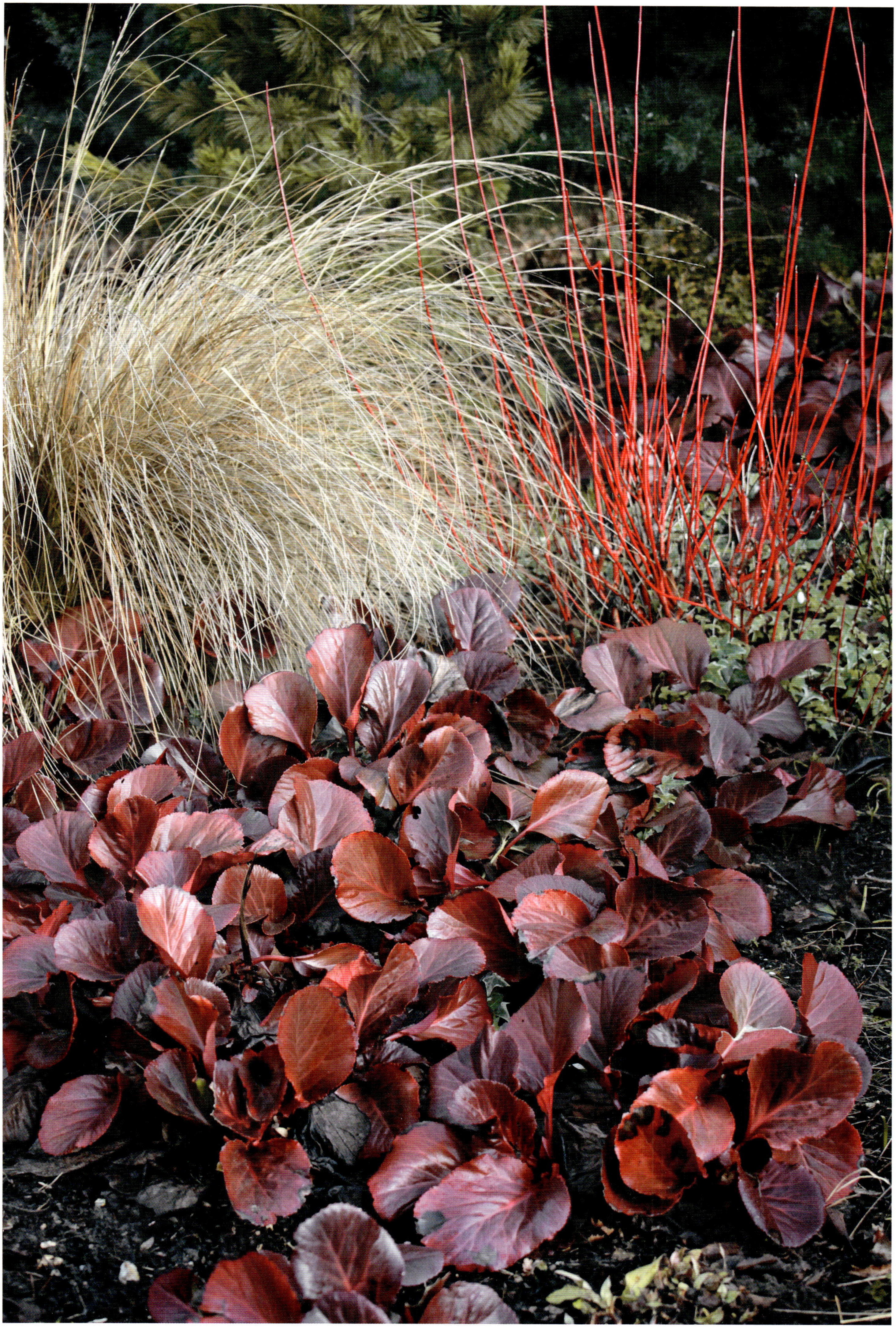

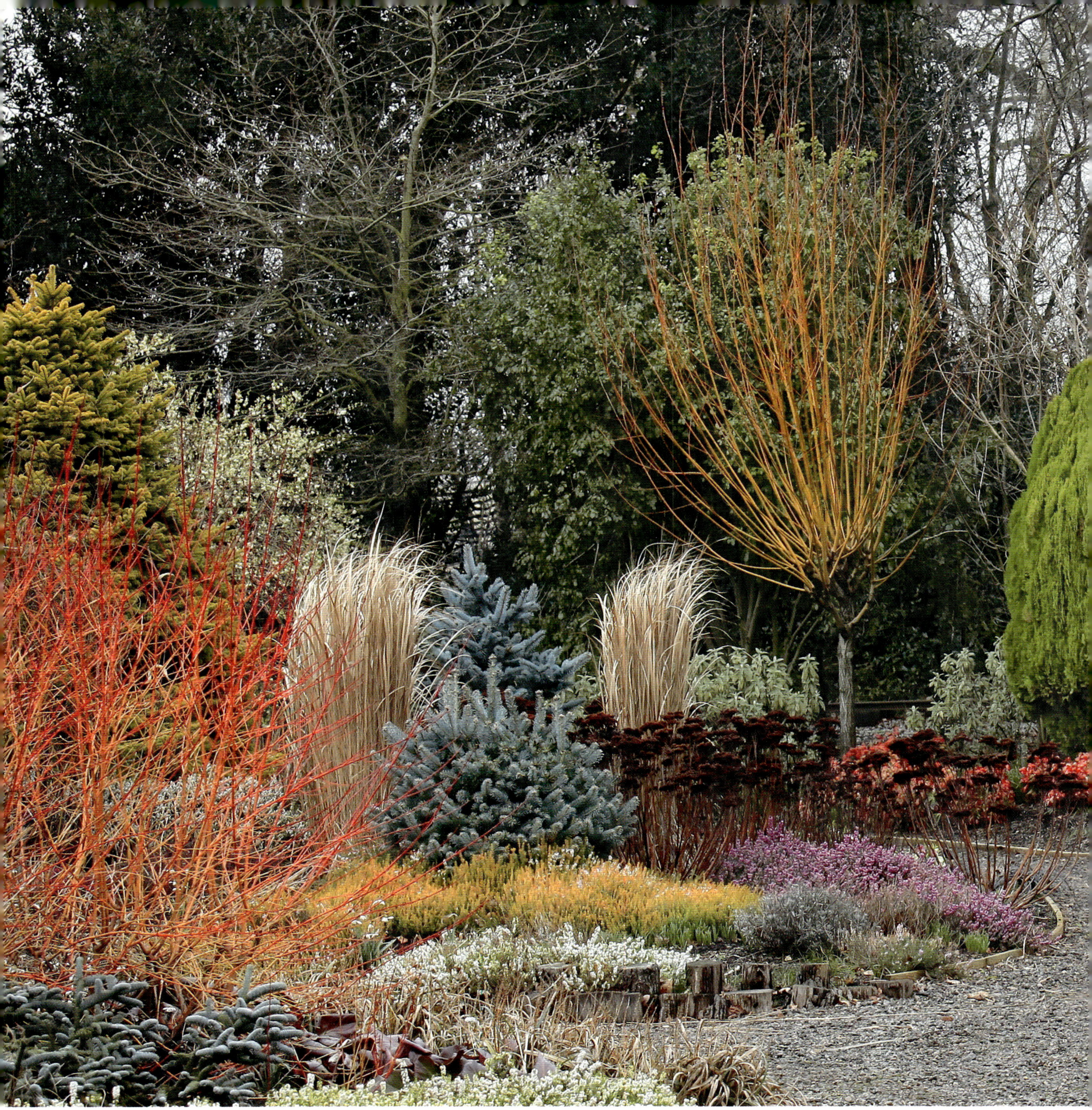

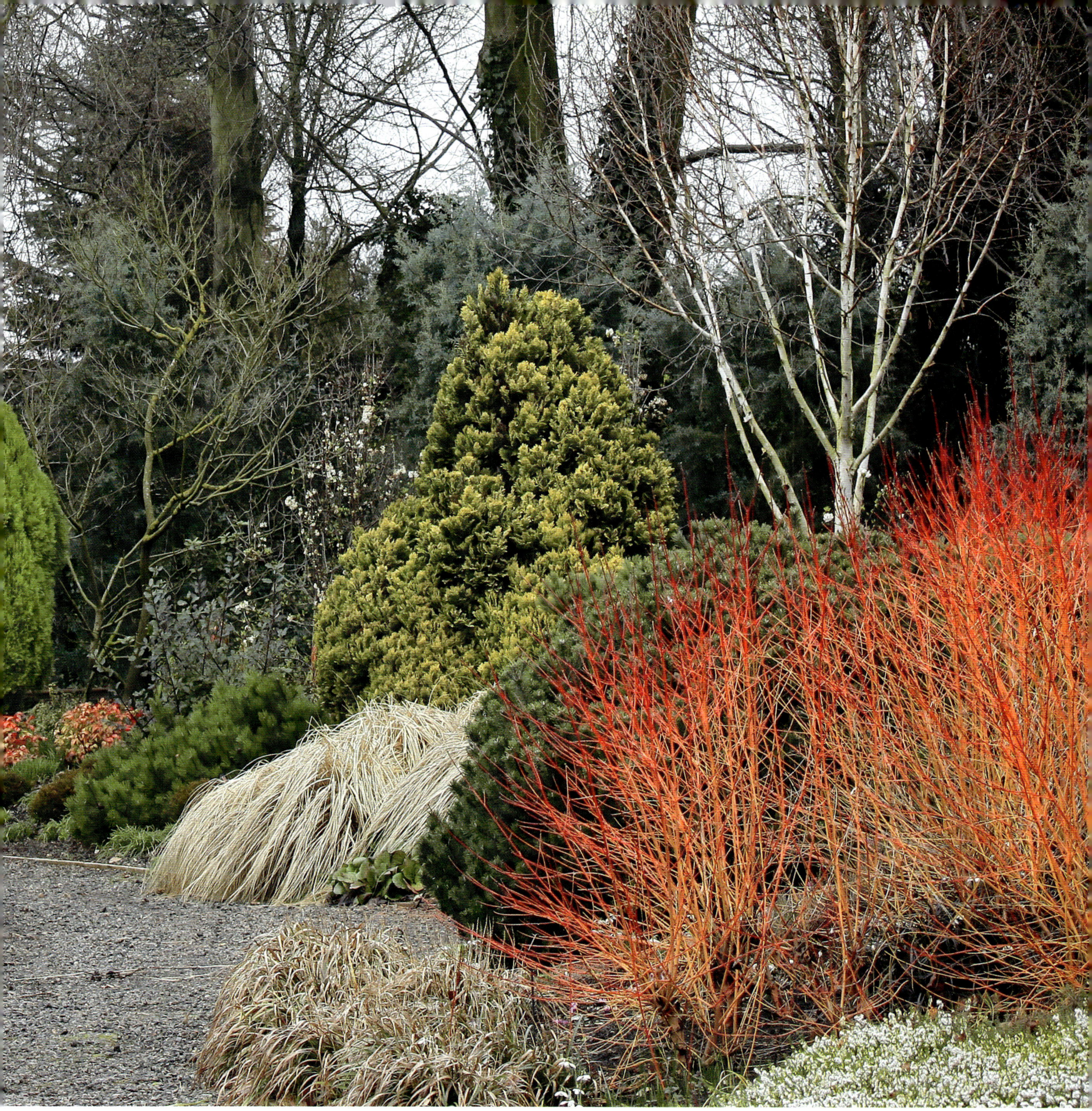

Diese winterliche Gestaltung wurde wie ein Gemälde angelegt. Der Gartenkünstler verwendet eine reiche Palette an Pflanzen, um sein Bild aus verschiedenen kleinen Farbtupfern aufzubauen. Er nutzt dazu die farbigen Triebe von Hartriegel und Weiden, die Äste der Birken, farbige immergrüne Zwergkoniferen, Heideteppiche und Gräser sowie die schwarzen, vertrockneten Blütenstände des Mauerpfeffers.

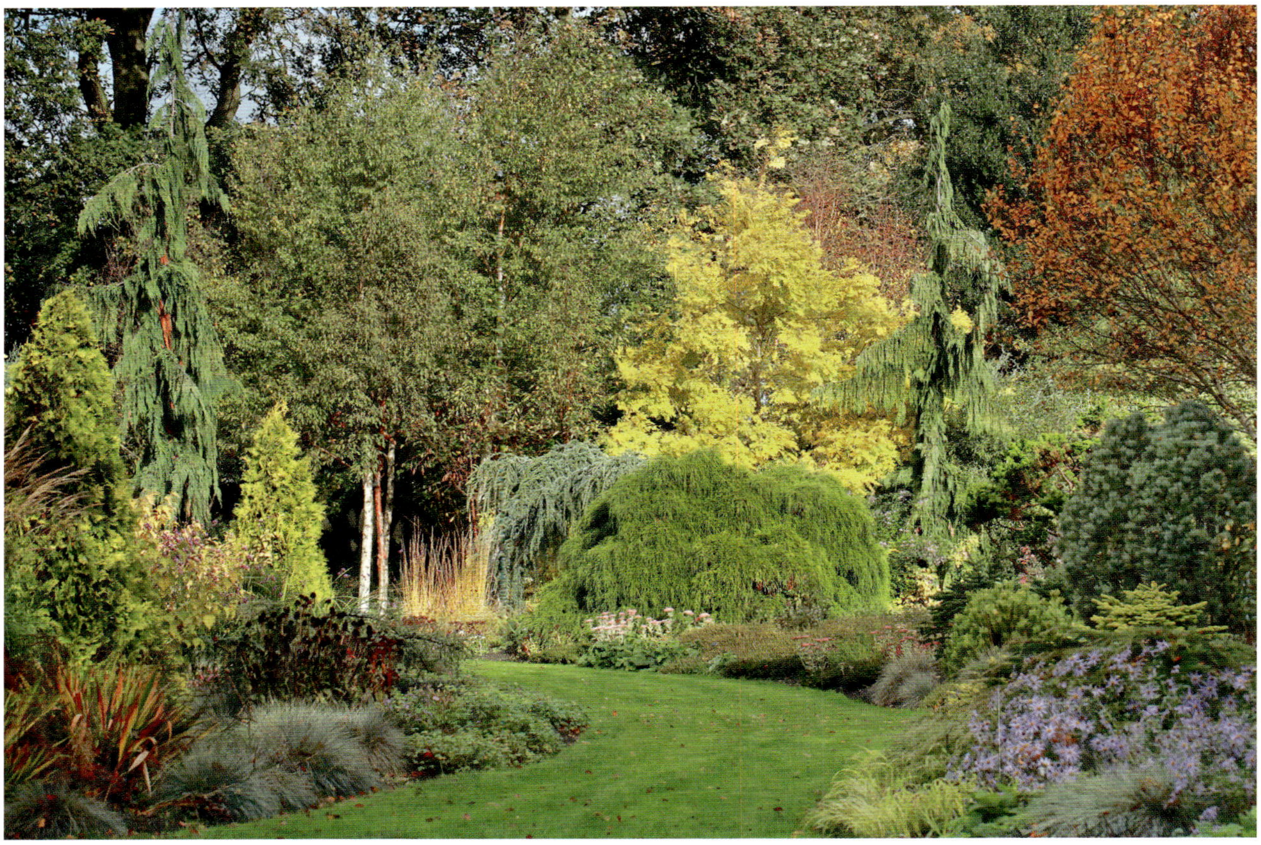

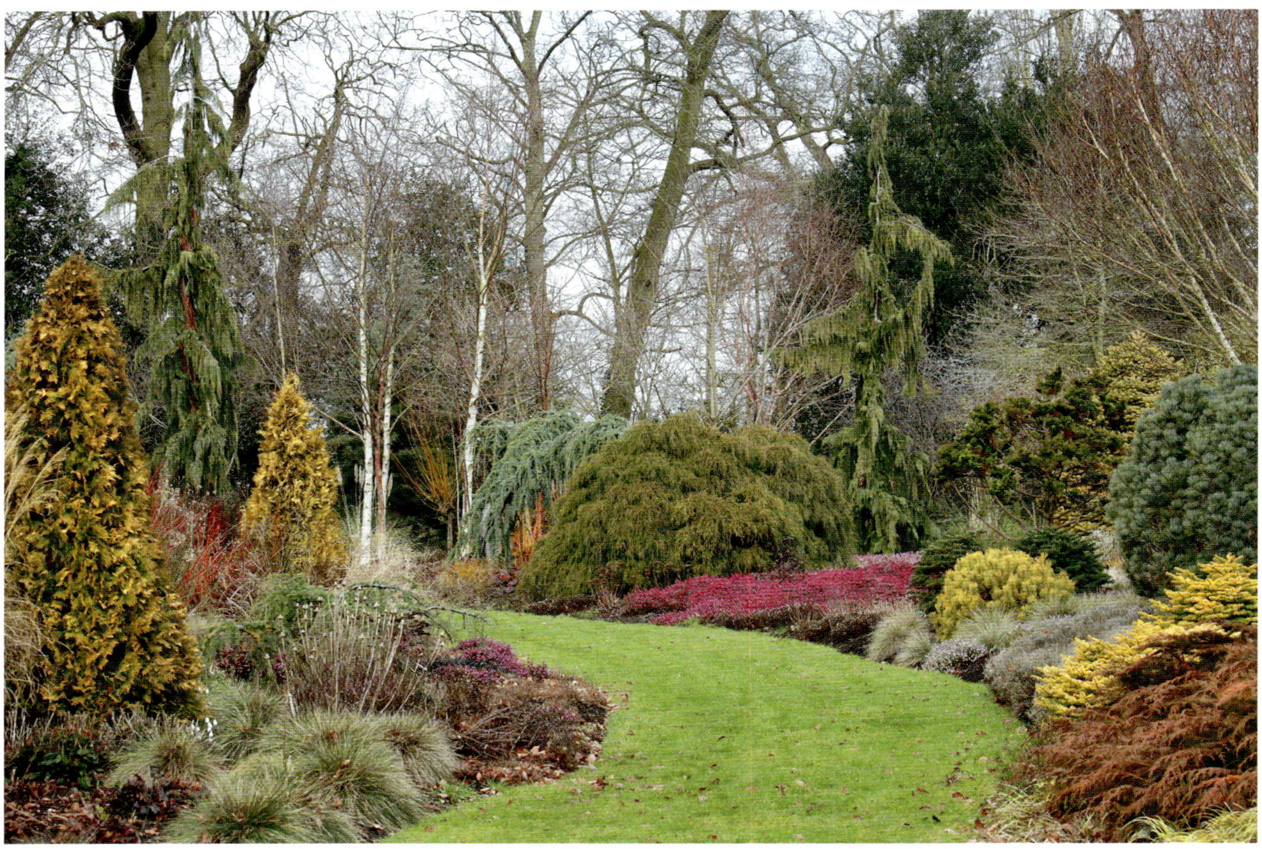

OBEN UND RECHTS: Nadelbäume sind von formenreicher Statur und Farbe. *Cedrus atlantica* 'Glauca Pendula' mit ihrer herabhängenden Form und die grazilen Posten der Nutka-Goldzypresse *Xanthocyparis nootkatensis* 'Green Arrow' in zartem Grün gliedern den Garten. UNTEN: Andere Arten hüllen sich in ein besonderes Winterkleid: *Microbiota decussata* in der Ecke rechts wird kupferfarben, *Abies nordmanniana* 'Golden Spreader' und *Pinus mugo* 'Carsten' direkt darüber bekommen einen Goldton, die beiden *Thuja occidentalis* 'Barabit's Gold' links färben sich bronzefarben.

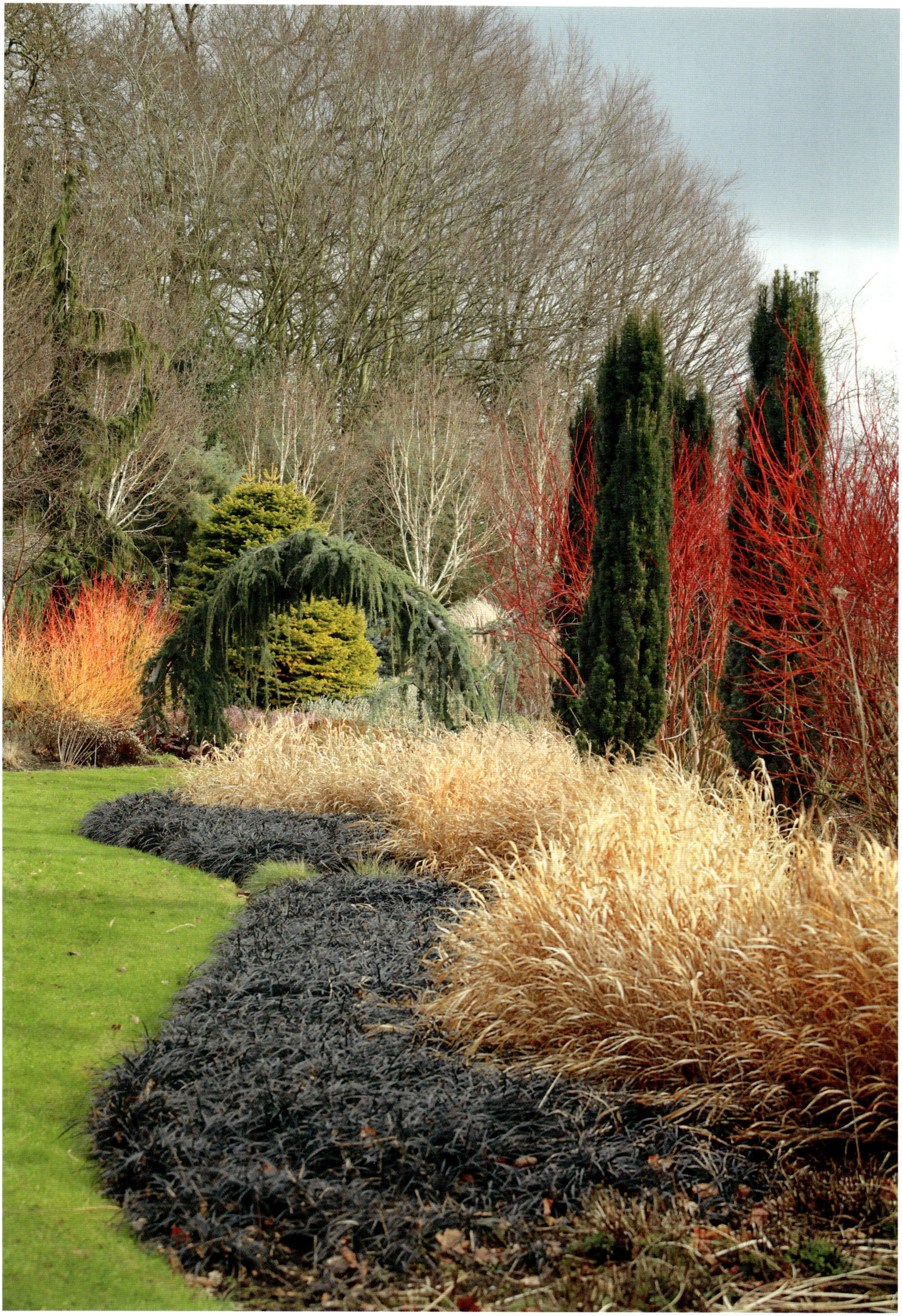

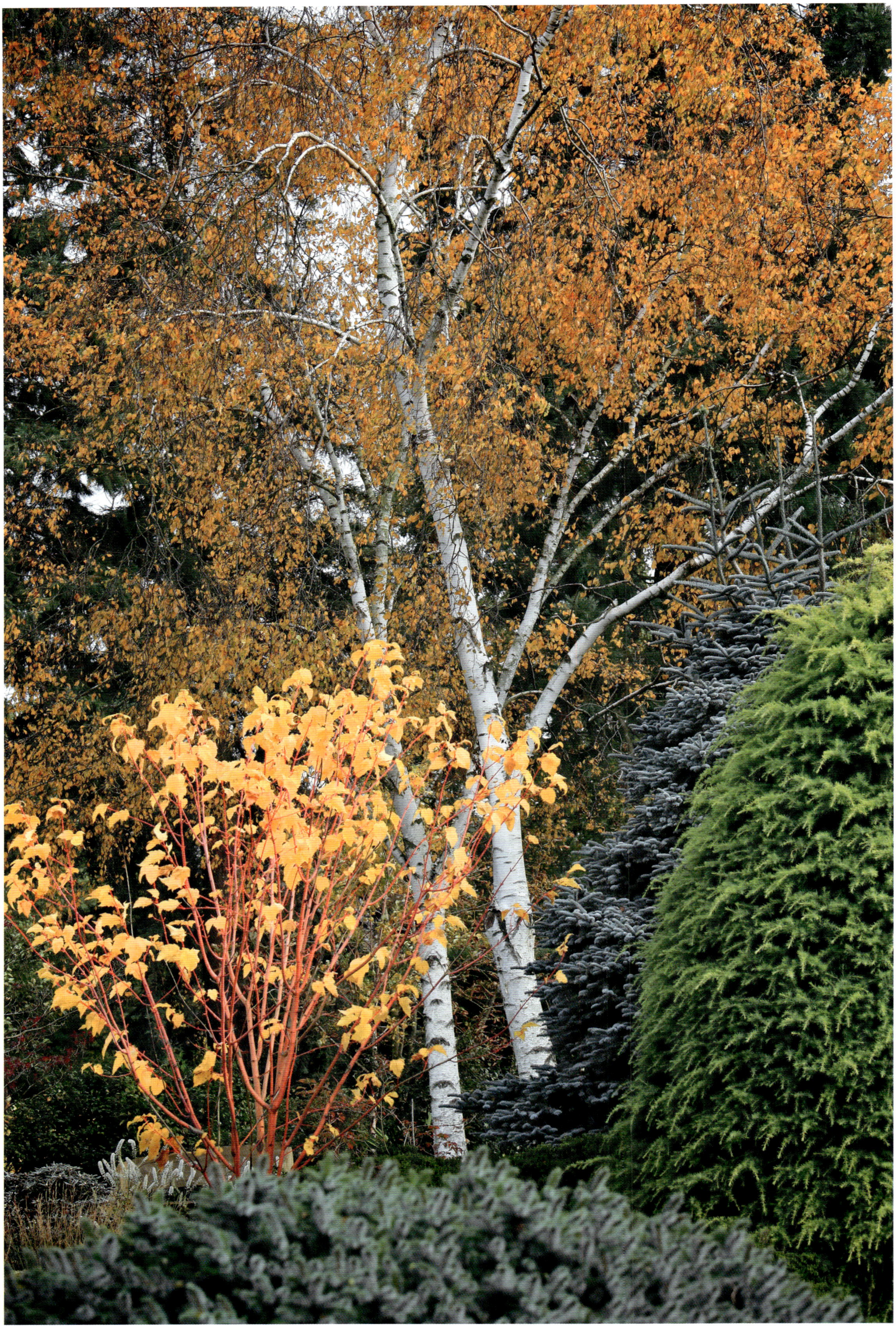

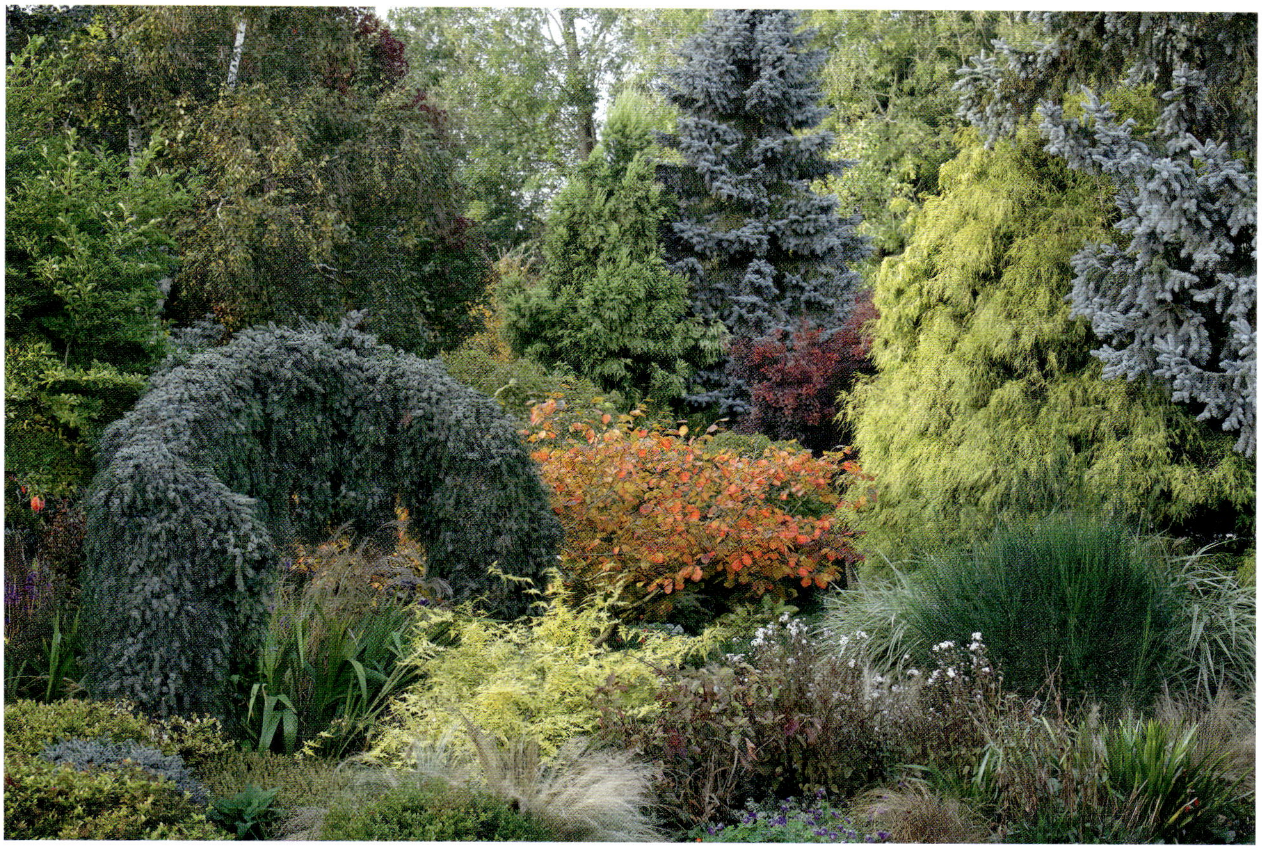

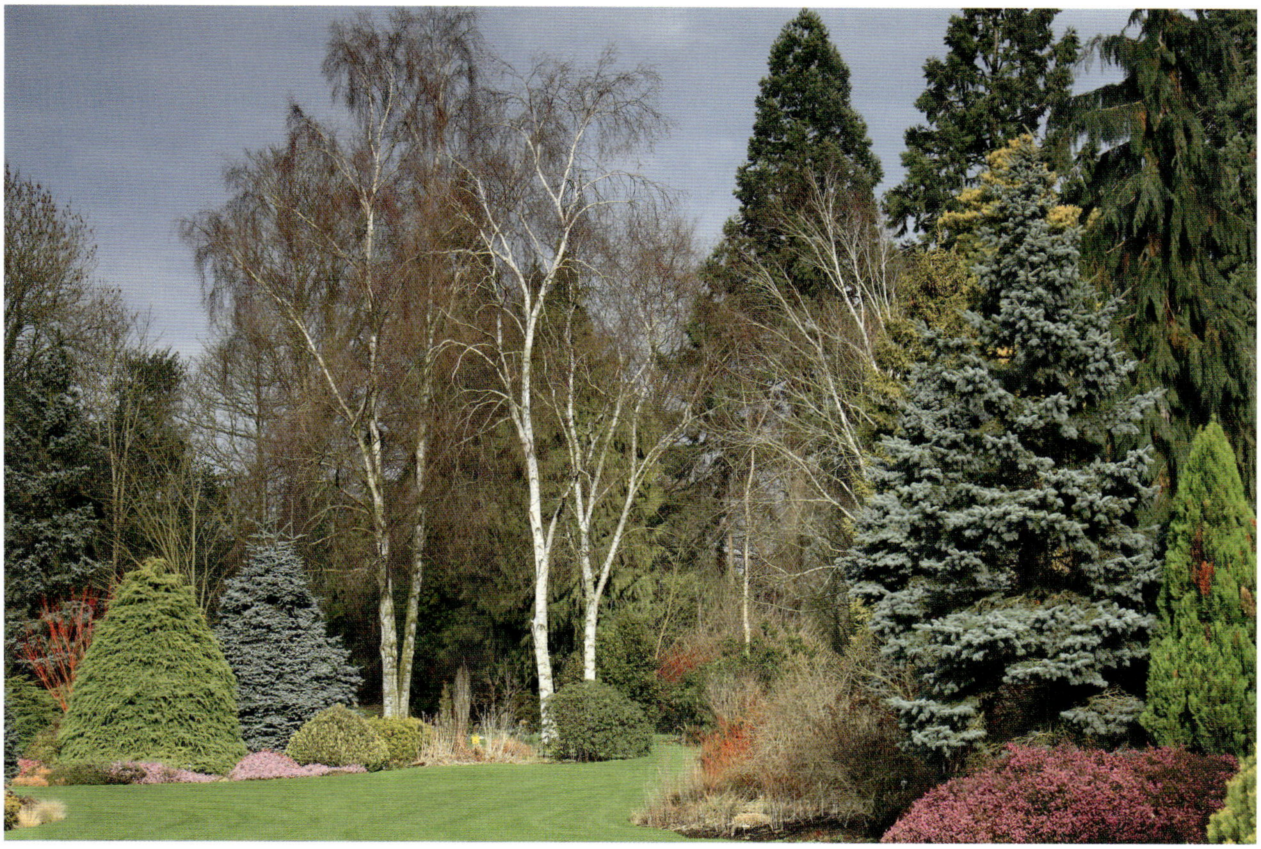

OBEN: In einer Senke des Gartens, genannt Foggy Bottom, erinnert der reiche Koniferenbestand an die Vergangenheit dieser Anpflanzung und ihre Bedeutung für die Geschichte der zeitgenössischen Winter-Gärten.

LINKS: Die einzigartige Sammlung von Nadelbäumen bildet einen wunderbaren Hintergrund für das Geäst von *Acer × conspicuum* 'Phoenix' und *Betula papyrifera* mit ihrem weißen Stamm und dem orangefarbenen Herbstkleid.

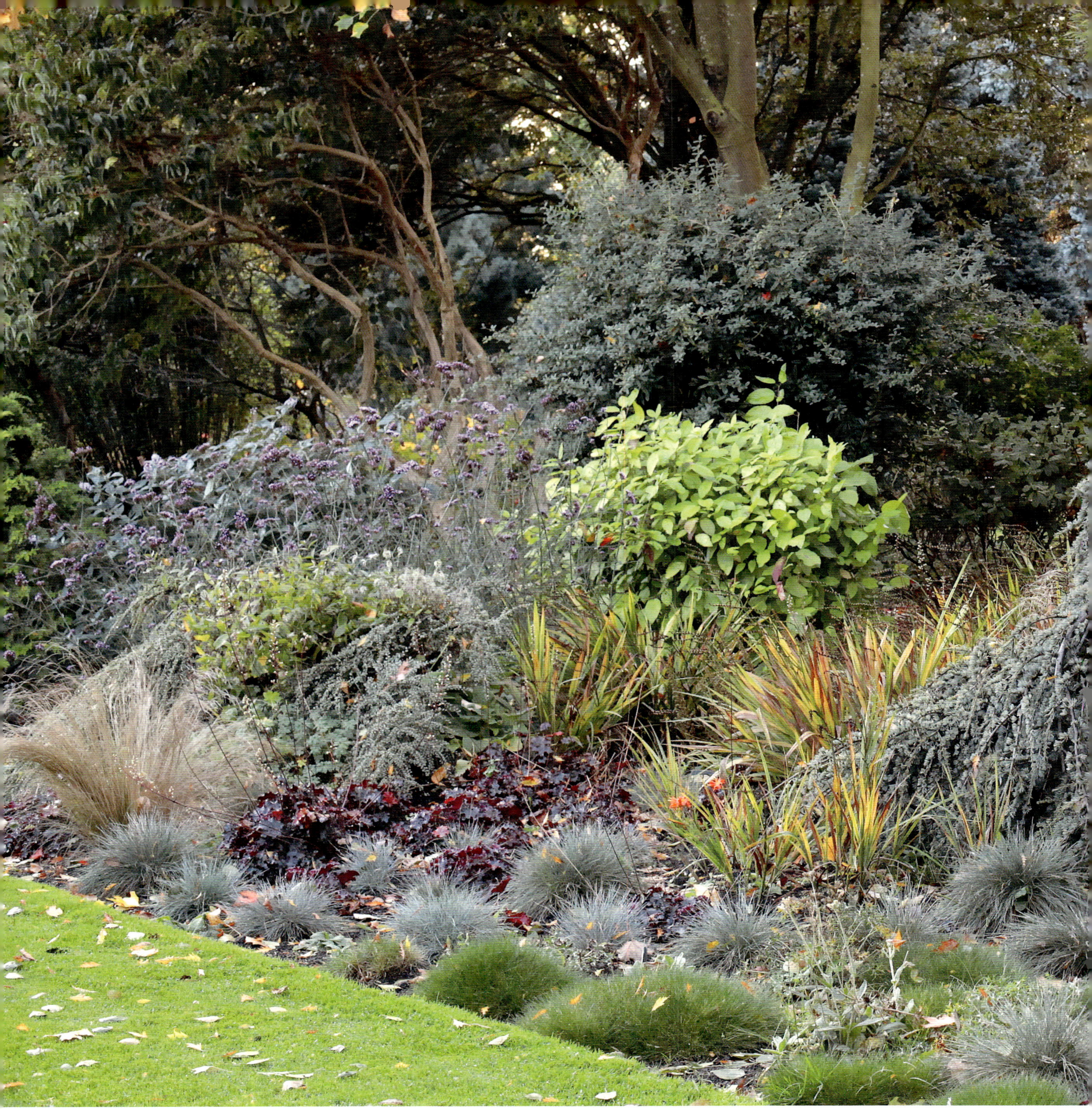

Allein durch das Spiel mit den Farben, Formen und Texturen der Immergrünen kann man eine ansprechende winterliche Gestaltung umsetzen, ohne Baumrinden einbinden zu müssen. Gräser, zum Beispiel *Nassella tenuissima*, Blau-Schwingel (*Festuca glauca* 'Blaufuchs') und Bärenfellgras (*Festuca gautieri*), sorgen für einen leichten und modernen Touch. Sie wirken perfekt in Kombination mit der geheimnisvollen *Cedrus atlantica* 'Glauca Pendula'. Die Lücken auf dem Boden füllen die purpurfarbenen Blätter der *Heuchera* 'Prince'.

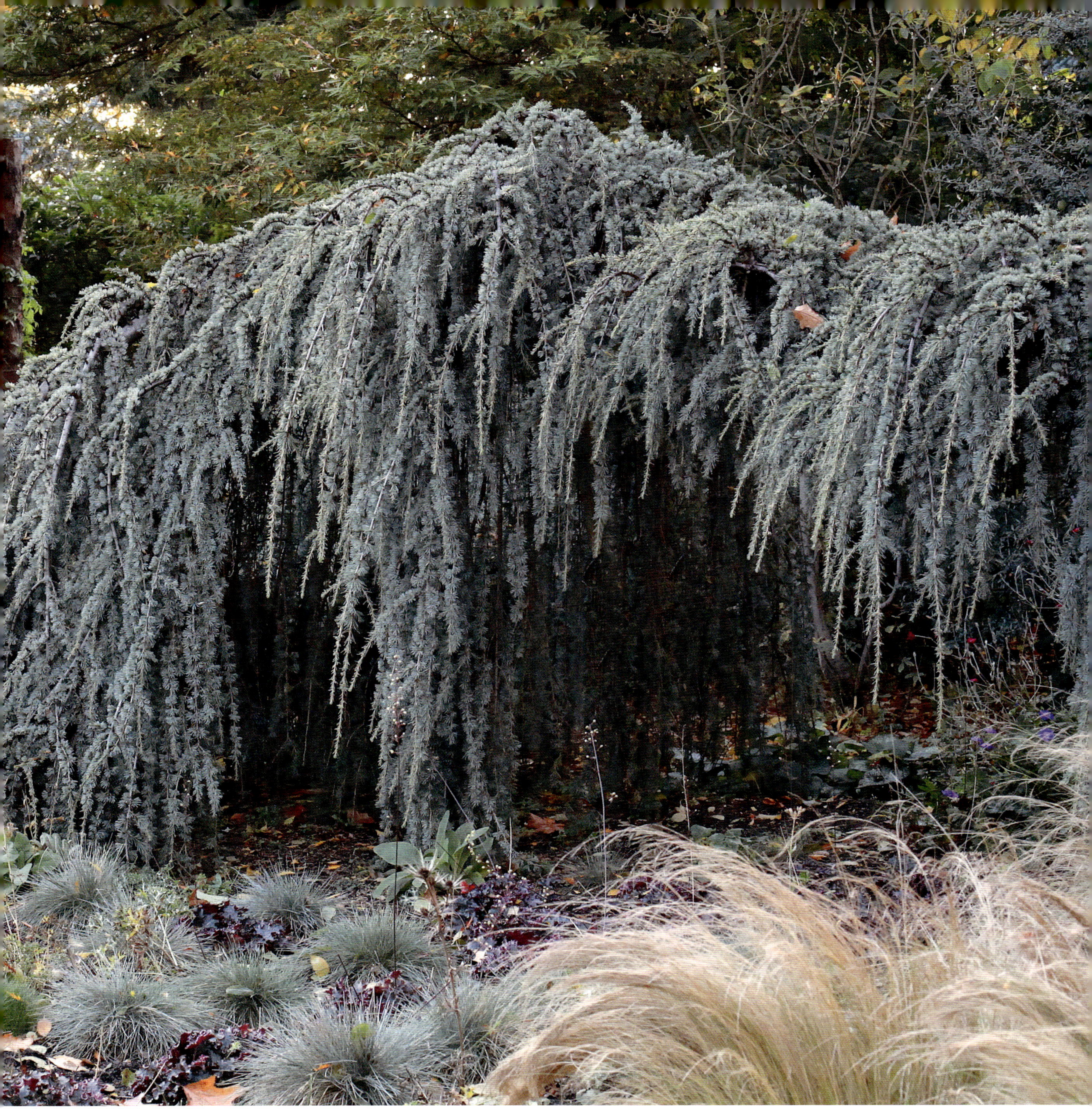

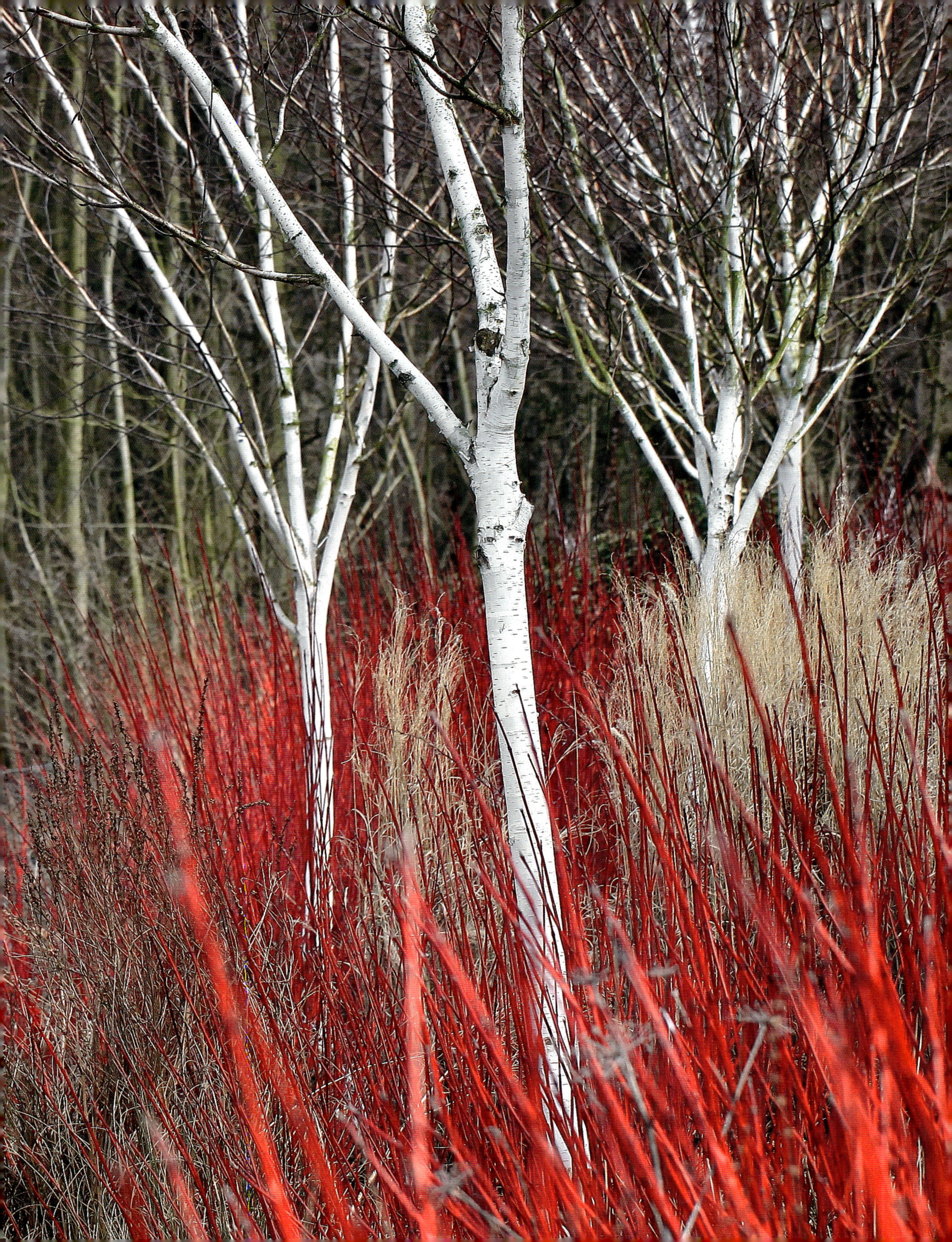

GÄRTEN IM WINTER

DIE QUELLEN DER INSPIRATION

HARLOW CARR

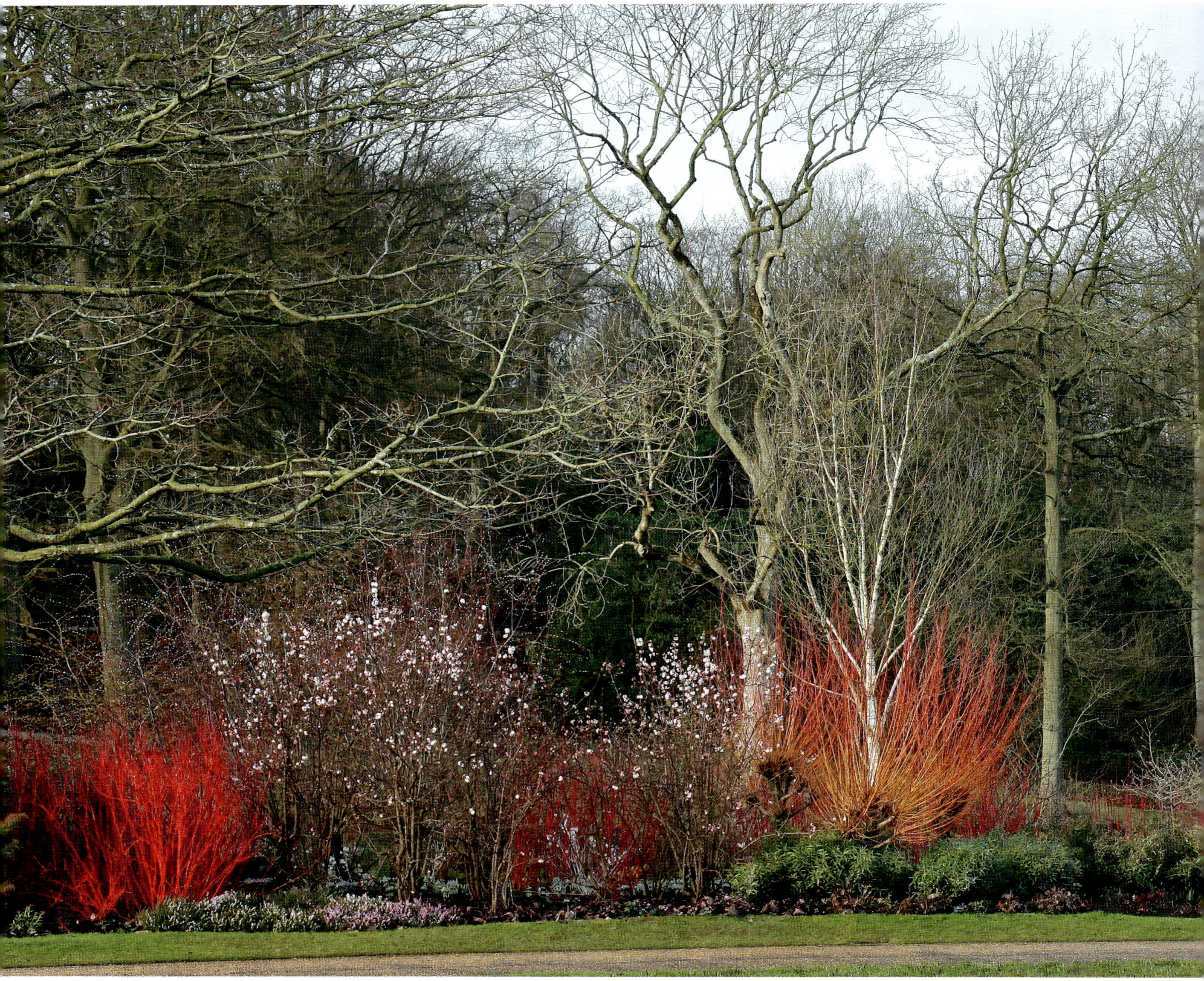

Die jüngste der vier strahlenden Gartenanlagen der Royal Horticultural Society (RHS) befindet sich ungefähr 30 Kilometer nördlich von Leeds. Diese im Jahr 2006 auf über 2000 Quadratmeter angelegte Winterpromenade macht trübe Tage im Winter lebendiger und heller und zieht dadurch viele Besucher an. Ursprünglich standen die Zweige mit ihren leuchtenden Farben im Mittelpunkt. Nun wechseln sich in einer zauberhaften Szenerie Rinden harmonisch mit buntem Blattwerk, blühenden und duftenden Sträuchern, immergrünen Pflanzen, dekorativen Stauden und Tausenden von Zwiebelblumen ab. Die unglaubliche Fülle bietet jedes Jahr aufs Neue von Oktober bis März ein atemberaubendes Schauspiel.

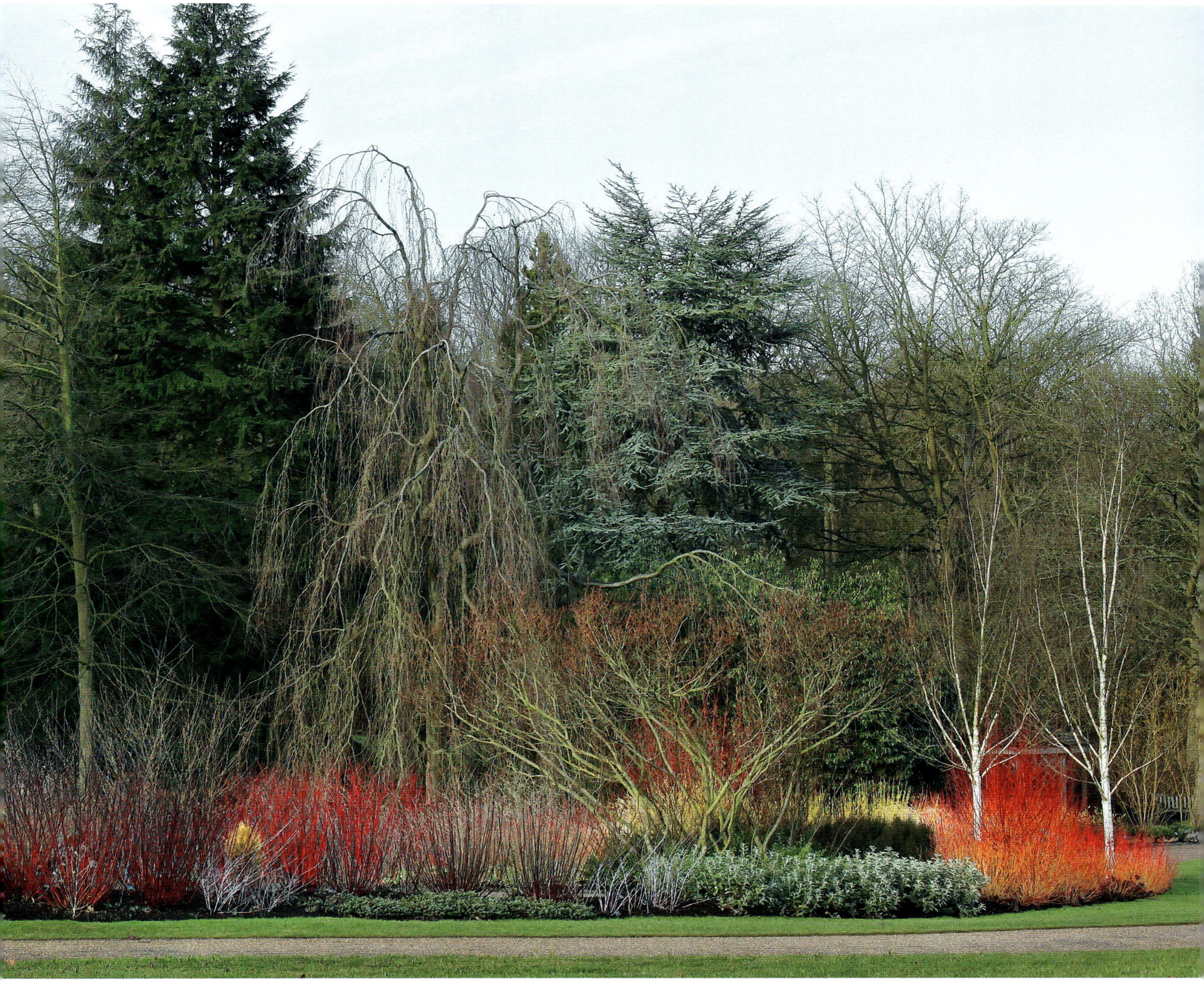

Abgestuft in zahlreiche Farben und unterschiedliche Höhen bringen die Zweige von *Rubus thibetanus* 'Silver Fern', *Salix* 'Britzensis', *Cornus* 'Sibirica', 'Kesselringii' und 'Midwinter Fire' Rhythmus in die gesamte Komposition. Die Blüten von *Sarcococca hookeriana* var. *digyna* und *Viburnum* × *bodnantense* 'Charles Lamont' verleihen der Ballade einen zarten Duft. Die schön gezeichneten Stämme der *Betula albosinensis* 'Fascination' und der großen *Fagus sylvatica* 'Pendula' setzen hier Akzente.

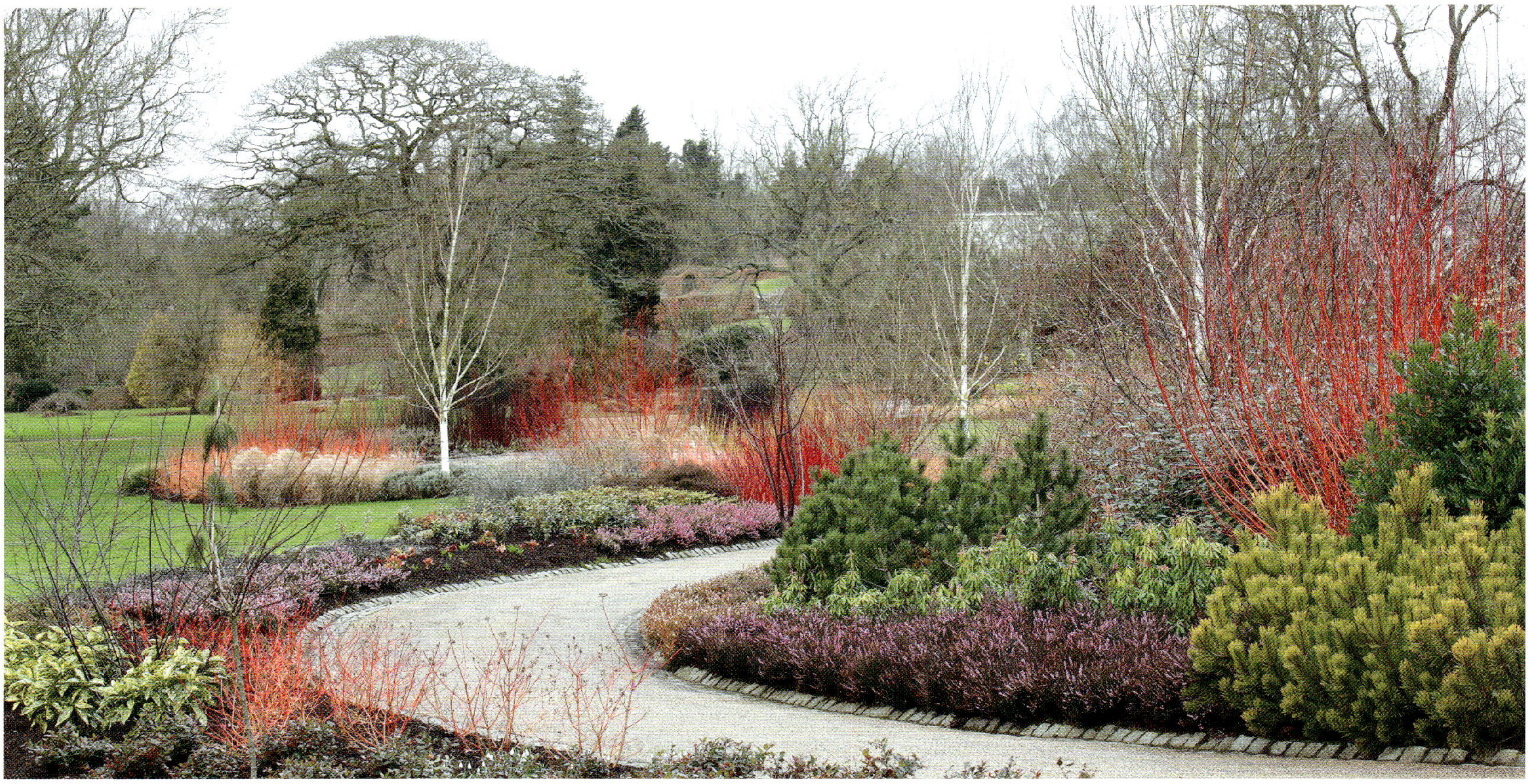

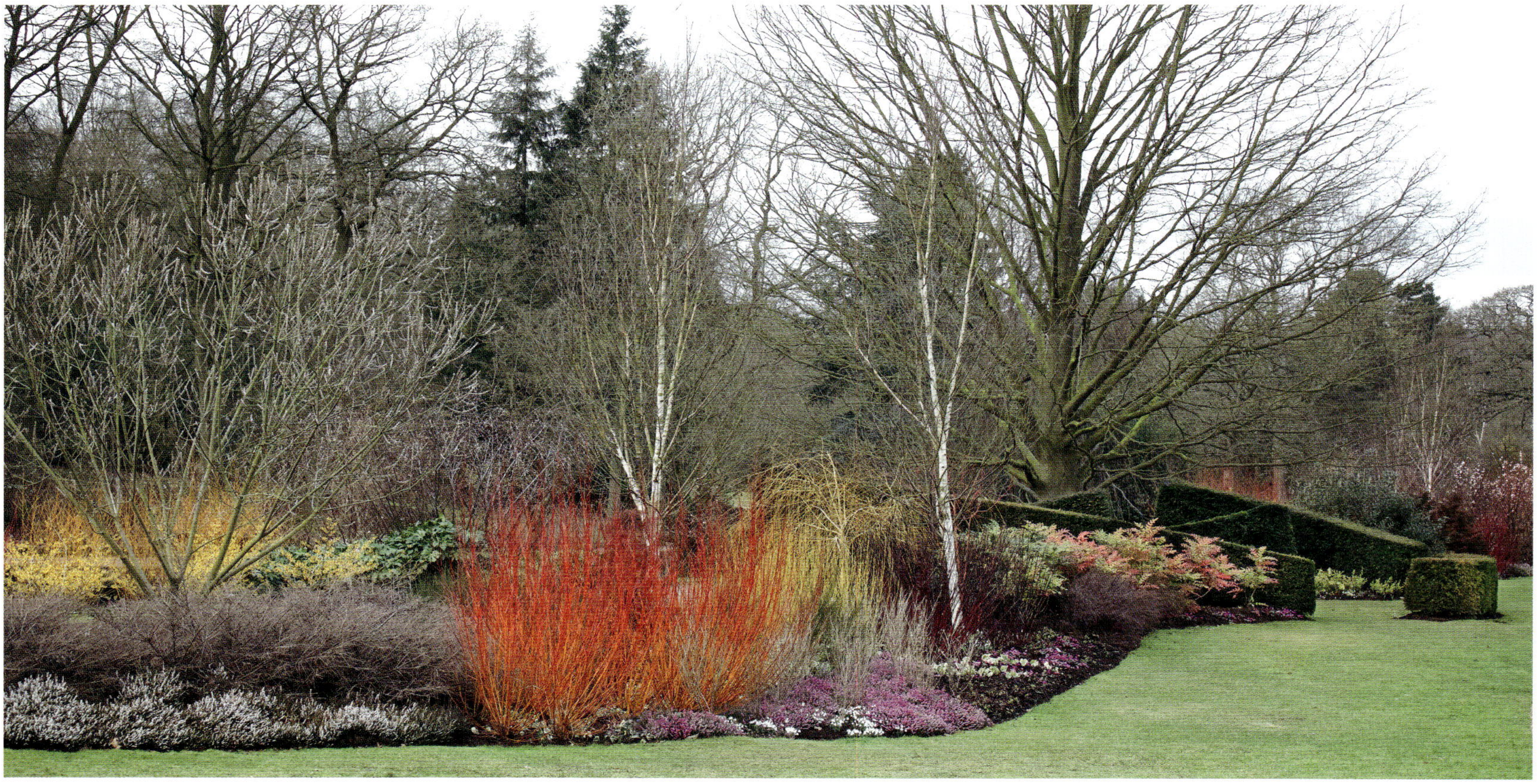

Winterheiden sind ausgezeichnete Bodendecker, die effektvolle Farbspiele in die dichte Vegetation malen. Unzählige Sorten von *Erica carnea* und *Erica × darleyensis* u.a. zeigen sich mit einer Vielzahl an Nuancen von Weiß bis Orange über Rosa, Malve, Rot oder auch Purpurfarben. Zusammen mit Zwergkoniferen oder bunten Zweigen erzeugt die Winterheide die schönsten Effekte.

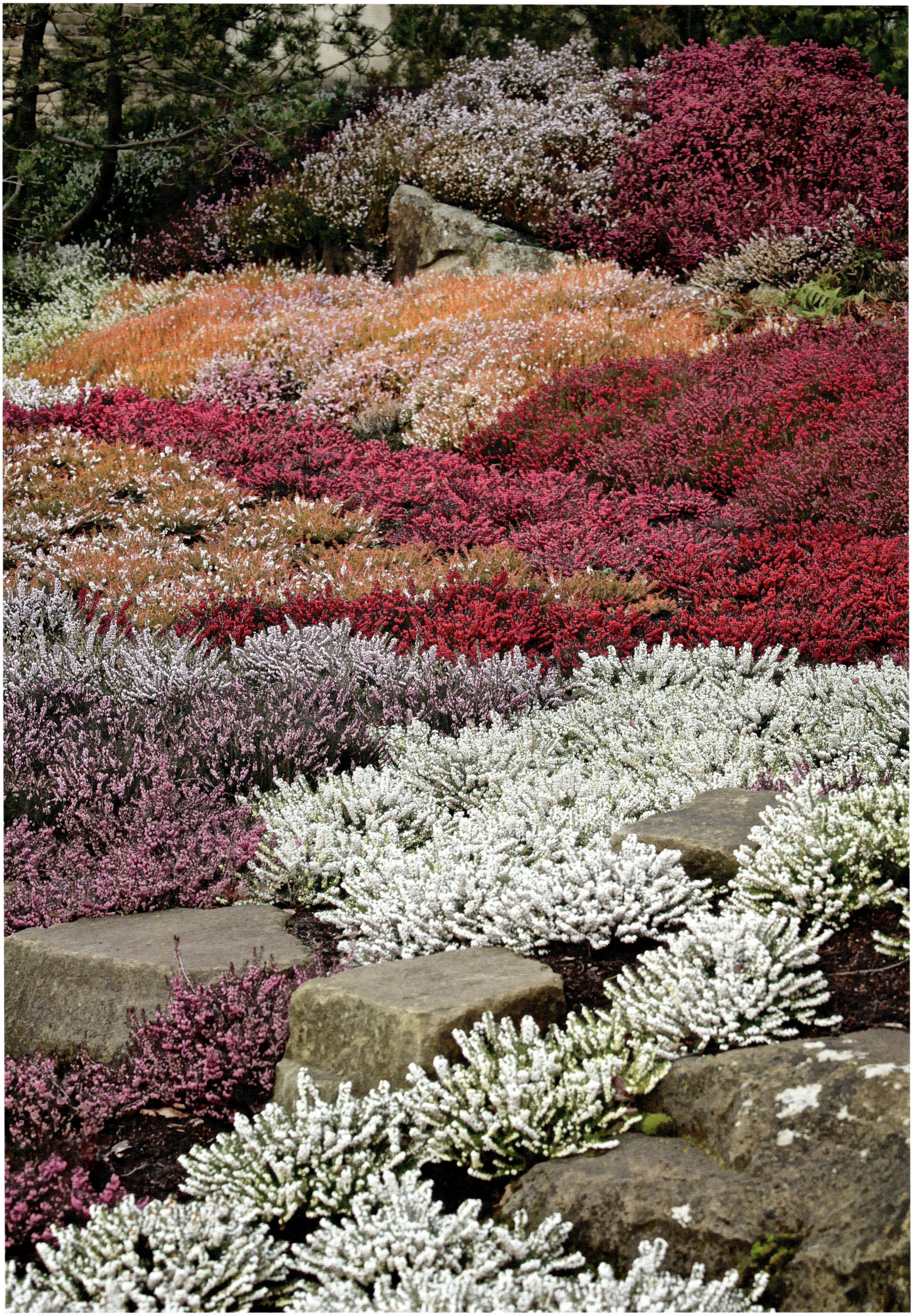

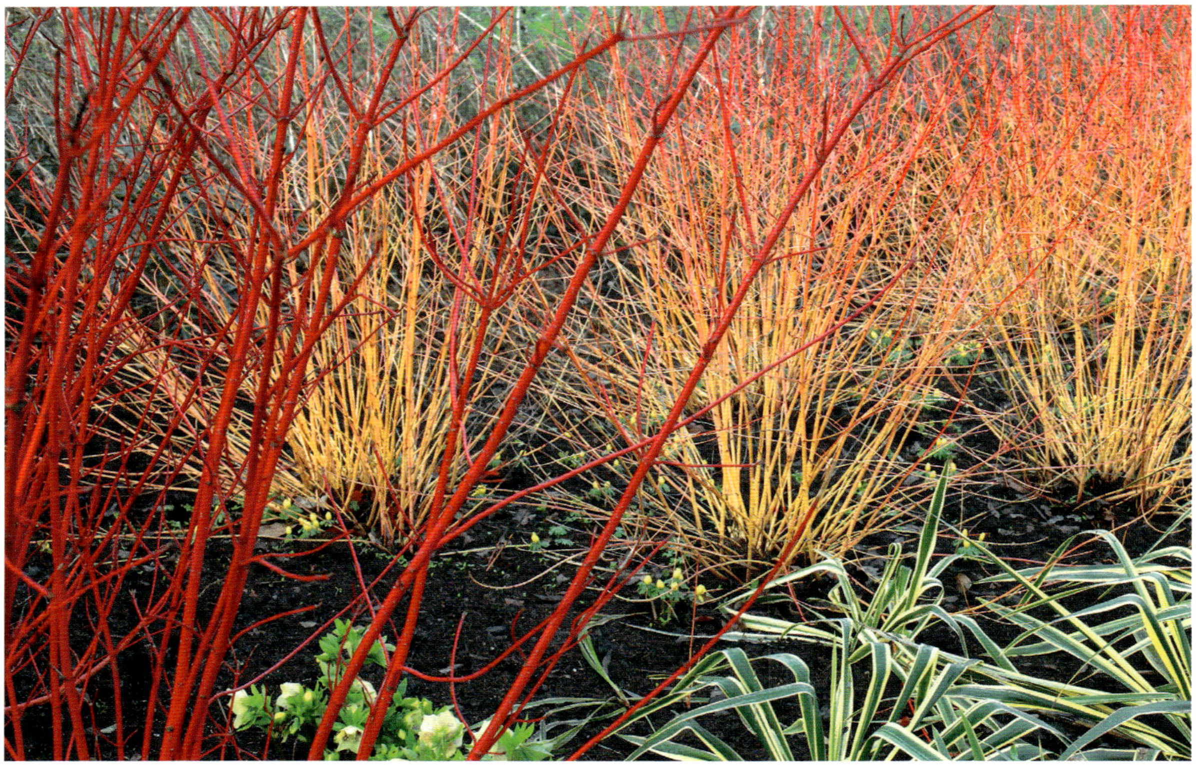

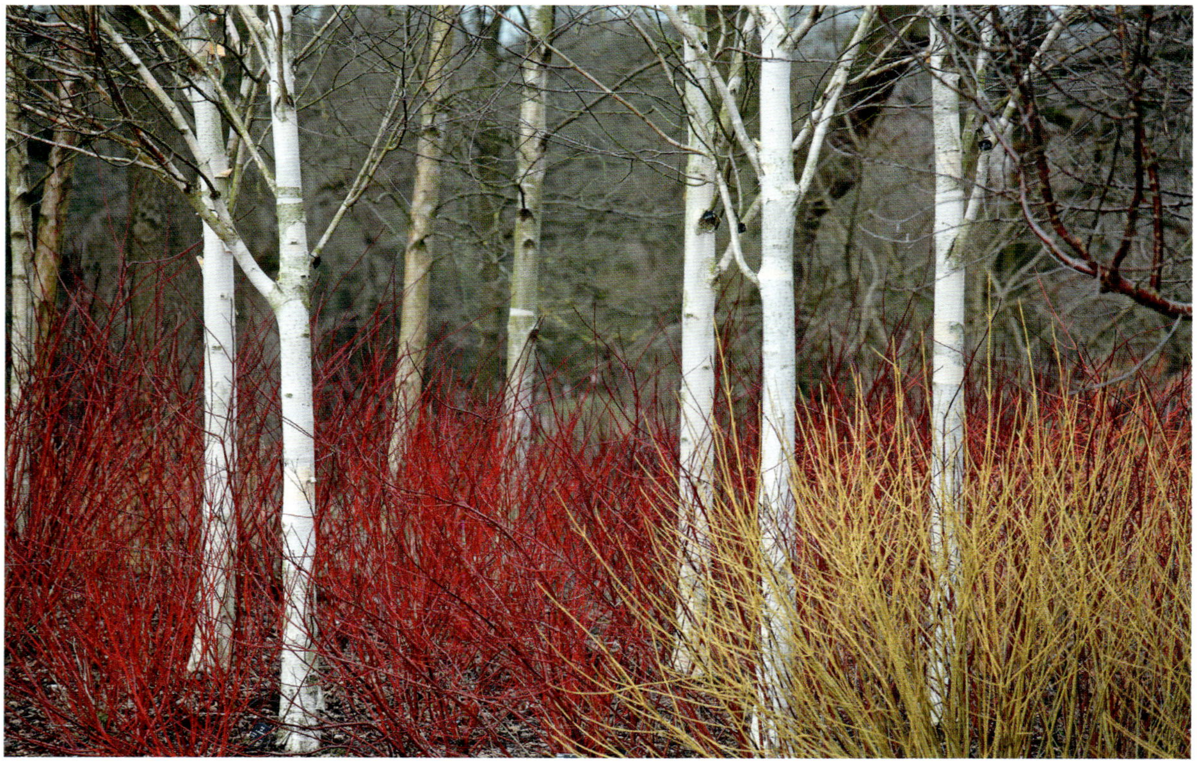

Hat man eine gute Kombination gefunden, kann man sie auf eine größere Fläche übertragen.
OBEN: Die zweifarbigen Nuancen von *Yucca filamentosa* 'Bright Edge' und *Helleborus × hybridus* 'Harvington Yellow Speckled' sorgen für einen schönen Übergang zwischen dem Rot des *Cornus alba* 'Sibirica' und dem Orangegelb von *Cornus sanguinea* 'Midwinter Fire'.
UNTEN: Mit *Betula utilis* var. *jacquemontii* kontrastieren die roten Zweige von *Cornus alba* 'Aurea' noch stärker als die gelblichen von *sericea* 'Flaviramea'.

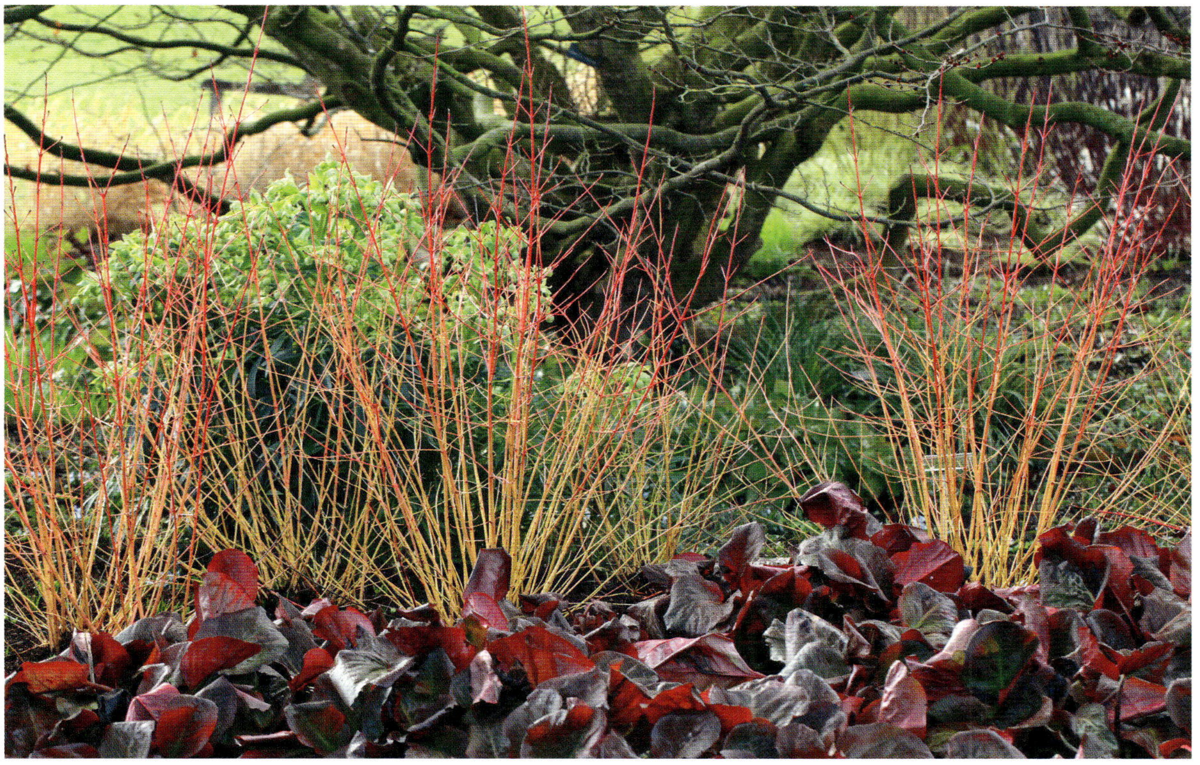

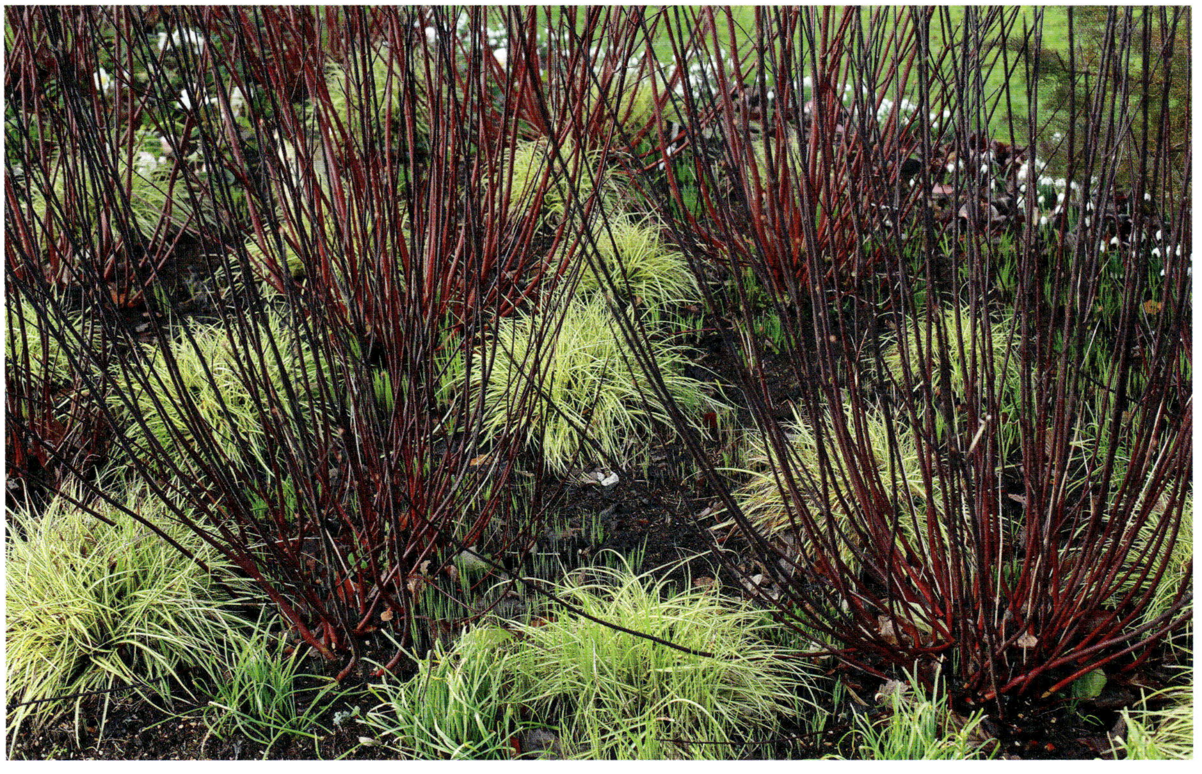

Vielfältige Vegetationsstrukturen (Blätter, Blumen, Zweige) bringen durch das Spiel mit Formen, Oberflächen oder Farben die besondere Gestalt einer Pflanze am besten zur Geltung. OBEN: Die dünnen Zweige von *Cornus sanguinea* 'Midwinter Fire' ragen heraus aus den runden Blättern von *Bergenia* 'Overture'.
UNTEN: Durch großzügig gepflanzte Büschel von leuchtend grünem *Carex oshimensis* 'Evergold' werden die weinroten Zweige von *Cornus alba* 'Kesselringii' hervorgehoben.

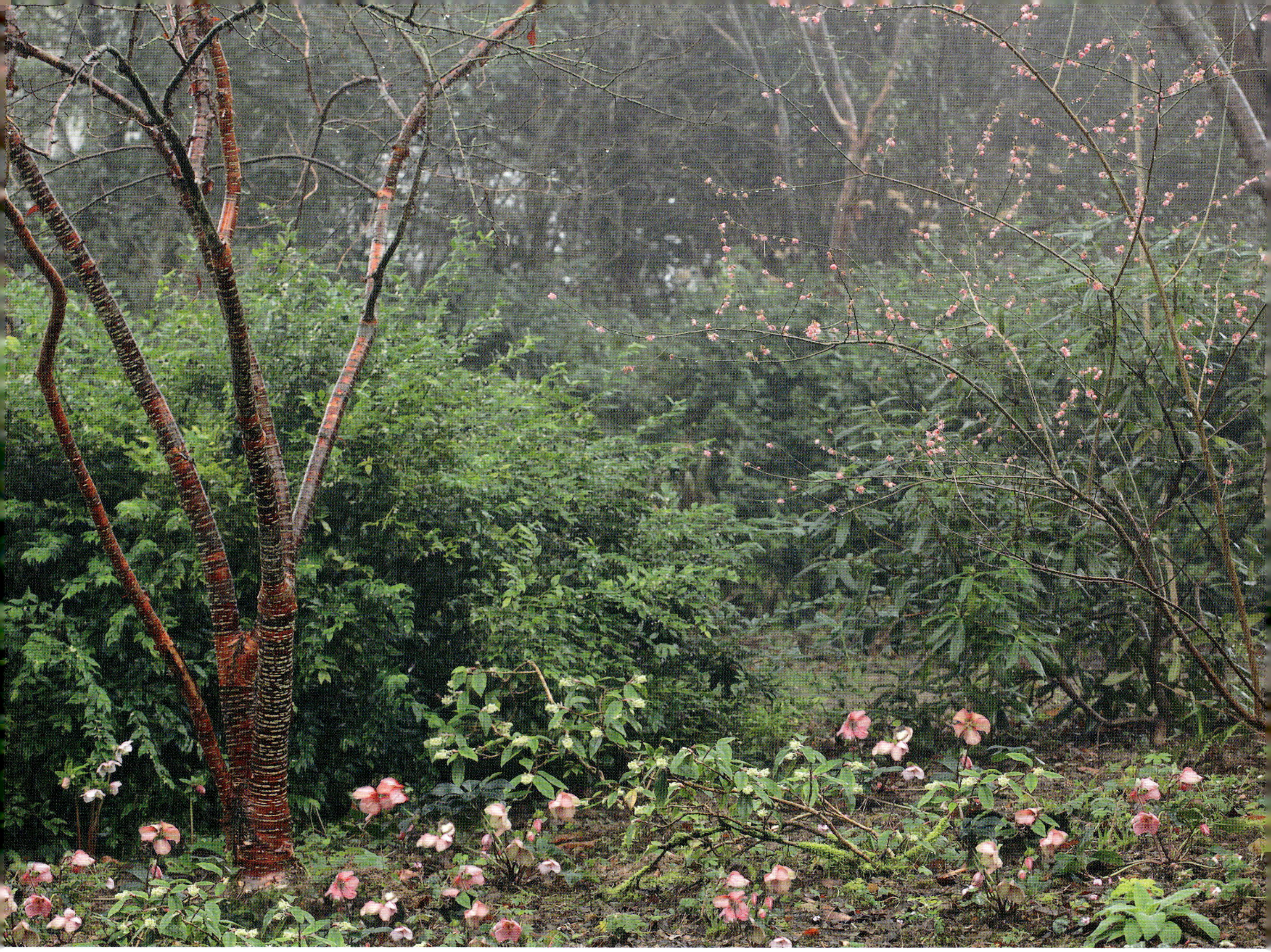

JARDINS DE BELLEVUE

Am Rand des Pays de Bray, auf halbem Weg zwischen Rouen und Dieppe, hat *Helleborus*, die Königin des Winters, ihr Reich. Die ganze Familie unterhält hier eine leidenschaftliche Beziehung mit der erstaunlichen Blume, die trotz Kälte ihre Blütenblätter bravourös ausbreitet. Martine Lemonnier, die Herrin der Anlage, hat sich auf die Züchtung von Hybriden spezialisiert und so eine der reichsten Sammlungen von *Helleborus* in Europa geschaffen. Mit dem blauen Mohn aus dem Himalaya sind hier in den Jardins de Bellevue zwei nationale Sammlungen vertreten. 1980 angelegt, beherbergt diese wundervolle, sechs Hektar große Anlage noch weitere Schätze, insbesondere eine Vielzahl an bemerkenswerten Rinden, die die Gärten zu jeder Jahreszeit beleben.

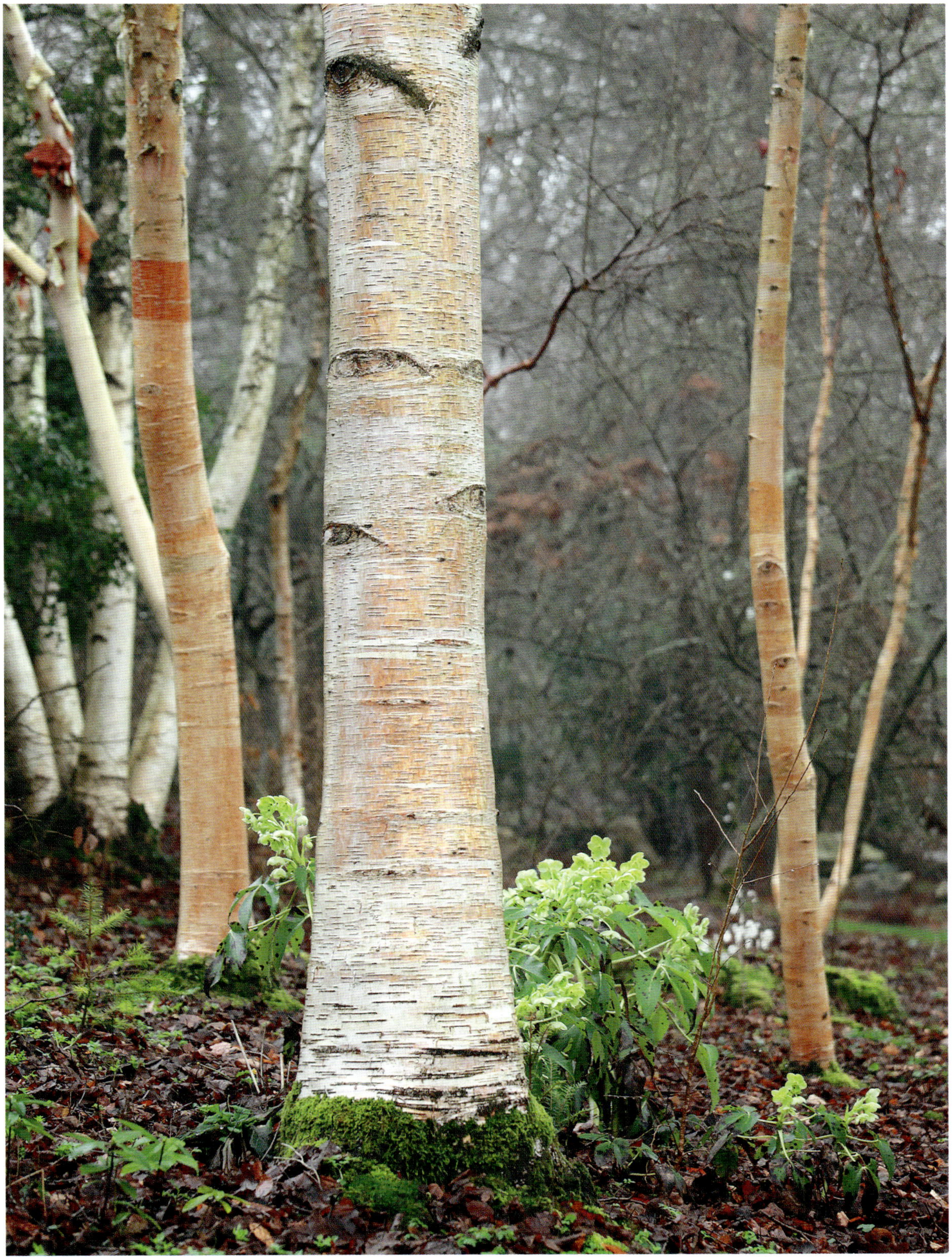

LINKS: *Prunus rufa* (Klon Cambridge, etwas heller) hebt sich ab von betörender *Sarcococca confusa*. Auf dem Boden rahmen die grünlichen Blüten von *Ribes laurifolium* einen Teppich von *Helleborus × lemonnierae*. Den letzten Touch geben die leicht duftenden rosa Blüten von *Prunus mume* 'Beni chidori'.
OBEN: Martine Lemonnier erlaubt nur *Helleborus argutifolius* mit seinen leuchtenden grünen Blüten ein spontanes Wachstum im Unterholz der Birken.

MARKS HALL GARDENS & ARBORETUM

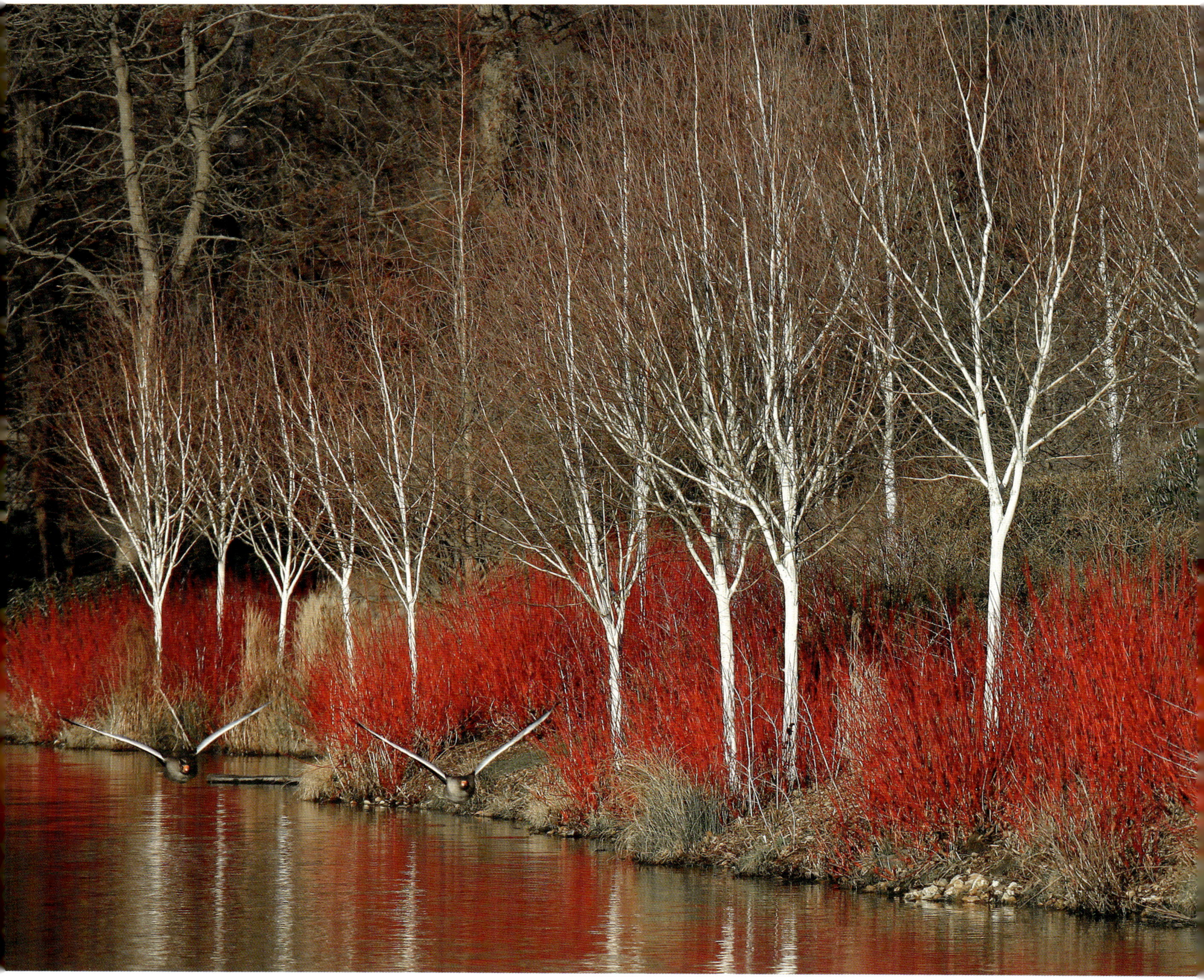

Etwa 60 Kilometer nordöstlich von London gelegen, breitet sich auf fast 80 Hektar der Reichtum der Marks Hall Gardens aus. Hier kann man den ummauerten Garten aus dem 18. Jahrhundert bewundern, die jahrhundertealte Eiche, den Wald voller *Wollemia nobilis* (Wollemikiefern), tausende von Schneeglöckchen und den Winter-Garten. Im Jahr 2000 angelegt, zeigt sich der „Birkett Long Millennium Walk" als lebendiges Gemälde von fast 200 Metern Länge, von Mutter Natur gemalt und zwischen September und März immer wieder aufgefrischt. Mit einigen typischen Arten aus Asien dicht bepflanzt, ist er sehr wirkungsvoll gestaltet. Die Spiegelung im Wasser verstärkt den spektakulären Effekt der Szenerie.

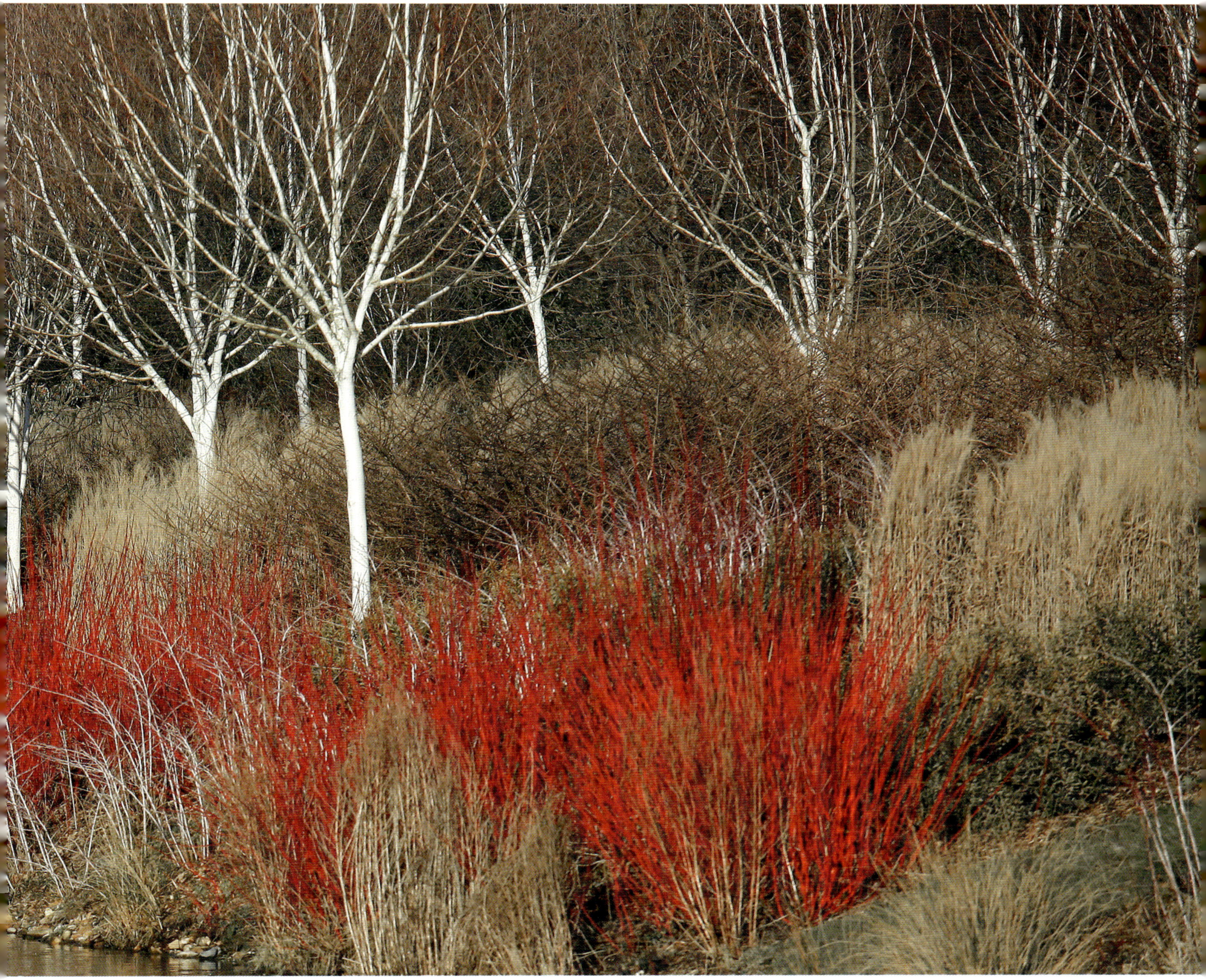

Unnötig, die Anzahl der Arten zu erhöhen, um aus diesem Winter-Garten ein wahres Paradies auf Erden zu machen. Mit Geschick abgestuft wiederholen sich die fünf Grundelemente *Betula utilis* var. *jacquemontii*, *Cornus alba* 'Sibirica', *Miscanthus* 'Kleine Fontäne', *Rubus thibetanus* und *Sarcococca hookeriana* var. *digyna* unzählige Male entlang des gesamten „Millenium Walk".

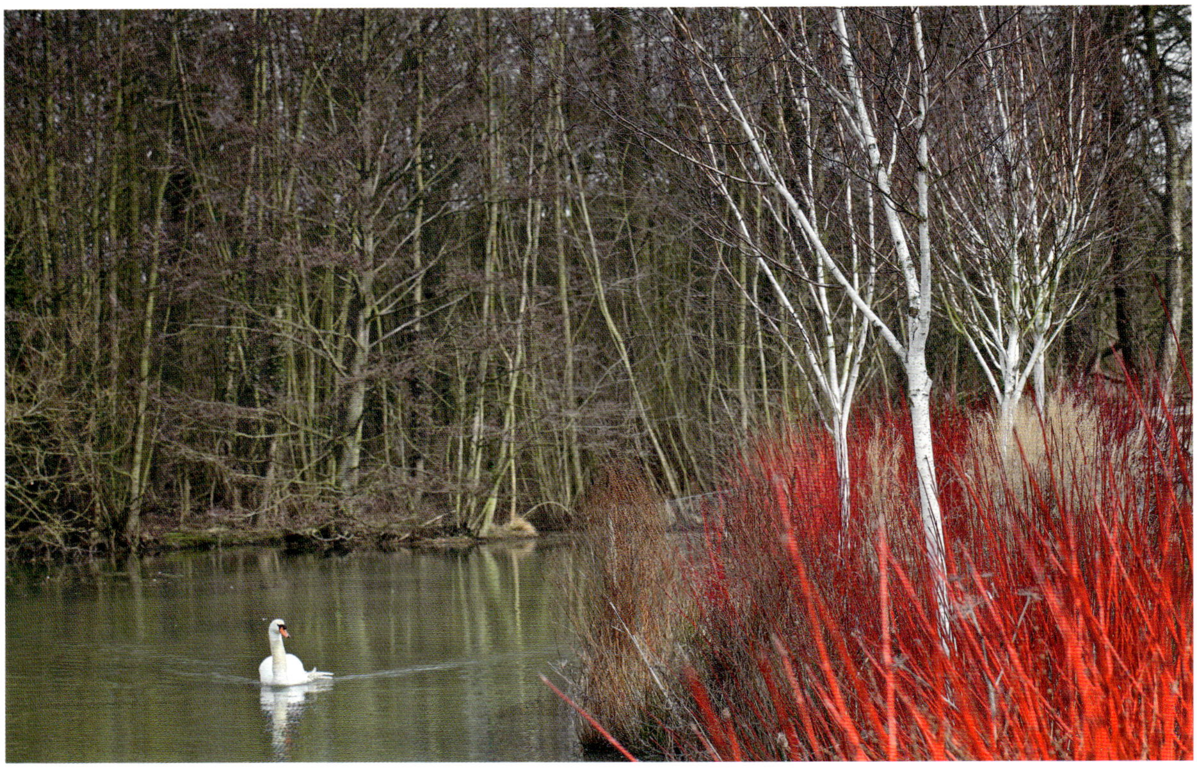

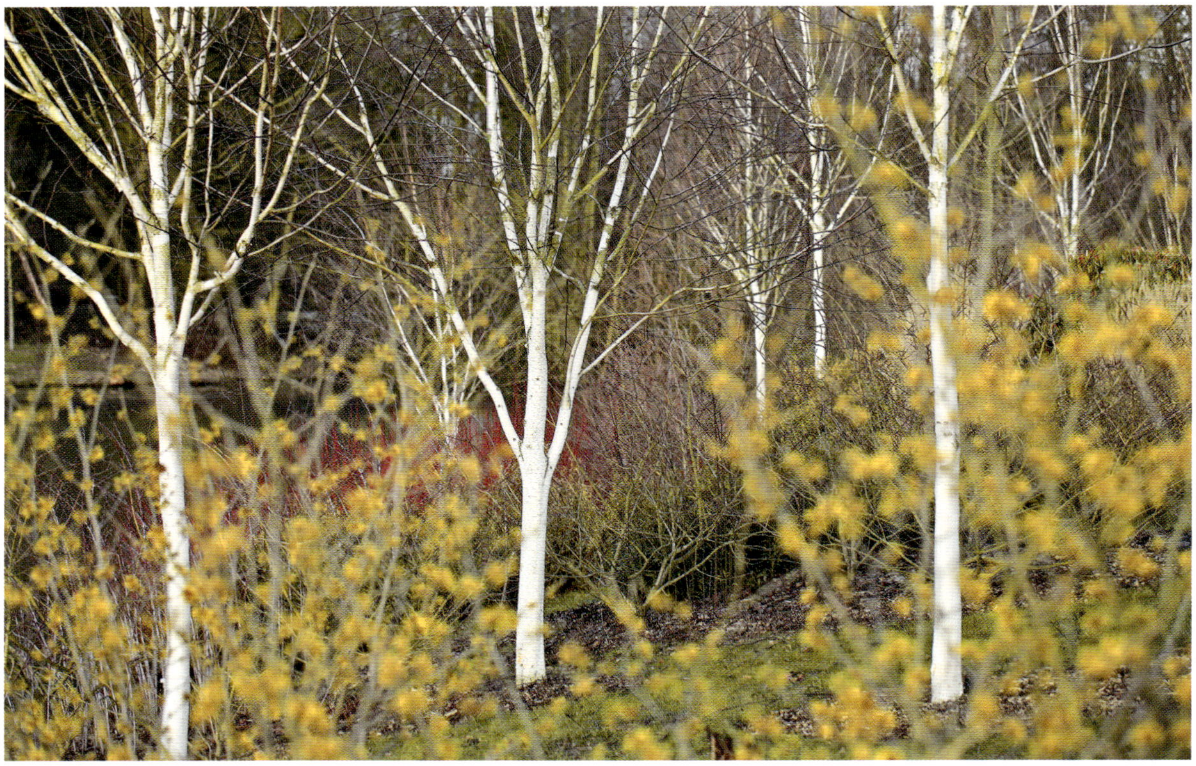

OBEN UND RECHTS: Wenn sich Schönheit mit Einfachheit paart, entsteht im Herbst eine grandiose Märchenlandschaft. Sind die Blätter gefallen, beginnt *Cornus alba* 'Sibirica' zu glänzen und die Sträucher bieten ein effektvolles Lichtspiel vor dem ziemlich monotonen Naturwald.
UNTEN: Den üppigen Blüten von *Hamamelis mollis* entströmt fast den ganzen Winter hindurch ein zarter Duft.

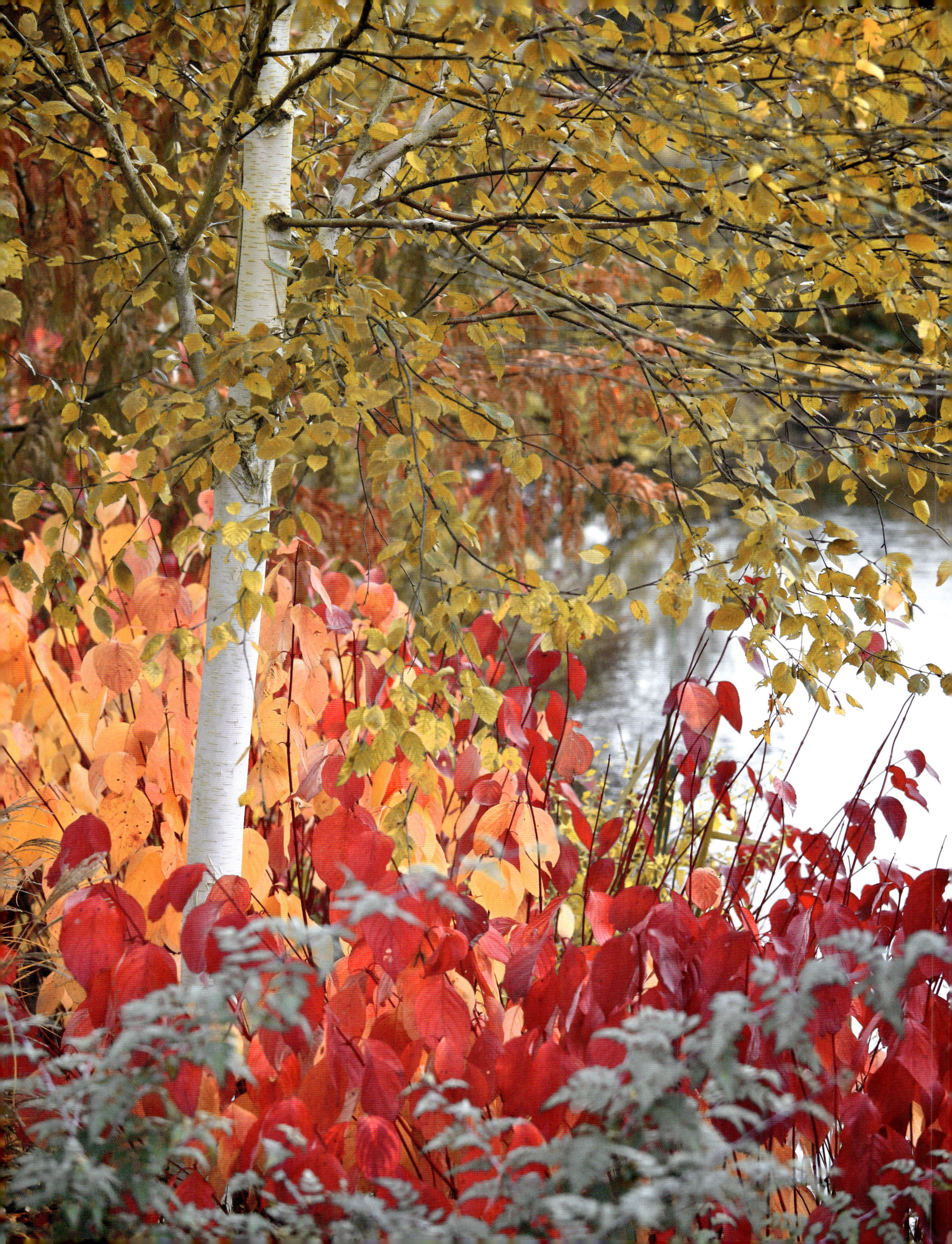

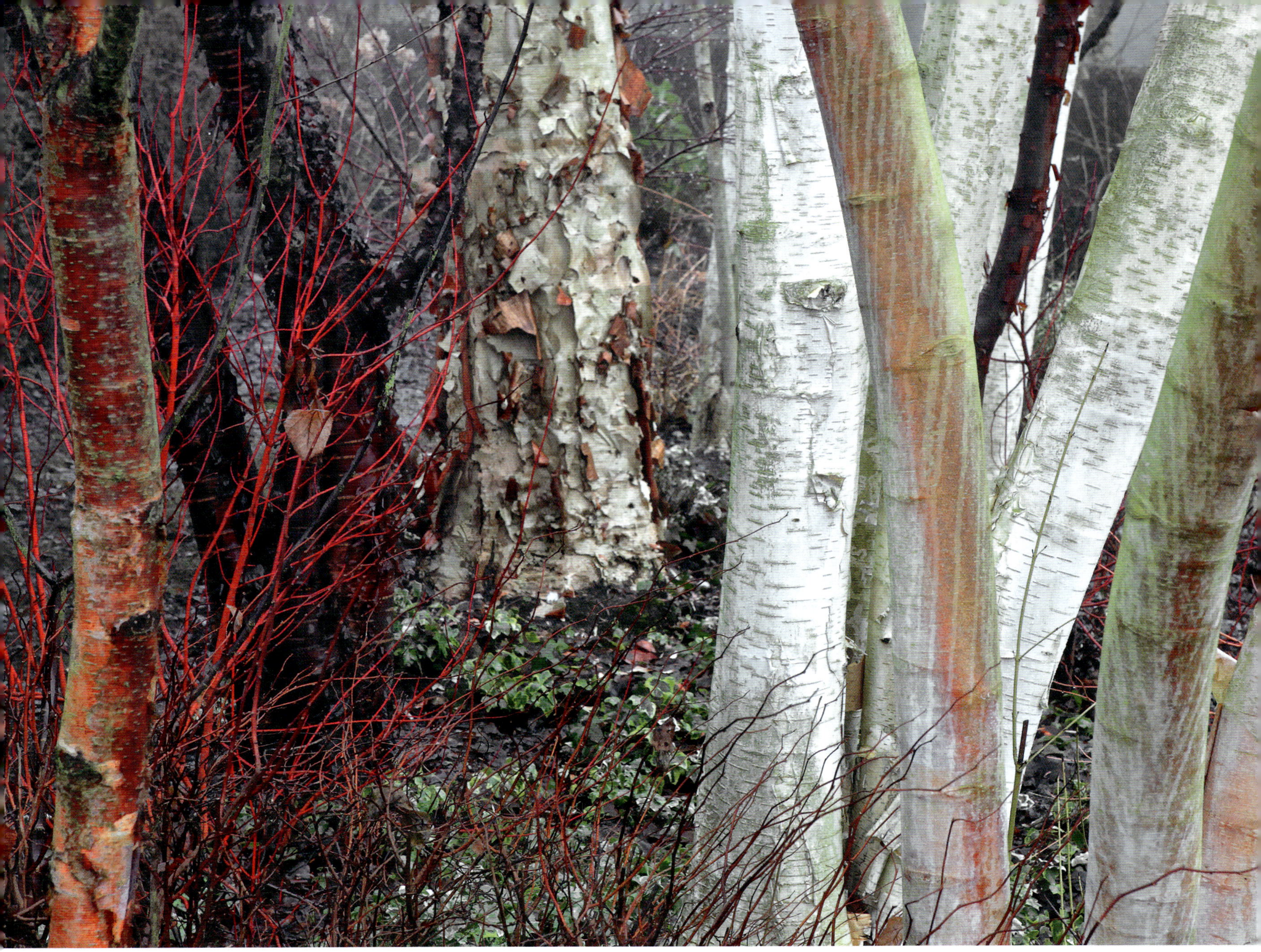

LA POMMERAIE

Auf dem Hochplateau von Aliermont, etwa zehn Kilometer südöstlich von Dieppe, bietet Patrick Garçonnet auf seinem 5000 Quadratmeter großen Gelände von La Pommeraie eine unvergessliche Reise in die Märchenwelt der Rinden. 1989 öffnete ihm die Reinheit der weißen Himalaya-Birke die Augen für die unglaubliche Schönheit der Rinden. Diese würden, so war dem erfahrenen Gärtner jetzt klar, die Meisterstücke seiner Kompositionen aus Birken, Zimt- oder Schlangenhaut-Ahorn, Kirschen oder auch Hartriegel und Weiden mit bunten Zweigen. Er bildete unter anderem meisterhaft den berühmten Rindenwald von Jean-Pierre Hennebelle nach, und der Bestand ist zum Markenzeichen von La Pommeraie geworden. Hier findet man mehrere Birkenarten in Weiß- und Pastelltönen (*Betula utilis* var. *jacquemontii*, *Betula albosinensis* var. *septentrionalis*, *Betula nigra* 'Heritage'), die mit den bunteren Rinden von *Prunus serrula*, *Acer griseum* oder *Cornus alba* 'Westonbirt' kontrastieren.

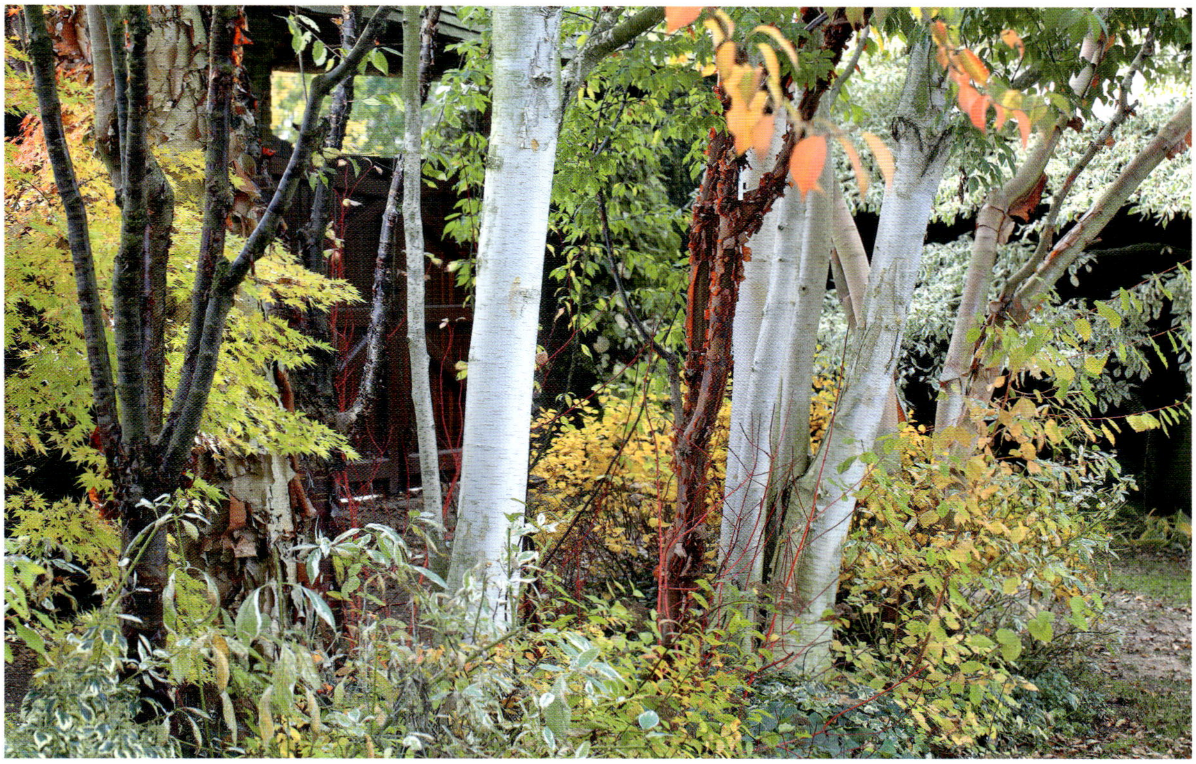

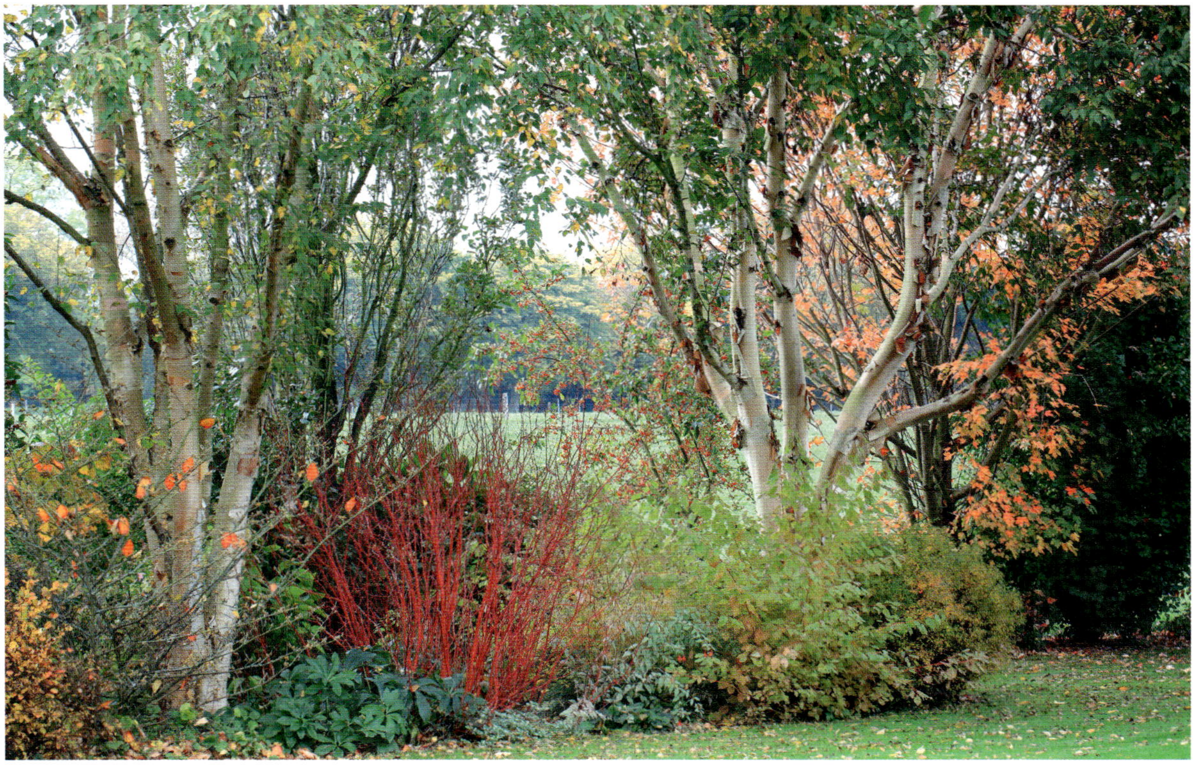

OBEN: Im Herbst verbindet sich das Holz des Hartriegels perfekt mit den Stämmen von Birken, Ahorn und Kirschbäumen. Dieses attraktive Zusammenspiel bleibt den ganzen Winter erhalten. UNTEN: Flankiert von *Betula costata* links und *Betula albosinensis* zur Rechten, verliert *Cornus alba* die Blätter als Erster. Danach zeigt er die leuchtend roten Zweige, die den Garten sehr bald in einen roten Schein tauchen.

LADY FARM GARDENS

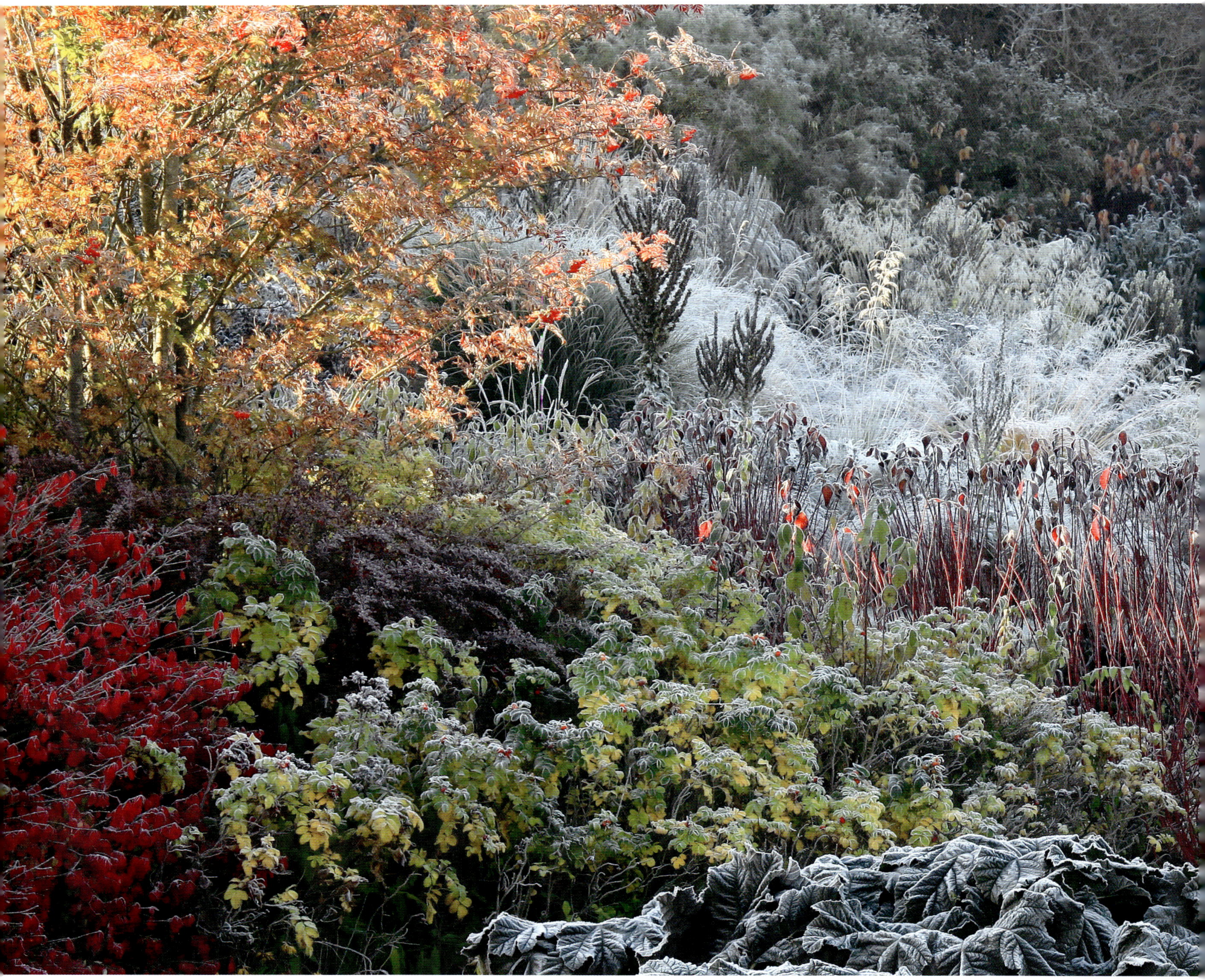

Abgelegen inmitten von Ackerland und Milchkühen, befindet sich etwa zwölf Kilometer südlich von Bristol im Chew-Tal die Gartenanlage Lady Farm Gardens. Judy Pearce, Gestalterin und Eigentümerin des Geländes legte Wert auf einen ganzjährig sehr attraktiven Ziergarten mit einem Minimum an Pflege. 1997 angelegt, haben seither die wunderbar wilden und naturnahen Flächen wie „die Prairie“ und die „Steppe“ den Ruf des Gartens begründet. Auf der Lady Farm sind die Gräser König, und wenn der Raureif mit seinem Zauberstab oder die zahlreichen Wedel die kleinsten Sonnenstrahlen einfangen, entsteht ein unvergessliches Schauspiel.

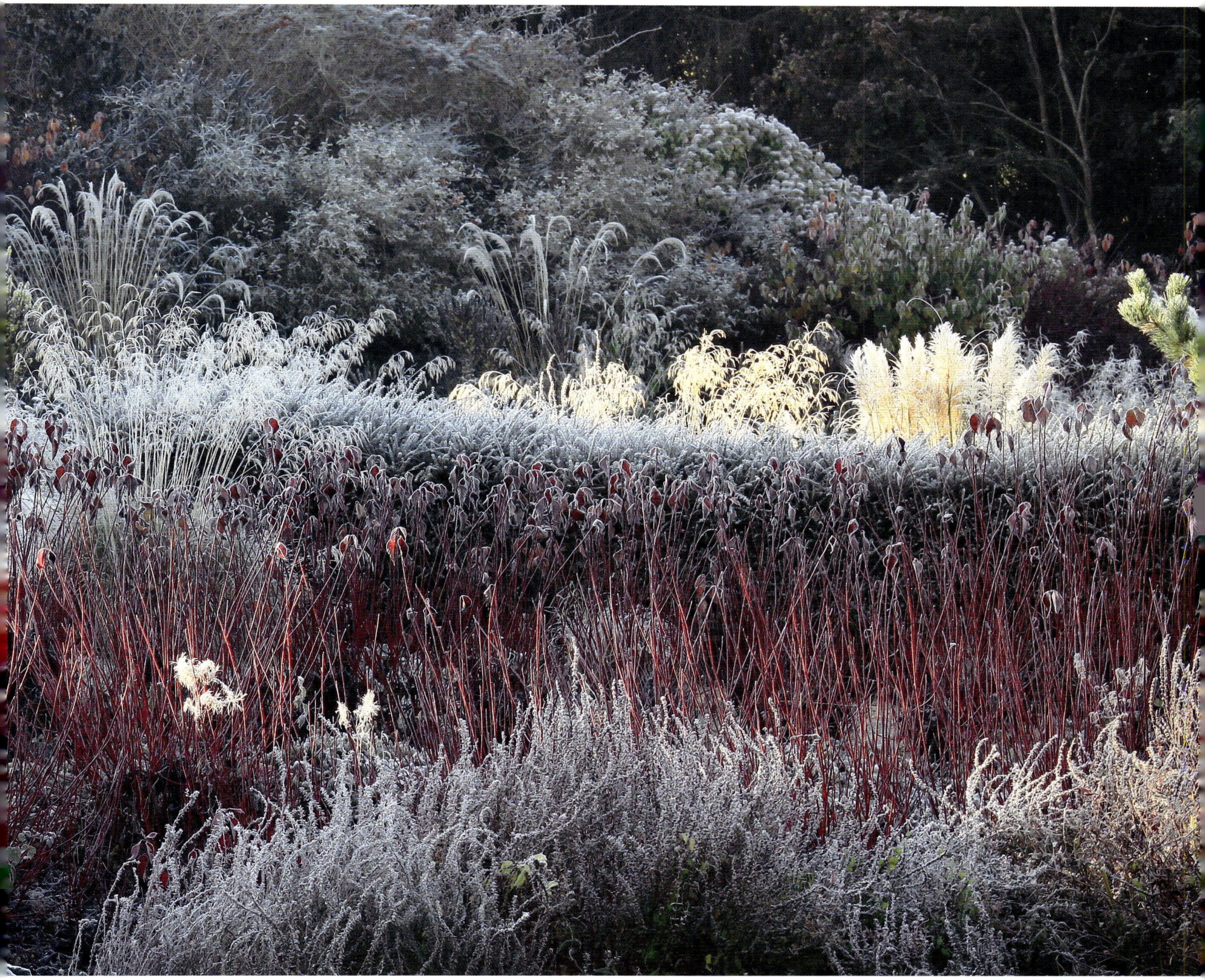

Mit dem Winter kommt der Frost. Im Morgengrauen streichelt die Sonne die imposanten Wedel von *Cortaderia* 'Sunningdale Silver' sowie die zarten Blütenstände von *Stipa gigantea*. Dann beginnen die beiden *Cortaderia richardii* in zweiter Reihe und der *Miscanthus transmorrisonensis* zur Linken zu leuchten. Die roten Zweige von *Cornus alba* 'Westonbirt' vollenden die Komposition mit Glanz.

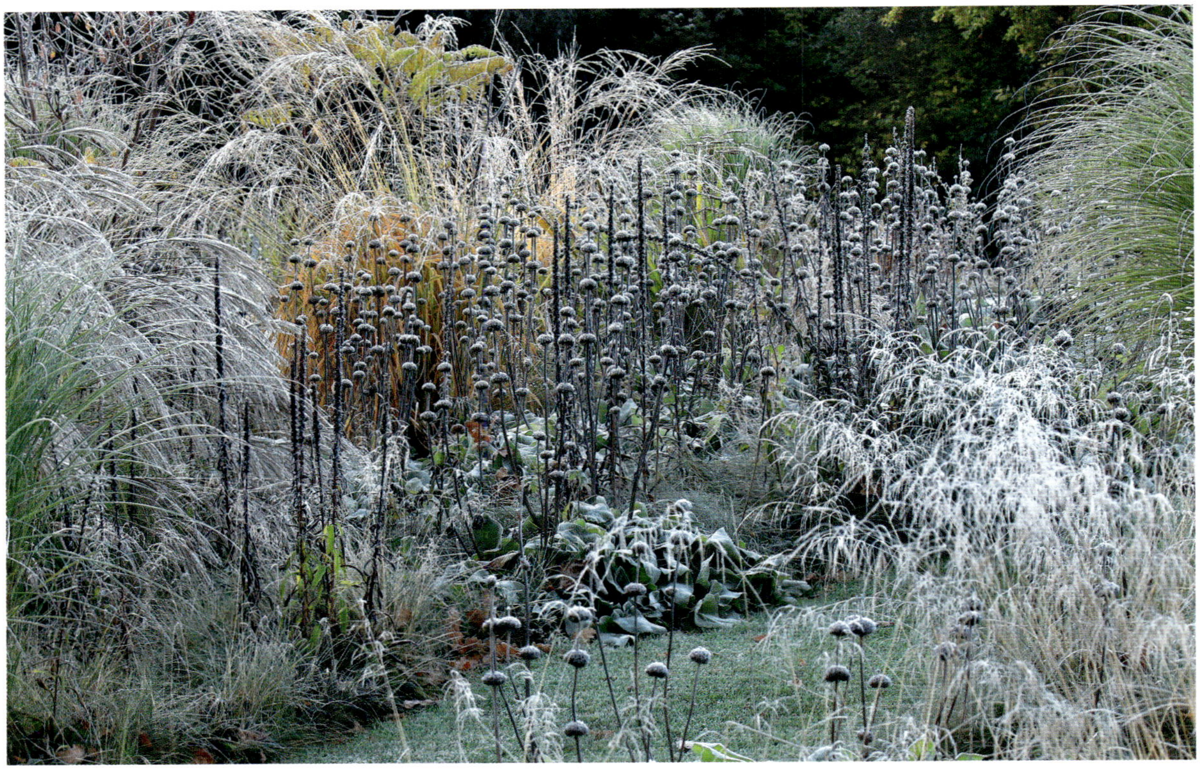

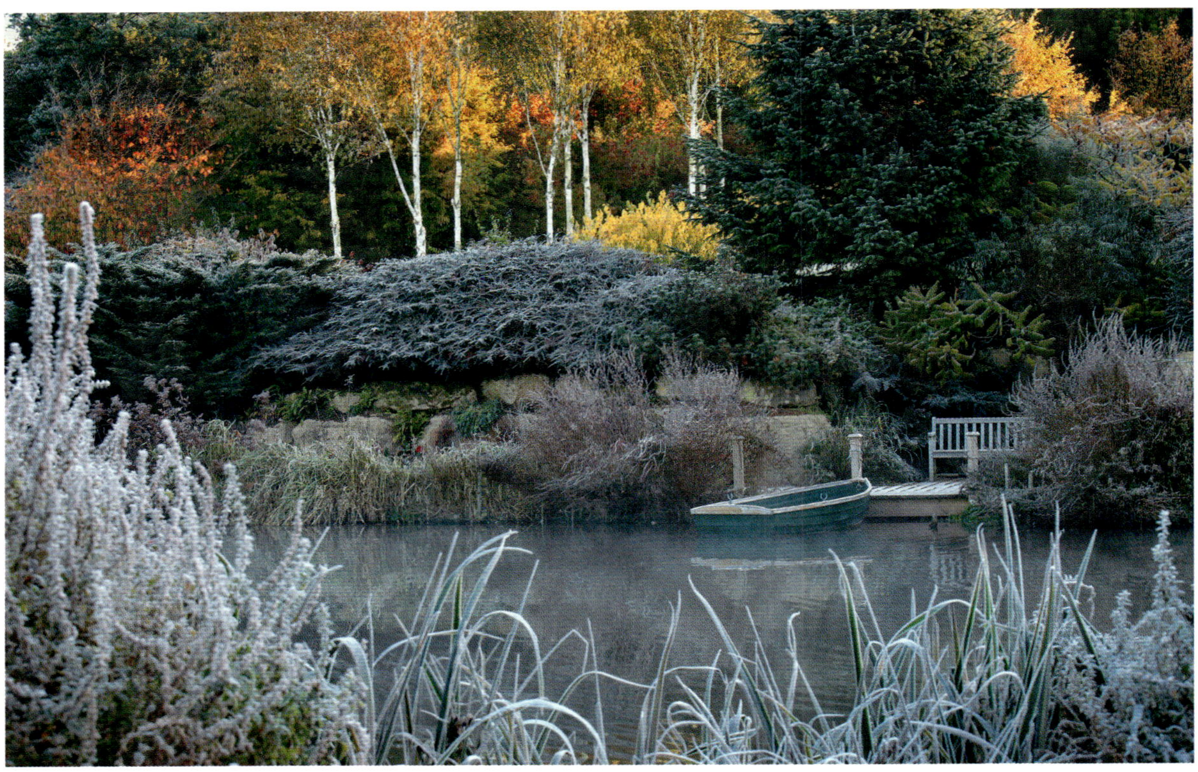

RECHTS: Der Raureif entzückt durch seinen Zauber: Er lässt die Landschaft für den Zeitraum eines Augenblicks erstarren und verfeinert die Gestalt der gewöhnlichsten Pflanzen. Damit wirkt die alte Eiche, umgeben von einem Mantel in Weiß, so richtig bezaubernd. OBEN: Jedes Detail ist fein umrissen und die schwarzen Blütenköpfe von *Phlomis russeliana* und die zarten Graswedel (*Miscanthus sinensis* 'Gracillimus' und 'Ferner Osten', *Deschampsia cespitosa* 'Goldtau') werden besonders hervorgehoben.

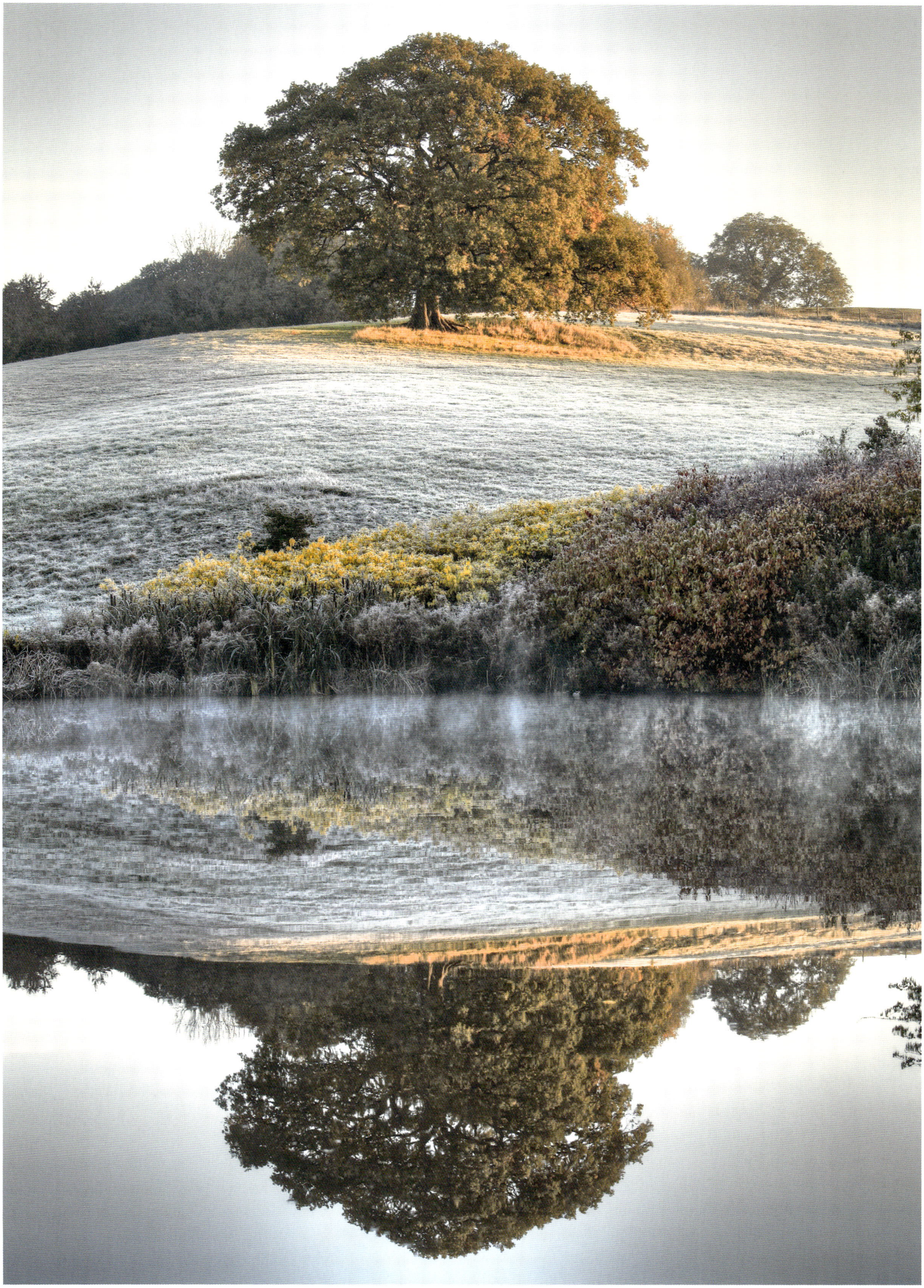

THE MANOR HOUSE

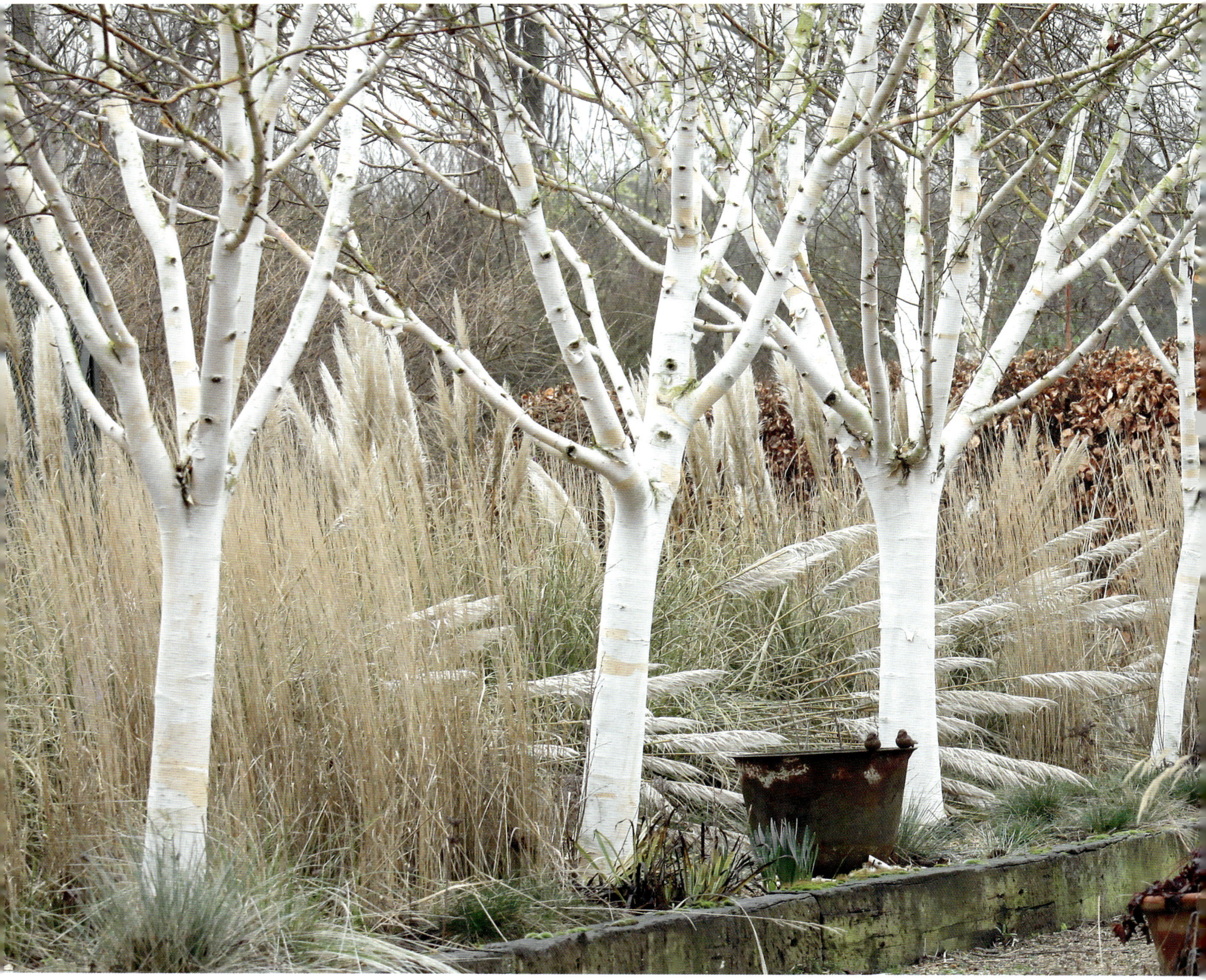

Vor mehr als 25 Jahren legte die Landschaftsgestalterin Kathy Brown die Anlagen von The Manor House (wörtl. das Herrenhaus) ungefähr 60 Kilometer westlich von Cambridge an. Auf nahezu zwei Hektar sind die Gärten der vier Jahreszeiten in etwa zwanzig Bilder geteilt, die eine ganz besondere Atmosphäre schaffen. Ihre Inspiration zog die Eigentümerin aus den von ihr sehr geschätzten Kunstwerken der Maler Hepworth, Monet, Kandinsky, Hokusai, Rothko oder auch Mondrian. Durch den kleinsten Sonnenstrahl verherrlicht, liegt das Hauptaugenmerk all ihrer Gestaltungen auf den Gräsern, besonders in der 1998 angelegten Birkenallee, die zu einem Sinnbild des Gartens wurde.

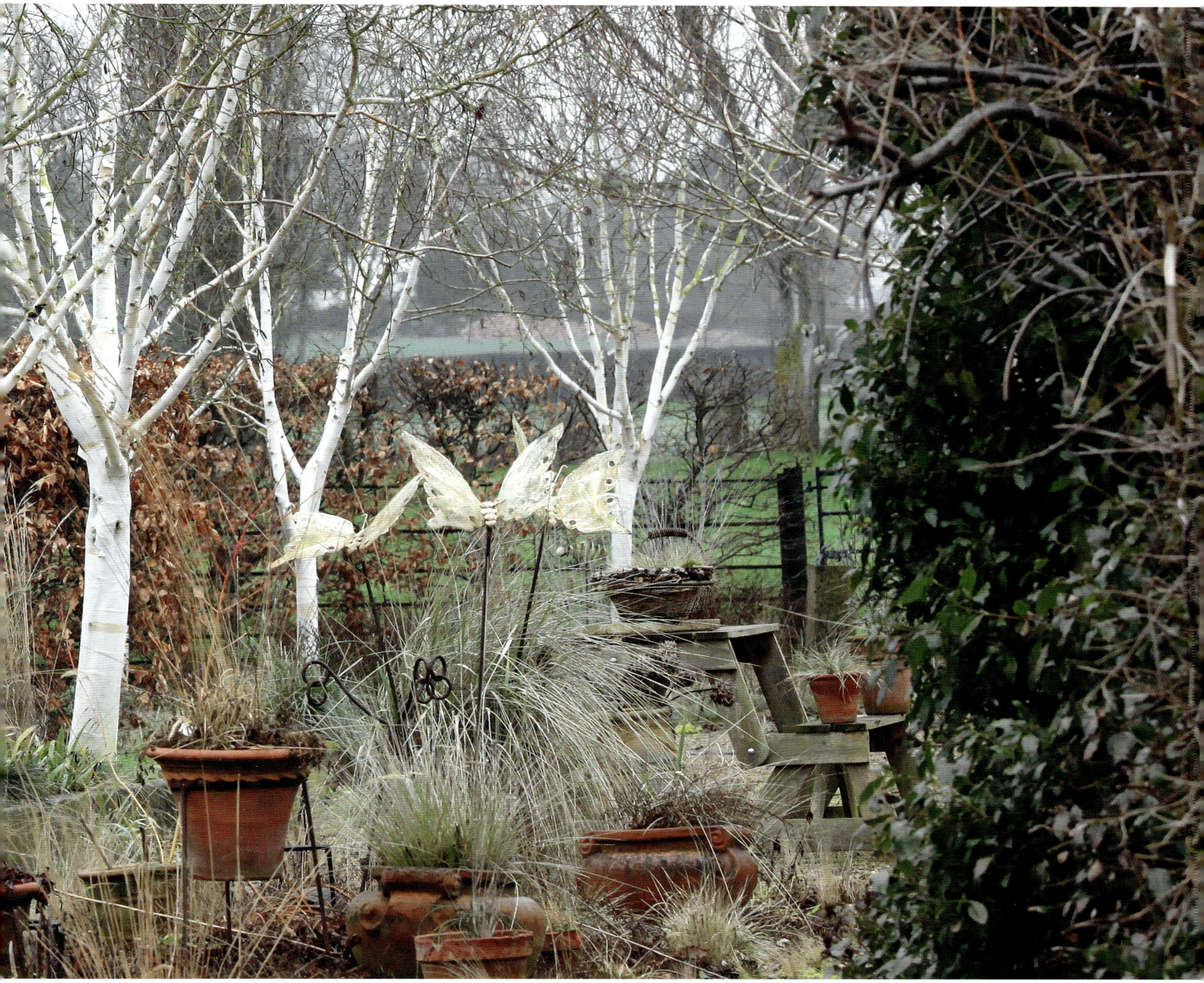

Die Kombination von Gräsern und Birken ist eine feste Größe. Am Boden bilden die bläulichen Büschel von *Helictotrichon sempervirens* und *Festuca glauca* ein homogenes Bild mit den perlmuttfarbenen Wedeln von *Cortaderia selloana* 'Pumila' und den hohen Halmen von *Calamagrostis* × *acutiflora* 'Overdam'. Zart und elegant heben sich von diesem Teppich die geisterhaften Stämme von *Betula utilis* var. *jacquemontii* 'Grayswood Ghost' ab.

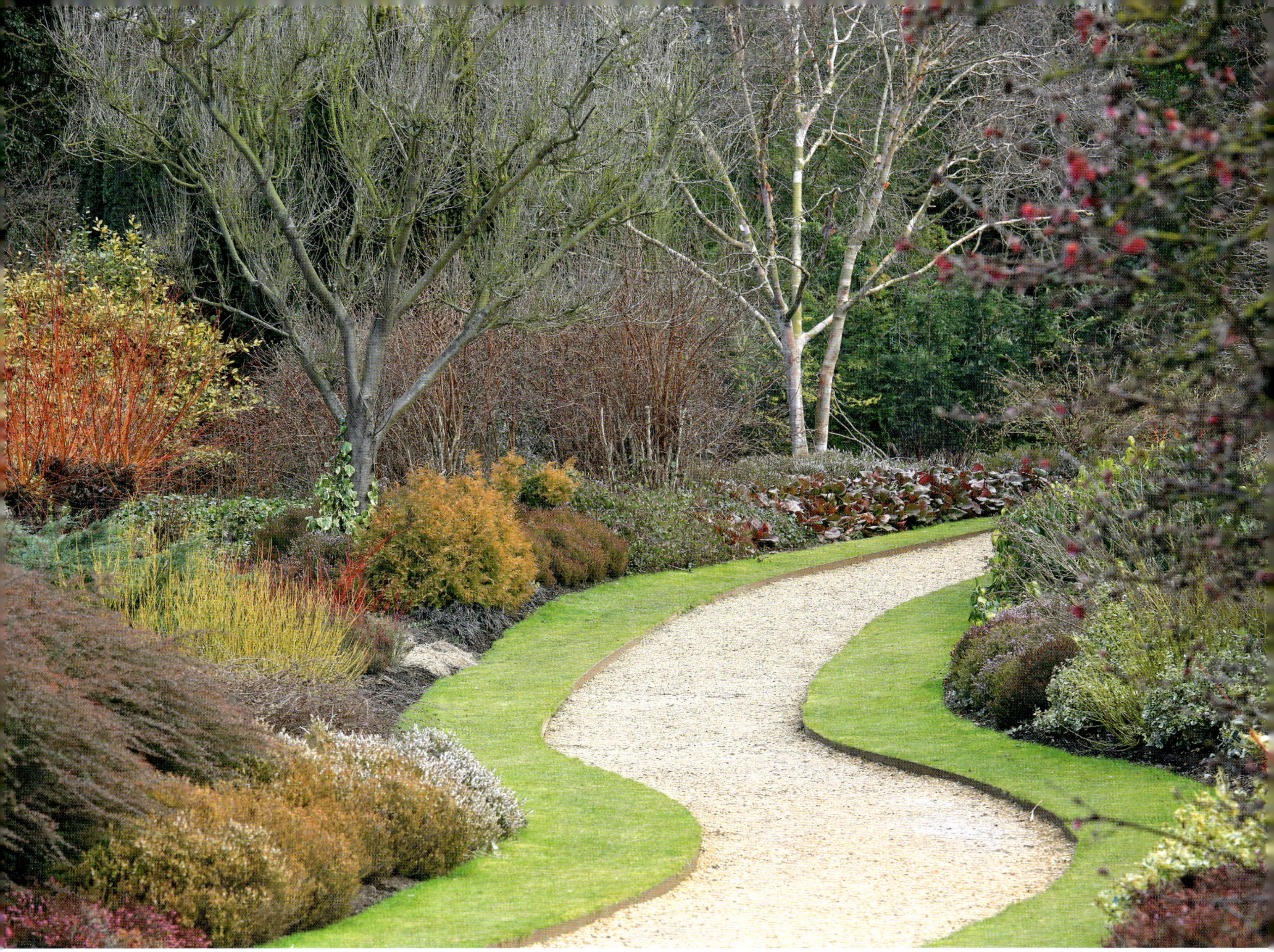

BOTANISCHER GARTEN DER UNIVERSITÄT CAMBRIDGE

Mit ihrer Geschichte von mehr als eineinhalb Jahrhunderten fiel dieser botanischen Institution eine wesentliche Rolle im Aufkommen und in der Entwicklung der Winter-Gärten zu. Für akademische Studien wurden ab 1951 auf nur 0,4 Hektar einige gut für den Winter geeignete Arten angepflanzt. Ab 1978 wurde die Versuchsanlage komplett zu einem echten Winter-Landschaftsgarten umgeformt und dient nun als entsprechende Referenz. Die umgebenden immergrünen Hecken verleihen dem Garten eine intime Atmosphäre und bilden einen gedämpften und homogenen Hintergrund, vor dem sich die Pflanzen perfekt abheben. Auch tragen sie dazu bei, die winterlichen Blütendüfte zu kanalisieren, die sich an beiden Enden des Mittelweges konzentrieren.

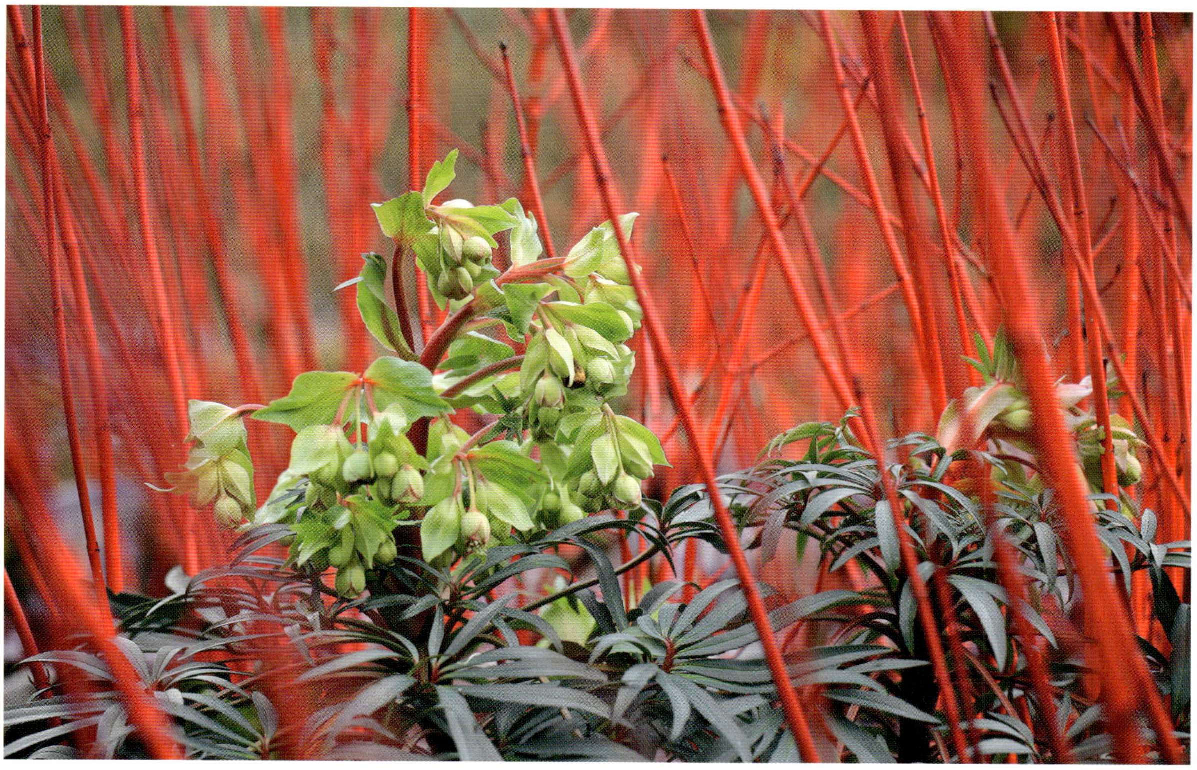

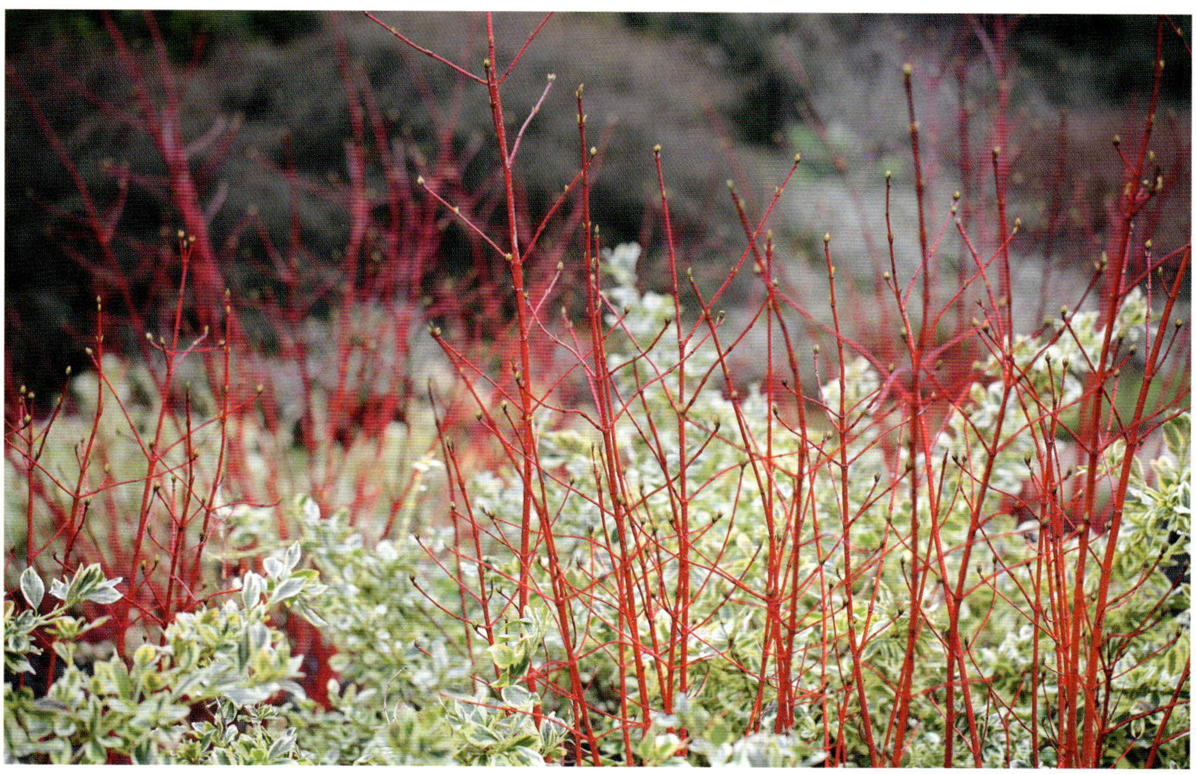

Die geraden roten Zweige von *Cornus alba* 'Sibirica' kontrastieren elegant mit den anisgrünen Blüten von *Helleborus foetidus* oder den weiß-grün panaschierten Blättern von *Euonymus fortunei* 'Silver Queen'. Bei den Spindelsträuchern sollte man die goldgelbe Musterung meiden, da sie häufig zu aggressiv auf die Augen wirkt.

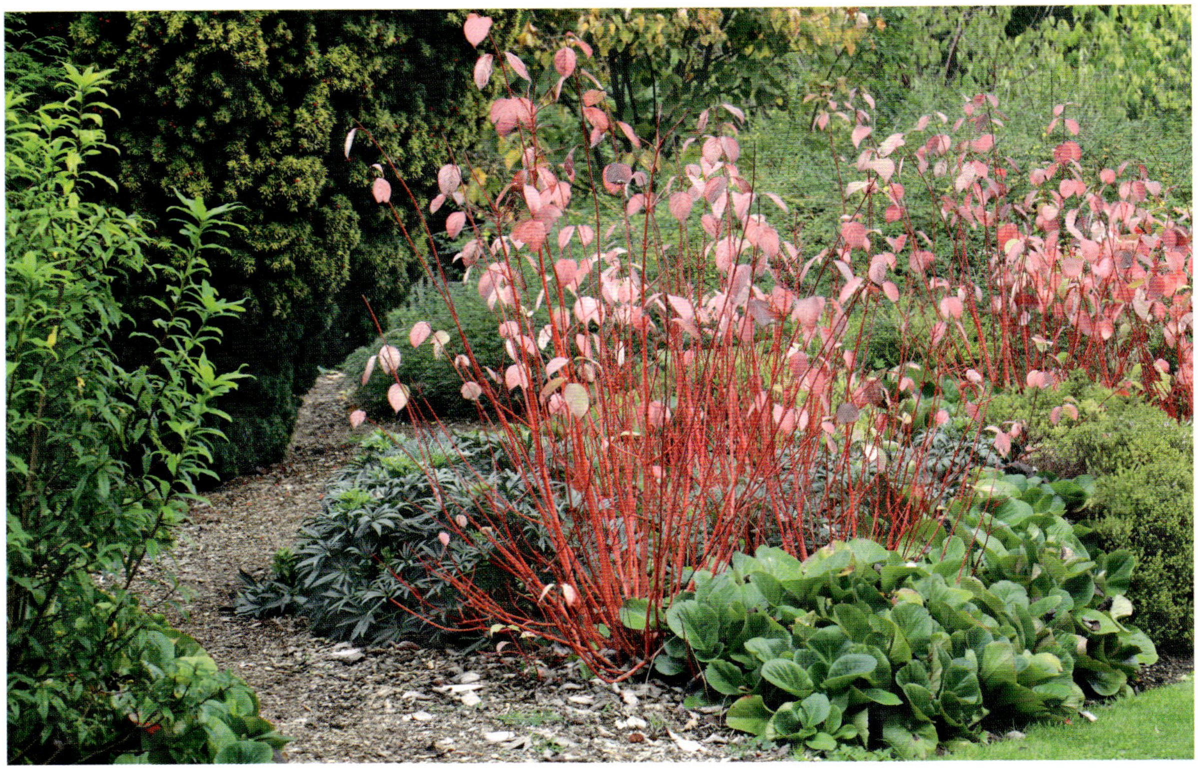

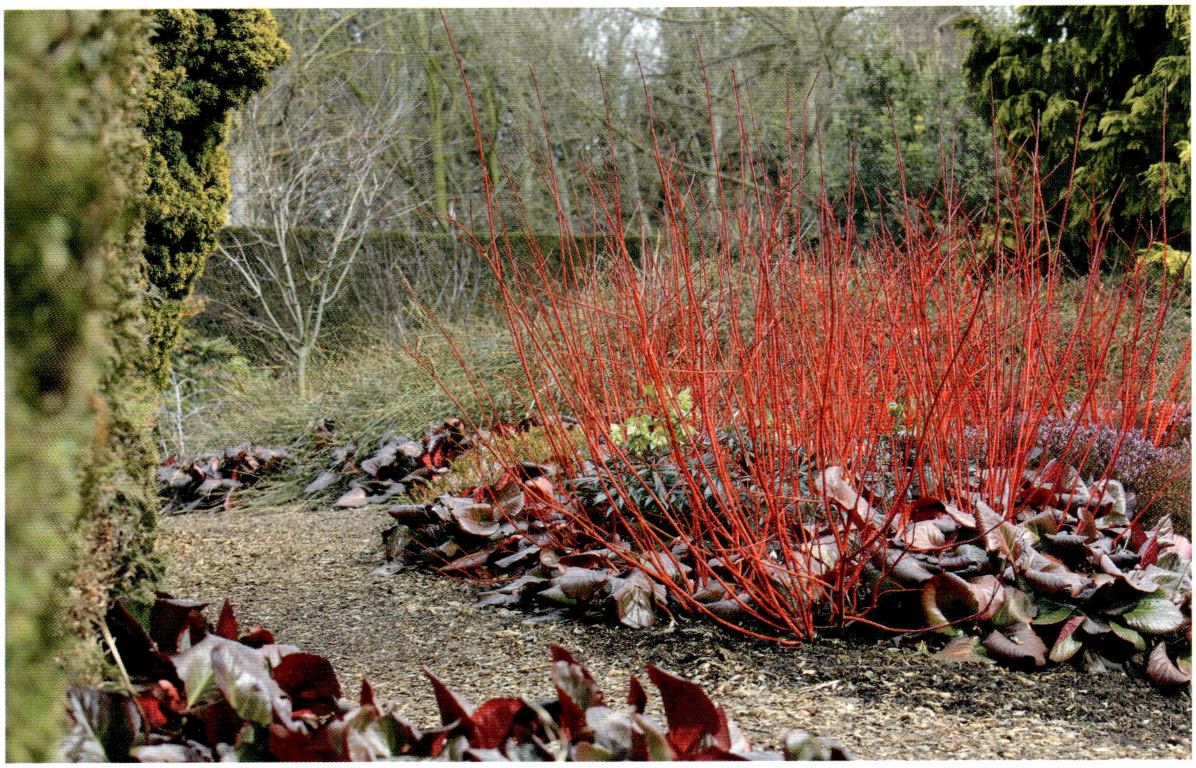

OBEN: Noch in seinem Herbstkleid hebt sich *Cornus alba* 'Sibirica' vor der Kulisse von grünem Blattwerk ab. Im Winter harmonieren die Farben mit den roten Hartriegeln: *Bergenia* 'Bressingham Ruby' färbt sich purpurn, *Erica* 'Furzey' öffnet ihre lila Knospen, während die fächerförmigen Blätter von *Helleborus foetidus* dunkler werden.
RECHTS: Im Gegenlicht leuchten die Rindenfetzen von *Acer griseum* mit den Zweigen von *Rubus phoenicolasius* und *Cornus sanguinea* 'Midwinter Fire' um die Wette.

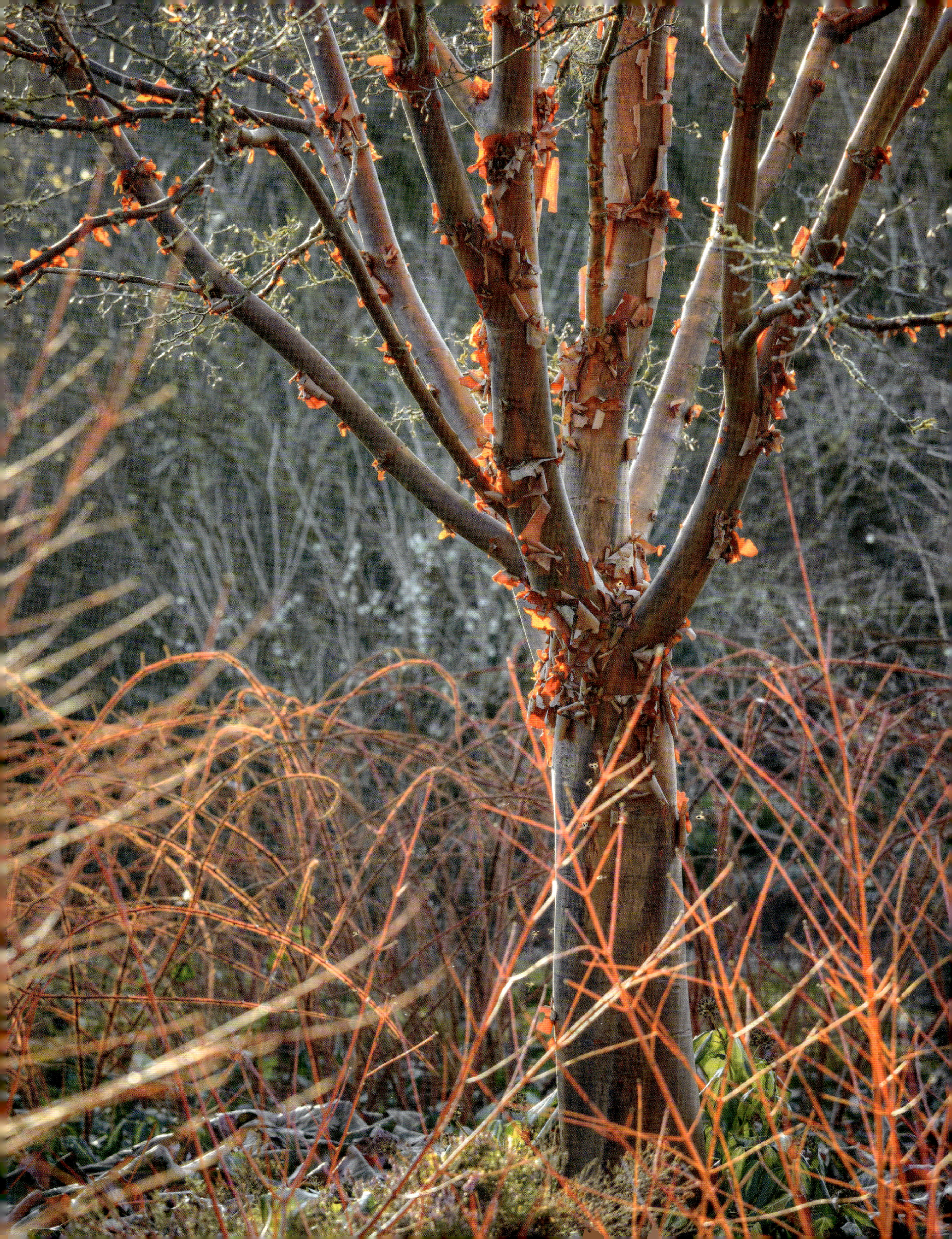

WISLEY

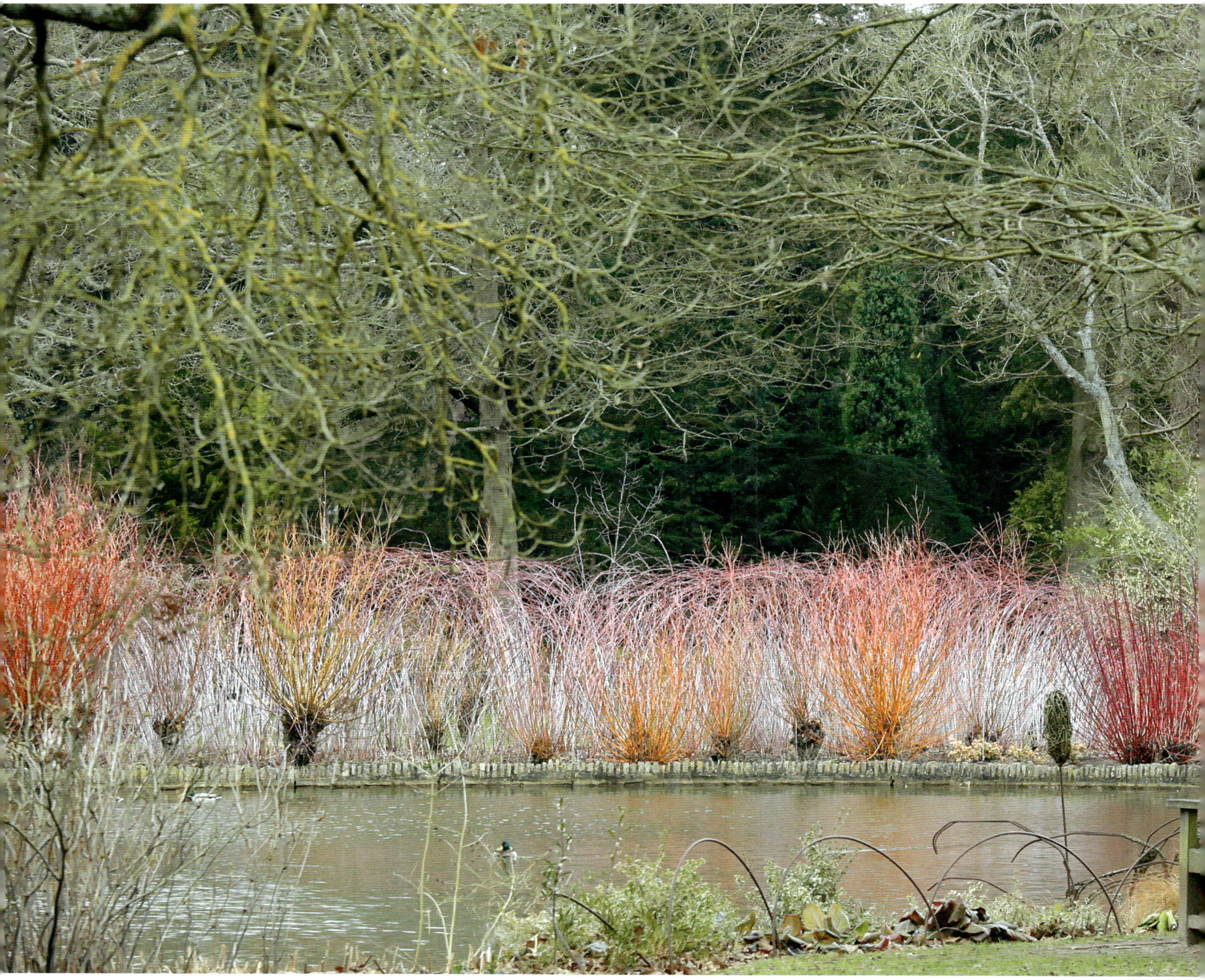

Dieser Tempel der Botanik ist das Flaggschiff unter den Gärten der Royal Horticultural Society (RHS). Auf 97 Hektar südwestlich von Groß-London gelegen, präsentiert der Park eine der schönsten Pflanzensammlungen unseres Planeten. Schon seit einigen Jahrzehnten hat man in Wisley den Winter als Jahreszeit wiederentdeckt. Die nationale Sammlung an Heidekraut, das Pinetum, das monumentale exotische Gewächshaus oder auch die unglaubliche Vielfalt an Rinden bieten großes Theater. Die Haupt-Winteranlage ist um die Teiche von Seven Acres herum gestaltet. 2002 begonnen und 2013 fertiggestellt, bietet sie eine märchenhafte Allee, dominiert durch vielfarbige Zweige von Hartriegel, Weiden, Brombeere und Ahorn.

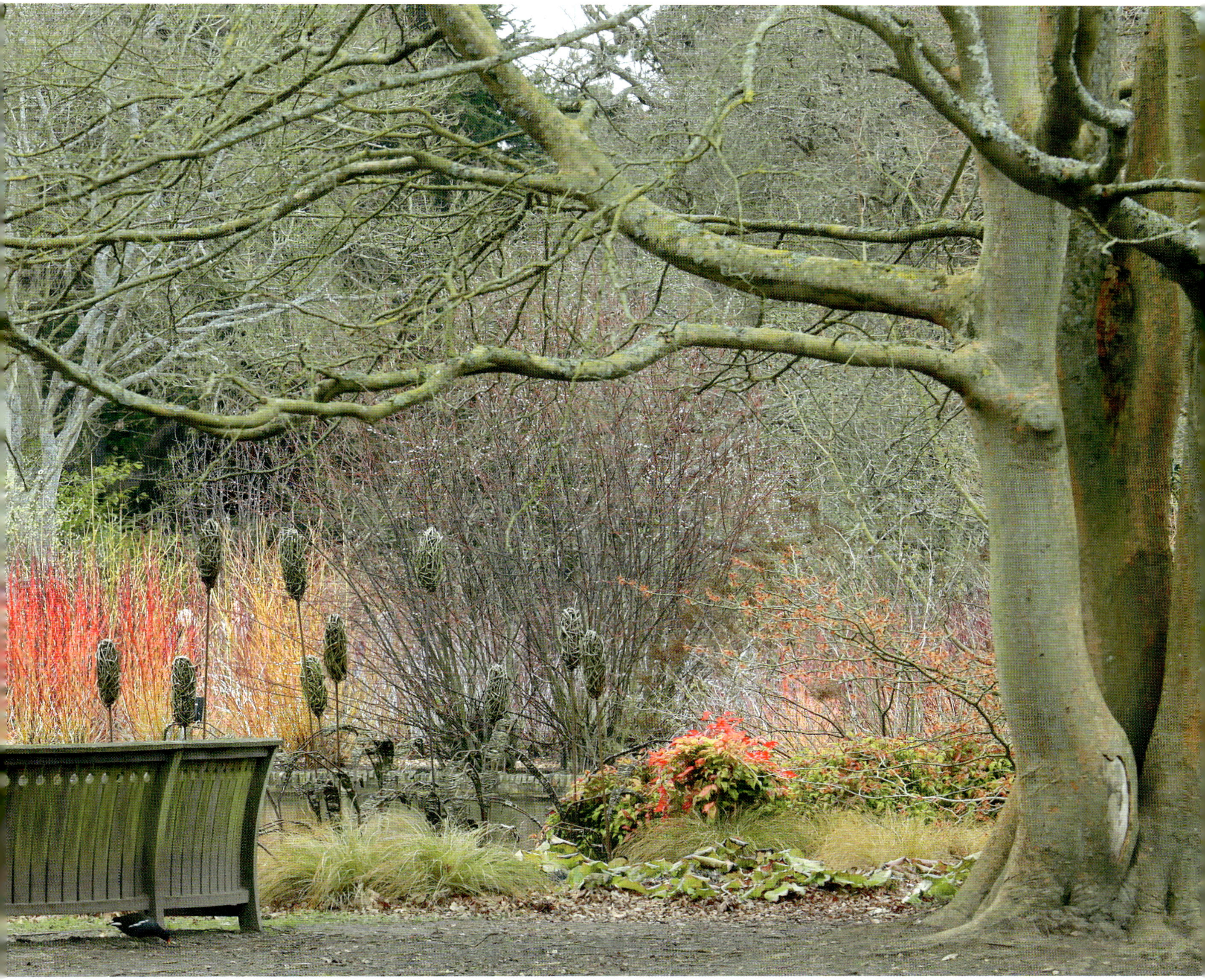

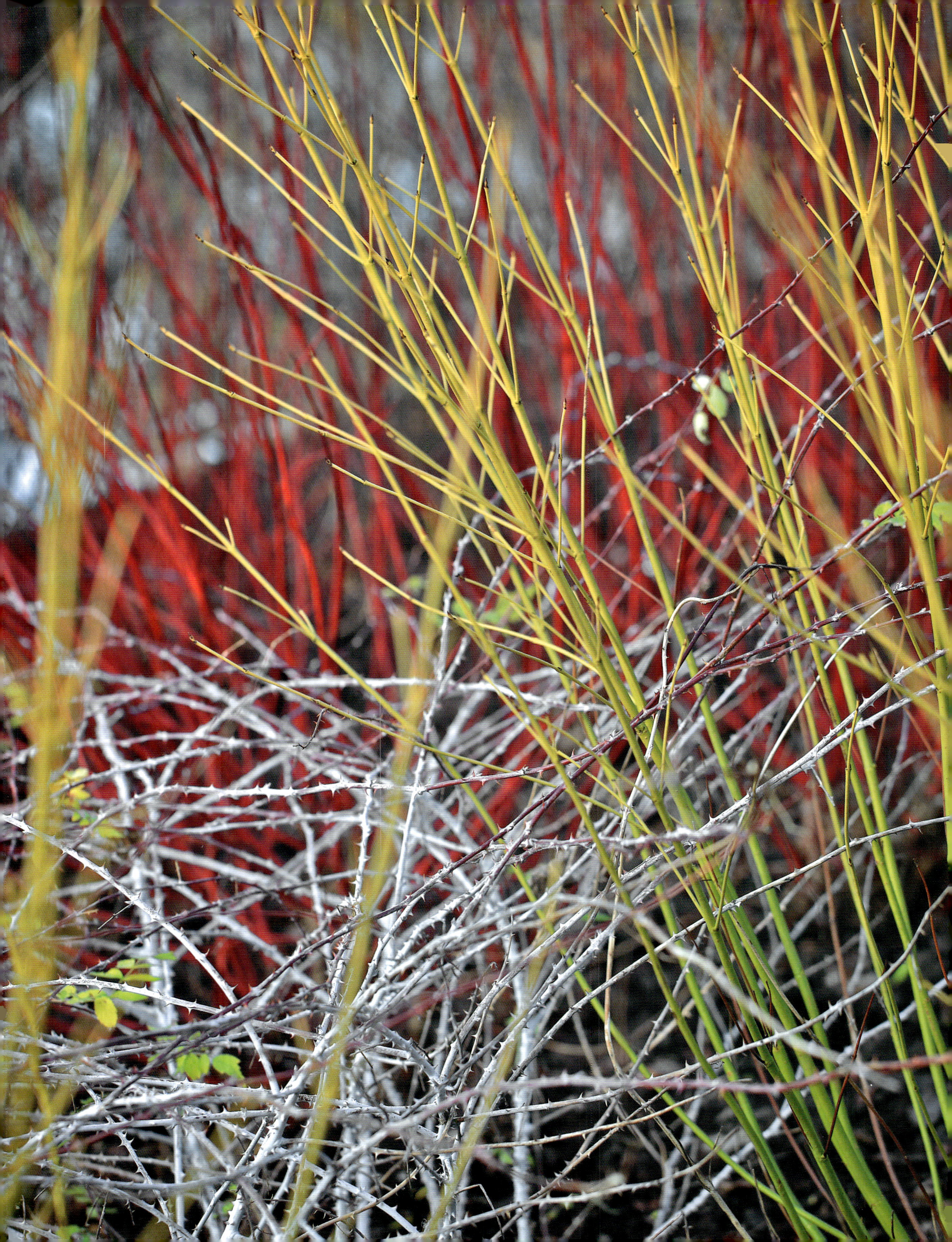

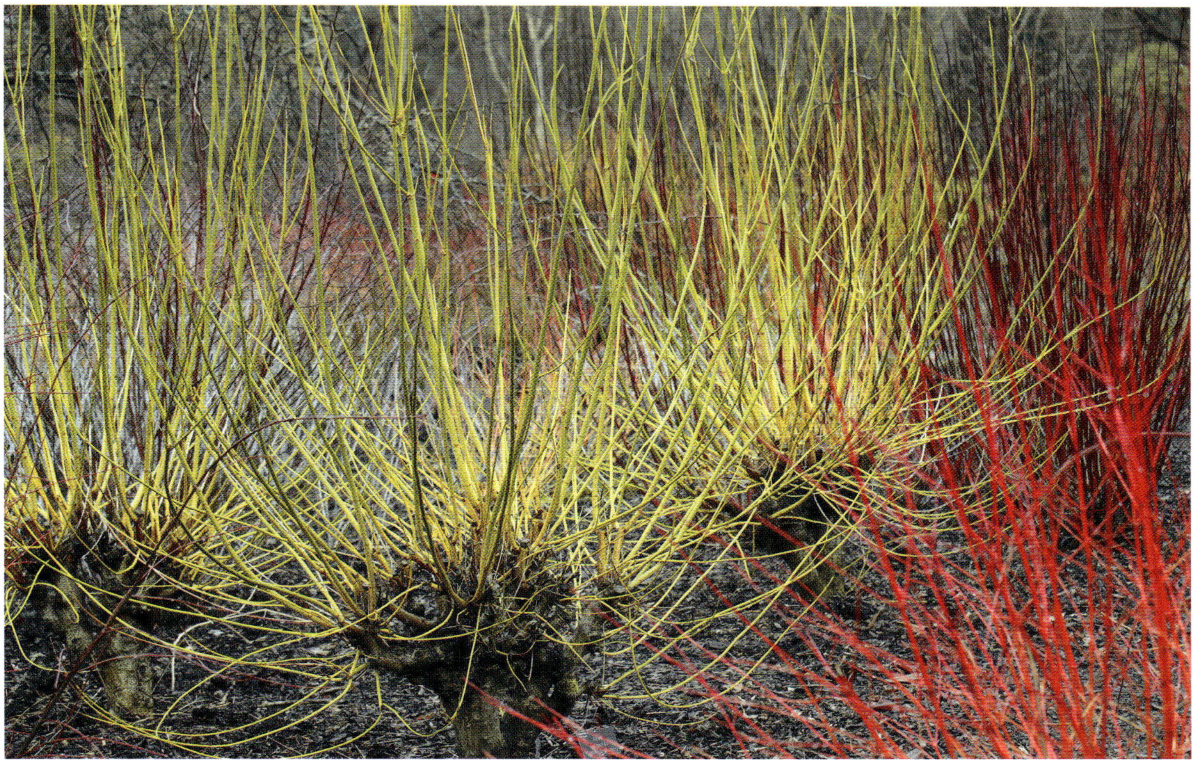

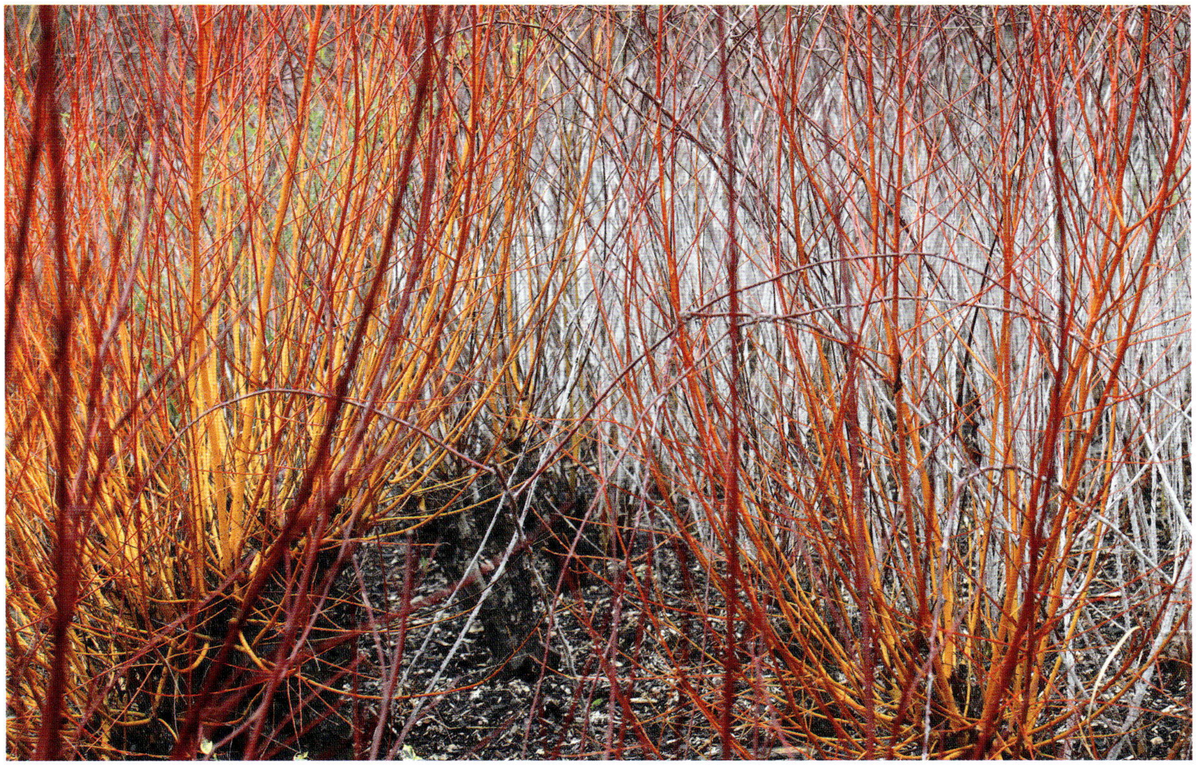

LINKS: Die weißen geschwungenen Zweige von *Rubus cockburnianus* 'Golden Vale' bilden schön gezeichnete und bunte Mischungen mit *Cornus* 'Budd's Yellow' auf rotem Grund von *Cornus* 'Sibirica'. OBEN: *Acer negundo* 'Winter Lightning' mit einem Schnitt wie bei Kopfweiden präsentiert seine leuchtend senfgelben Zweige vor dem funkelnden *Cornus* 'Anny's Winter Orange'. UNTEN: Die orangefarbenen Zweige von *Salix alba* 'Yelverton' mischen sich unter das Weiß der *Rubus cockburnianus*.

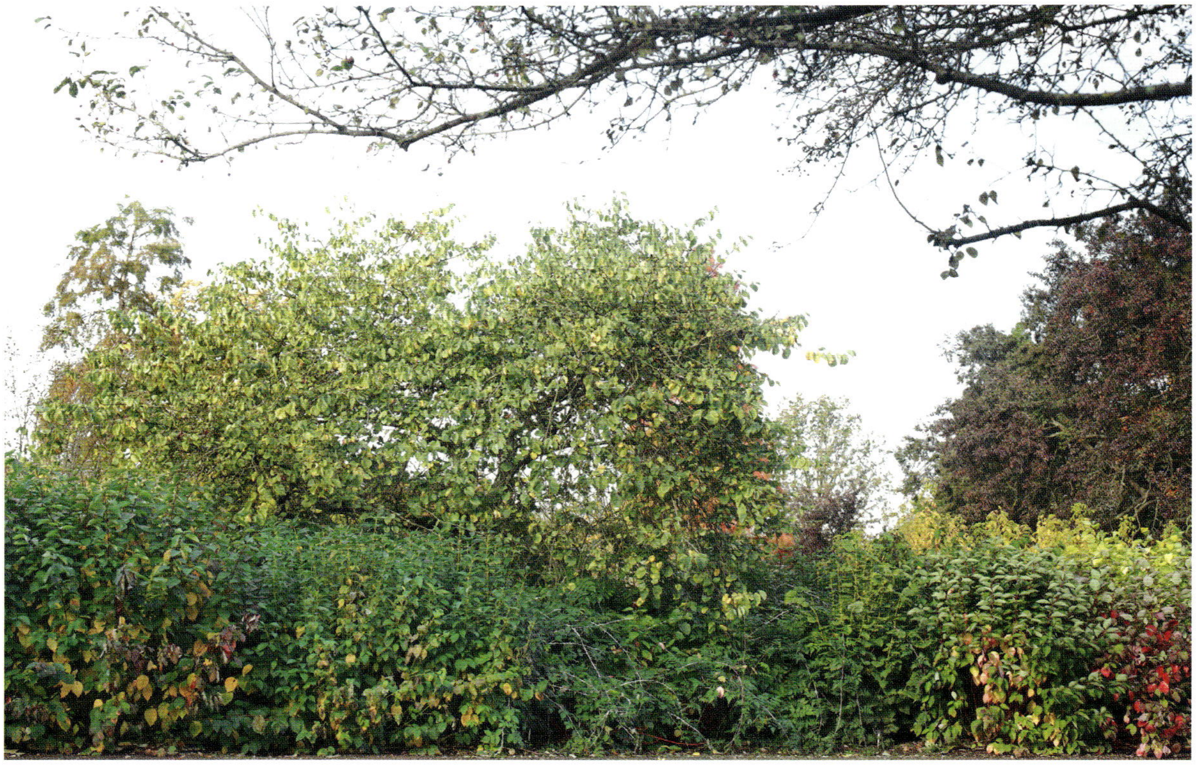

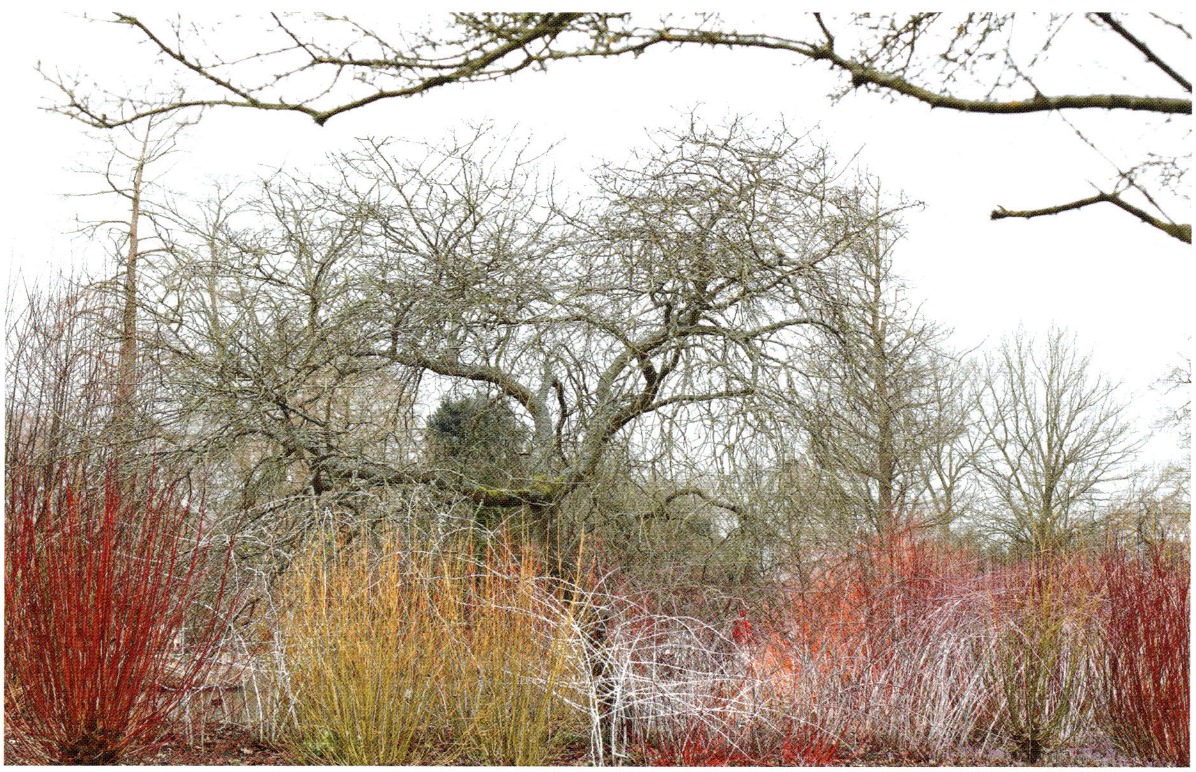

Mehrere Monate lang bilden die hier gepflanzten *Cornus* und *Rubus* ein dichtes und lineares Ensemble mit ganz ähnlichen Höhen und ineinander verschwimmendem Blattwerk, das sich nicht groß unterscheidet.
Man sollte aber daran denken, dass die winterliche, nur durch Laubbäume ergänzte Szenerie an Attraktivität und Intensität verliert, sobald die Blätter abgefallen sind.

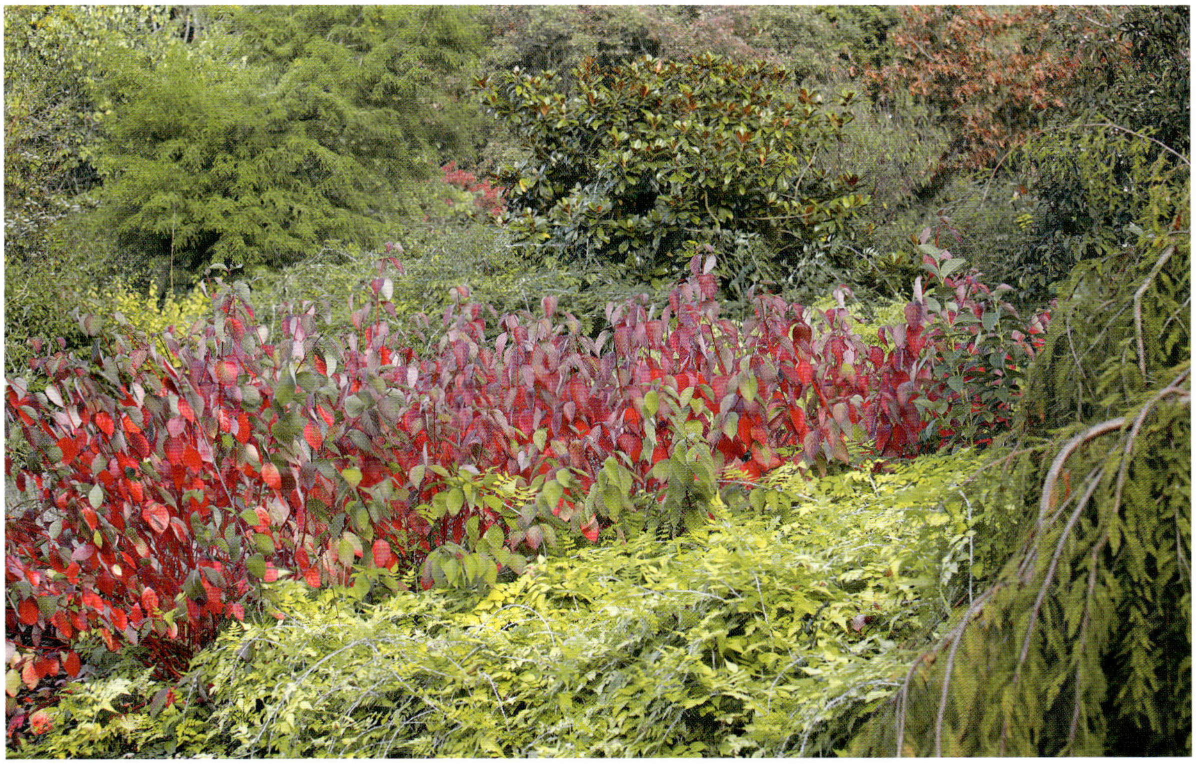

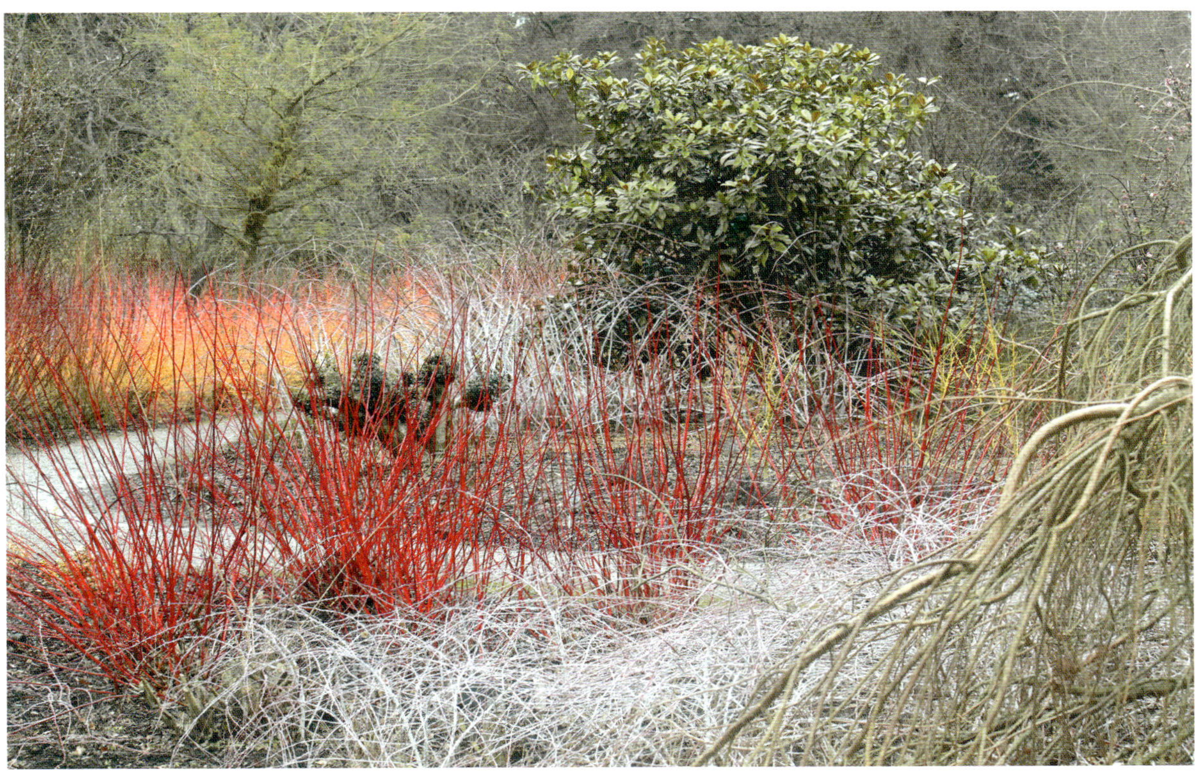

In diesem Beispiel zeichnen sich zahlreichere und besser umrissene Ebenen für das Auge ab. Mit seinen kriechenden und kletternden Eigenschaften bringt *Rubus cockburnianus* 'Golden Vale' Bewegung in das Ganze und hebt sich gegen die aufrechten roten Zweige von *Cornus alba* 'Sibirica' ab. Ein einfacher Kontrast mit mehr oder weniger dunklem Immergrün in zweiter Reihe sorgt für eine bessere Gliederung und Klarheit.

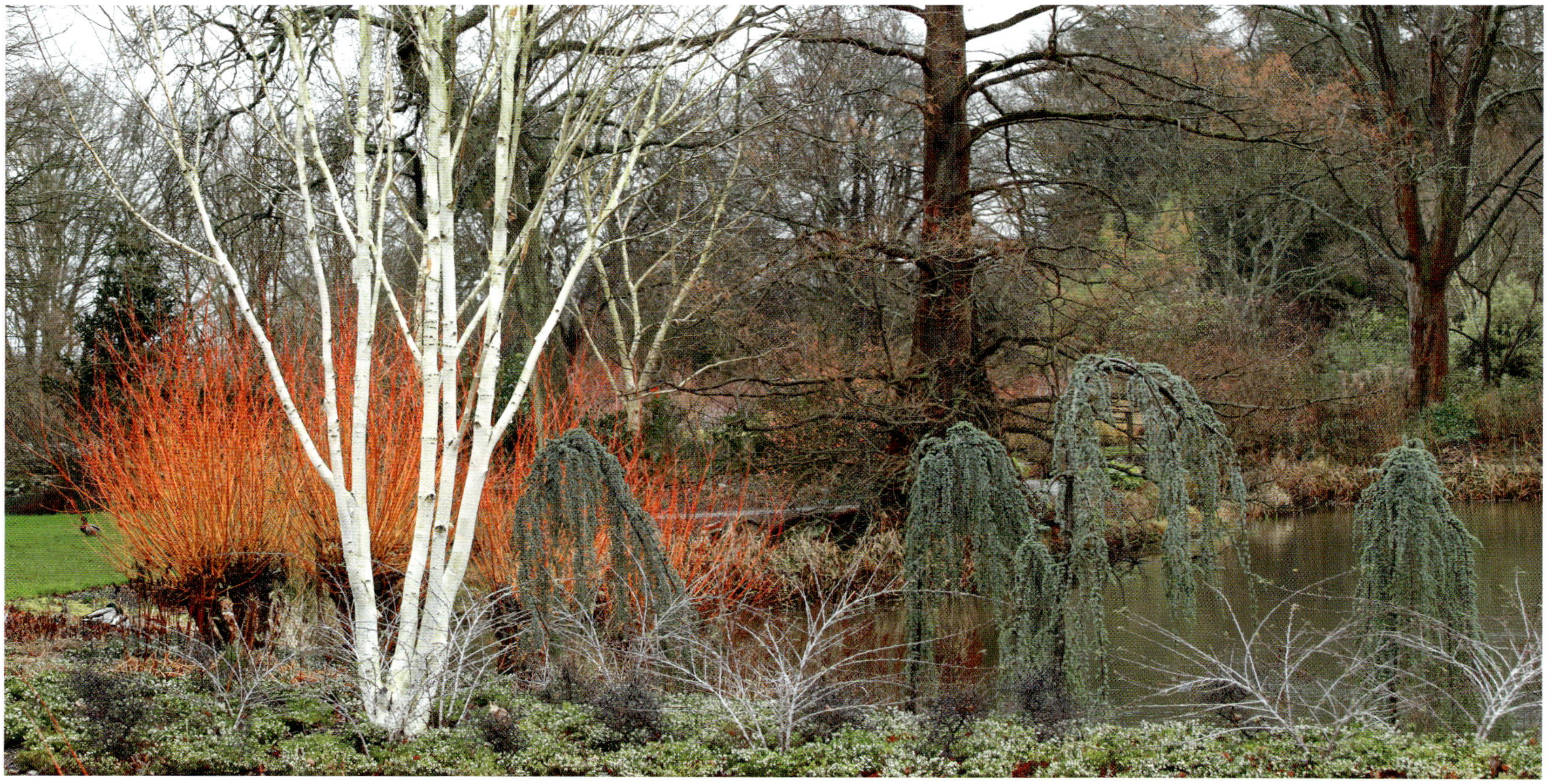

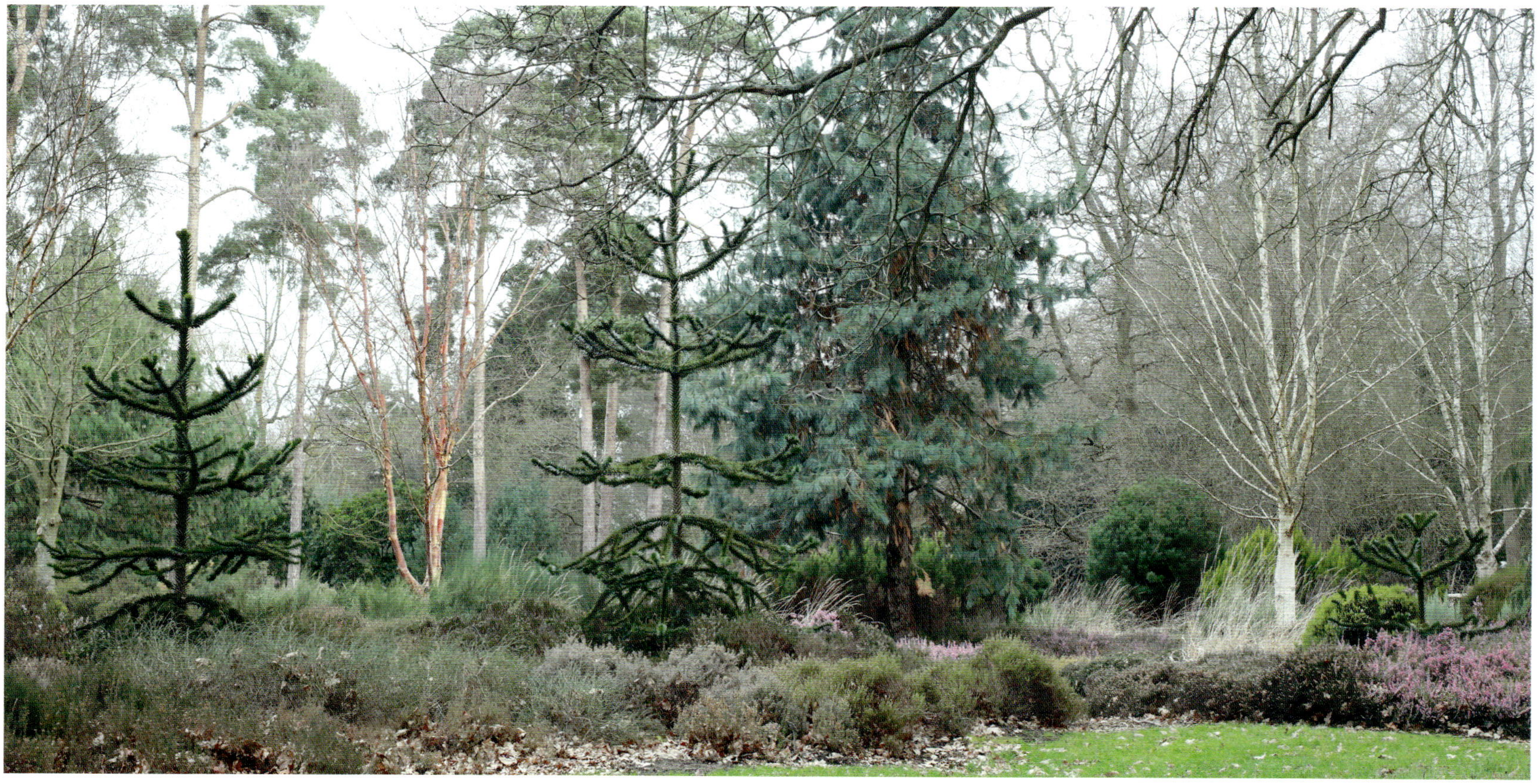

OBEN: Beziehen Sie ruhig auch Bäume mit atypischen Formen in Ihre Komposition mit ein: *Cedrus atlantica* 'Glauca Pendula' mit ihrer geheimnisvollen Trauersilhouette und im Hintergrund die imposante *Metasequoia glyptostroboides* mit flaschenförmigem Stamm und ausladendem Wuchs oder auch die *Araucaria araucana* mit ihrer sehr regelmäßiger Krone.
RECHTS: Mit dem Fuß in rosa Erika und der Krone in den Koniferen zeigt *Betula ermanii* × *pubescens* ihre weiße Haut.

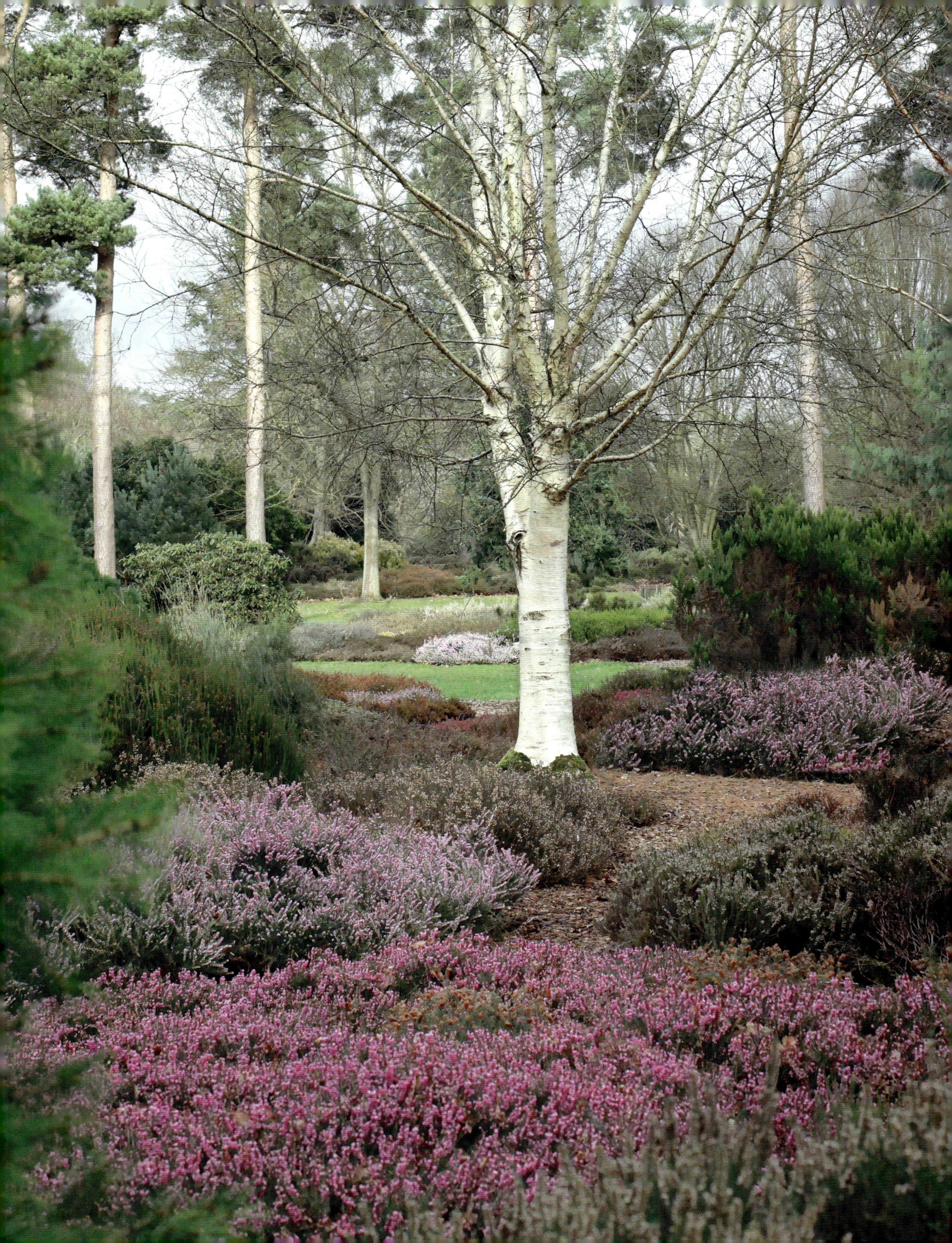

LE CLOS DU VERBOSC

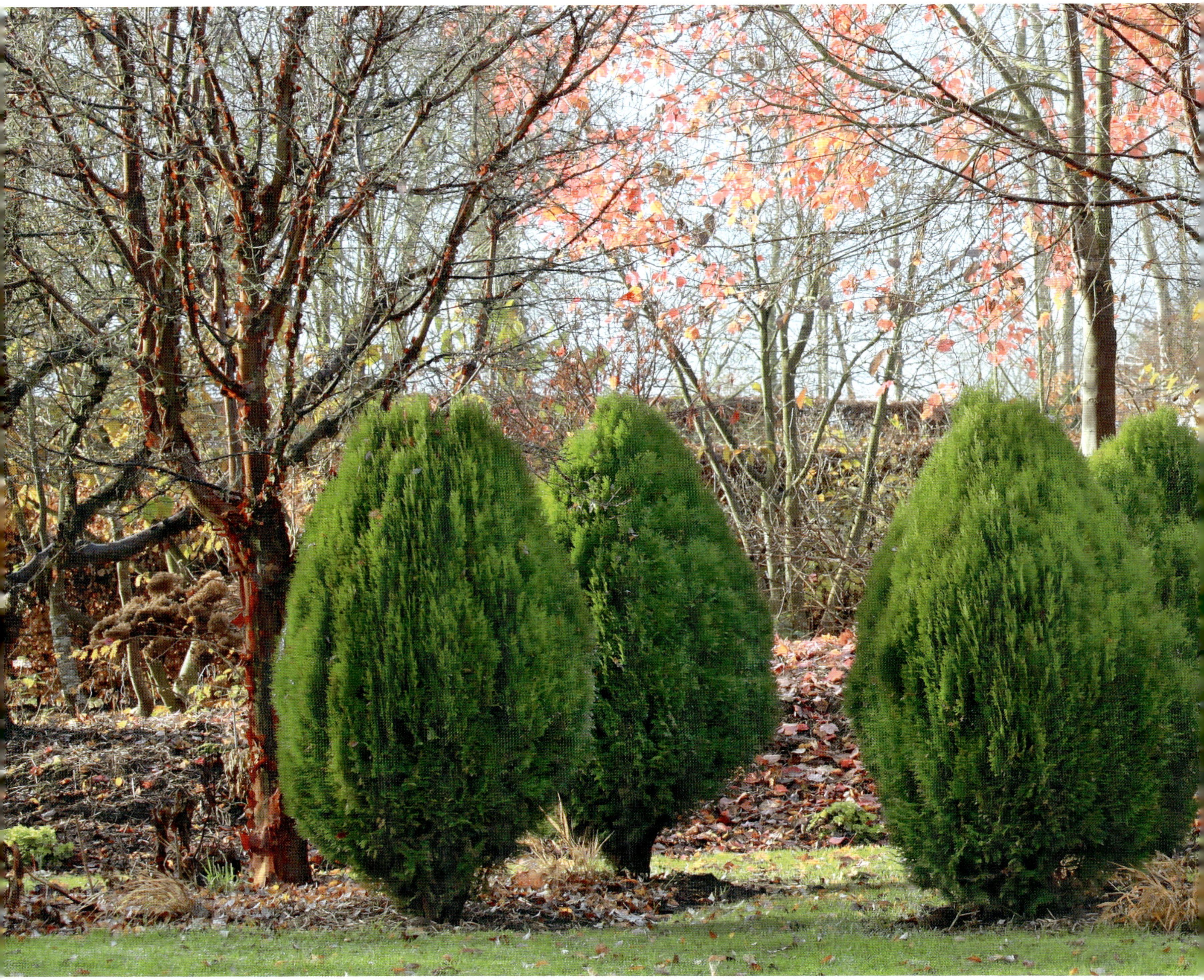

Alex, Nathalie und Flore Bachelet sind wirklich passionierte Gärtner. Sie lieben außergewöhnliche, merkwürdige und originelle Pflanzen, die sie von ihren zahlreichen botanischen Reisen nach Holland, Deutschland oder auch Großbritannien mitbringen. 1995 haben sie all ihre Schätze in einem Garten von zwei Hektar in der Gegend von Yvetot, etwa 30 Kilometer nordwestlich von Rouen, zusammengetragen. An dem du Verbosc genannten Ort mischen sich in harmonischer Weise ihre Sammlungen von Ahorn aus Japan, Hartriegel, Magnolien und insbesondere allerlei Arten von Rinden, wodurch zu jeder Jahreszeit ein unvergessliches Schauspiel entsteht.

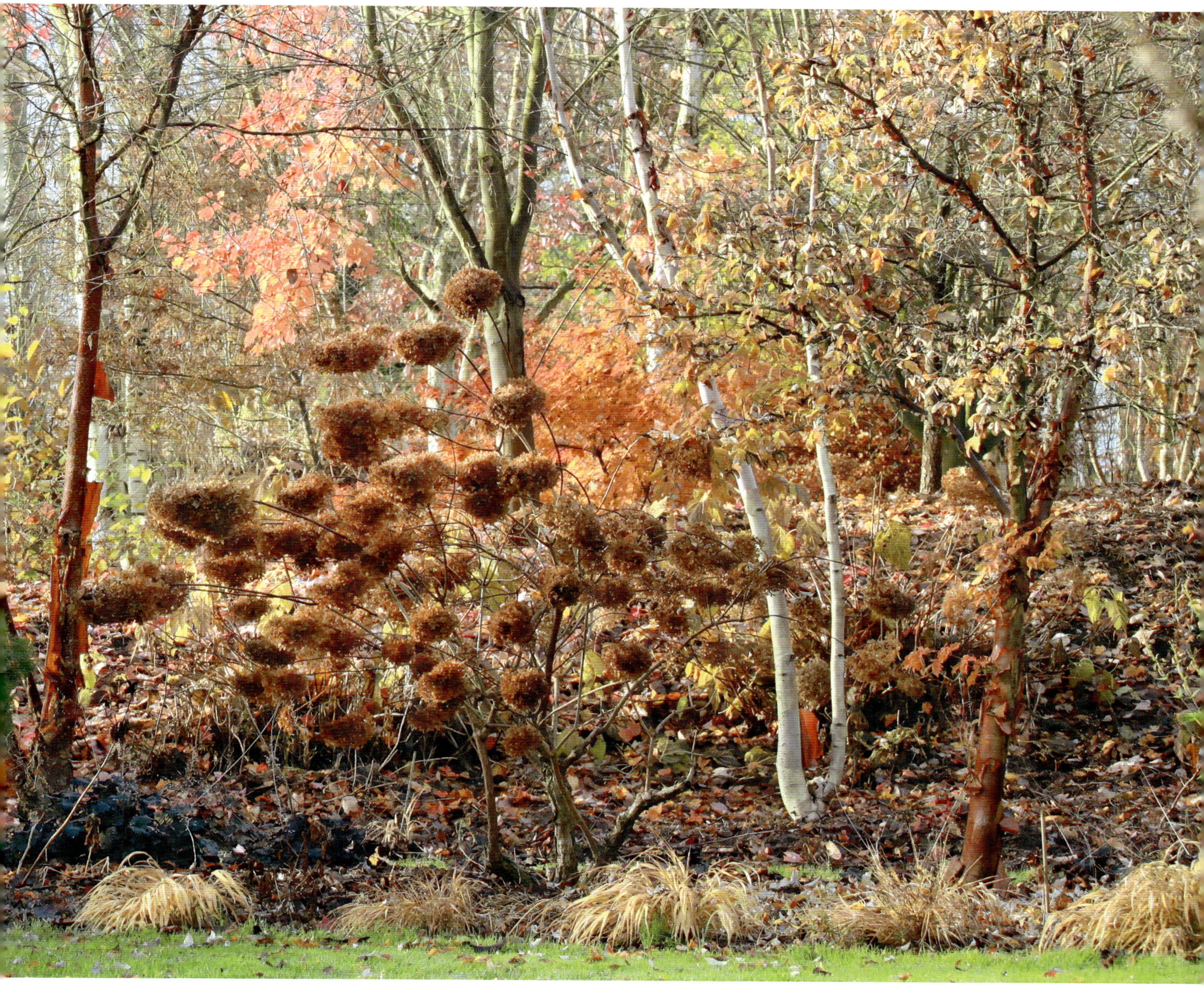

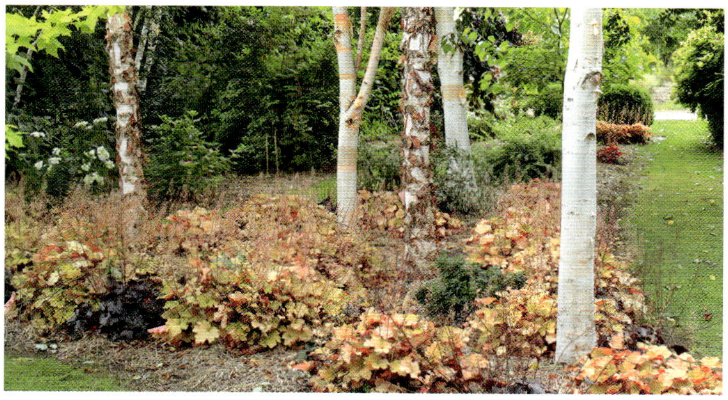

OBEN: Die Zimtfarbe der Blütenköpfe von *Hydrangea paniculata* 'Grandiflora' nimmt die Farbe der Rinde von *Betula albosinensis* 'Princesse Sturdza' zur Linken und der flankierenden *Acer griseum* auf.
LINKS: *Heuchera* 'Obsidian' und 'Caramel' bilden einen schlichten, eleganten Teppich am Fuß der Birke.

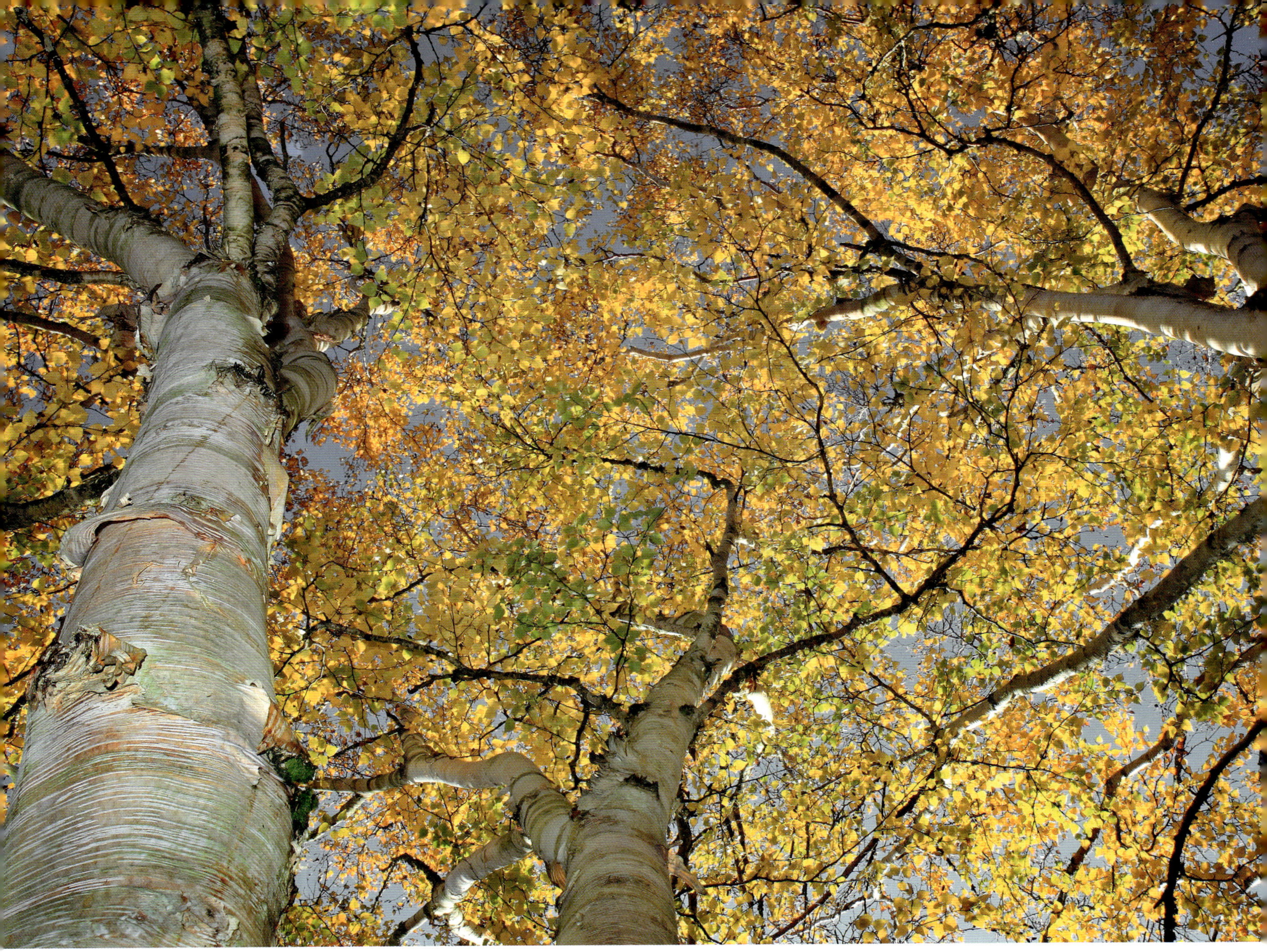

STONE LANE GARDENS

Ungefähr 50 Kilometer nordöstlich von Plymouth am Rande des Dartmoor-Nationalparks enthüllt Stone Lane seine Schätze. Mit ausschließlich aus Wildsammlungen stammenden Samen legte Kenneth Ashburner im Jahr 1971 die ersten Pflanzungen an. Seitdem beherbergt das Arboretum auf zwei Hektar die nationalen Sammlungen an Erlen und vor allem an Birken – eine der reichsten von England mit fast 70 unterschiedlichen Taxa.

Zweifellos ist Stone Lane der beste Ort, um die unglaubliche Fülle an Rinden dieser botanischen und für Winter-Gärten so typischen Gattung zu bewundern. Wie mit Siebenmeilen-Stiefeln reist man mitten in die Birkenwälder der ganzen Welt: von Kanada bis zu den Vereinigten Staaten, durch Europa, den Himalaya oder sogar Japan.

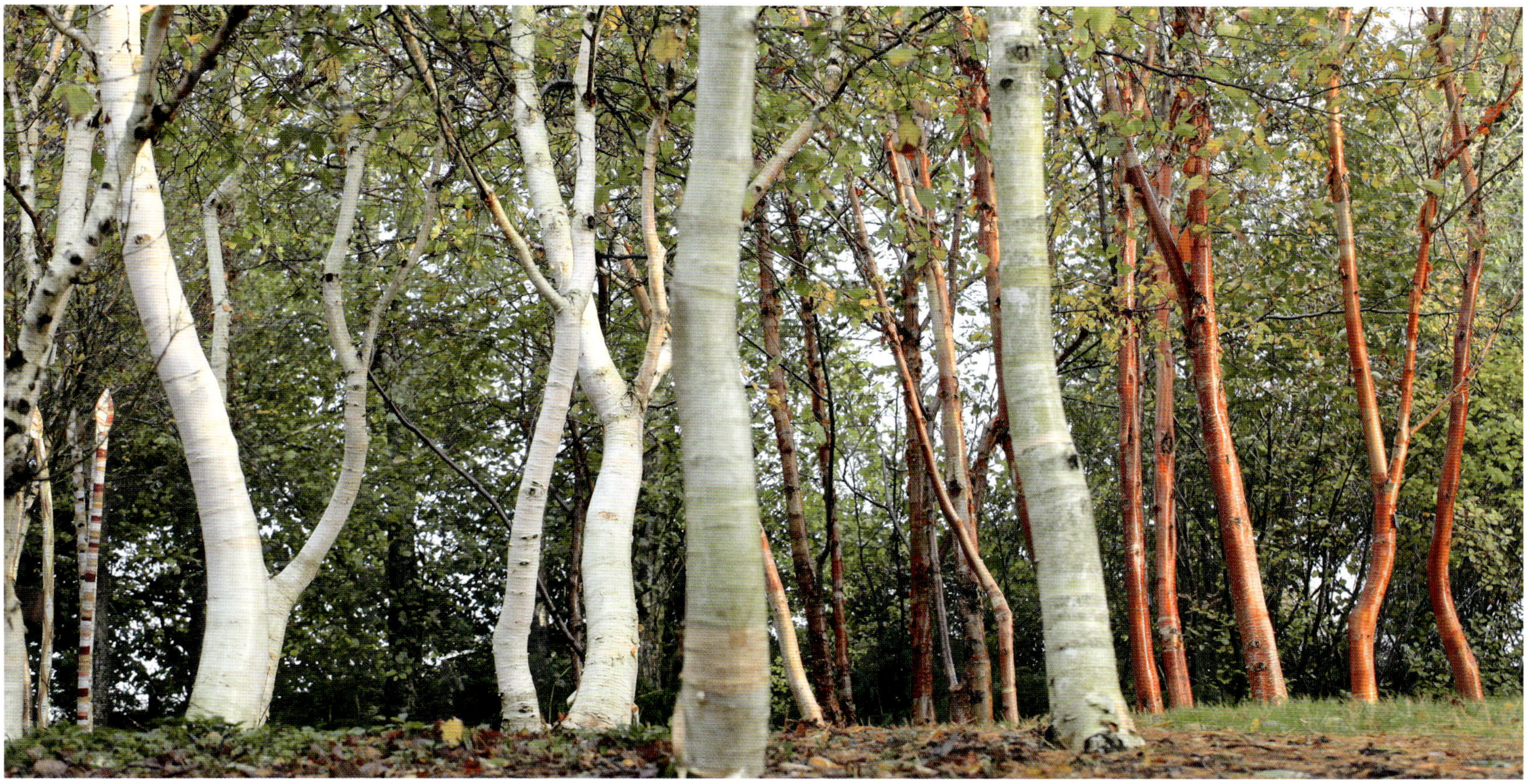

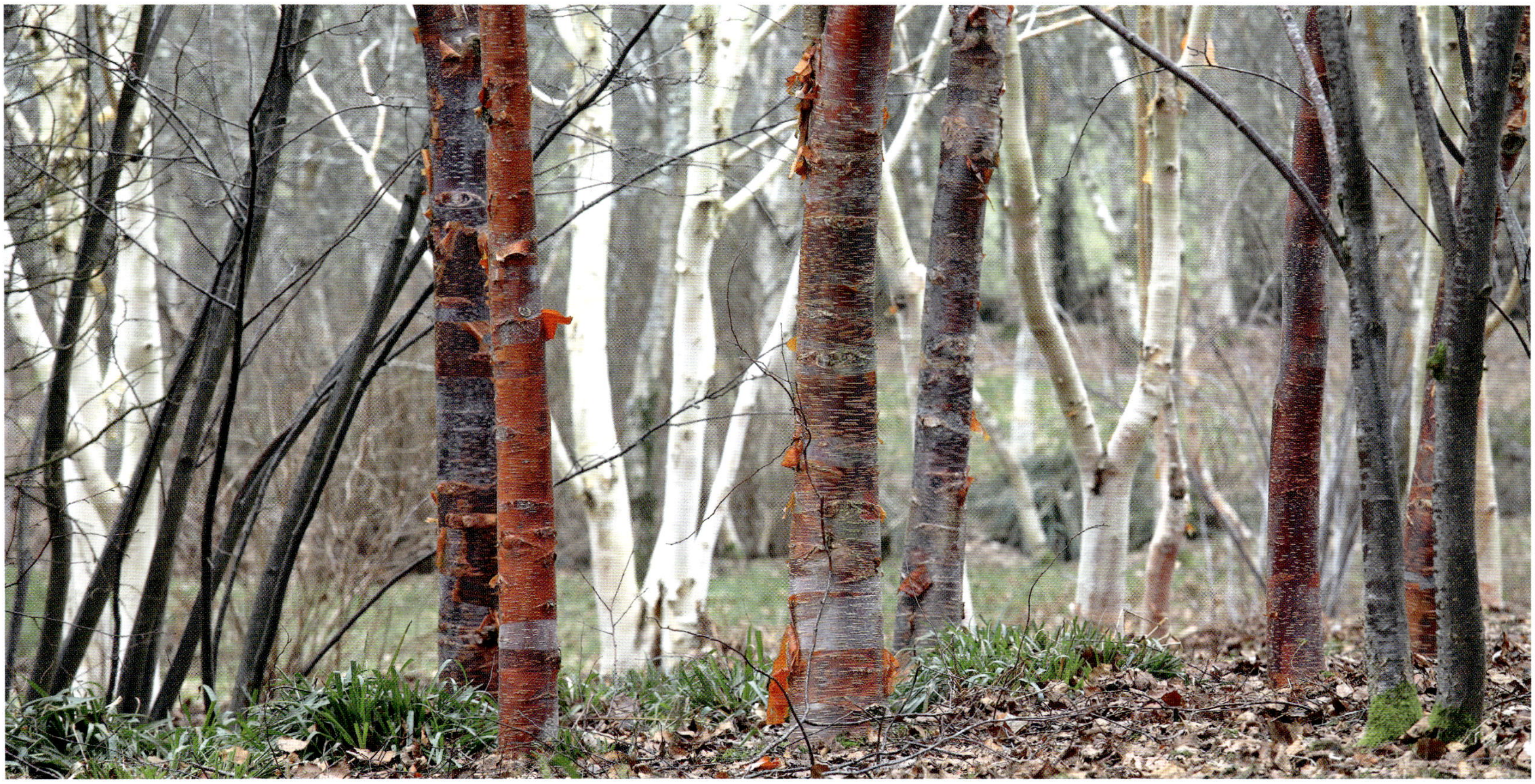

LINKS: Wie alle Birken ihrer Art nimmt auch *Betula ermanii* 'Grayswood Hill' im Herbst herrliche Farben an.
OBEN: Ihre meist creme-weißen Stämme lassen sich perfekt mit den orangefarbenen von *Betula albosinensis* var. *septentrionalis* oben rechts kombinieren.
UNTEN: Wer Kontraste liebt, sollte *Betula utilis* 'Mount Luoji' den Vorzug geben, deren Nuancen von Kupferrot bis Dunkelpurpur reichen.

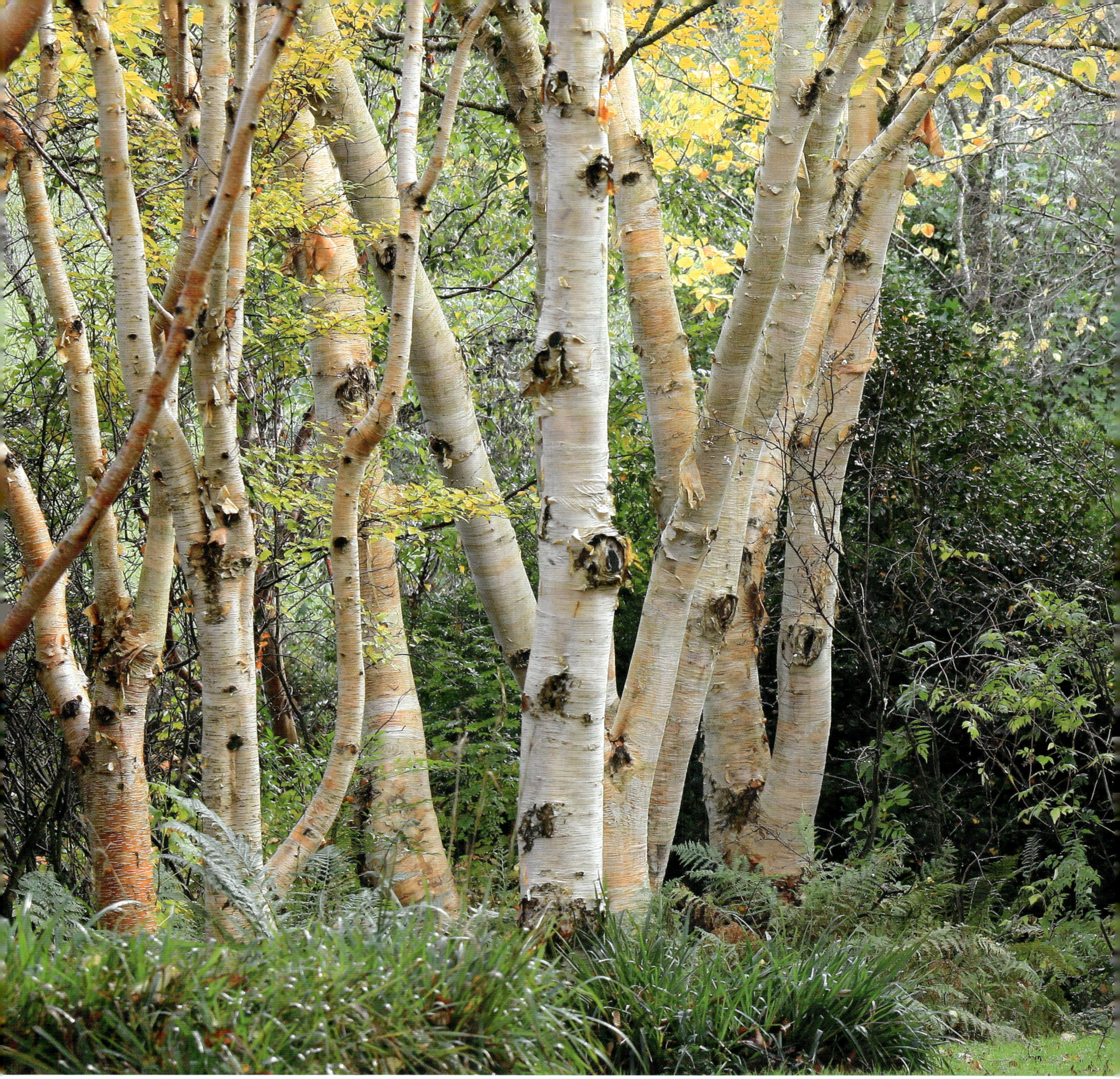

Alle Exemplare dieses Birkenwaldes sind aus in natürlicher Umgebung gesammelten Samen gewachsen. Die *Betula ermanii* bilden helle Stämme mit zahlreichen cremefarbenen Schattierungen. Trotz gleichen Ursprungs bietet die kleine Baumgruppe von *Betula albosinensis* zur größten Freude der Gärtner eine klare genetische Vielfalt. So sind zwei neue Sorten entstanden: 'China Rose', etwas bunter, in Richtung Orangerot gehend, und 'Pink Champagne' in eher blass rosa Tönen.

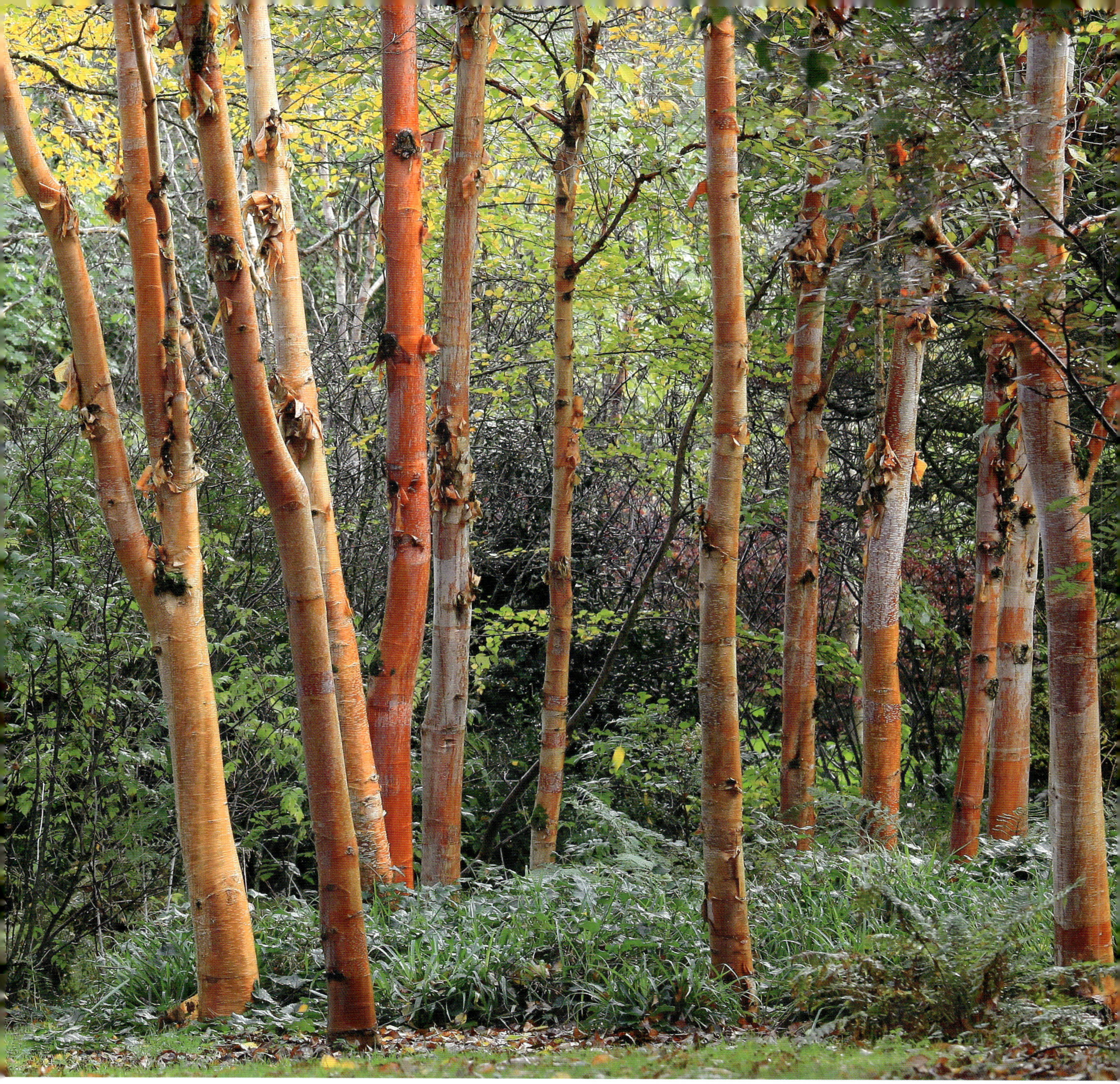

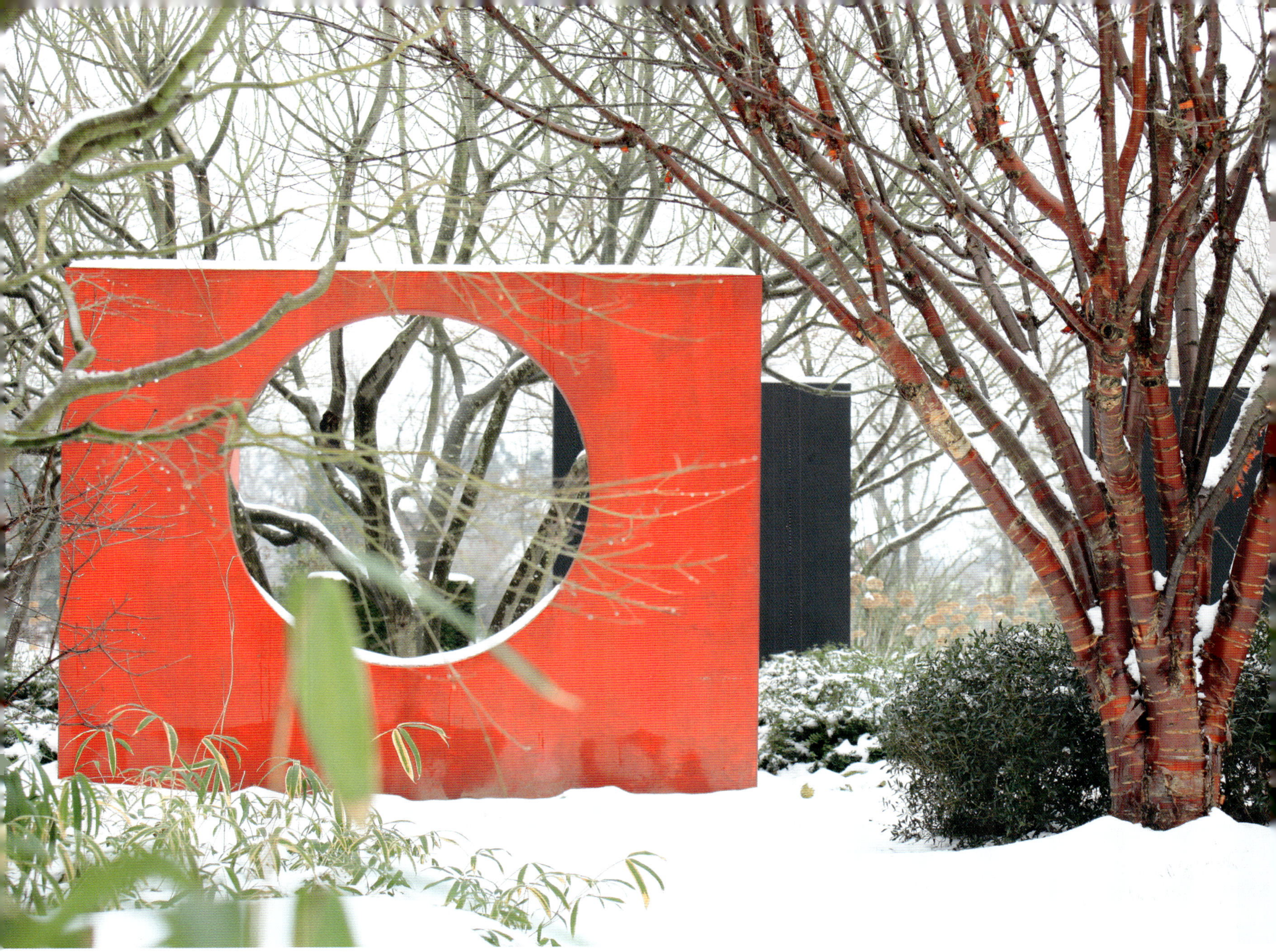

LE PERDRIER

Vor den Toren von Nantes an den Ufern der Erdre hat Jean-Charles Chiron seinen Schriftzug hinterlassen. In einem zeitgenössischen, aber auch sehr reinen Stil entwarf der Landschaftsgärtner im Jahr 1999 die Anlage Le Perdrier. Auf fast 6000 Quadratmetern wagte er seine originellen Vorstellungen zu verwirklichen und immer wieder mit neuen Ideen zu experimentieren, wobei ihn die Nüchternheit japanischer Gärten inspirierte. Der Garten kreist thematisch um einige schöne Sammlerpflanzen, insbesondere rund um Herbstlaub und Rinden. Die mahagonirote Rinde von *Prunus serrula* bildet den Mittelpunkt, in Szene gesetzt durch eine kräftig rote Wand mit einem Loch in der Mitte, ein Schutzsymbol in Japan. Eine geschickte Auswahl an Pflanzen, regelmäßigen Wuchsformen und zahlreichen Mauerkonstruktionen gliedert den Garten auf perfekte Weise und entführt uns sanft mit Raffinesse in das „Land der aufgehenden Sonne".

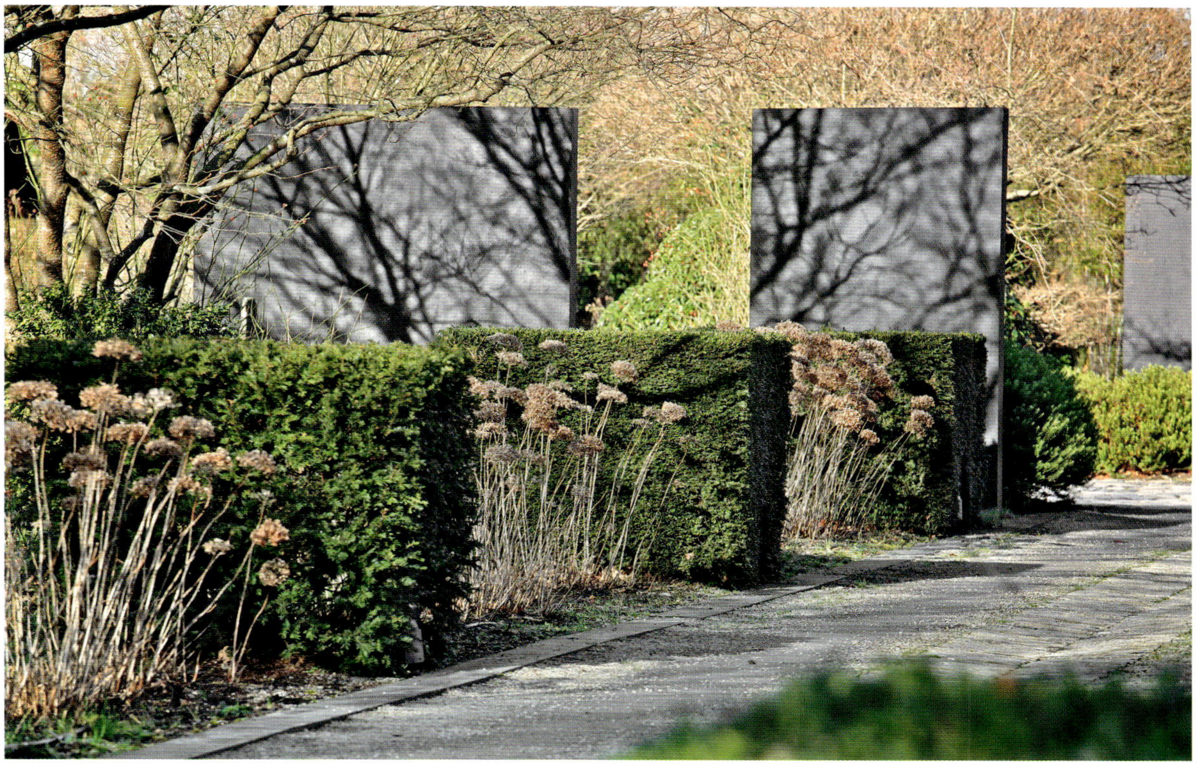

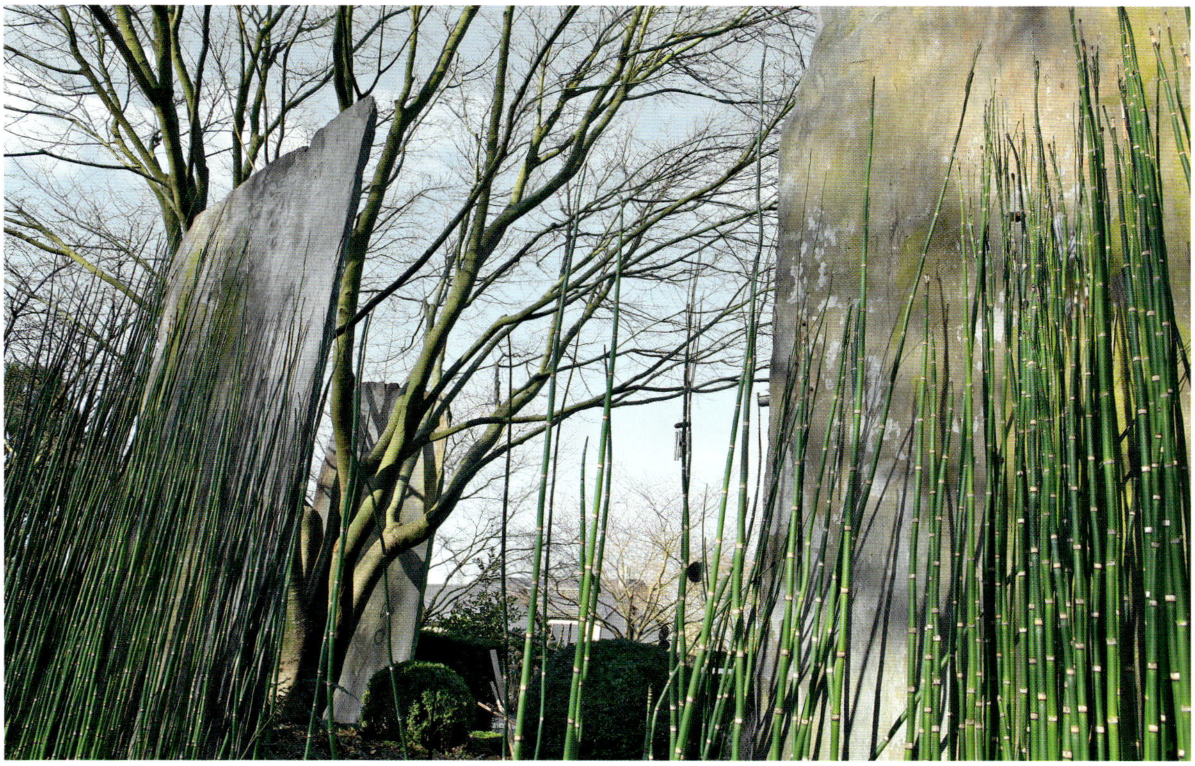

LINKS UND OBEN: Die Mauerformen eröffnen unterschiedliche Perspektiven, durch die man den Garten nach und nach erkunden kann. Sie sind ideale Projektionsflächen für die schön gezeichneten Schatten der kahlen Äste.
UNTEN: Die Schiefer-Monolithen bilden einen ausgezeichneten Hintergrund für die Halme des Riesenschachtelhalms aus Kamtschatka (*Equisetum camtschatcense*).

LE VASTERIVAL

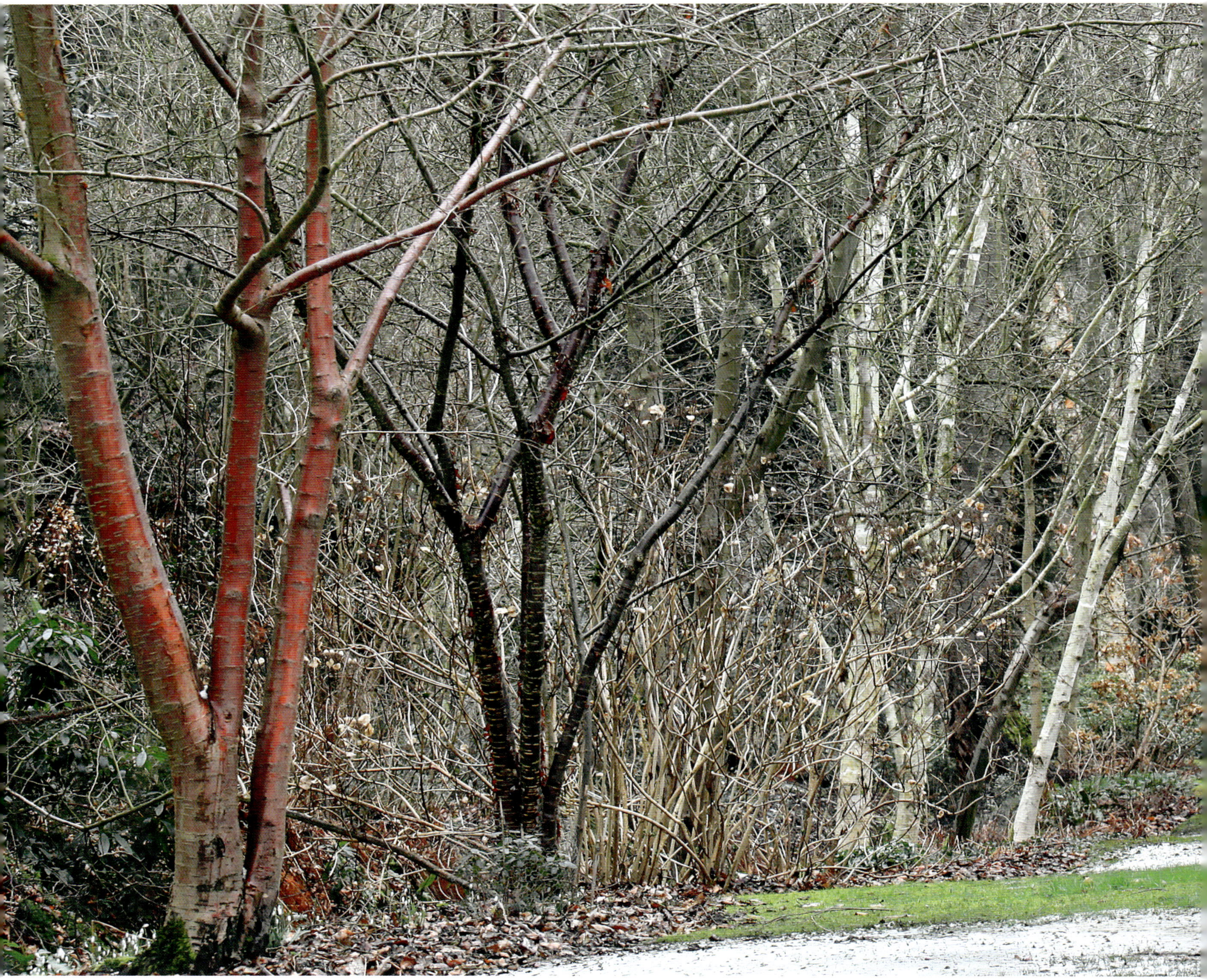

Zwischen Meer und Land, Klippen und Tälern liegt Le Vasterival an der Côte d'Albâtre, etwa zehn Kilometer westlich von Dieppe. Dieses Kleinod unter den Gärten Frankreichs beherbergt auf nahezu zwölf Hektar Tausende von botanischen Schätzen. Ende der 1950er-Jahre von Prinzessin Greta Sturdza angelegt, wurde Le Vasterival sehr bald zu einer der ersten Adressen dafür, einen Garten während des gesamten Jahres durch eine geschickte Auswahl an Pflanzen und harmonischen Kombinationen zu verschönern. Sehr bald suchte die Prinzessin auch nach schmückenden Pflanzen für den Winter, vor allem nach dekorativen Rinden und Winterblühern wie *Helleborus*, *Skimmia* oder auch *Hamamelis*.

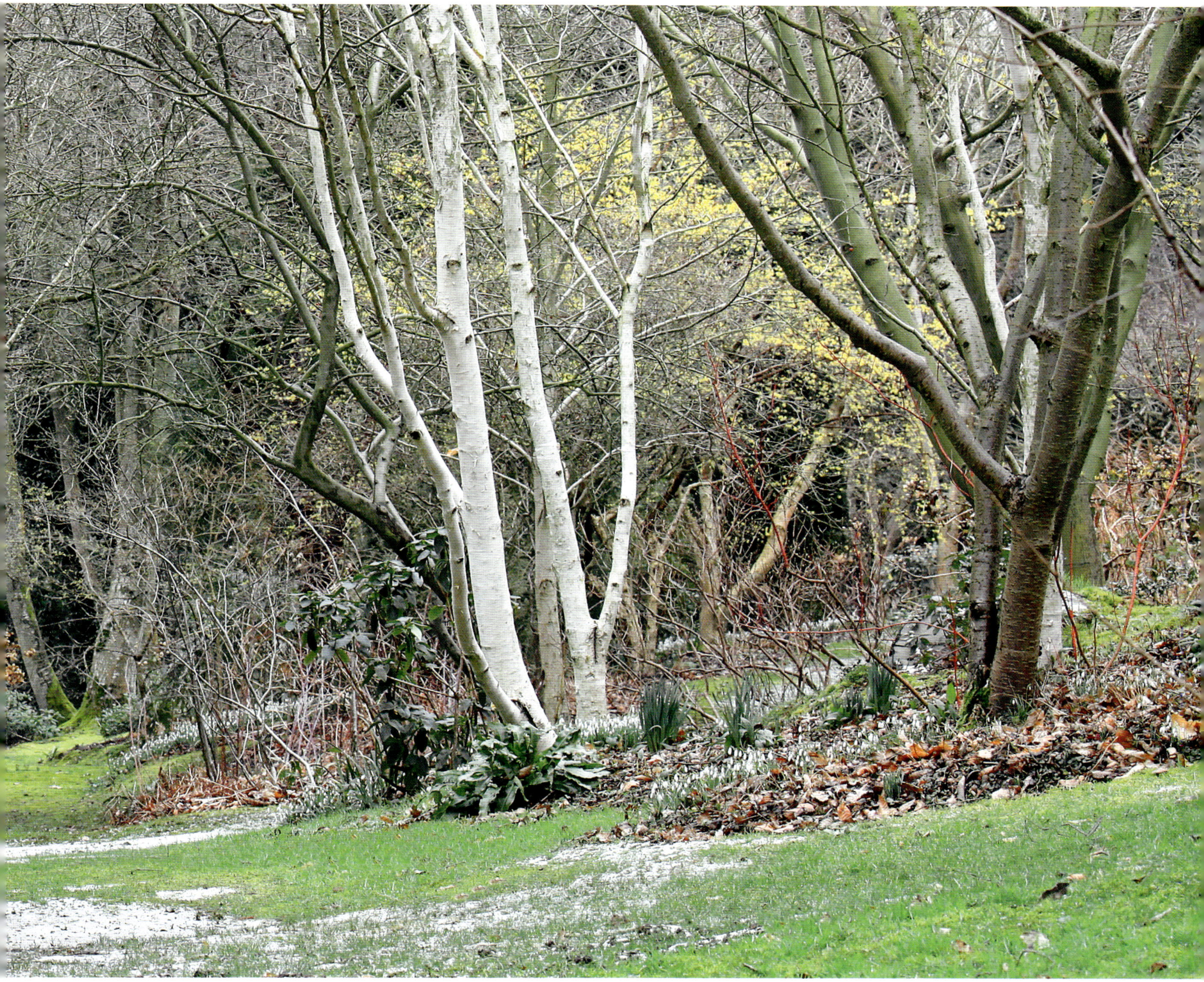

Im „Ahornwald“ am Rande des Gartens bilden unterschiedliche Rinden eine schöne Reihe: rötlicher *Prunus maacki*, etwas dunklerer *Prunus serrula* × *serrulata*, weiße *Betula utilis* var. *jacquemontii* – dies alles unter der Aufsicht des großen *Cornus officinalis* mit seinen frühen, golden leuchtenden Blüten und ein paar weißen Flecken von blühenden Schneeglöckchen.

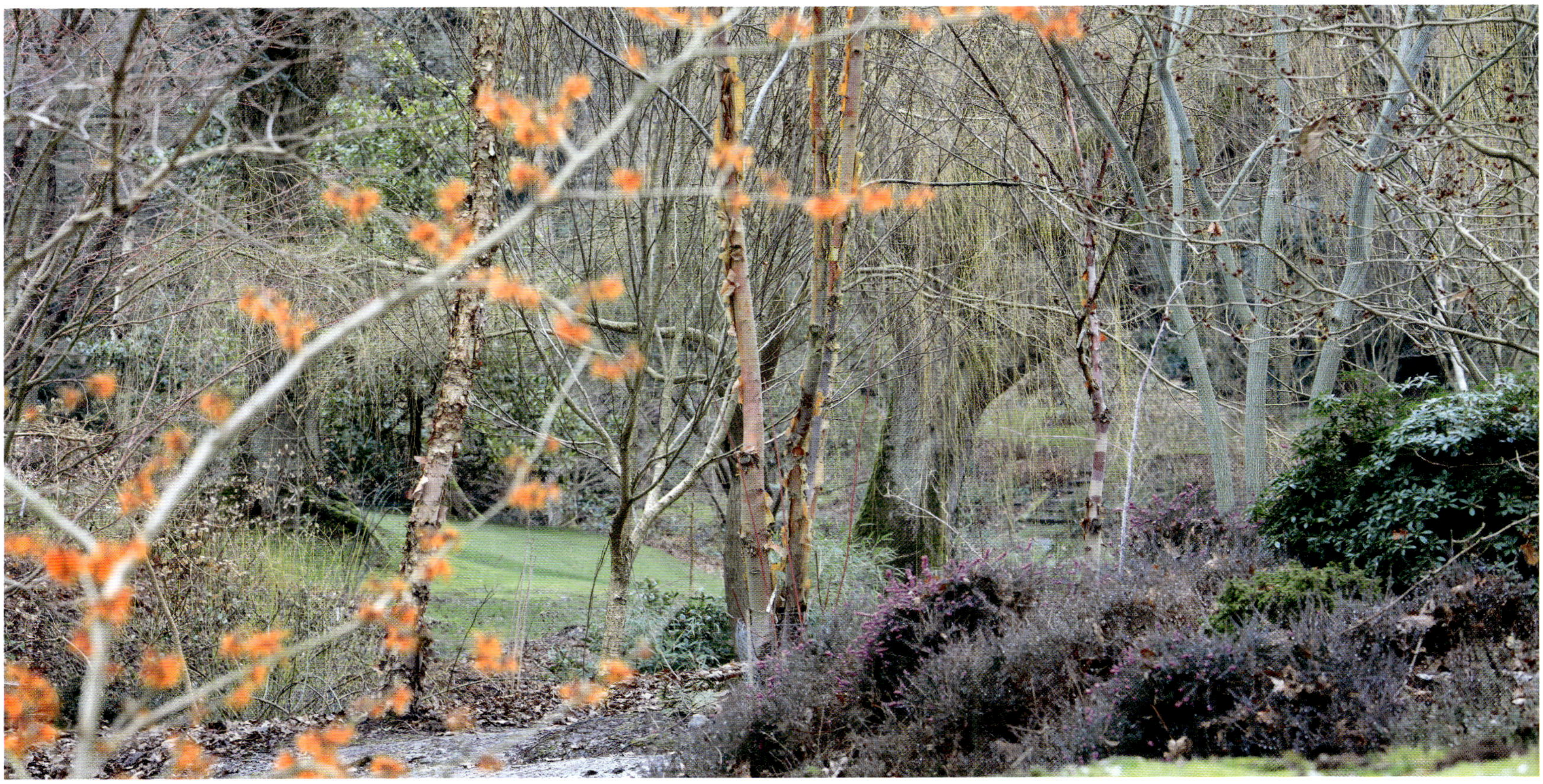

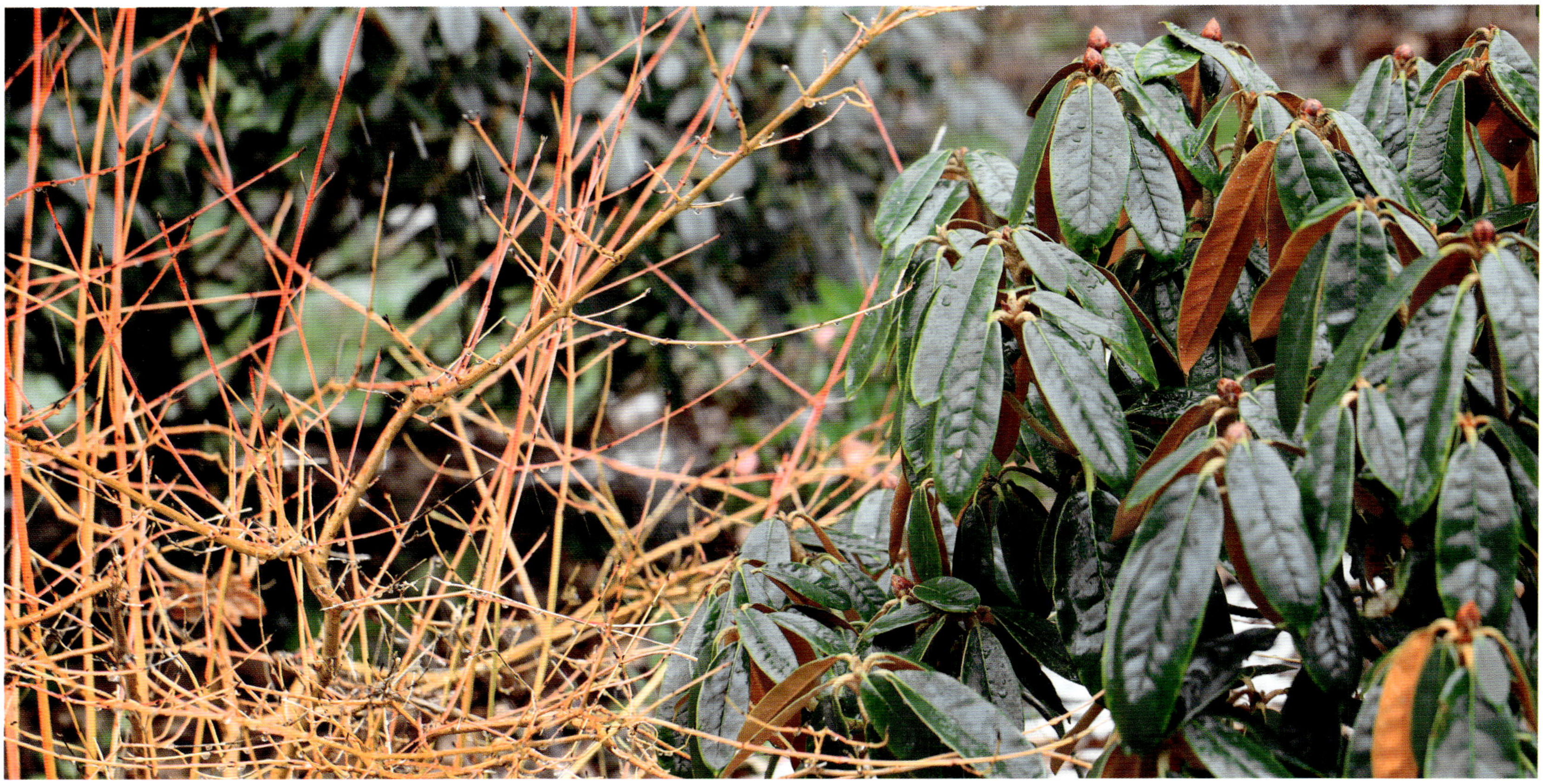

OBEN: Orange blühende *Hamamelis*, lila Kissen von *Calluna*, pastellfarbene Stämme von *Betula nigra* und *albosinensis*, goldfarbene Zweige von *Salix babylonica* und bläuliche Äste von *Acer tegmentosum* … der Winter ist eine entschieden farbenfrohe Jahreszeit! UNTEN: Die Liebe zum Detail führt oft zum Entstehen einer schönen Kombination: Die rostfarbene Unterseite der Blätter des *Rhododendron yakushimanum* × *bureavii* harmoniert wundervoll mit den orangefarbenen Zweigen von *Cornus* 'Winter Flame'.

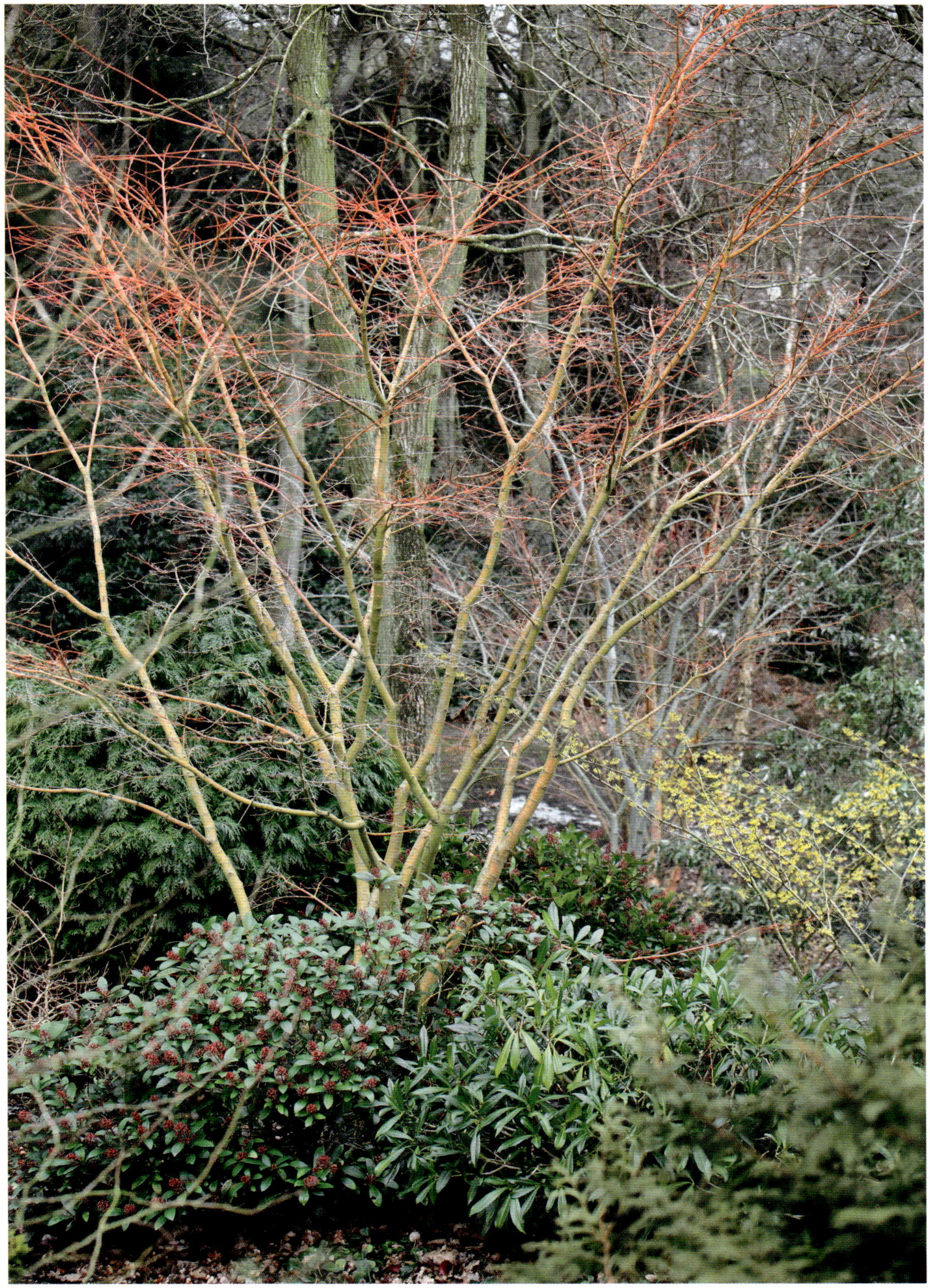

Die rosaroten Blütenknospen von *Skimmia anquetilia* im Vordergrund und die der Sorte *japonica* 'Rubella' dahinter harmonieren perfekt mit den glänzend roten jungen Trieben von *Acer palmatum* 'Eddisbury'. Die gelben Blüten von *Hamamelis* × *intermedia* 'Arnold Promise' bringen einen Hauch von Frische in das Ensemble.

ROSEMOOR

Dieser berühmte Garten der Royal Horticultural Society (RHS), eines der schönsten Gartenjuwele im Südwesten Englands, liegt 80 km nördlich von Plymouth im Tal von Torridge. Eingebettet in den umgebenden Wald, bietet Rosemoor auf seinen 26 Hektar unglaubliche Kombinationen an Pflanzen, deren Formen, Farben und Düfte sich im Ablauf der Jahreszeiten wundervoll vermischen und aufeinander folgen. 1989 angelegt, hat dieser Winter-Garten inzwischen ein reifes Alter erreicht. Bunte Zweige und dekorative Rinden sowie eine Fülle von Winterblühern und originellen immergrünen Pflanzen geben dem Garten Gestalt. Auch der Blättergarten (Foliage Garden) bietet ein erstaunlich vielfarbiges Schauspiel und bereichert so die eigene Pflanzenpalette dieser Jahreszeit.

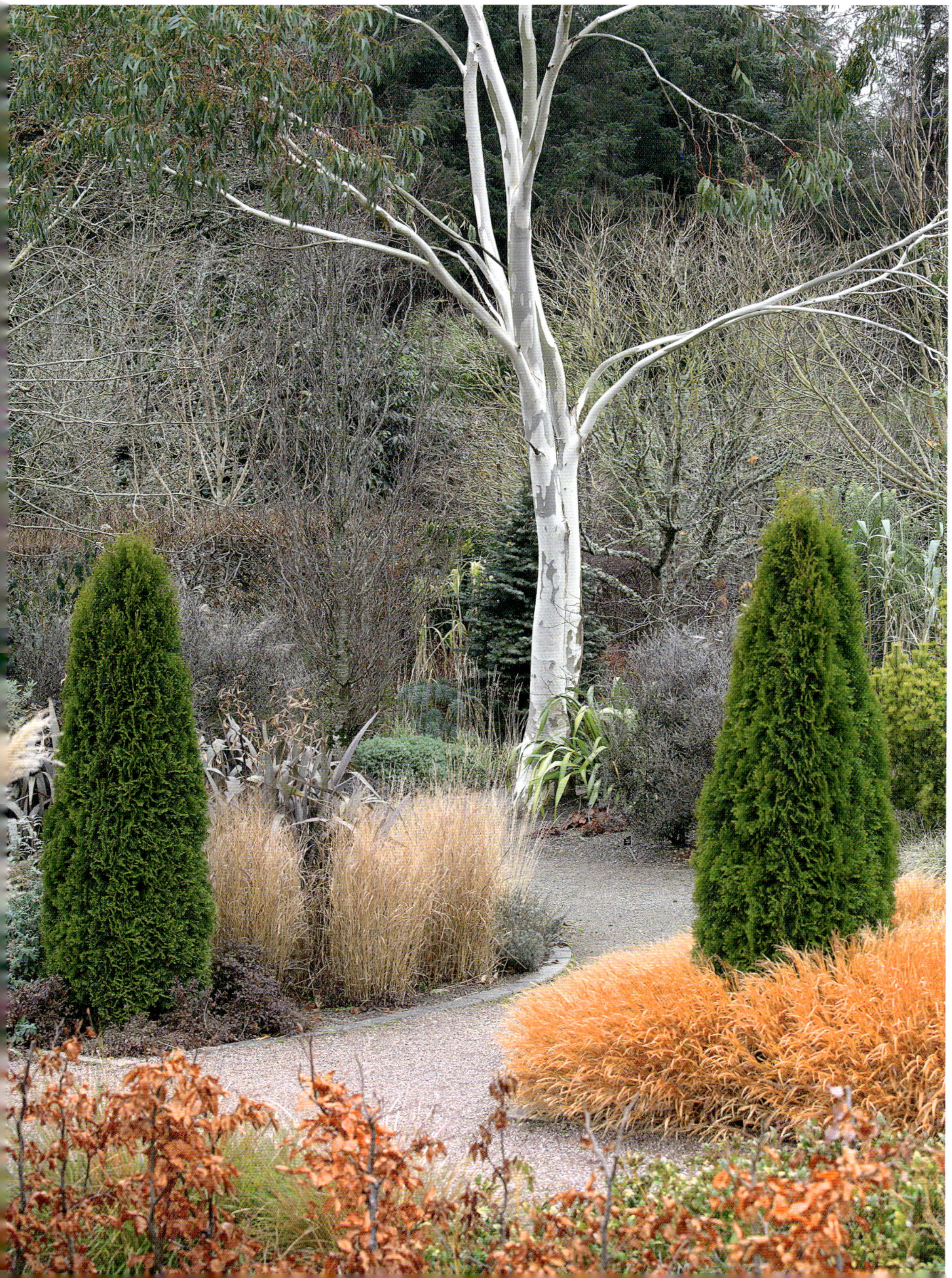

Die zartgrünen Säulen der *Thuja occidentalis* 'Smaragd', das orangefarbene Büschel von *Hakonechloa macra* und die strohgelben Halme von *Panicum virgatum* 'Shenandoah' bringen den grau-weißen Stamm von *Eucalyptus pauciflora* subsp. *niphophila* im Blättergarten richtig zur Geltung.

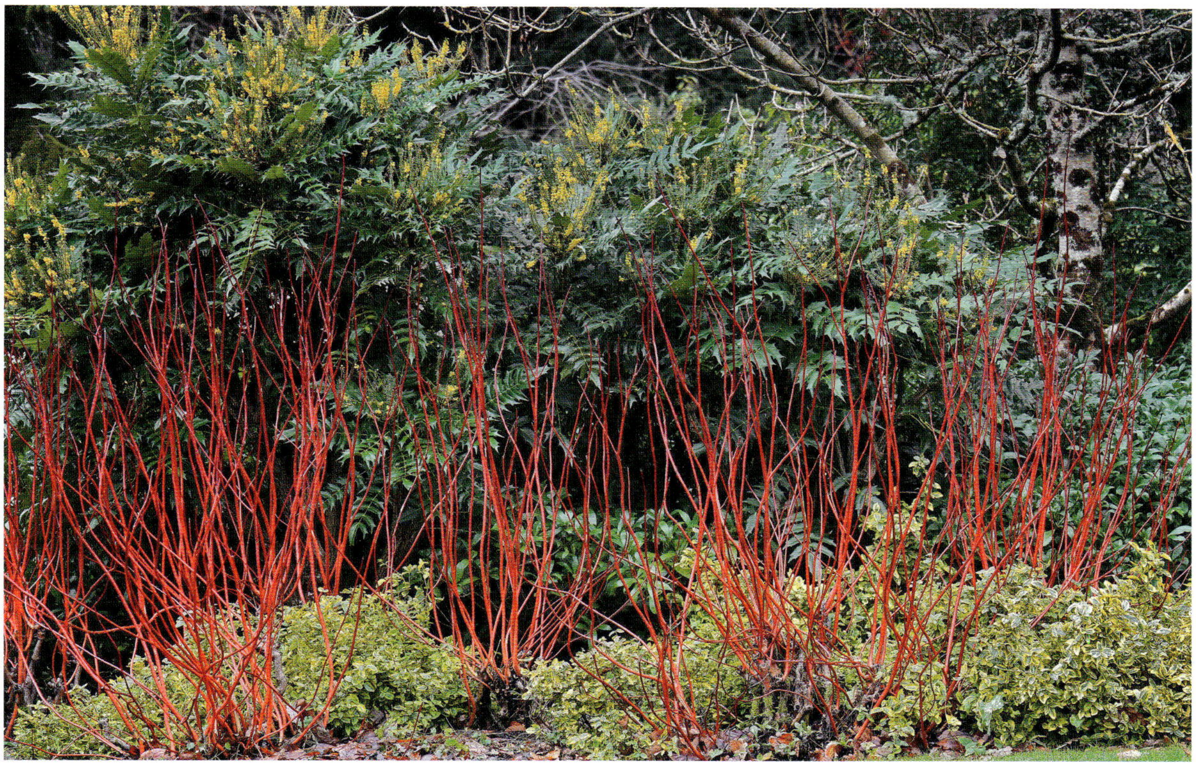

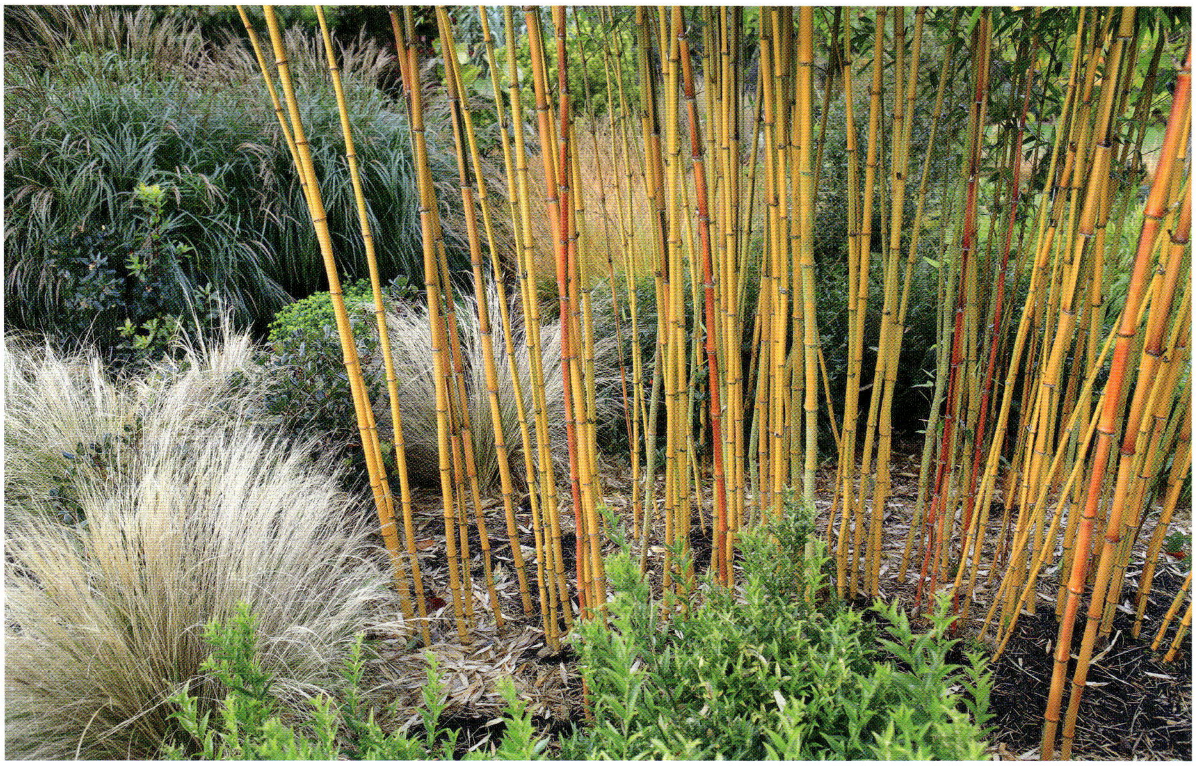

OBEN: Die beeindruckende *Mahonia × media* 'Buckland' bietet eine ideale Kulisse für *Cornus alba* 'Sibirica', während ihre gelben Blütenrispen das mehrfarbige Blattwerk des *Euonymus fortunei* 'Emerald 'n' Gold' hervorheben. UNTEN: Die gelb-orangen Halme von *Phyllostachys aureosulcata* fo. *spectabilis* erheben sich über *Stipa*, *Miscanthus*, *Molinia* und die anderen umstehenden Gräser.

THE SAVILL GARDEN

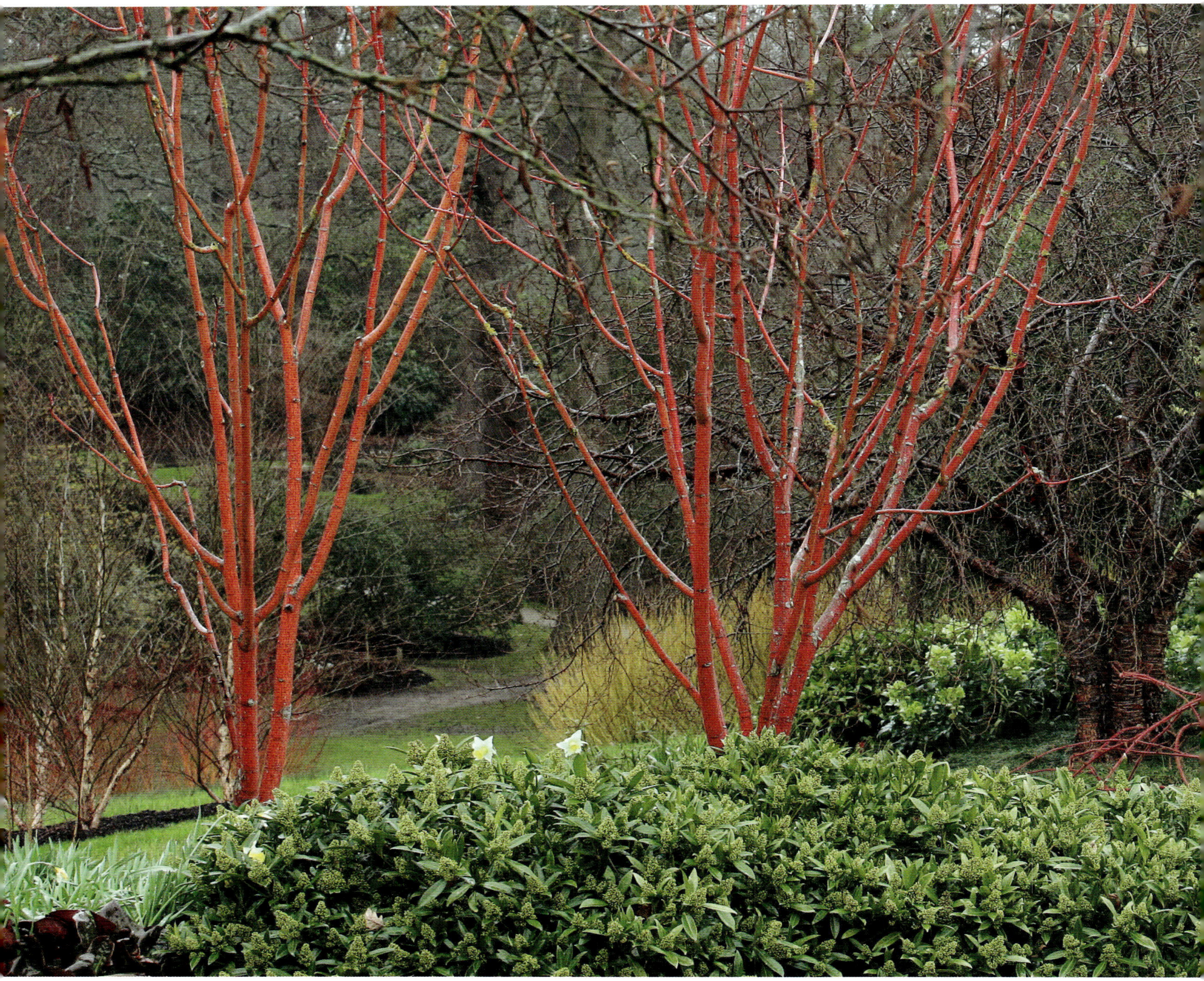

Seit The Savill Garden in den 1930er Jahren angelegt wurde, war er für Pflanzen-Liebhaber eine Inspirationsquelle. Er dehnt sich an der westlichen Peripherie von London über 14 Hektar im östlichen Teil des königlichen Parks von Windsor aus. Jede Jahreszeit feiert ihr eigenes Fest an Farben und Düften. Sobald der Herbst vorbei ist, lassen die Blüten der Mahonien- und Hamamelis-Sammlungen den Garten in lebhaften Farben leuchten. Gräser, Wolfsmilchgewächse und neuseeländische Arten verleihen ihm Struktur und Originalität. Seit 2008 garantiert der Winter-Garten mit Rinden und bunten Zweigen der großzügig gepflanzten Hartriegel sowie Weiden den spektakulären Winter-Anblick.

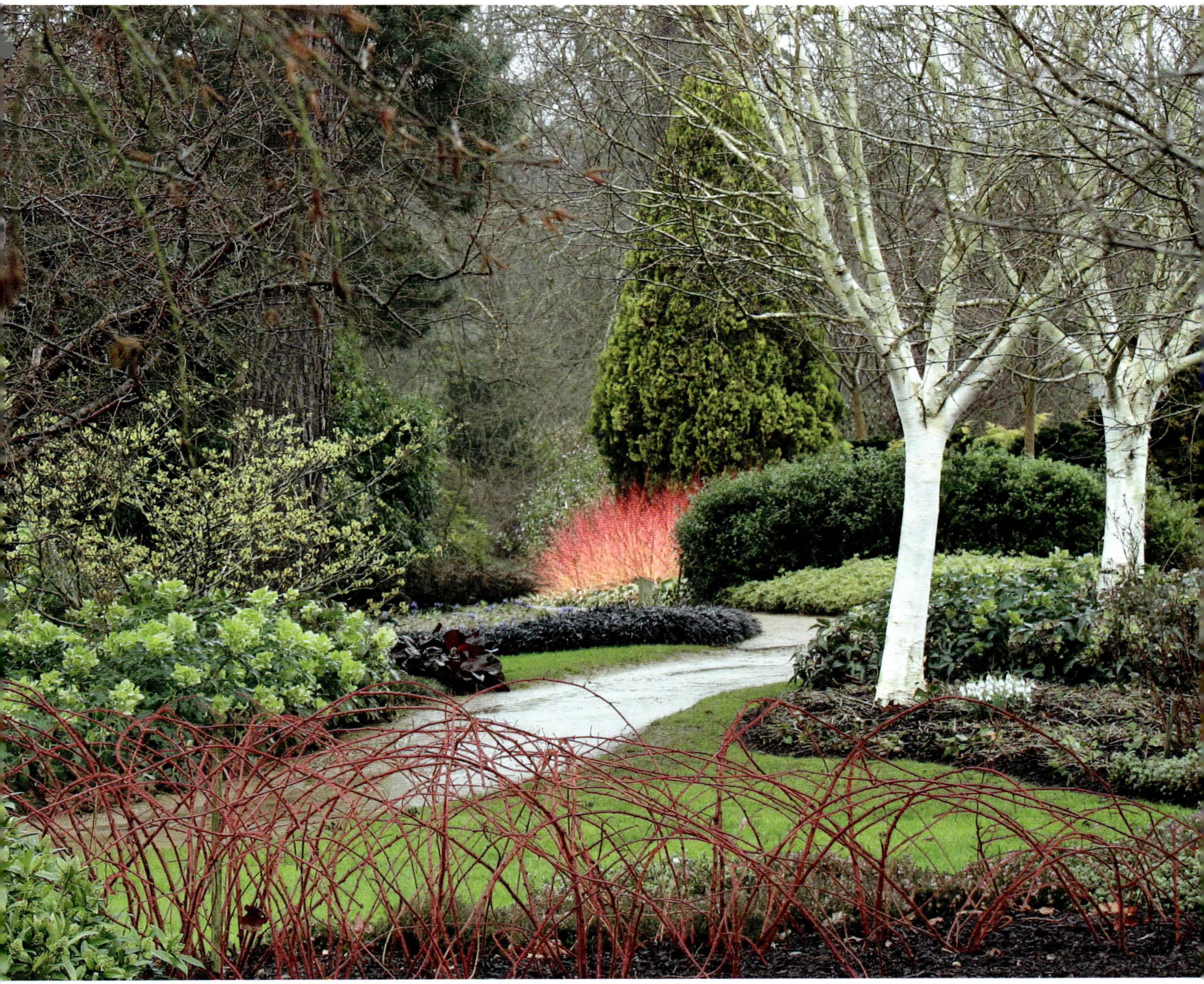

Das Zartgrün und das Senfgelb zahlreicher Blätter und Blüten (*Skimmia japonica* 'Winifred Crook', *Helleborus argutifolius*, *Hamamelis* 'Pallida', *Platycladus orientalis* 'Pyramidalis Aurea') schlagen mit unterschiedlichen Rottönen den Takt zu einer schönen Farbensymphonie. Die gebogenen Zweige von *Rubus phoenicolasius* harmonieren mit den rötlichen Baumrinden (*Acer × conspicuum* 'Phoenix', *Prunus rufa*). *Cornus* 'Anny's Winter Orange' beschließt diesen flammenden Dialog.

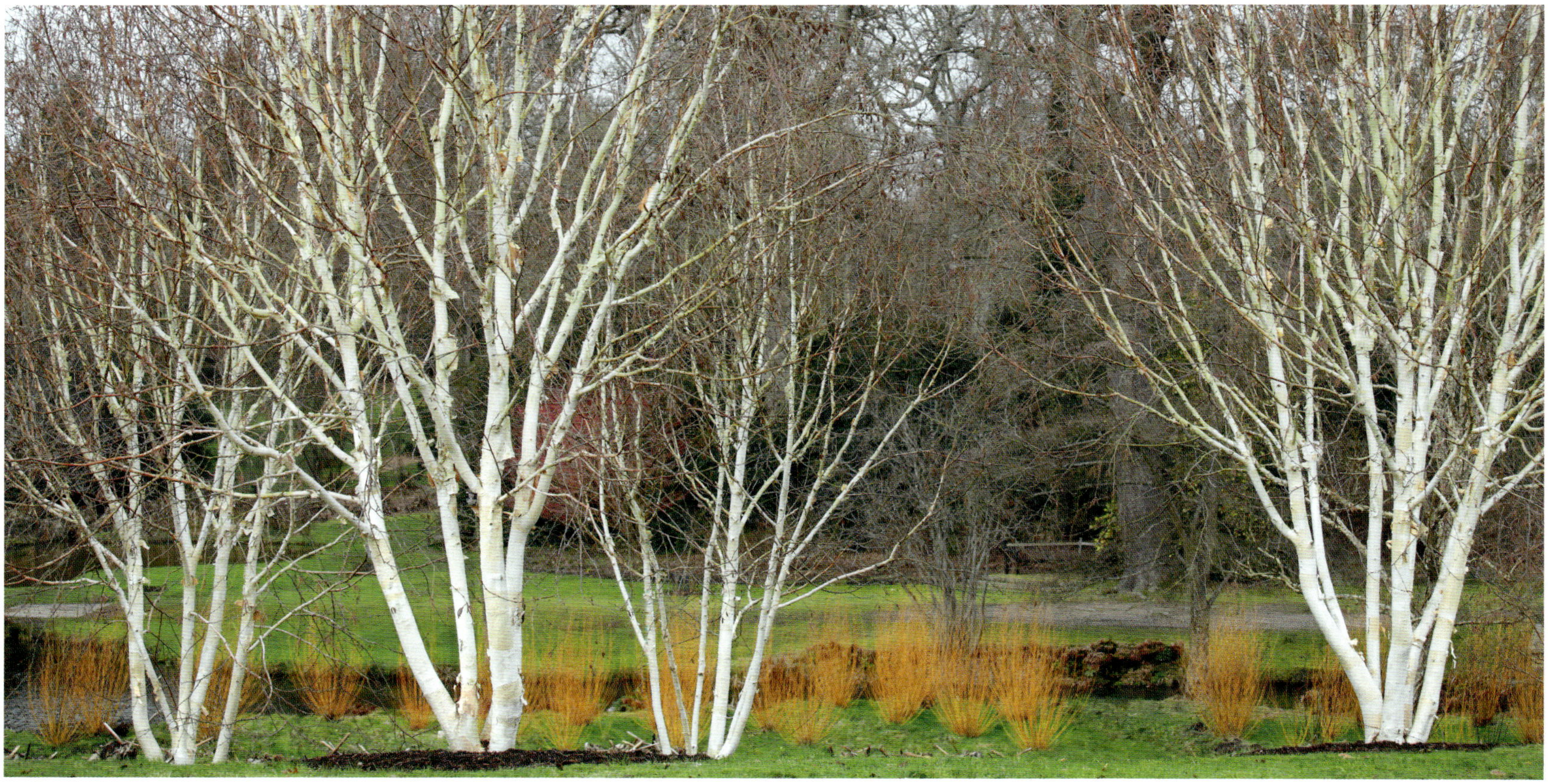

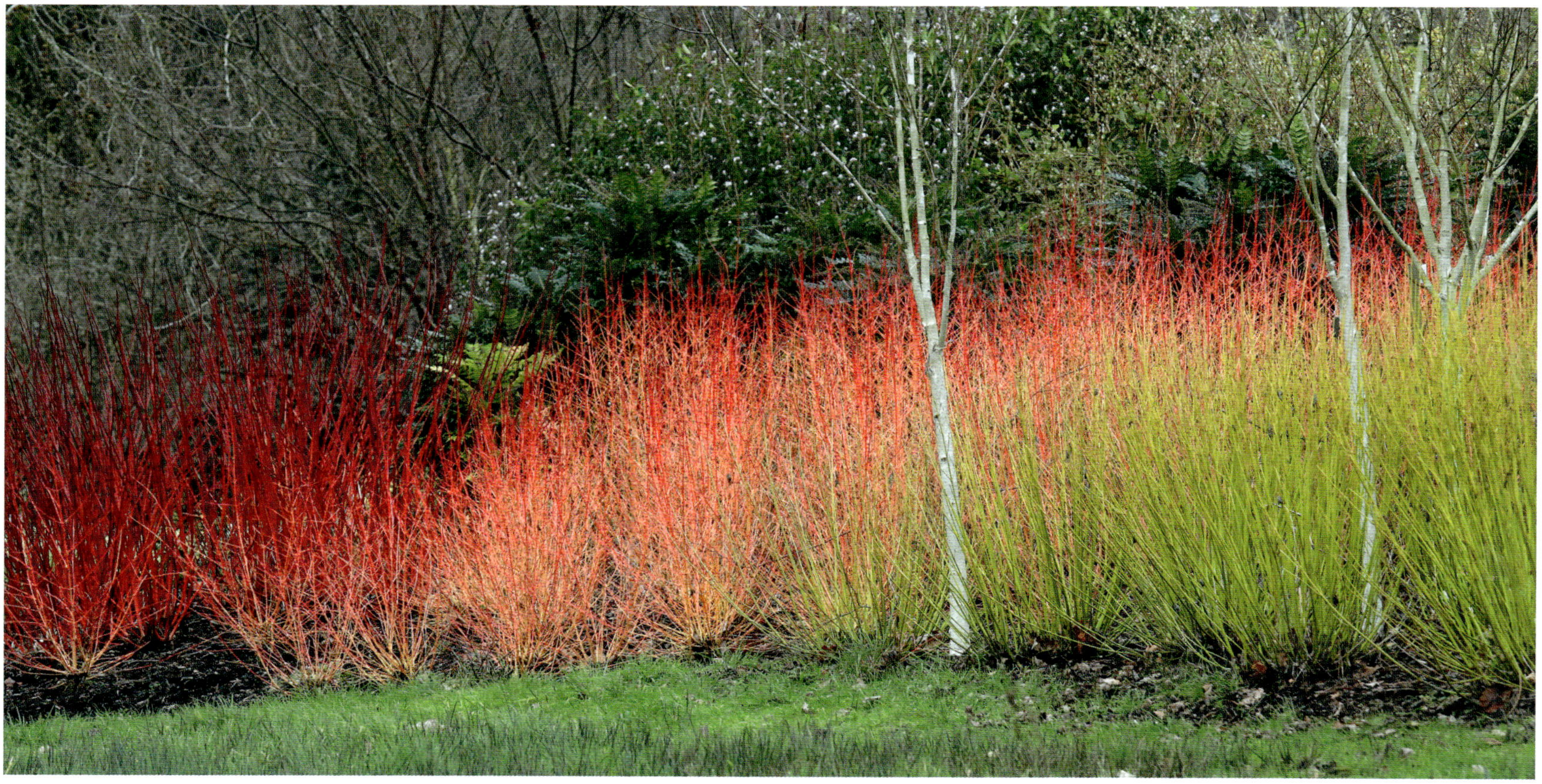

OBEN: Bei Einzelpflanzungen sollte man *Betula utilis* var. *jacquemontii* 'Grayswood Ghost' am besten mehrstämmig ziehen, da sie eine natürliche Schönheit, noch verstärkt durch die goldenen Zweige von *Salix alba* 'Golden Ness', entwickeln.
UNTEN: An anderer Stelle passt die Strenge der Einzelstämme von *Betula utilis* var. *jacquemontii* 'Doorenbos' gut zu dem ausladenden Wuchs von *Cornus alba* 'Sibirica', *sanguinea* 'Midwinter Fire' und *sericea* 'Flaviramea'.

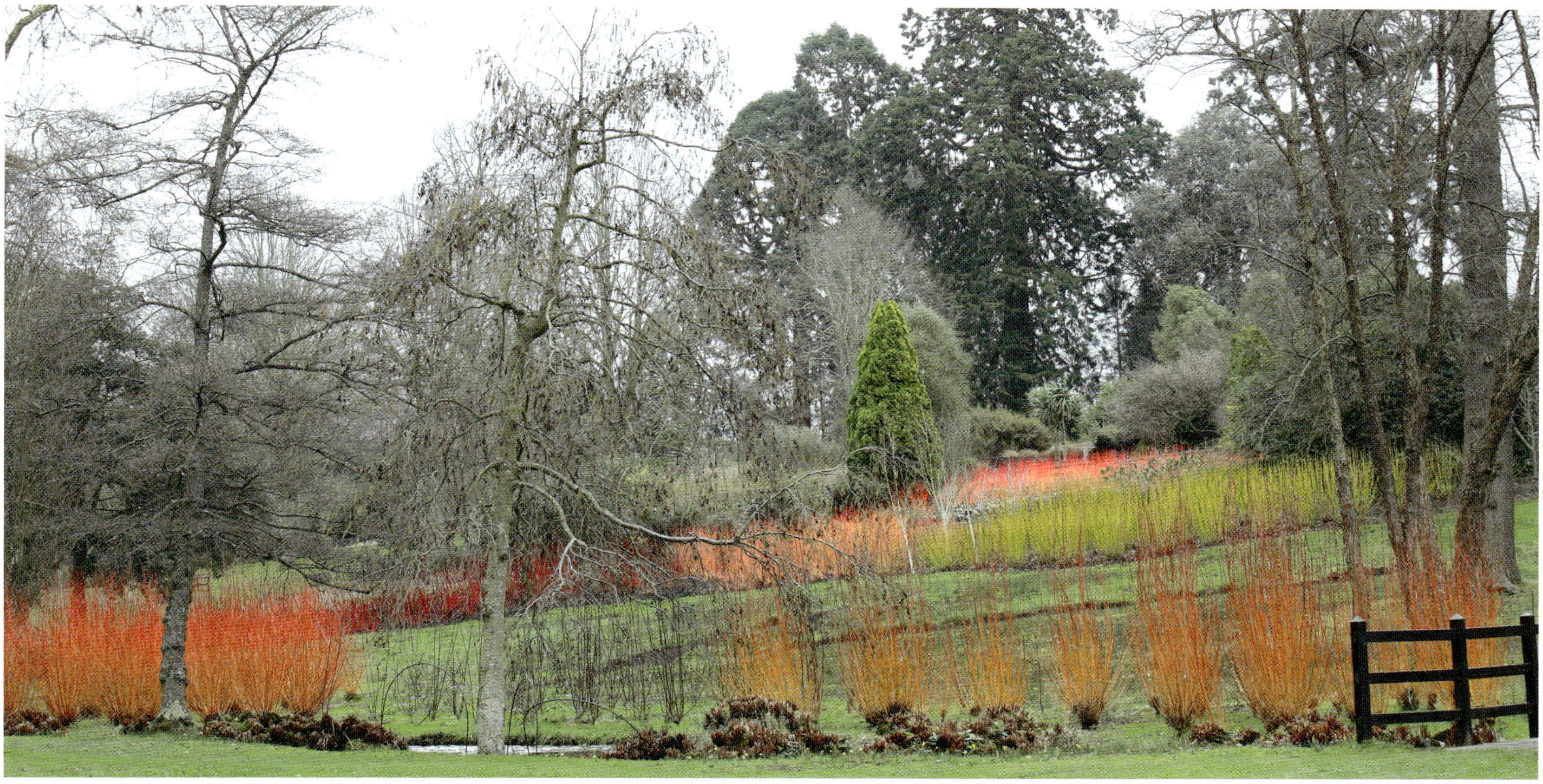

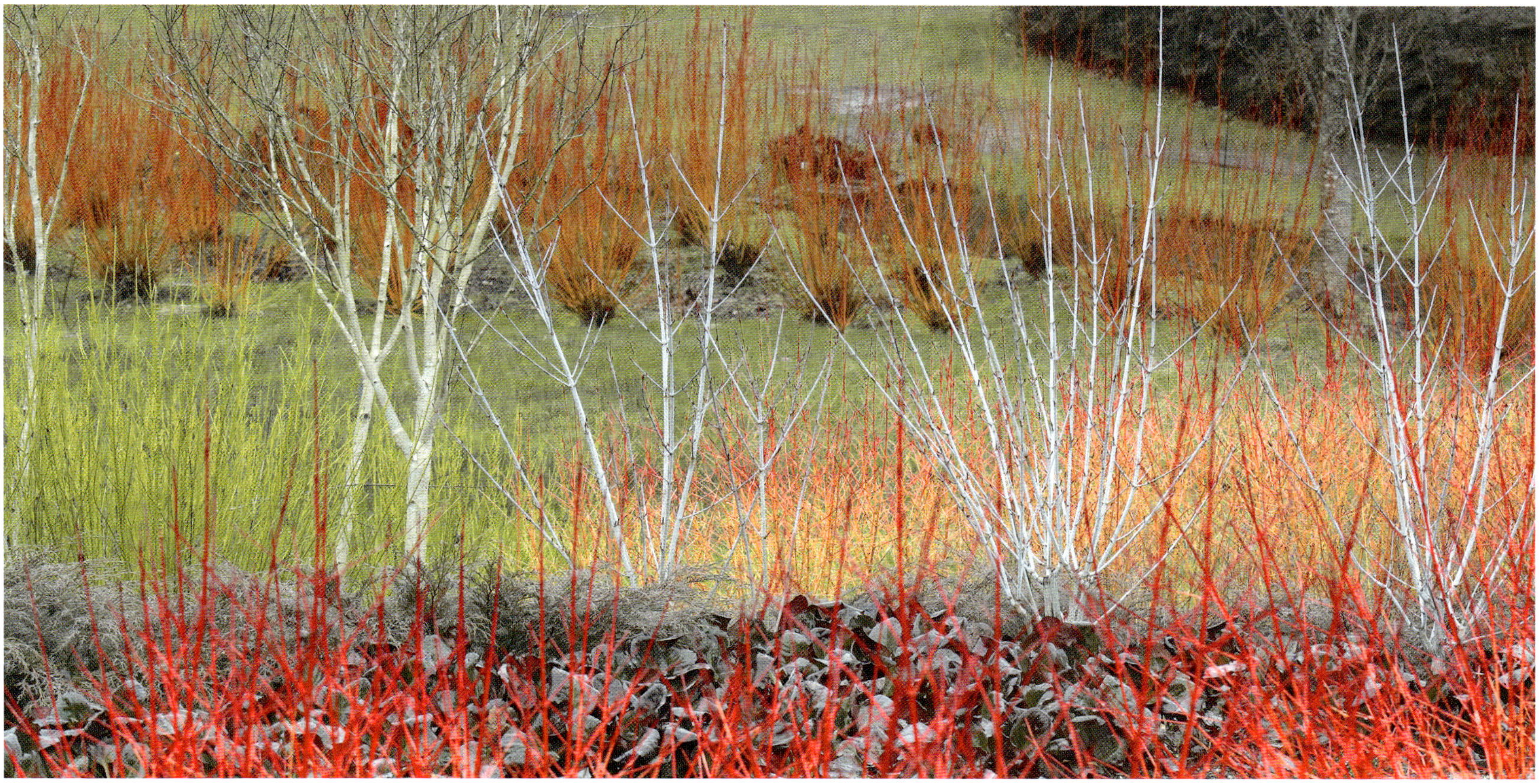

OBEN: Im Vordergrund links glänzt *Salix alba* 'Yelverton' mit einem etwas intensiveren Orangeton als ihr Gegenpart 'Britzensis' rechts. UNTEN: Die schemenhaften Zweige von *Acer tegmentosum* 'Valley Phantom' tragen ihren Namen zu Recht. Sie ragen aus einem winterlich dunklen Teppich von *Microbiota decussata* in einem Bronzeton und *Bergenia* 'Overture' in Purpur, dies alles vor einem Hintergrund vielfarbiger *Cornus*-Gehölze.

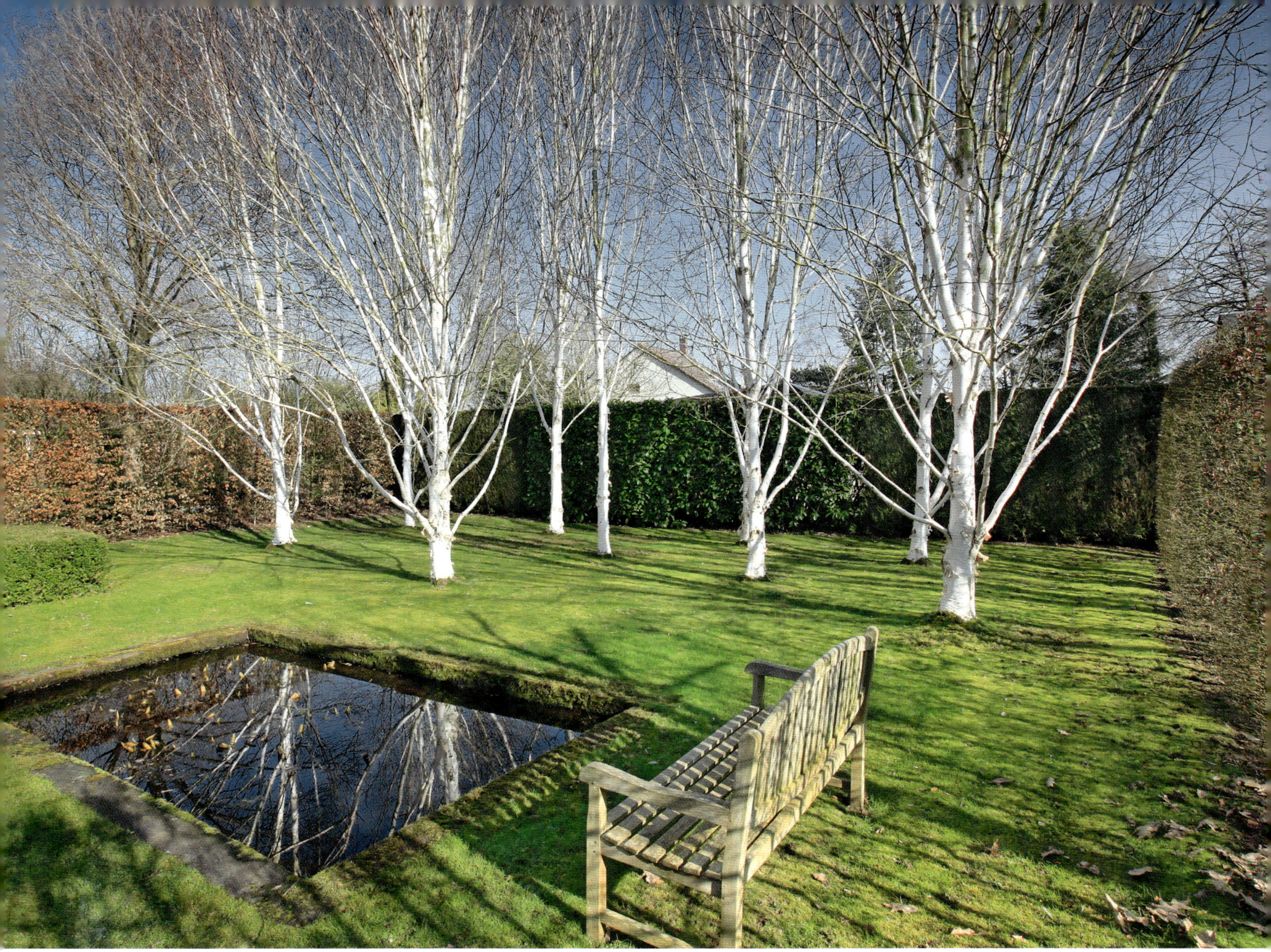

LA MARE AUX TREMBLES

In der Nähe eines ehemals von Espen umringten Maares erstreckt sich der 1995 angelegte idyllische Garten von Thérèse und Pierre Gibert auf einer Fläche von 4500 Quadratmetern. Er liegt in einem kleinen Dorf auf der Ebene von Le Neubourg etwa 30 Kilometer südwestlich von Rouen im Departement Eure. In ihrem friedlichen Hafen erschien der Winter den Giberts traurig und monoton. Nachdem das Ehepaar die Monographie La Bruyère (Heide) von La Rochefoucauld gelesen und sein Arboretum mit dem Namen Les Grandes Bruyères besucht hatte, fügten sie Heidekrautgewächse in der Gartengestaltung hinzu, um dem Ganzen den noch fehlenden letzten Schliff zu geben. Zusammen mit den Hamamelis und schönen Rinden sitzen die blühenden Bodendecker nun entlang des Mittelwegs. Die zehn weißen Himalaya-Birken auf dem Moosrasen kontrastieren mit dem übrigen Garten. Ihre Spiegelung im Wasserbecken, so klein es auch ist, bildet ein wesentliches Element in dieser minimalistischen Komposition.

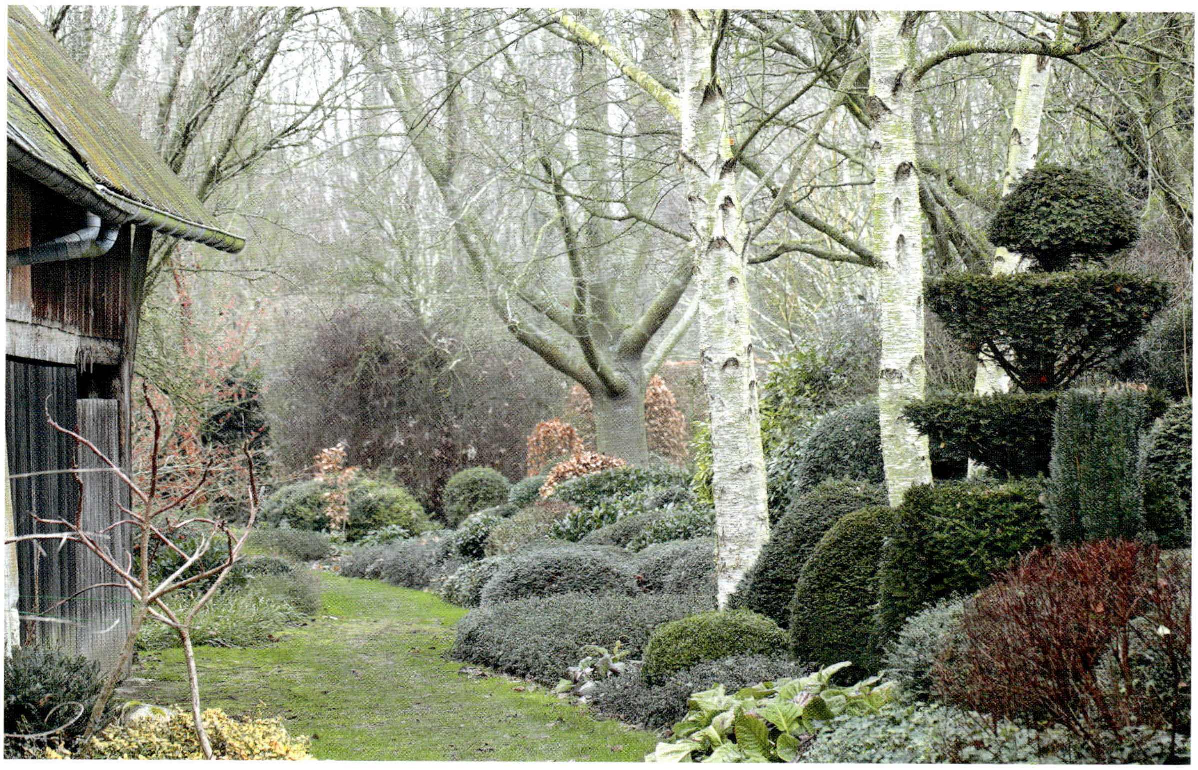

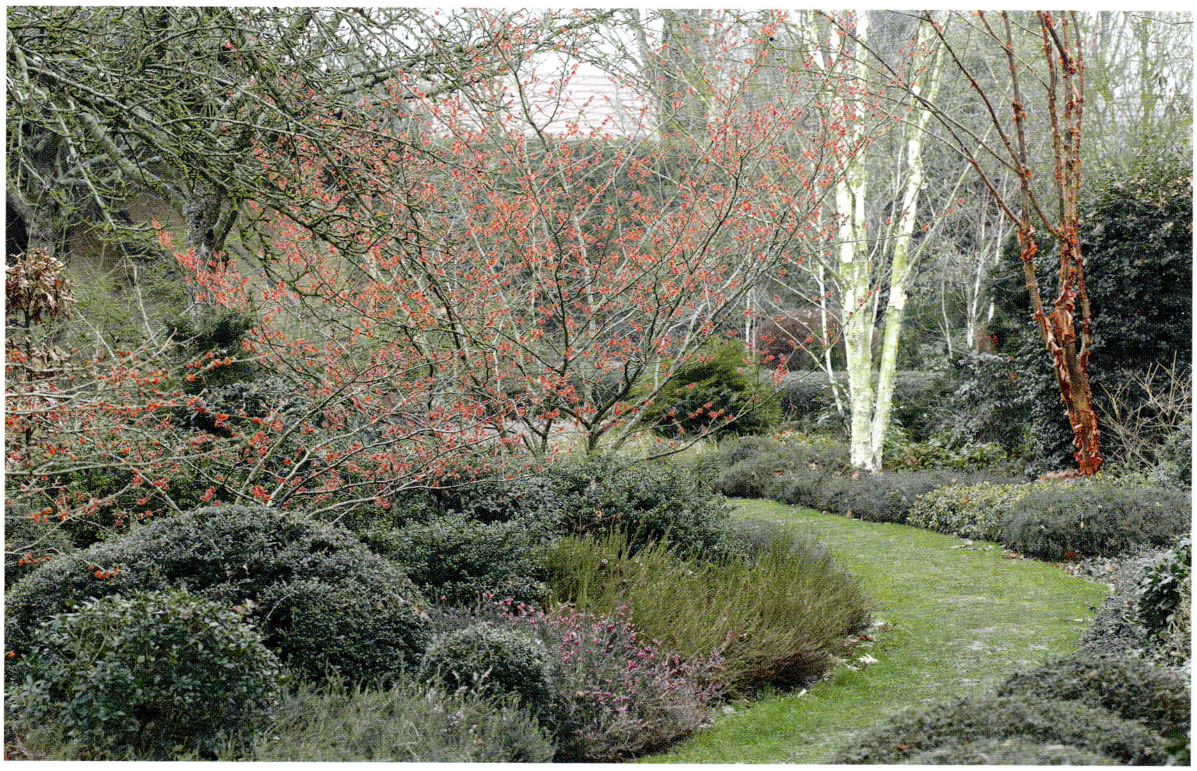

OBEN: Die in Form geschnittenen immergrünen Pflanzen (kugelige und rundliche Formen) ergeben eine Art von „verrücktem Patchwork", mit dem sich Thérèse ebenfalls leidenschaftlich beschäftigt. UNTEN: Auf einem Mosaik von Heidekraut vermittelt der weiße Stamm von *Betula utilis* var. *jacquemontii* ungestörte Harmonie zwischen der kupferfarbenen Rinde von *Acer griseum* und den roten Blüten von *Hamamelis* × *intermedia* 'Diane'.

ANGLESEY ABBEY

Etwa zehn Kilometer nordöstlich von Cambridge, um das Herrenhaus Anglesey Abbey herum, wird der Winter zu einer ganz besonderen Jahreszeit. Tausende von Schneeglöckchen tauchen das Unterholz in Weiß. Mit einer Palette von über 200 unterschiedlichen Winterpflanzen schlängelt sich der 1996 angelegte Winter-Garten über fast 450 Meter Länge. Bei der Besichtigung erlebt man eine Folge von Bildern, die überwiegend mit dichtem Bestand und der Wiederholung von duftenden Blüten, farbenfrohen Zweigen, Rinden und Blättern gestaltet sind. Der schmale Weg endet sehr schön inmitten einer einmaligen Pflanzung von fast 120 weißen Himalaya-Birken, deren reinweiße Stämme einen wunderbaren Kontrast zu dem dunklen, auf nackter Erde verteilten Mulch bilden.

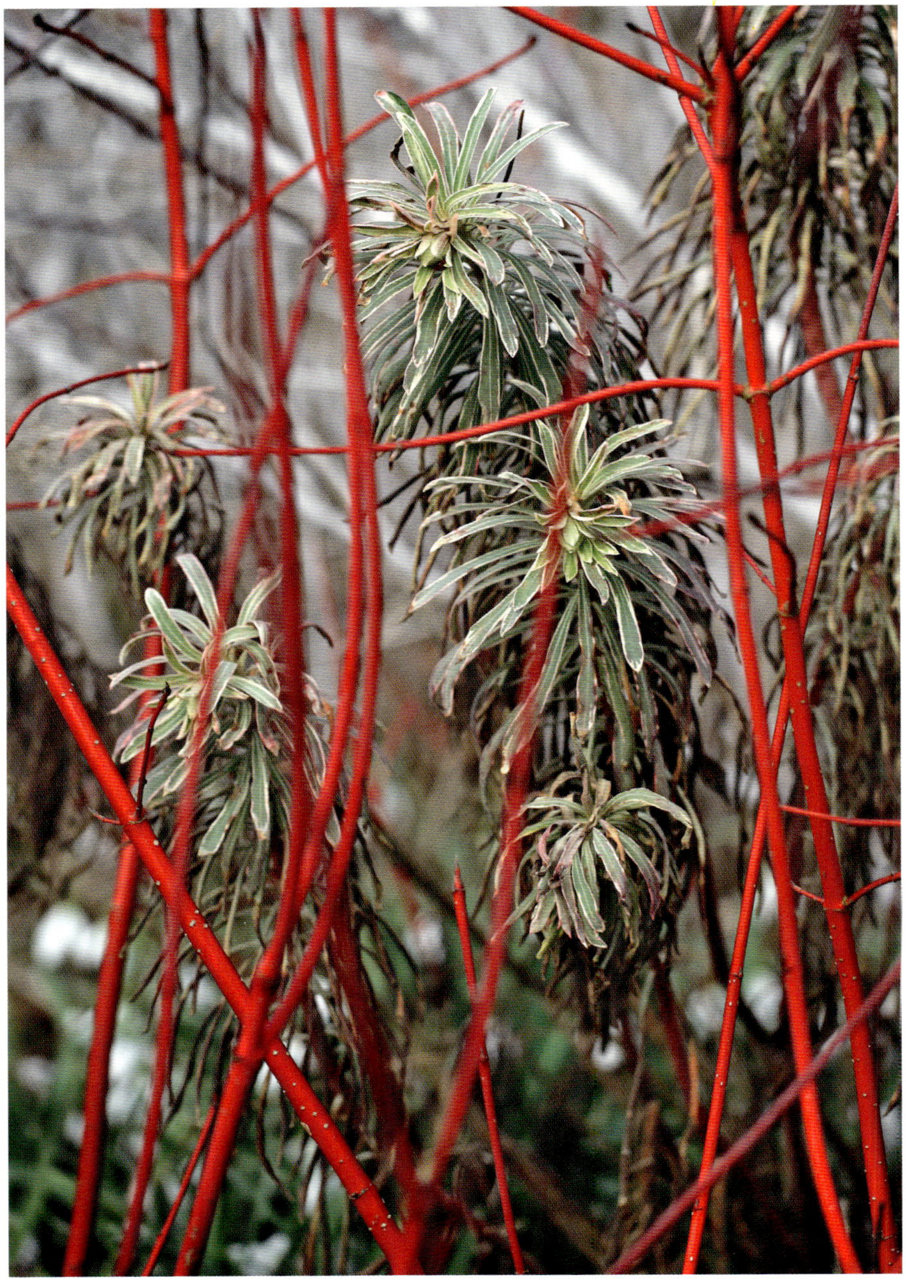

Die leicht bläulichen, cremeweiß gesäumten Blätter von *Euphorbia characias* 'White Swan' sind das Detail, das hier die Kombination mit *Cornus alba* 'Westonbirt' zu einem wahren Erfolg macht.

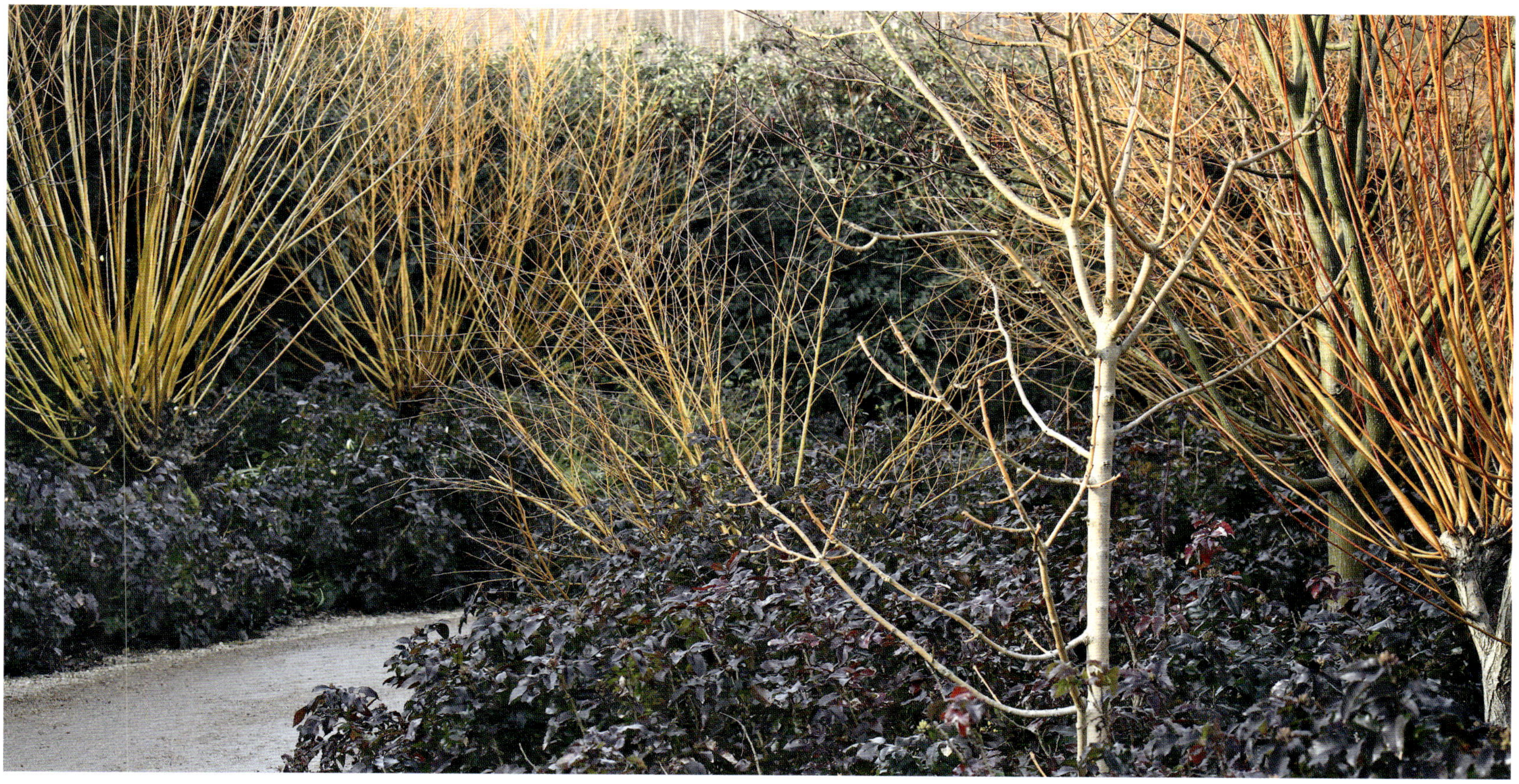

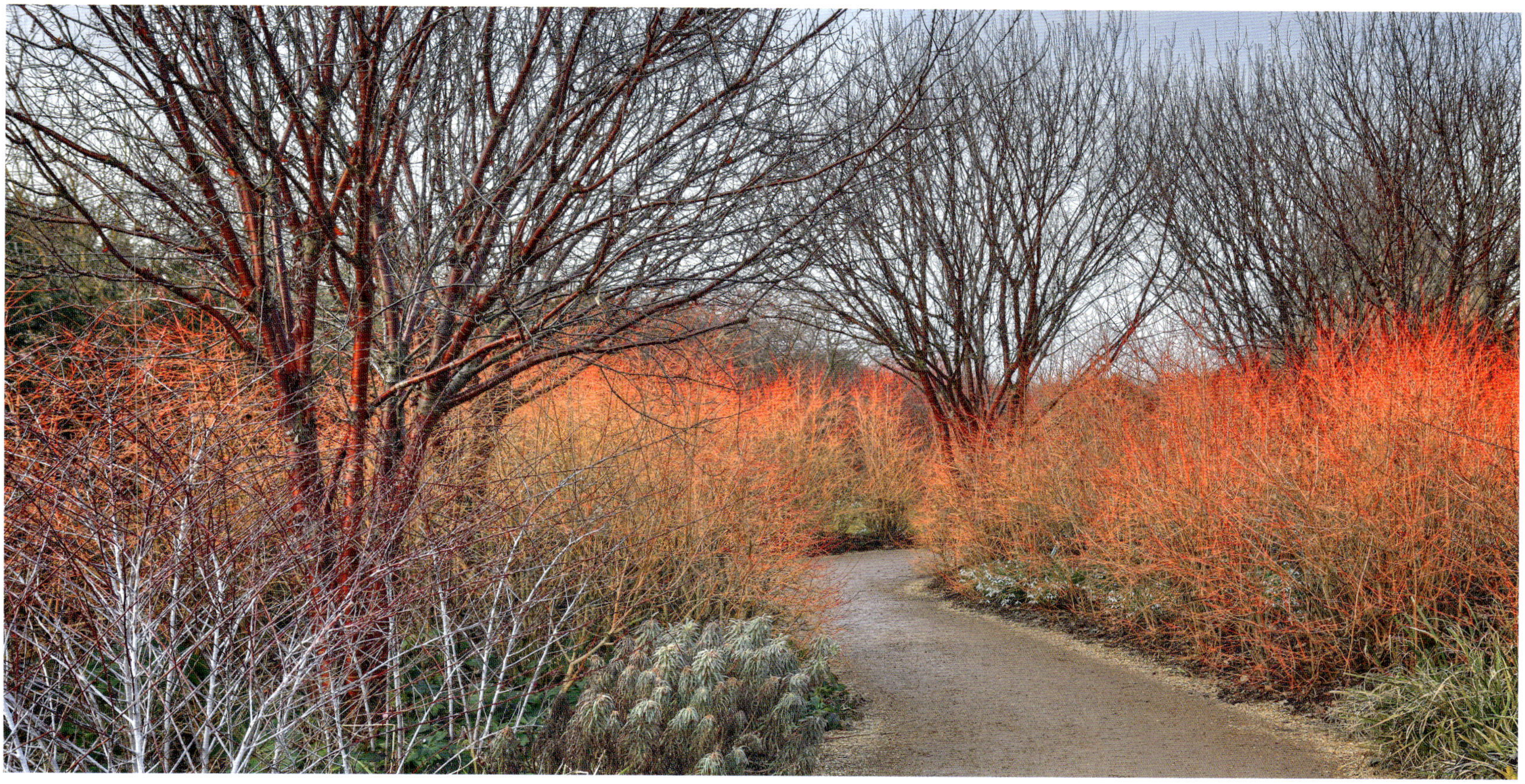

Die begrenzte Auswahl dicht an dicht gepflanzter Arten entfaltet eine sensationelle Wirkung. OBEN: Die Blätter von *Mahonia aquifolium* 'Apollo' werden im Winter dunkel purpurfarben. Ihr dichter Teppich bringt die gelborangen Zweige der beiden Weiden *Salix alba* var. *vitellina* und 'Britzensis' erst richtig zur Geltung. UNTEN: In gleicher Weise lässt die orangefarbene Woge von *Cornus sanguinea* 'Winter Beauty' die mehrstämmigen *Prunus serrula* stilvoll herausragen.

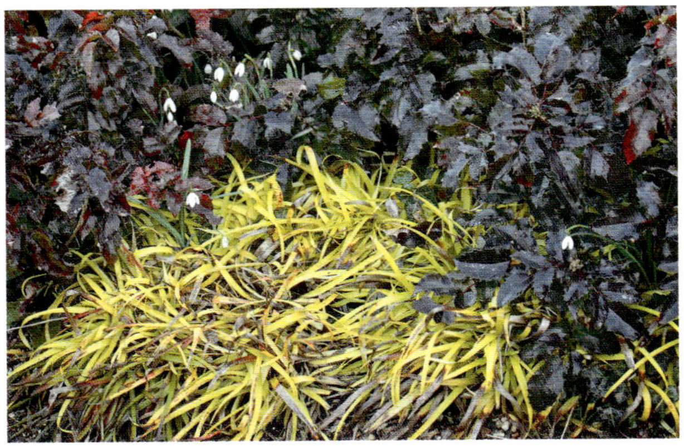

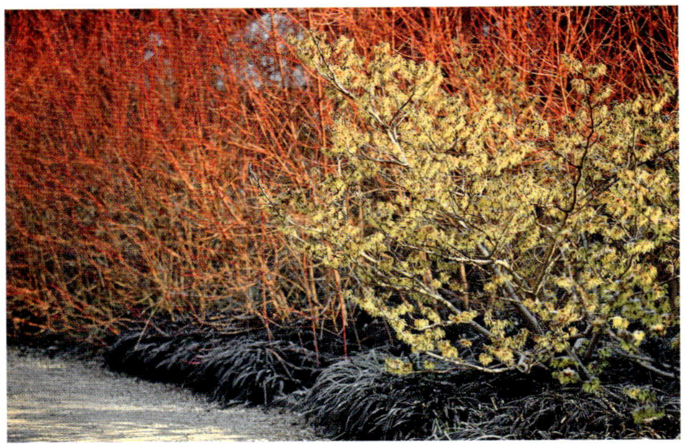

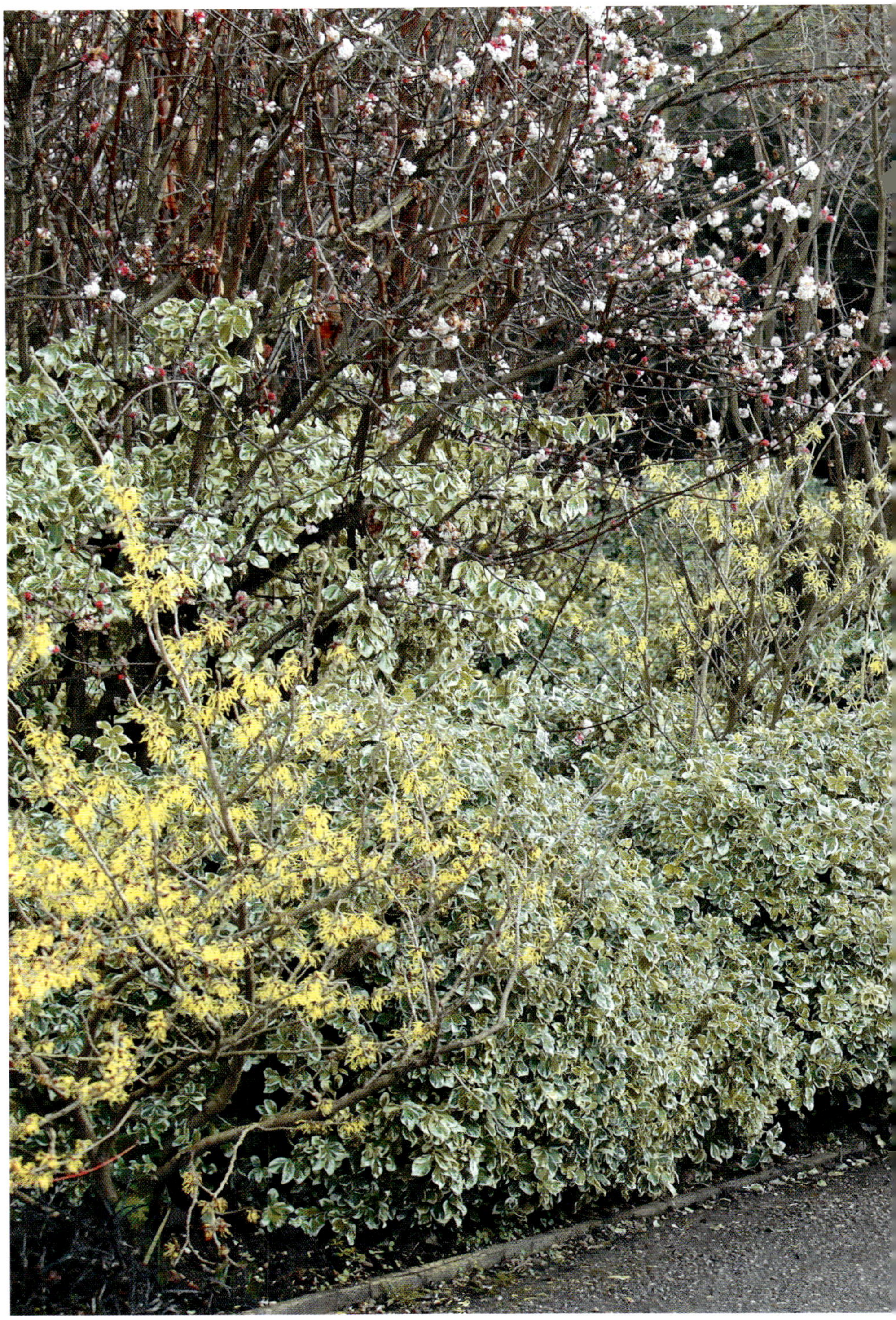

OBEN: Wagen Sie starke Kontraste: Senfgelbe und grüne Blätter von *Luzula sylvatica* 'Aurea' in einem Mosaik von dunkel purpurnen *Mahonia aquifolium* 'Apollo'; ein schwarzer Teppich von *Ophiopogon planiscapus* 'Nigrescens', der sich von den orangefarbenen Zweigen der *Cornus sanguinea* 'Winter Beauty' und den goldfarbenen Blüten der *Hamamelis* × *intermedia* 'Pallida' abhebt.

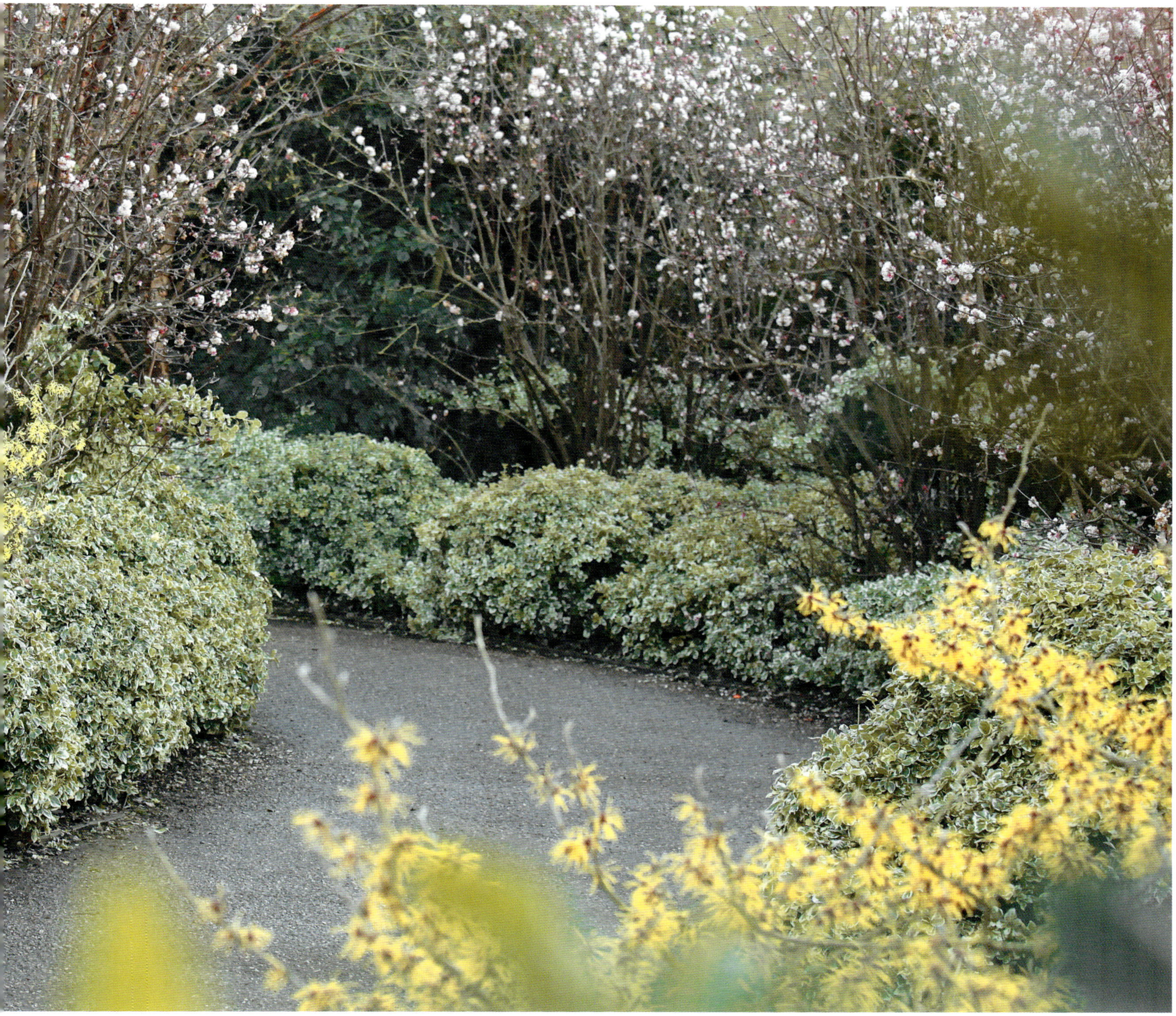

Die Kombination von Pflanzen mit zarten und harmonischen Farben ist durchaus genauso wirkungsvoll. Der weiße Rand der zartgrünen Blätter des anmutigen *Euonymus fortunei* 'Emerald Gaiety' färbt sich im Winter rot. Dieser Spindelstrauch verträgt sich also wunderbar mit dem betörenden *Viburnum* × *bodnantense* 'Dawn' über ihm. Die Blüten von *Hamamelis* × *intermedia* 'Barmstedt Gold' wirken hier wie Sonnenstrahlen.

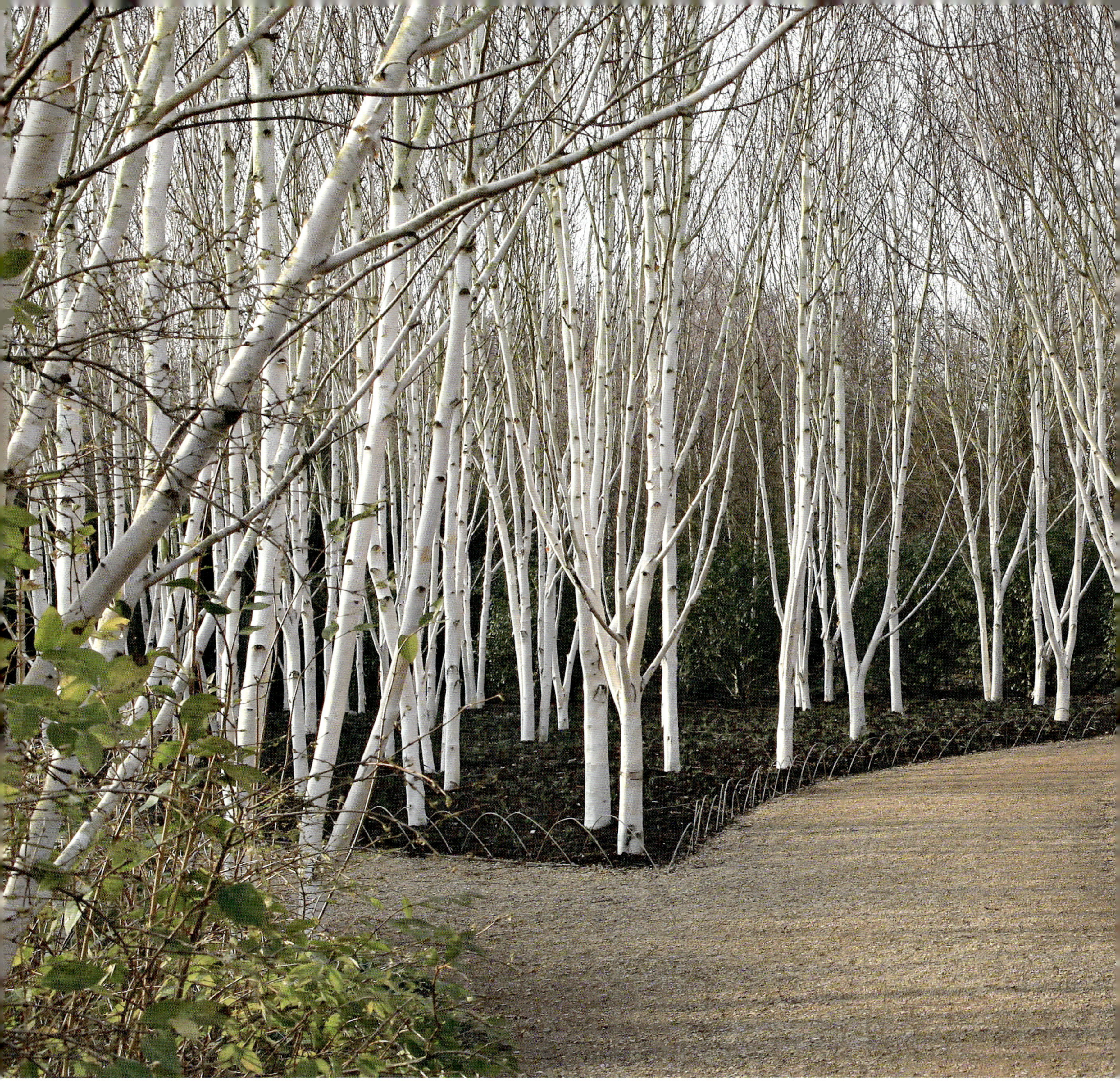

Der Winterspaziergang endet inmitten einer wunderbaren Pflanzung von derzeit über hundert *Betula utilis* var. *jacquemontii*. Um ein solch makelloses Weiß zu erreichen, werden die Stämme alljährlich Ende November mit dem Hochdruckreiniger sorgfältig gereinigt. Im Frühjahr kleiden die Blüten von 4000 Tulpenzwiebeln (*Tulipa* 'Little Beauty') den Boden in ein dunkles Rosé, wodurch ein ganz anderes Bild entsteht.

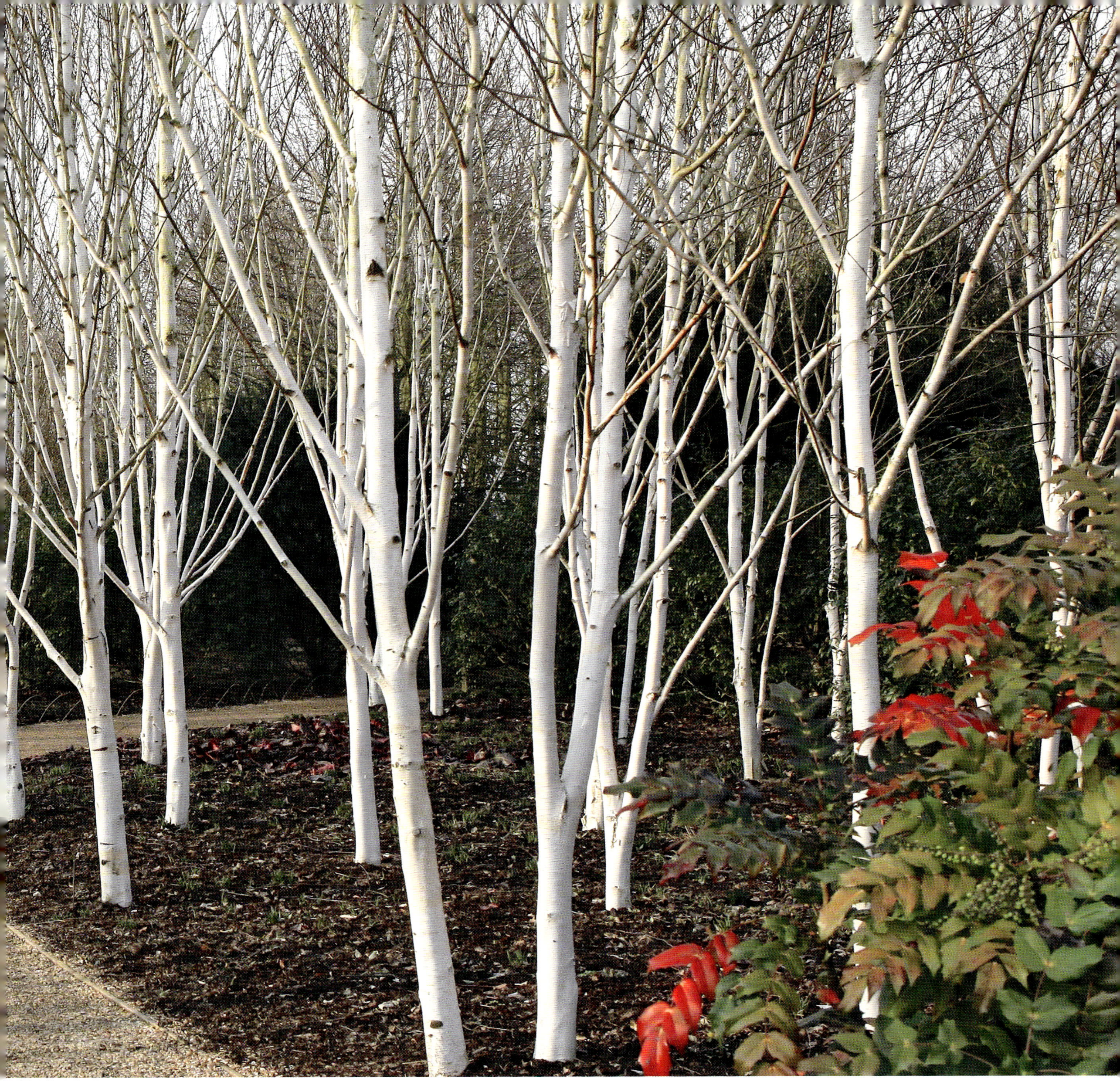

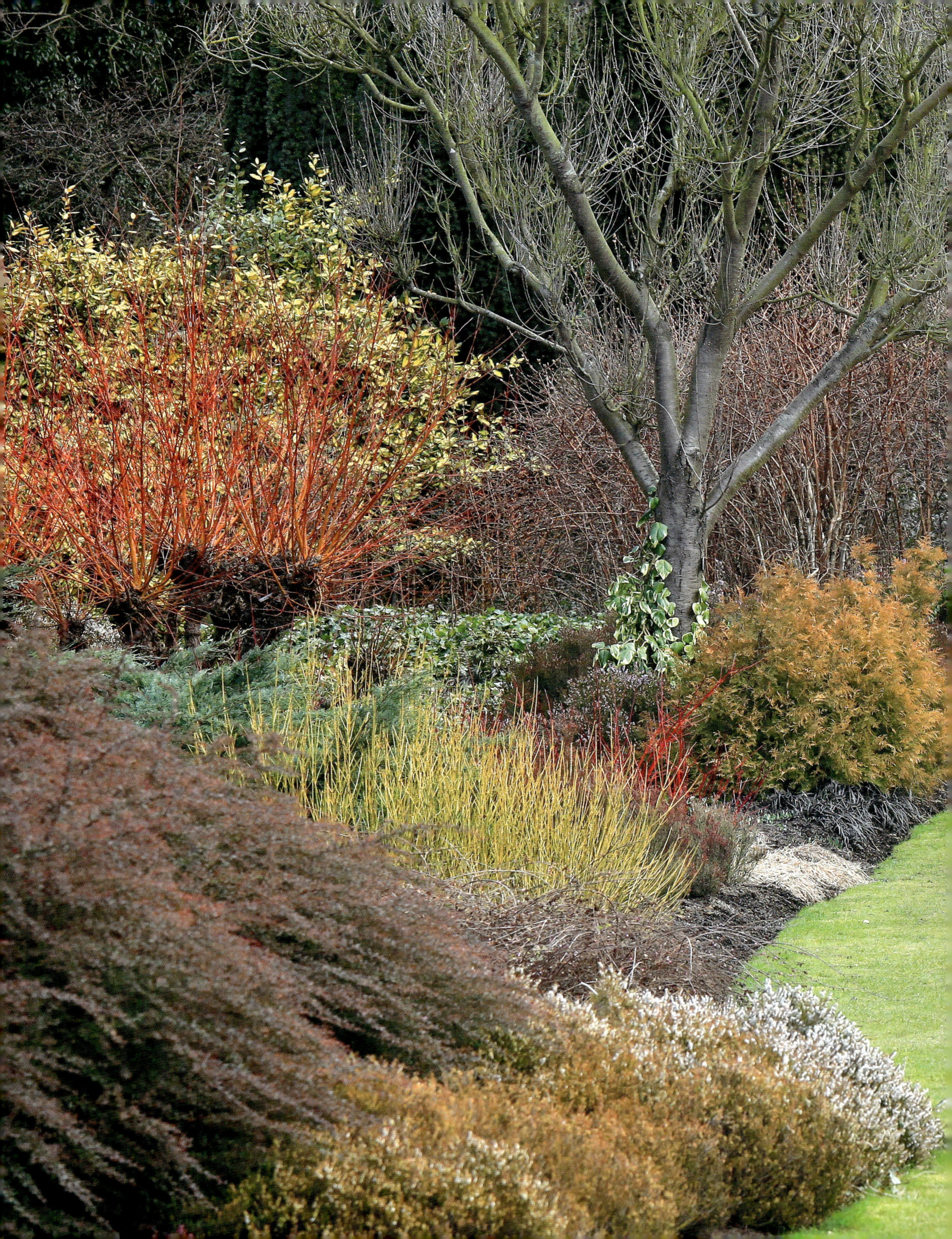

GÄRTEN IM WINTER

DIE PALETTE DER PFLANZEN

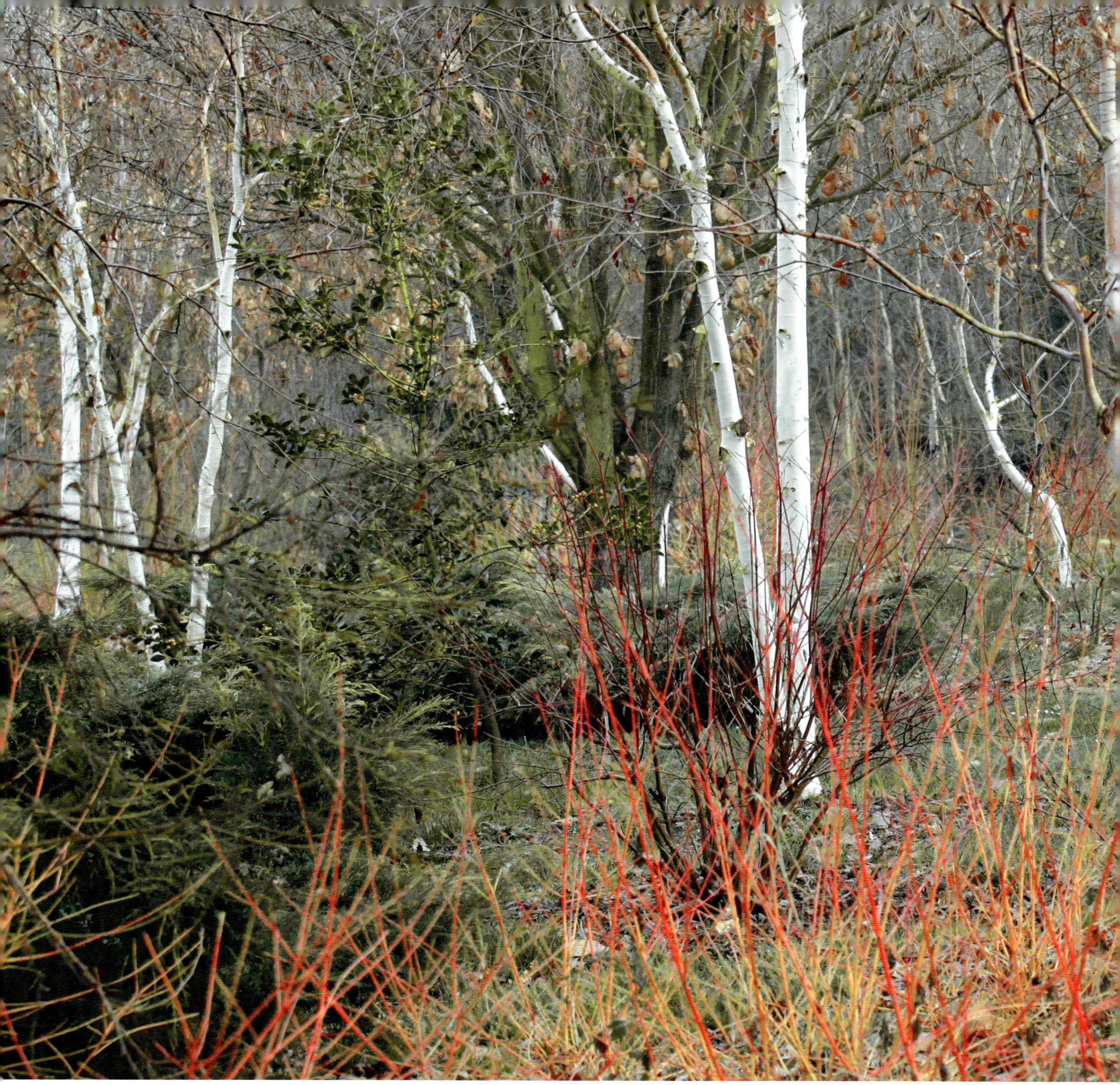

JARDIN DU BOIS MARQUIS, FRANKREICH.

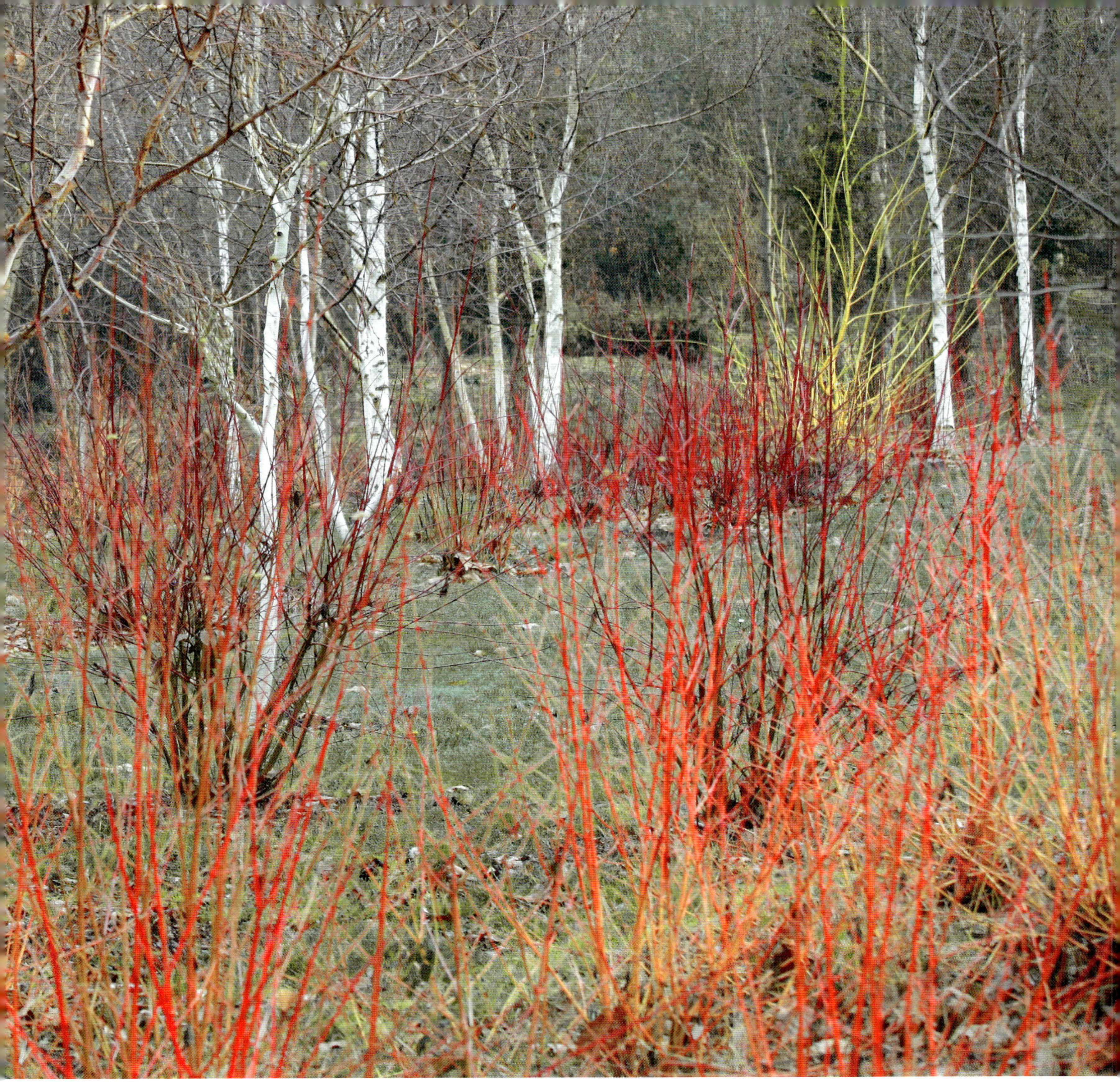

DEKORATIVE BAUMRINDEN

Linear und als Strukturbildner bieten Stämme und Rinde eine reiche Vielfalt an lebendigen und strahlenden Farben. Sie sind die Hauptelemente der winterlichen Gartengestaltung, doch sollte man genau wissen, was ihre Färbung bedingt, um sie gezielt einzusetzen. Hier also die Arten, an denen kein Weg vorbeiführt, sowie einige selten verwendete, andere Arten von ebenso spektakulärer Wirkung.

GENETIK

Die Merkmale einer wegen ihrer dekorativen Rinde ausgewählten Art sind genetisch bedingt. Genetische Mischung bringt hübsche Überraschungen hervor und liefert den Gärtnern zuweilen erwünschte Nuancen.

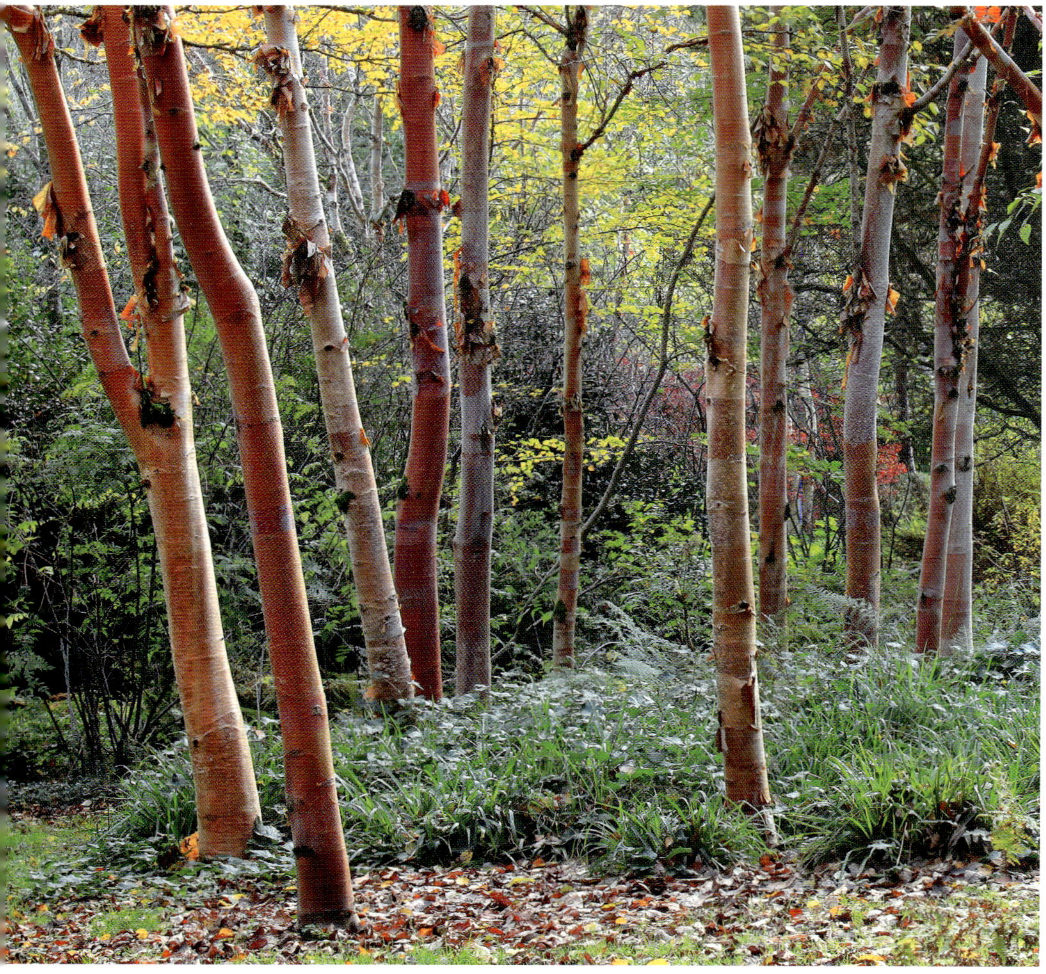

STONE LANE GARDENS, ENGLAND.

LINKS: In diesem Birkenwäldchen sind die fleisch- oder lachsfarbenen Stämme von *Betula albosinensis* durch natürliche Hybridisierung entstanden. Alle Samen stammen aus einer Wildsammlung in Kaolan in der nordwest-chinesischen Provinz Gansu. Trotz desselben Ursprungsorts ist die genetische Variabilität bedeutend und einige Sämlinge besitzen stärker gefärbte Rinden.

Aufgrund dieses Unterschieds konnte man zwei Sorten herauszüchten: die Birken mit dem Handelsnamen 'China Rose' in leuchtendem Rosa mit einem orangeroten Schimmer und 'Pink Champagne' in blasserem Rosé.

UNTEN: Es ist wichtig, den Klon auszuwählen, der die gewünschte Farbe am besten zeigt. Wählen Sie eine für die schöne Rinde berühmte Art aus und informieren Sie sich gut über die Herkunft Ihres Exemplars. Bei *Prunus rufa* ist beispielsweise der Klon von Hillier dunkler gefärbt als die aus Cambridge. *Acer griseum* vermehrt sich nur durch Samen. Je nach Herkunft der Mutterbäume weisen die Stämme unterschiedliche Formen der Borkenablösung und verschiedene Farben auf, die das Spektrum von Ocker [1a] über Rot [1b] bis fast Schwarz [1c] umspannen.

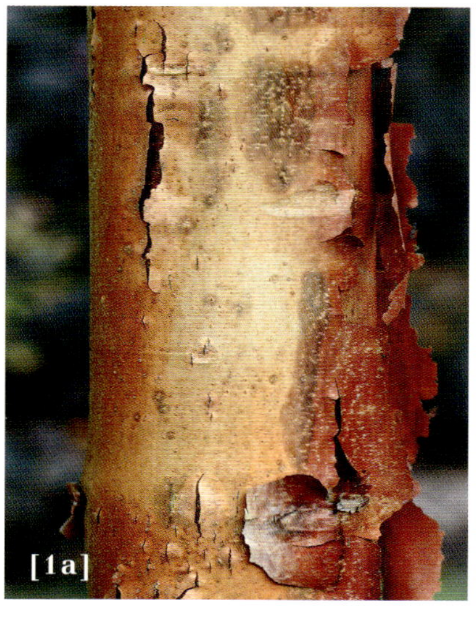

[1a]

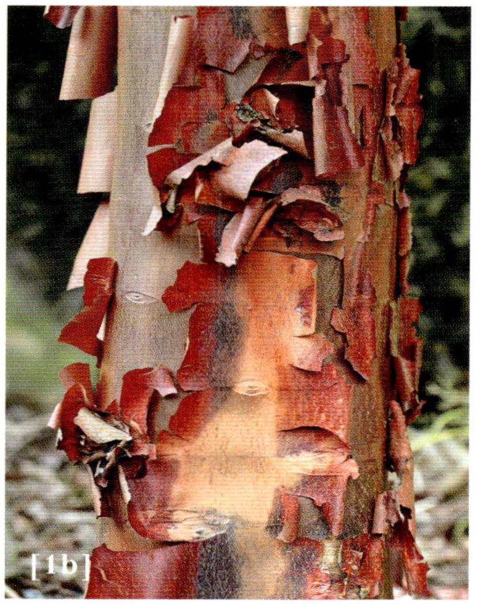

[1b]

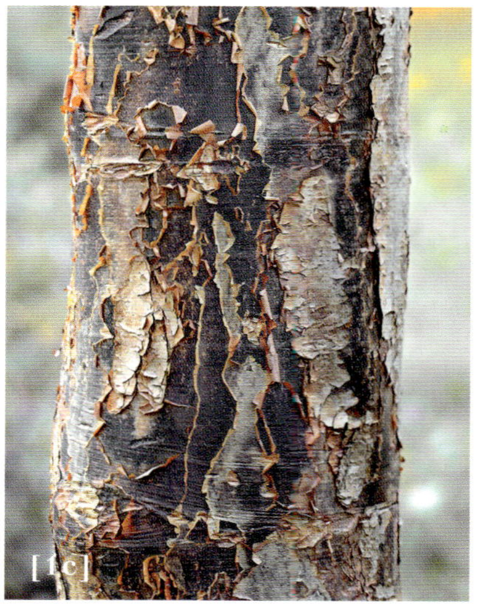

[1c]

UMWELT

Der Genotyp ist nicht allein für den Phänotyp verantwortlich. Auch die Lebensbedingungen beeinflussen in starkem Maße die Färbung der Rinde. Klima, Feuchtigkeit, Sonneneinstrahlung und auch der Boden liefern die Kriterien, die zu beachten sind.

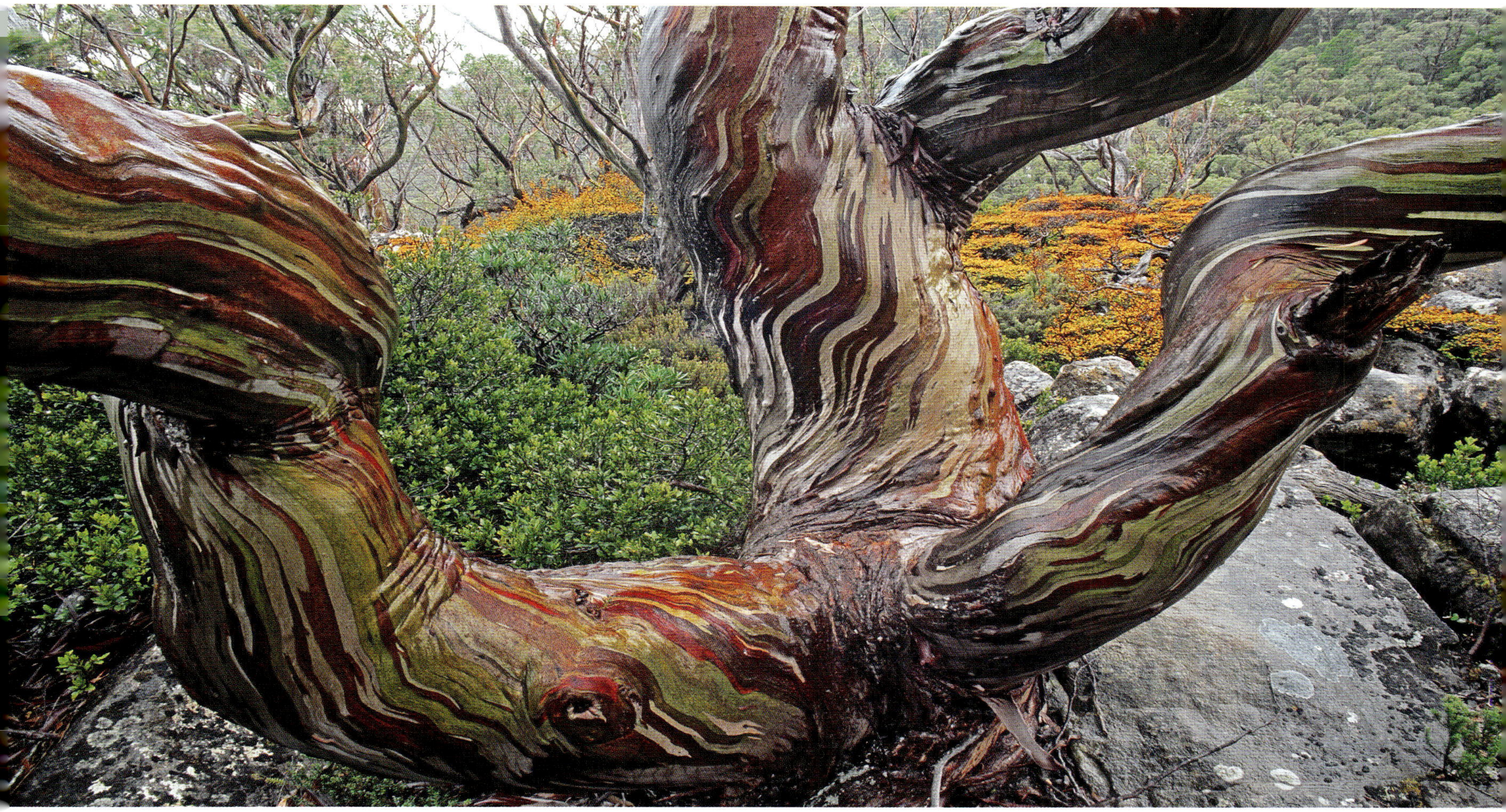

NATIONALPARK MOUNT FIELD, TASMANIEN.

OBEN: Damit man die regenbogenfarbene Rinde dieses *Eucalyptus coccifera* zu Gesicht bekommt, müssen alle Umweltbedingungen passen; der Boden auf den tasmanischen Hochebenen, die Höhenlage, die spürbar kalte Temperatur, Nebel, der die Luft feucht hält, der Zeitpunkt der Borkenablösung bei diesen farbenreichen Stämmen. Es ist unnötig zu erwähnen, dass man diese Bedingungen selten erlebt und dieser grandiose, aber vergängliche Anblick daher ein Glücksfall ist.

RECHTS: Diese Birke [2a] ist die Mutterpflanze aller durch Veredelung entstandenen *Betula albosinensis* Blason® 'Minrouge'. Sie wächst im Garten Bois Marquis in Vernioz bei Lyon, während einer ihrer ersten Klone [2b] im Garten von Launay an der Küste bei Dieppe in Varengeville-sur-Mer gedeiht. Klima, Feuchtigkeit, Sonneneinstrahlung und Boden unterscheiden sich hier deutlich, wodurch der Klon eine stärker gefärbte Rinde als das Mutter-Exemplar aufweist.

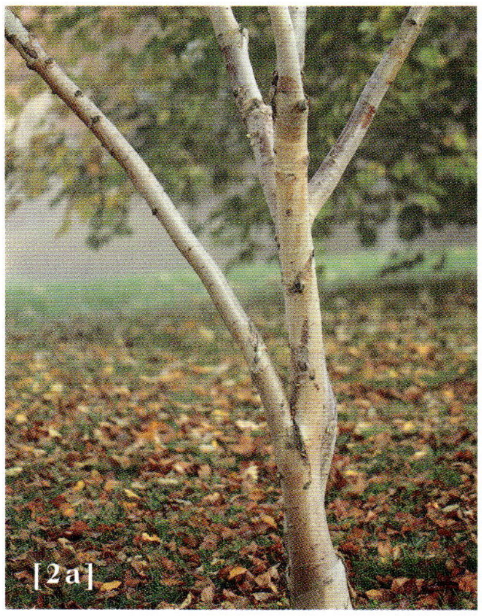

[2a]

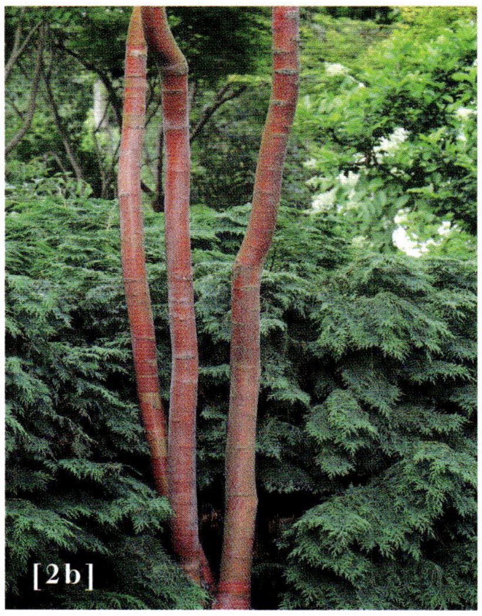

[2b]

ALTER

Betula, *Prunus* oder auch *Acer* zeigen schon als junge Bäume eine attraktive und charakteristische Rinde. Doch bei manchen Stämmen muss man Geduld haben, bis sich die schönen Farben der Schuppenborke zeigen.

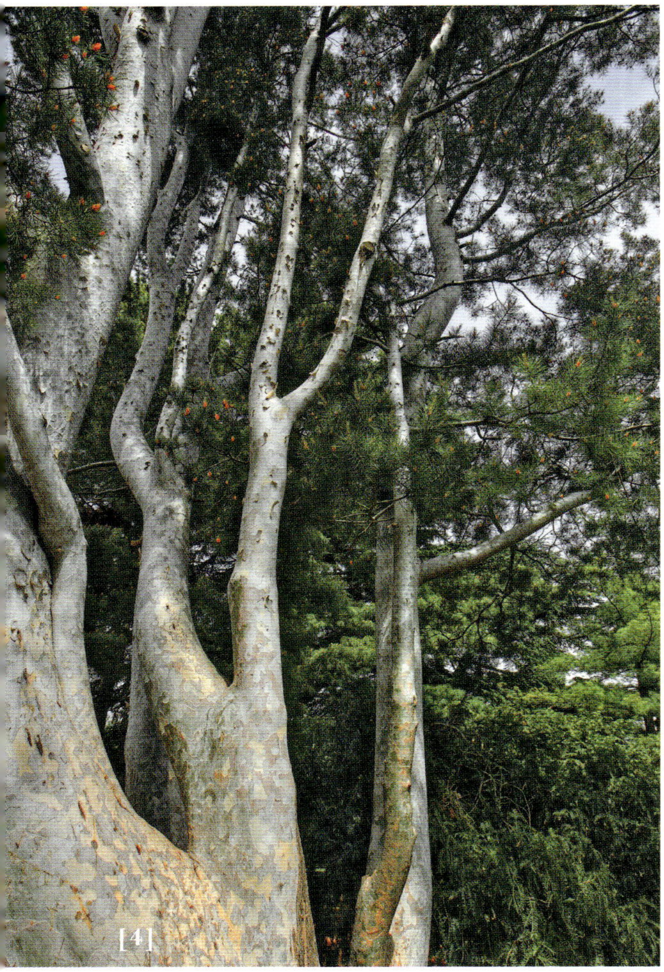

[4]

PARC DE LA TÊTE D'OR, FRANKREICH.

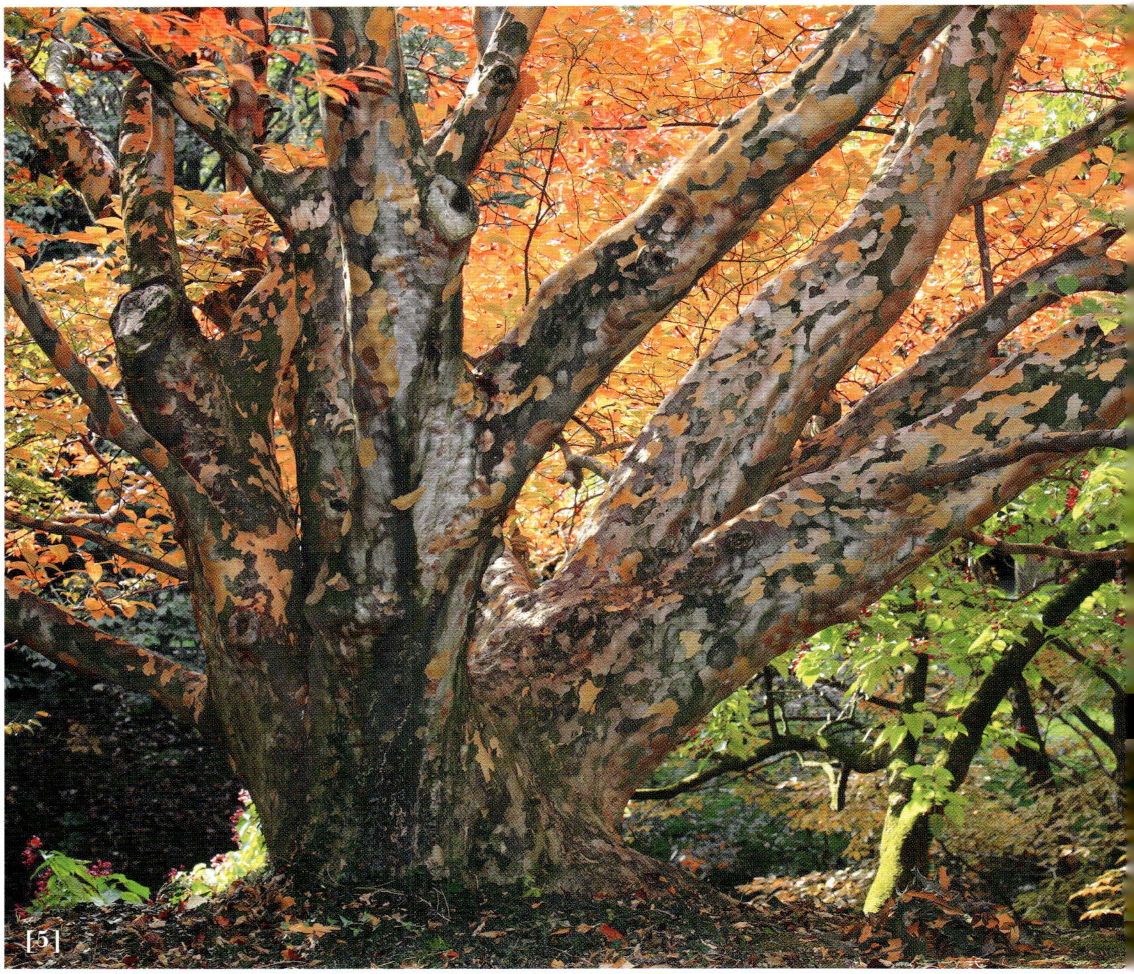

[5]

BOTANISCHE GÄRTEN DER VILLA TARANTO, ITALIEN.

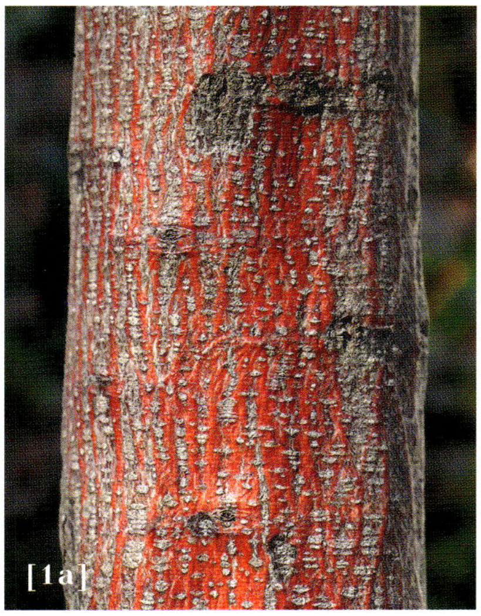

[1a]

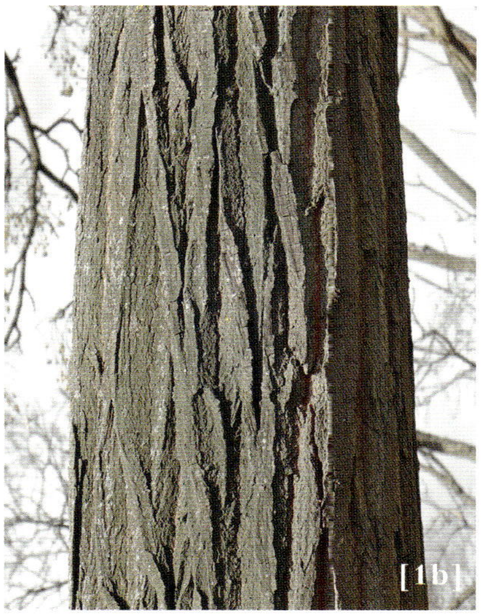

[1b]

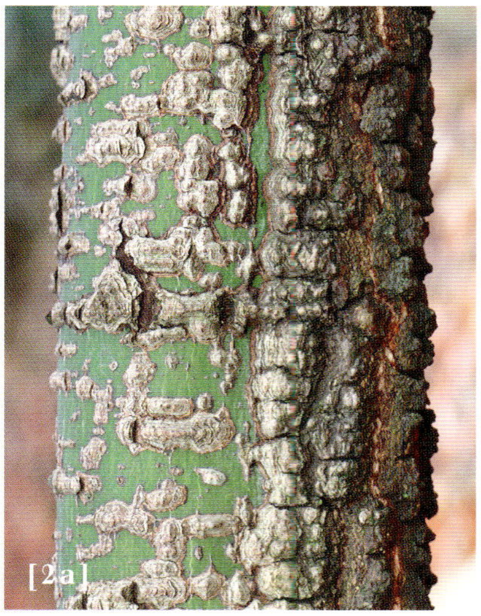

[2a]

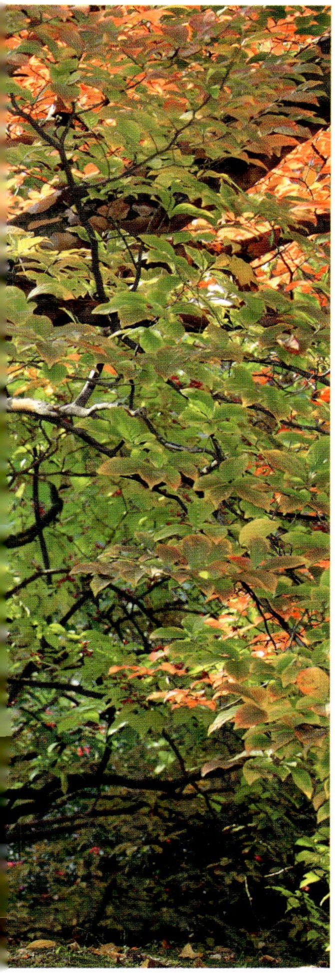

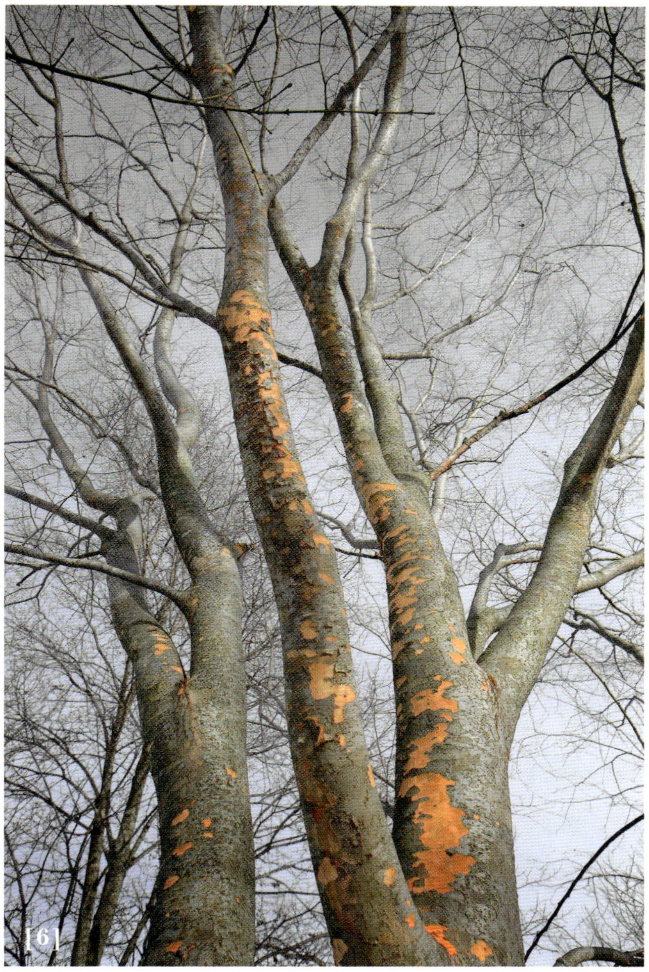

[6]

ARNOLD ARBORETUM, USA.

Ein Baum unterliegt während des Dickenwachstums immensen Kräften. Anfangs noch fein und glatt, reißt die Rinde immer mehr ein, sie verfärbt sich, bildet tiefe Furchen, wird zu Borke oder Kork oder blättert in Schuppen ab. Die glänzende, meist rötliche Rinde des jungen Paternosterbaums *Melia azedarach* [1a] ist von zahlreichen Lentizellen überzogen. Dutzende Jahre später entwickeln sich daraus tiefe Furchen [1b]. Bei einem Exemplar von *Acer palmatum* 'Arakawa' kann man den Prozess der Borkenbildung leicht erkennen. Der junge grüne Ast [2a] überzieht sich langsam mit einer schuppigen Ligninkruste, was dem alten Stamm einen reptiliengleichen Anblick verleiht [2b]. Mit zunehmendem Alter wird die lachsfarbene Rinde [3a] der jungen *Betula nigra* dunkler, daher auch der Trivialname Schwarz-Birke [3b]. *Pinus bungeana*, die Tempel-Kiefer [4], wird wegen ihrer langsamen Entwicklung selten verwendet. Man muss jahrelang warten, bis man ihre größte Besonderheit genießen kann. Ihre Rinde nimmt erst einmal die Struktur einer Platane an, bevor sie sich bei ganz alten Bäumen weiß färbt. Ähnlich verhält es sich mit den orangefarbenen Schuppen der *Stewartia pseudocamellia* [5] oder der *Zelkova sinica* [6], die sich erst bei alten Bäumen auf Stamm und Zweigen zeigen.

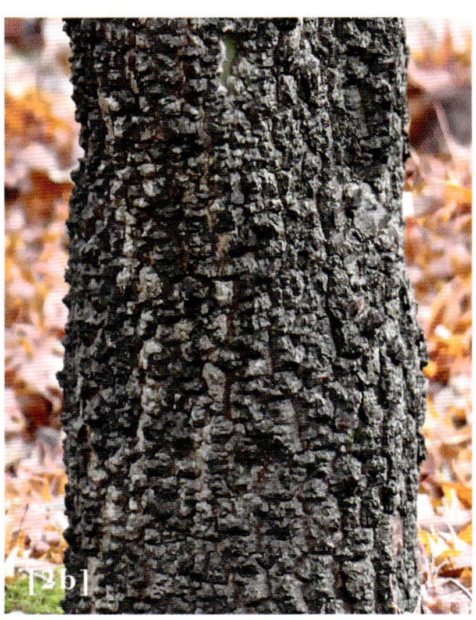

[2b]

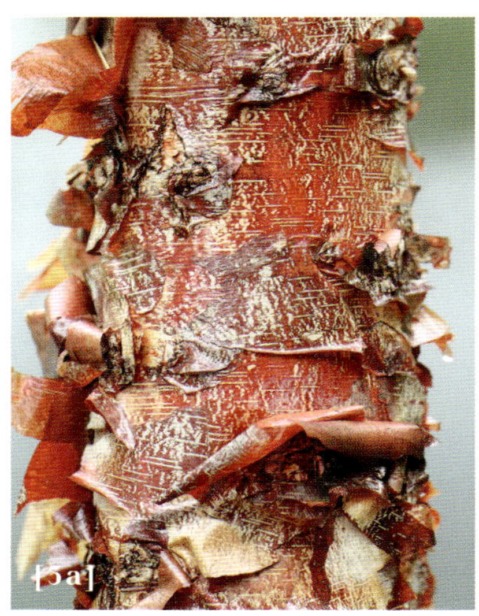

[3a]

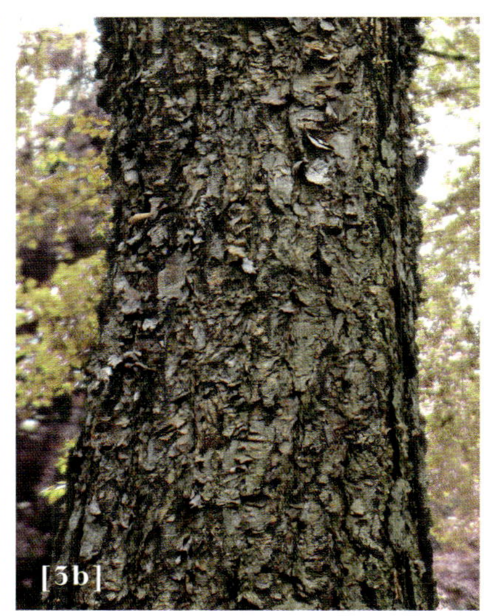

[3b]

BORKENABLÖSUNG

Der Farbwechsel der Rinde setzt gewöhnlich dann ein, wenn die Bäume alljährlich ihre alte Haut in Form von Schuppen oder Fetzen abwerfen. Man spricht hierbei von Borkenablösung.

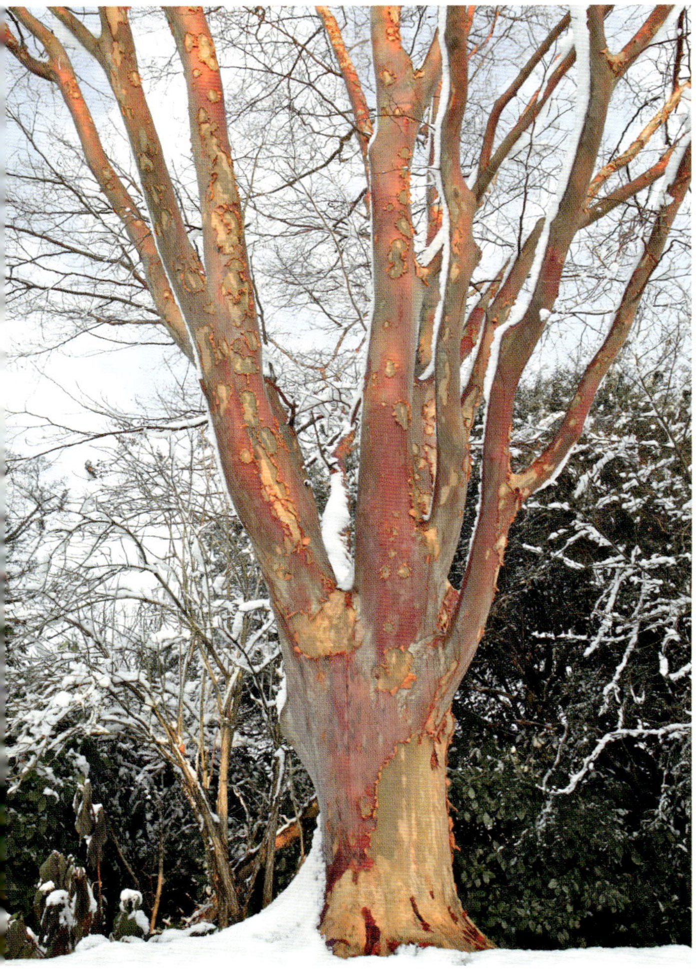

WAKEHURST PLACE, ENGLAND.

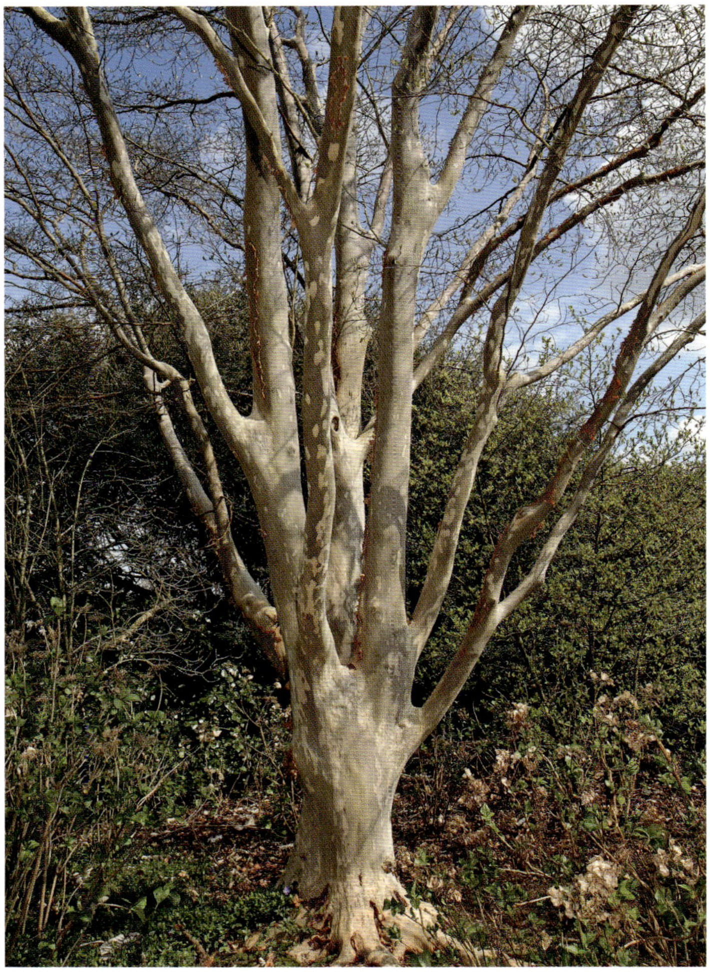

WAKEHURST PLACE, ENGLAND.

Diese Übergangsphase bietet stets ein erstaunlich buntes Farbspektrum. Alte Rindenpartien kurz vor dem Abfallen bilden Kontraste zur frisch zutage getretenen Rinde. Je nach Art dauert dieses Phänomen von einigen Tagen bis zu mehreren Wochen an. Es kann sich zu unterschiedlichen Jahreszeiten abspielen. Bei manchen *Arbutus*-Arten fällt es in den Spätfrühling, bei unserer beliebten Platane (*Platanus* × *acerifolia*) oder vielen *Eucalyptus*-Arten mitten in den Sommer, *Stewartia pseudocamellia* ist im Herbst an der Reihe. OBEN: *Stewartia sinensis* häutet sich im Winter: von Kardinalsrot über Gelb bis zu einem Graugrün. RECHTS: Die alte Rinde von *Betula gynoterminalis* (ist kritisch bedroht und gilt schon als ausgestorben) ist bordeauxfarben bis hin zu dunklem Purpur [1a]. Nach der Borkenablösung wird der Stamm dunkelolivfarben [1b].

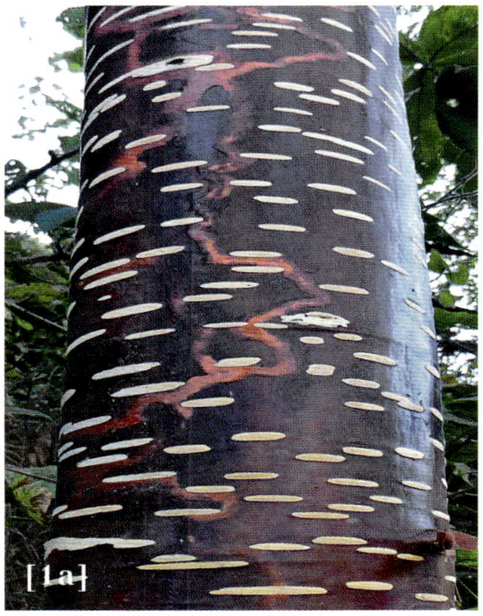

[1a]

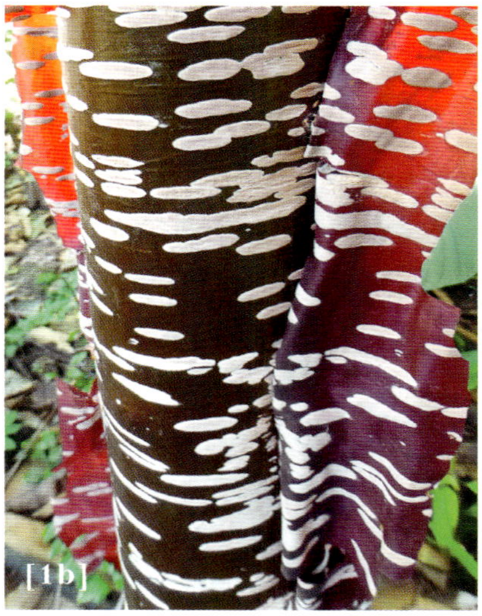

[1b]

JAHRESZEITEN

Einige seltenere Pflanzenarten bleiben vom alljährlichen Rückgang der Versorgung in den Leitungsbahnen und von stechender Kälte im Winter mit ihrem Laubwerk unberührt. Der Winterzauber setzt hier auf andere, subtile Weise den Pinsel an.

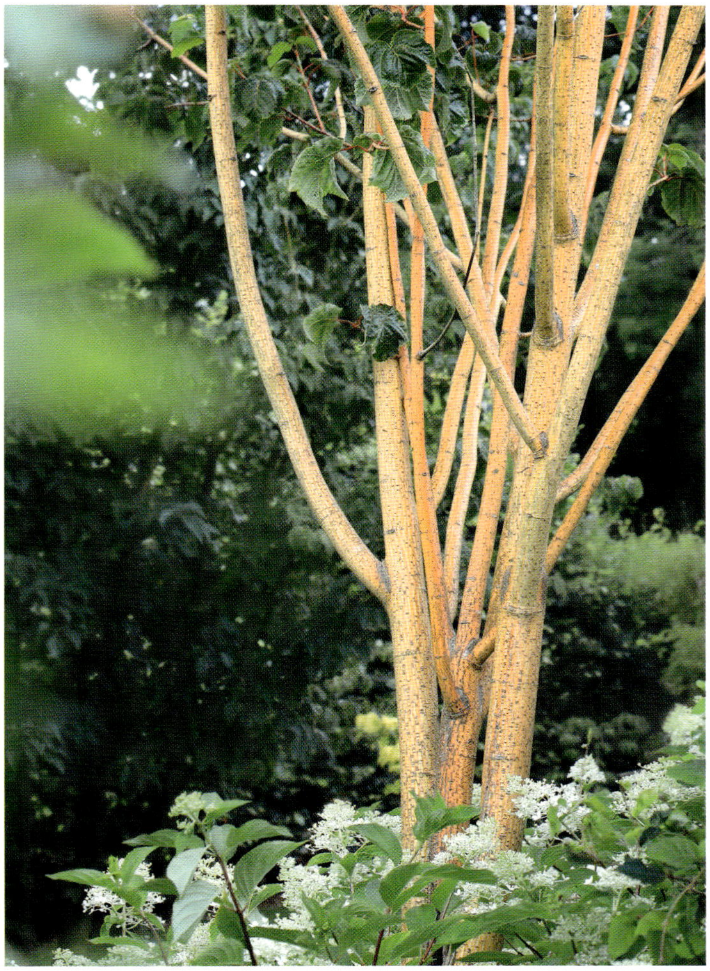

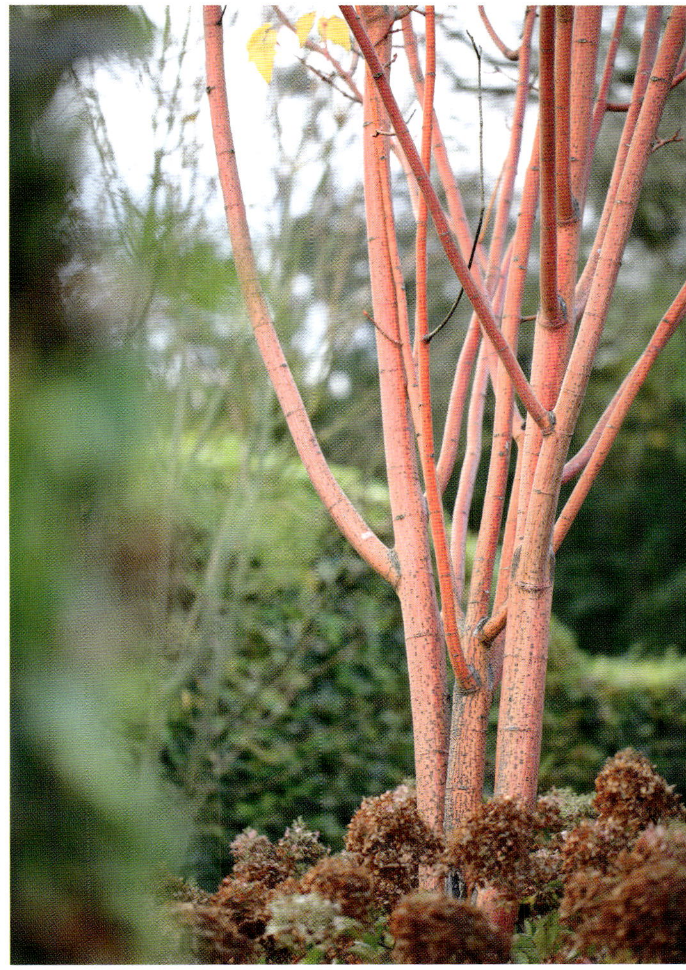

OBEN: Gewöhnlich orangefarben, färbt sich die Rinde von *Acer conspicuum* × 'Phoenix' zum Herbstanfang krebsrot und im Winter ist sie scharlachrot.
UNTEN: Eine derartige Veränderung der Rindenfarbe sieht man auch bei anderen schlangenhäutigen Ahornarten. *Acer pensylvanicum* 'Erythrocladum' färbt sich von Gelb [2a] in einen intensiven Orangeton [2b] um, das Grün von *Acer pectinatum* 'Sirene' wird zu einem überraschenden Karminrot. Während des Winters hellen sich die kräftigen grünen Triebe von *Acer negundo* 'Winter Lightning' [3a] zu einem unglaublich leuchtenden Gelb [3b] auf. Derartige winterliche Depigmentierung ist bei vielen Hartriegel-Arten üblich.

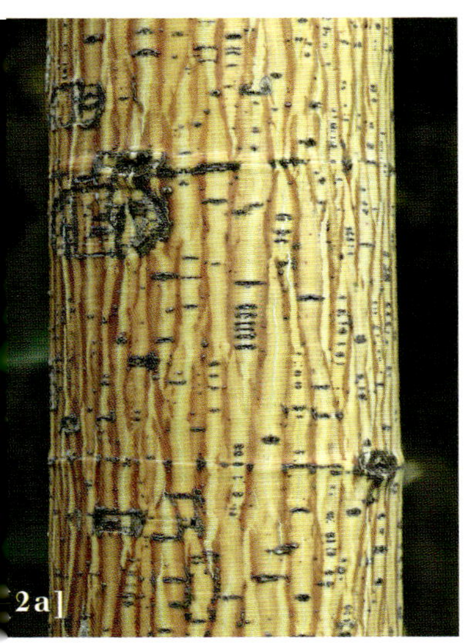

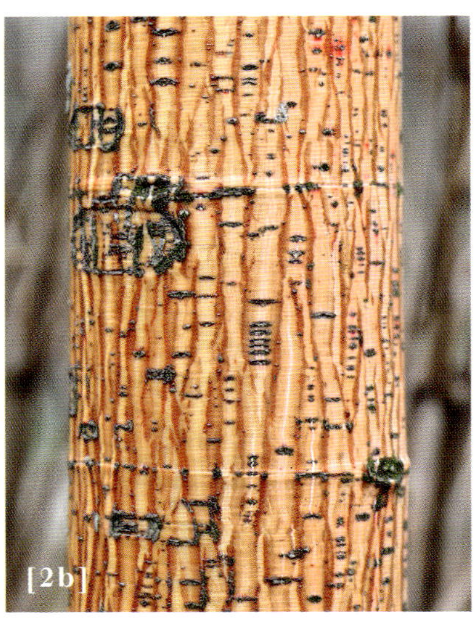

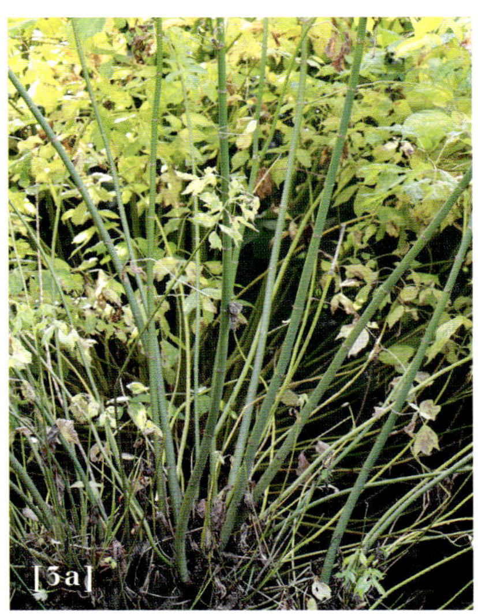

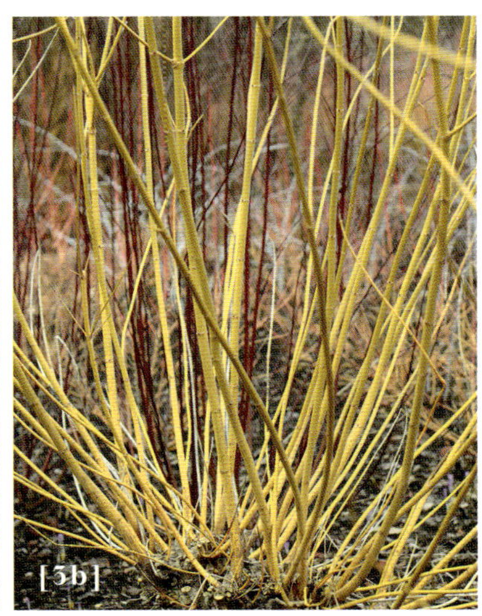

SONNENEINSTRAHLUNG UND FEUCHTIGKEIT

Die Ausrichtung des Standortes zur Sonne sowie die Wasserversorgung, sei es durch einen momentanen Regenguss oder durch permanente Zufuhr hoher Niederschläge im Jahresmittel, beeinflussen die Färbung der Rinde.

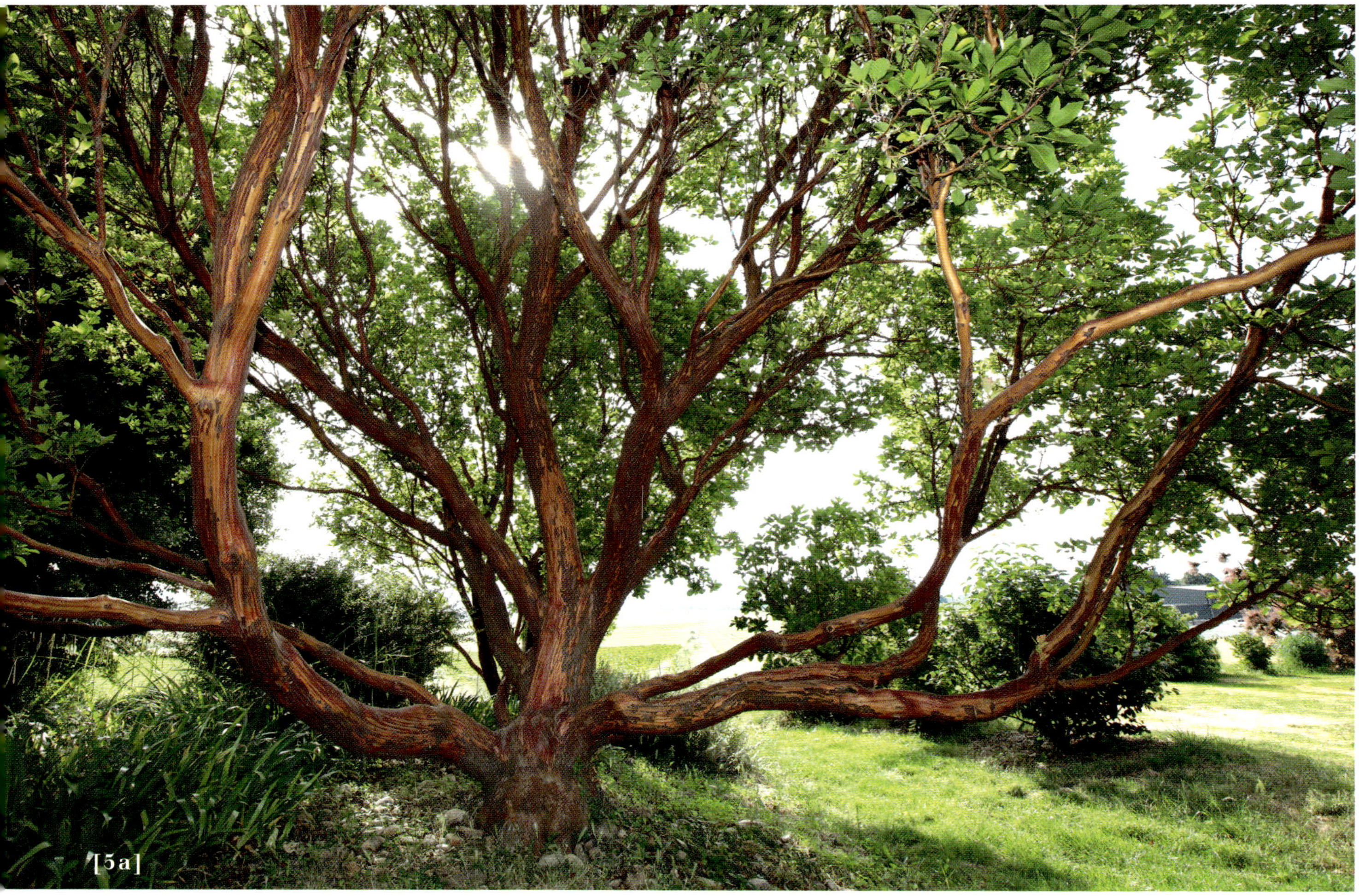
[5a]

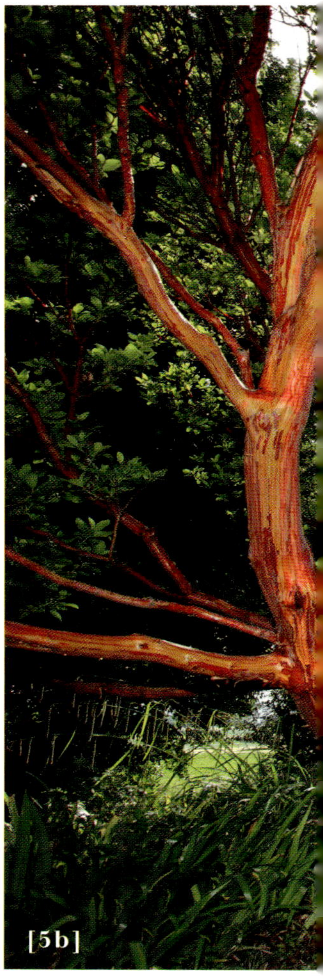
[5b]

JARDIN DU BOIS MARQUIS, FRANKREICH.

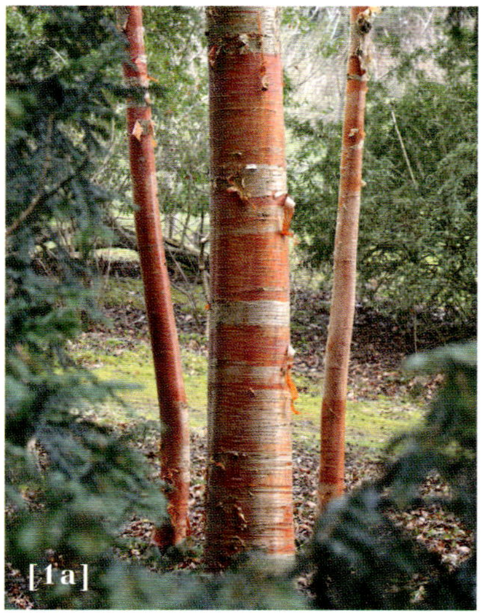
[1a]

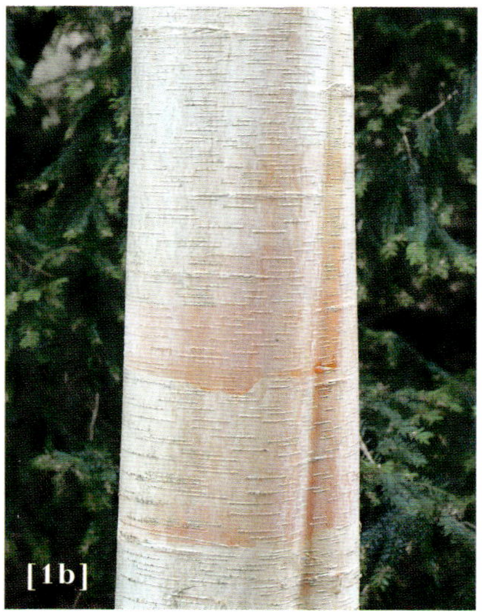
[1b]

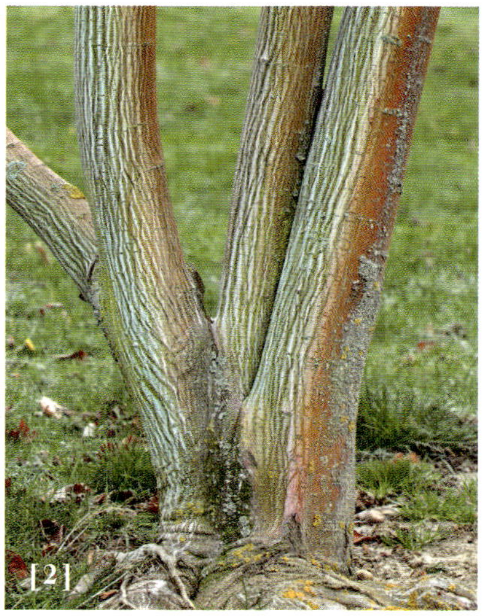
[2]

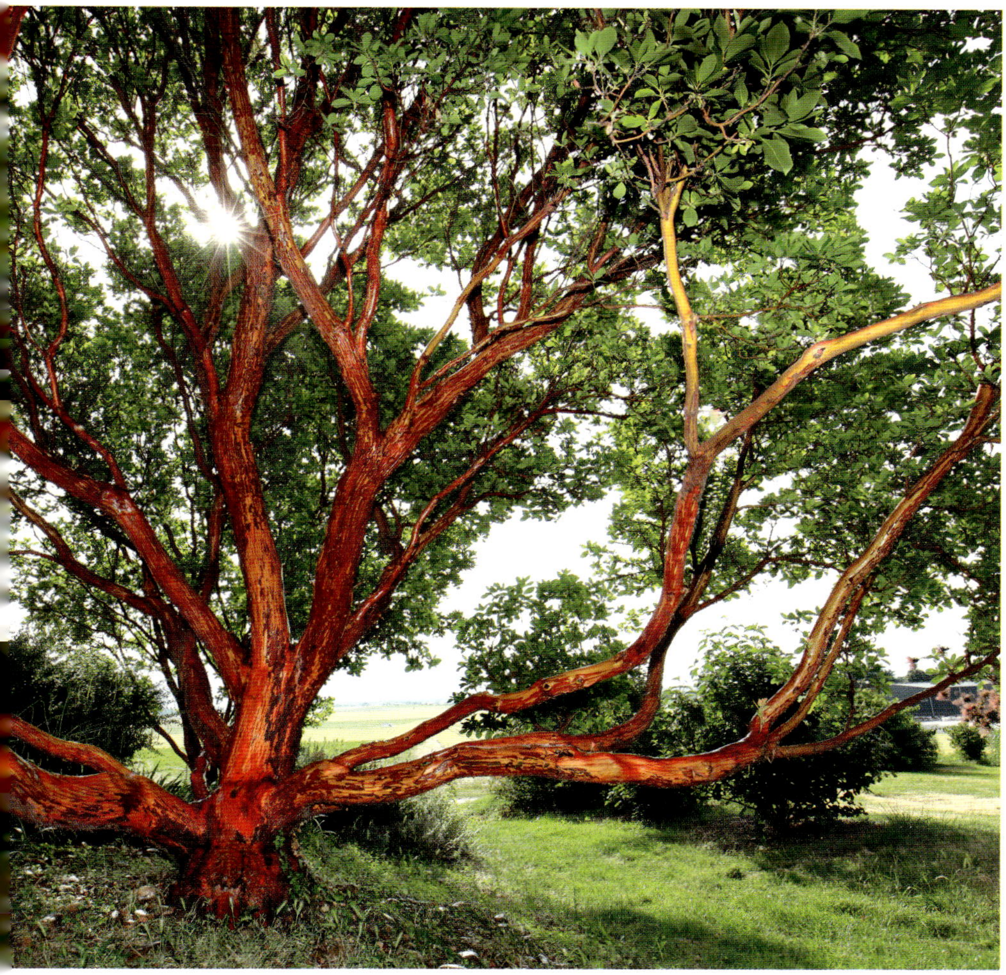

Im Schatten hinter einer mächtigen Eibenhecke zeigt *Betula* 'Hergest' eine orangefarbene Rinde [1a]. Ihr Klon, der einige Meter entfernt vor der Hecke steht, profitiert von einem Mehr an Sonne und wird dadurch fast völlig weiß [1b].
Ohne jegliche Begleitpflanzung, die den Stamm dieses *Acer davidii* 'Viper' vor direkter Sonneneinstrahlung schützt, bekommt seine empfindliche Rinde auf der Südseite einen Sonnenbrand und wird braun [2]. Nach Norden hin erhält sich die markante, weißgrün marmorierte Rinde.
Nach einem Regen oder in morgendlichem Tau sättigt die Feuchtigkeit die Farben der Rinden merklich. Der samtbraun-orangefarbene Stamm [5a] von *Arbutus* × *andrachnoides* färbt sich leuchtend orangerot, sobald er feucht ist [5b].
Wasser kann auch neue, für das Auge bei trockener Rinde vorher unsichtbare Farben hervorbringen. Dieses seltsame Phänomen lässt sich leicht bei *Platanus* × *acerifolia* erkennen: Nach einem Sommerregen färben sich die ursprünglich grauen Rindenplacken [4a] wie durch Zauberei grün und die gelben Partien werden im Farbton intensiver [4b].
Hohe Niederschlagsmengen fördern das Wachstum von Moosen auf der Rinde [3a]. In trockenerem Klima zeigt dieselbe Birkenart ein wesentlich dekorativeres Weiß [3b].

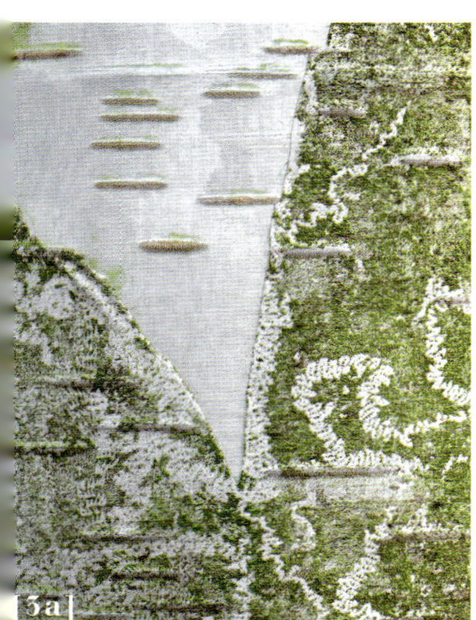
[3a]

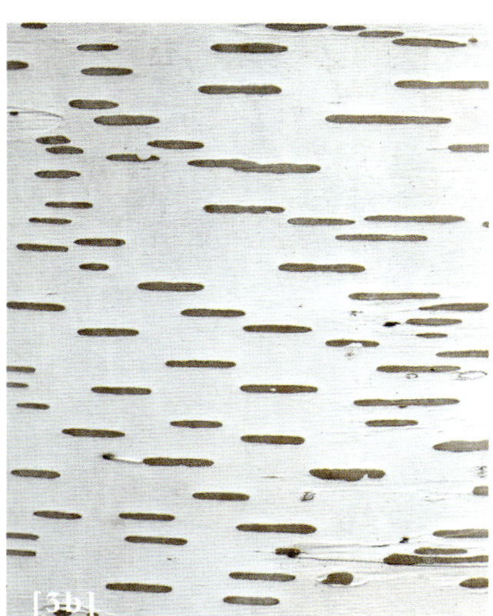
[3b]

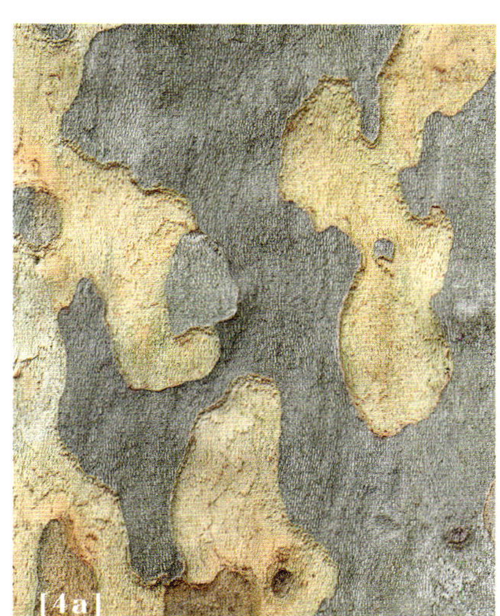
[4a]

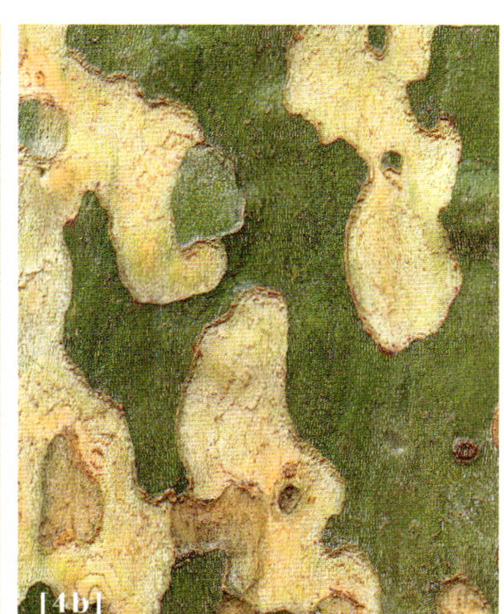
[4b]

REINIGUNG UND AUSLICHTEN

Der Wuchs von Moosen auf der Rinde wird durch hohe Niederschlagsmengen sowie dichte Bepflanzung mit geringer Luftzirkulation begünstigt. In solchen Fällen empfiehlt sich das alljährliche Reinigen der Stämme, damit ihre Schönheit weiterhin zur Geltung kommt.
Bei schlangenhäutigen Ahornarten sollte man ein Mikrofaser-Tuch verwenden, auch wenn dadurch ein Teil der weißen Flaumschicht von den Stämmen verschwindet [1a]. Sie bildet sich nach wenigen Monaten neu, vor allem zum Spätwinter hin [1b]. Die robusteren Rinden (Birke, Prunus) kann man mit dem Hochdruckreiniger säubern [2] oder mit einem nassen Schwamm, Schmierseife sowie Essig bei widerstandsfähigen Flecken abreiben [3a, b]. Wenn man schrubbt, löst sich die alte Rindenschicht ganz natürlich ab, vor allem bei den Birken [3c]. Haben Sie keine Angst. Das kräftige Reiben schadet den Bäumen nicht im Geringsten. Je nach Art erscheint eine neue creme- oder orangefarbene Oberfläche, die ihre weiße Farbe rasch wieder zeigt [3d].

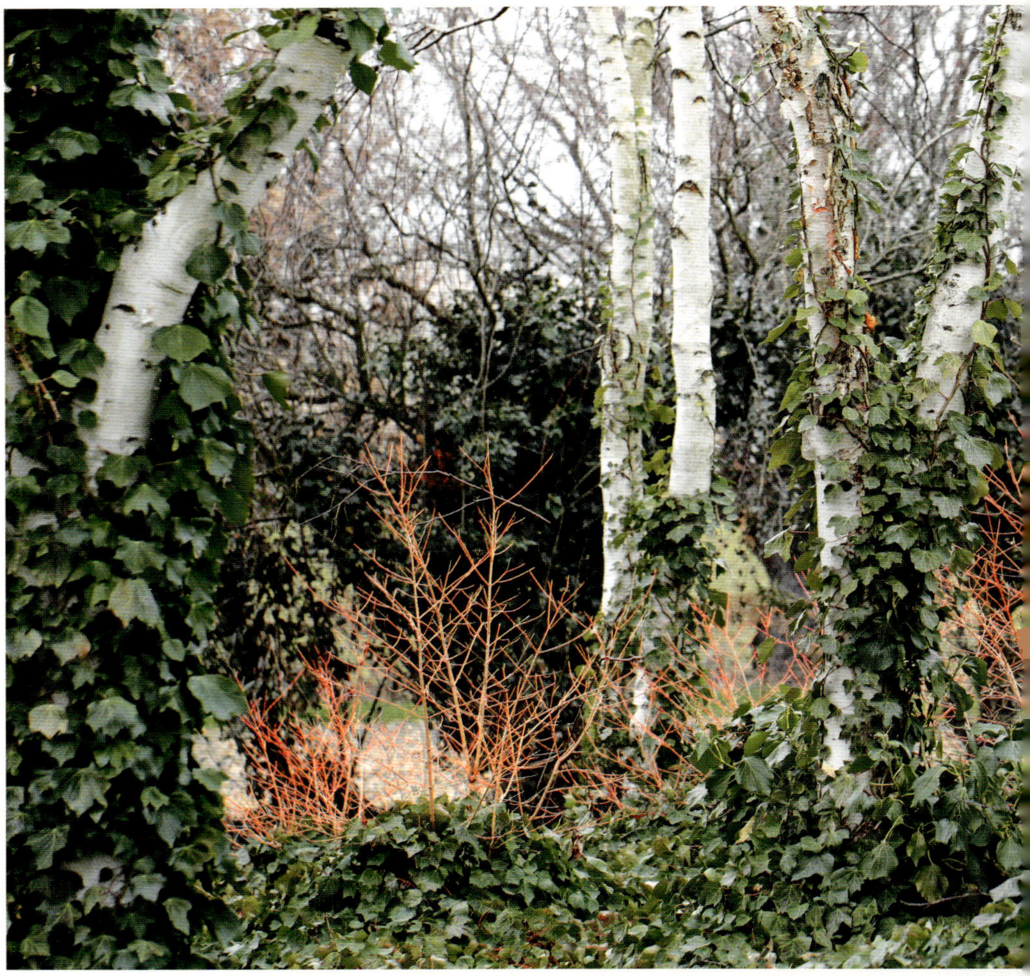

Efeu kann wegen des hübschen Blattwerks und wegen seiner Eigenschaft als wüchsiger Bodendecker sehr interessant sein. Man sollte das Wachstum aber im Zaum halten, damit er nicht die Stämme überzieht und die Birken ihre makellos weiße Rinde zeigen können.

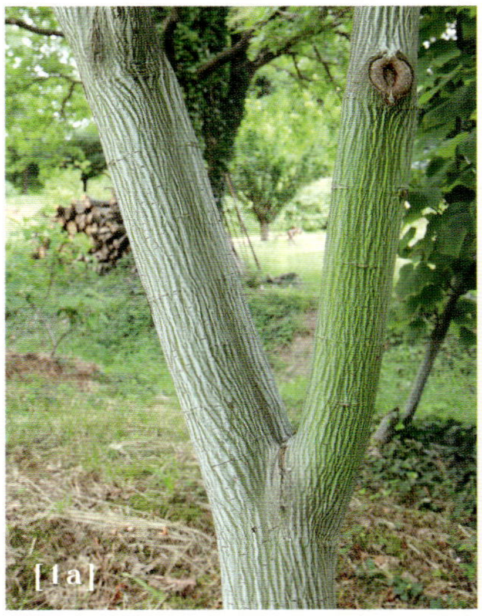

[1a]

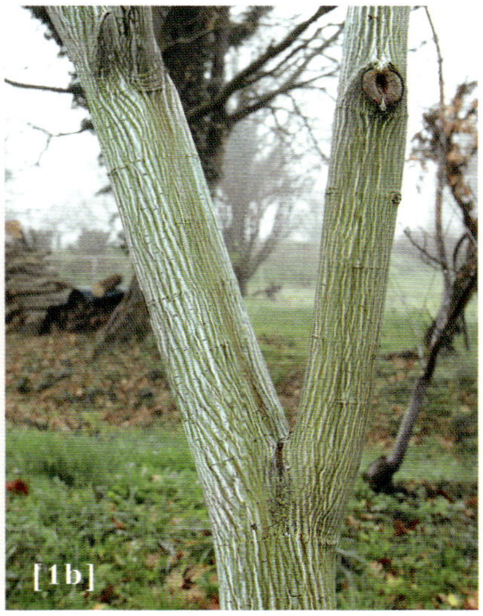

[1b]

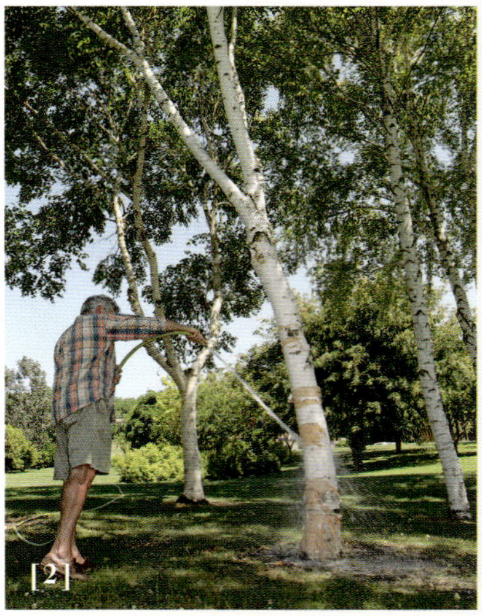

[2]

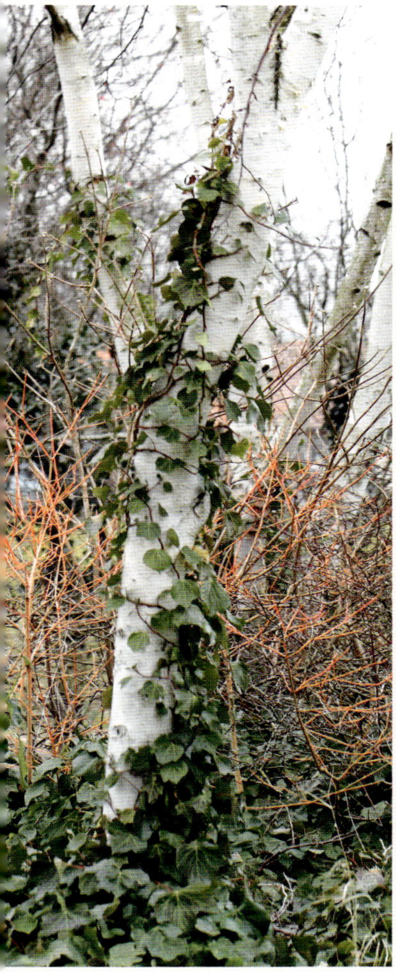

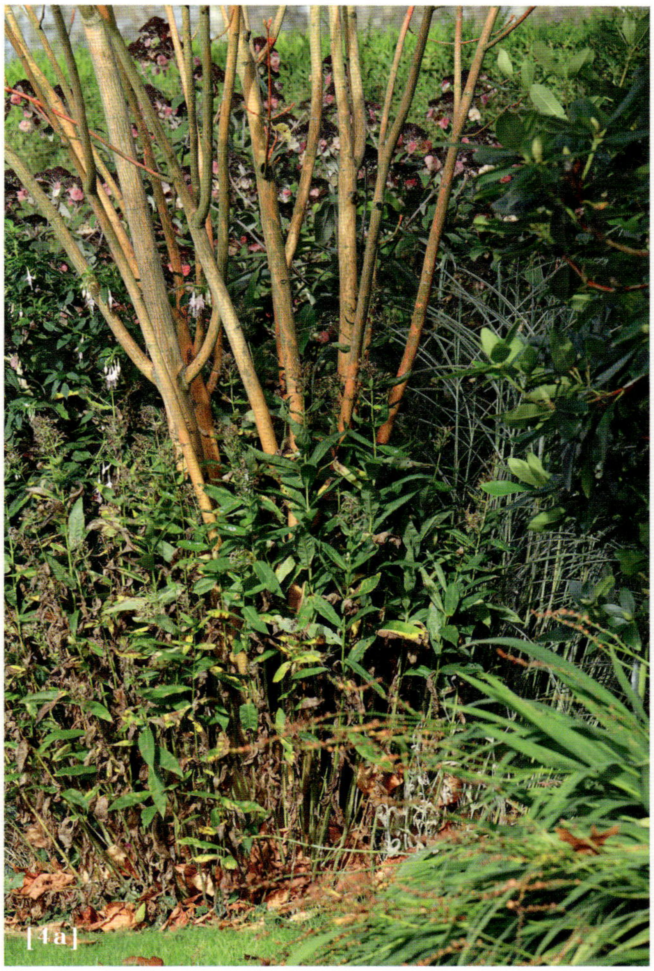

[4a]

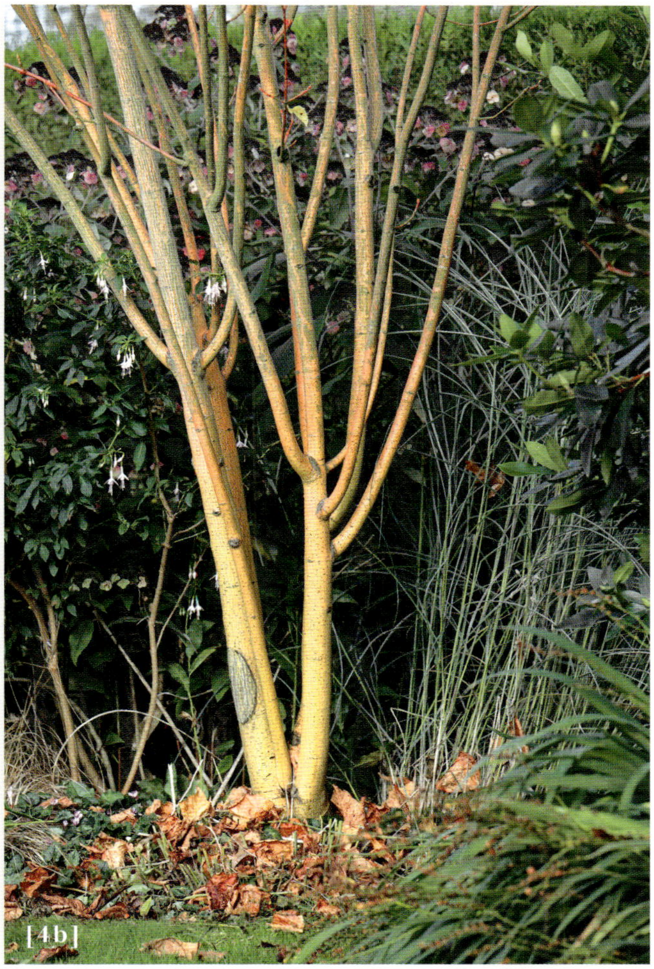

[4b]

Pflanzen Sie keine Stauden oder kräftige Sträucher unmittelbar vor einem schönen Exemplar von fächerförmigem Wuchs [4a]. Man sollte es nämlich nicht in dichter Vegetation verbergen, sondern durch eine schöne Kulisse hervorheben [4b].

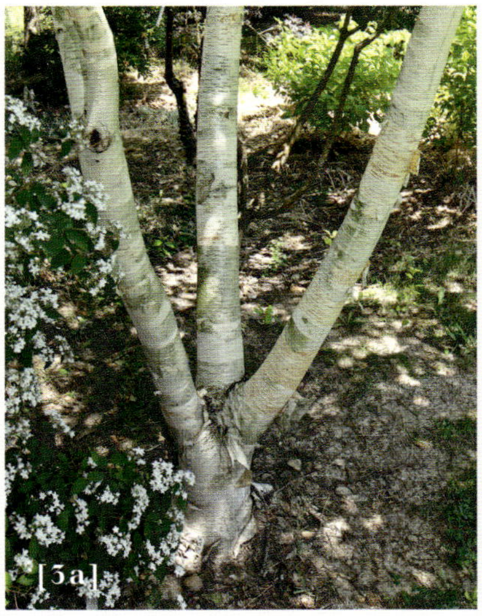

[3a]

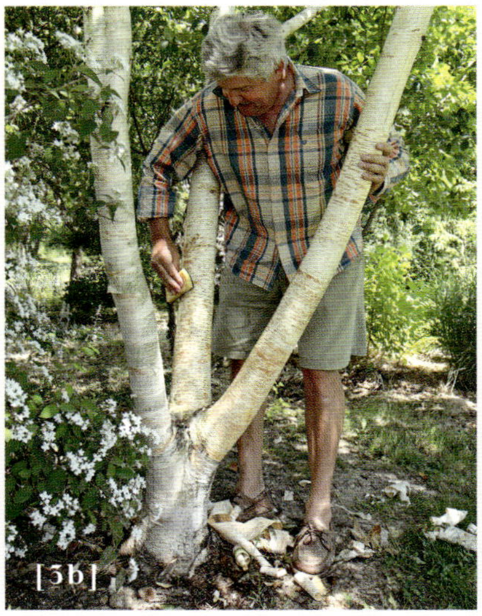

[3b]

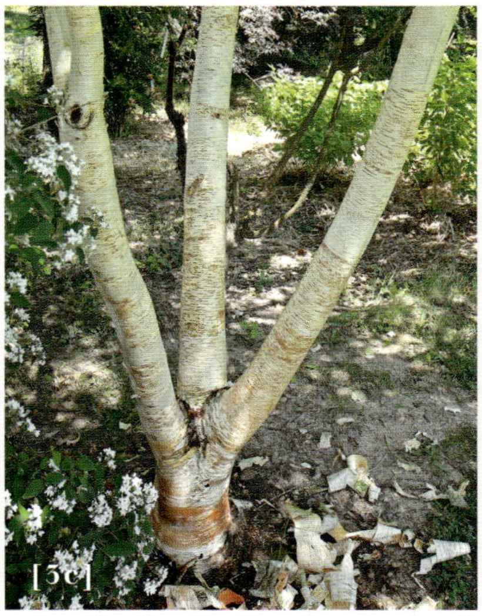

[3c]

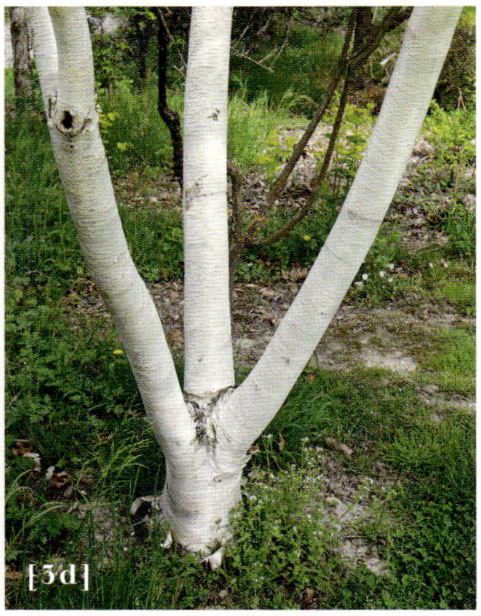

[3d]

BETULA (BIRKE)

Elegant, anspruchslos, hell, sinnlich – die Birke ist unerlässlich für einen schönen Winter-Garten. Mit allen ihren Nuancen und ihrer Feinheit zeigt diese Baumgattung das reichste Spektrum der Rindenfarbe überhaupt.

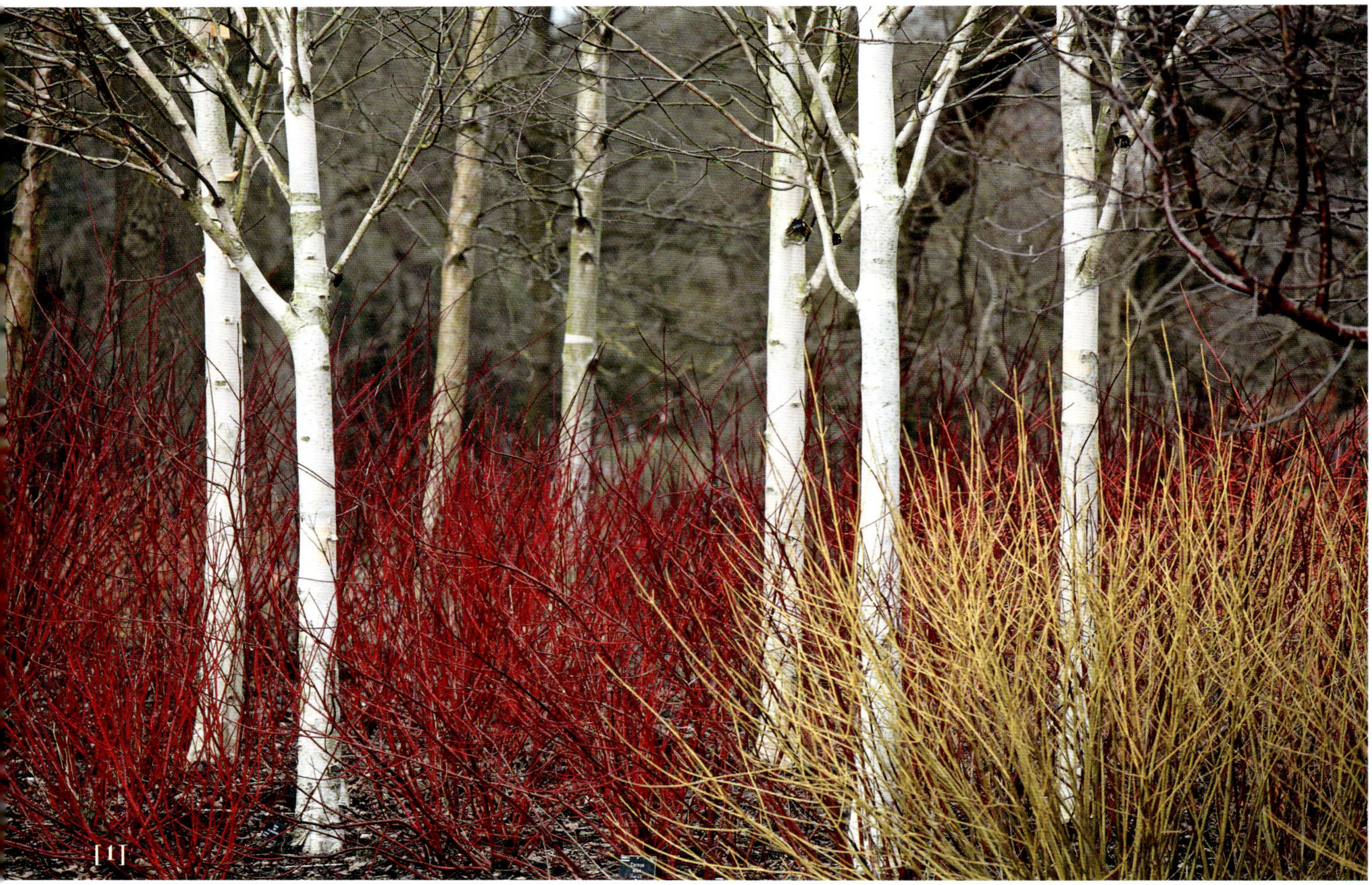

[1]

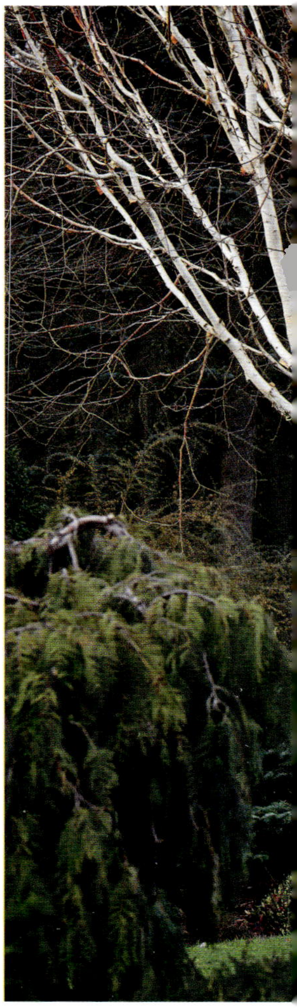

Als lichtes Wäldchen gepflanzt, kontrastieren die weißen Stämme der Himalaya-Birken wundervoll mit dem farbigen Holz der Hartriegel.

HARLOW CARR, ENGLAND.

Die Nadelbaum-Kulisse hebt den Wuchs der Birken eindrucksvoll hervor.

SIR HAROLD HILLIER GARDENS, ENGLAND.

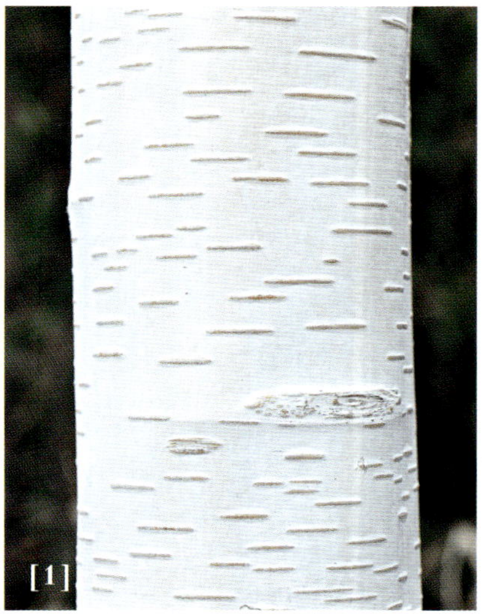

[1]

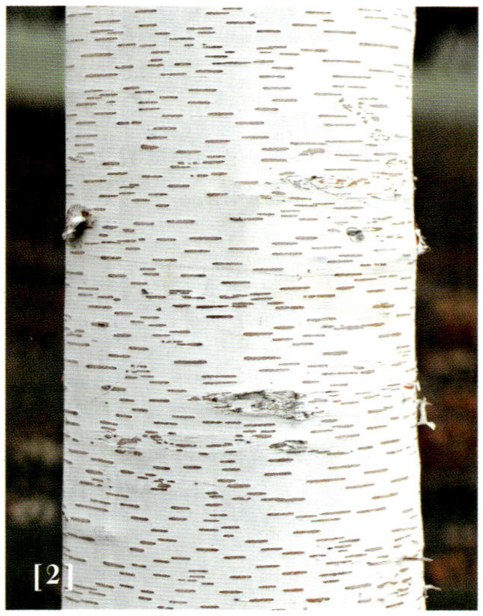

[2]

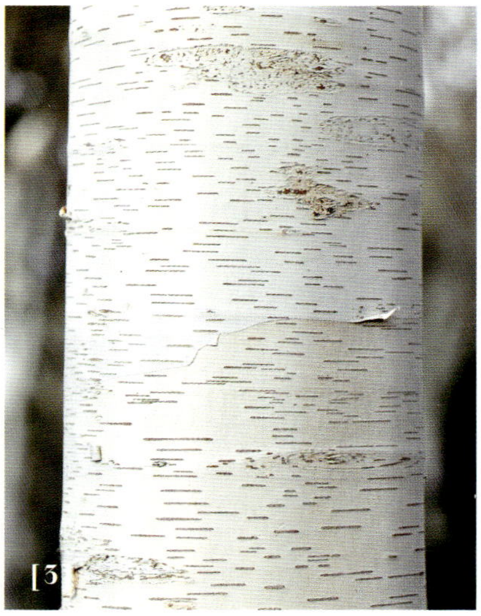

[3]

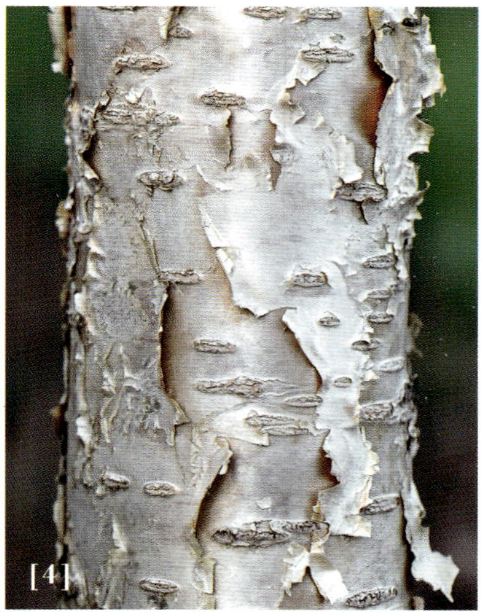

[4]

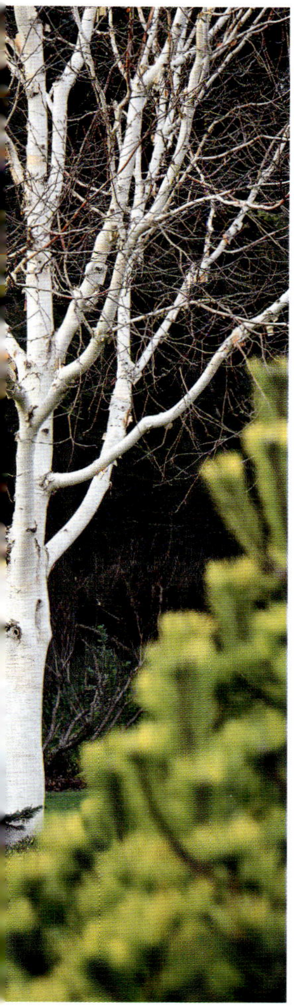

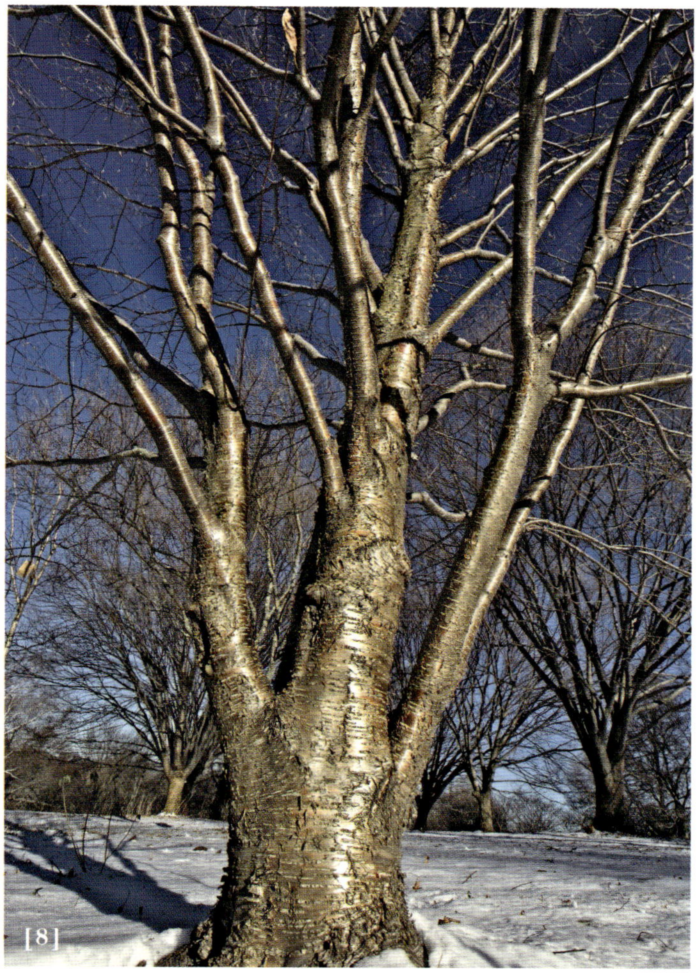

[8]

Die Gelb-Birke strahlt in der Winterkälte, als trüge sie goldene Blätter.

ARNOLD ARBORETUM, USA.

Bei der Wahl der Birken sollte man auf die Form, die Größe sowie die Farbe der Lentizellen achten. Letztere verschmelzen oft miteinander und bilden so beachtliche, dekorative Rindenplatten in tiefem Relief, beispielsweise bei *Betula ermanii*. Bei den *Betula albosinensis*-Sorten dagegen sind sie fein und länglich.

HELLE FARBEN

Linear und von weitem sichtbar, sind die weißen oder pastellfarbenen Stämme sowohl in Gruppen- als auch in Einzelpflanzungen wirkungsvoll. Zu beachten ist, dass sie je nach Niederschlagsmenge von Moosen besiedelt werden und damit an Attraktivität einbüßen. Vergessen Sie daher nicht, die Bäume, wenn nötig, jedes Jahr zu säubern.

Von Reinweiß über Cremeweiß bis hin zu Pastellgelb: *Betula utilis* var. *jacquemontii* 'Grayswood Ghost' [1]: eine der weißesten Sorten zusammen mit 'Trinity College', die besonders schmal in die Höhe strebt. *Betula forrestii* [2]. *Betula papyrifera* 'Saint Georges' [3] mit fein gezeichneten Lentizellen. *Betula megrelica* [4] mit besonderem metallisch-silbrigen Glanz. *Betula* 'Fetisowii' [5], deren Rinde stärker reliefiert ist, als wäre sie von einer Tonschicht bedeckt. *Betula dahurica* [6] wird mit dem Alter silbrig grau. *Betula ermanii* 'Grayswood Hill' [7]: eine wunderbare Birke mit breiten Lentizellen. *Betula alleghaniensis* [8] mit einzigartigem Goldschimmer.

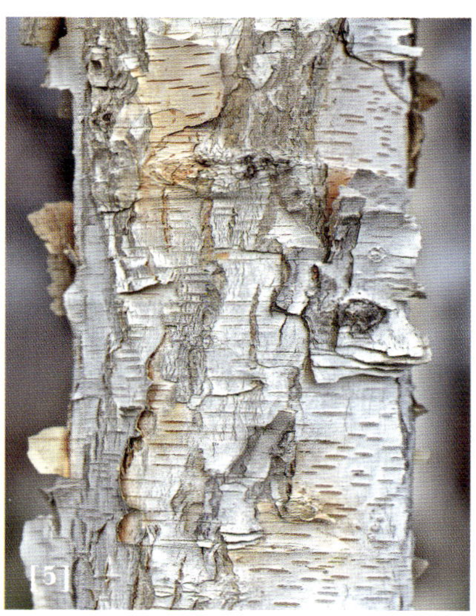

[5]

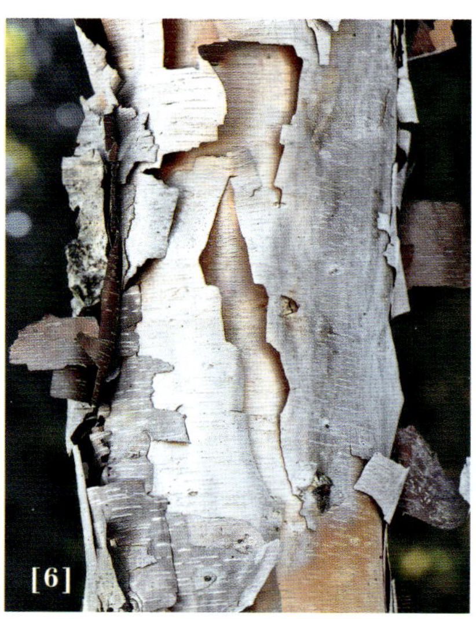

[6]

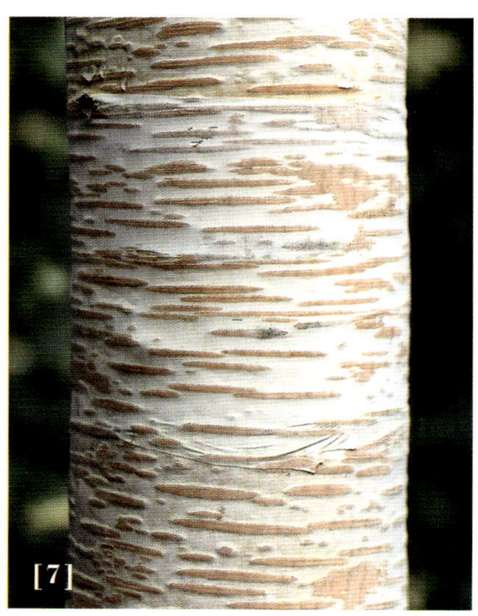

[7]

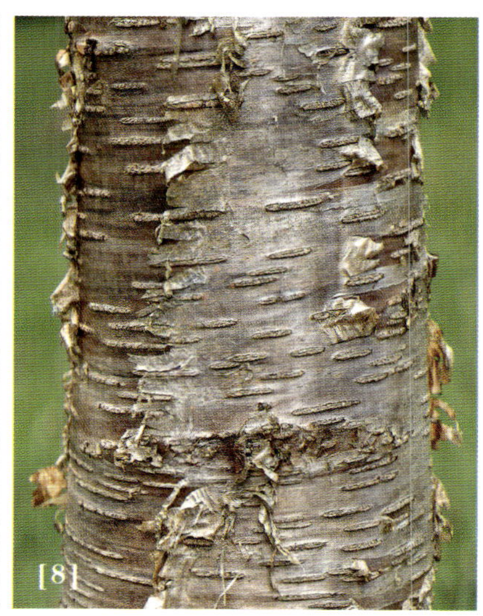

[8]

BETULA (BIRKE)

WARME FARBEN

Rinden mit lebhafter, dunklerer Färbung sind vor allem in Baumgruppen mit dicht gepflanzten Individuen gestalterisch wertvoll. In der Mischung mit helleren Sorten heben sich die Stämme schön ab und der Kontrast bringt Rhythmus in die Komposition. Einzeln stehende Birken gewinnen, wenn man sie mehrstämmig zieht.

Von zartem Orange über Rosa bis hin zu kräftigem Rot: *Betula nigra* 'Heritage' [1]: wundervolle Rinde mit der Neigung zur Schwarzfärbung viele Jahre später. *Betula albosinensis* [2] gehört mit ihren etlichen farbigen Sorten [2a] zu den Birken, die in keinem Winter-Garten fehlen dürfen. *Betula* 'Hergest' [3] bleibt im Schatten orangefarben, wird aber in der Sonne rasch weiß. *Betula ermanii* 'Hakkoda Orange' und *Betula utilis* 'Nepalese Orange' sind, wie die Namen schon sagen, interessante Sorten in schönen Orangetönen. *Betula* 'Haywood' [4]; *Betula albosinensis* 'Princesse Sturdza' [5]. *Betula albosinensis* 'Chinese Garden' [6] zeigt einen schönen Orangeton, der bei der Borkenablösung mit einer zarten Goldfarbe kontrastiert. *Betula albosinensis* Blason® 'Minrouge' [7]: Ihre Färbung kann jahresbedingt unterschiedlich intensiv ausfallen. *Betula* 'Lady in Red' [8] ist die am intensivsten rot gefärbte Birke.

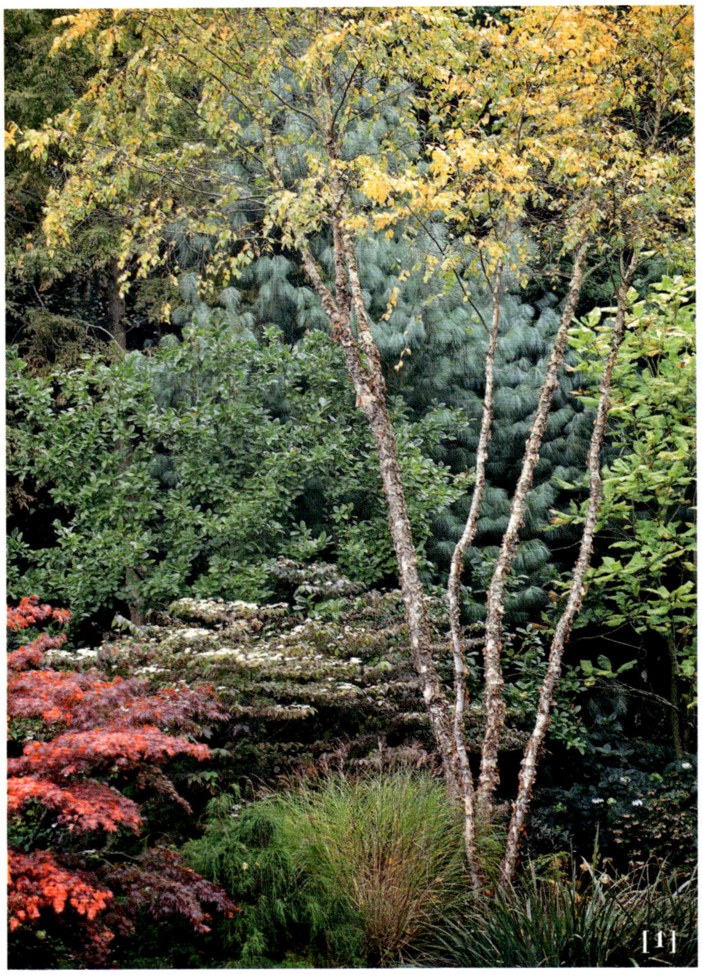
[1]

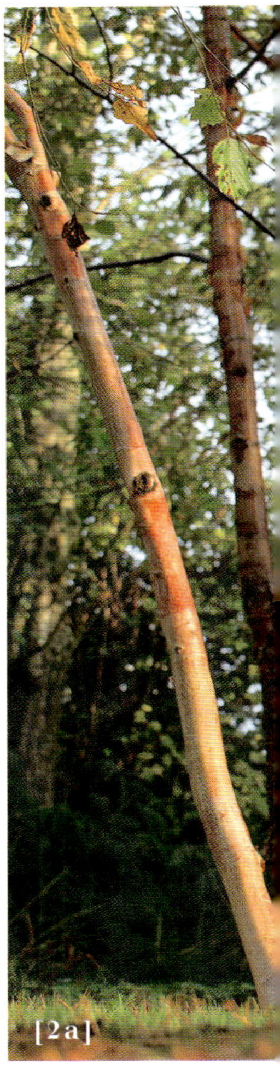
[2a]

Als Solitärpflanze beherrscht die mehrstämmige Schwarz-Birke die Komposition.
L'ÉTANG DE LAUNAY, FRANKREICH.

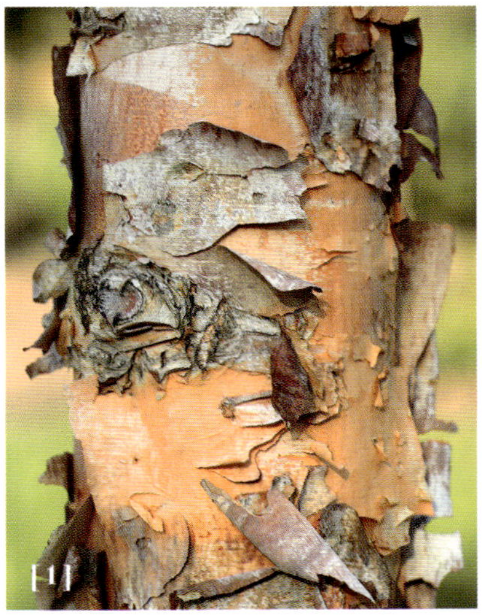
[1]

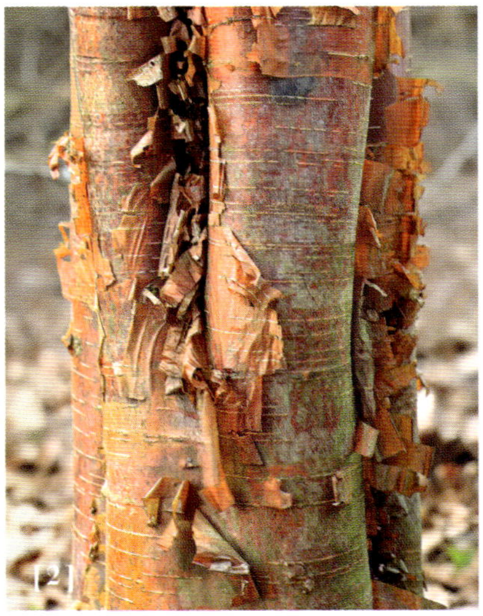
[2]

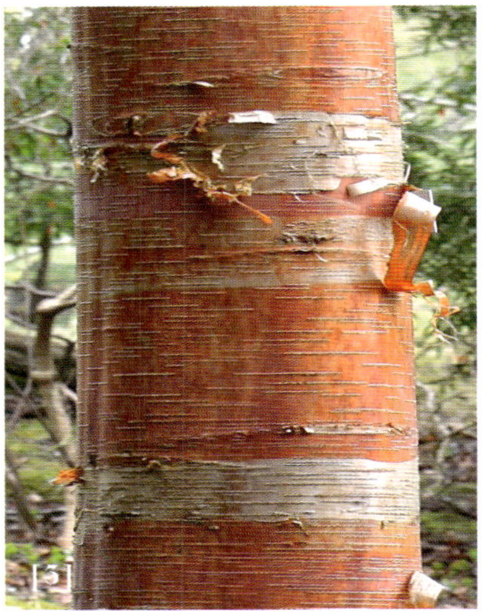
[3]

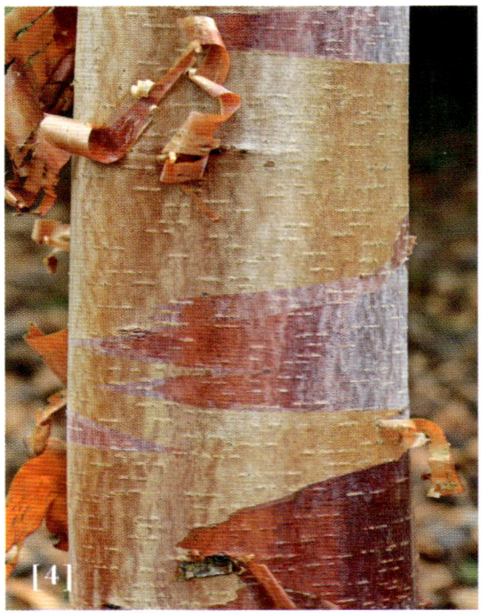
[4]

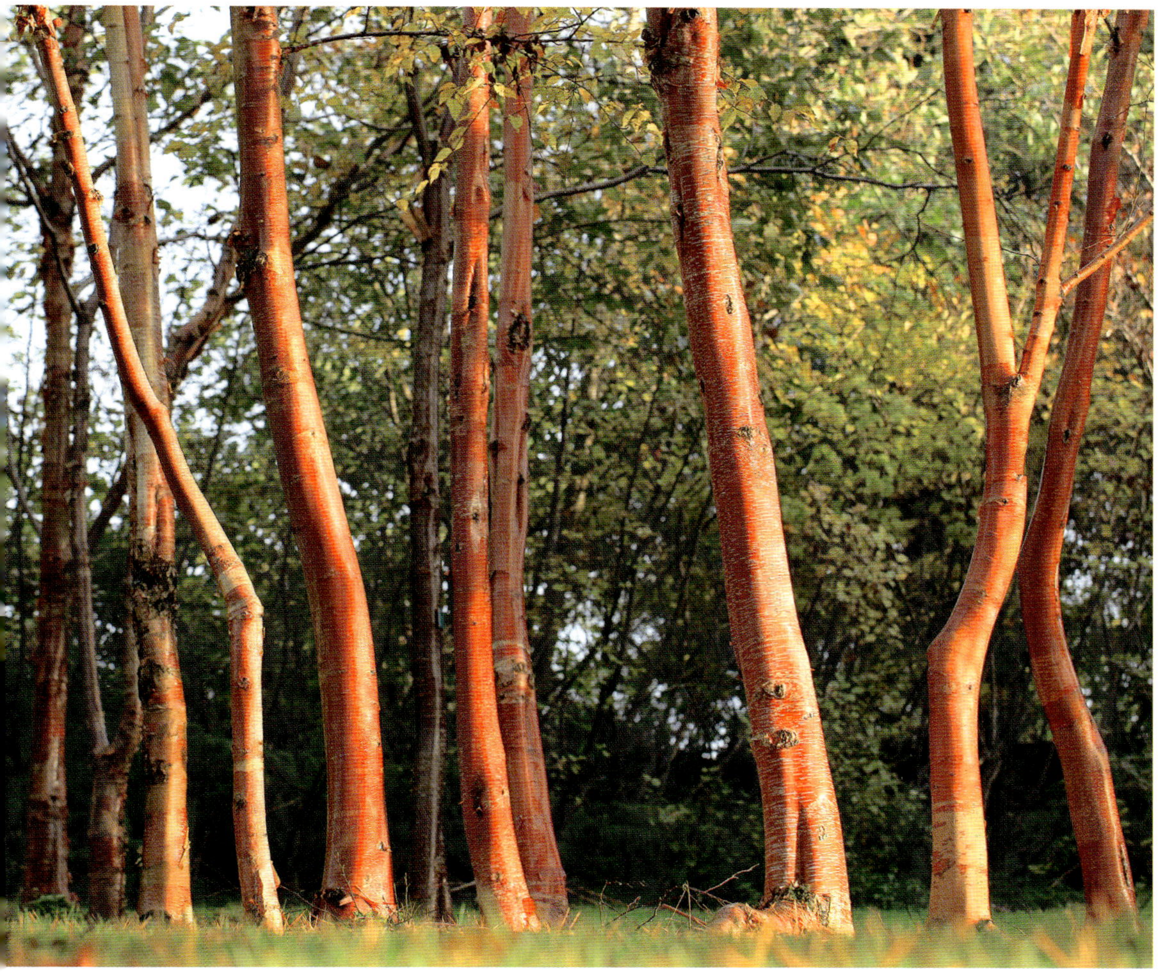

Sanftes Abendlicht und kurz vorher gefallener Regen lassen die orangefarbenen Stämme dieser *Betula albosinensis* var. *septentrionalis* lebendig werden.
STONE LANE GARDENS, ENGLAND.

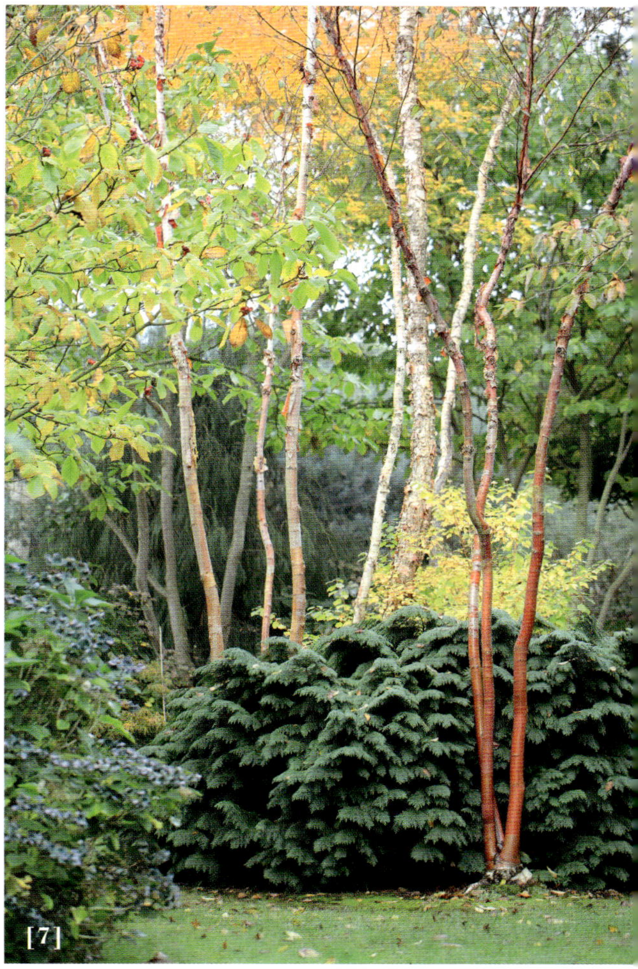

[7]

Zu Füßen von *Betula* Blason® 'Minrouge' bietet *Chamaecyparis* 'Rijnhof' ihr eine ideale Kulisse.
L'ÉTANG DE LAUNAY, FRANKREICH.

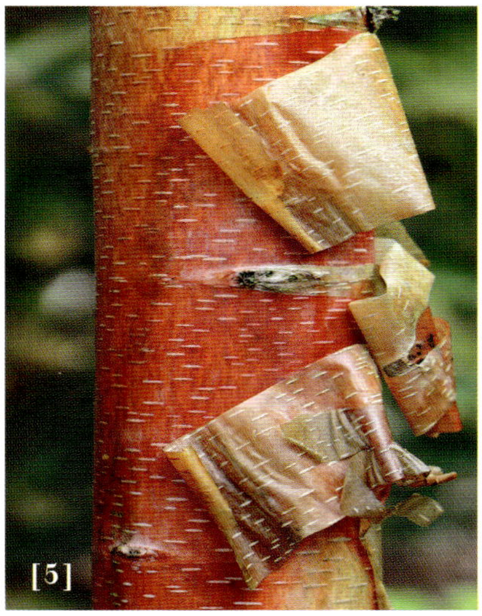

[5]

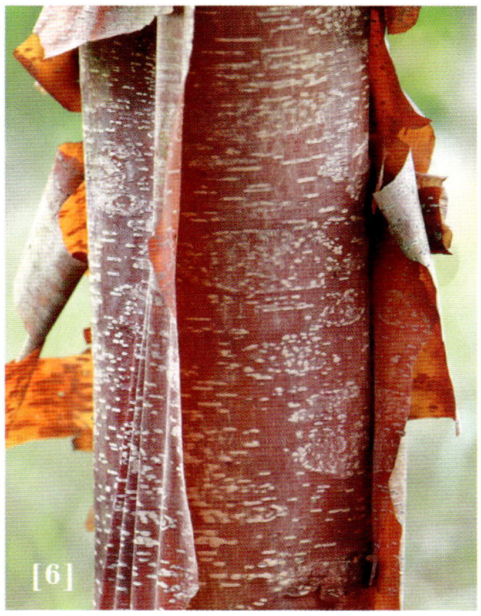

[6]

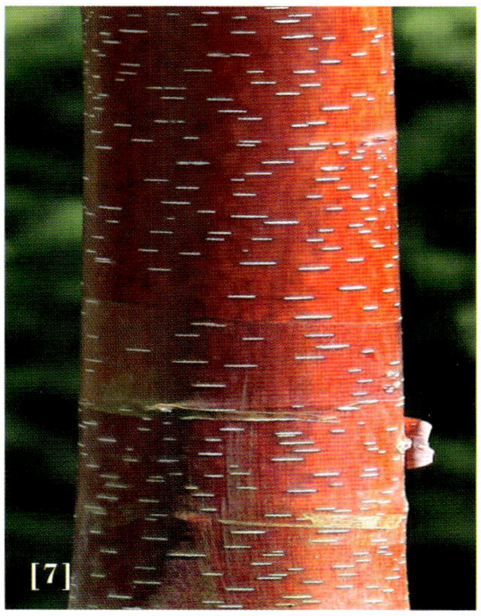

[7]

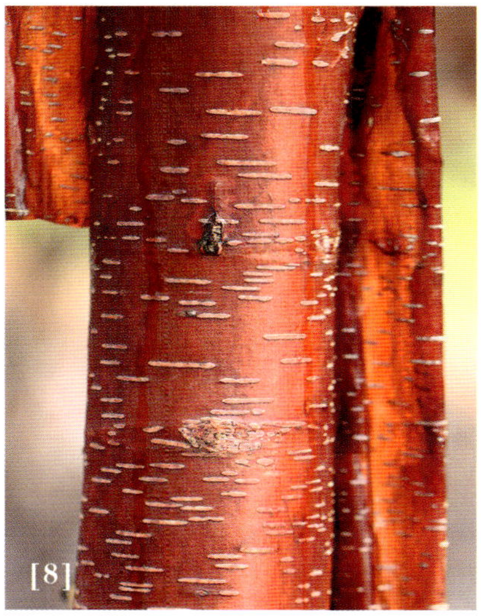

[8]

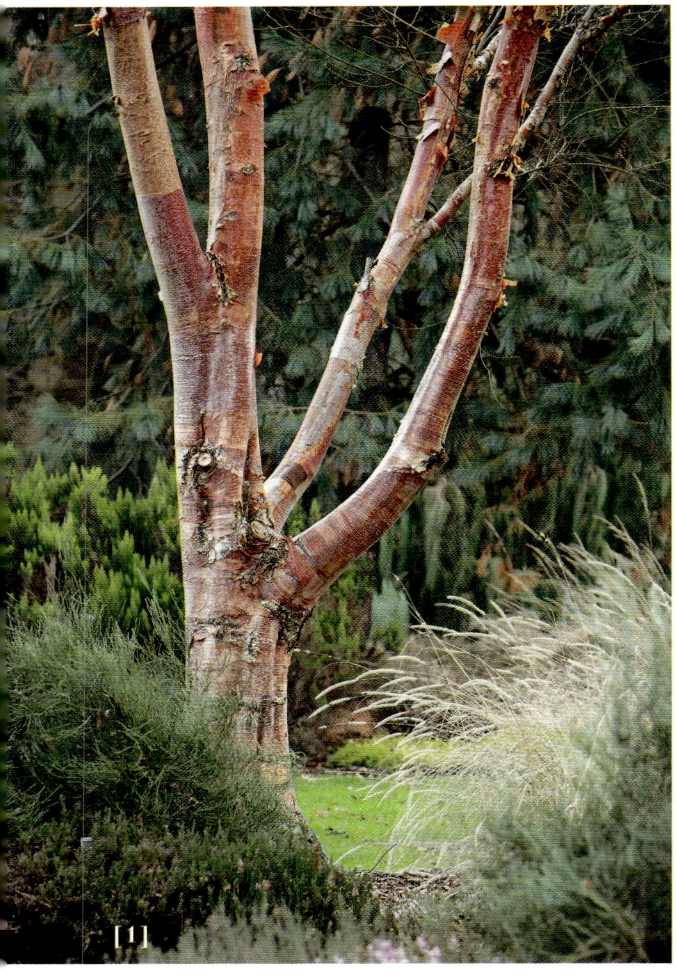

Vor grünem Hintergrund kommt die Birke 'Red Panda' besonders gut zur Geltung.
WISLEY, ENGLAND.

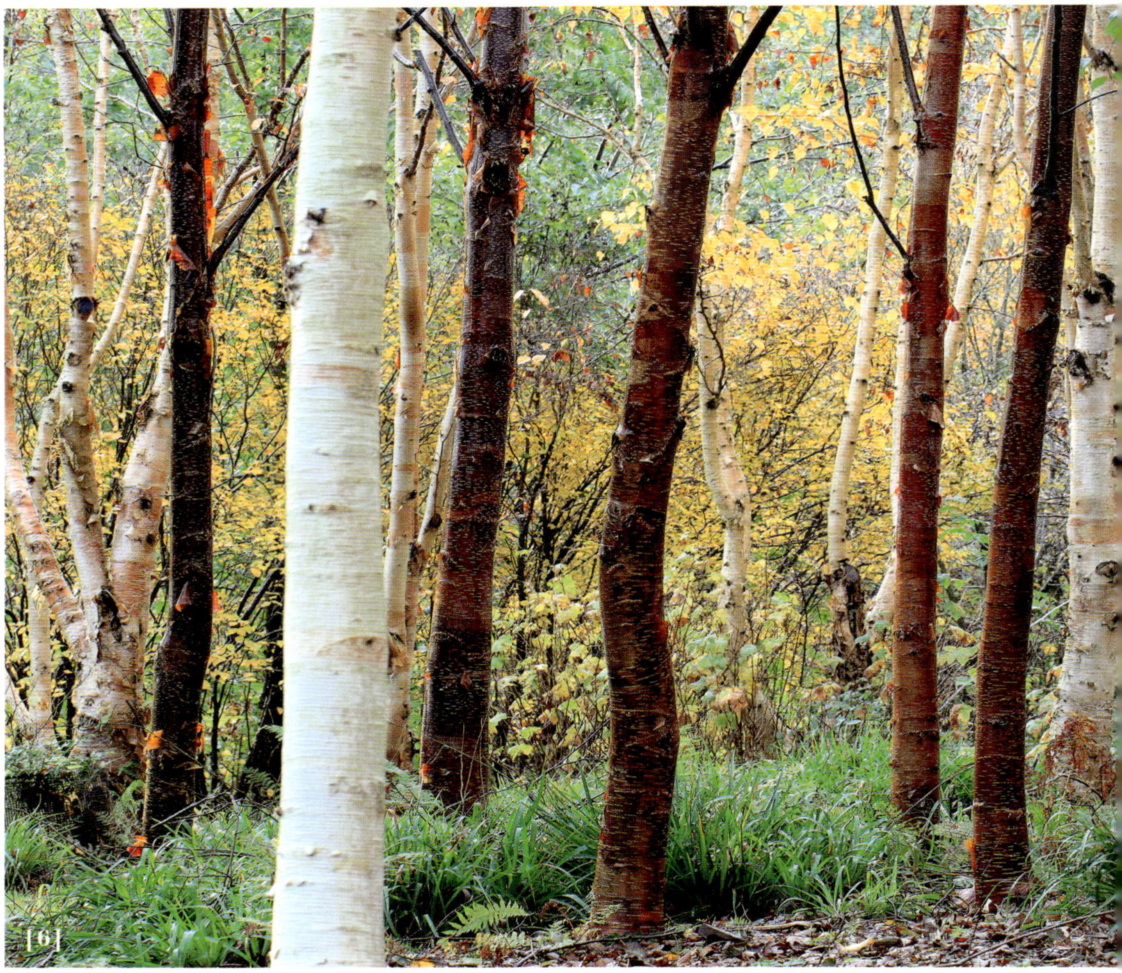

In einem Waldensemble lässt sich *Betula utilis* 'Mount Luoji' vorzüglich mit hellstämmigen Birken kombinieren.
STONE LANE GARDENS, ENGLAND.

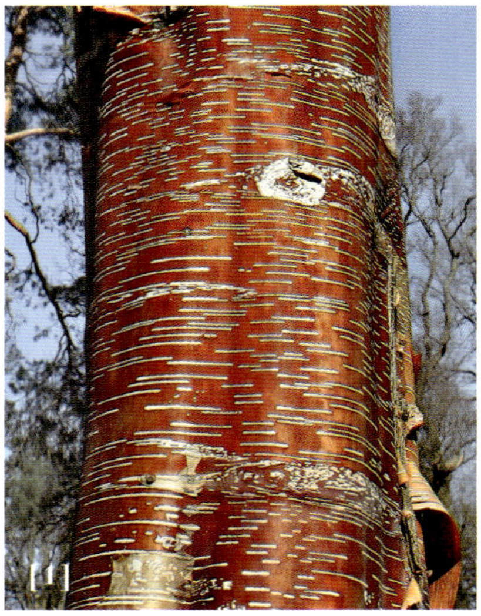

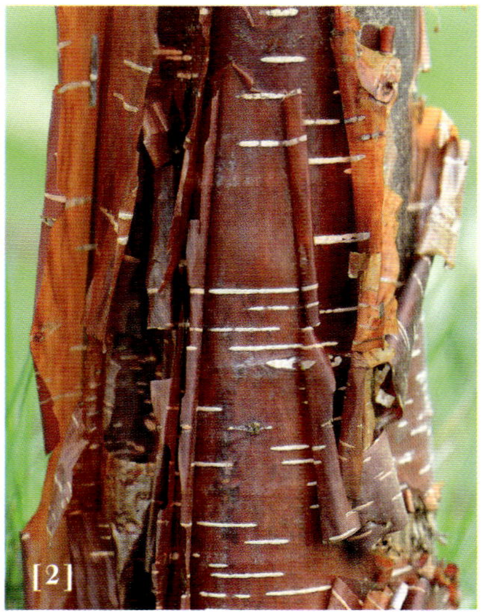

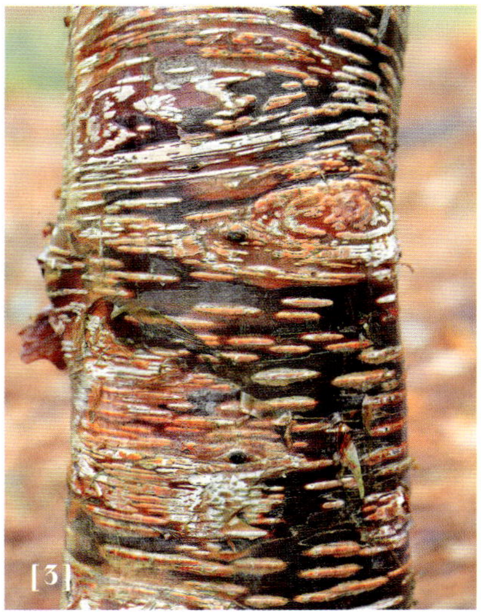

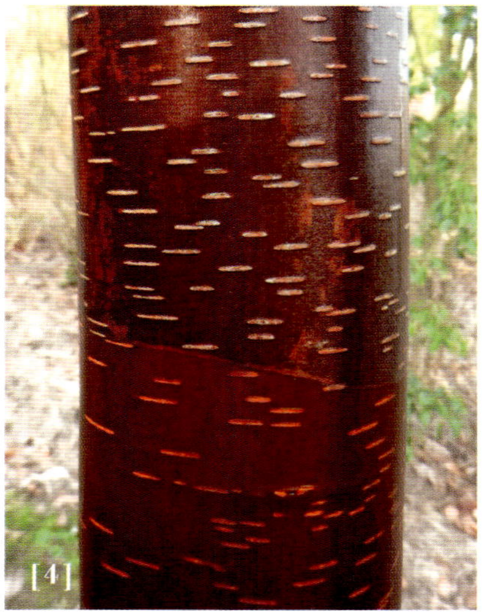

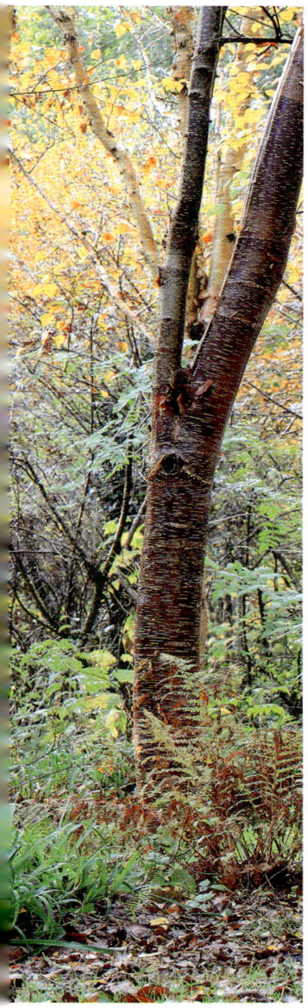

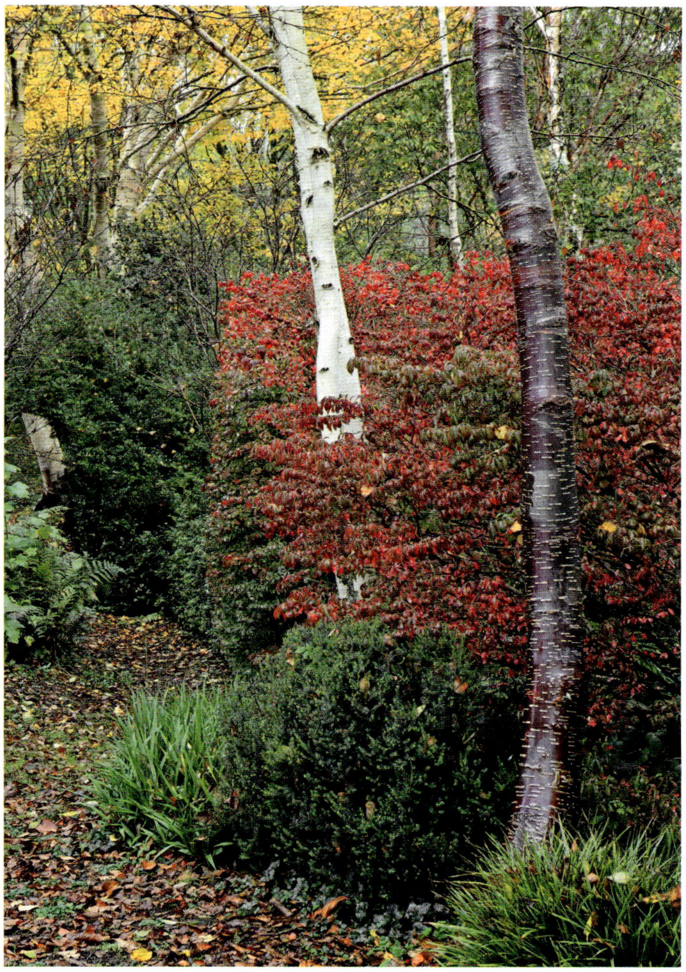

Die dunkelste Rinde findet man, neben der *Betula gynoterminalis*, hier bei der Sorte 'Park Wood'.
STONE LANE GARDENS, ENGLAND.

DUNKLE FARBEN

Die hell gefärbten Lentizellen bilden wunderbare Muster, die auf einer dunklen Rinde besonders gut hervortreten. Betrachtet man die Stämme aus der Nähe, werden sie zu echten Kunstwerken. Für schöne Kontraste und eine größere Auffälligkeit sollte man sie mit weißen Birkenstämmen, dornigen Sträuchern mit weißem Flaum oder Pflanzen mit hellem Blattwerk mischen. Aufgrund der markanten strohgelben Färbung sind auch Gräser ideal.

Von Ziegelrot über die Schokoladenfarbe bis Bordeaux oder Weinrot: *Betula albosinensis* 'Red Panda' [1]: Ihre feinen weißen Lentizellen sehen aus wie mit dem Pinsel auf ein mahagonirotes Tuch gemalt. *Betula utilis* 'Wakehurst Place Chocolate' [2] zeigt alle Schattierungen der Schokoladenfarbe. *Betula ermanii* 'Mount Zao Purple' [3]: Ihre breiten Streifen erhabener Lentizellen geben ihr einen originellen Streifenlook. *Betula utilis* 'Bhutan Sienna' und *Betula albosinensis* 'Cacao' [4] bieten Schattierungen eines tiefen Kupferrot. *Betula delavayi* [5]; *Betula utilis* 'Mount Luoji' [6]. *Betula gynoterminalis* und *Betula utilis* 'Chris Lane' [7] sind absolute Raritäten und zugleich einzigartig wegen der feinen Rinde und des raffinierten Musters ihrer großen Lentizellen. *Betula utilis* subsp. *utilis* 'Park Wood' [8]: Eine großartige Züchtung in dunklem Weinrot, das auch fast schwarz werden kann.

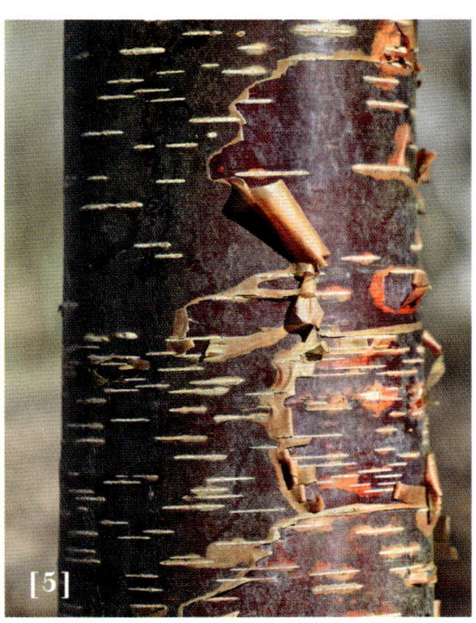

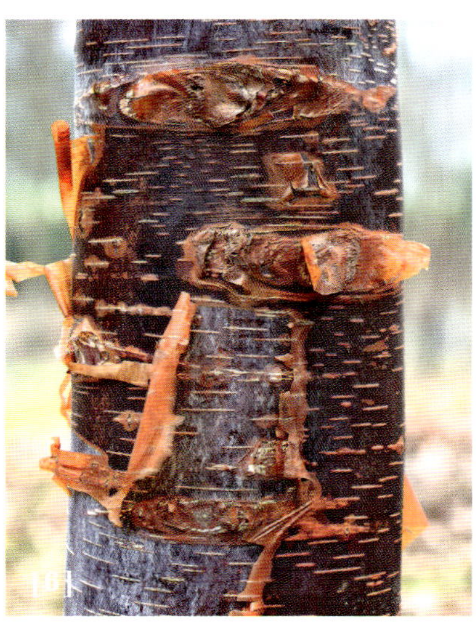

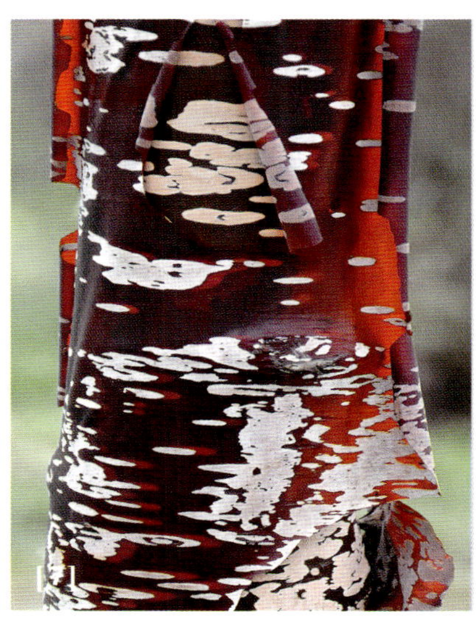

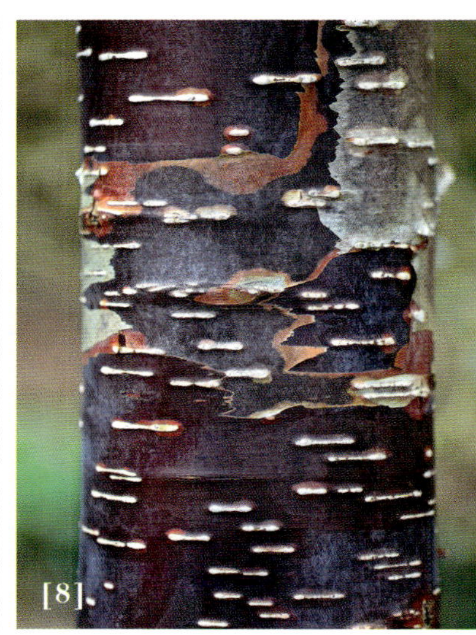

HERBSTLAUB

Manche Arten bieten mehr als nur die attraktive Rinde. Durch ihr bewundernswert gefärbtes Herbstlaub können sie durchaus mit den schönsten Ahornbäumen konkurrieren. Allerdings ist die Farbpalette mit dem vorherrschenden Farbton von Orangegelb etwas eingeschränkt.

Betula papyrifera [1] zeigt eine schöne Herbstfärbung, auch wenn ihre Rinde nicht besonders spektakulär ist. *Betula apoiensis* 'Mount Apoi' [2]. *Betula ermanii* [3]: Die Gold-Birke und ihre Sorten sind Bäume, die aufgrund der Rinde in vielen Farbtönen und wegen ihres bemerkenswerten Herbstlaubs reichlich Gefallen finden. *Betula utilis* var. *jacquemontii* 'Jermyns' [4] im schönen gelben Gewand. Weitere Birkenarten wie *Betula alleghaniensis*, *medwediewii*, *luminifera*, *dahurica* oder auch die Sorte 'Fascination' verdienen ebenfalls Beachtung. Bemerkenswert sind auch das überraschend purpurfarbene Laub von *Betula pendula* 'Royal Frost' sowie das beige-weiß panaschierte Laub von *Betula nigra* 'Shiloh Splash', das sich im Herbst gelb färbt.

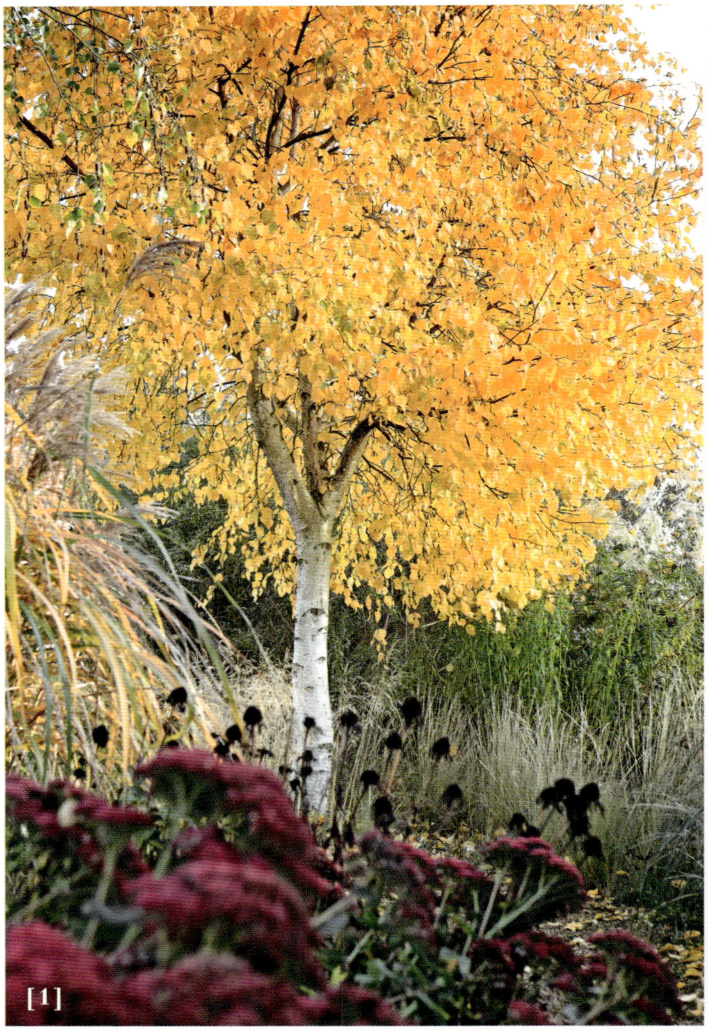

[1] THE MANOR HOUSE, ENGLAND.

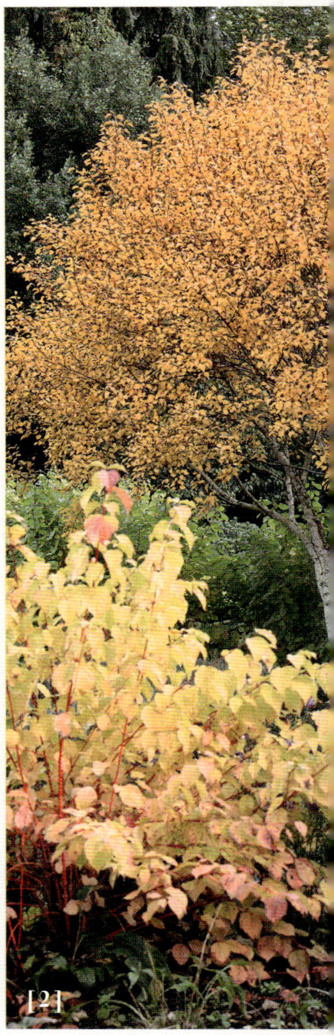

[2] BRESSINGHAM GARDENS, ENGLAND.

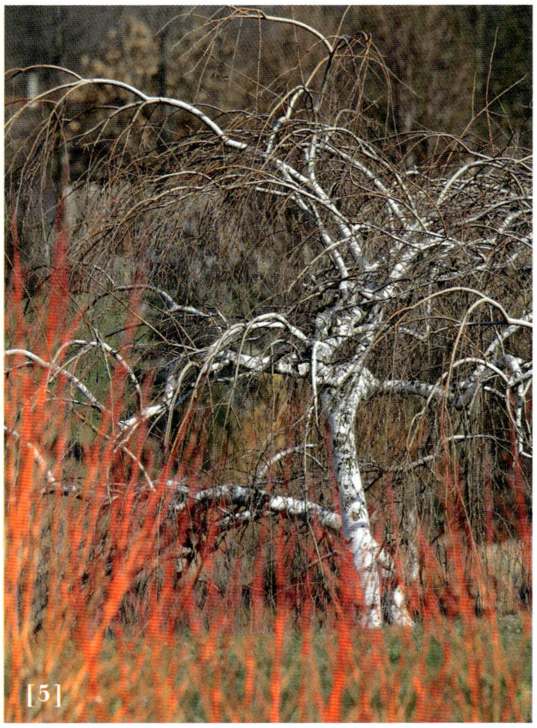

[5] JARDIN DU BOIS MARQUIS, FRANKREICH.

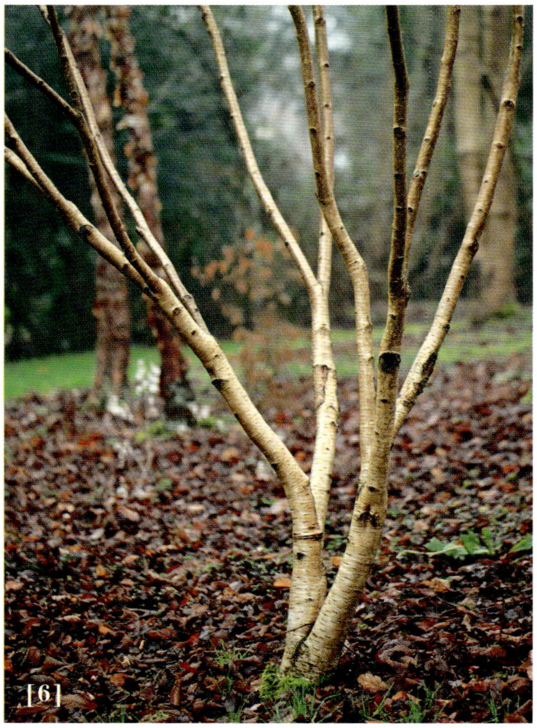

[6] JARDINS DE BELLEVUE, FRANKREICH.

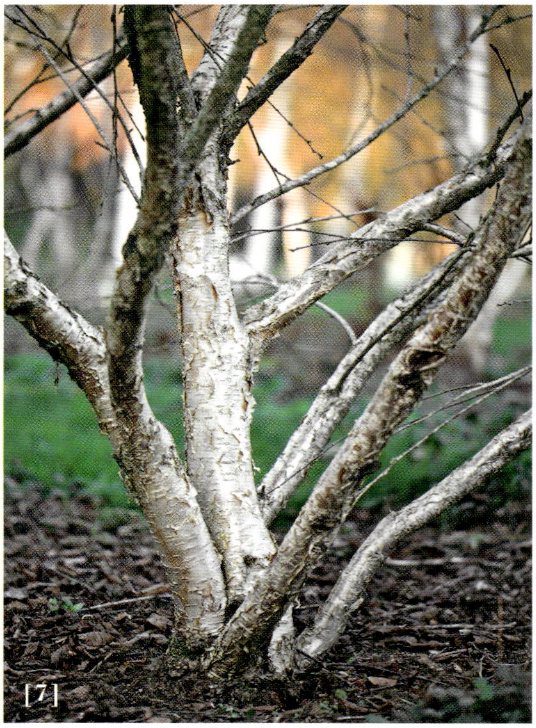

[7] LAMBADER, FRANKREICH.

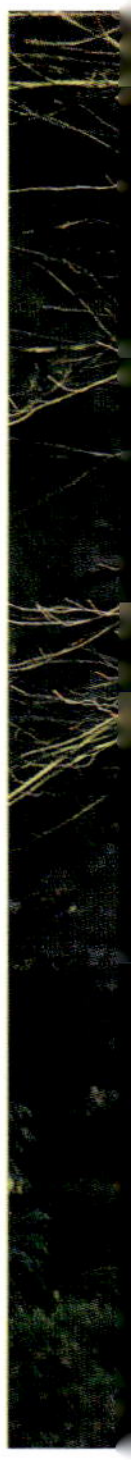

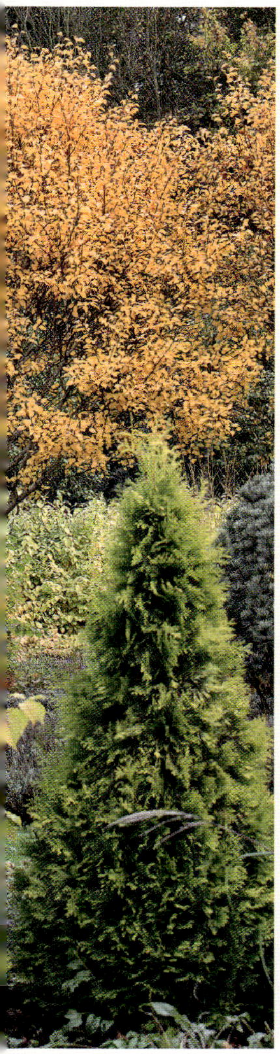

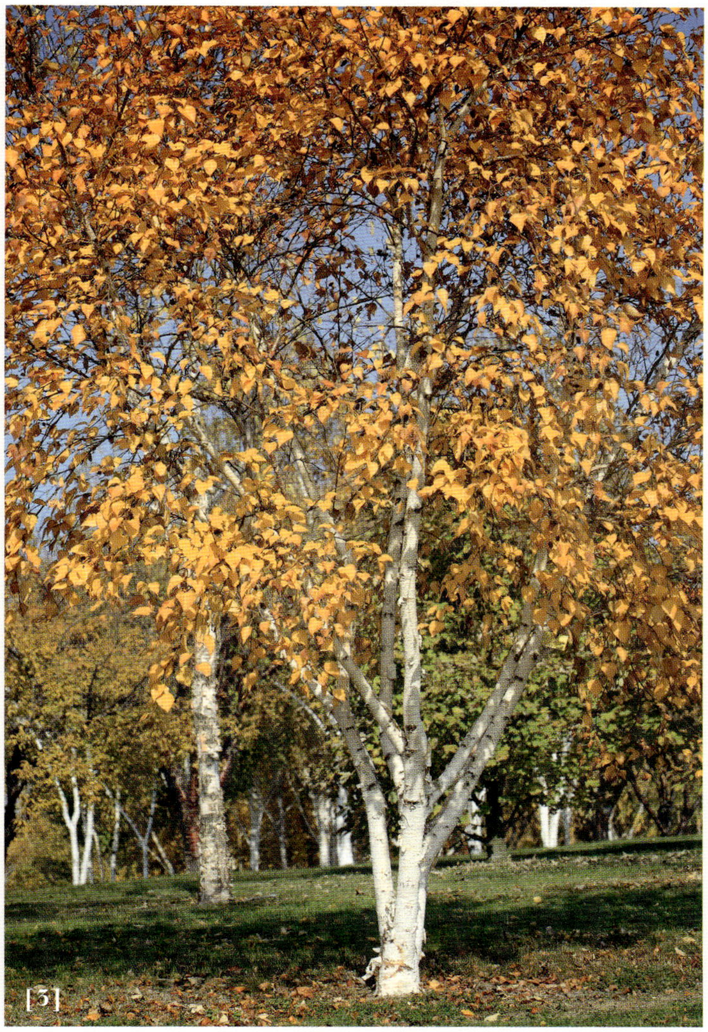

[3]

JARDIN DU BOIS MARQUIS, FRANKREICH.

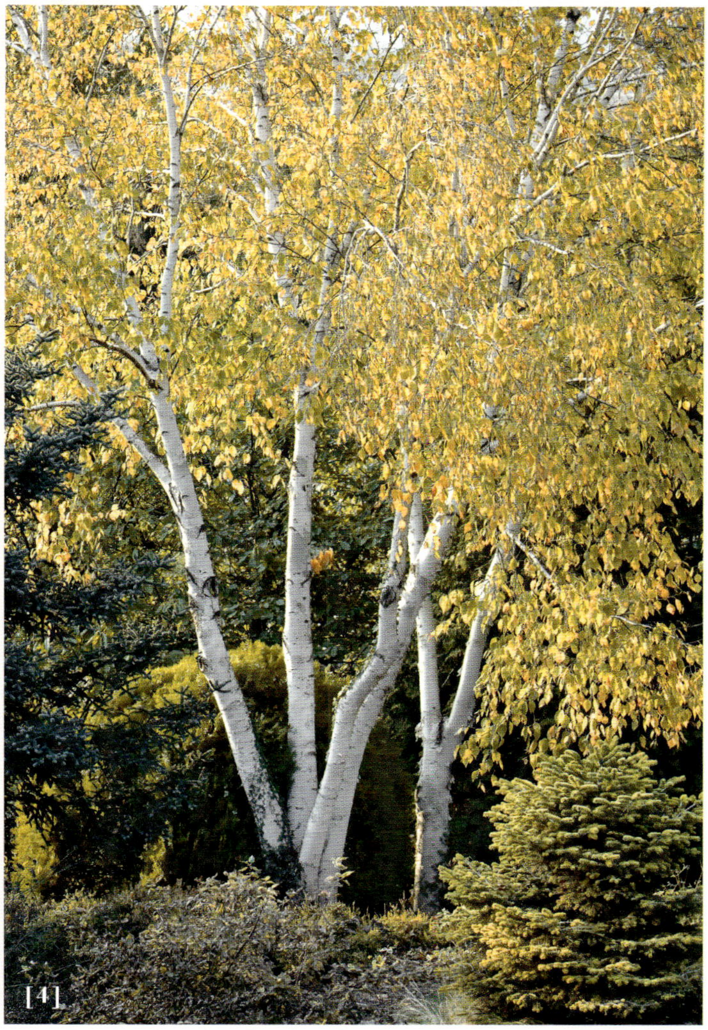

[4]

JARDIN DU BOIS MARQUIS, FRANKREICH.

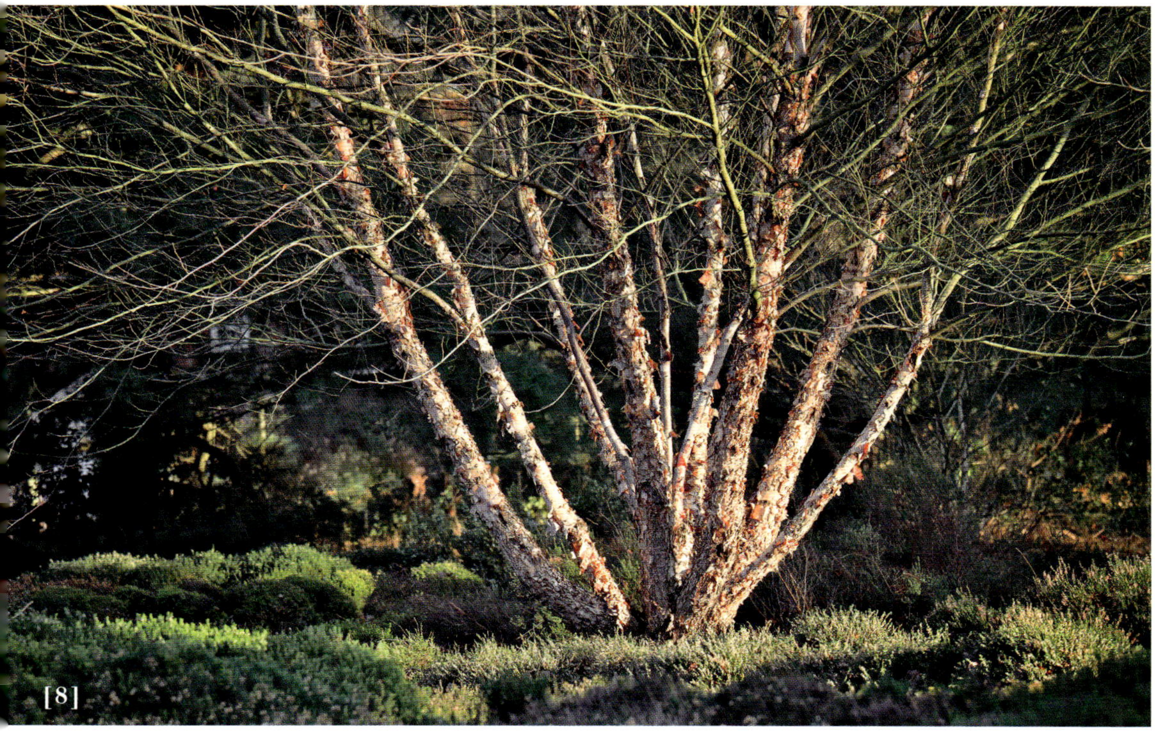

[8]

WISLEY, ENGLAND.

BÄUME VON KLEINER STATUR

Oft schwachwüchsig erweist sich *Betula ermanii* als geeignet für kleine Gärten. *Betula utilis* 'Long Trunk' [5] und *Betula nigra* 'Summer Cascade' sind Trauerformen. *Betula medwediewii* 'Gold Bark' [6], *Betula megrelica* [7], *Betula nigra* 'Little King' [8], *Betula apoiensis* 'Mount Apoi' und *Betula × minor* 'Furlow' haben „Zwergen"-Charakter und wachsen von Natur aus mit mehreren verzweigten Stämmen.

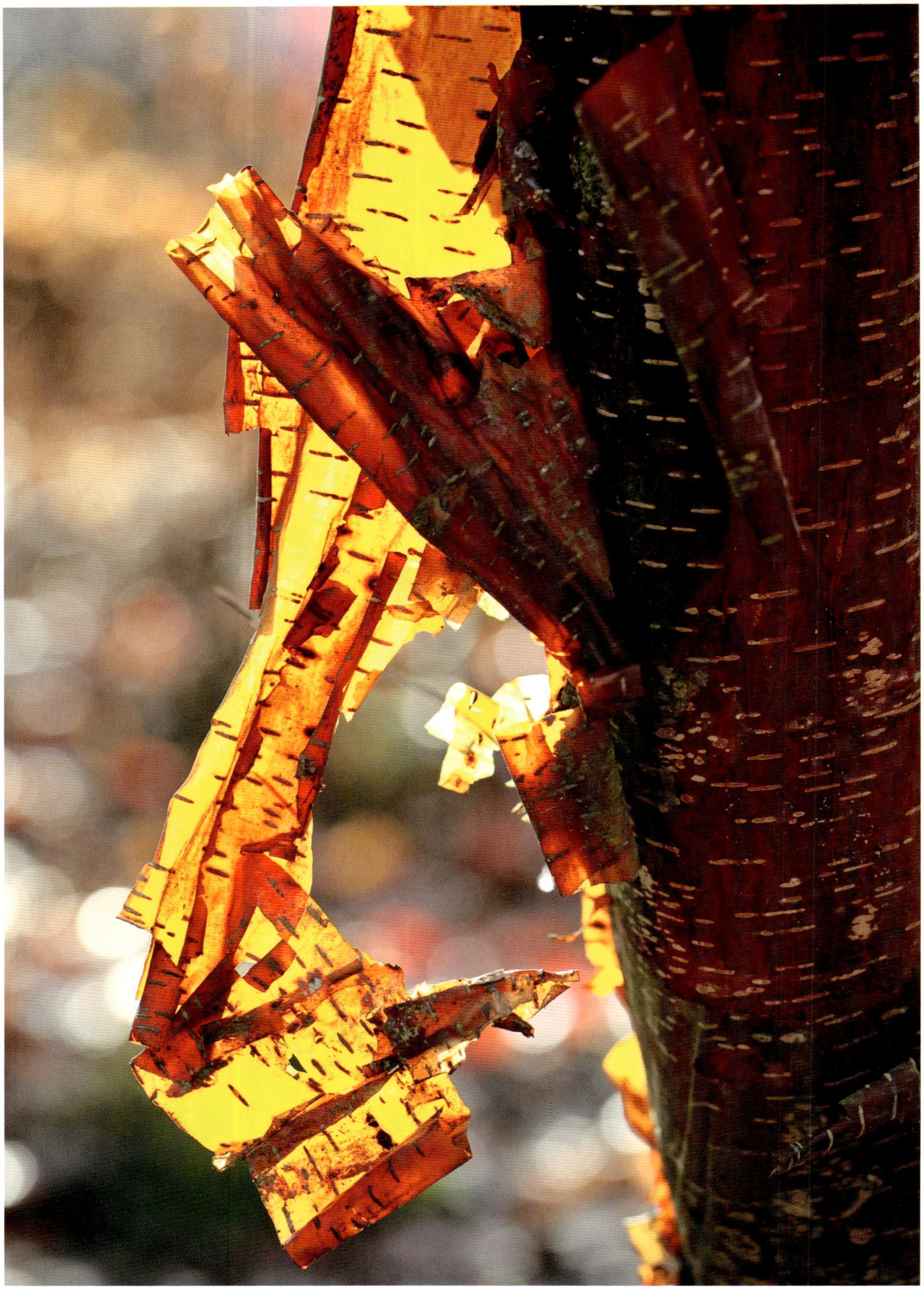

Im Gegenlicht fangen die Rindenfetzen von *Betula albosinensis* 'Princesse Sturdza' die Sonnenstrahlen ein und leuchten wie eine Laterne auf.
LE CLOS DU VERBOSC, FRANKREICH.

RECHTS: Bei ähnlicher Sonneneinstrahlung lässt sich das Leuchten ebenso spektakulär auch bei *Acer griseum* entdecken. Seine feine, durchscheinende Rinde fängt das Sonnenlicht ein und färbt den Baumstamm bis hin zum letzten Reiser glutrot.
SIR HAROLD HILLIER GARDENS, ENGLAND.

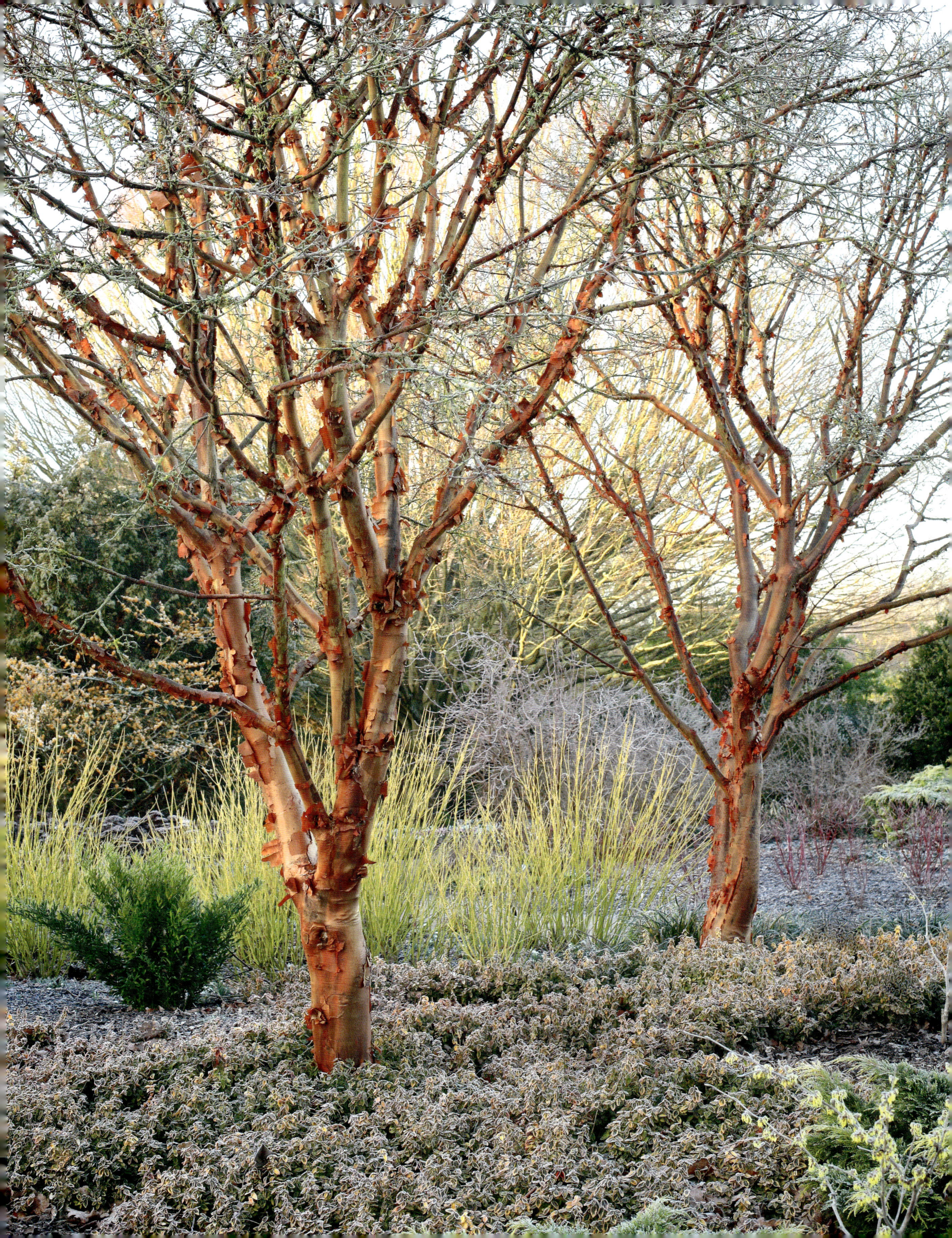

ACER (AHORN)

Manche Ahornarten besitzen eine in lebhaften Farben gezeichnete Rinde. Man erkennt sie von weitem – doch die größte Besonderheit bleibt die detailreiche Schönheit ihrer „Schlangenhaut“. Aus der Nähe sieht man zahlreiche Adern in unterschiedlichen Farbschattierungen, die sich über die mehr oder weniger deutlichen Lentizellen hinwegziehen.

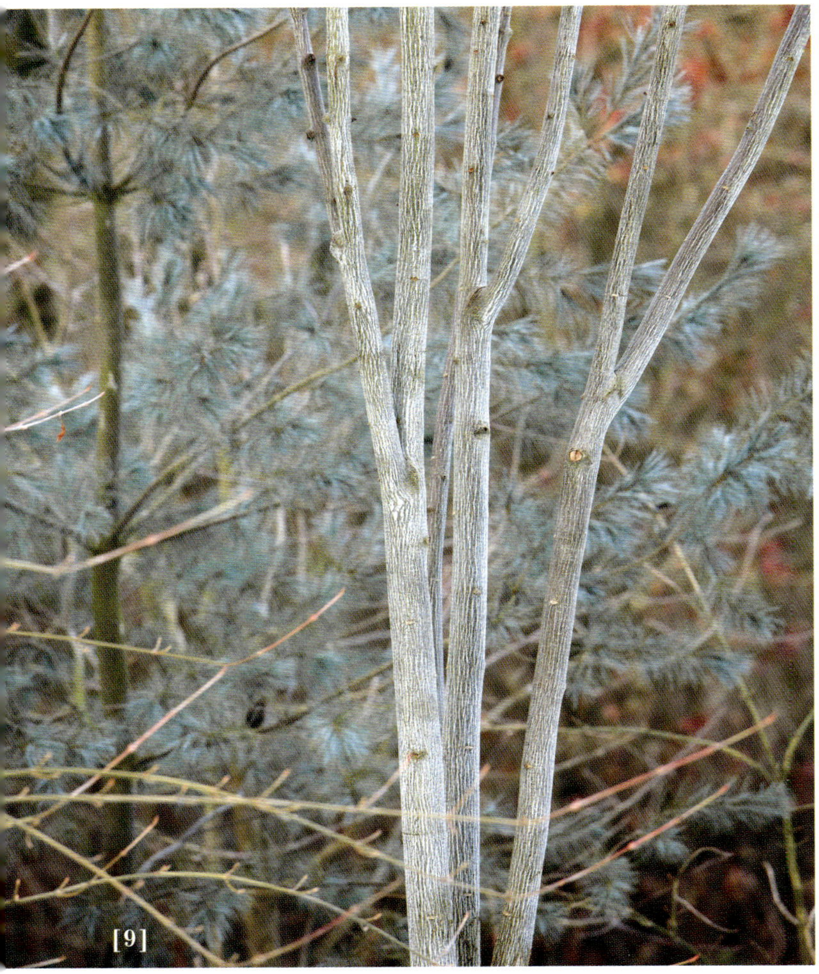

[9]

JARDINS DE BELLEVUE, FRANKREICH.

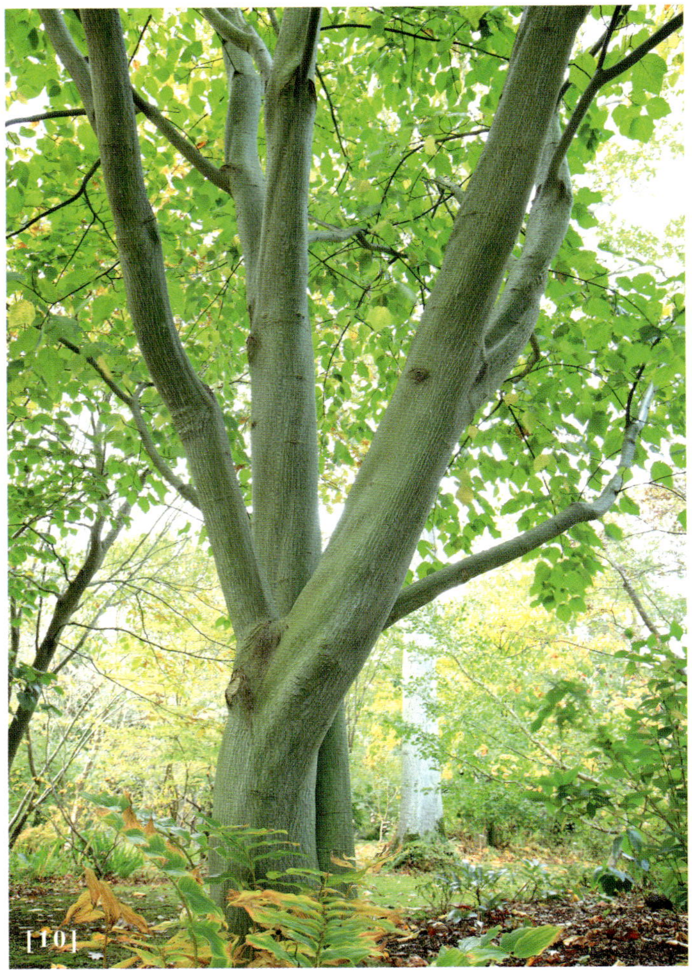

[10]

LE VASTERIVAL, FRANKREICH.

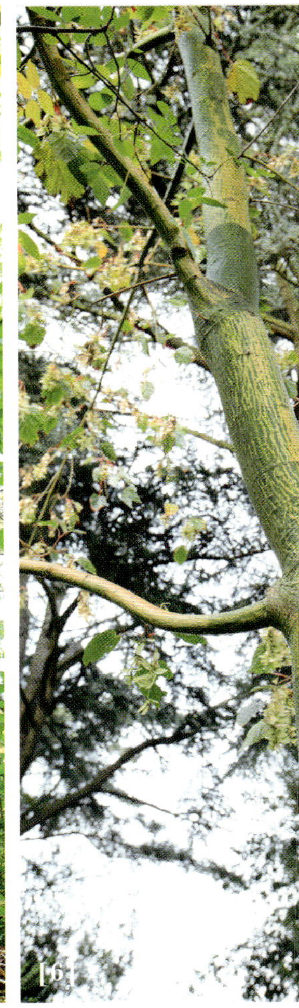

[6]

LE VASTERIVAL, FRANKREICH.

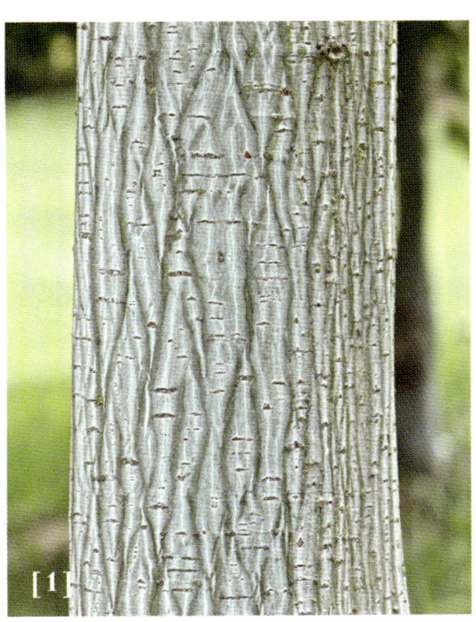

[1]

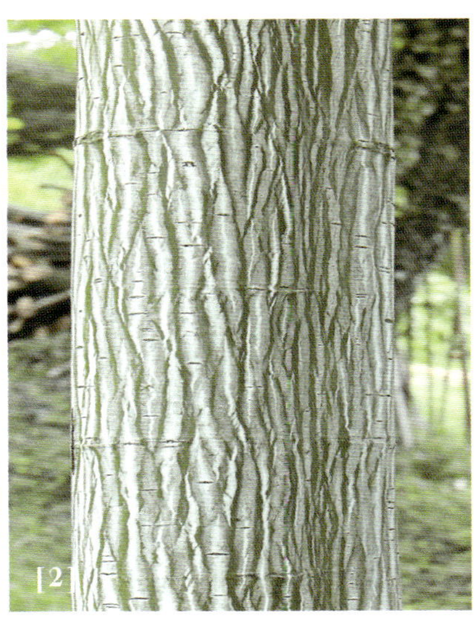

[2]

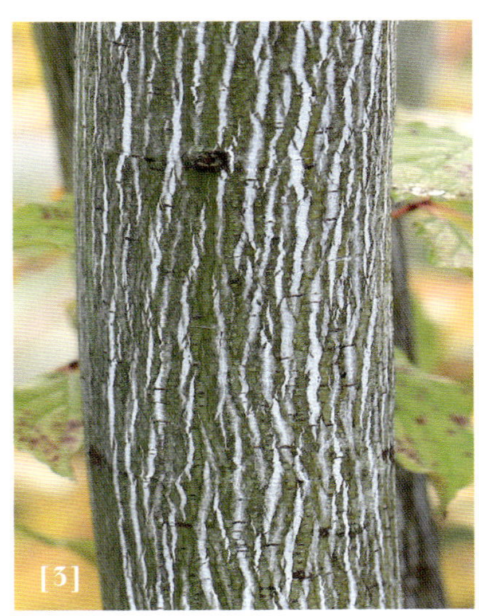

[3]

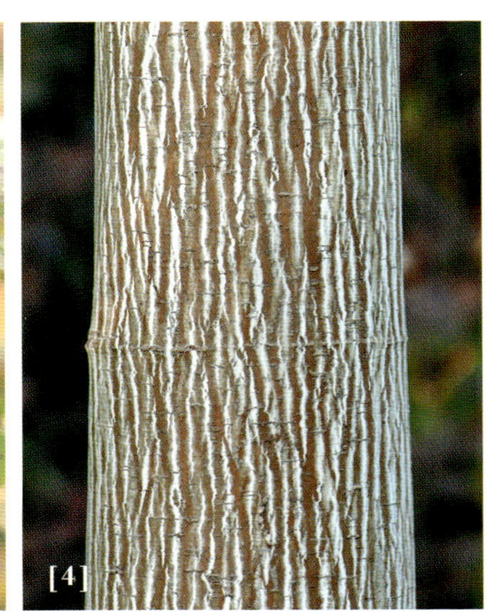

[4]

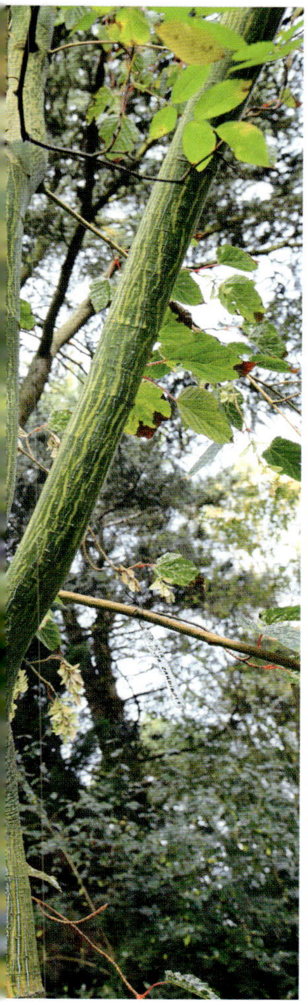

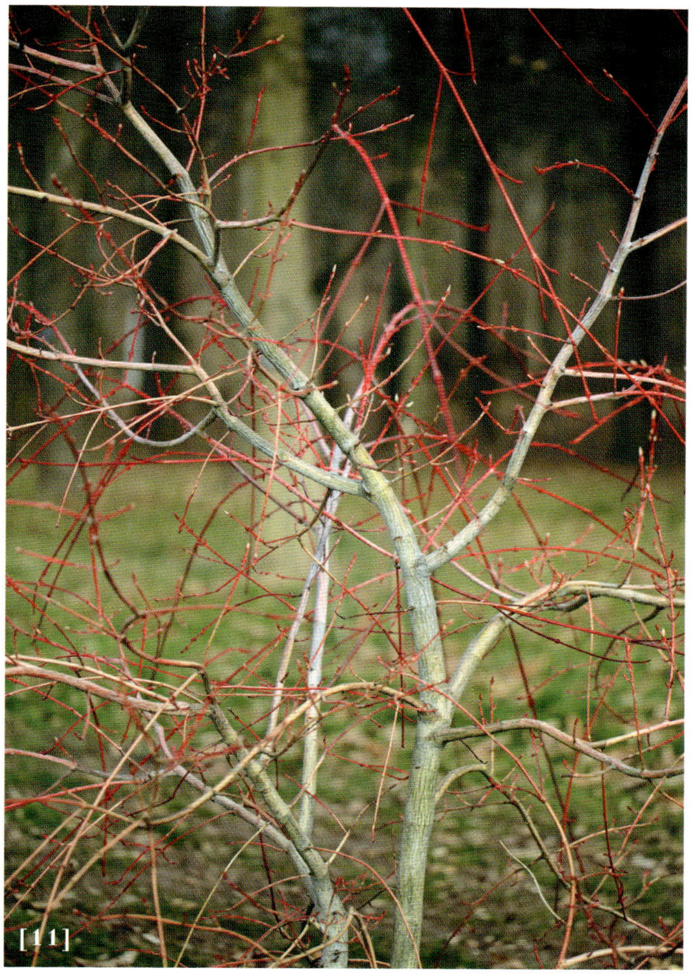

[11]

JARDIN DU BOIS MARQUIS, FRANKREICH.

Die Rinde der Ahornbäume unterscheidet sich grundlegend von jener der Birken oder Kirschen. Bis auf eine seltene Ausnahme bei *Acer griseum* entfällt die Borkenablösung. Daher bemoosen sie stärker, wenn das Klima sehr feucht ist.

KALTE FARBEN

Weiße Schattierungen: Das Weiß variiert unabhängig von den Jahreszeiten je nach Bildung der Mehlschicht. *Acer tegmentosum* 'White Tigress' [9]; *Acer rufinerve* 'Green Star' [1]. *Acer davidii* 'Viper' [2] gehört mit 'Rosalie' zu den schönsten Sorten dieser Art; *Acer tegmentosum* [3]. *Acer × conspicuum* 'Candy Stripe' [4] mit purpurfarbener Äderung. 'Valley Phantom' und 'Joe Witt' sind Selektionen von *Acer tegmentosum*, deren Weißfärbung sehr erfolgversprechend erscheint.

Grüne Schattierungen: Der starkwüchsige *Acer davidii* 'Rosalie' [5] ist sowohl wegen des Laubs als auch wegen der Rinde der interessanteste der *Acer davidii*-Sorten, weil sein Farbspektrum von Smaragdgrün bis zu winterlichem Gelbgrün reicht. *Acer laxiflorum* [6]. Die Lentizellen in Rautenform treten bei *Acer capillipes* und *Acer rubescens* [7] deutlich hervor. *Acer × conspicuum* 'Silver Cardinal' [8] besitzt eine einzigartige Rinde mit gründlich gezeichneten gelben und später grün werdenden Partien. *Acer × conspicuum* 'Red Flamingo' [11] zeigt ebensolche Auffälligkeiten, hat aber leuchtend rote Jungtriebe und eine attraktivere Herbstfärbung. *Acer pensylvanicum* 'Select' [10].

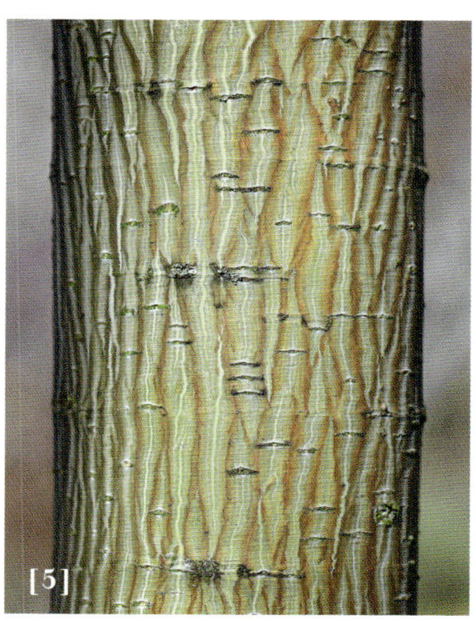

[5]

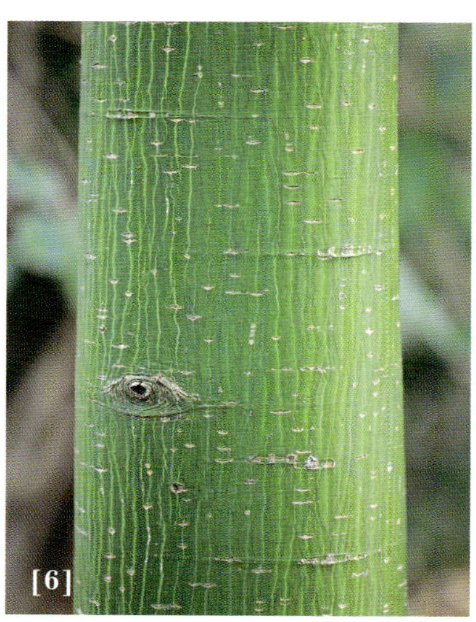

[6]

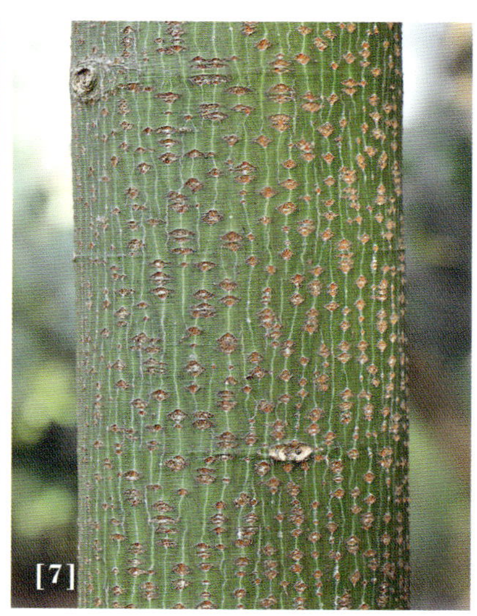

[7]

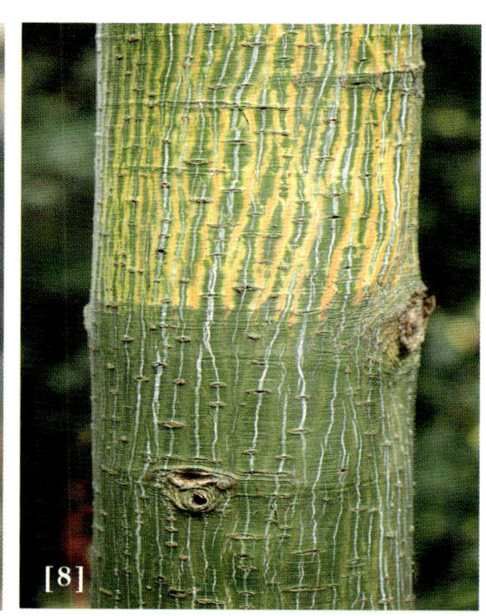

[8]

HERBSTLAUB

Alle aufgrund ihrer schönen Rinde ausgewählten Ahorn-Arten haben einen gewaltigen Vorzug. Ihr Laub färbt den herbstlichen Garten bunt, auch wenn die Farbtöne jedes Jahr verschieden ausfallen.
Acer laxiflorum, *A. capillipes* [7] und *A. griseum* gehören zu den Arten mit der schönsten Herbstfärbung in einem intensiven Orangerot. Die *A. davidii*- und *tegmentosum*-Sorten neigen zur Gelbfärbung; eine ganz besondere Farbe bringt *A.* × *conspicuum* 'Phoenix' [8] hervor, dessen buttergelbe Blätter wunderbar mit dem rosafarbenen Stamm kontrastieren. Nicht zu vergessen auch die panaschierten oder gesprenkelten Blätter von *A.* × *conspicuum* 'Silver Cardinal', *A. morifolium* 'Hime Yaku Nishiki' und vor allem von *A.* × *conspicuum* 'Red Flamingo' [9]. Im Herbst färbt sich die weiße Panaschierung rosa und das Grün wird leuchtend orange. Mit den Sorten von *Acer* × *conspicuum* sollte man Geduld haben, weil sie eher schlecht angehen.

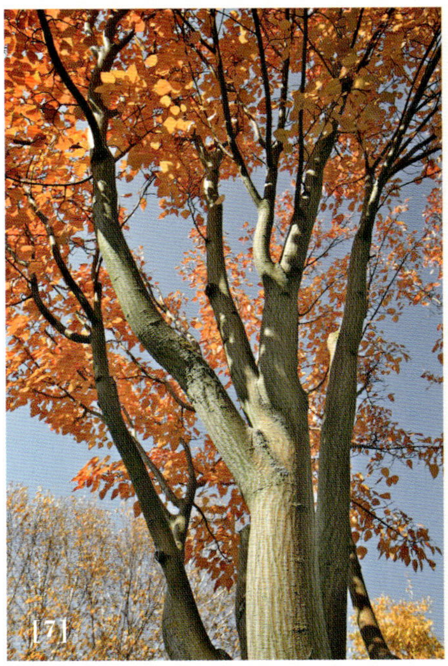
[7]
JARDIN DU BOIS MARQUIS, FRANKREICH.

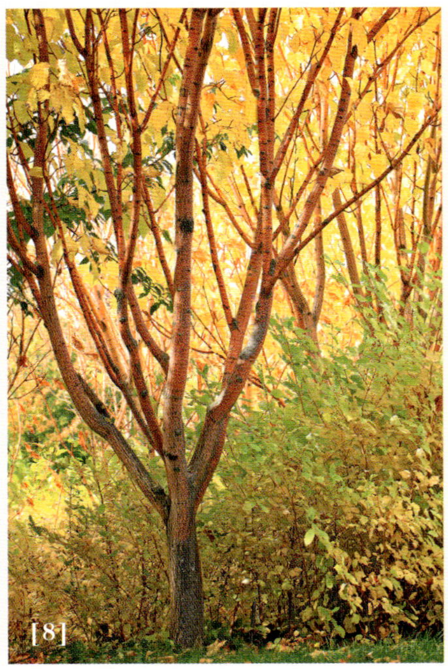
[8]
JARDIN DU BOIS MARQUIS, FRANKREICH.

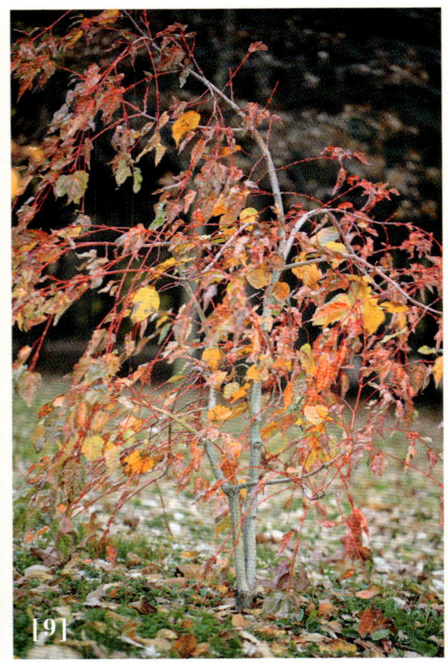
[9]
JARDIN DU BOIS MARQUIS, FRANKREICH.

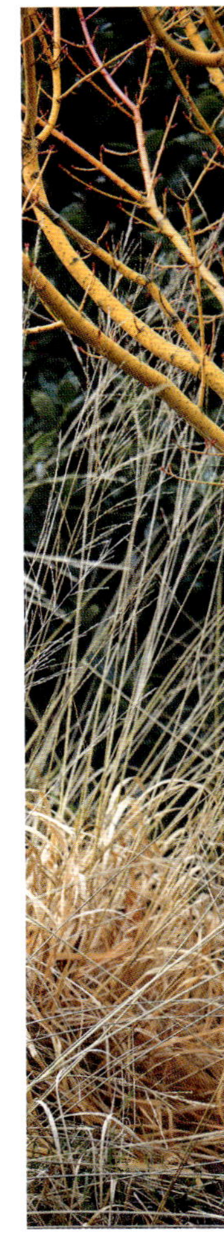

WARME FARBEN

Gelbtöne: *Acer davidii* in einer Selektion aus dem Garten Bois Marquis [1] unterscheidet sich von anderen Ahorn-Arten durch den gedrungenen Wuchs und eine grüne Rinde, die sich im Winter gelborange färbt. Noch intensiver gelb ist *Acer rufinerve* 'Winter Gold' [2].

Schattierungen von Orange, Rosa und Rot: *Acer griseum* [3]: Die dünne papierähnliche Rinde bildet sogar am Stamm feine Röllchen wie Zimtstangen. *Acer pensylvanicum* 'Erythrocladum' [4]: Die gelbliche Rinde tönt sich im Winter orangefarben.
Acer pectinatum 'Sirene' [5]: Verfärbt sich von Grün über längsgestreiftes Rosa bis hin zu einem Fuchsienrot.
Acer × *conspicuum* 'Phoenix' [6]: Die orangefarbene Rinde schimmert im Winter fast rosarot.

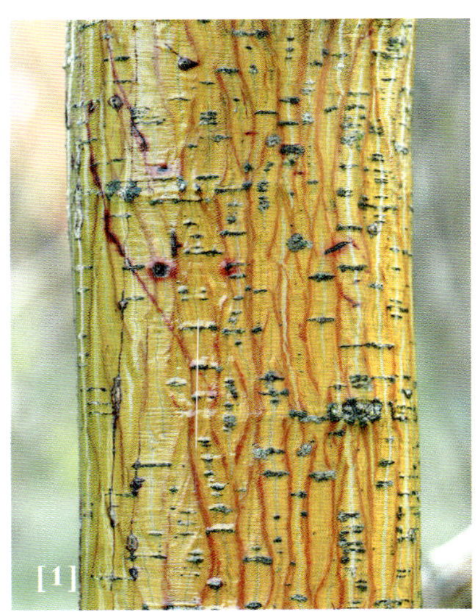
[1]

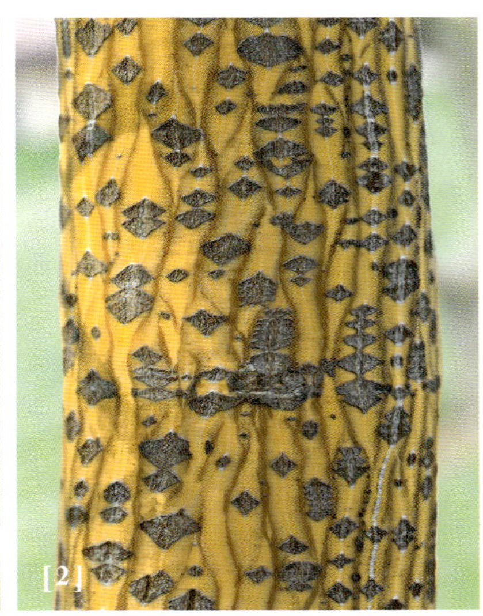
[2]

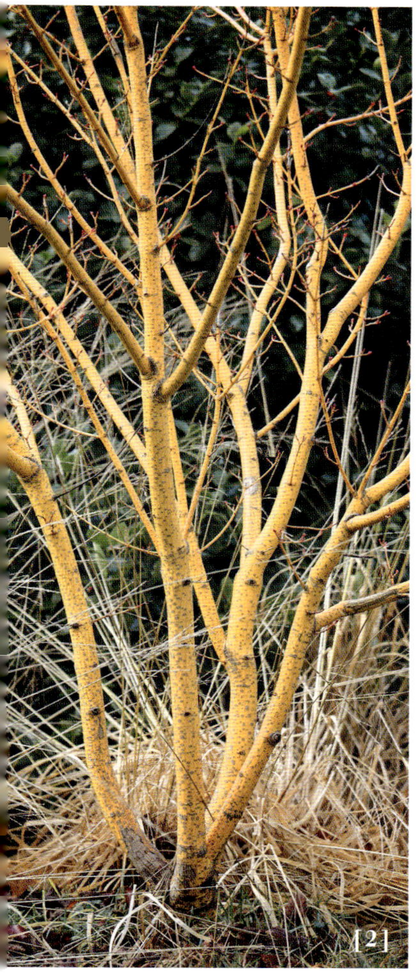

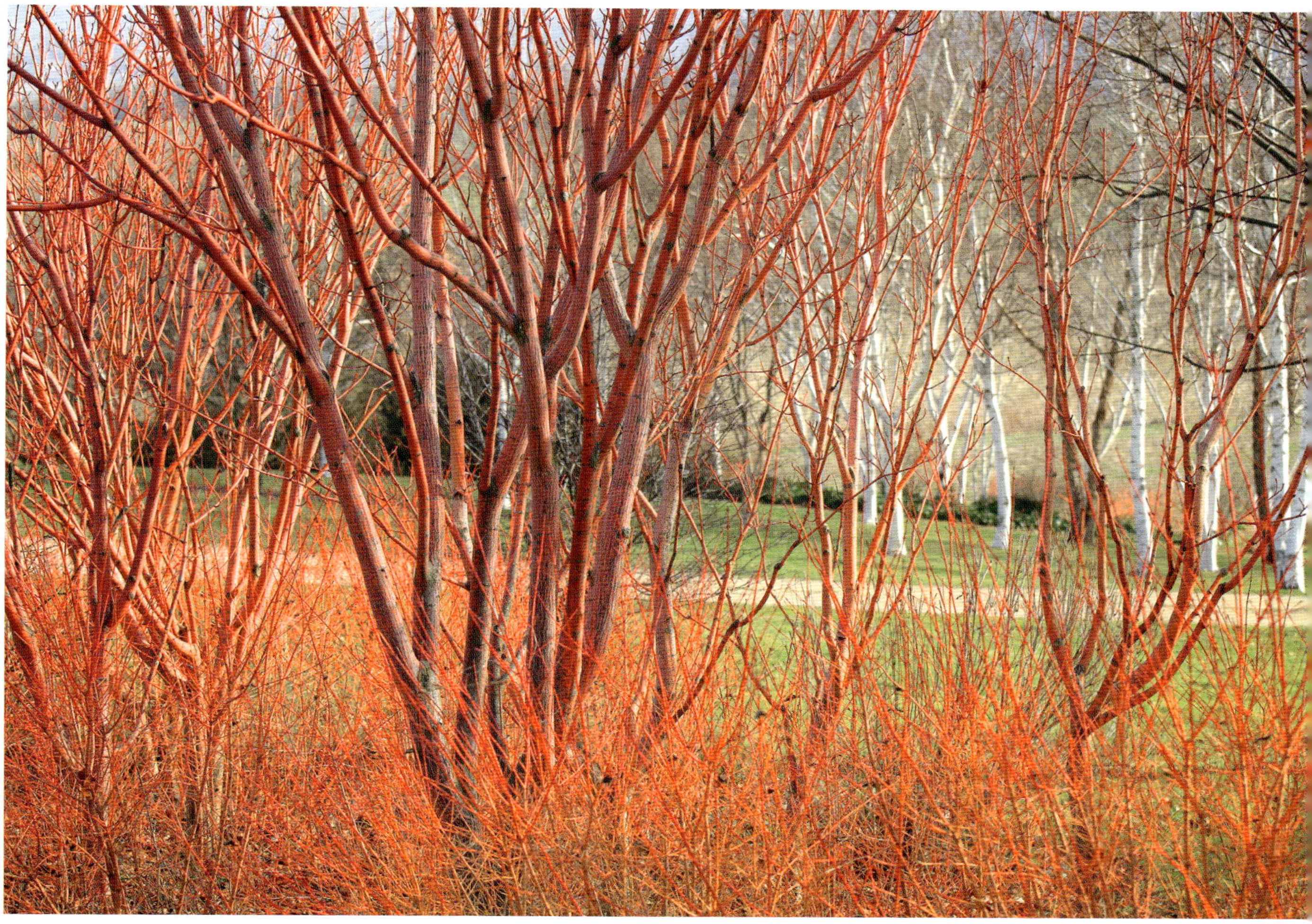

Die einfachen, linearen und farblich ähnlichen Gräser passen wunderbar zur gelben Rinde des Ahornbaums.

SIR HAROLD HILLIER GARDENS, ENGLAND.

Eine leuchtende Baumgruppe mit rosafarbenem *Acer × conspicuum* 'Phoenix' im Vordergrund und orange gefärbtem *Acer pensylvanicum* 'Erythrocladum' dahinter ragt aus einem Meer von rotem Hartriegel.

JARDIN DU BOIS MARQUIS, FRANKREICH.

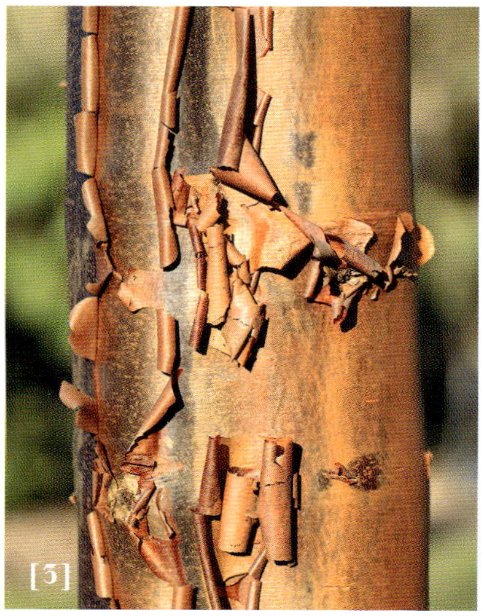

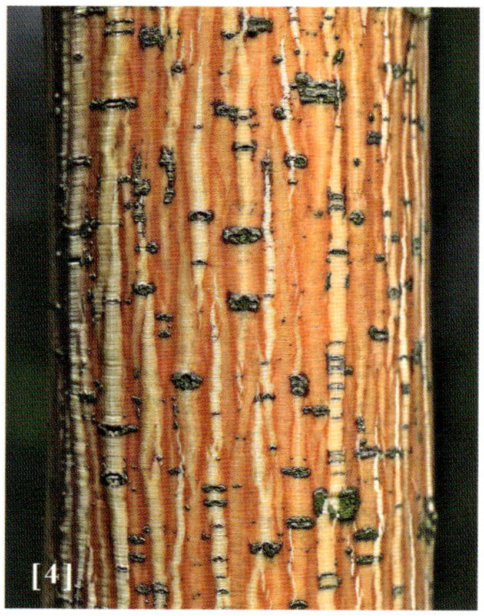

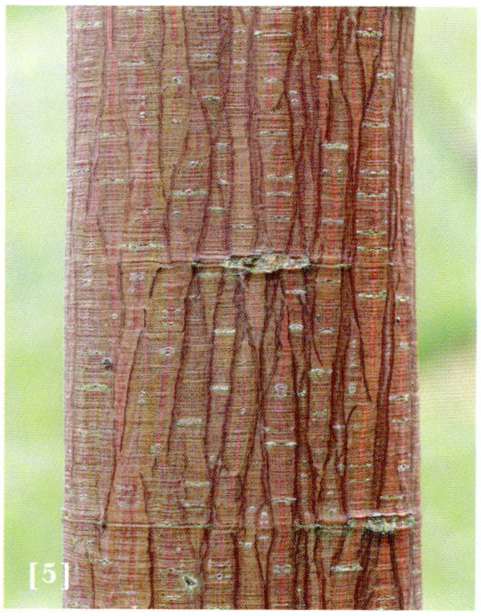

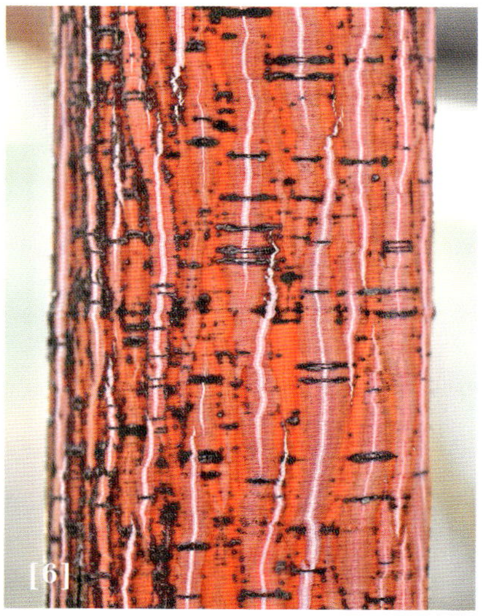

PRUNUS (KIRSCHBÄUME)

Bei diesem Namen hofft man zu Recht auf üppigen Blütenschmuck im Frühling, aber wir sprechen hier nicht von den blühenden Zierkirschen aus Japan. Trotzdem gehört *Prunus* mit seiner feinen Rinde und den durchscheinenden Rindenfetzen, die in Flammen zu stehen scheinen, zu den unerlässlichen Arten für einen Winter-Garten.

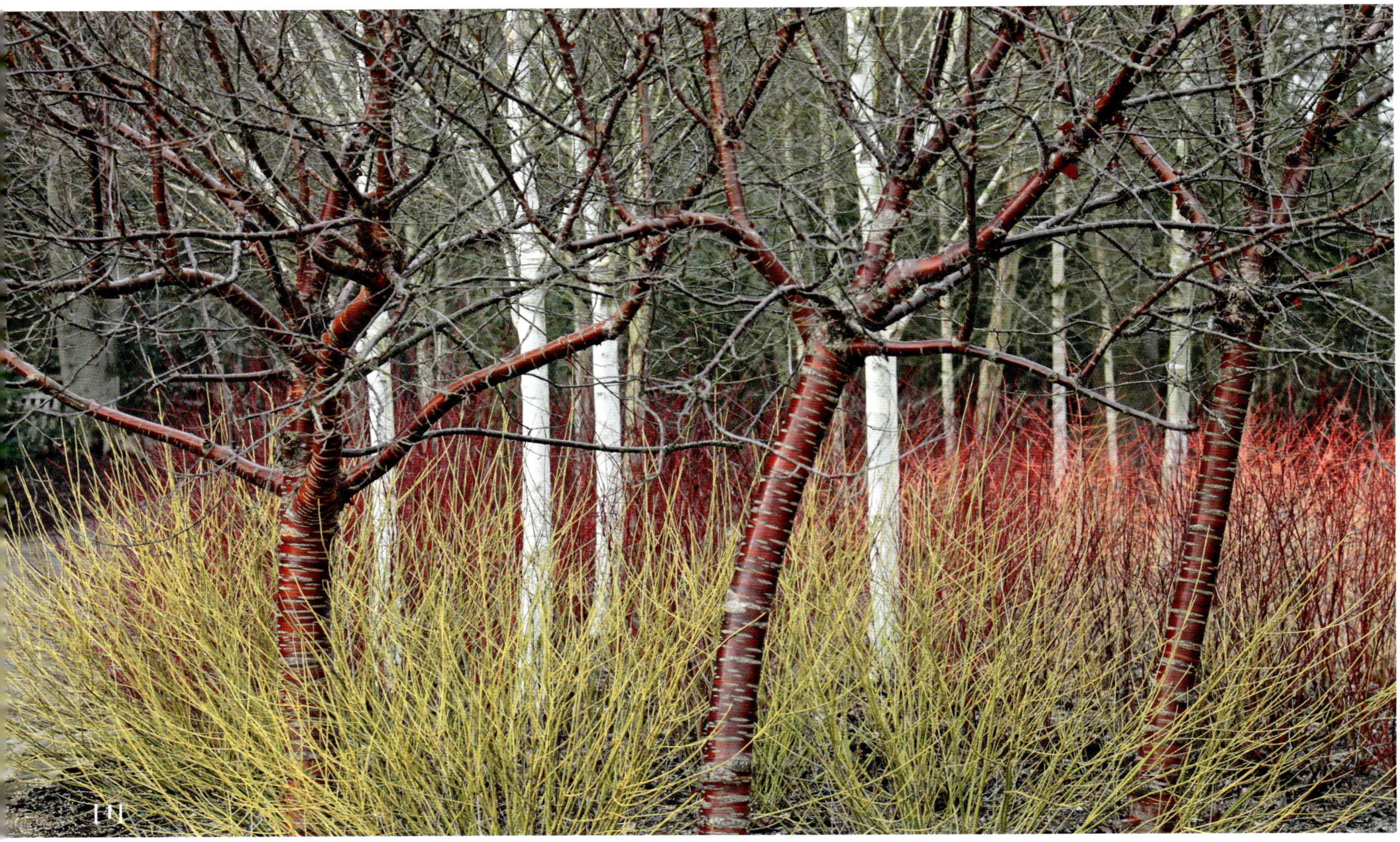

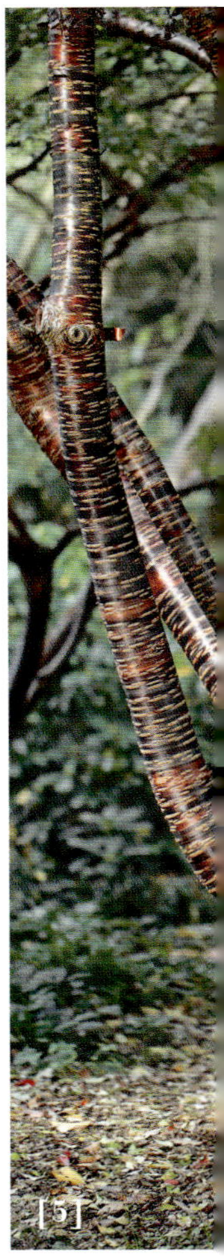

Prunus serrula ist intensiv rot und glänzend, wobei die Rinde auch rosé-, purpur- oder mahagonifarben ausfallen kann [4]. Die Sorte 'Branklyn' wächst zu einem majestätischen, großen Baum heran, während sich andere Selektionen für kleinere Gärten gut eignen.

HARLOW CARR, ENGLAND.

Die Rinde von *Prunus himalaica* [5] erinnert mit den deutlichen und zahlreichen Lentizellen sowie der dunklen Farbe an *P. rufa* und vom Glanz her an das Mahagonirot von *P. serrula*.

WISLEY, ENGLAND.

Prunus maackii [1] ist in jungen Jahren eine wunderbare Kirschbaumart. Leider haben sie mit dem Altern Probleme und verlieren schon mit gut 15 Jahren langsam an Pracht. *P. maackii* tendiert zu einem kupferroten Farbton, während die Sorten 'Amber Beauty' und vor allem 'Honey' [2] eher honiggelb sind. Mit ebensolchen bernsteingelben Farbtönen der Rinde hebt sich auch der rare *Prunus* aus Kumejima dank der üppigen, ungefüllten, rosafarbenen Blüten von seinen Konkurrenten ab.

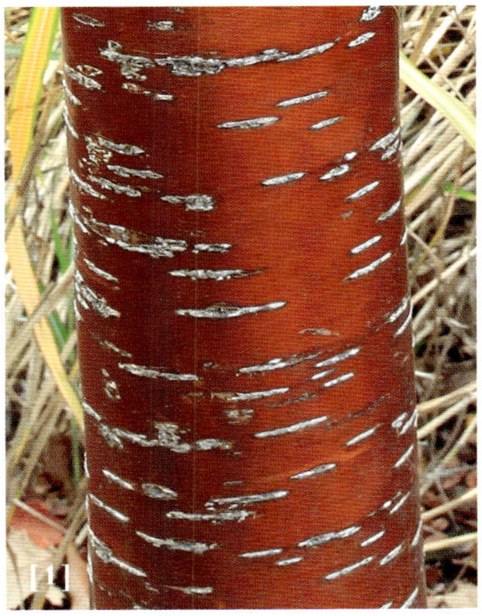

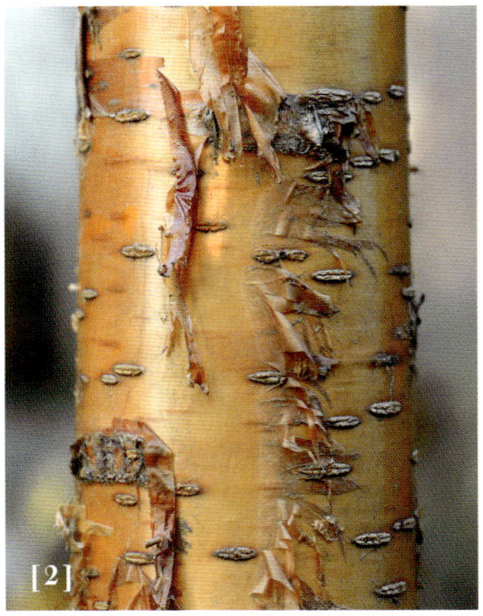

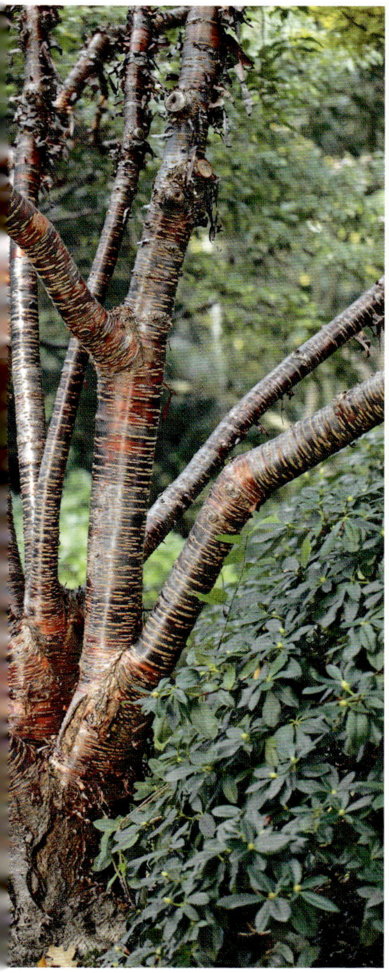

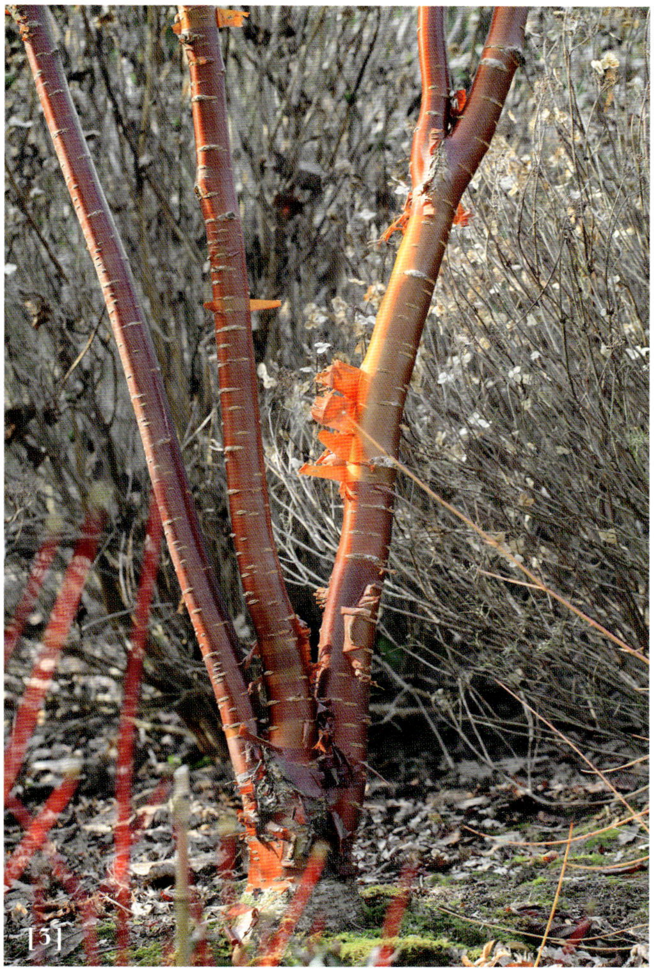

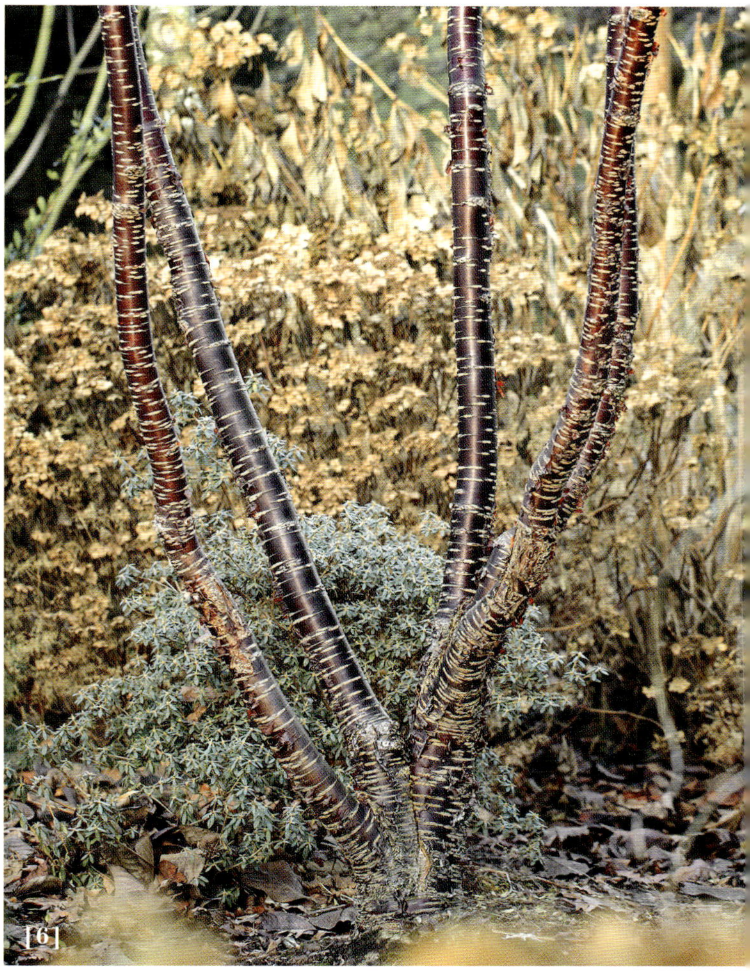

Prunus serrula 'Jaro' ist am spektakulärsten: Seine zarte, dünne Rinde kann unterschiedlich gefärbt sein. Nach der Borkenablösung ist sie olivgrün, wird aber rasch bernsteingelb-orange und dann mahagonirot [3].

L'ÉTANG DE LAUNAY, FRANKREICH.

Prunus rufa (hier ein Klon von Hillier) zeigt die dunkelste Färbung. Die regelmäßig und schön gezeichneten Lentizellen heben sich eindrucksvoll vom dunklen Weinrot und Mahagoni der Rinde ab [6].

L'ÉTANG DE LAUNAY, FRANKREICH.

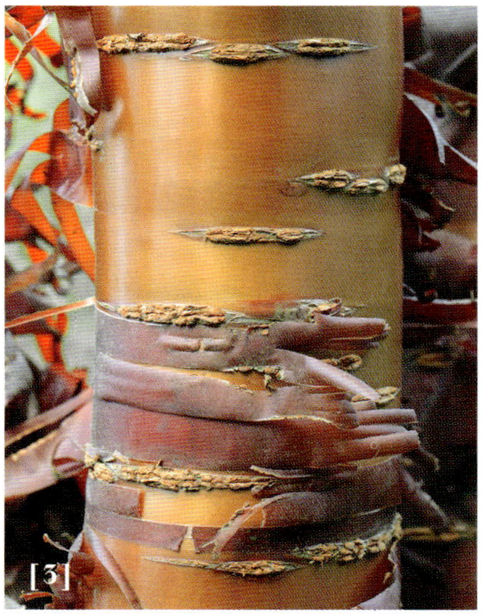

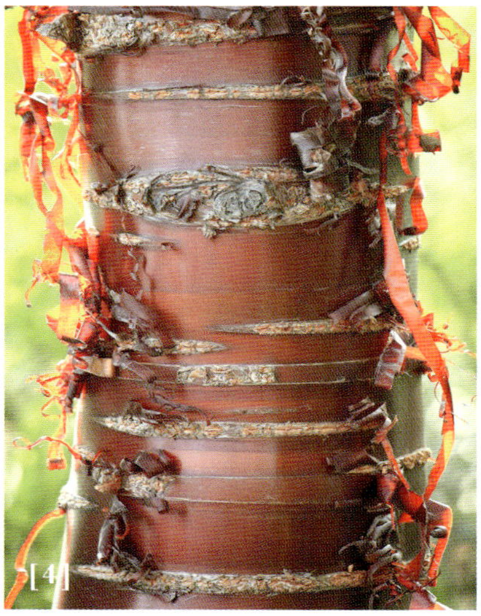

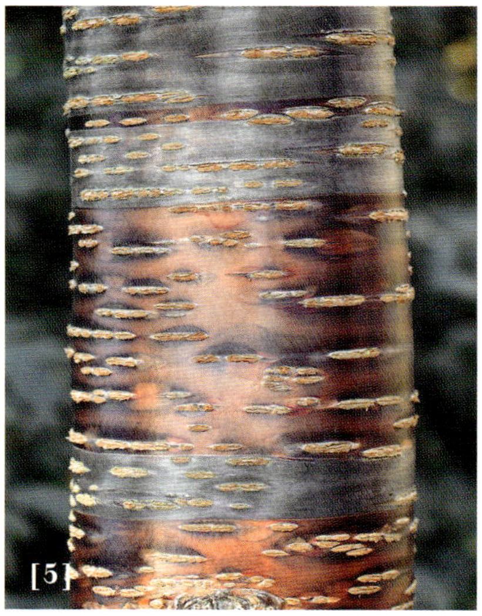

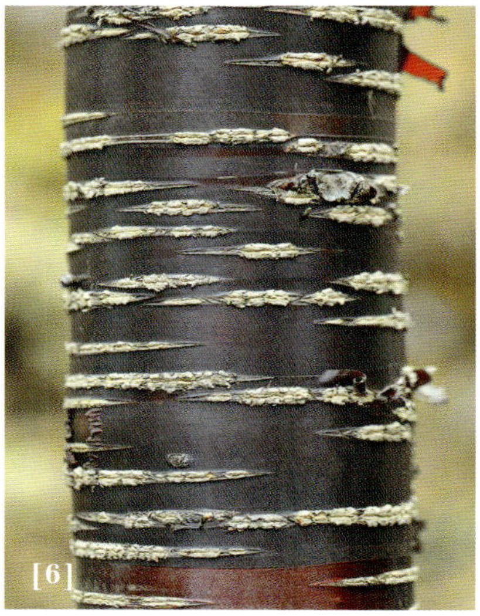

PAPIERÄHNLICHE RINDEN

Je nach Pflanzenart lösen sich die papierähnlichen Rinden alljährlich ab, um einer neuen Rindenschicht Platz zu machen. Sie bilden dabei Fetzen, die teilweise weiterhin am Stamm haften, oder bilden Blättchen, die sich im Lauf der Jahre sammeln.

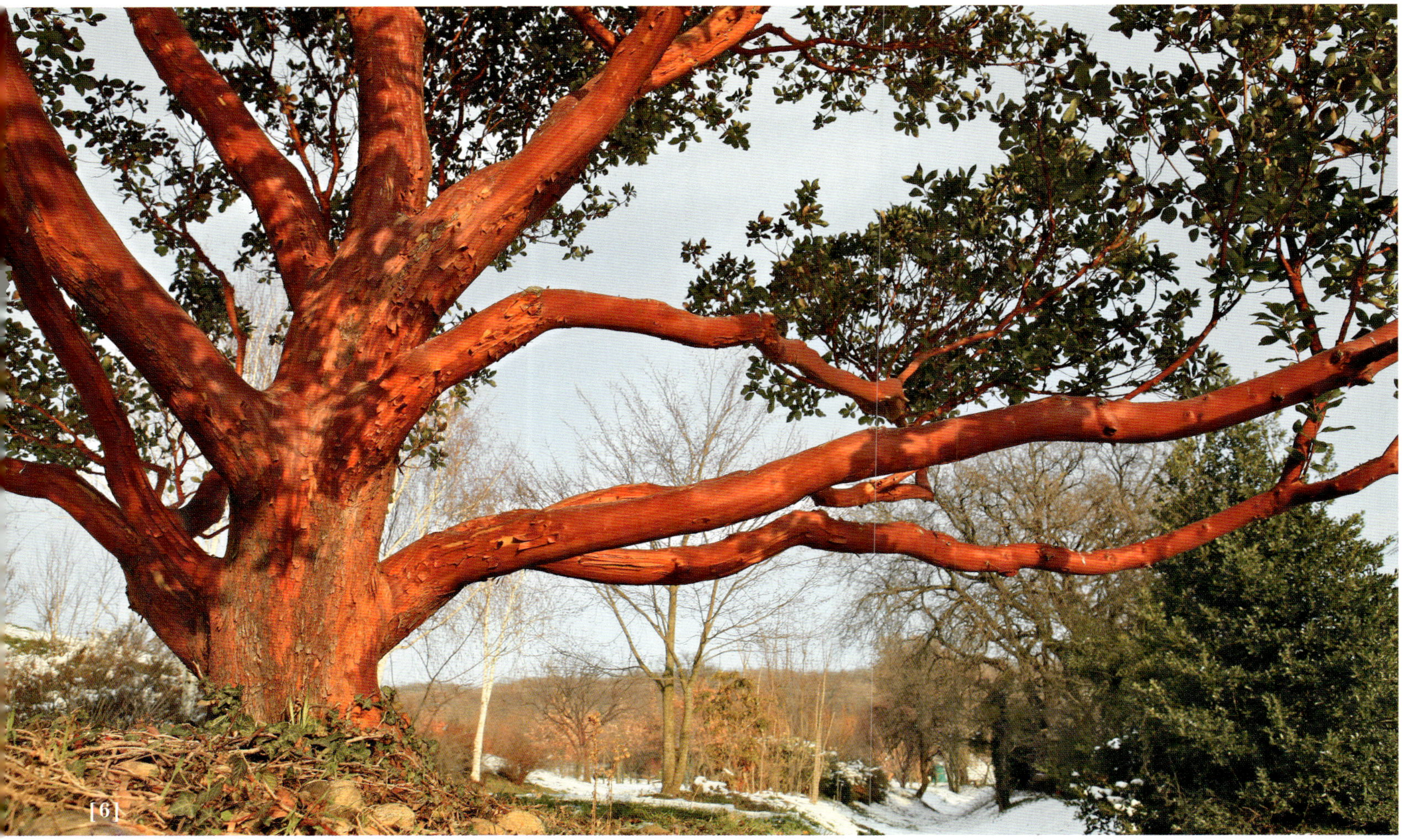

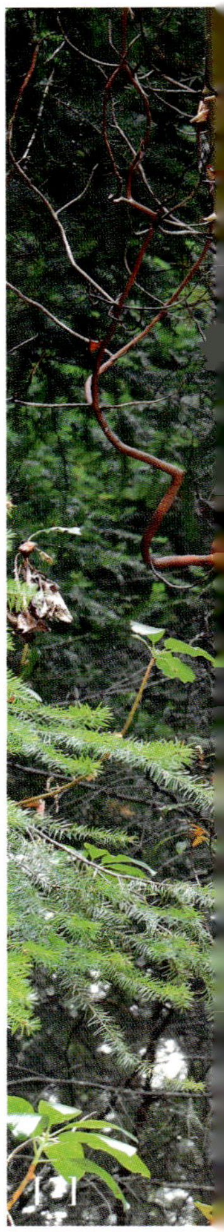

Die zahlreichen, wie Tentakel ausgreifenden Äste des Erdbeerbaums *Arbutus* × *andrachnoides* beleben den winterlichen Garten durch ihre Linien und Farben.
JARDIN DU BOIS MARQUIS, FRANKREICH.

Die rötliche Rinde von *Arbutus menziesii* schält sich in feinen Fetzen ab und enthüllt eine pistazienfarbene frische Schicht.
WESTERN CASCADE MOUNTAINS, OREGON, USA.

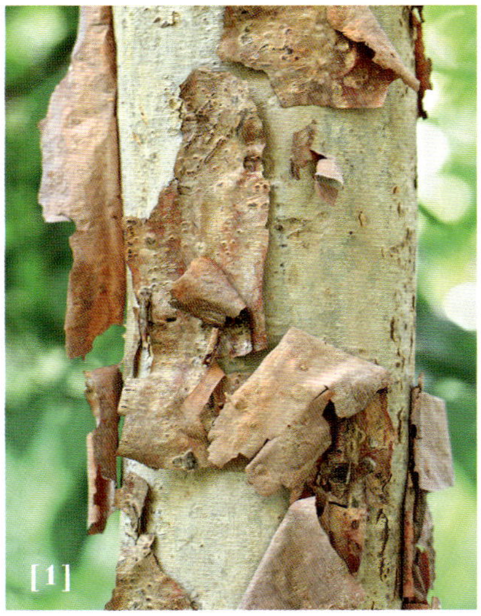

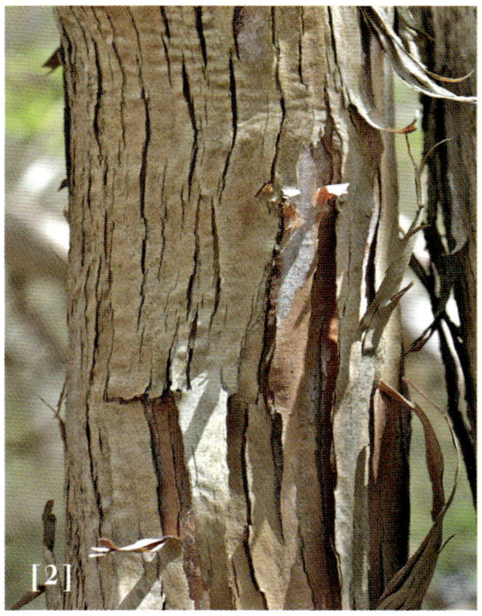

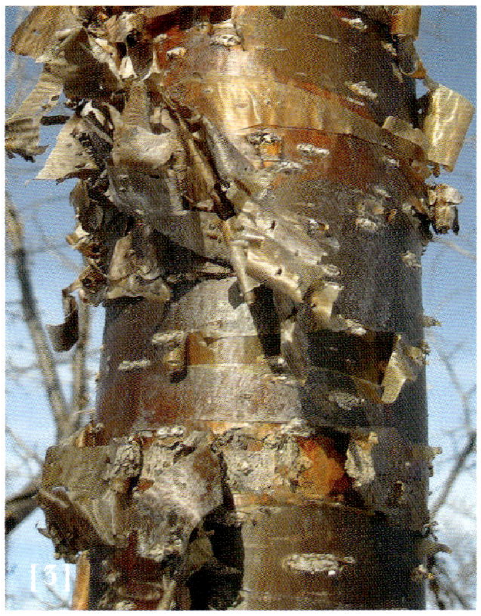

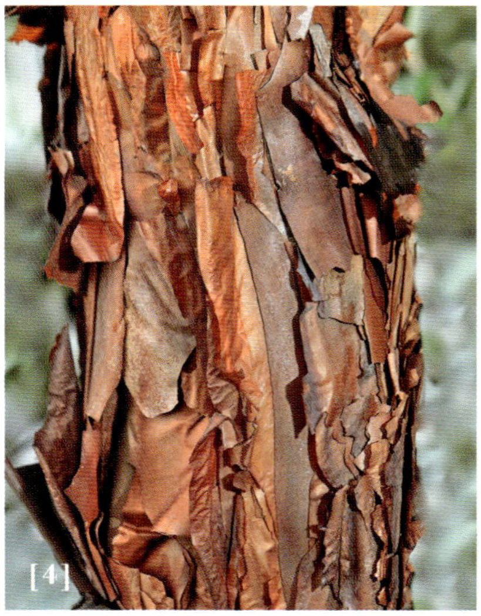

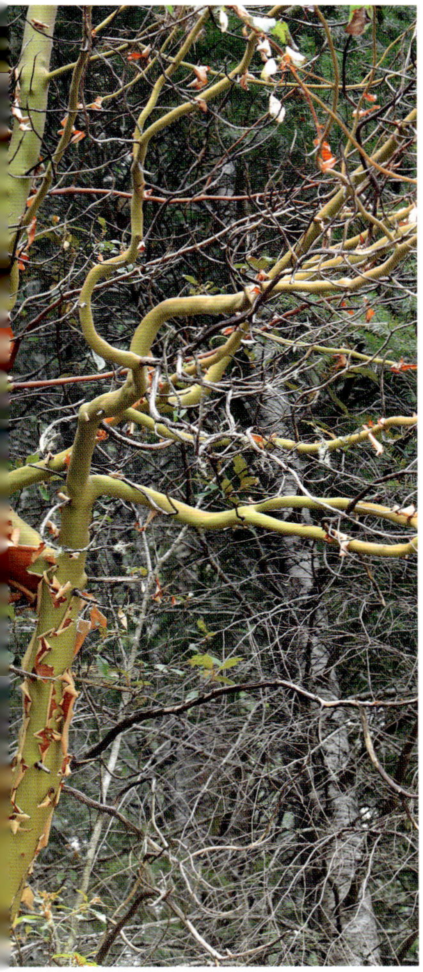

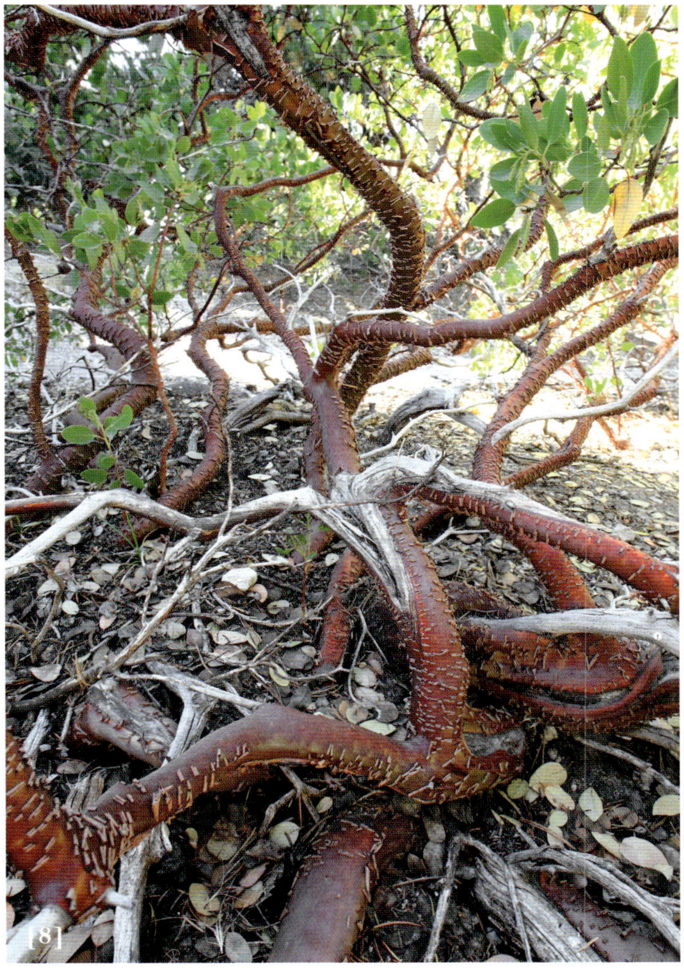
[8]

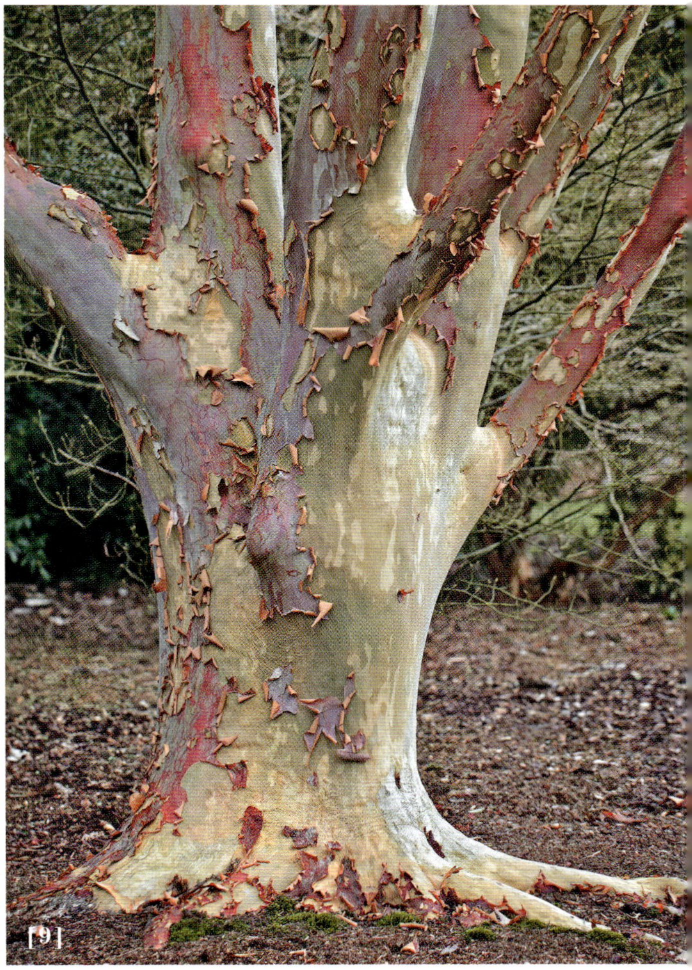
[9]

Die empfindliche Rinde der strauchähnlich wachsenden *Arctostaphylos patula* bildet beim Abblättern interessante kleine Röllchen.
CRATER LAKE NATIONAL PARK, OREGON, USA.

Unmittelbar während des Rindenwechselns tauscht *Stewartia sinensis* ihr rosafarbenes Gewand gegen das klassischere grünliche Gelb.
WAKEHURST PLACE, ENGLAND.

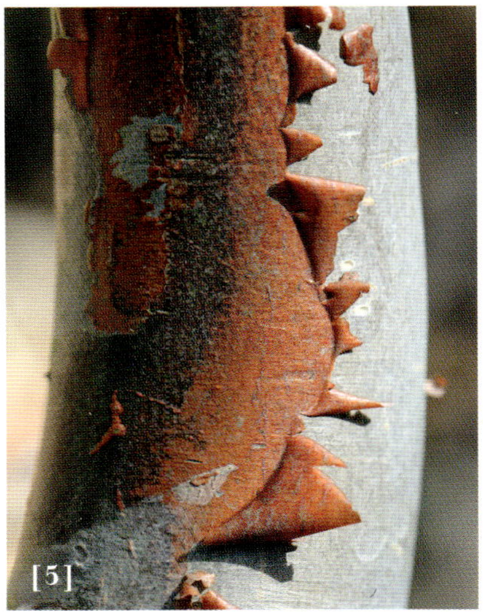
[5]

Arbutus × *andrachnoides* [6] oder die Art *A. menziesii* [7] mit ihrer spektakulären Borkenablösung sowie der üppigen Frühjahrsblüte bieten sich als hübsche Alternativen an. Man kann auch *Arctostaphylos* [8] einsetzen. Deren grafischer Gestalt und der weichen, weinroten Rinde kann sich niemand entziehen. Drei vergleichsweise winterharte und genügsame Sorten sind einen Versuch wert: *Arctostaphylos manzanita* 'Dr. Hurd', *A. densiflora* 'Howard McMinn' oder *A.* 'Austin Griffiths'. Letztgenannte ist das gestalterische Sahnehäubchen, weil sie ihre rosafarbenen Blütentrauben den ganzen Winter hindurch zur Schau stellt.
Stewartia sinensis [9] und *S. monadelpha* sind wahre Schätze der Natur, aber man muss viel Geduld haben, bevor man ihren göttlichen Schmuck bewundern kann.
Man könnte weitere Besonderheiten wie *Corylus fargesii* [1] ausprobieren, dessen Rinde an die überraschende, kälteempfindliche *Fuchsia excorticata* erinnert, oder *Heptacodium miconioides* [2] mit den typischen Rindenfetzen und duftenden Herbstblüten, die außergewöhnlich glänzende, kupferrote Rinde von *Syringa pekinensis* 'China Snow' [3], *Polylepis australis* [4] mit der unglaublichen zimtstangenähnlichen Rinde. Auch manche Rhododendron-Sorten mit unerwarteter Rindenoberfläche empfehlen sich: 'Shilsonii' [5], 'Cornish Cross' oder 'Mrs Kingsmill'.

PLATTENFÖRMIGE RINDE

Die meisten Laubbäume mit gefleckter Rinde wachsen langsam. Doch ihr schönes Herbstlaub belohnt für die Geduld, die man bis zur Entstehung der bunten Rindenplatten aufbringen muss.

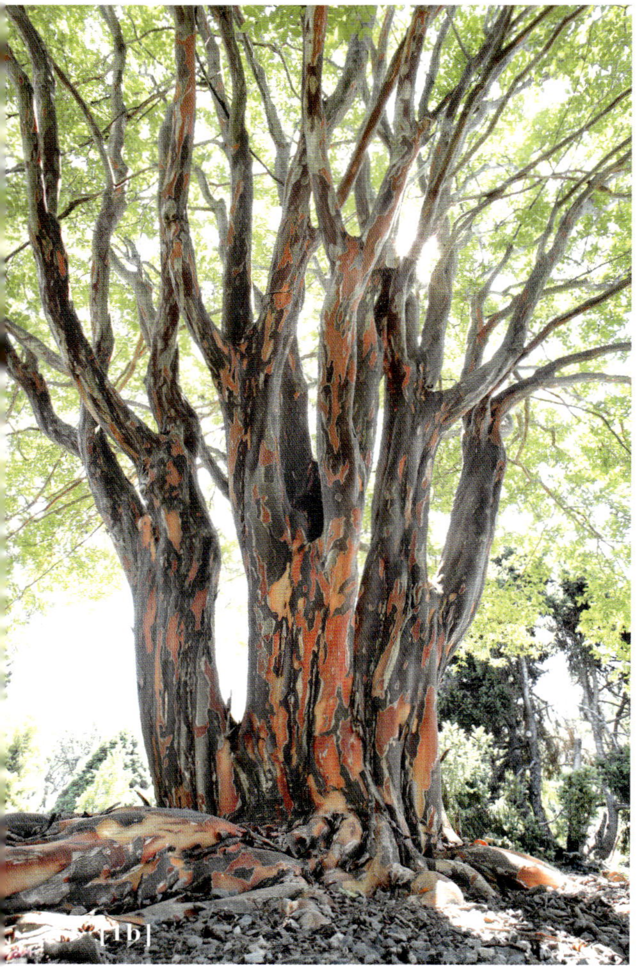

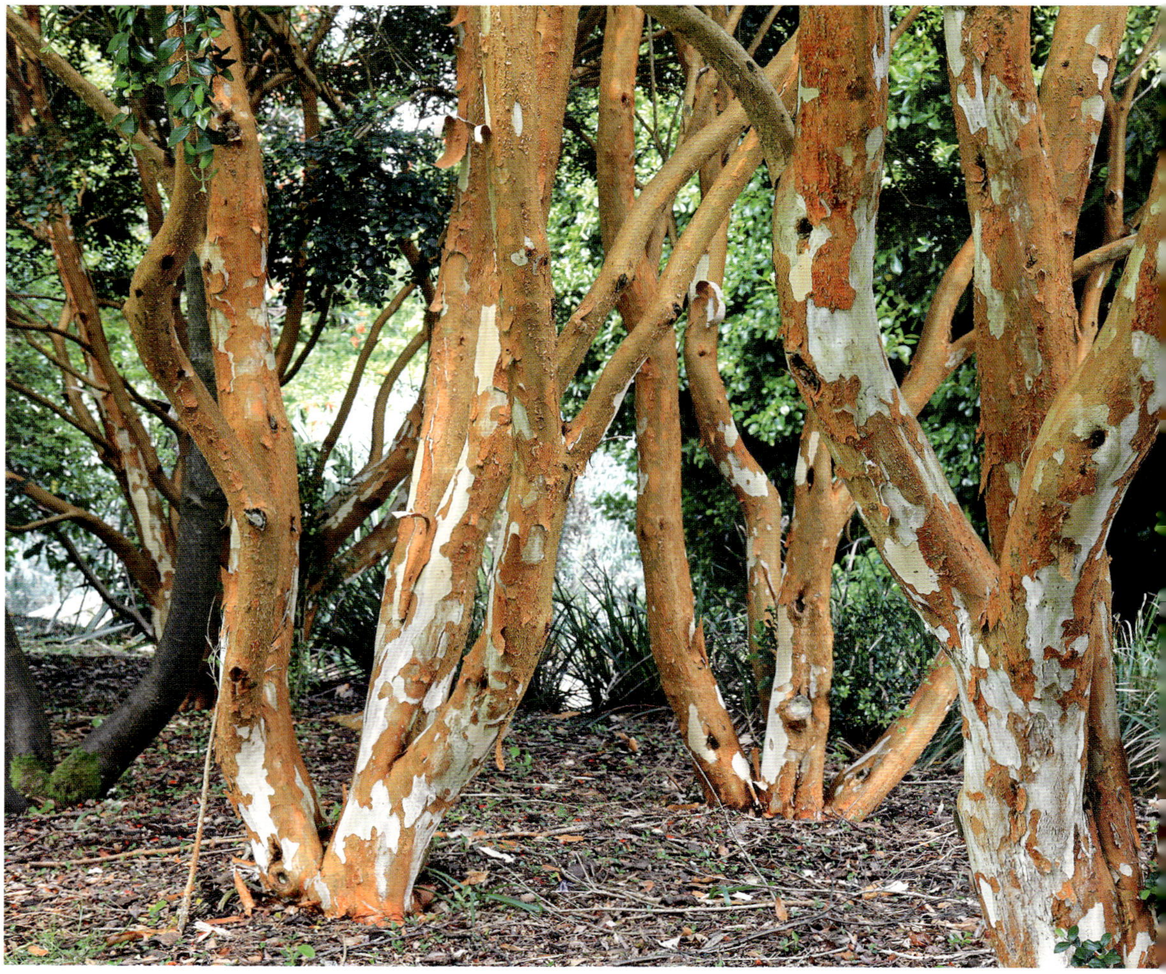

Von den Wurzeln bis hinauf ins Geäst ist *Lagerstroemia* 'Osage' von bernsteinfarbenen Borkenplacken überzogen.

NATIONAL-ARBORETUM DER USA.

Beim Abblättern der Borke zeichnen sich weiße Felder auf der von feinen Rissen durchzogenen, orangefarbenen Rinde von *Myrtus luma* ab. Sie bleibt sehr empfindlich.

LOGAN BOTANIC GARDENS, SCHOTTLAND.

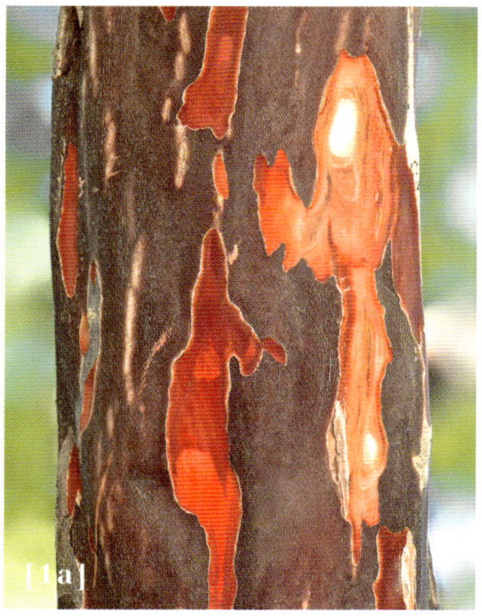

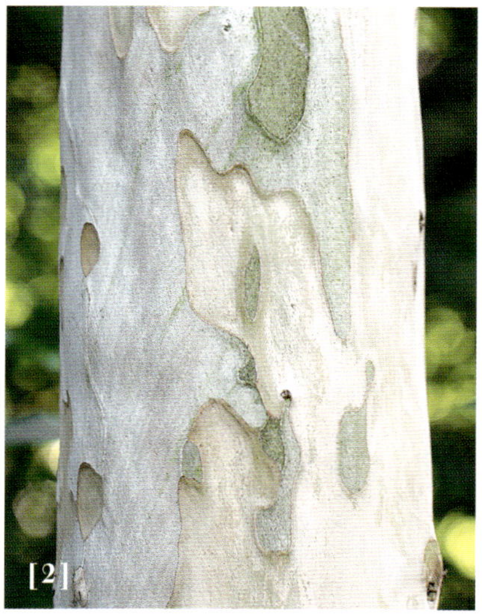

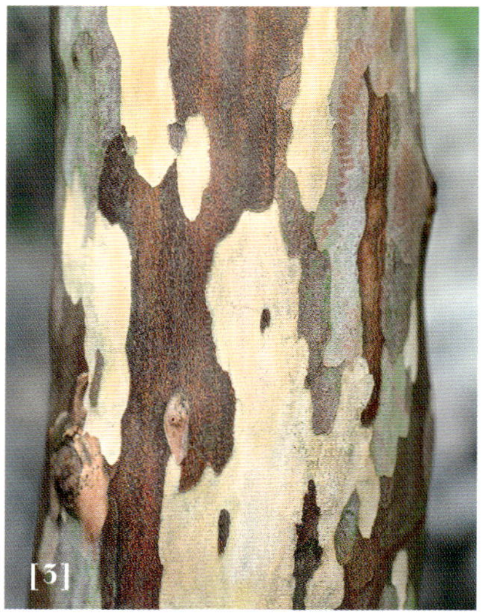

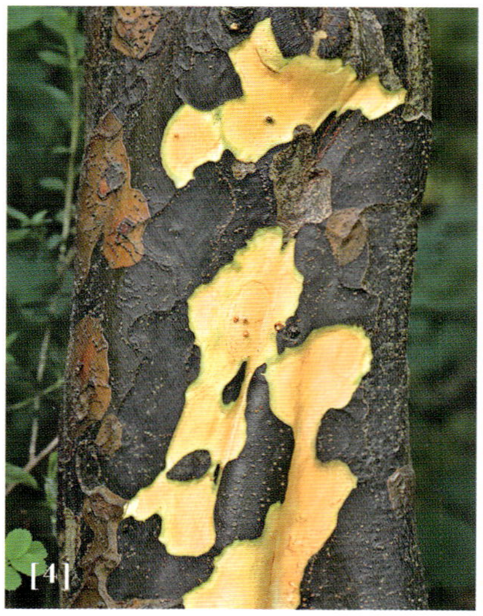

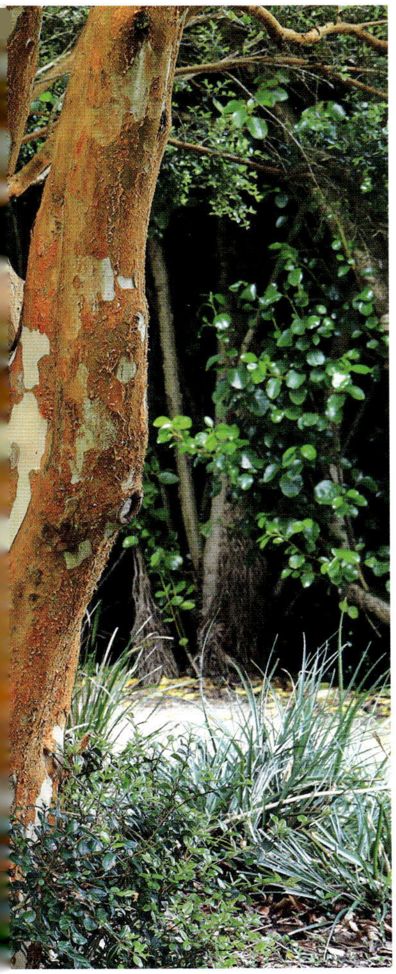

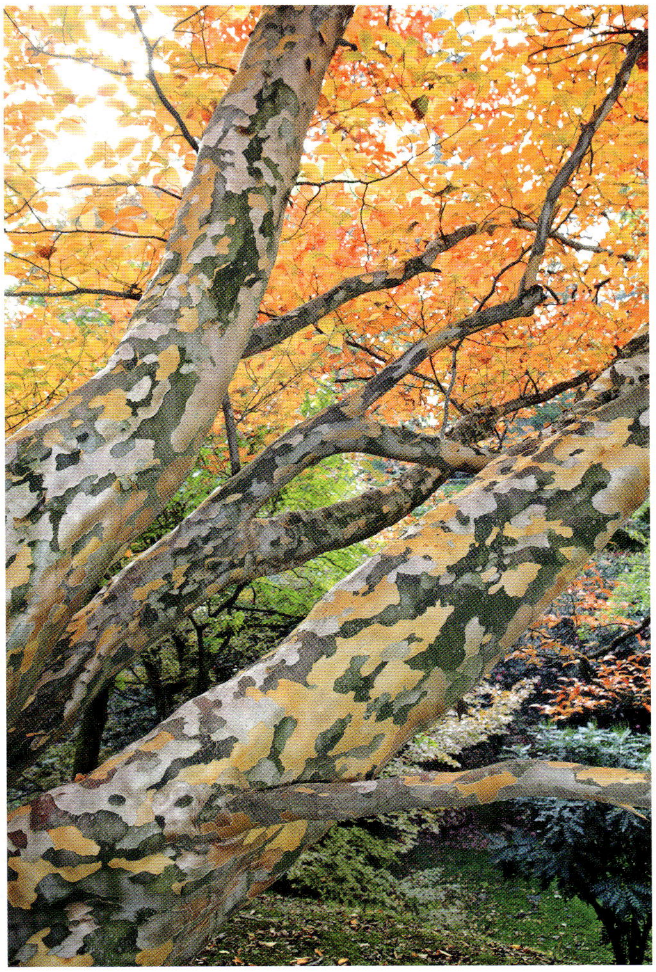

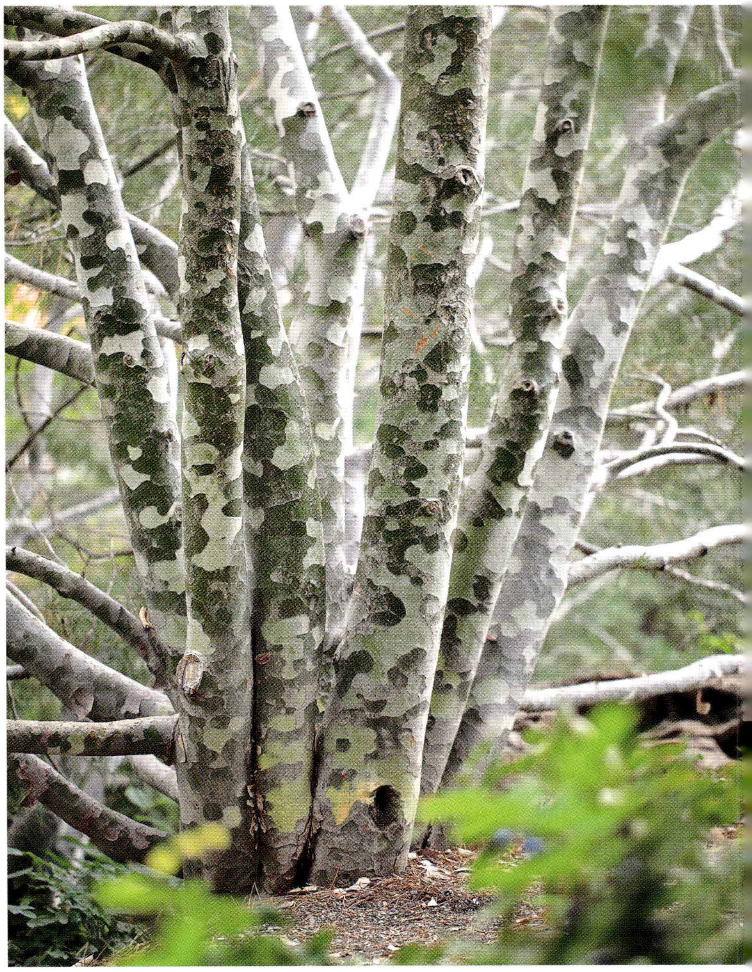

Stewartia pseudocamellia macht in jeder Hinsicht Freude – durch überwältigende Rinde, leuchtendes Herbstlaub und edle Blüten.
BOTANISCHE GÄRTEN DER VILLA TARANTO, ITALIEN.

Während der Ruhephase trennt sich *Pinus bungeana* von ihrer grau-grünen Tarnfarbe und schmückt stattdessen einige der Rindenplacken in Rot.
BOTANISCHER GARTEN DENVER, USA.

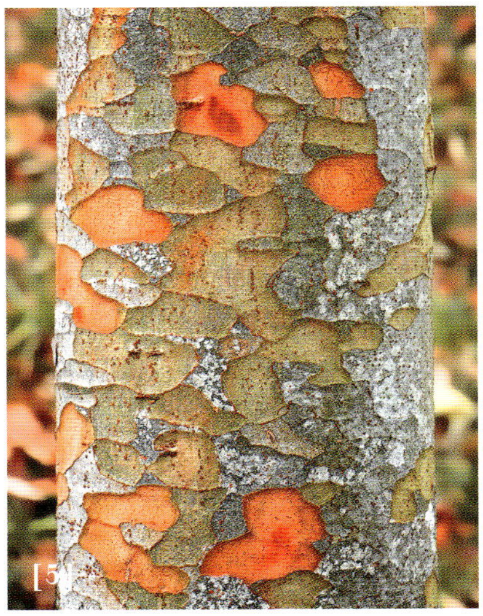
[5]

Lagerstroemia ist ein kleiner, für den winterlichen Garten idealer Baum, der von Natur aus einen skulpturalen Wuchs zeigt. Auch wenn ihr Laub im Herbst nicht flammend bunt wird, gehört die japanische Art *L. fauriei* [1a] zu den maßgeblichen Beispielen mit orangefarbenen Stämmen. Sie stand am Anfang zahlreicher Kreuzungen, aus denen sich wunderbare Ziersorten entwickelten: 'Natchez', 'Kiowa', 'Osage' [1b] oder auch 'Biloxi'. Diese zeigen alle eine schöne, bunte Rinde, eine üppige Blütenpracht im Sommer, bunt leuchtendes Herbstlaub und eine ausgesprochen starke Widerstandskraft gegen Mehltau.
In einem kleinen Garten darf man sich auch von anderen originellen Arten verführen lassen: *Cornus wilsoniana* [2] besitzt eine Rinde, die an *Eucalyptus pauciflora* erinnert; *Clethra barbinervis* [3] trägt duftende Blüten und schöne Herbstfärbung; die Holzquitte *Pseudocydonia sinensis* [4] bedeckt sich gegen Ende der schönen Jahreszeit mit Quitten und schmückt sich mit einem scharlachroten Kleid. Unter den größten Bäumen ist *Zelkova sinica* [5] konkurrenzlos in ihrer Pracht. Bei der Borkenablösung bilden sich zahlreiche orangefarbene Flecken auf dem Stamm.
Auch *Ulmus parvifolia* und *Parrotia persica* sorgen für eine schöne Überraschung, sofern man ein gut veredeltes Exemplar erwischt hat.

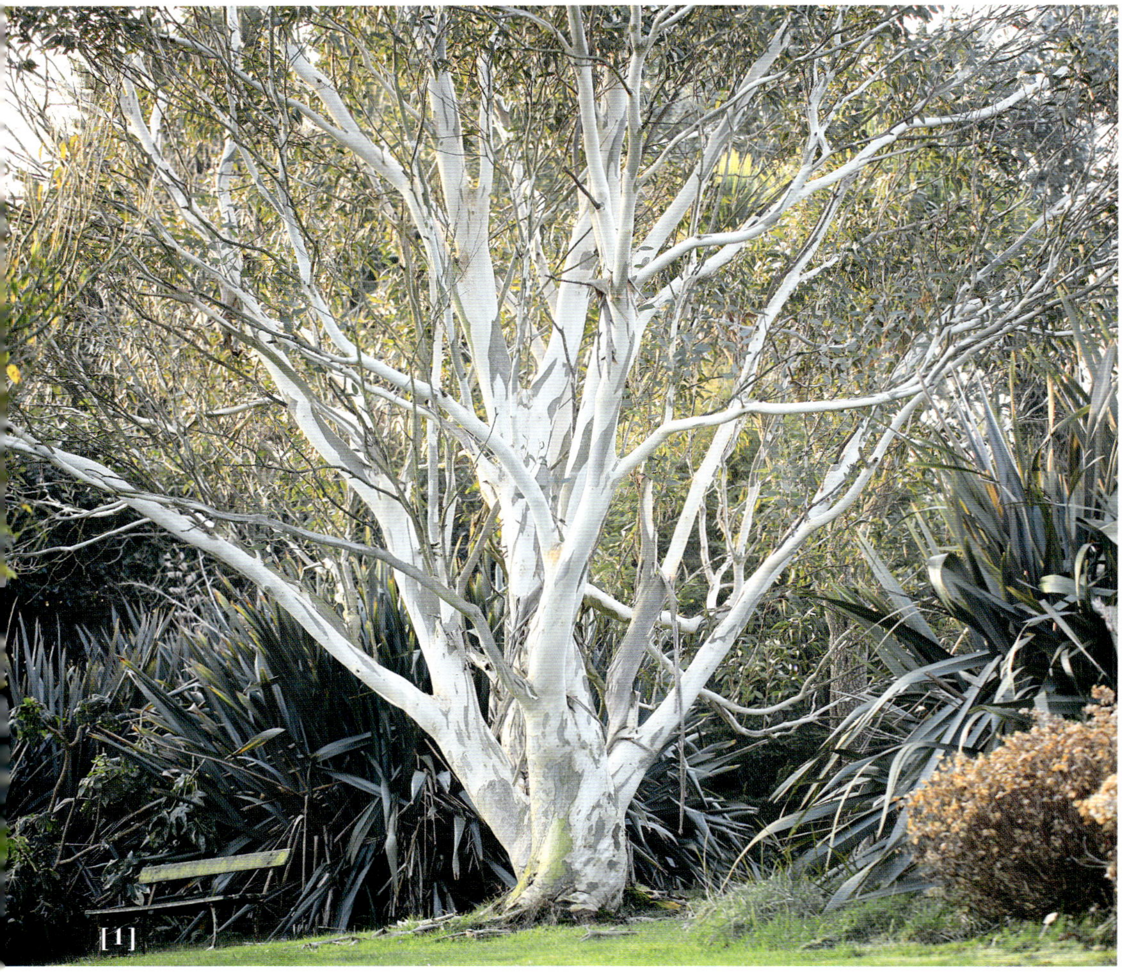

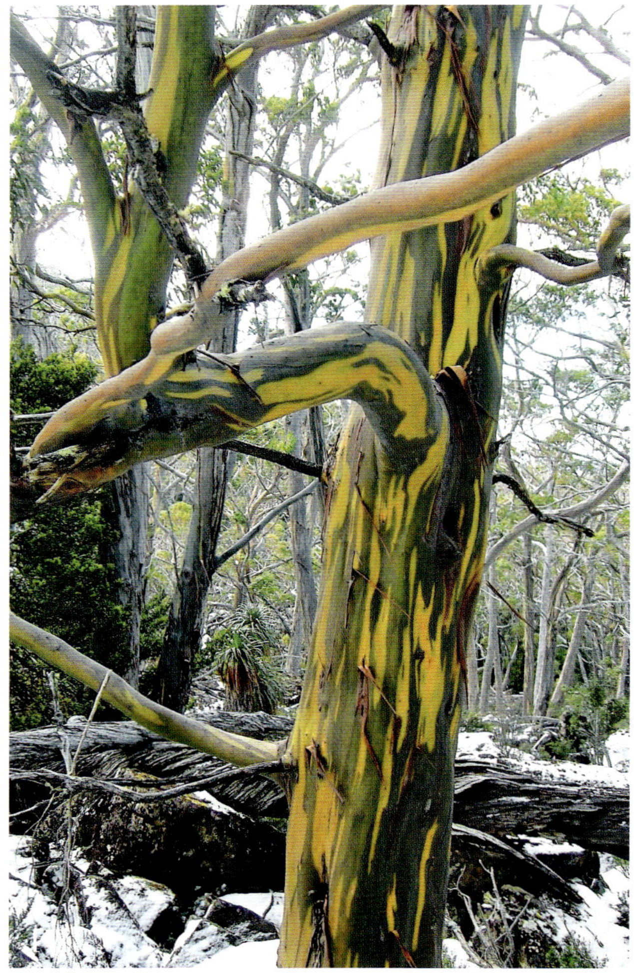

Die dunkle Kulisse aus *Phormium tenax* bringt diese elegante Erscheinung von *Eucalyptus pauciflora* subsp. *debeuzevillei* und dessen strahlende, grau marmorierte Äste wunderbar zur Geltung.
LA BIZERIE, FRANKREICH.

Bei *Eucalyptus subcrenulata* wirkt die Feuchtigkeit wie ein Motor, der die Farben aufleben lässt.
MOUNT FIELD NATIONAL PARK, TASMANIEN.

Die winterharten *Eucalyptus*-Arten aus den Snowy Mountains in Südost-Australien oder aus den Bergen und Höhenlagen Tasmaniens eignen sich besonders für die Winter-Gartengestaltung. *Eucatyptus pauciflora* subsp. *debeuzevillei* [1] oder die Unterart *niphophila*, *Eucalyptus gregsoniana* ebenso wie *Eucalyptus coccifera*, die je nach Wachstumsbedingungen unterschiedliche Farbigkeit entwickeln können, sind relativ große Blaugummibäume mit heller Borke. Andere in den Bergen heimische Arten wie *Eucalyptus stellulata* [2] oder der erstaunliche *Eucalyptus subcrenulata* [3] entwickeln Stämme mit mehrfarbiger Rinde.

RECHTS: Der gespenstische *Eucalyptus pauciflora* subsp. *pauciflora* ist unglaublich weiß. Er ist der höchste und am weitesten verbreitete Schnee-Eukalyptus.
KÖNIGL. BOTANISCHE GÄRTEN KEW, ENGLAND.

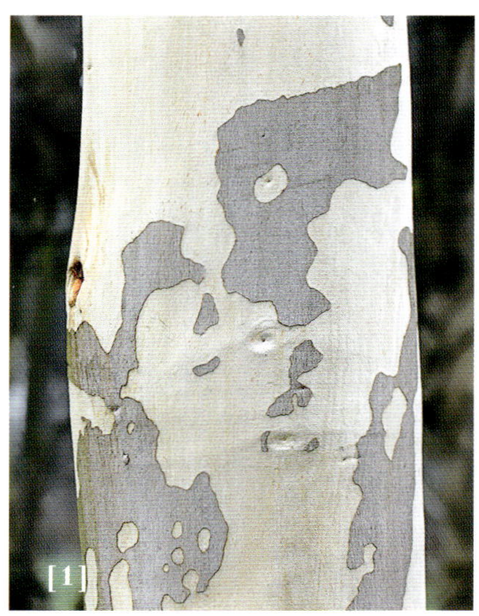

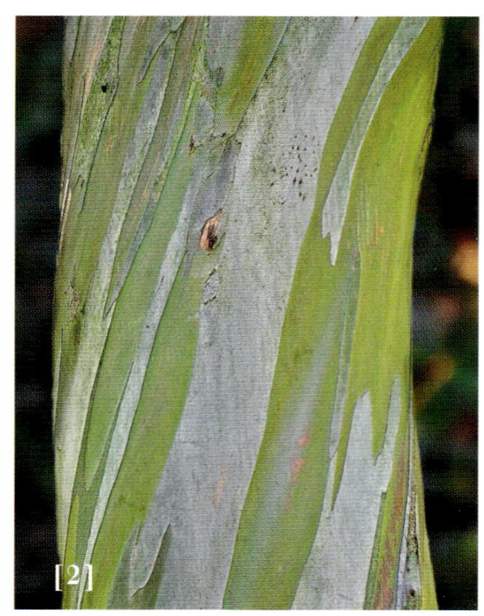

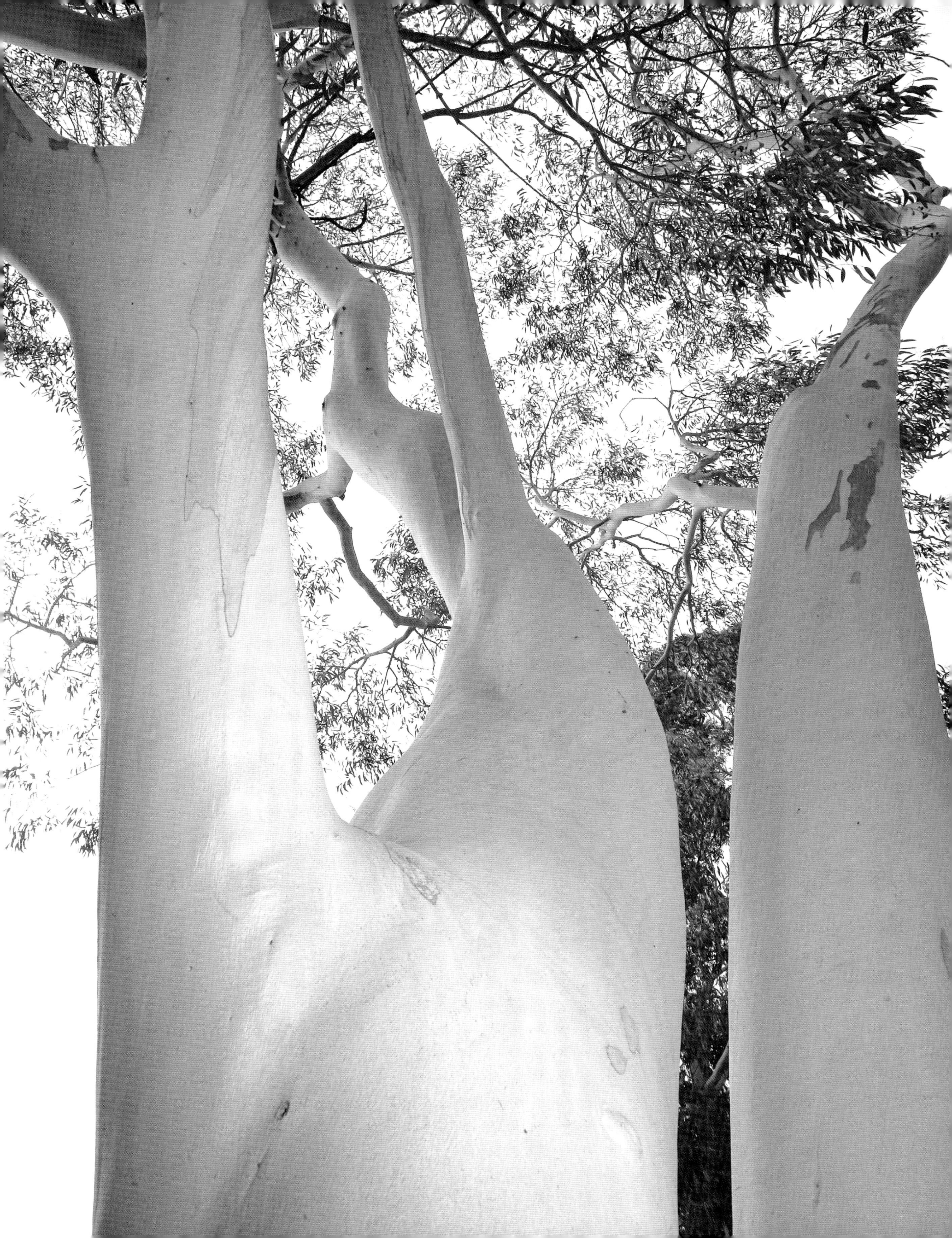

CORNUS (HARTRIEGEL)

Hartriegel-Arten mit farbigem Geäst sind vor allem kleine Sträucher, die sich durch Wurzelausläufer stark vermehren. Bei der Winter-Gartengestaltung sind sie ein Muss. Ihre Triebe bieten eine reiche Vielfalt lebendiger Farben von Grün bis zu dunklem Purpur.

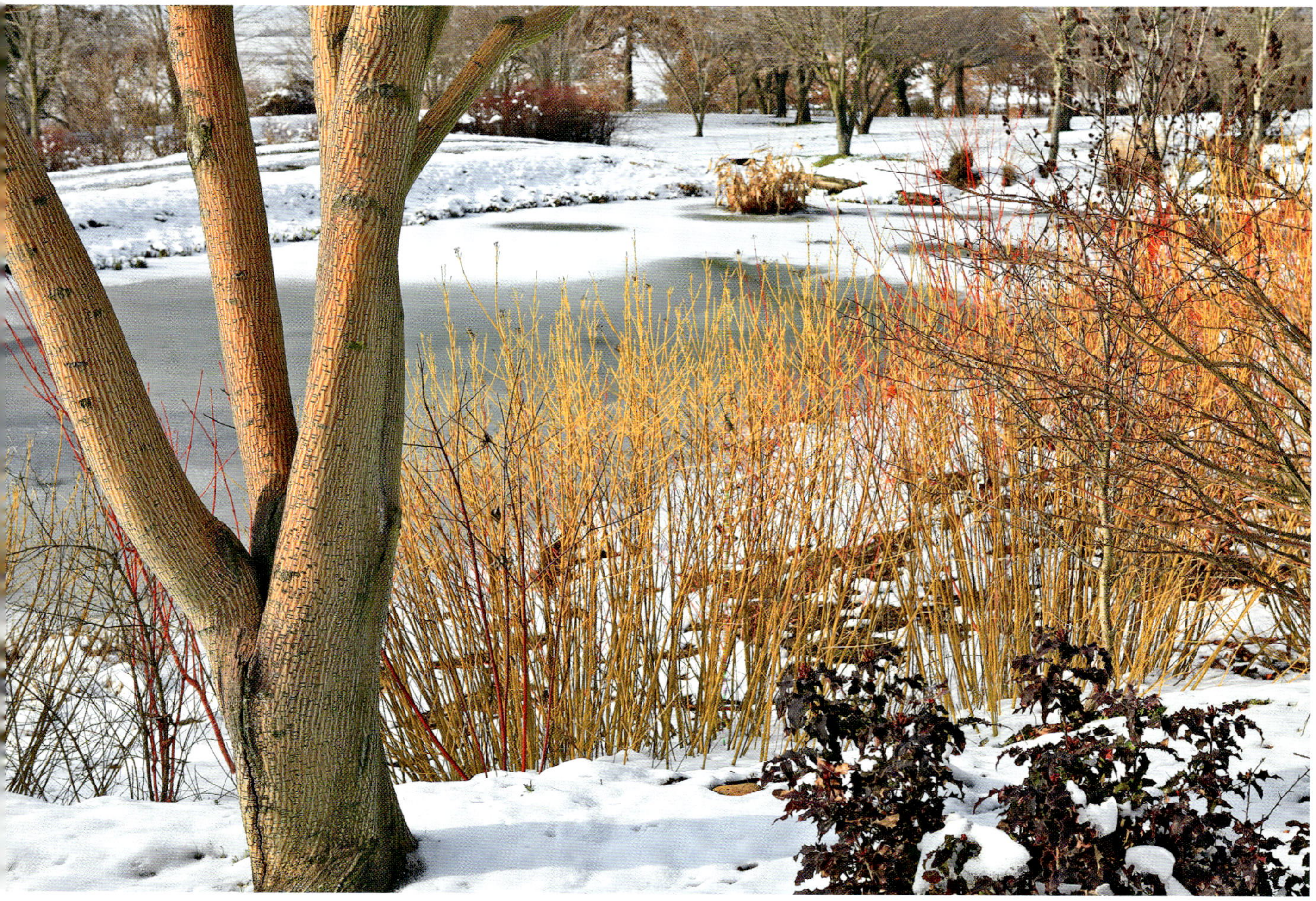

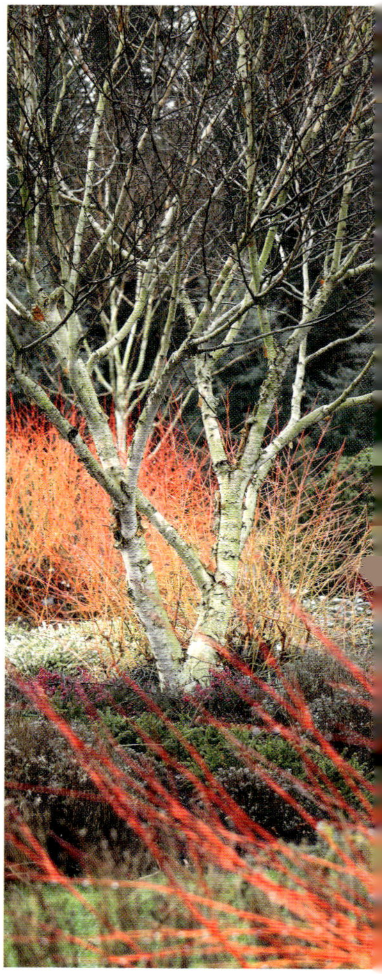

Durch große Kälte verfärben sich die anfangs schimmernd grünen Triebe von *Cornus sericea* 'Flaviramea' gleichzeitig mit der Rinde von *Acer davidii* 'Rosalie' und nehmen einen gelblichen Farbton an.
JARDIN DU BOIS MARQUIS, FRANKREICH.

Wie runde Flammen in Gelb, Orange und Rot bilden die kleinen Sträucher *Cornus sanguinea* 'Midwinter Fire' einen wunderbaren Kontrast zum Weiß der Birken.
BRESSINGHAM GARDENS, ENGLAND.

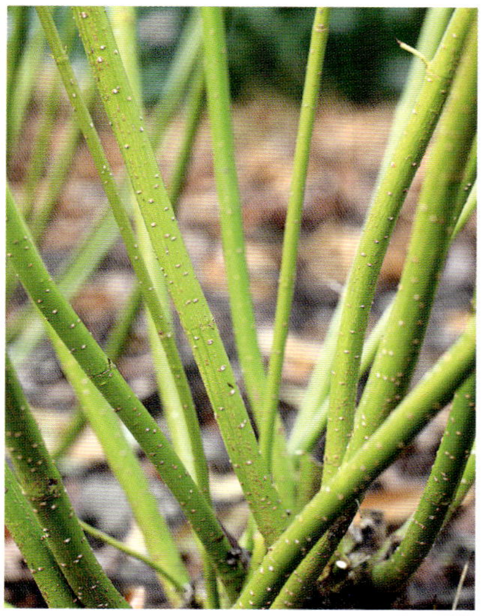

Cornus sericea 'Flaviramea'

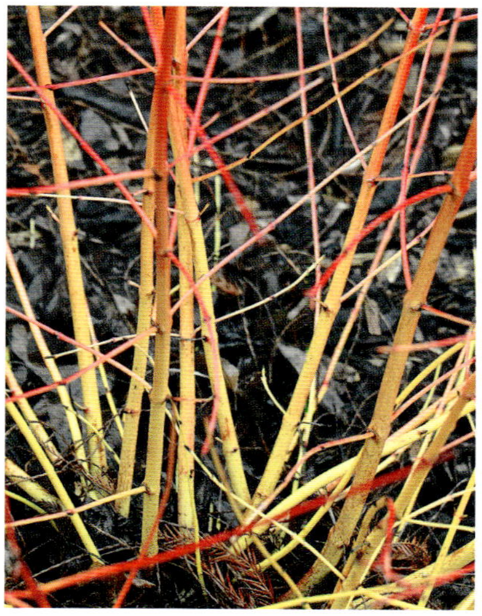

Cornus sanguinea 'Midwinter Fire'

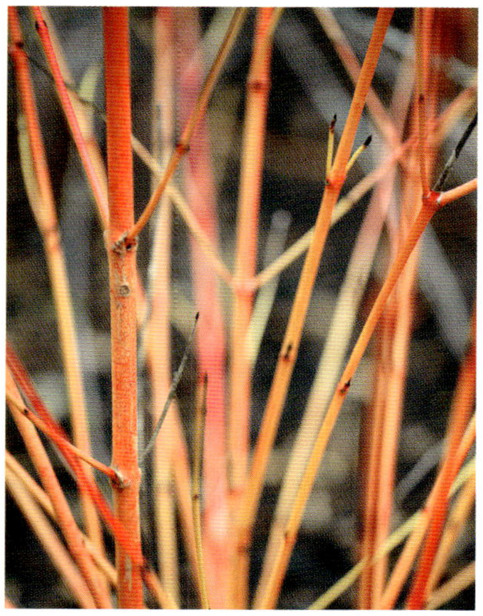

Cornus sanguinea 'Magic Flame'

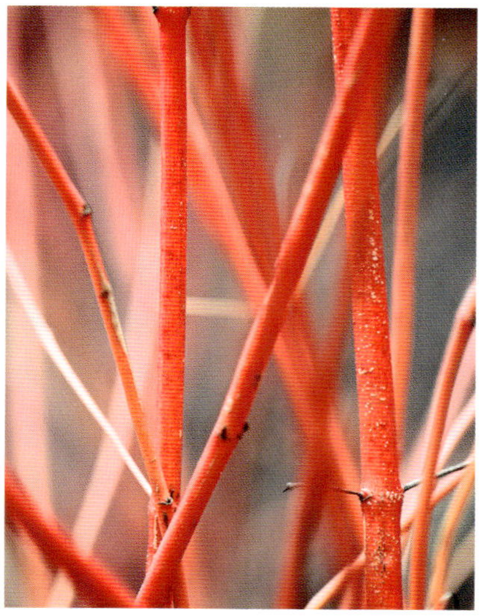

Cornus sanguinea 'Anny's Winter Orange'

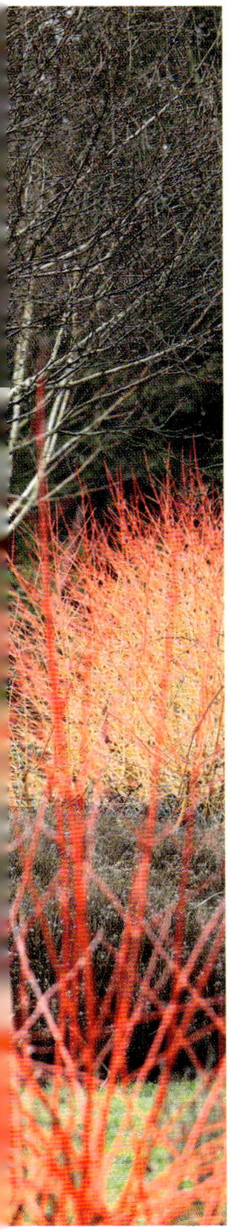

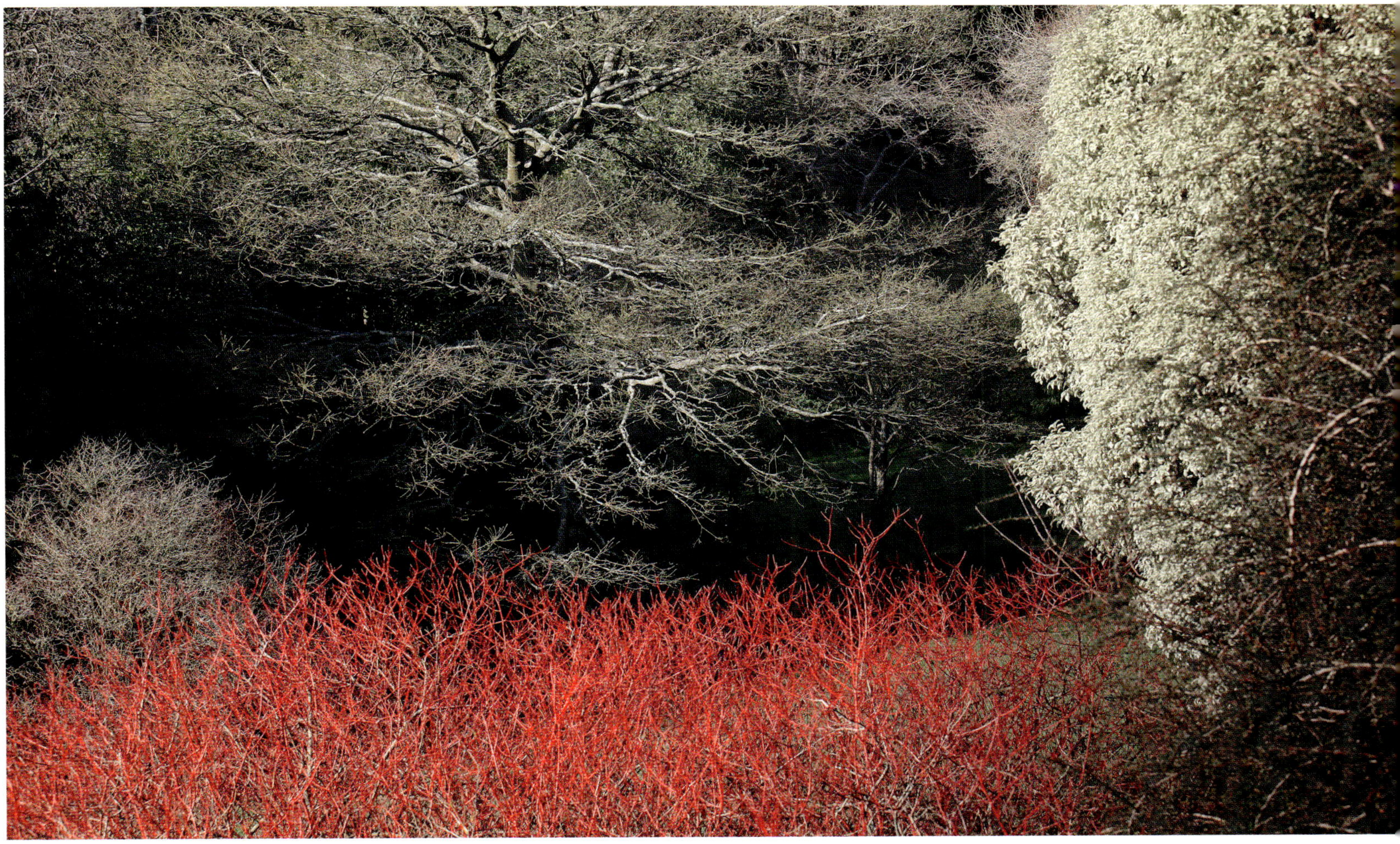

Mit seinem funkelnden Geäst hellt Cornus alba 'Sibirica', in Grüppchen gepflanzt, die düstersten Ecken des Gartens auf.
JARDINS DE KERDALO, FRANKREICH.

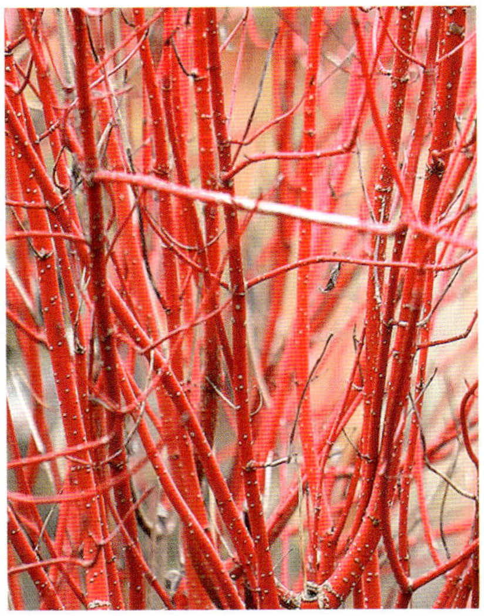

Cornus alba 'Bâton Rouge'

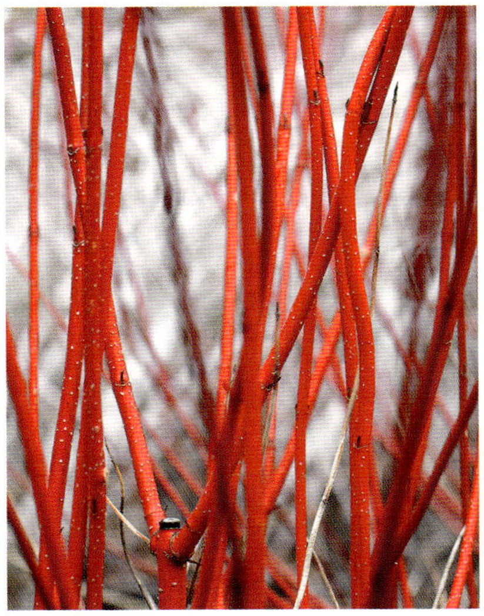

Cornus alba 'Westonbirt'

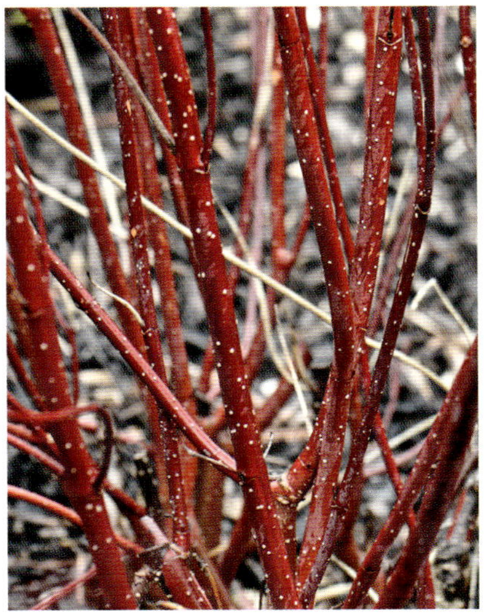

Cornus sericea 'Baileyi'

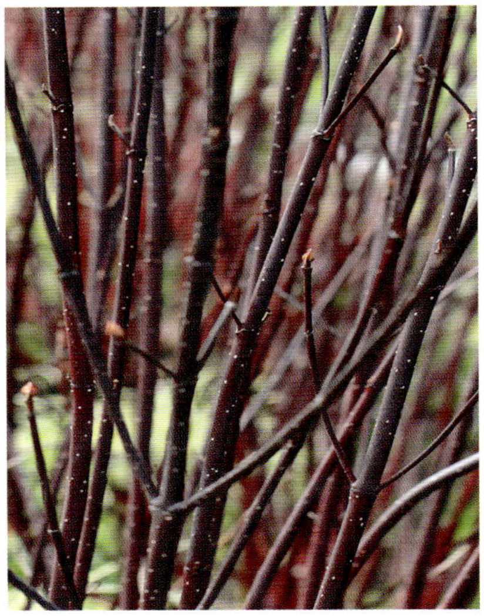

Cornus alba 'Kesselringii'

SCHNITT UND ENTWICKLUNG EINER PFLANZUNG WÄHREND EINES JAHRES

Hartriegel-Arten müssen drastisch und regelmäßig zurückgeschnitten werden, um den Wuchs neuer, leuchtend bunter Triebe anzuregen. Dieser Kopfschnitt oder Rückschnitt geht leider zulasten der Blüten, die sich nur auf dem Holz des Vorjahres ausbilden.

Hartriegel mit kräftiger Triebentwicklung kappt man jedes Jahr. Bei langsamem Wuchs der Triebe schneidet man sie allerdings nur alle zwei Jahre ganz zurück.

Bei dichten Pflanzungen verwendet man zum Kürzen die Heckenschere oder eine Motorsäge. Abschließend schneidet man mit der Gartenschere die Äste bis auf 5 bis 8 Zentimeter über dem Hauptstamm ab.

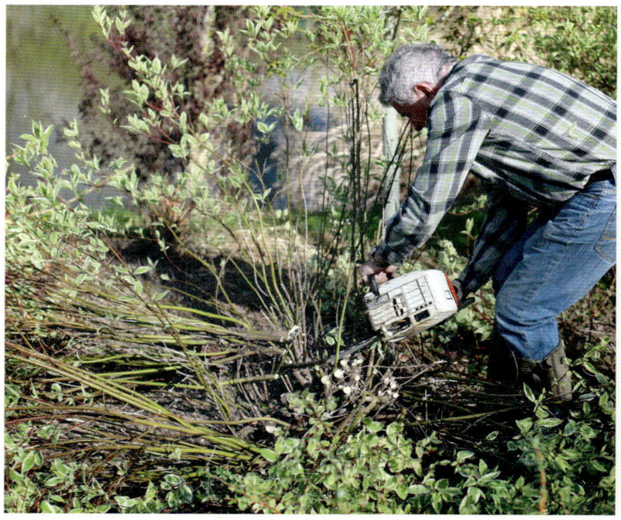

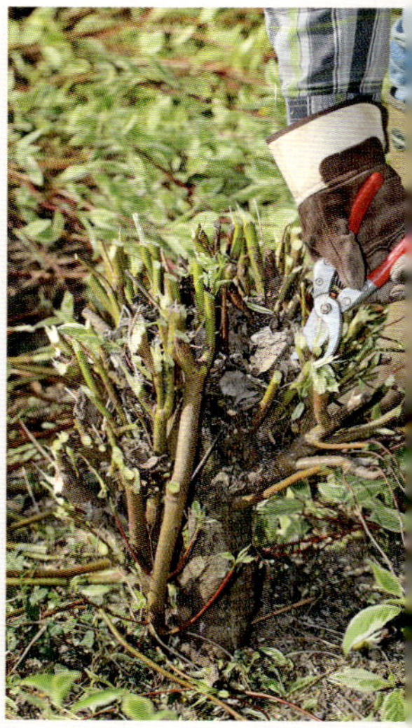

JARDIN DU BOIS MARQUIS, FRANKREICH.

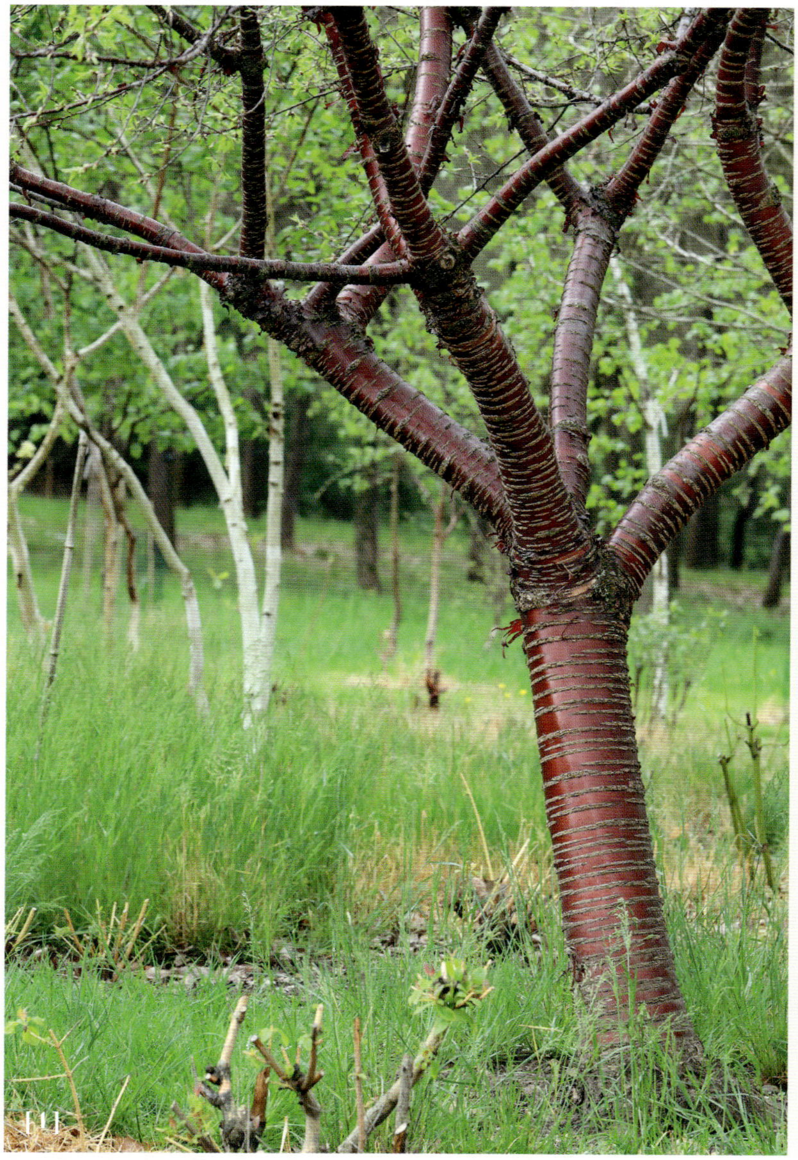

[1]

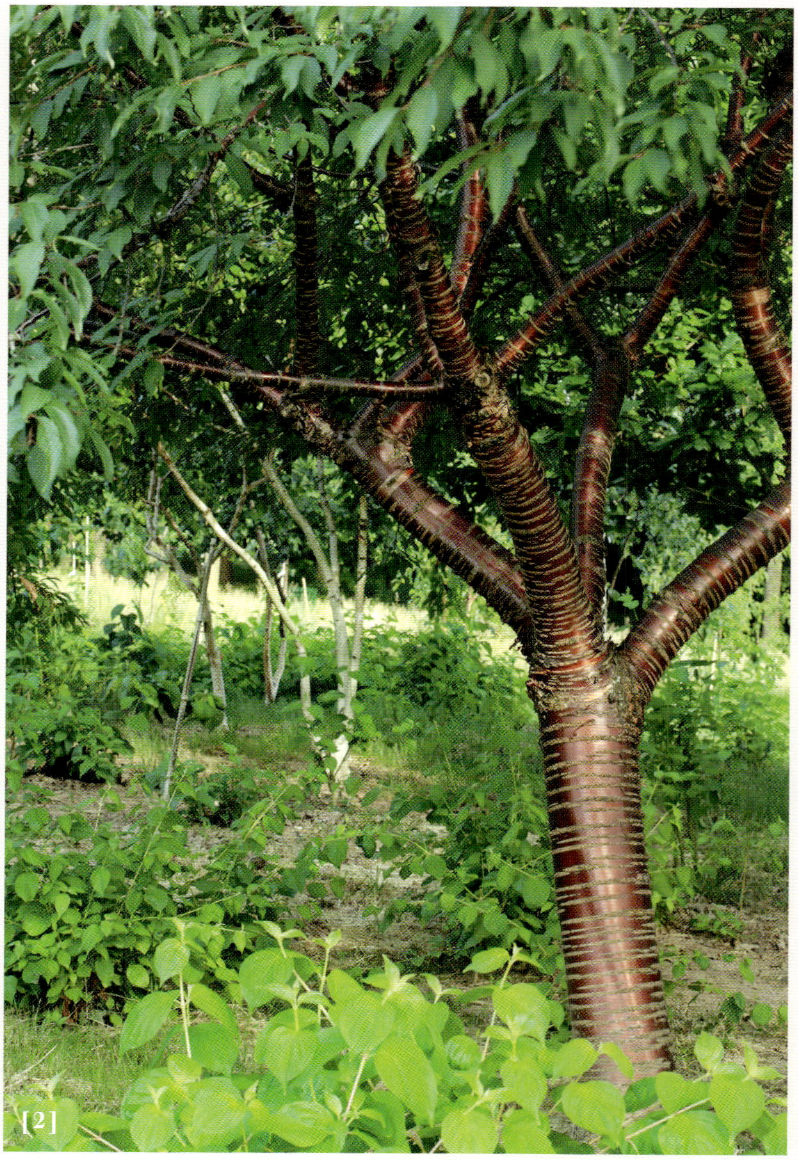

[2]

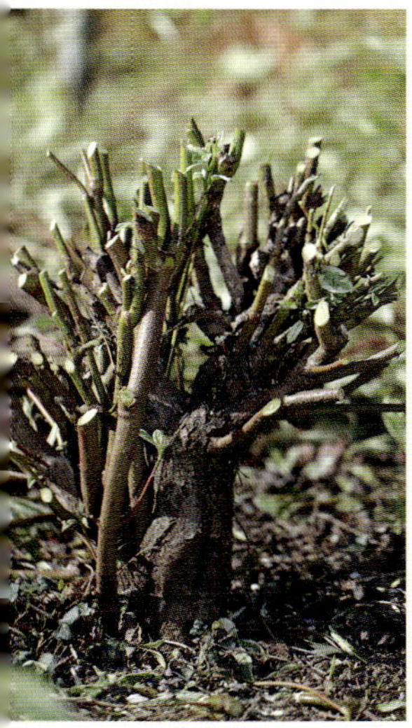

[1] Im zeitigen Frühjahr sind alle Hartriegel stark zurückgeschnitten. Einige Wochen lang sieht diese Gartenpartie etwas kahl aus. Man sollte sich nicht scheuen, den Hartriegel mit strukturgebenden Pflanzen (Stämmen, Immergrünen mit bunten Blättern) zu kombinieren. So kann man auch nach dem starken Rückschnitt einen schönen jahreszeitlichen Übergang erzielen.

[2] Anderthalb Monate später hat die Natur sich ihren Raum zurückerobert. Die Vegetation bedeckt einen Gutteil der verfügbaren Fläche.

[3] Im Herbst färbt sich eine Hartriegel-Art nach der anderen. *Cornus alba* 'Westonbirt' eröffnet den Reigen, dann übernimmt im Vordergrund *Cornus sanguinea* 'Magic Flame'. Die Züchtung 'Winter Flame' hinter dem Zierkirschbaum (*Prunus serrula*) beschließt den Reigen.

[4] Im Winter leuchten die Triebe mindestens vier bis fünf Monate lang. Sie schenken einen farbenfrohen Anblick, der jeden noch so düsteren Wintertag erhellt.

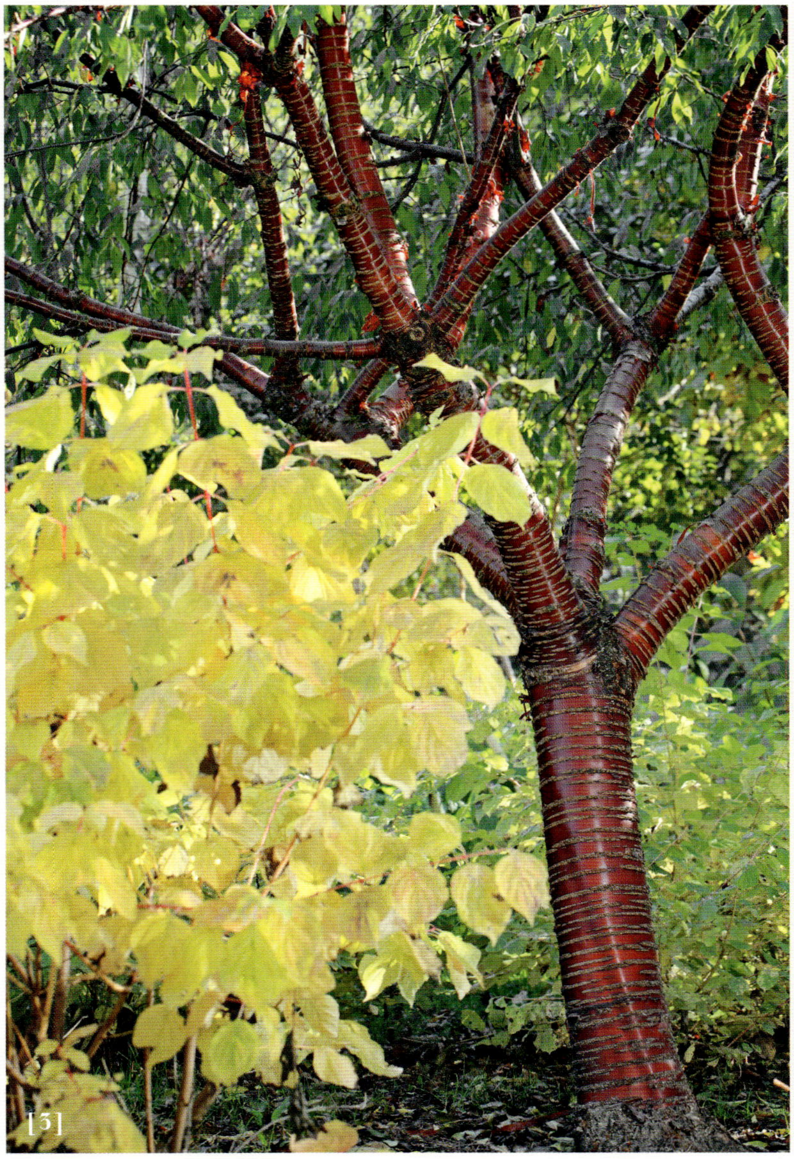

[3]

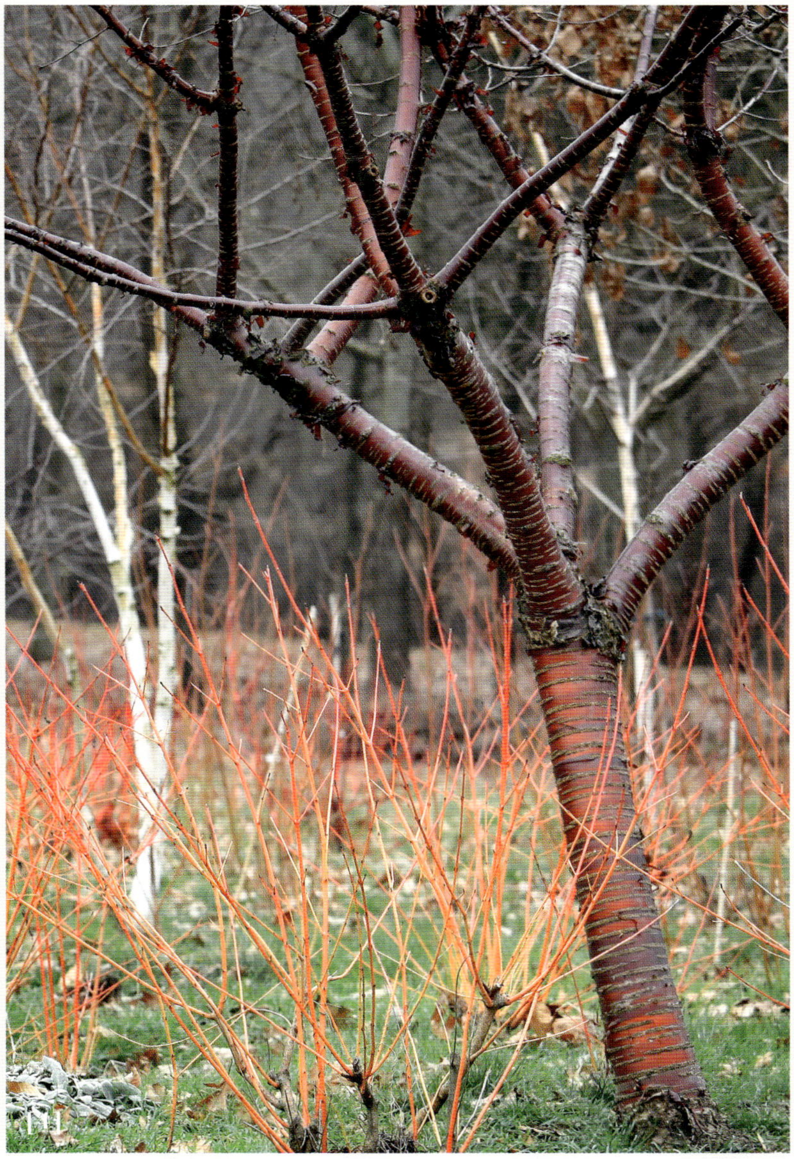

[4]

HERBSTLAUB

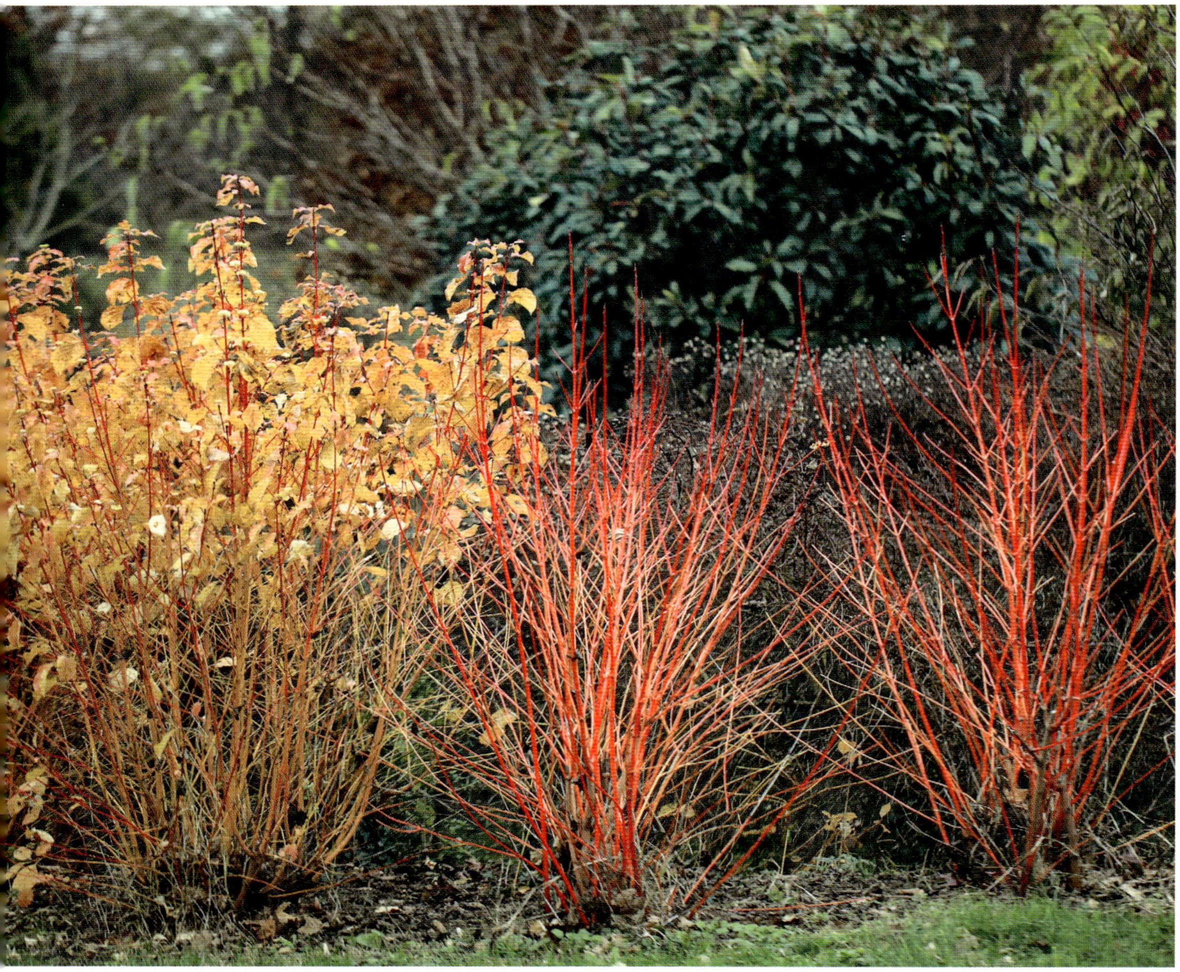

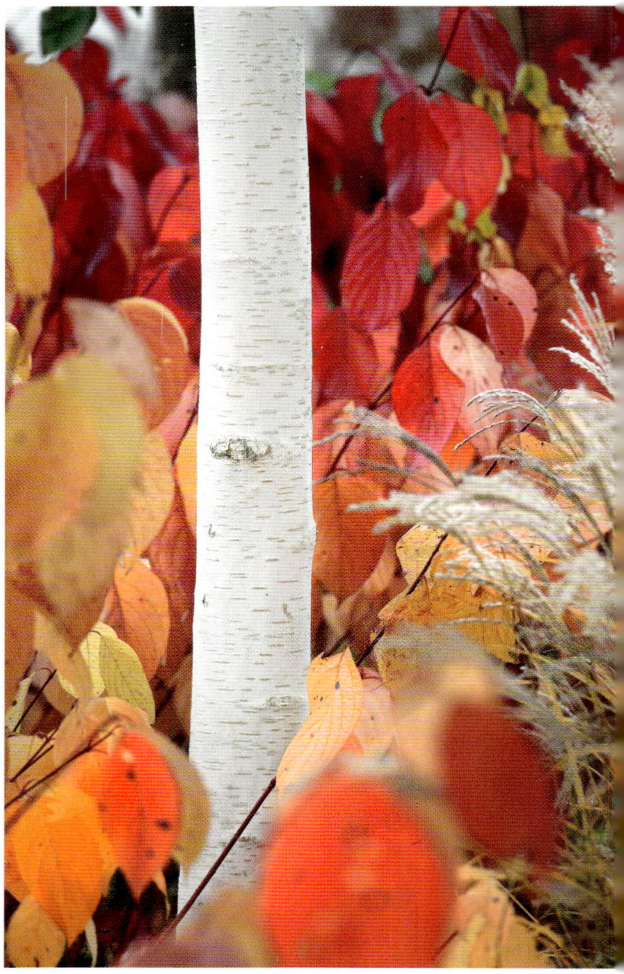

Der Zeitpunkt des Laubfalls hängt von der Sorte ab. 'Winter Flame' links im Bild trägt noch ein hübsches Kleid, während 'Magic Flame' rechts schon kahl ist.
JARDIN DU BOIS MARQUIS, FRANKREICH.

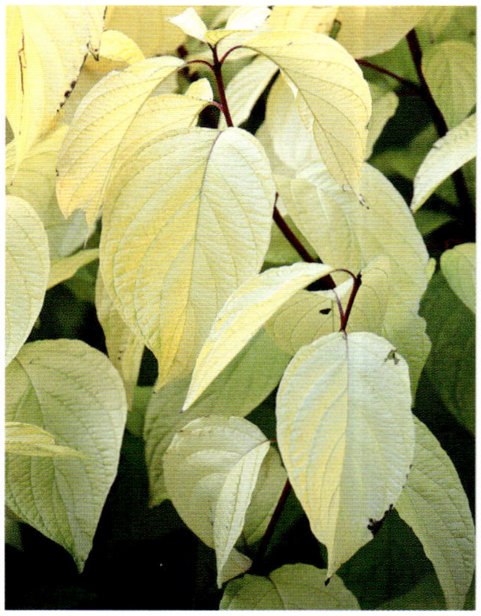

Cornus alba 'Aurea'

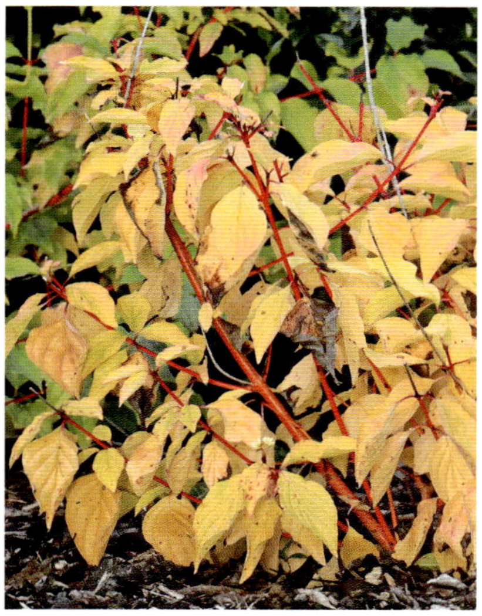

Cornus sanguinea 'Magic Flame'

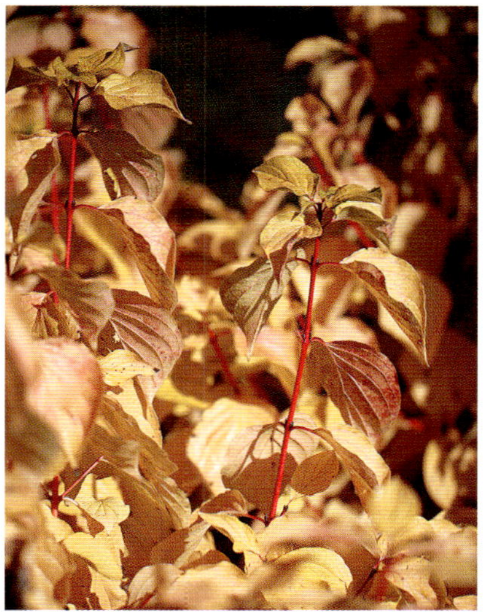

Cornus sanguinea 'Winter Flame'

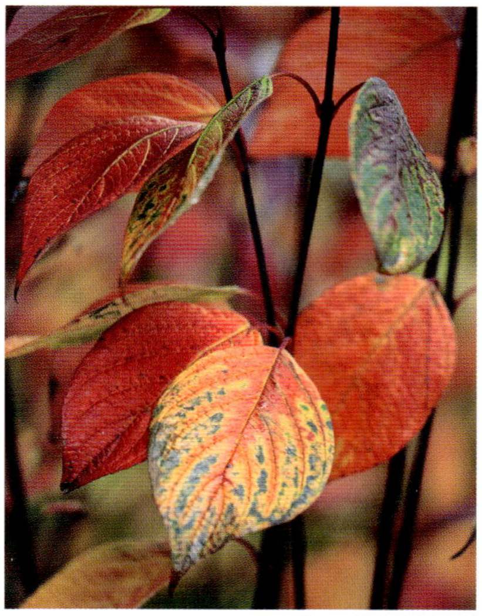

Cornus alba 'Kesselringii'

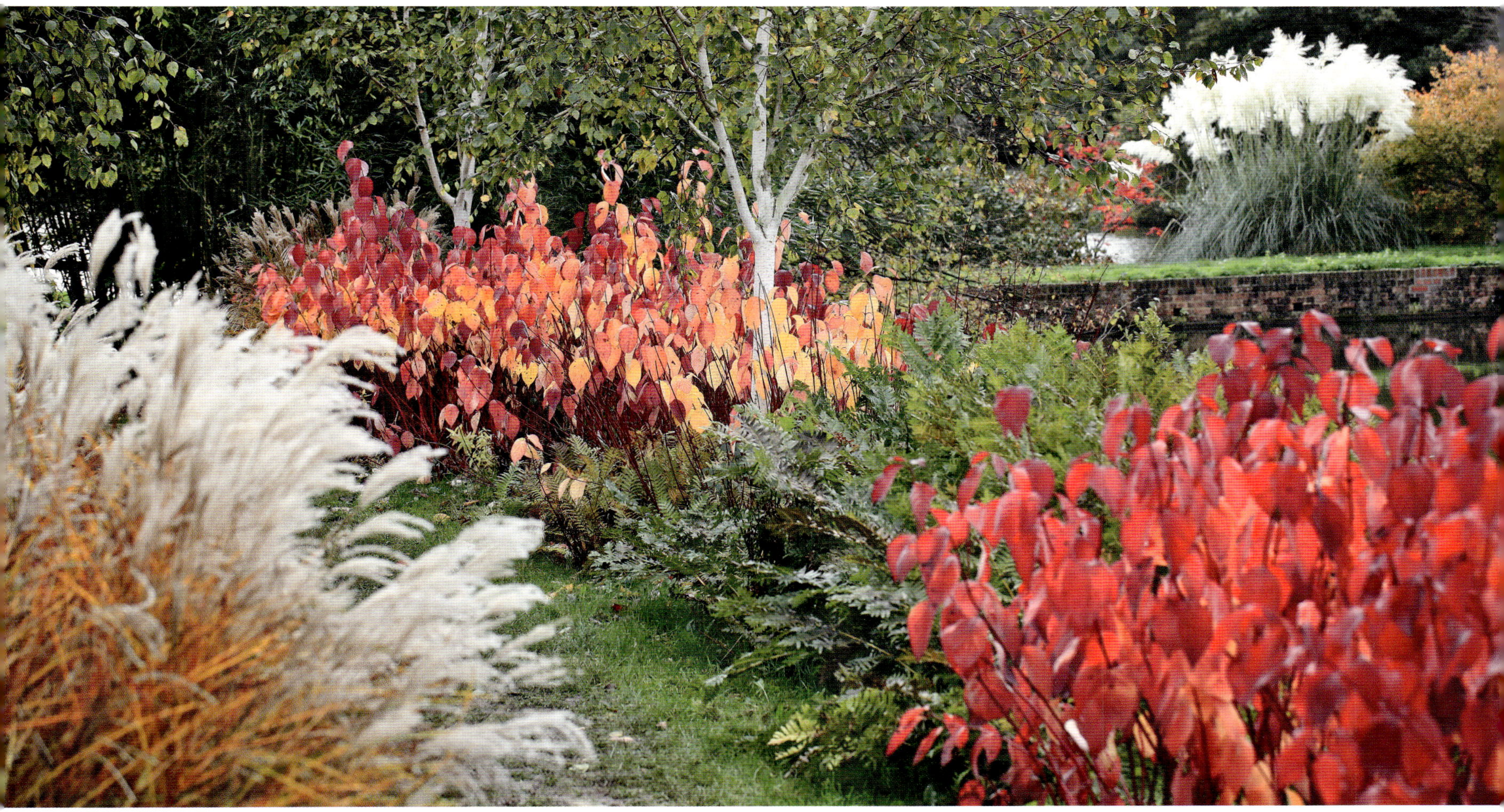

Einem Feuerwerk gleich, beginnt die Herbstfärbung von Cornus alba 'Sibirica'. An einem Strauch hängen Blätter in den Farben Gelb, Orange, Rosa, Purpur und Rot.

MARKS HALL GARDENS & ARBORETUM, ENGLAND.

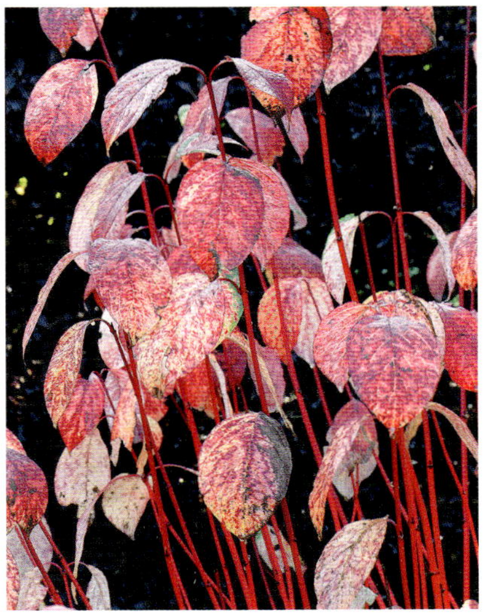

Cornus alba 'Sibirica'

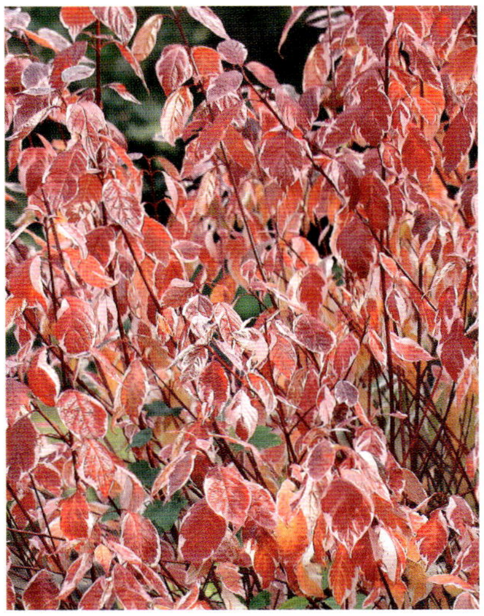

Cornus alba 'Sibirica Variegata'

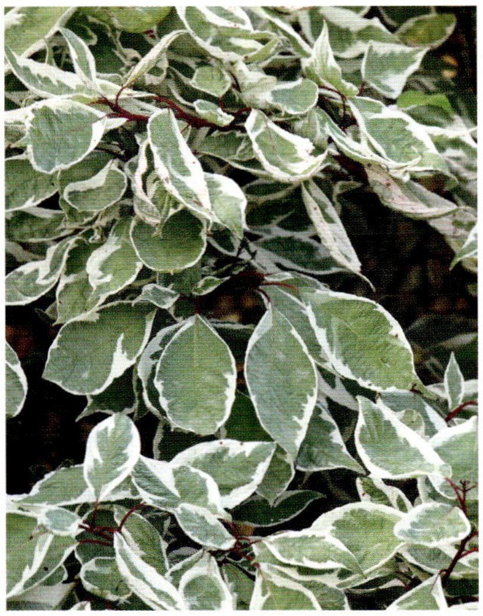

Cornus alba 'Ivory Halo'

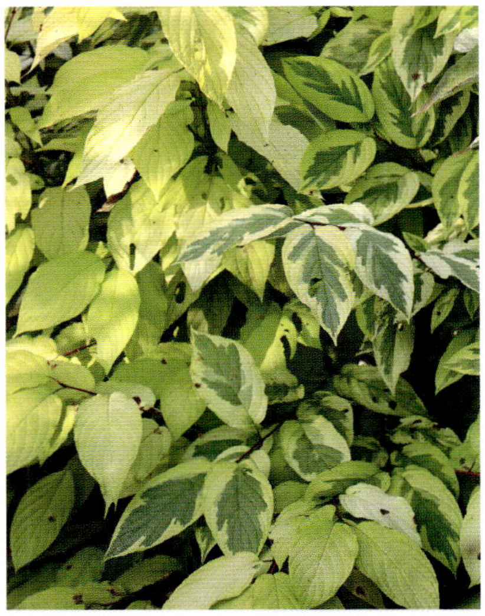

Cornus sericea 'Hedgerows Gold'

SALIX (WEIDE)

Als einzelne Exemplare oder in Gruppen gepflanzt, hellen die Weiden mit farbigem Holz den Garten auf. An einem Wasserlauf oder einem Teich zeigen sie ihre ganze Schönheit. Man muss sie alljährlich komplett zurückschneiden, um die bunten Farben zur Geltung zu bringen.

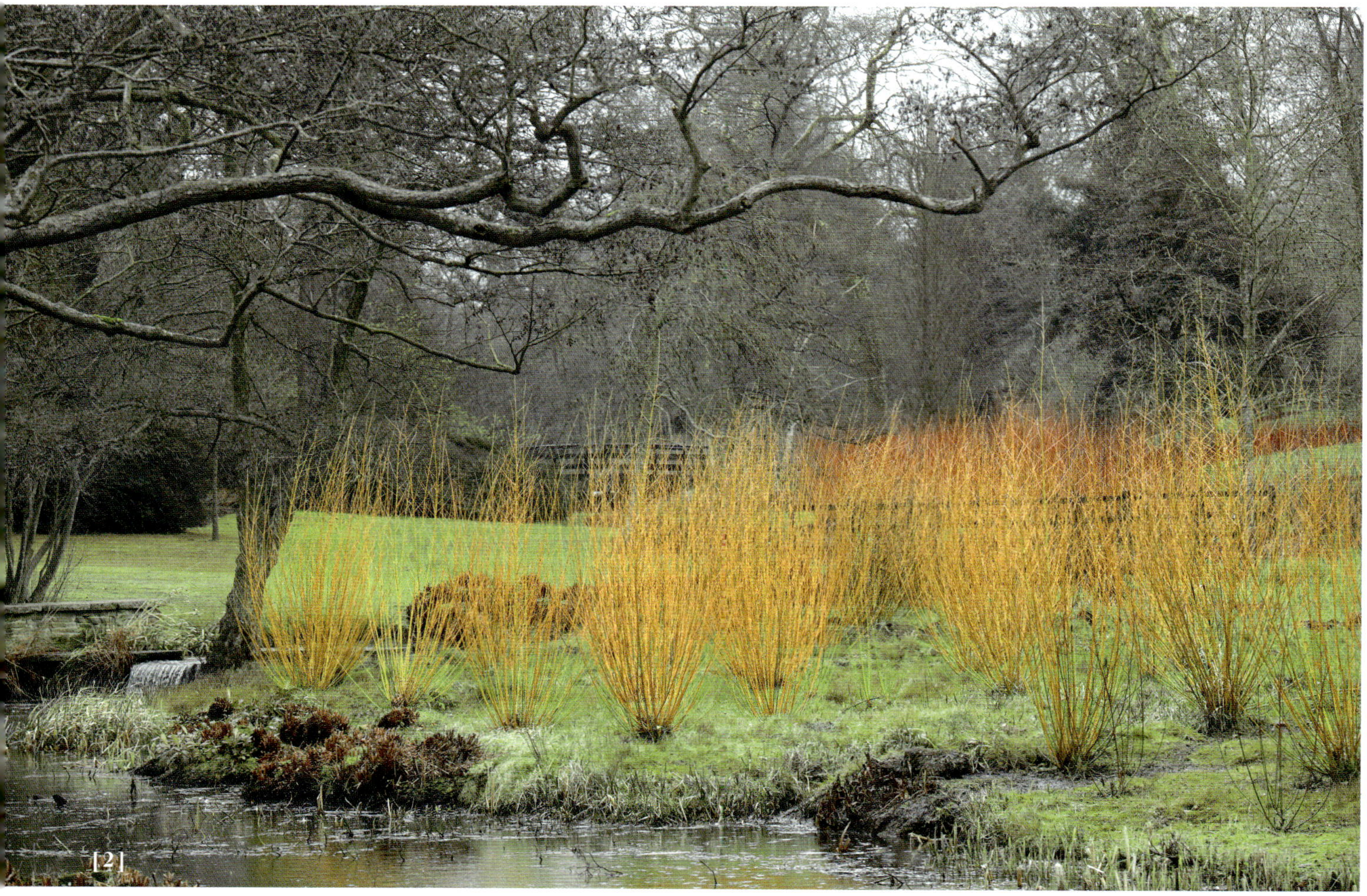

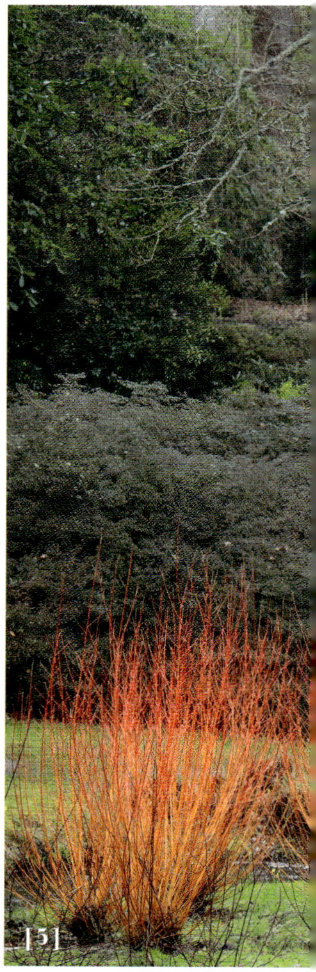

SAVILL GARDEN, ENGLAND.

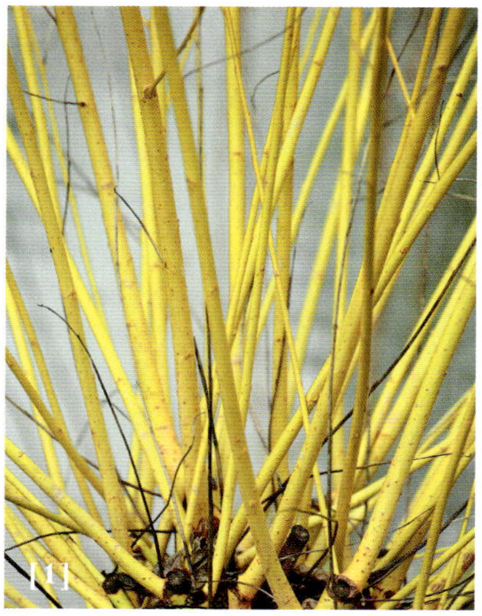

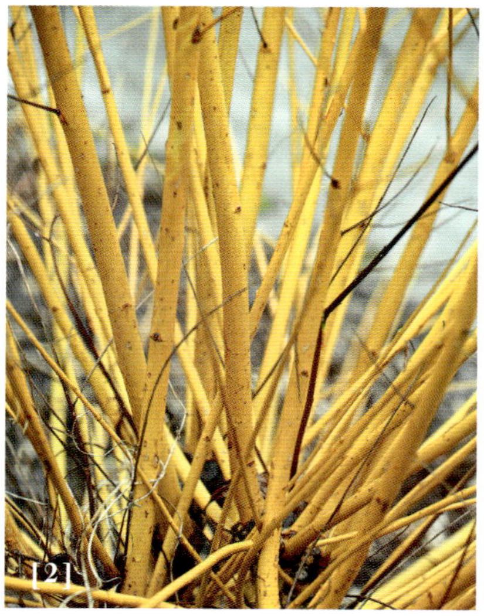

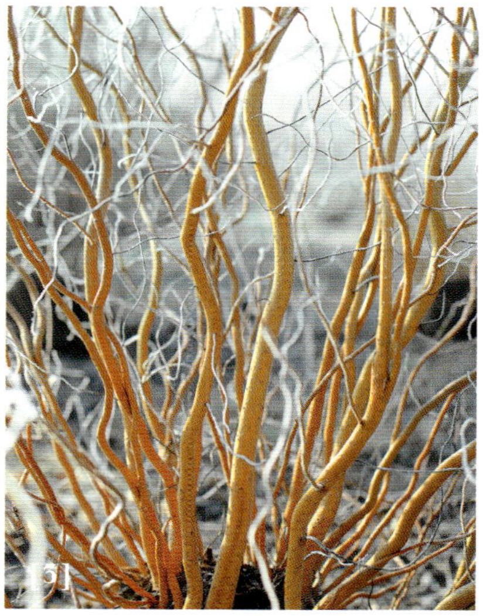

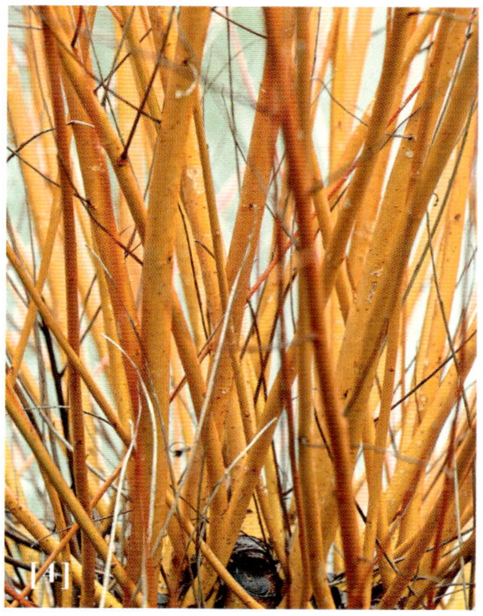

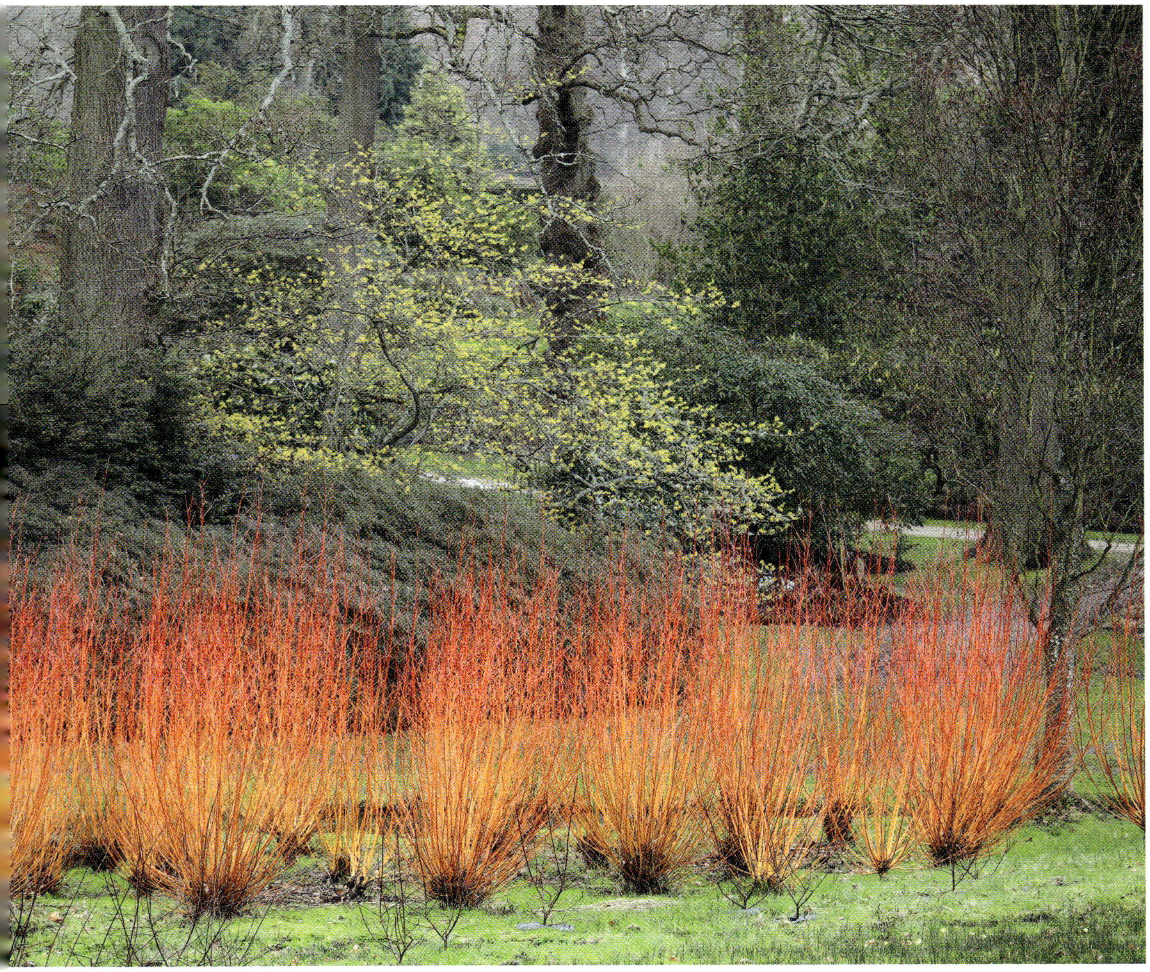

SAVILL GARDEN, ENGLAND.

WARME FARBEN

Am häufigsten findet man Gelb- und Orangetöne in vielen Schattierungen.
Salix alba 'Jaune Hâtif' [1] ist intensiv gelb gefärbt, etwas stechend und sehr leuchtend.
Salix alba 'Golden Ness' [2] und 'Jaune de Falaise' zeigen ein schönes Gelb, das leicht bernsteinfarben getönt ist.
Bei den Orangetönen findet man die drei Klassiker: *Salix* × 'Erythroflexuosa' [3] mit knorrig-gewundenen Zweigen, *Salix alba* 'Britzensis' [4] in einem leben-digen Orangeton und *Salix alba* 'Yelverton' [5], noch leuchtender, am Stamm gelborange und zu den Spitzen der Triebe hin rötlich.
Blutrot findet man bei den Weiden nicht. Am ehesten nähern sich drei Züchtungen dieser Farbschattierung: *Salix alba* 'Flame Red' (mit goldgelbem Herbstlaub), *Salix viminalis* 'Rouge Ardennais' [6] und *Salix alba* 'Liempde' [7] in dunklen Orangenuancen.
Die Palette der warmen Farben schließt mit dunkel purpurrot gefärbten Hölzern, die oft sehr dekorative Kätzchen tragen (*Salix daphnoides*) [8].

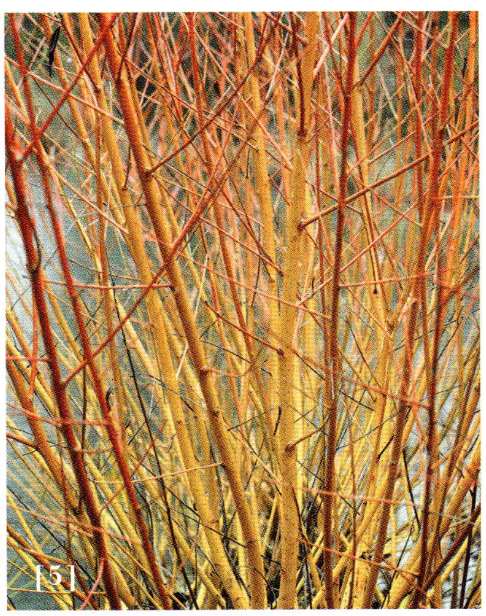

[5]

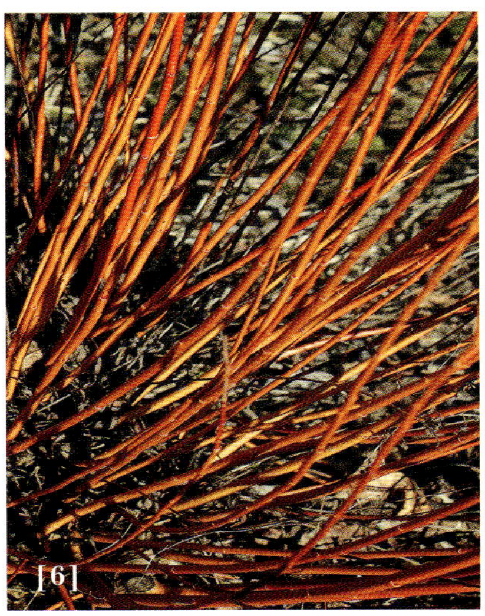

[6]

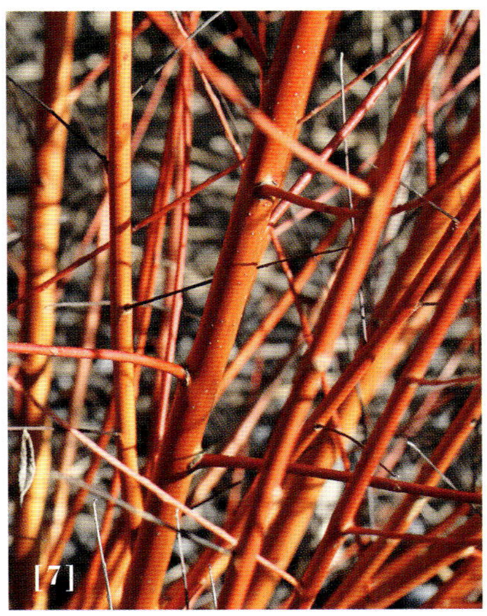

[7]

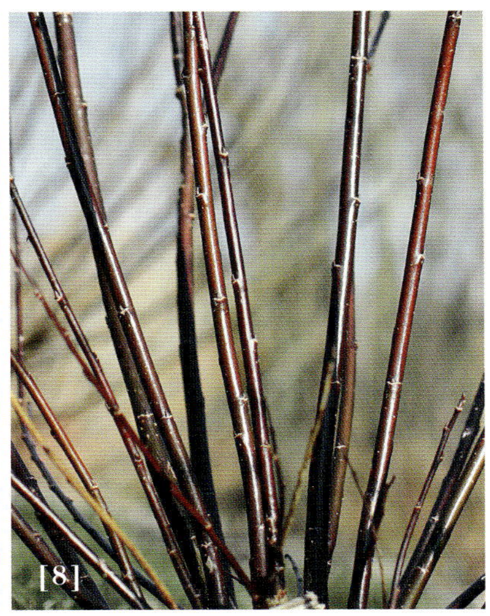

[8]

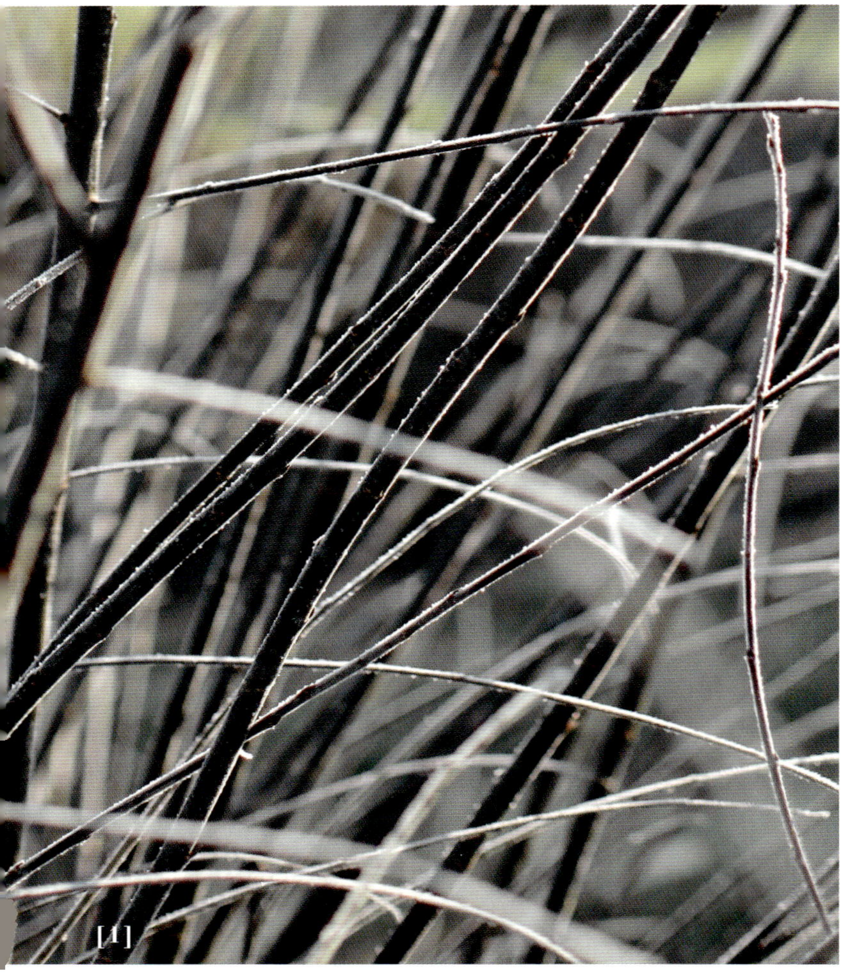
[1]

BOTANISCHER GARTEN LA PRESLE, FRANKREICH.

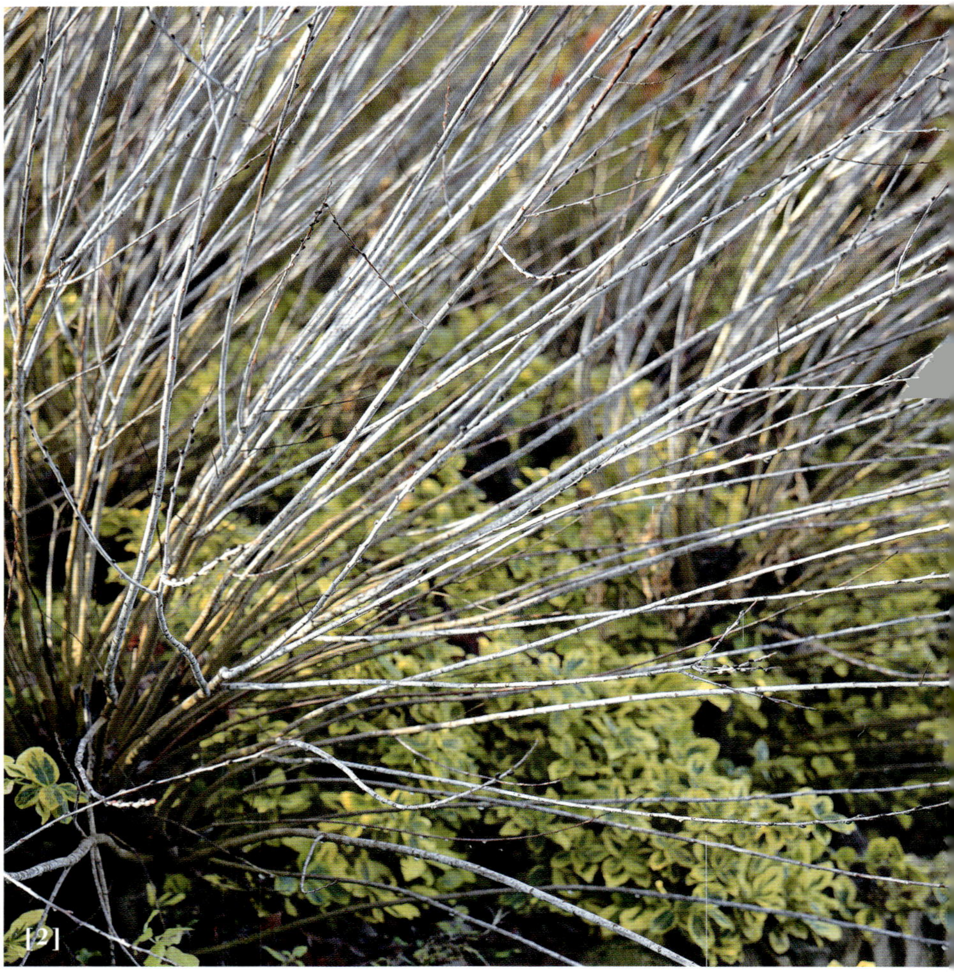
[2]

WISLEY, ENGLAND.

KALTE FARBEN

Auch wenn die Weidenzweige im Winter meistens gleichmäßig von einer mehligen Schicht bedeckt sind, sehen die Weiden mit weißem Geäst besonders linear aus. Am bemerkenswertesten sind *Salix acutifolia* 'Lady Oldenham', *Salix irrorata* [2] und *Salix acutifolia* 'Blue Streak' mit einem blauvioletten Ton. Im Gegensatz dazu zeigt *Salix myrsinifolia* [1] schöne tiefschwarze Zweige, die einen wunderbaren Kontrast zu den orangeroten Trieben ihrer Verwandten bilden. Die gräuliche *Salix cinerea* 'Olive Razetti' [3] bietet einen originellen Anblick, weil ihr Holz fast den ganzen Winter über samtig überzogen bleibt und sich schließlich olivgrün färbt. Bei den Grüntönen findet man *Salix arbuscula* [4] in Nuancen von Kakifarben bis Olivgrün, *Salix daphnoides* 'Green' [5] in hellem schimmerndem Grün sowie *Salix matsudana* 'Caradoc' mit ihren gewundenen, beißend grünen Zweigen [6].

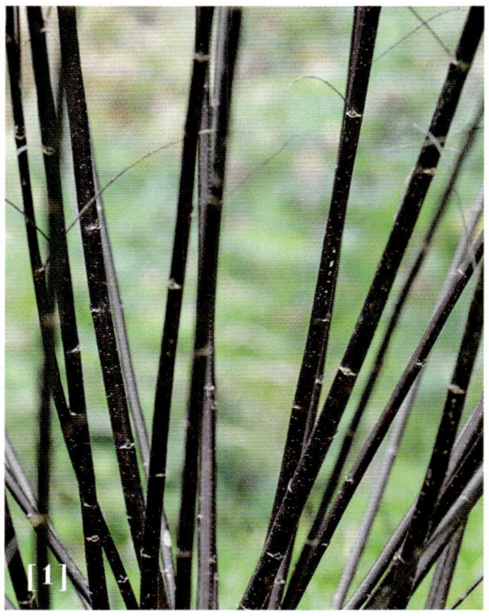
[1]

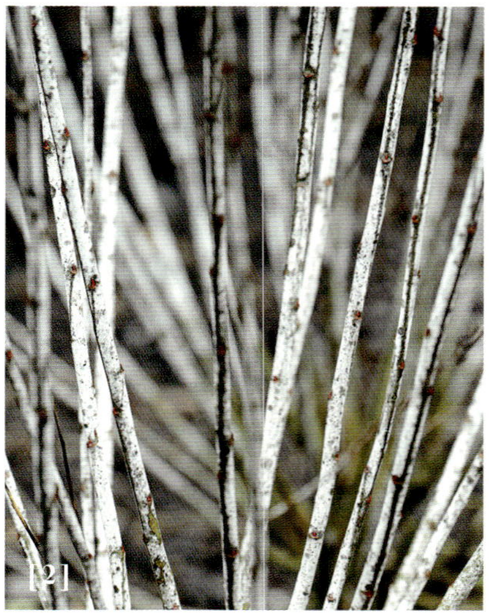
[2]

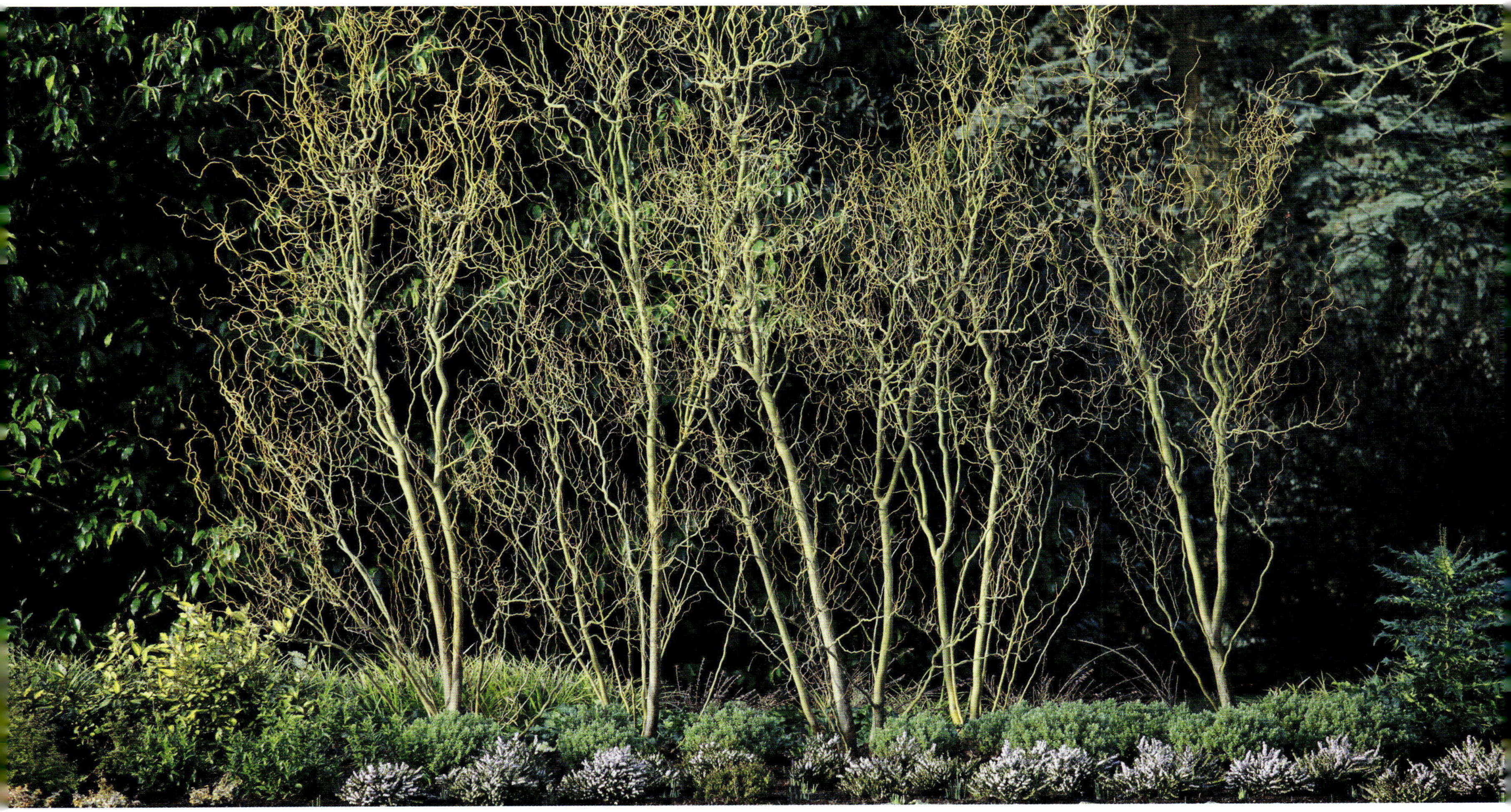

Ein gleichmäßiger Hintergrund immergrünen Blattwerks bringt den besonderen Bau von *Salix babylonica* var. *pekinensis* 'Tortuosa' zur Geltung.

HARLOW CARR, ENGLAND.

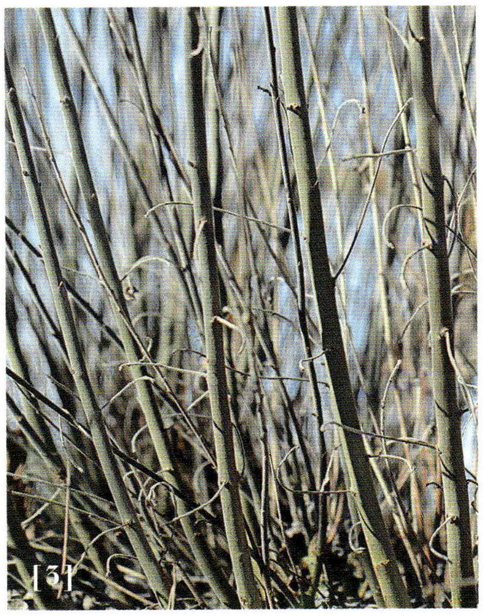

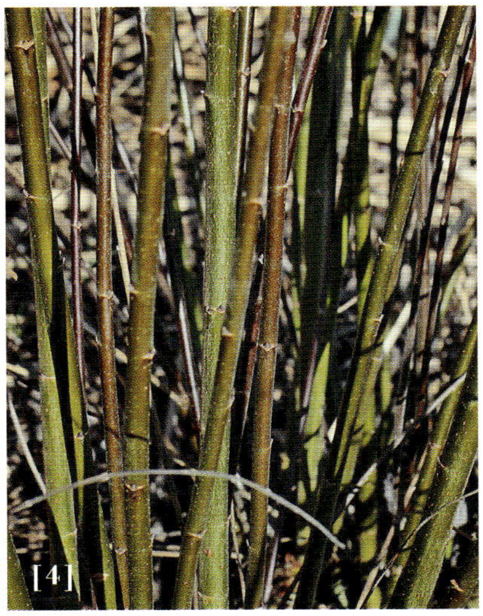

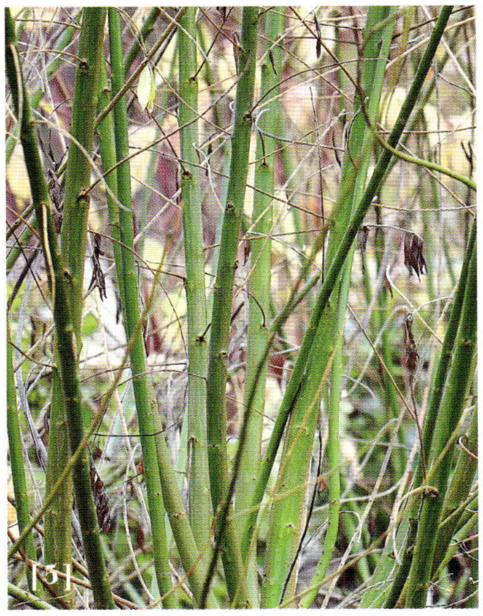

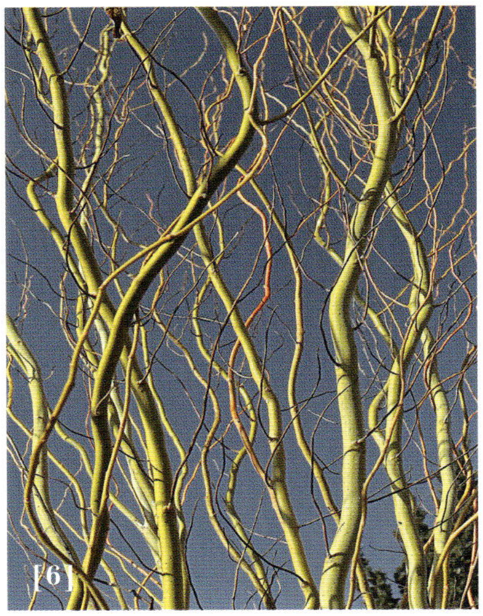

ACER (AHORN)

Die sogenannten „Schlangenhaut"-Ahornarten sind über den gesamten Baum hinweg von dekorativer Rinde überzogen. Bei den anderen Vertretern der Gattung bieten nur die jungen Zweige einen leuchtenden Anblick, während der Stamm mit dem Alter seinen Reiz verliert. Nach den warmen Herbstfarben zieren ihre strahlenden Zweige den Garten.

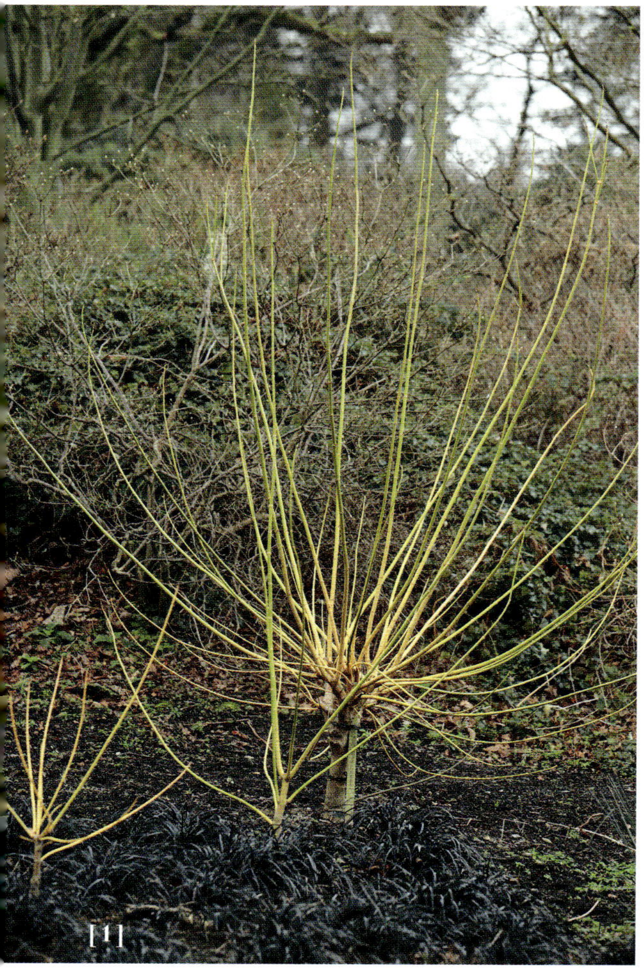
[1]

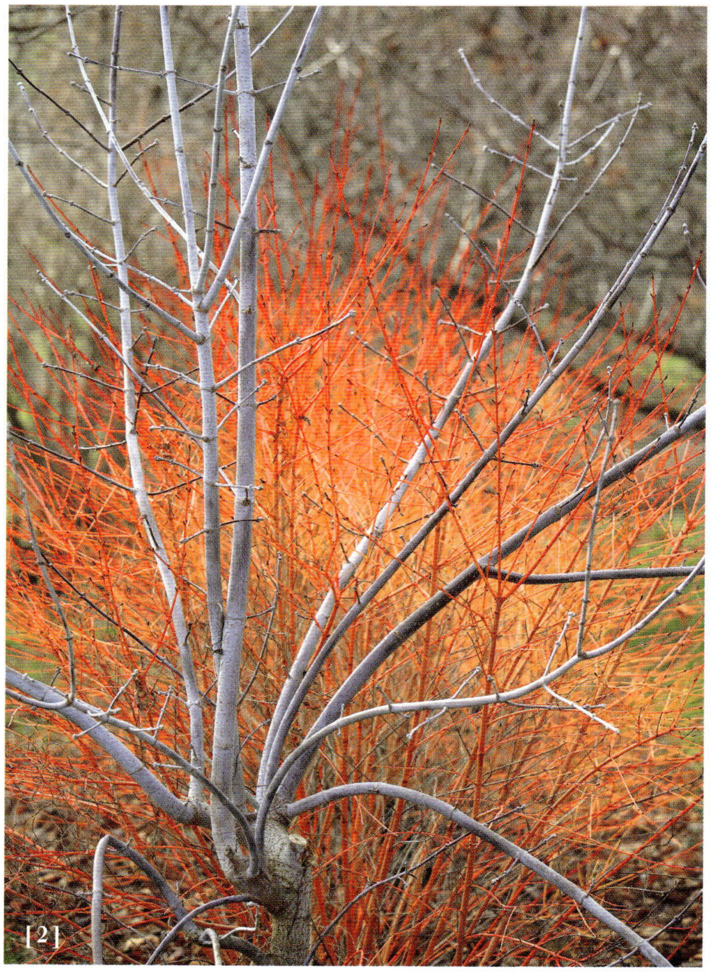
[2]

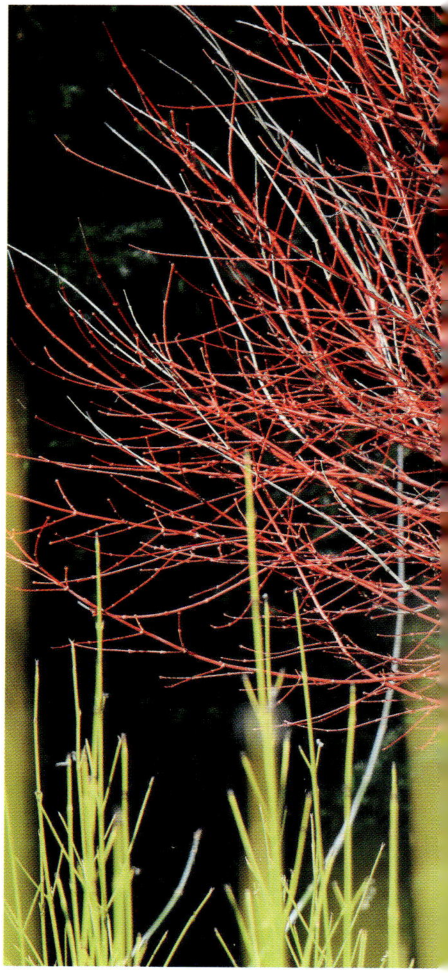

Acer negundo 'Winter Lightning' [1] leuchtet besonders stark. Seine anfangs grünen Jahrestriebe verfärben sich zu Beginn des Winters leuchtend gelb.

THE SAVILL GARDEN, ENGLAND.

Acer negundo var. *violaceum* [2] entwickelt überraschende, blauviolette Zweige, die von einer feinen weißen Puderschicht überzogen sind. Im Frühling trägt er elegante rosarote Blütenbüschel.

JARDIN DU BOIS MARQUIS, FRANKREICH.

Acer palmatum 'Bi Hoo' [4] gebührt alle Ehre, da sein fein gezähntes Laub je nach Jahreszeit schöne Farben trägt. Die jungen Triebe sind orange-rot [4a]. Sie verblassen mit der Zeit, doch das Gelborange der älteren Zweige hält sich über viele Jahre [4b]. *Acer palmatum* 'Koto Hime' [5] ist noch seltsamer. Es handelt sich um einen von Natur aus zwergwüchsigen Ahorn, dessen grünlicher Stamm sich mit sehr individuellen Jahresmarkierungen schmückt.

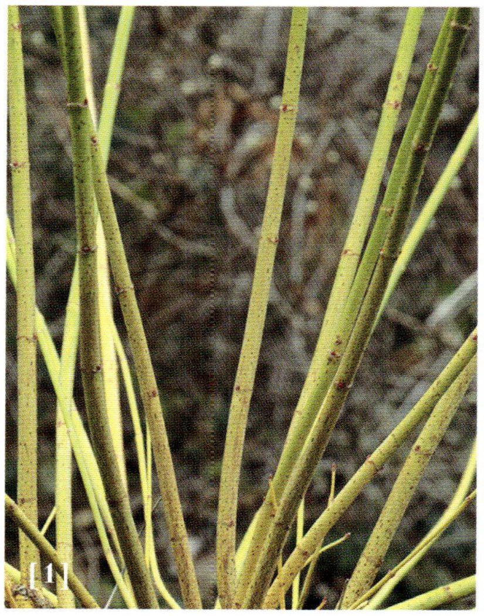
[1]

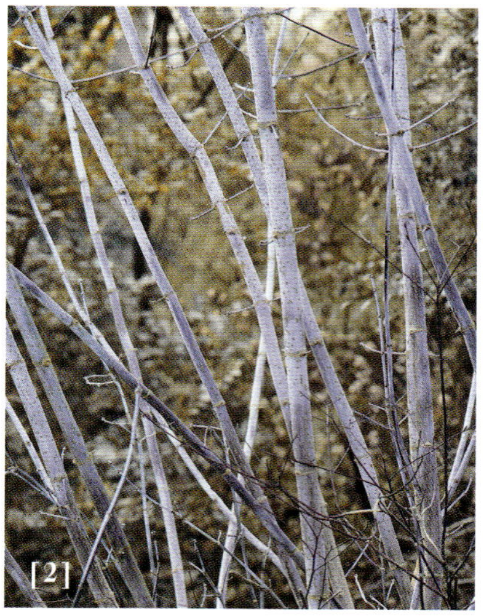
[2]

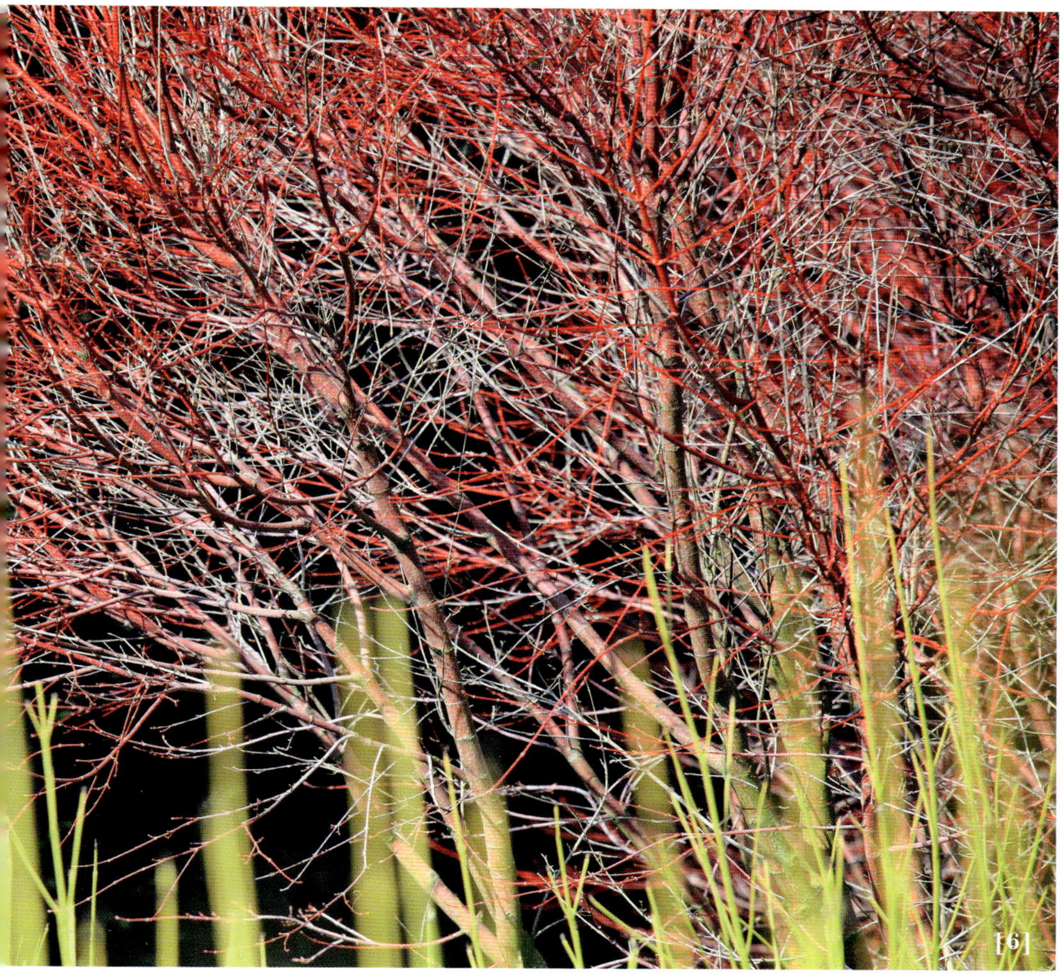

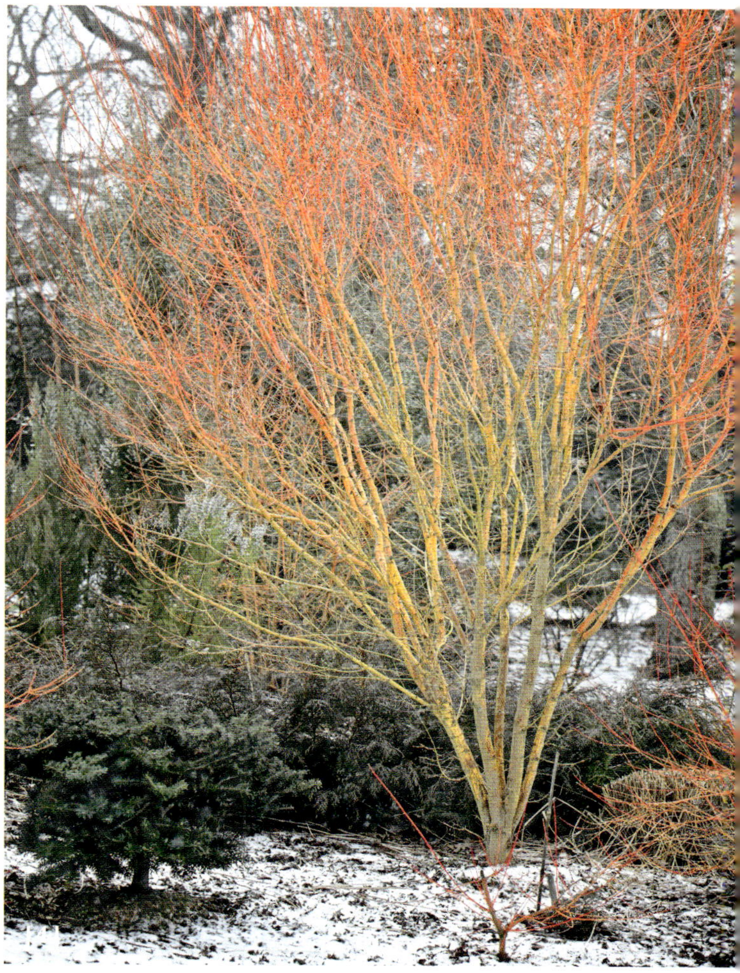

Die krebsroten Jungtriebe von *Acer palmatum* 'Sango-kaku' [6] strahlen den ganzen Winter. Ebenso außergewöhnlich ist die Züchtung 'Japanese Sunrise', deren Zweige von Orange zu Rot changieren. Die Sorte 'Eddisbury' [3] besitzt eine noch intensiver rot gefärbte Rinde, leuchtet aber nicht so stark. Für kleine Gärten ist 'Winter Flame' ideal.
ANGLESEY ABBEY, ENGLAND.

ÉTANG DE LAUNAY, FRANKREICH.

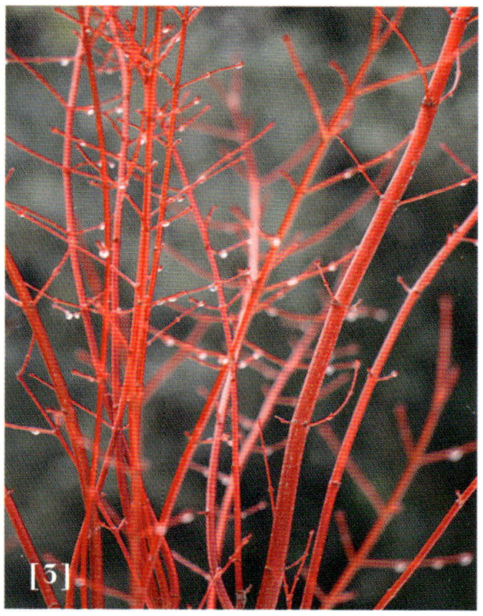

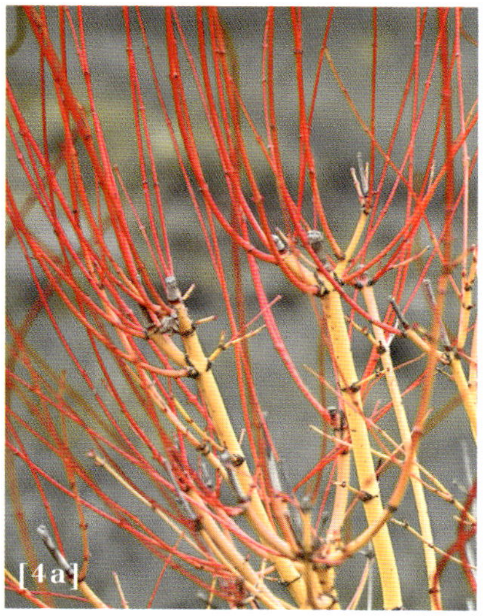

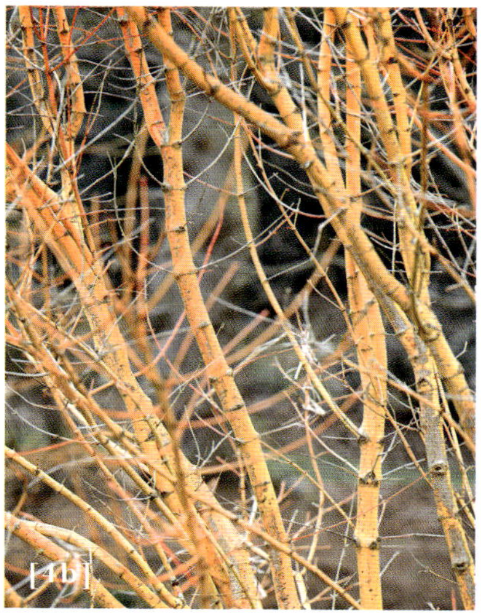

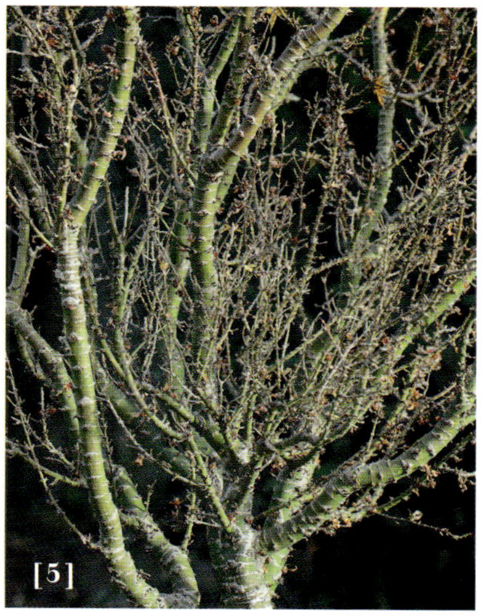

RUBUS (BROM- UND HIMBEERE)

Trotz ihres schlechten Rufs besitzen die Rubus-Arten eine dekorative Qualität, die außer Frage steht, und sind damit für den Winter-Garten unverzichtbar. Ihr besonderer, linearer Wuchs zeigt sich schon von Ferne: Wie Fontänen sprießen die Zweige aus der Erde, zuweilen erinnern sie an Peitschen, die sich harmonisch vermengen und Rhythmus und Bewegung in eine Pflanzgestaltung bringen. Um die Ausbreitung zu begrenzen, sollte man Rubus unter Kontrolle halten und verhindern, dass die Pflanzen sich durch Absenker selbst vermehren.

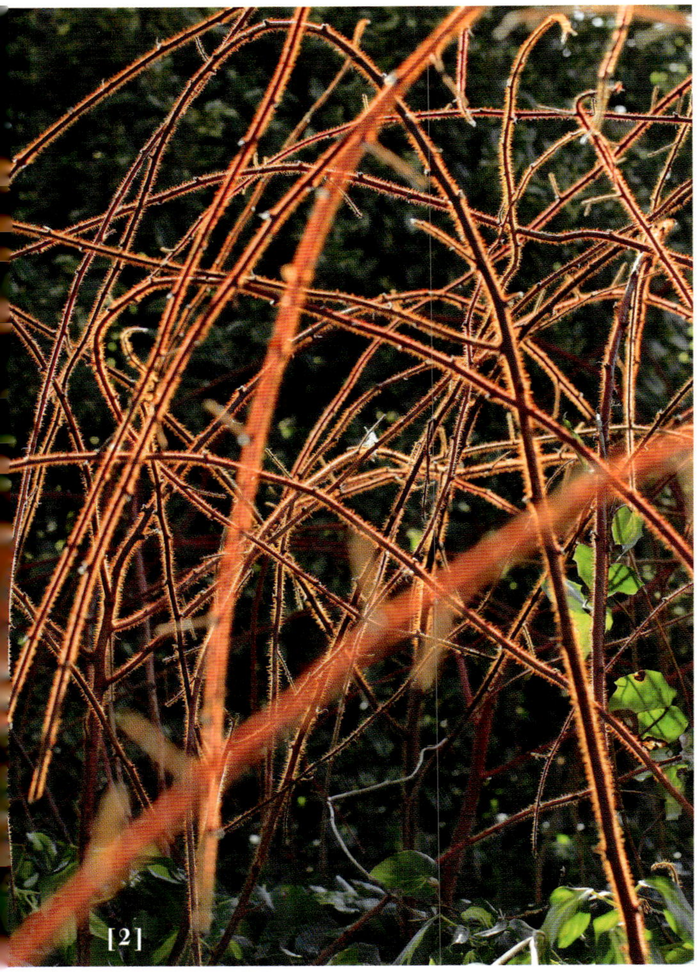

[2]

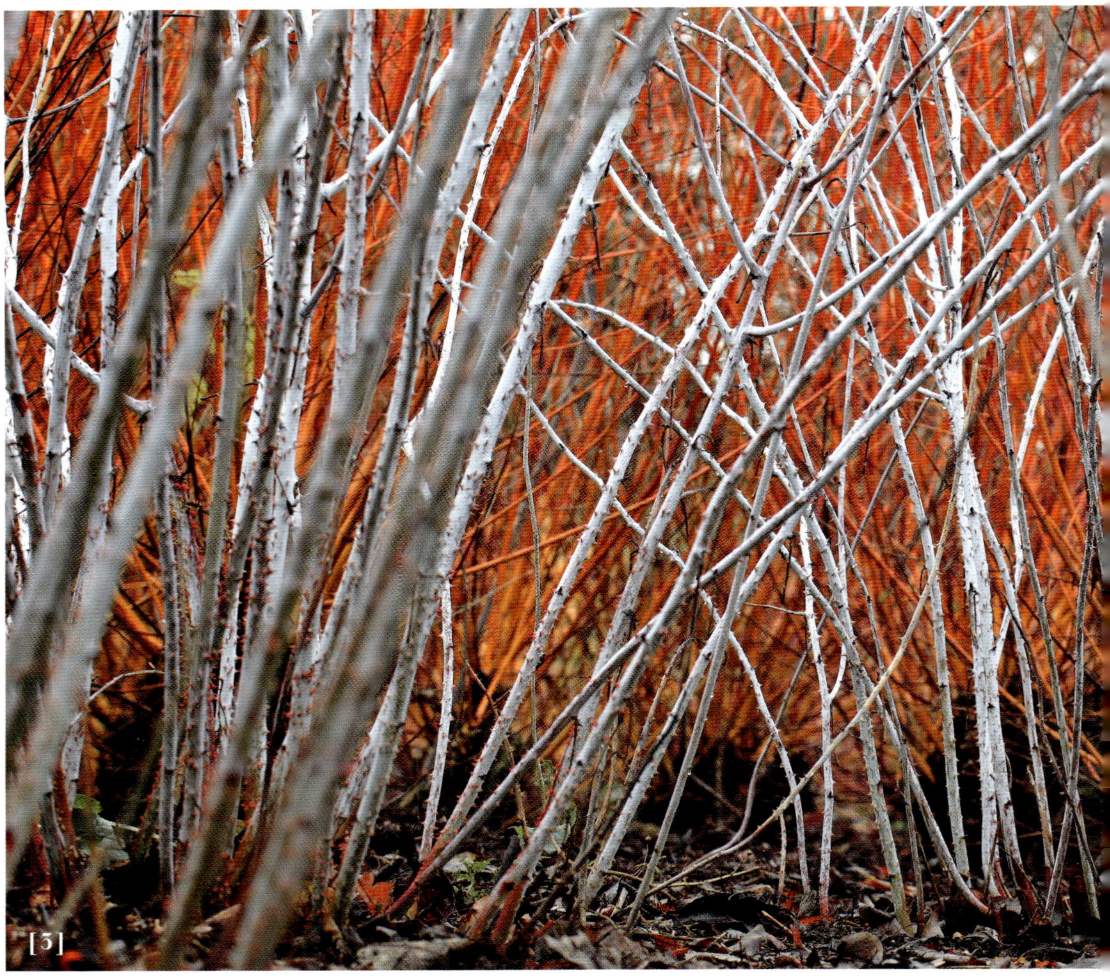

[3]

BOTANISCHER GARTEN DER UNIVERSITÄT CAMBRIDGE, ENGLAND. WISLEY, ENGLAND.

ORANGEROTE FARBTÖNE

Rubus niveus [1]: Seine Triebe tragen anfangs eine samtige Hülle, die sich rasch zugunsten einer stacheligen, mahagonifarbenen Rinde verliert. Sie ähnelt farblich der Tibet-Kirsche. *Rubus coreanus* 'Dart's Mahogany' zeigt eine noch dunklere, burgunderrote Farbe.

Rubus phoenicolasius [2]: Die rötlichen Schäfte tragen einen seidigen Flaum, in dem sich selbst die schwächsten Sonnenstrahlen bündeln. Sie machen die Zweige zu hübschen, leuchtenden Bögen. Die Rotborstige Himbeere ist zudem für ihre süßen Früchte bekannt.

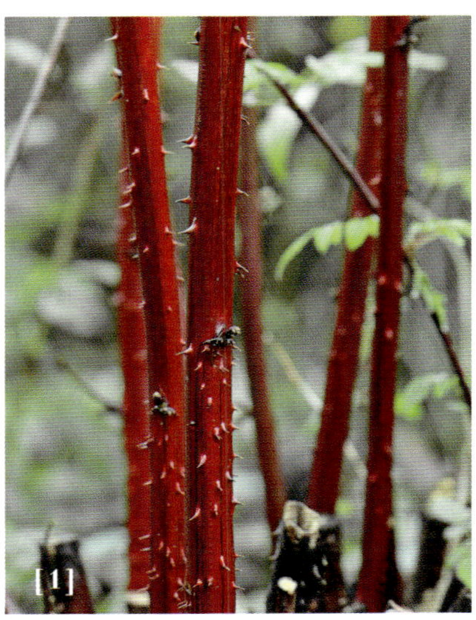

[1]

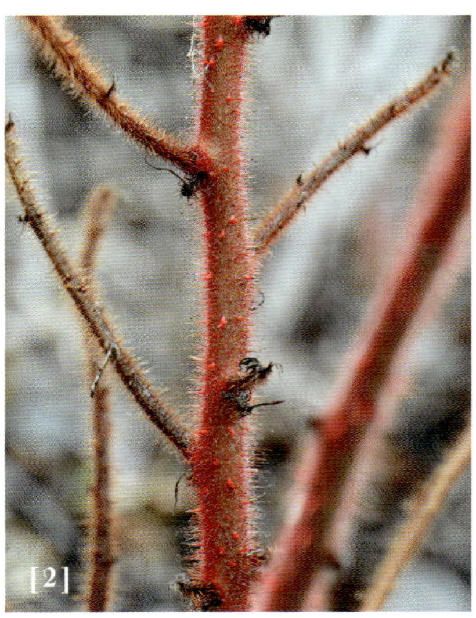

[2]

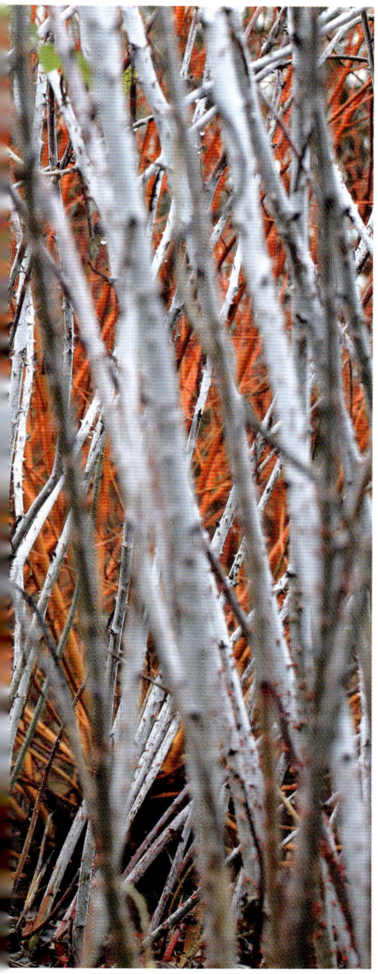

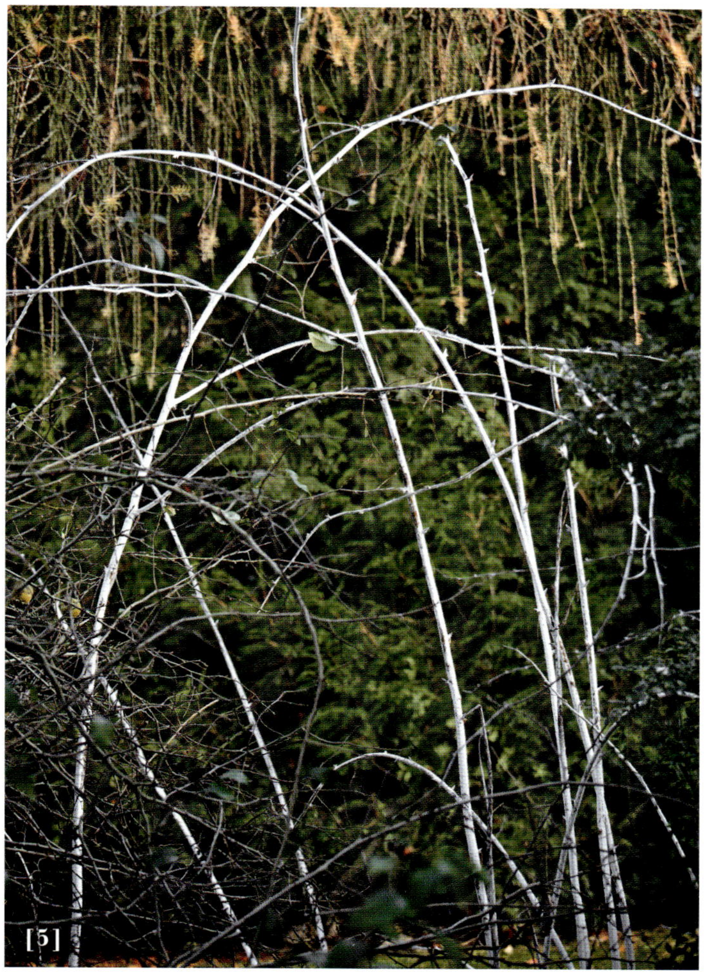
[5]

ARBORETUM KALMTHOUT, BELGIEN.

WEISSE NUANCEN

Rubus cockburnianus [3]: Die regelmäßig gebogenen Zweige sind von einem weißen Mehl überzogen, das zu den Spitzen hin verblasst und einen zarten Rosaton freigibt.
Rubus cockburnianus 'Goldenvale' unterscheidet sich durch ein schönes goldenes Sommerlaub und gedrungeneren Wuchs. Die wogenden Triebe zeigen sich wie Wellen auf der Erde. Die Sorte wuchert weniger stark.
Rubus thibetanus [4] erinnert mit dem samtigen, graugrünen, tief eingeschnittenen Blatt an einen Farn, doch die weiße Mehlschicht hält sich nicht so gut wie bei anderen *Rubus*-Arten.
Rubus lasiostylus var. *hubeiensis* [5] wächst mit langen, von Natur aus bogenförmigen Trieben, die eine Unzahl feiner Stacheln tragen. Der Wuchs ist regelmäßig und elegant. Die Mehlschicht der Rinde erhält sich den ganzen Winter über weiß. Die Haar-Himbeere ist die majestätischste weiße *Rubus*-Art.
Bei *Rubus biflorus* [6] überzieht die Mehlschicht die anfangs grünen Zweige mit großen konischen Stacheln vollständig. Zusammen mit der Art *R. lasiostylus* zählt sie zu den weißesten aller Arten. Ihr schwungvoller Wuchs schlängelt sich peitschenförmig in alle Richtungen.

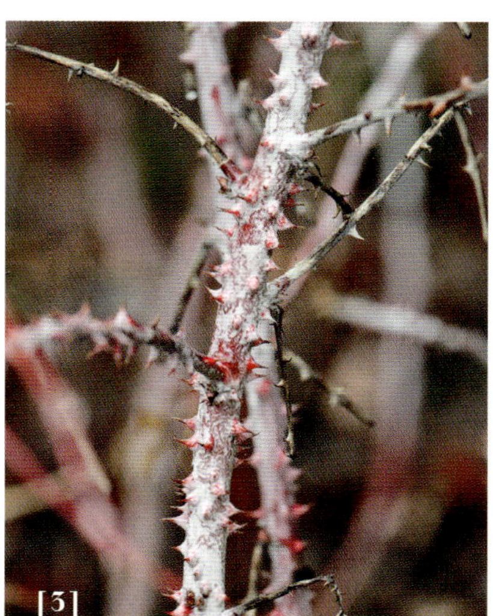
[3]

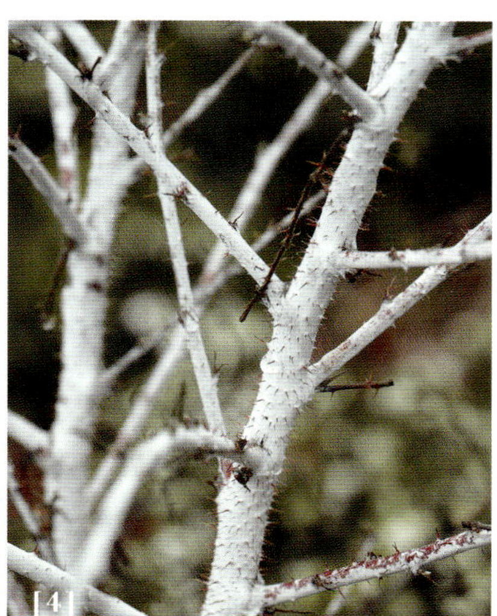
[4]

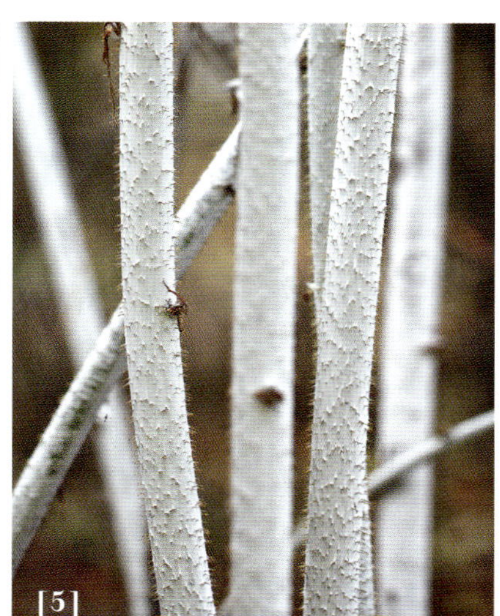
[5]

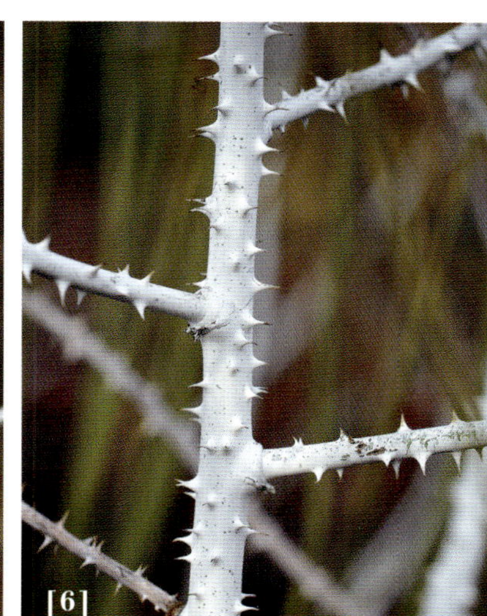
[6]

BAMBUS: FARBIGE HALME

Die Färbung der Halme ist ein begeisterndes, aber komplexes Thema. Die Farbtöne variieren je nach Lichtverhältnissen (Bambus wird in der Sonne gelb), Feuchtigkeit, Alter, Boden, Intensität der Mehlschicht, Temperaturunterschied zwischen Tag und Nacht und selbstverständlich je nach Art.

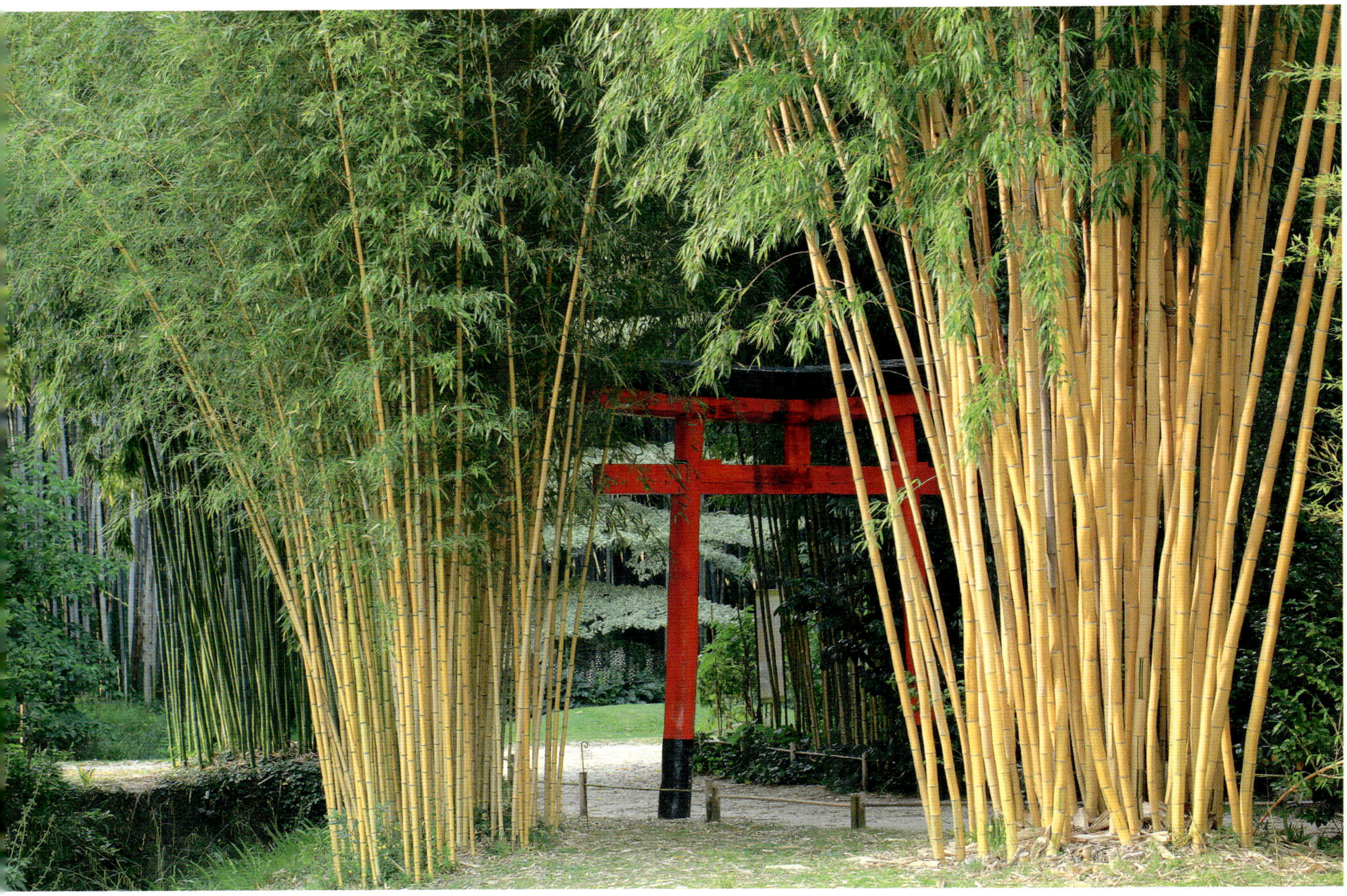

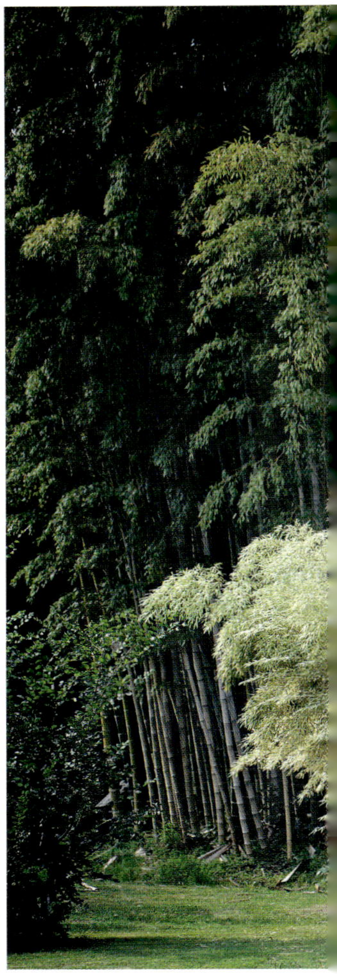

Phyllostachys beleben und erhellen jeden Garten: Egal, ob sie wie *Ph. nigra* fo. *henonis* bläulich grau, zartgrün wie *Ph. viridiglaucescens* oder in etlichen Goldtönen wie *Ph. aureosulcata* fo. *aureocaulis* (links) oder *Ph. vivax* fo. *aureocaulis* (rechts) auftreten.
BAMBOUSERAI EN CÉVENNES, FRANKREICH.

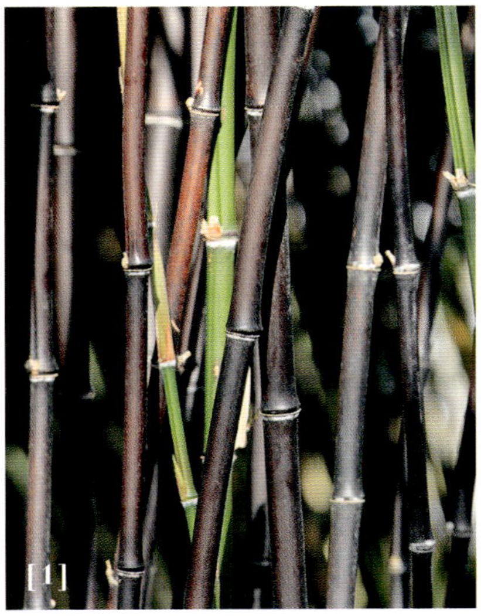
[1]

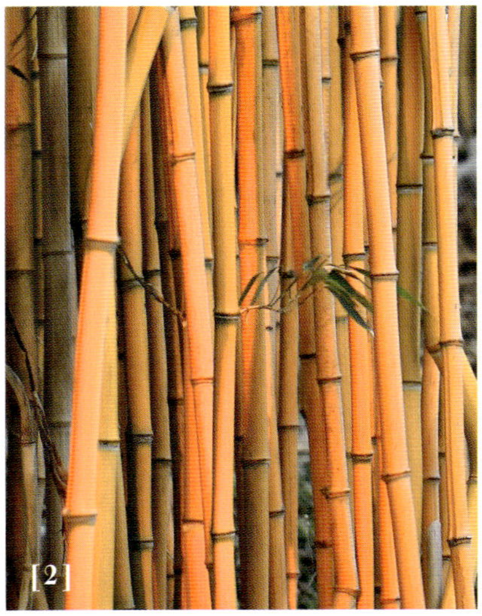
[2]

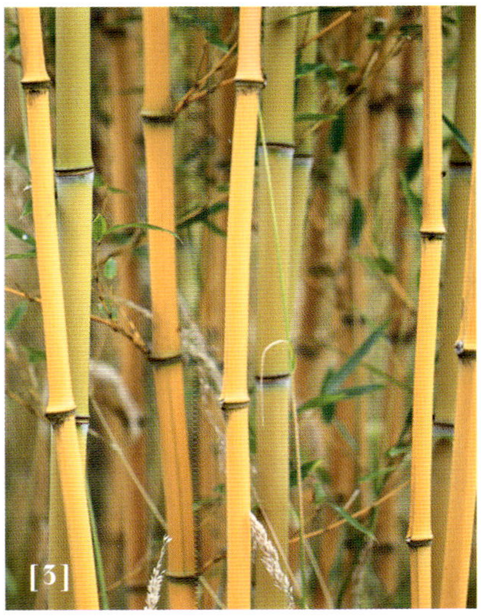
[3]

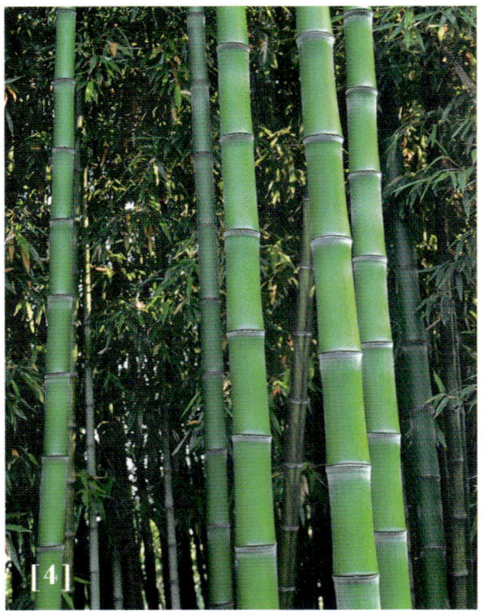
[4]

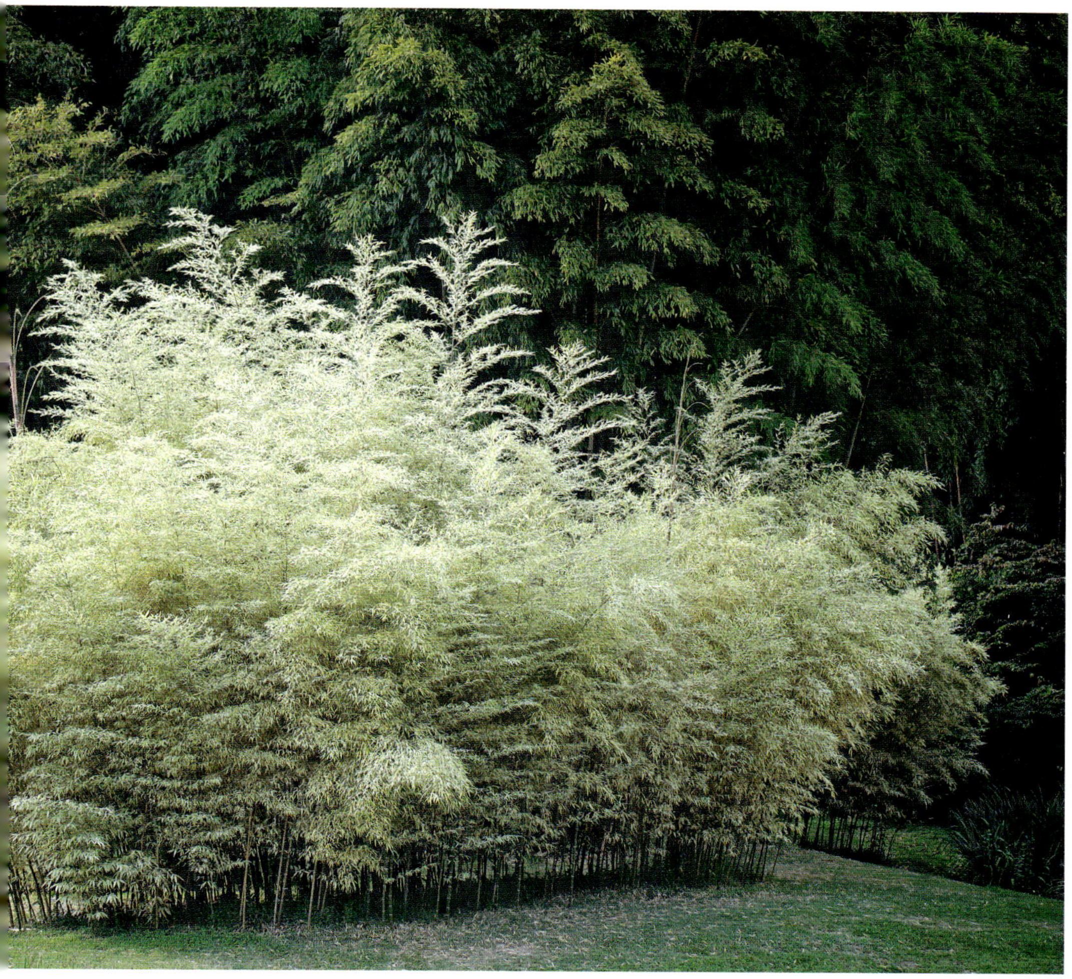

Die grün-weiß panaschierten Blätter von *Phyllostachys edulis* 'Okina' sind außergewöhnlich schön. Auch der leichter kultivierbare Goldrohrbambus *Phyllostachys aurea* 'Eyragues' leuchtet hell.
BAMBOUSERAI EN CÉVENNES, FRANKREICH.

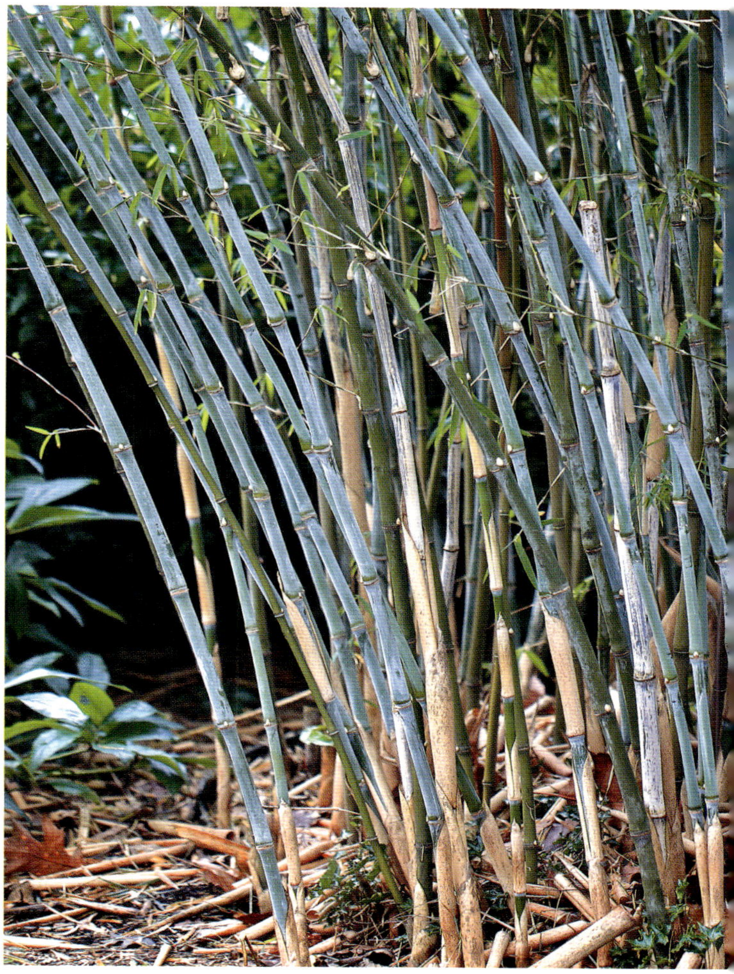

Das bläuliche Mehl auf den jungen Halmen macht *Thamnocalamus crassinodus* 'Kew Beauty' besonders attraktiv.
ROSEMOOR, ENGLAND.

SCHWARZ: *Phyllostachys nigra* [1] treibt grün aus, lagert jedoch fortwährend Pigmente ein, und der Halm färbt sich nach zwei bis drei Jahren völlig schwarz. Die Form *Phyllostachys nigra* fo. *nigra* hat eine besondere Farbe und Züchtungen aus ihr wie 'Addington' oder 'Othello' werden unter günstigen Kulturbedingungen schneller schwarz.

GELB UND ORANGEFARBEN: Je nach Sonneneinstrahlung reicht das Spektrum der gelben Arten von golden bis orangerot. *Phyllostachys bambusoides* 'Holochrysa' zählt zweifellos zu den schönsten Bambus-Arten in Orangegelb. Einfach zu kultivieren und dekorativ ist der Klassiker *Phyllostachys aureosulcata*, doch er wirkt erstaunlich effizient als Schmuck im winterlichen Garten. Die Internodien sind von unzähligen winzigen Kristallen überzogen, die das Sonnenlicht einfangen und reflektieren. Daher wirken die Halme rau. Die gelben Sprosse von *Phyllostachys aureosulcata* fo. *aureocaulis* [2] tanken Sonnenlicht, werden rötlich und später entwickeln sie ihren endgültigen Goldton. Die Form *lama tempel* [3] ist schön strahlend gelb. Für ungeduldige Freunde gigantischer Dimensionen in Gelb empfiehlt sich *Phyllostachys vivax* fo. *aureocaulis*, ein beachtlicher Riese, der aber schlecht altert. Er bricht dann leicht ab und verliert somit sein Gesicht.

GRÜN UND BLÄULICH: *Phyllostachys edulis* ist ein Muss im Garten, aber auch neue Arten wie *Phyllostachys prominens* [4] sind beachtenswert. Mit den deutlich sichtbaren Internodien, den betörend grünen Halmen in Hochglanz und dem raschen Dickenwachstum gehören sie zu den derzeit schönsten grünen Bambusarten. Bei manchen Bambusarten sind die jungen Halme von einer interessanten bläulichen Reifschicht überzogen, die selten länger als ein Jahr erhalten bleibt. Dieses Merkmal zeigt sich vor allem bei *Fargesia albocera* und *F. papyrifera*, die leider frostempfindlich sind. Besser vertragen *Thamnocalamus crassinodus* 'Kew Beauty' und *Phyllostachys glauca* die Kälte. Das erste Wunder steht im Winter gerne trocken, beim zweiten muss man Geduld aufbringen, bis man den bläulichen Schmuck bewundern kann.

BAMBUS: BESONDERHEITEN

Bambus ist immer für eine Überraschung gut, egal ob der Gärtner ein Fachmann oder Laie ist. Manche schieben seltsame Halme, andere führen sich auf wie Maler und hüllen sich in farbige Kleckse oder Streifen.

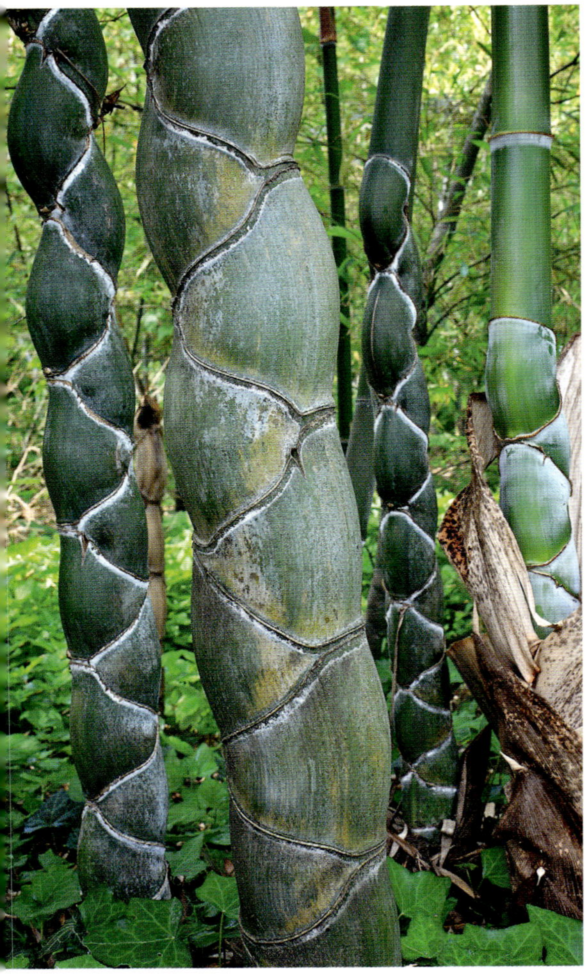

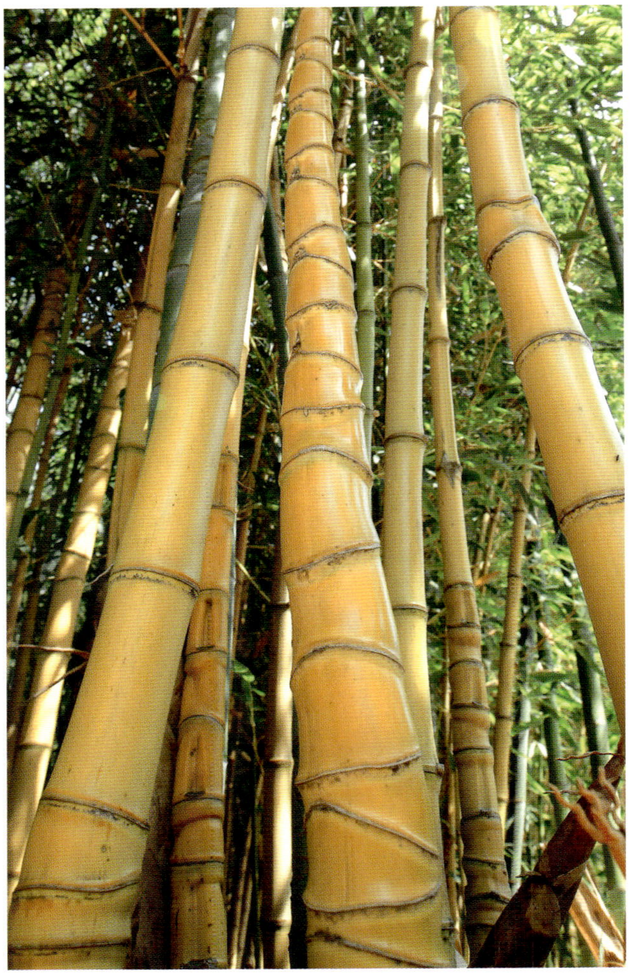

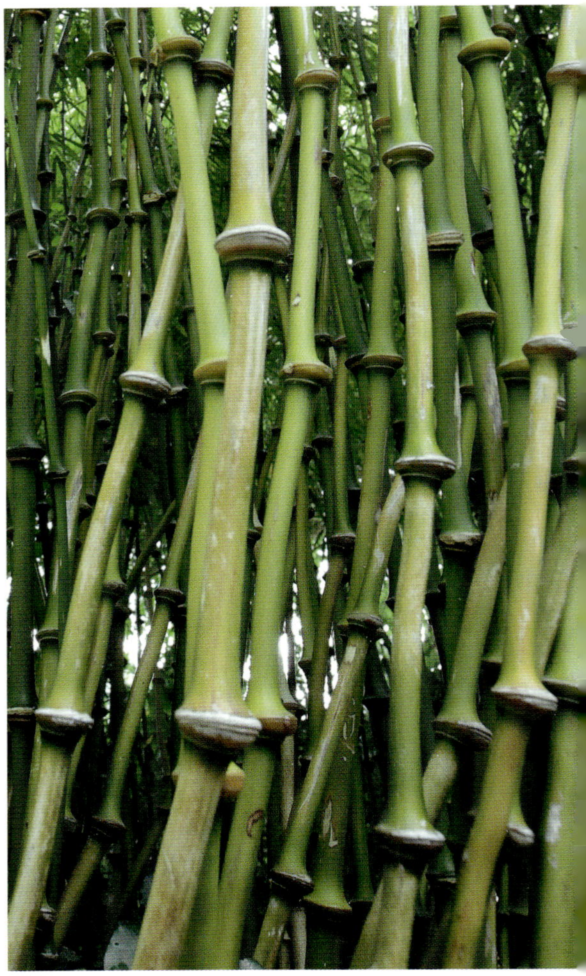

Der seltsame *Phyllostachys edulis* 'Heterocycla', auch Kikko-chiku genannt, erinnert an den Panzer einer Schildkröte. Eine weitere erstaunliche Form: fo. *tubaeformis*.
BAMBOUSERAI EN CÉVENNES, FRANKREICH.

Neulinge haben mehr Erfolg mit *Phyllostachys aurea* 'Holochrysa', der nicht so selten und schwierig zu kultivieren ist wie Kikko.
BAMBOUSERAI EN CÉVENNES, FRANKREICH.

Aus *Chimonobambusa tumidissinoda* mit den beckenförmigen Knoten, hat man den berühmten Charlie-Chaplin-Stock hergestellt.
BAMBOUS EN PROVENCE, FRANKREICH.

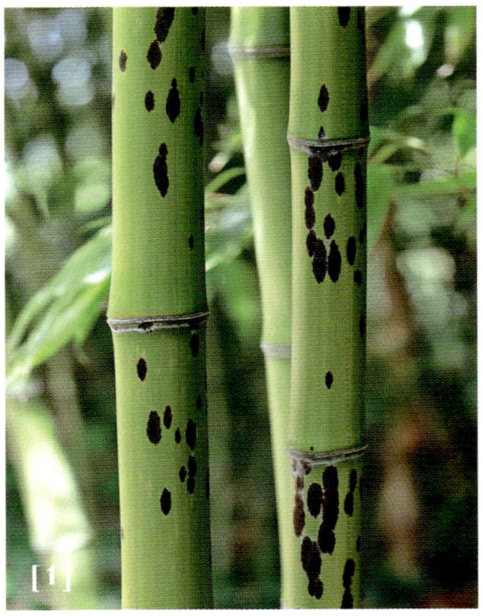

[1]

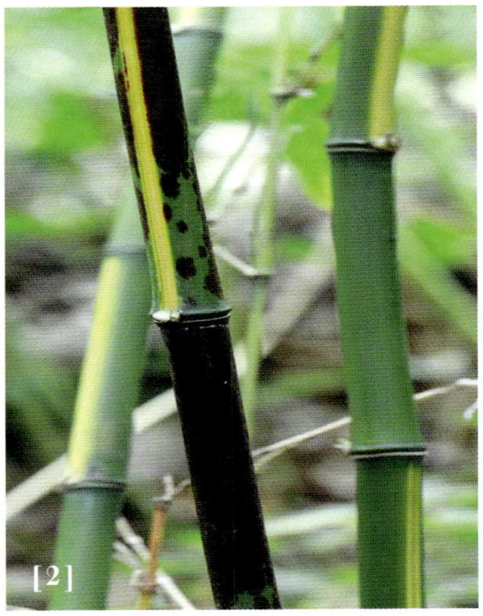

[2]

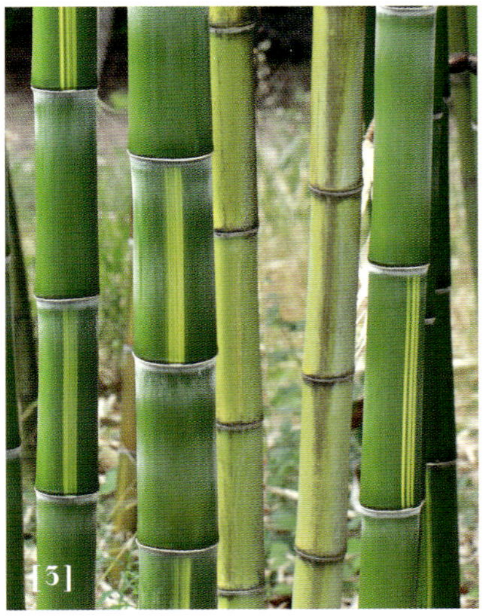

[3]

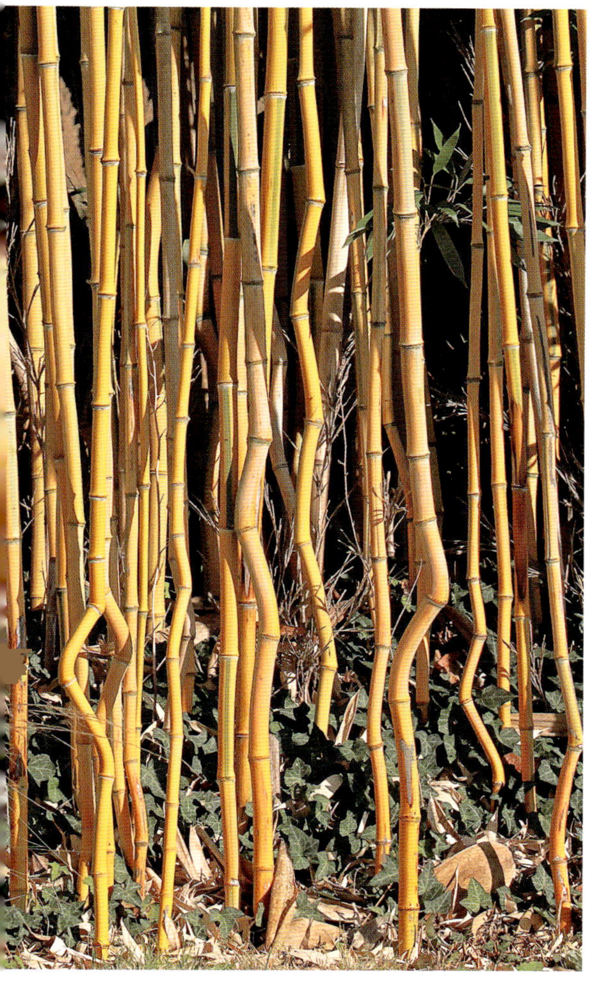

Alle *Phyllostachys aureosulcata* wachsen mehr oder weniger ausgeprägt im Zickzack, fo. *spectabilis* ist ein schönes Beispiel.
JARDIN DU BOIS MARQUIS, FRANKREICH.

LECKEN ODER STREIFEN

Phyllostachys bambusoides fo. *tanakae* [1] entwickelt nach einigen Jahren feine dekorative Flecken, die sich auf dem grünen Halm lange halten. Bei *Phyllostachys nigra* 'Boryana' und *Phyllostachys glauca* fo. *yunzhu* verlieren sie sich zugunsten größerer Schatten. Bei *Phyllostachys bambusoides* fo. *lacrima-deae* wird diese Zeichnung großflächig und der originelle *Phyllostachys bambusoides* fo. *mixta* [2] wird nach vier bis fünf Jahren komplett schwarz, behält aber eine leuchtend gelbe Spur.

Andere *Phyllostachys*-Arten schmücken sich stolz mit dekorativen, bunten Streifen. Diese hingewischten Pinselstriche leuchten gelb oder grün und verteilen sich in unterschiedlicher Breite mehr oder weniger regelmäßig über die Halme. Die Kategorie „grüner Bambus mit gelben Streifen" findet besonders schöne Vertreter in *Phyllostachys bambusoides* 'Castillonis Inversa', *Ph. vivax* fo. *huangwenzhu* [3] und *Ph. iridescens*. Der wirklich seltene *Phyllostachys nigra* fo. *mejiro* bezaubert durch gelbe Streifen auf tiefschwarzem Halm.

Die Kategorie „gelber Bambus mit grünen Streifen" trägt variantenreichere Muster und ist heller. *Phyllostachys vivax* fo. *huangwenzhu inversa* gehört zu den schönsten der Art. Wie alle *Ph. vivax* wächst er schnell und die Halme erreichen rasch einen großen Durchmesser, haben aber eine geringe Dichte. Das Manko bei diesem Bambus ist daher, dass er im Wind oder unter Schneelast gewöhnlich abbricht. Auch wird er durch Schmutz leicht unansehnlich. Der üppig wachsende Bambus *Phyllostachys edulis* wird mit dem Alter immer schöner, lässt sich aber nicht leicht kultivieren. Durch seinen eleganten Wuchs, die kleinen Blätter und das feine Streifenmuster zählt *Phyllostachys edulis* fo. *nabeshima* [4] zweifellos zu den feinsten Bambusarten, dicht gefolgt von *Phyllostachys aureosulcata* fo. *flavostriata* [5]. Im Anbau erfahrene Bambusfreunde sollten keinesfalls auf *Phyllostachys edulis* 'Bicolor' [6] mit den dezent farbigen Halmen und dem zarten Blattwerk verzichten. *Phyllostachys praecox* fo. *viridisulcata* [7], erkennbar an verkürzten Internodien und breiten grünen Streifen, ist ebenfalls eine attraktive Besonderheit. *Phyllostachys sulphurea* 'Robert Young' und *Phyllostachys bambusoides* 'Castillonis' vervollständigen das wunderbare, kunstvolle Sortiment.

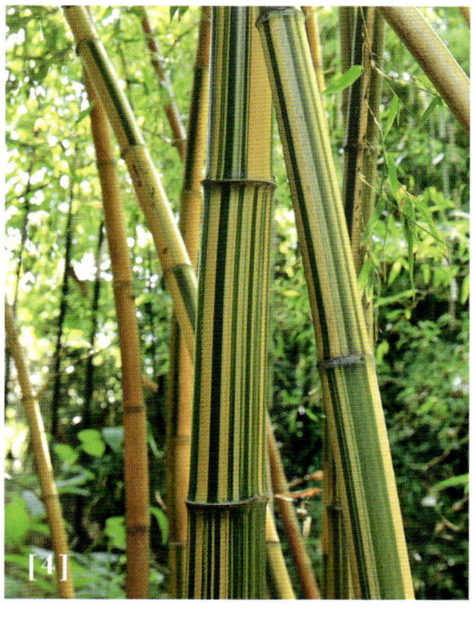

[4]

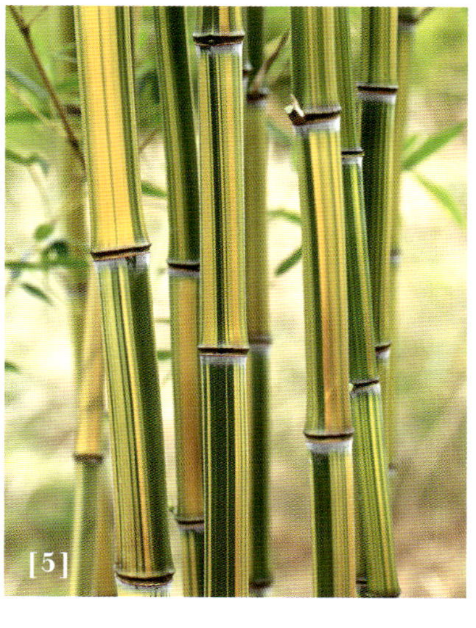

[5]

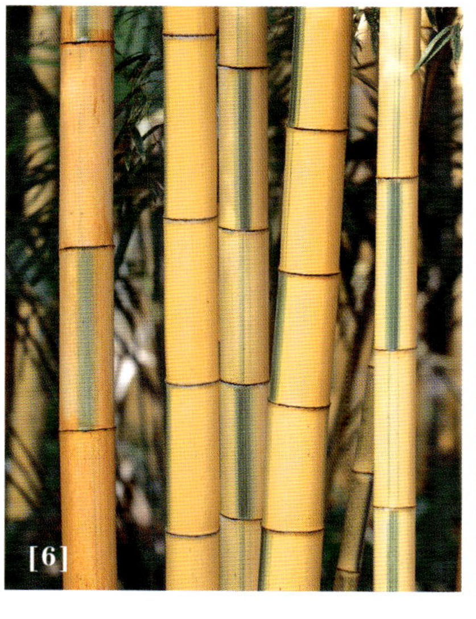

[6]

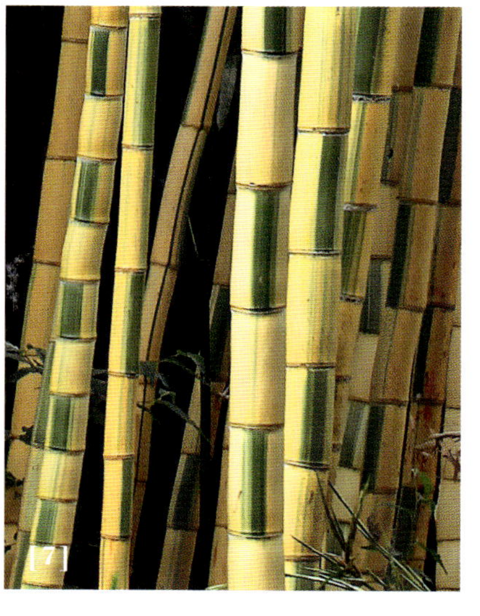

[7]

BERBERIS, FRAXINUS, TILIA UND CO.

Einige Kuriositäten vervollständigen das Sortiment der bunten Zweige, die den winterlichen Garten freundlich aufhellen. Sie geben ihm auch im Herbst oder zu unterschiedlichen Blütezeiten ein buntes Gesicht.

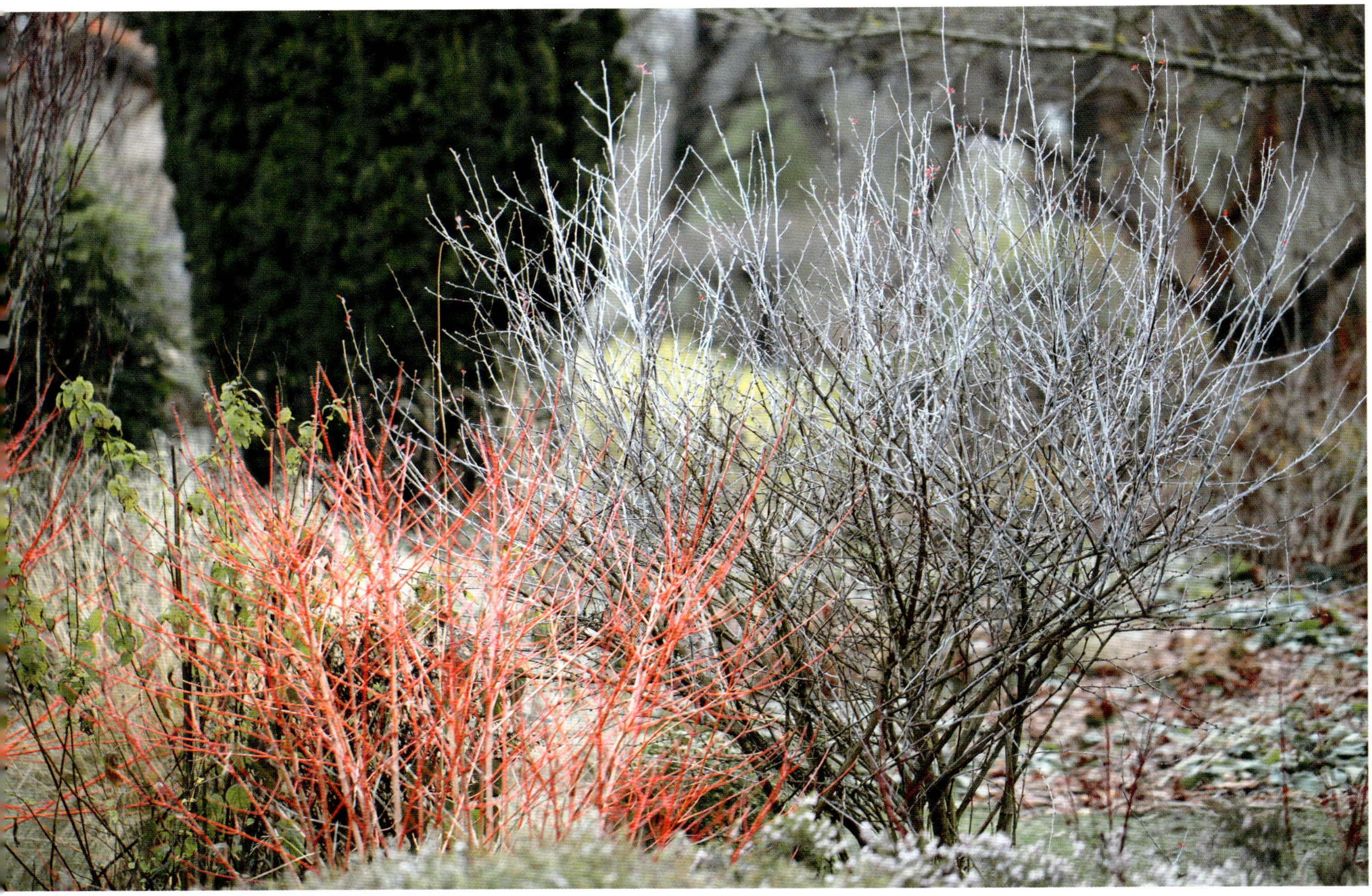

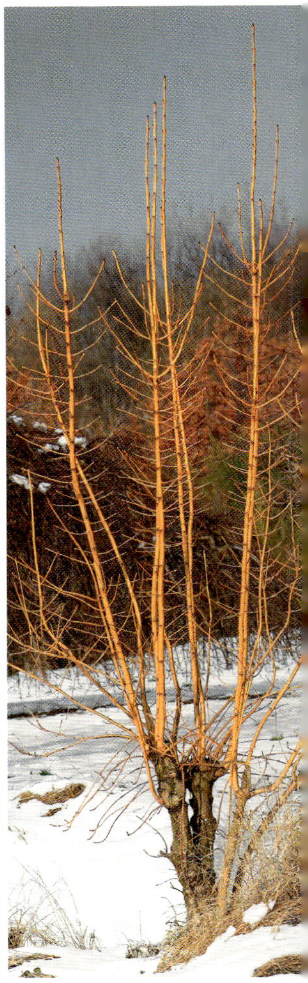

Die jungen Triebe von *Berberis dictyophylla* sind von einer feinen Mehlschicht überzogen, wodurch sie den ganzen Winter über wie von Raureif bedeckt erscheinen.
JARDIN DU BOIS MARQUIS, FRANKREICH.

Fraxinus excelsior 'Jaspidea' liebt das Gelb. Im Winter sind es die kräftigen, linearen Zweige, im Frühling die ersten Blätter und im Herbst das Herbstlaub.
JARDIN DU BOIS MARQUIS, FRANKREICH.

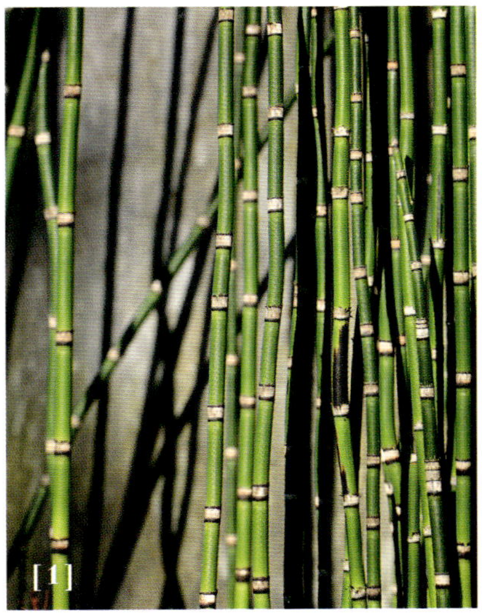

[1]

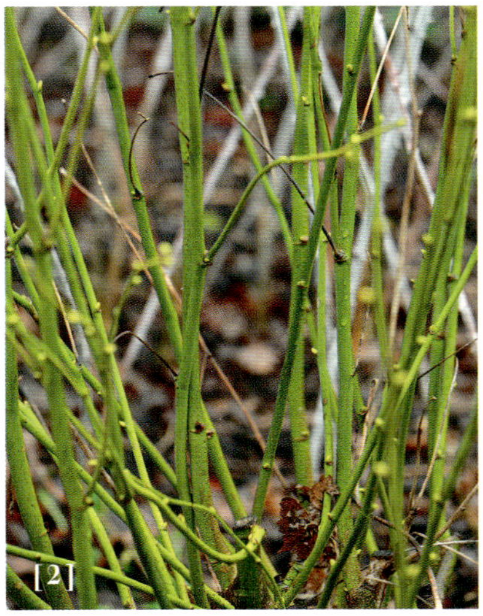

[2]

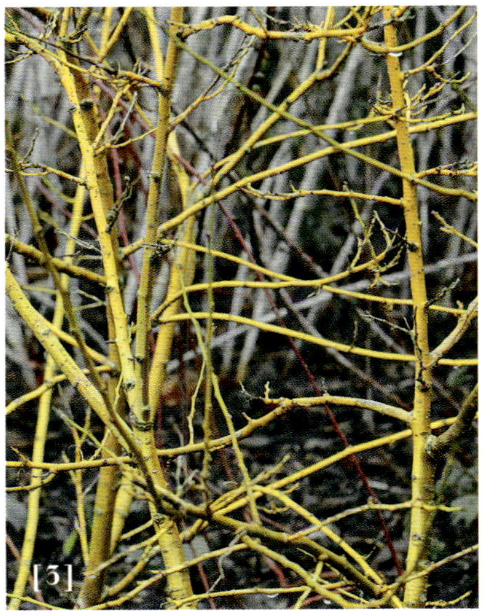

[3]

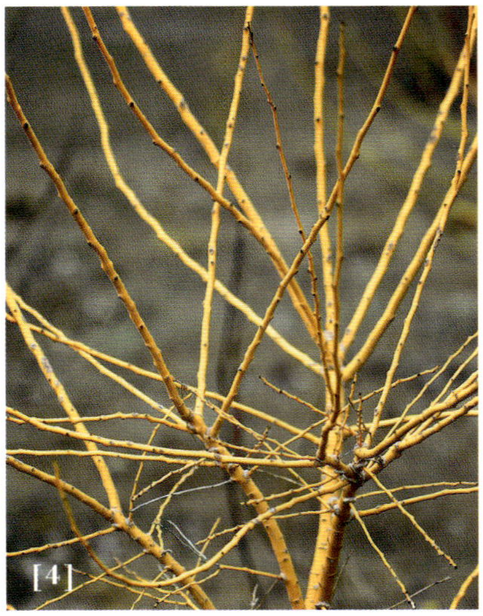

[4]

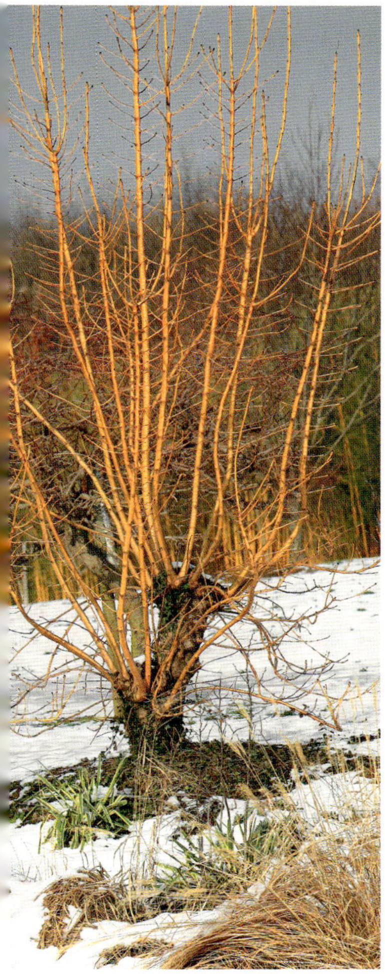

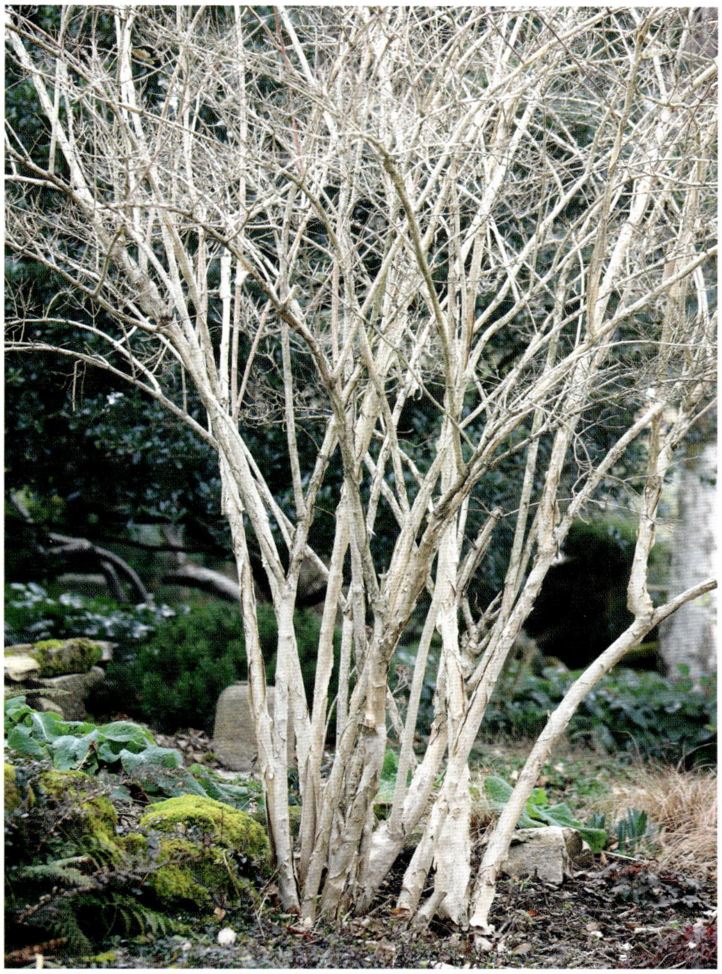

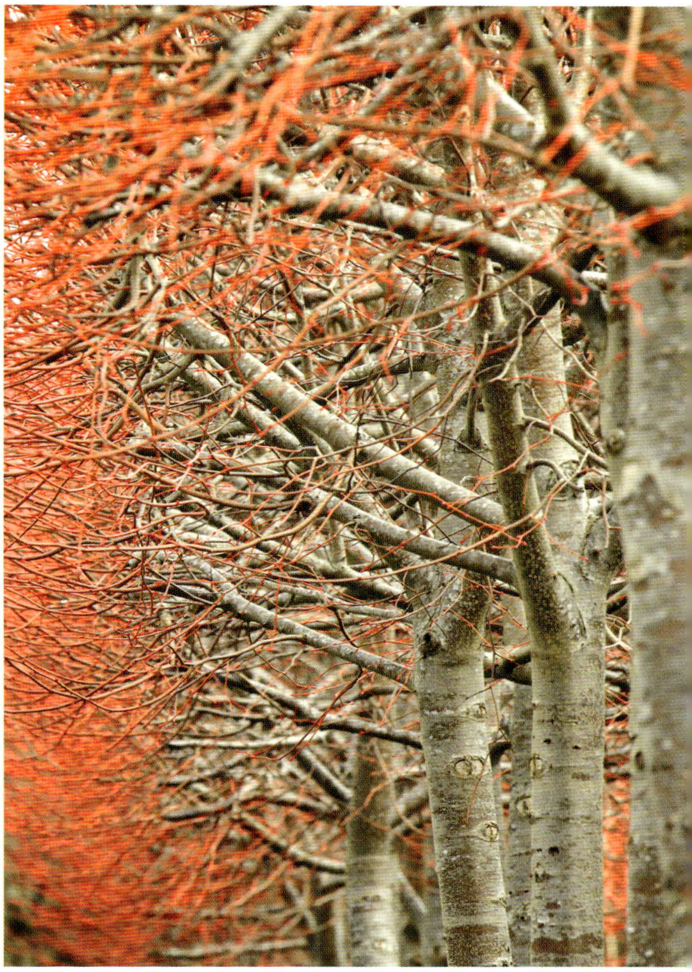

Die anmutige und elegante *Kolkwitzia amabilis* 'Pink Cloud' lässt den Garten durch eine rosafarbene Blütenpracht und die weiße papierähnliche Rinde erstrahlen.
JARDIN DE LA BUISSONIÈRE, FRANKREICH.

Mit ihrer zuckersüßen Blüte, dem goldenen Herbstlaub und den orangefarbenen Jungtrieben hat *Tilia cordata* 'Winter Orange' mehr als einen Pluspunkt.
WISLEY, ENGLAND.

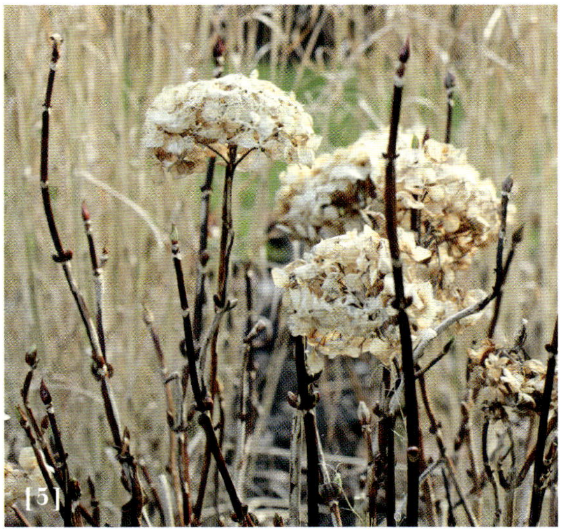
[5]

Warum sollte man es bei den Grüntönen nicht einmal mit einem hübschen Büschel *Equisetum camtschatcense* [1] versuchen? Dieser riesige Schachtelhalm streckt seine grafisch-linearen Triebe ebenso makellos und in japanischer Manier zum Himmel wie ein Bambus. Allerdings ist die Pflanze stark wuchernd und man muss sie im Zaum halten. Für ein stechenderes Grün sollte man die Jahrestriebe von *Tilia platyphyllos* 'Aurea' [2] erhalten. *Styphnolobium japonicum*, besser bekannt als *Sophora*, bietet sich durch interessante Sorten mit gelbem Holz wie 'Winter Gold' an. Die Züchtung 'Flavirameum' [3] ist stechend gelb, während 'Gold Standard' [4] eher goldgelb leuchtet. Im Herbst färbt sich ihr Blätterkleid in allen Farben der Sonne. Schwarz ist im Garten immer überraschend, aber auch schwer zu erreichen. Die getrockneten Blütenstände der Hortensien bringen jedoch ihre ebenholzfarbenen Zweige von Natur aus zur Geltung, zum Beispiel *Hydrangea macrophylla* 'Nigra' [5]. Die kräftigere Sorte 'Zorro' unterscheidet sich durch die abgeflachten Blütendolden.

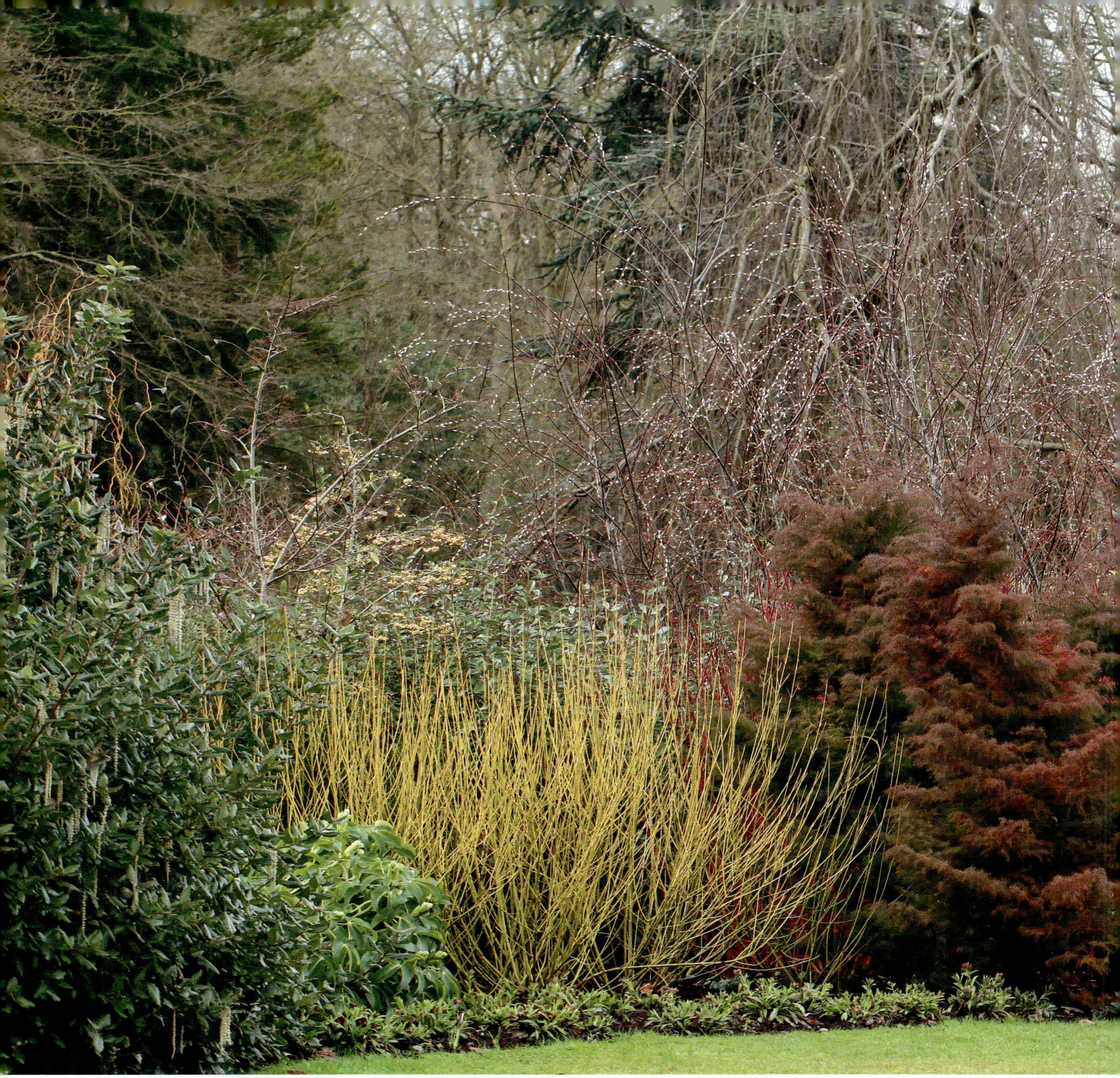

HARLOW CARR, ENGLAND.

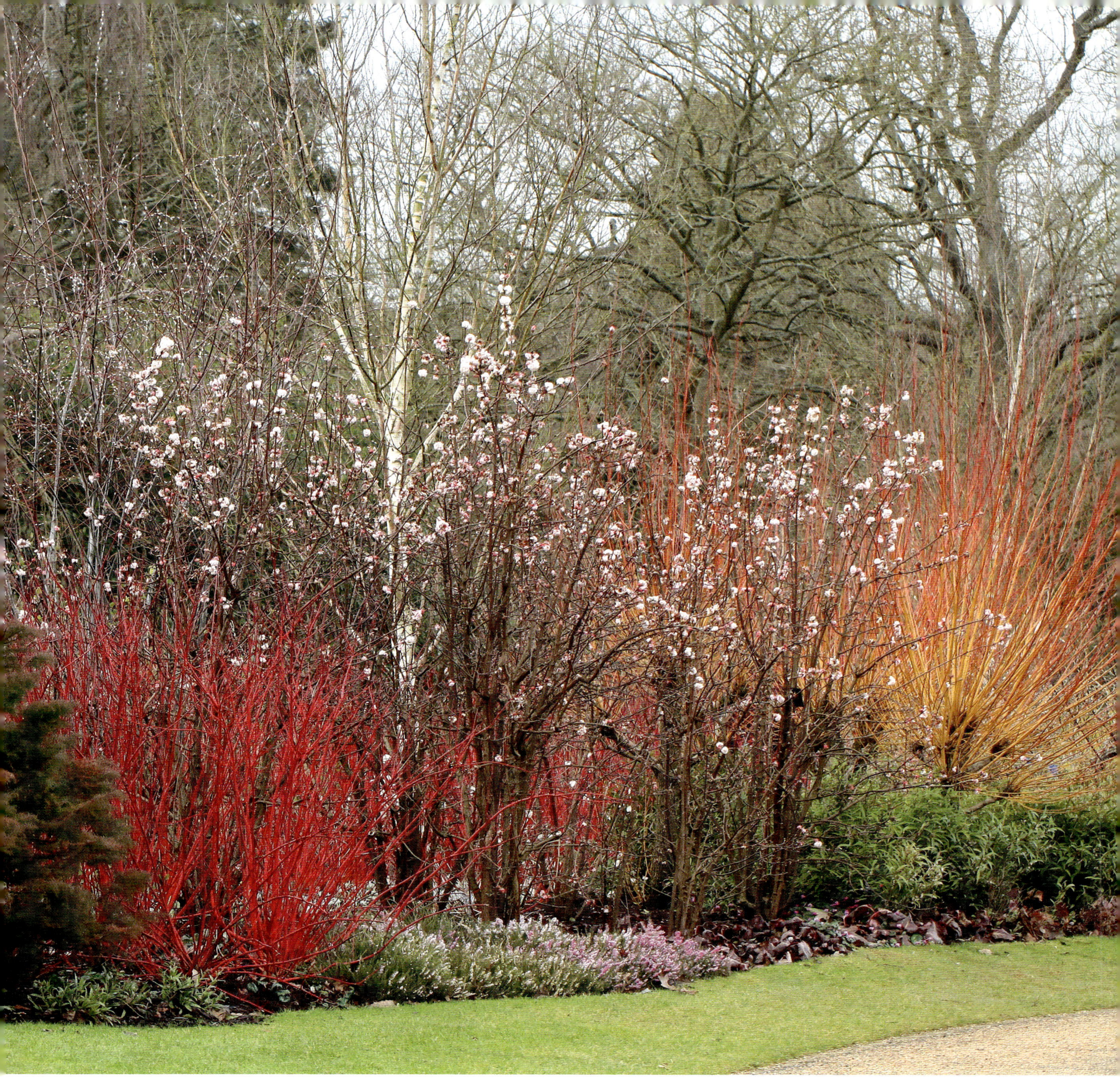

NOCH MEHR FARBTUPFER

Die Rinde muss nicht der einzige Farbgeber im winterlichen Garten sein: Blüten, Früchte und die teils bunten Blätter der Immergrünen spielen ebenfalls eine Rolle. Ihre Farbtöne sollten unbedingt in anderen Formen erscheinen, nicht als lineare Stämme und Zweige, sondern eher wie kleine Flecken in impressionistischer Manier.

BLÜHENDE BÄUME UND STRÄUCHER

Blüten, die die Kälte vertragen, sind klein, leuchtend und duften oftmals stark. Im Winter gibt es nur wenige Bestäuber und so setzt die Blüte alles daran, auf sich aufmerksam zu machen. Die Vorschläge für winterlichen Blütenschmuck beziehen sich überwiegend auf Dezember, Januar und Februar. Während dieser Wartezeit auf den neuen Frühling braucht der Gärtner Farben und Düfte am meisten.

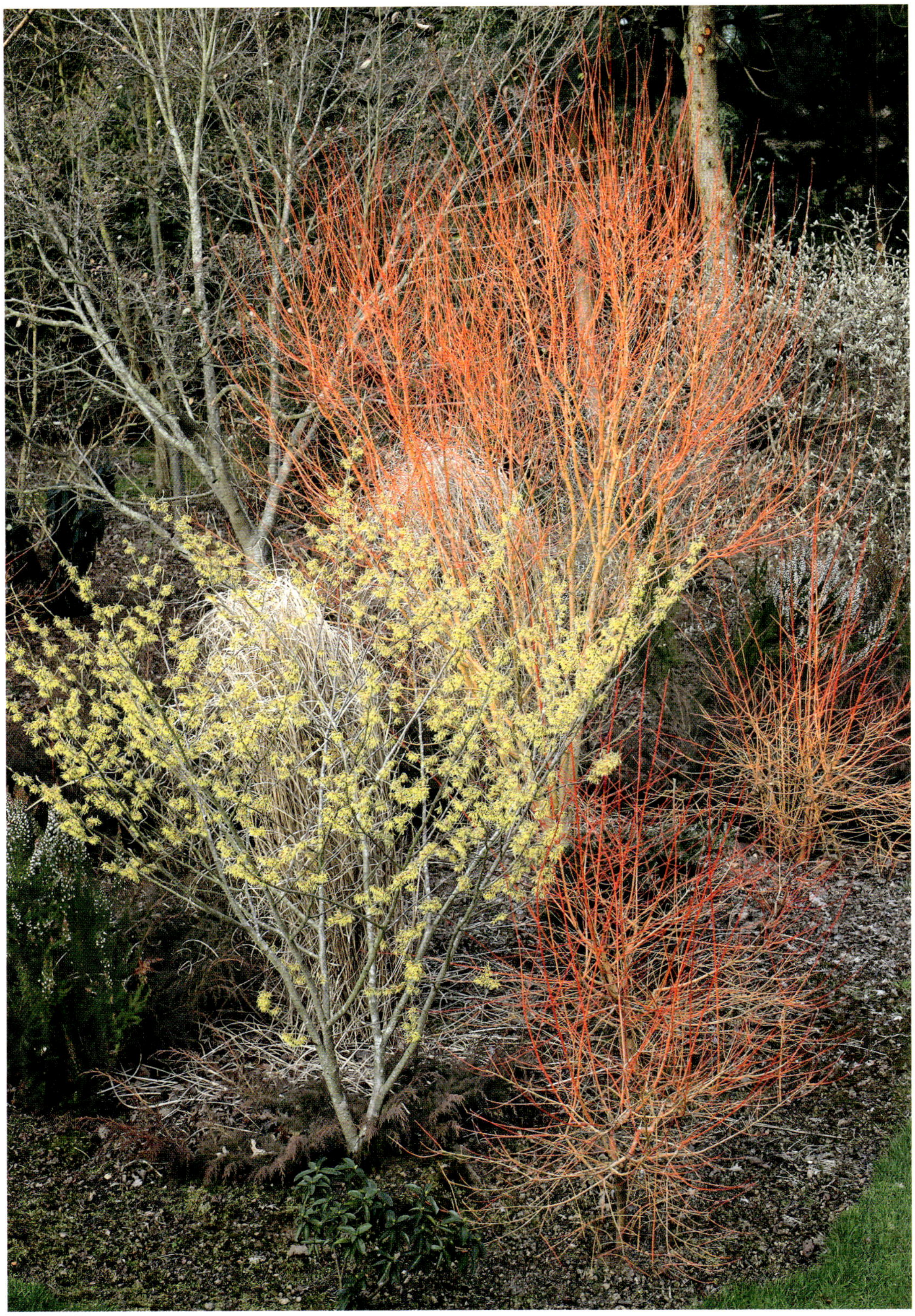

Hamamelis × *intermedia* 'Arnold Promise' breitet ihre von Blüten übersäten Zweige in einer bereits durch bunte Triebe gefärbten winterlichen Gestaltung aus.
ÉTANG DE LAUNAY, FRANKREICH.

Zaubernusssträucher sind die Königinnen des Winters. Trotz eisiger Fröste entfalten sie ihre leicht knittrigen Blütenblätter zu seltsam spinnenförmigen Blüten, die mit dem geringsten Sonnenstrahl zu leuchten beginnen.

RECHTS: Dank des Einsatzes von Robert und Jelena de Belder gibt es heute mit bisweilen stark duftenden Blüten und wunderbarer Herbstfärbung zahlreiche sino-japanische Hybride (× *intermedia*).

GELB

'Pallida' [1]: Eine der schönsten gelben Sorten mit goldenem Herbstlaub und gelbgrünen Blüten, die den Garten von Früh- bis Mittwinter in Duft hüllen. 'Arnold Promise' [2] übernimmt mit süß duftenden, zitronengelben Blüten die zweite Winterhälfte. 'Doerak' [3] ist die einzige Sorte dieser Seite, die nicht aus × *intermedia* gezüchtet wurde. Ihre intensiv goldgelben, lange haltbaren Blüten sind zauberhaft, obwohl ihr welkes Laub geraume Zeit haftet. 'Barmstedt Gold' [4] ist eine hübsche Züchtung mit goldgelben Blüten und Herbstlaub.

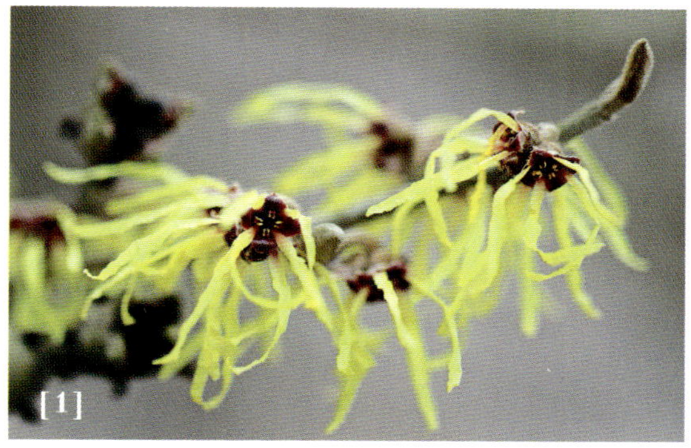
[1]

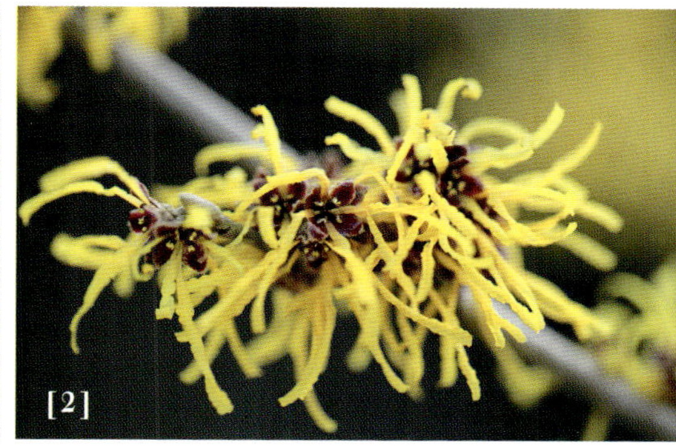
[2]

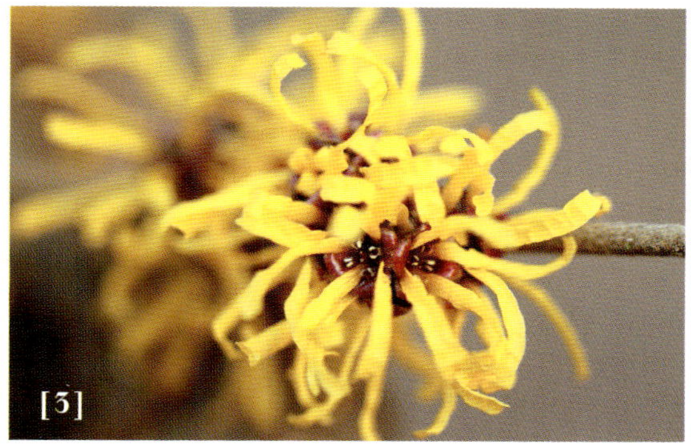
[3]

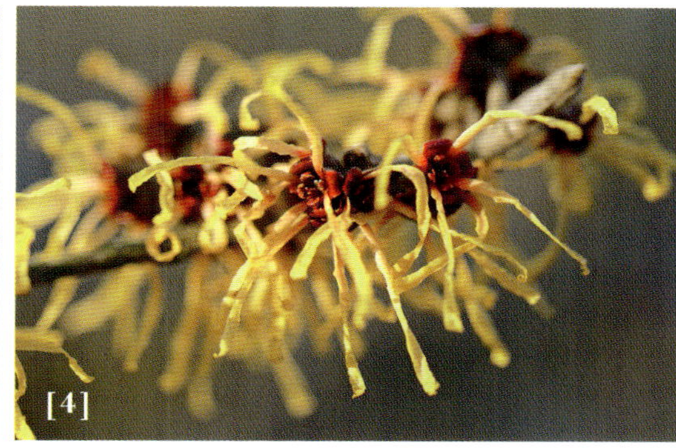
[4]

ORANGEFARBEN

'Vesna' [5]: Mit leuchtend orangegelben Blüten, die den größten Teil des Winters hindurch blühen. 'Aurora' [6] besitzt riesige Blüten, zweifellos die größten der Gattung, und sie verleiht dem tiefsten Winter Farbe und Duft. Im Herbst färbt sich ihr Laub gelb, orangefarben und rot. 'Aphrodite' [7] fällt durch den verlaufenden Orangeton und die Robustheit auf. 'Robert' [8] und 'Jelena' blühen nach herbstlichem Farbenspiel in vielen Nuancen von Gelborange und Rot schließlich mit fast kupferfarbenen Blüten bis in den Mittwinter.

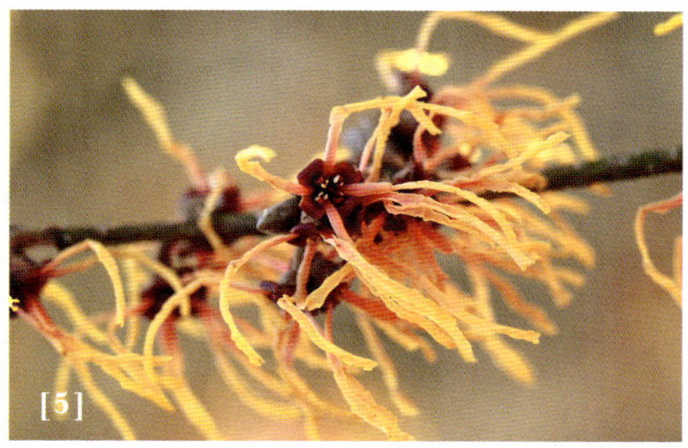
[5]

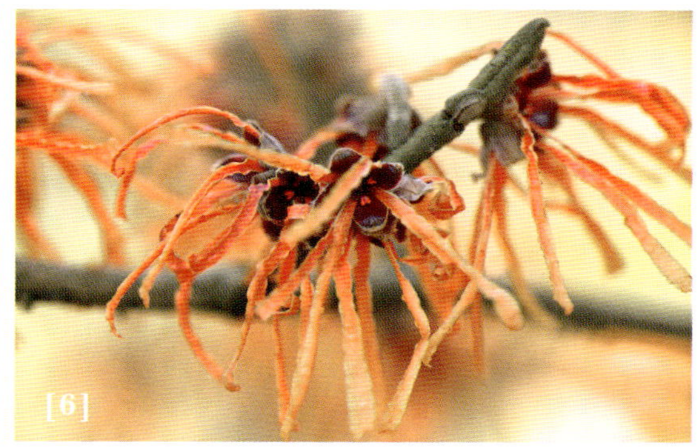
[6]

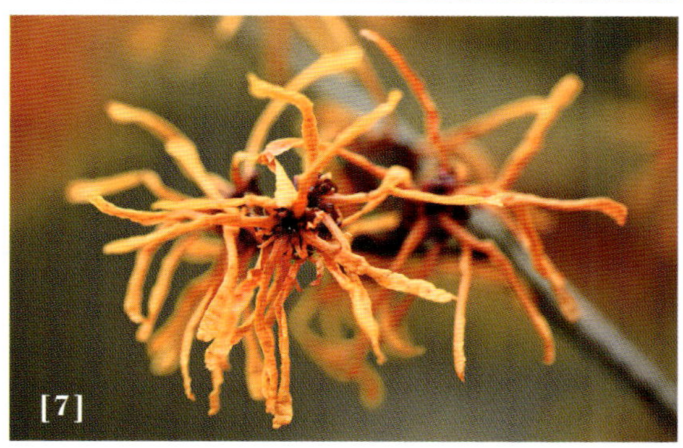
[7]

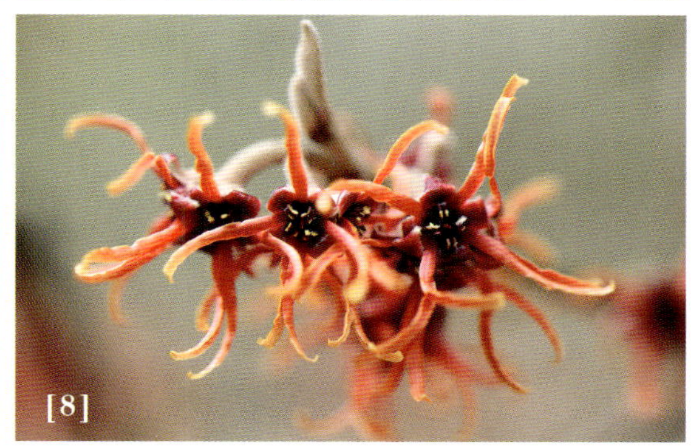
[8]

ZWEIFARBIG UND ROT

'Böhlje's Feuerzauber' [9] trägt mitten im Winter ein Blütenkleid in dezentem Orange und Blassrot, das Laub im Herbst zeigt ein schönes Gelborange. 'Strawberries and Cream' [10] überrascht mit zweifarbig rotgelben Petalen in starkem Kontrast, die bis zum Spätwinter überdauern, und einem goldenen Laubkleid; 'Livia' [11] ist trotz ihrer schwachen Herbstfärbung mit ihren duftenden, karminroten Blütenständen während des ganzen Winters bemerkenswert. 'Diane' [12] trägt mitten im Winter einzigartige korallrote Blüten, im Herbst schmückt sich das Laub gelborange bis purpurrot.

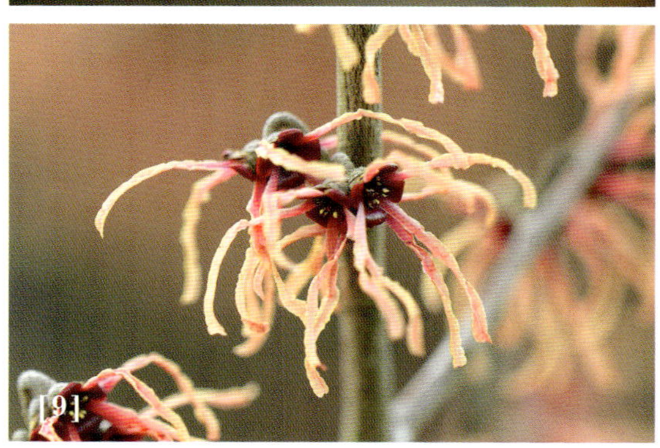
[9]

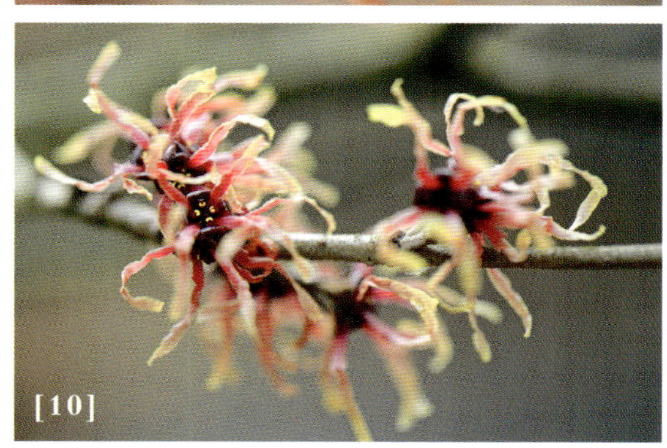
[10]

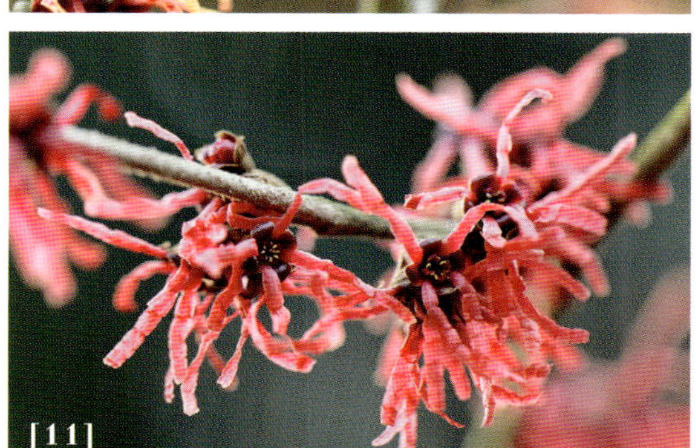
[11]

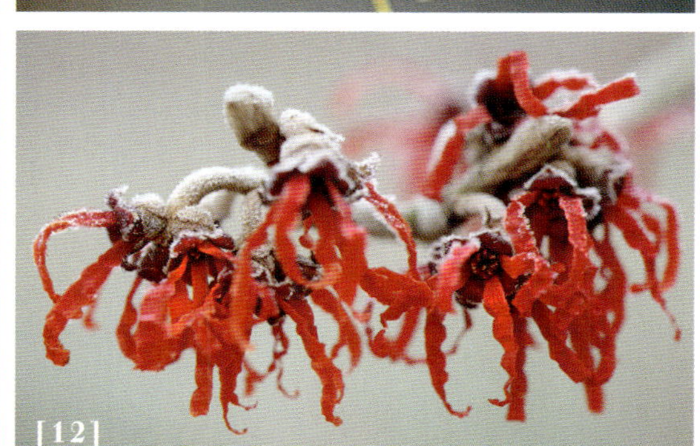
[12]

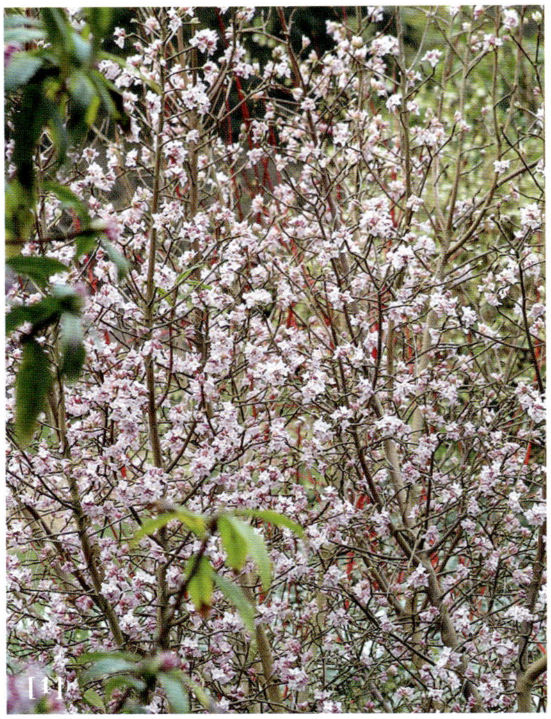
[1]

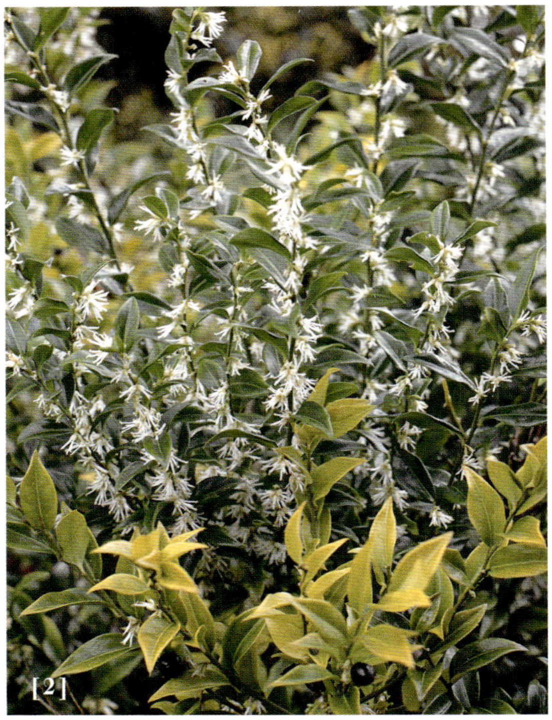
[2]

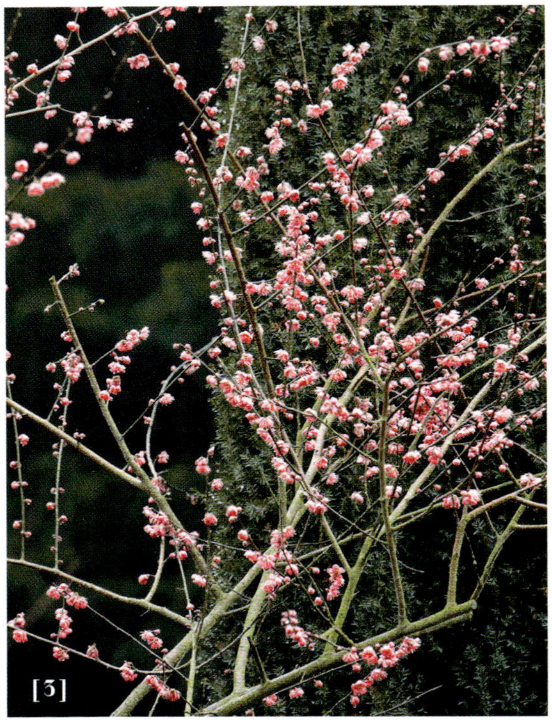
[3]

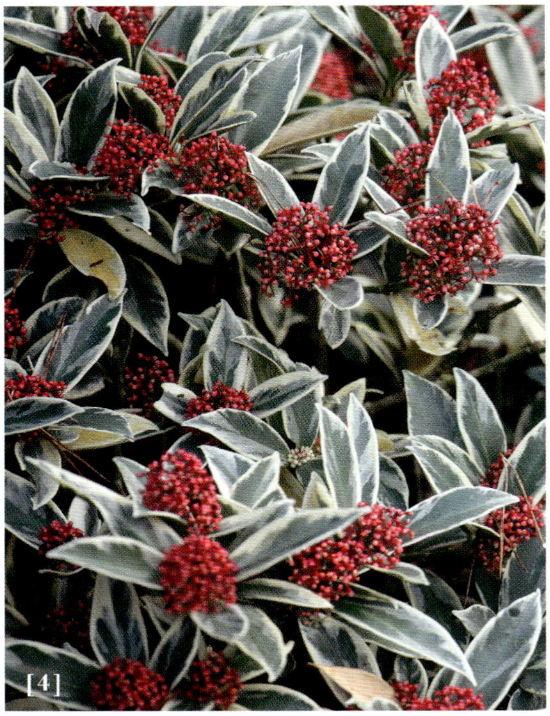
[4]

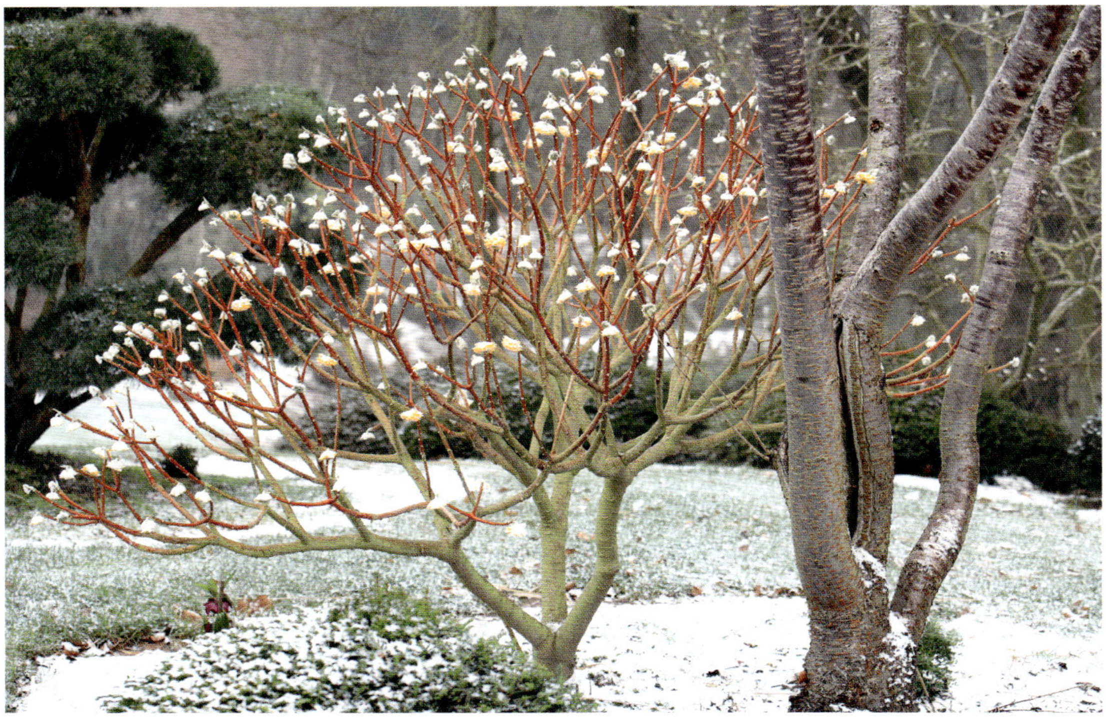
[5]

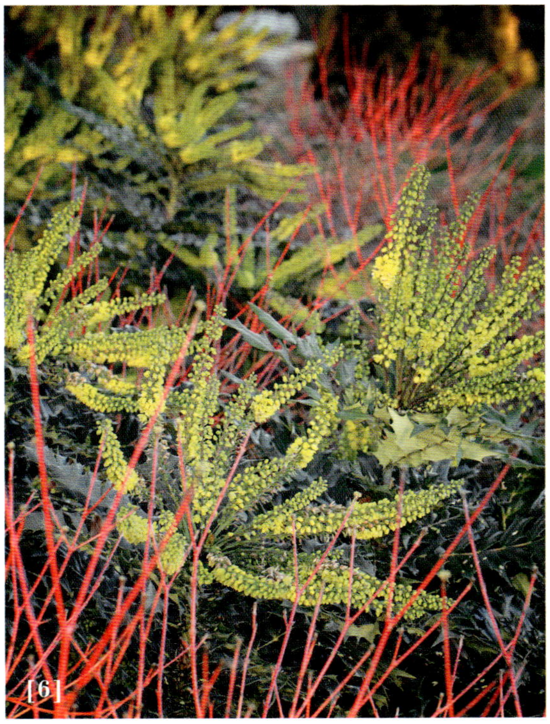
[6]

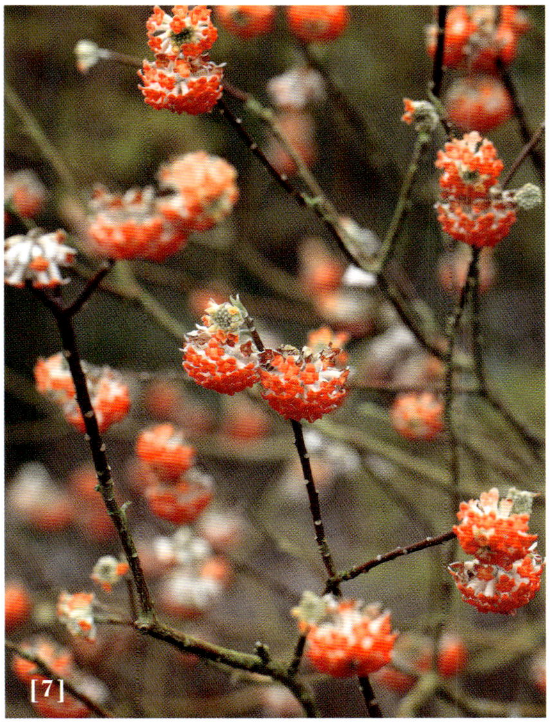
[7]

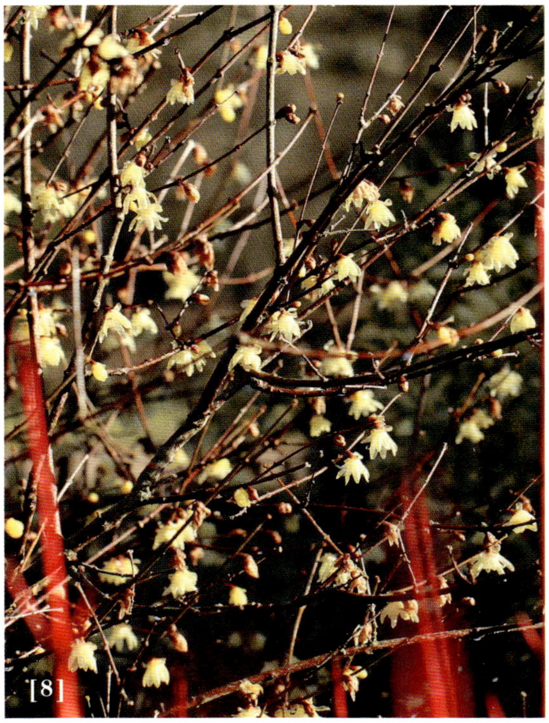
[8]

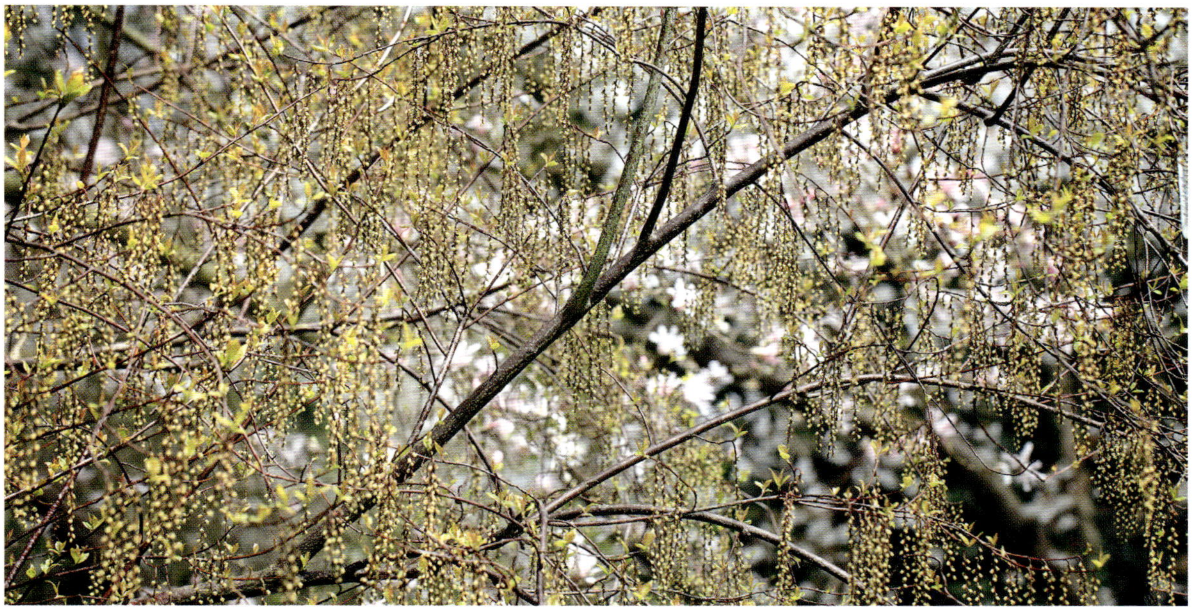

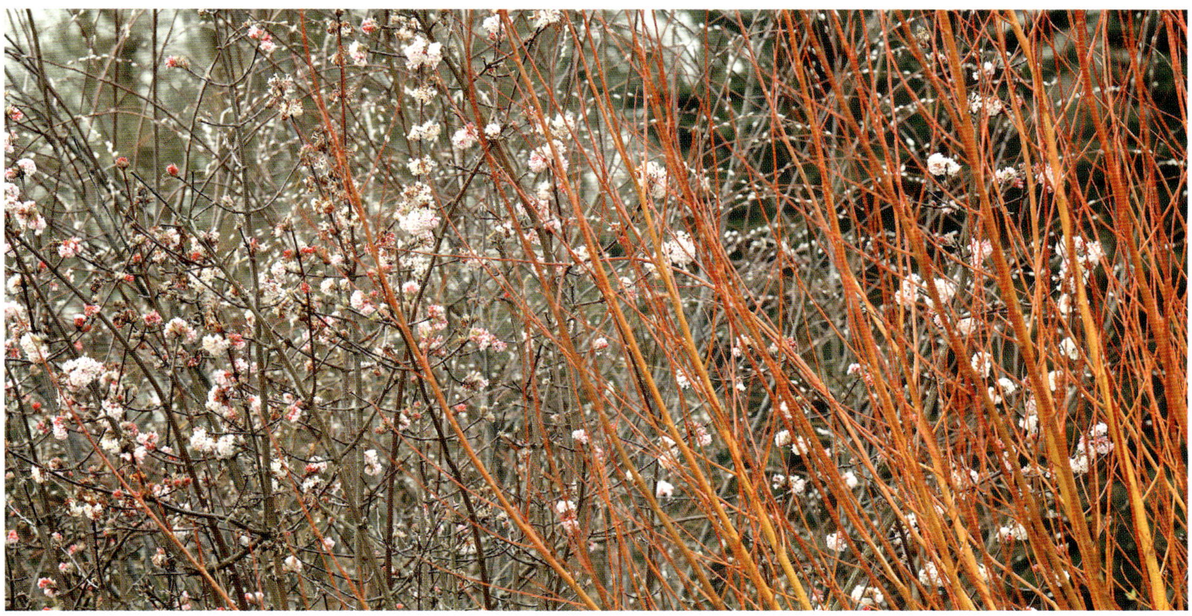

OBEN: *Stachyurus praecox* schmückt sich mit feinen Trauben herabhängender Blüten, die vom Herbst an in Knospenform geduldig auf schöne Tage warten, um sich zu öffnen. *S. sinensis* ist nicht so empfindlich und entwickelt eine beeindruckendere, gleichwohl spätere Blüte. UNTEN: Zwischen den farbigen Zweigen blüht *Viburnum × bodnantense* 'Charles Lamont' den ganzen Winter über.

LINKS: *Daphne bholua* 'Jacqueline Postill' [1] ist etwas empfindlich, trägt aber üppige Blüten in zartem Rosé. *Sarcococca confusa* [2], ein kleiner Strauch, ist unerlässlich für betörenden Duft. *Prunus mume* 'Beni chidori' [3] trägt gefüllte, duftende Blüten in Dunkelrosa. *Skimmia japonica* ist mit ihren farbigen Knospen im Winter wegen der frühen, duftenden Blüte in Weiß und der roten Beeren unersetzbar, wobei die Sorte 'Magic Marlot' [4] zusätzlich noch schönes, panaschiertes Laub trägt. *Edgeworthia chrysantha* zeigt den gesamten Winter seidige Blütenknospen, bevor sich die duftenden, bei 'Grandiflora' [5] gelben und bei 'Red Dragon' [7] orangefarbenen Blüten öffnen. *Mahonia × media* 'Buckland' [6] blüht vom Herbst an golden und duftet süßlich nach Maiglöckchen. Ihr immergrünes Laub rötet sich manchmal durch Frost. *Chimonanthus praecox* [8] trägt durchsichtige gelbe Blüten, die würzig duften, sich aber erst ab einem gewissen Alter der Pflanze bilden.

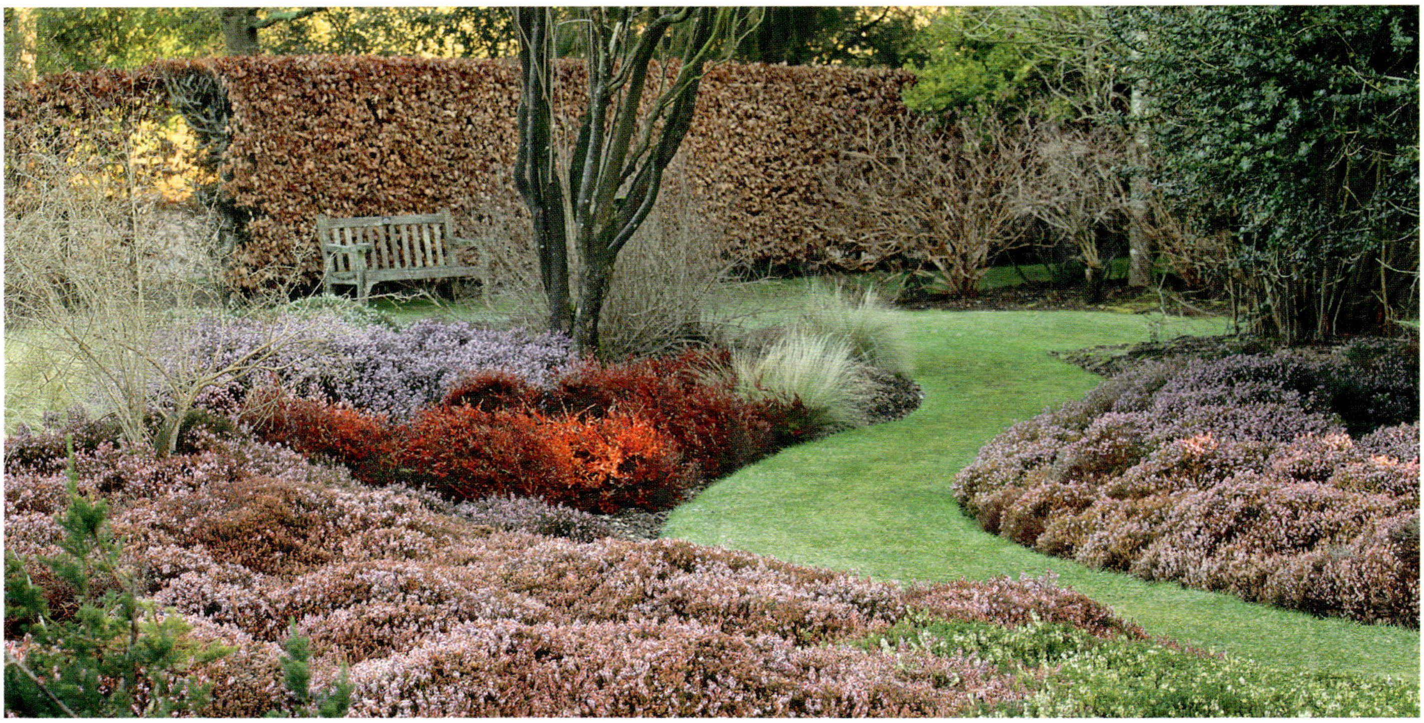

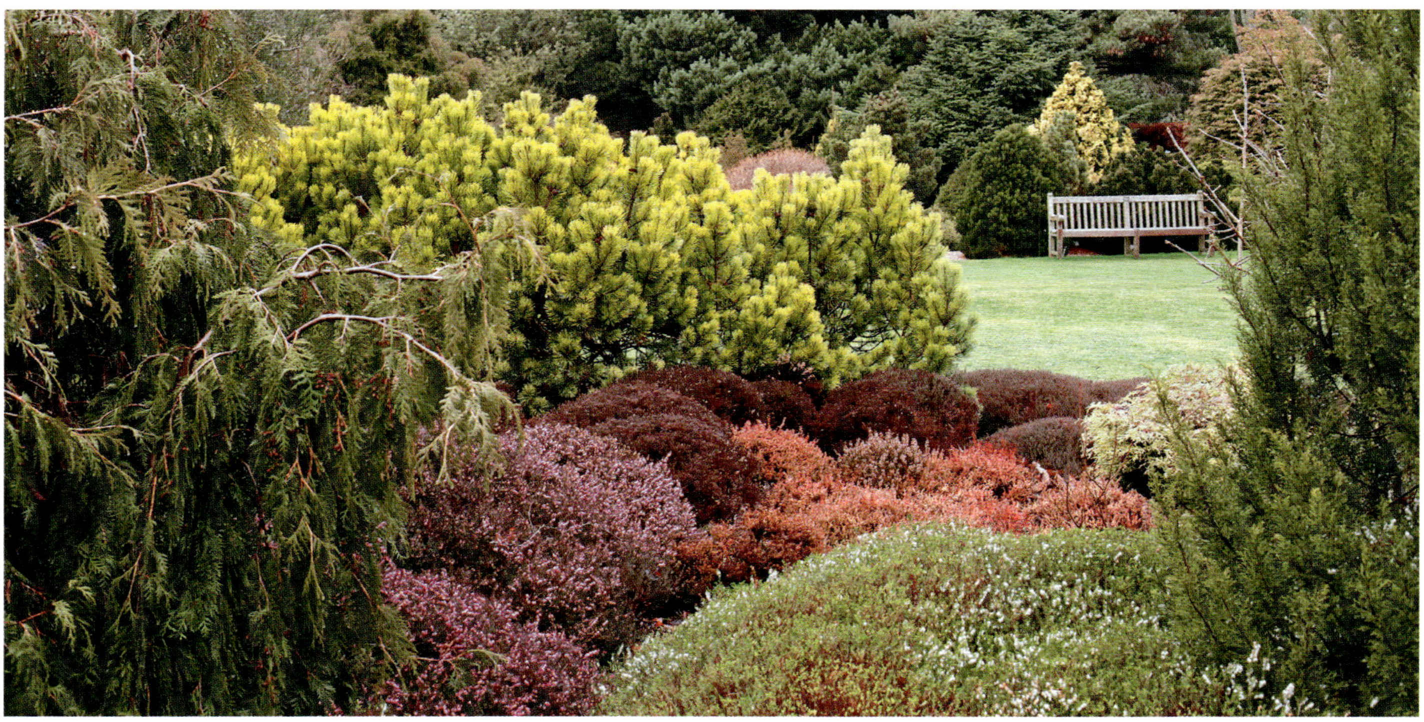

SIR HAROLD HILLIER GARDENS, ENGLAND.

Heidearten geben durch Fülle und Farben den Takt vor. Sie eignen sich wunderbar als Bodendecker und dienen als Bindeglied zwischen den farbigen Stämmen, Zwergkoniferen und Gräsern. *Erica carnea* und eine ihrer Hybriden, *Erica × darleyensis*, stechen besonders hervor. Sie sind die Urmütter zahlreicher winterharter Varietäten, die sich einfach kultivieren lassen und sogar leicht kalkhaltige Böden vertragen. Sie blühen üppig und oft duftend sowie ausdauernd, mindestens den ganzen Winter hindurch. Bei manchen Züchtungen erlebt man den Farbenrausch auch beim Blattwerk in Kupfertönen ('Ann Sparks') oder Anisfarben ('Golden Starlet').

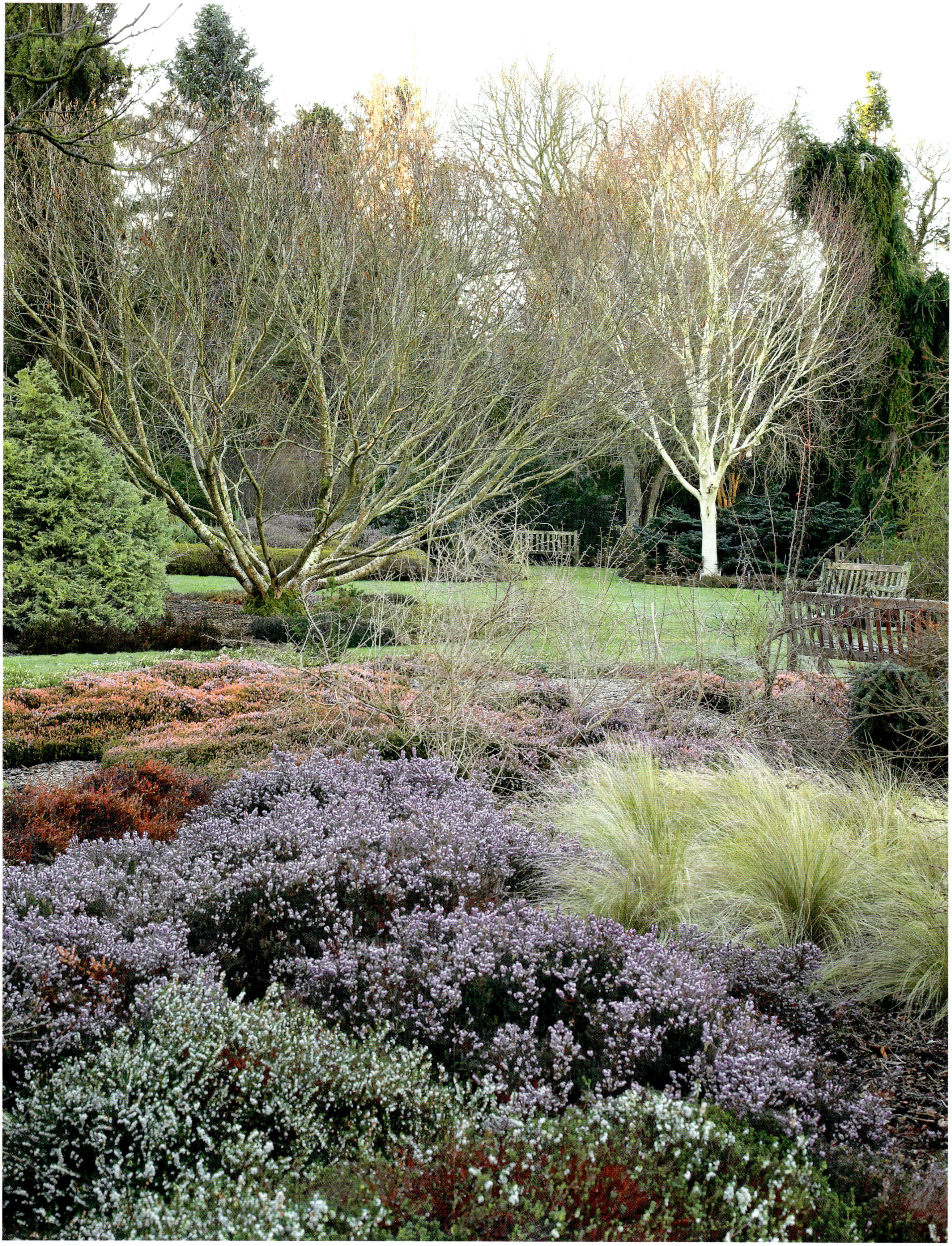

BLÜHENDE MEHRJÄHRIGE UND ZWIEBELGEWÄCHSE

Alle diese zarten Blüten, die so zerbrechlich wirken, trotzen tapfer und ausdauernd eisiger Kälte und sorgen für eine unvorstellbare Symphonie der Farben. Die winterlichen Stauden und Zwiebelblumen trumpfen in jeglicher Hinsicht auf, wenn es die eintönigen Beete zu schmücken gilt.

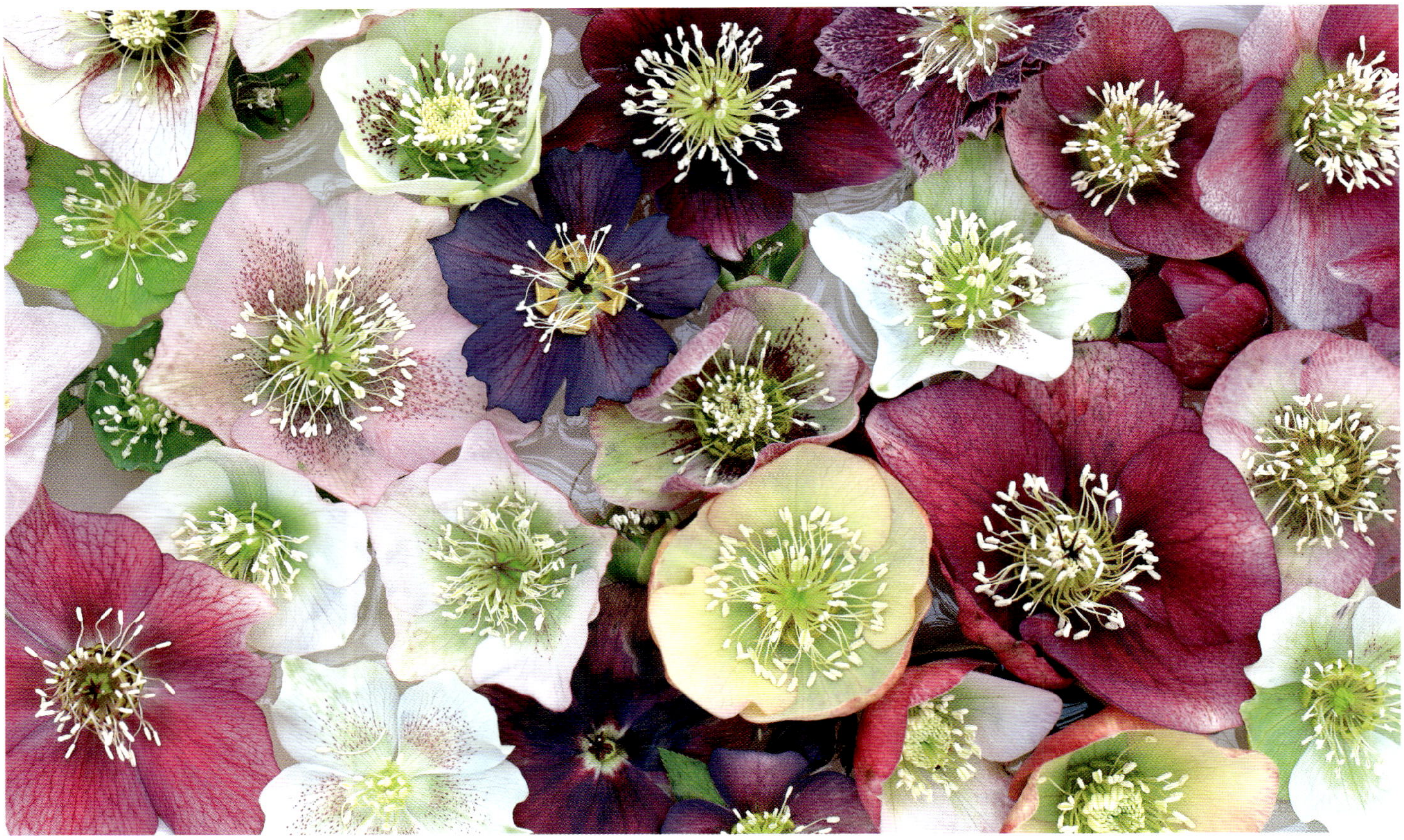

Die Blüten der Christrosen, besonders die der *Helleborus orientalis*-Hybriden, bieten eine überraschende Farbenvielfalt. Man sollte die gut erkennbaren Pastelltöne bevorzugen, auch wenn rote oder dunkel purpurfarbene Sorten wie 'Anna's Red' große Schönheiten sind.
JARDINS DE BELLEVUE, FRANKREICH.

RECHTS: Im Winter eröffnet *Helleborus niger* den Reigen. Die Sorte 'Potter's Wheel' muss man haben. Ist diese Schau beendet, übernehmen die *Orientalis*-Sorten bis in den Frühling die Herrschaft. Vor kurzem hat Martine Lemonnier erfolgreich die beiden begehrten Arten gekreuzt und mit *Helleborus* × *lemonnierae* [2] den Star des Winters geschaffen: Die ausgesprochen lange Blütezeit setzt mit hellrosa Blüten im November ein und endet karminrot im April. Mit ihren blassgelben und giftgrünen Blütentrauben leuchten *Helleborus argutifolius* [1] und *foetidus* [3] wie kleine Sonnen. Frühlingskrokusse gibt es in vielen Farbschattierungen: malvenfarben bei *Crocus tommasinianus* [4] oder auch weiß bei der Form *albus*, golden bei *C. ancyrensis* 'Golden Bunch'. *Galanthus caucasicus* [5] und andere Schneeglöckchen sowie *Leucojum vernum* stoßen ohne Schwierigkeiten durch die Schneedecke. Zwerg-Iris machen sich durch überraschende Blautöne bemerkbar: von Himmelblau bei 'Katharine Hodgkin' [6] bis Saphirblau bei 'Harmony'. Als Teppich zu Füßen der Bäume breiten sich die goldenen Knospen von *Eranthis hyemalis* [7] oder die zarten, rosafarbenen Blütenblätter von *Cyclamen coum* [8] aus. Sie schmücken selbst das letzte Unterholz.

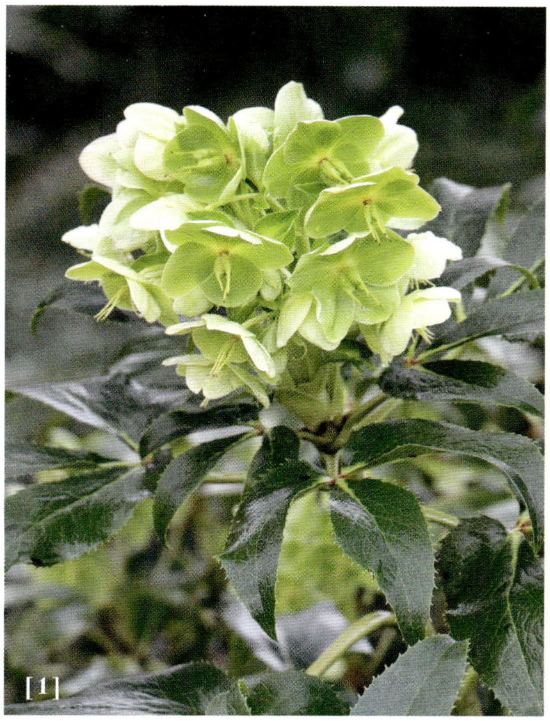
[1]

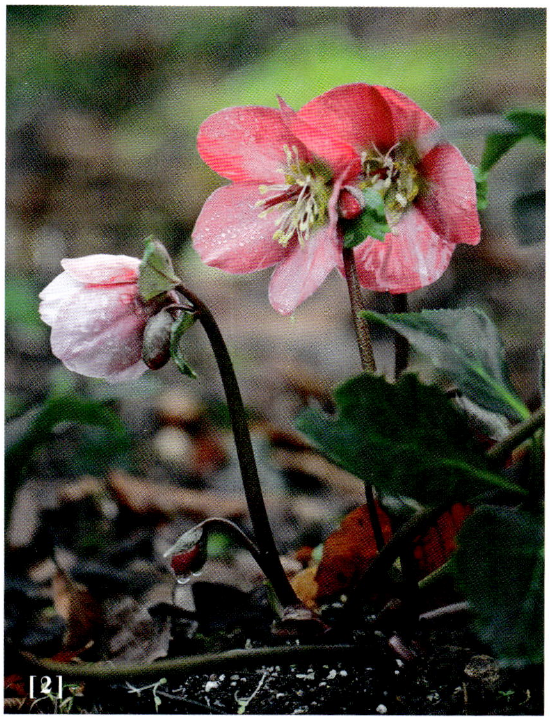
[2]

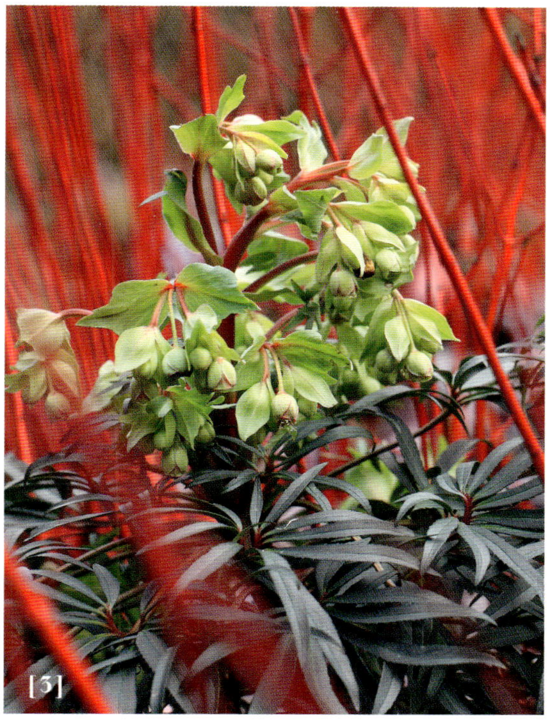
[3]

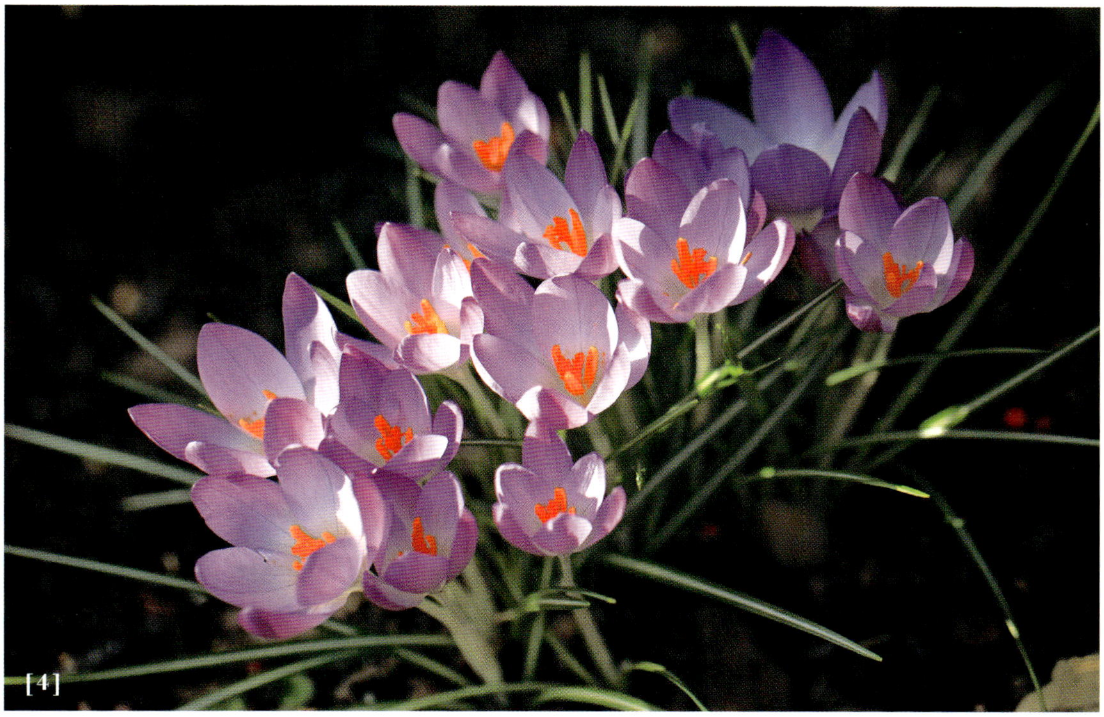
[4]

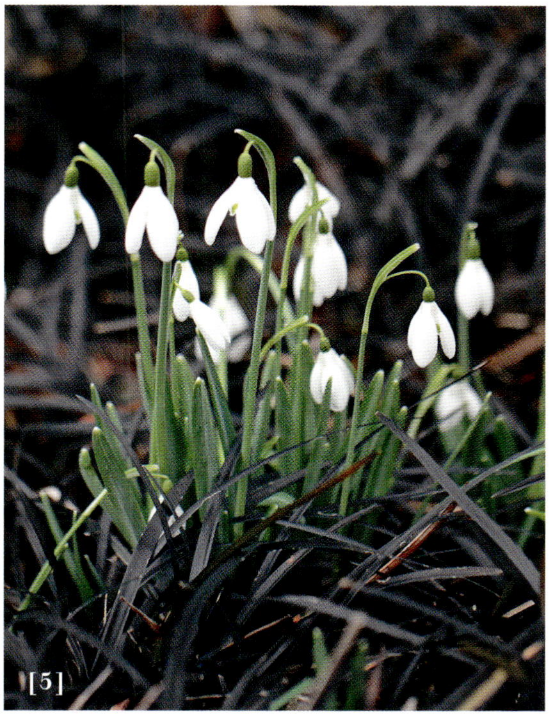
[5]

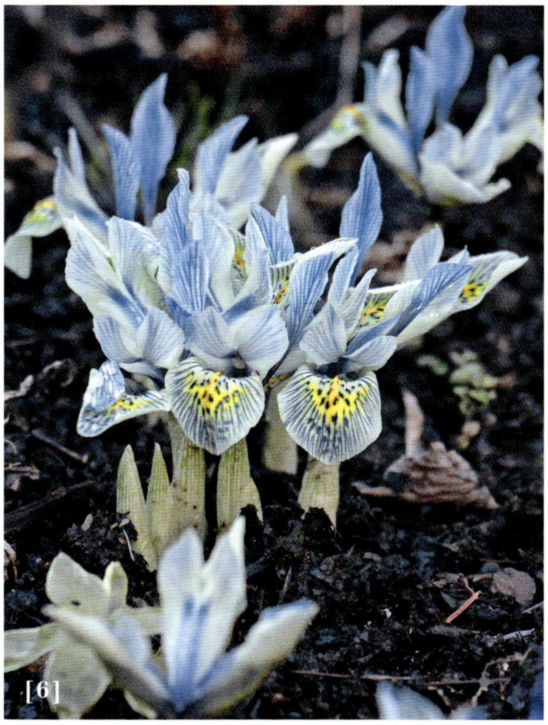
[6]

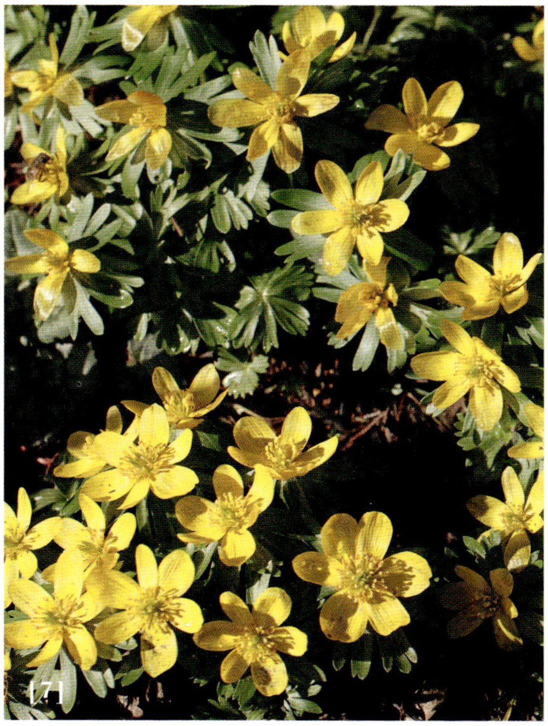
[7]

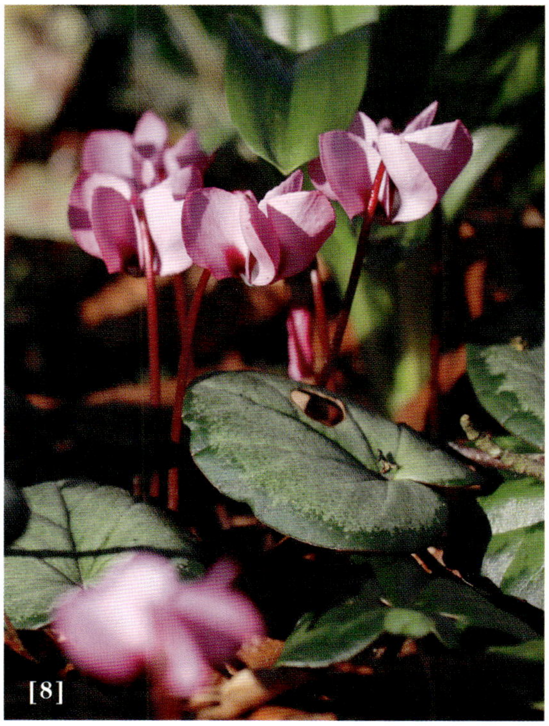
[8]

BEEREN UND FLEISCHIGE FRÜCHTE

Das Laub der Immergrünen bringt manche farbigen Früchte zur Geltung, doch der malerische Effekt wird beeindruckender, sobald die Äste und Zweige ihre Blätter verloren haben. Die unerwarteten Süßigkeiten sind ein Leckerbissen für die Vögel, die sie oft zu Beginn des Winters rasch verspeist haben – leider!

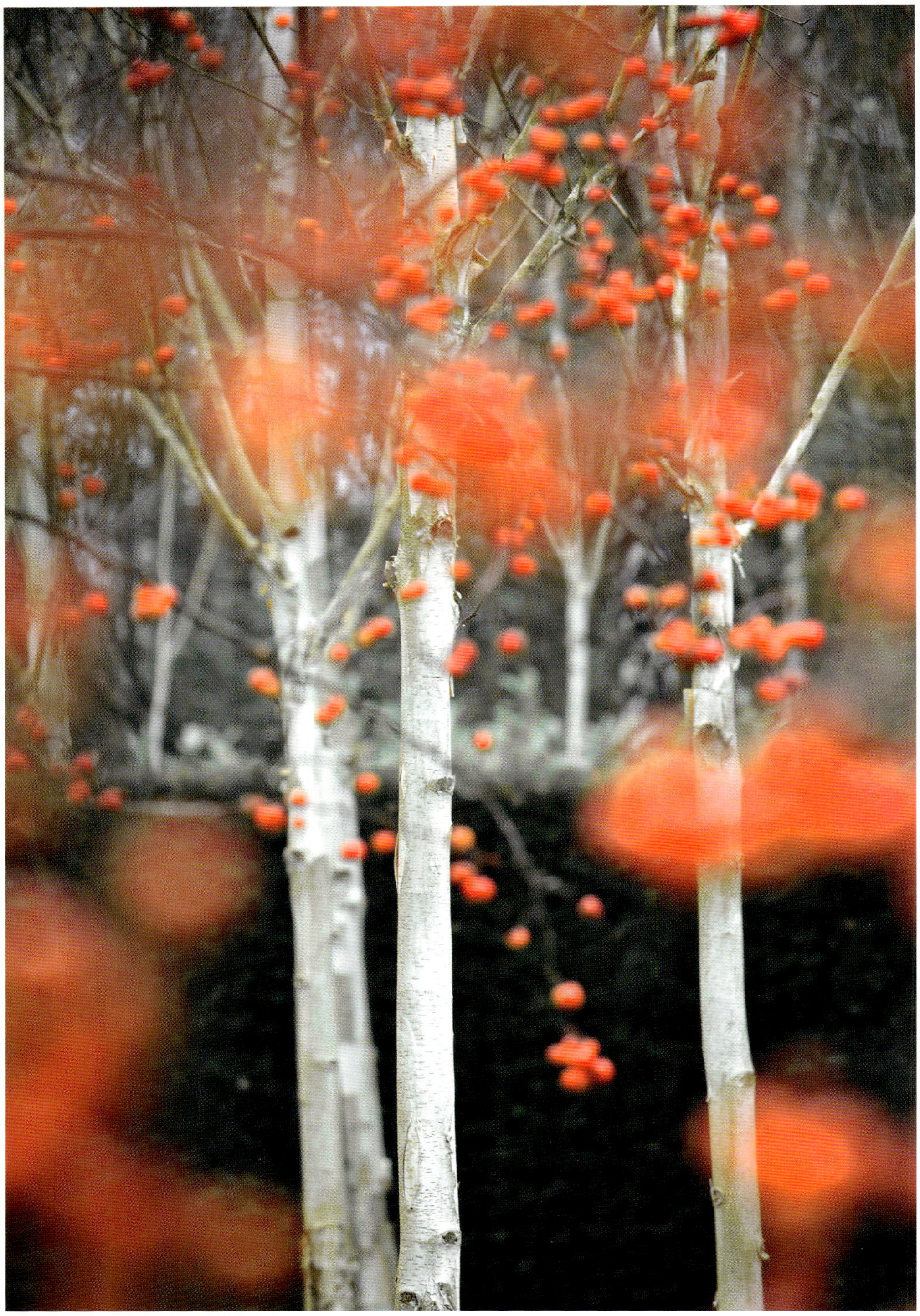

Vor dem Hintergrund schneeweißer Birkenstämme erinnern uns die kleinen scharlachroten Äpfelchen von *Malus* 'Evereste' voll Freude an den Zauber von Weihnachten.

WEST GREEN HOUSE GARDEN, ENGLAND.

RECHTS: *Sorbus sargentiana* [1]: Mit leuchtendem Laub und Beeren in allen Farben kündigen die Ebereschen voller Schönheit das Ende des Jahres an. Die Zieräpfel aus der Gattung *Malus* sind ganzjährig interessant. Die roten Früchte von 'Red Jewel' [2] bleiben unglaublicherweise den ganzen Winter über am Baum. *Malus transitoria* [3] und die Sorten 'Jean-Pierre Hennebelle', 'Golden Hornet', 'Indian Magic' sowie *M. coronaria* 'Crittenden' [8] und 'Nicolas Hennebelle' [6] behalten ihre Äpfel auch nach dem Herbst ganz gut am Baum. *Melia azedarach* [4] ist trotz Kälteempfindlichkeit einen Einsatz wert, weil die Früchte mindestens sechs Monate am Baum bleiben. *Idesia polycarpa* [5] protzt mit hübschen Trauben erbsengroßer roter Früchte, sobald das Laub gefallen ist. *Diospyros kaki* [7] bietet bis zur Weihnachtszeit einen bezaubernden und leckeren Anblick.

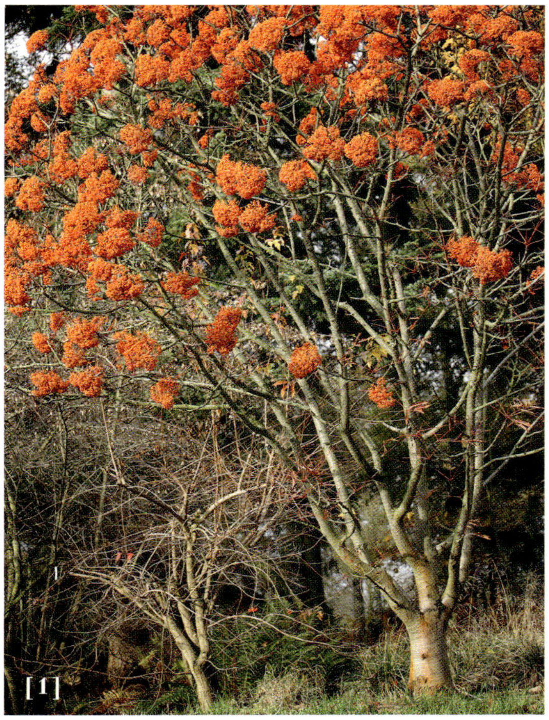
[1]

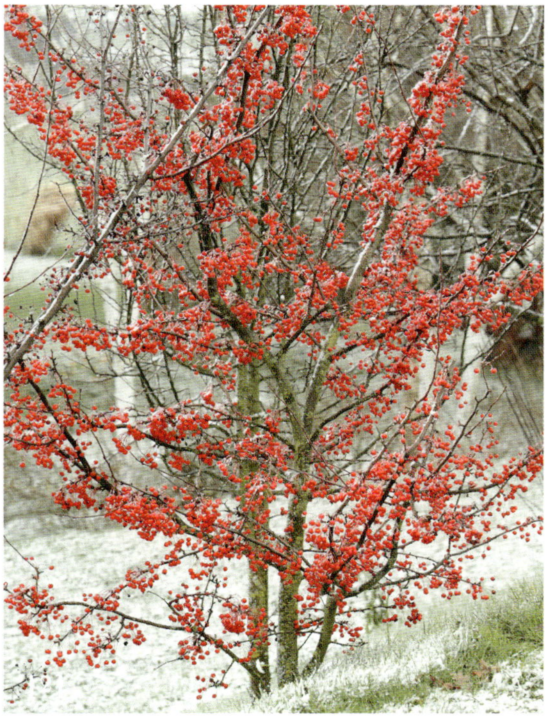

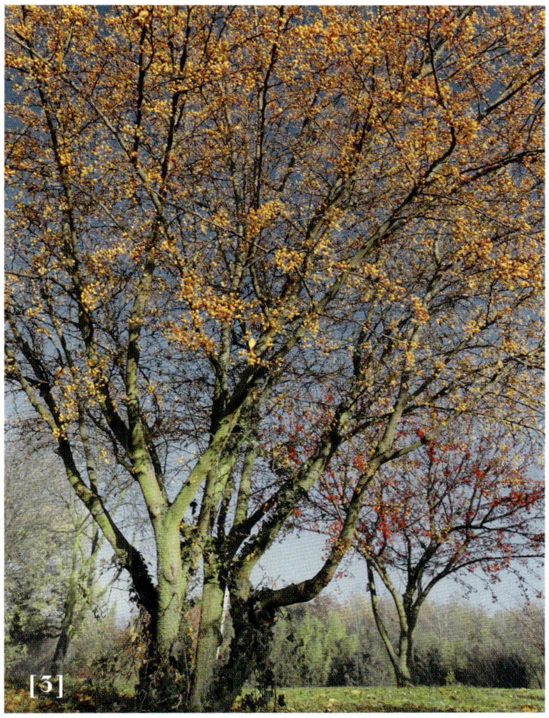
[3]

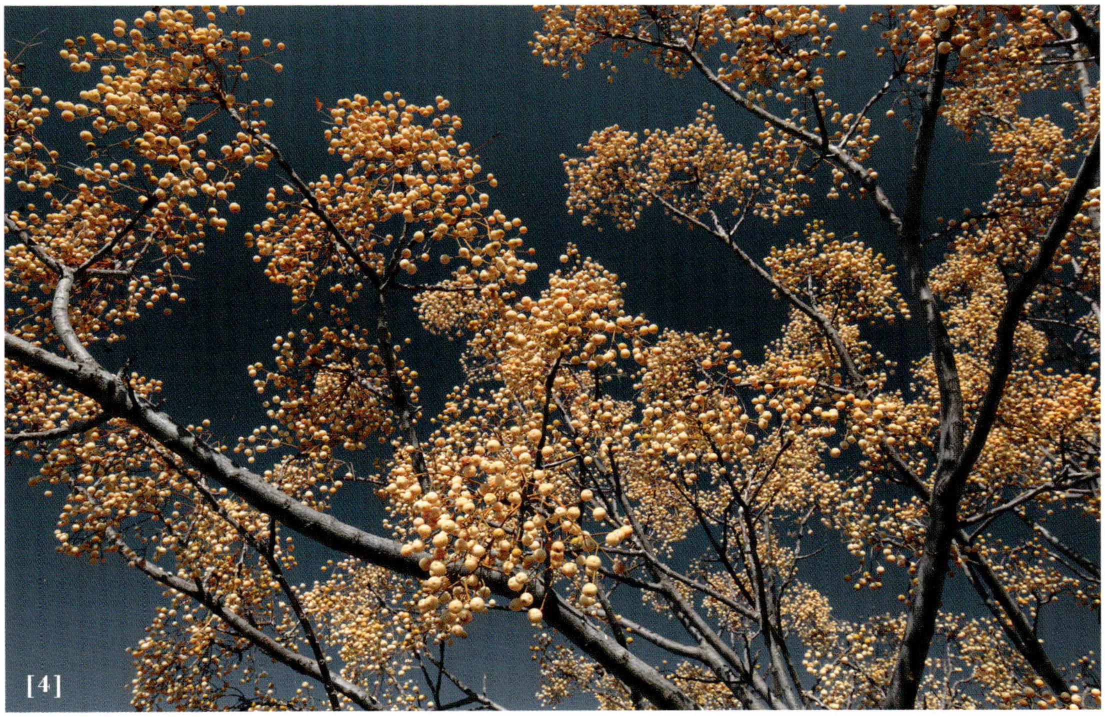
[4]

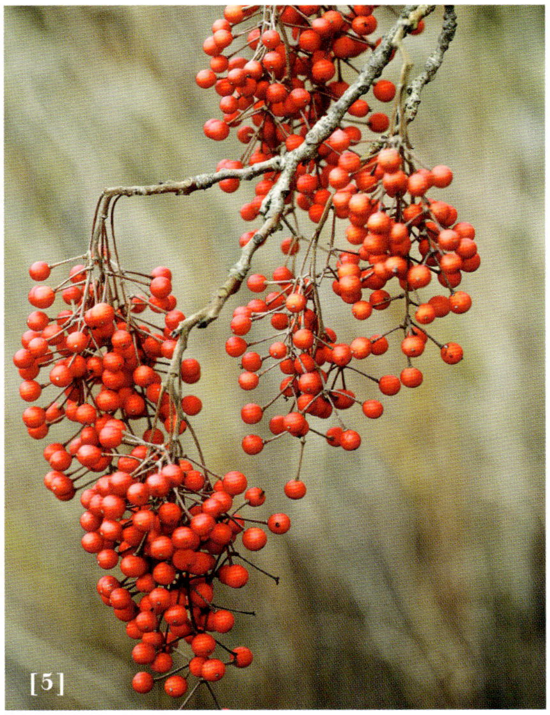
[5]

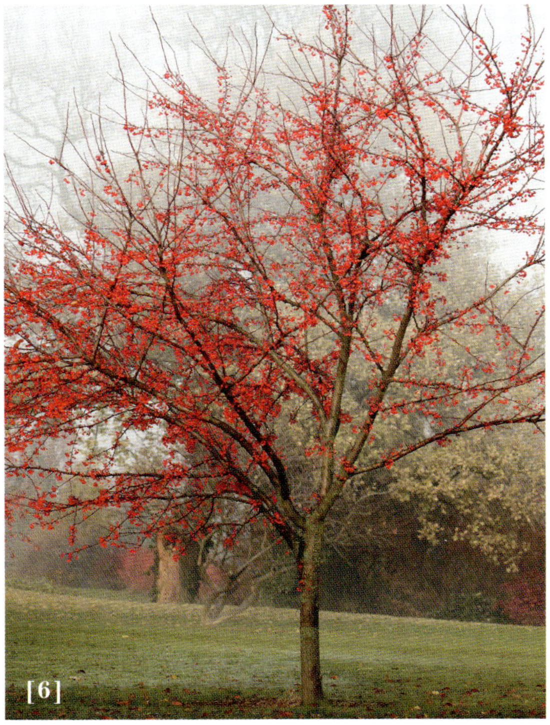
[6]

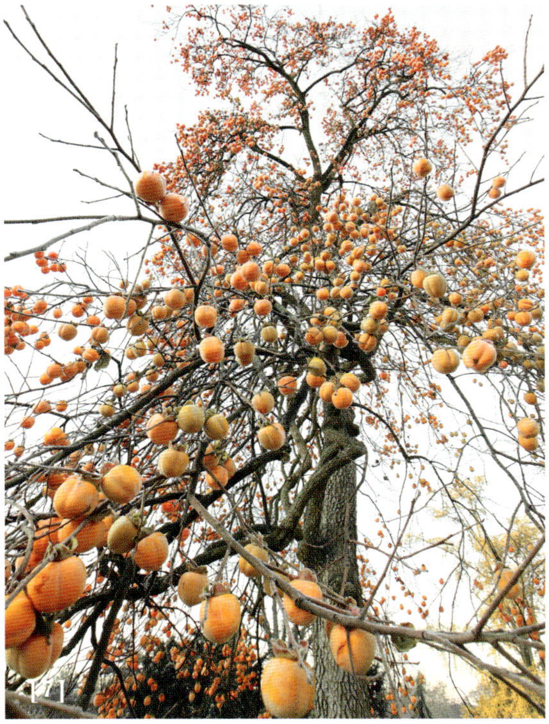
[7]

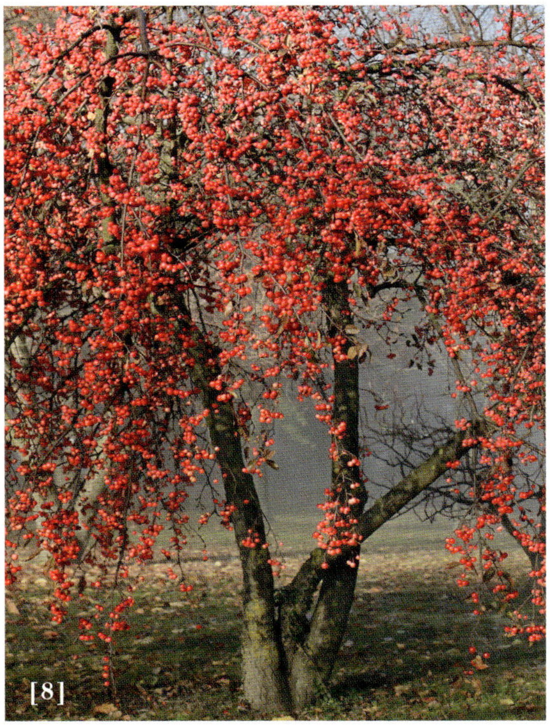
[8]

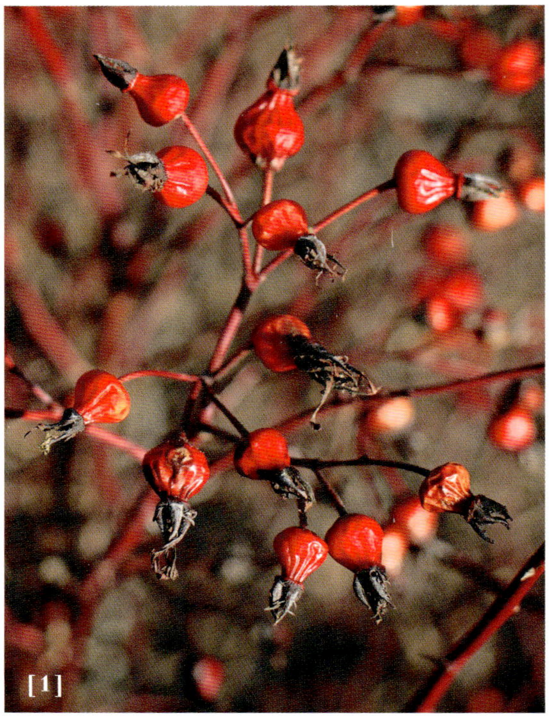
[1]

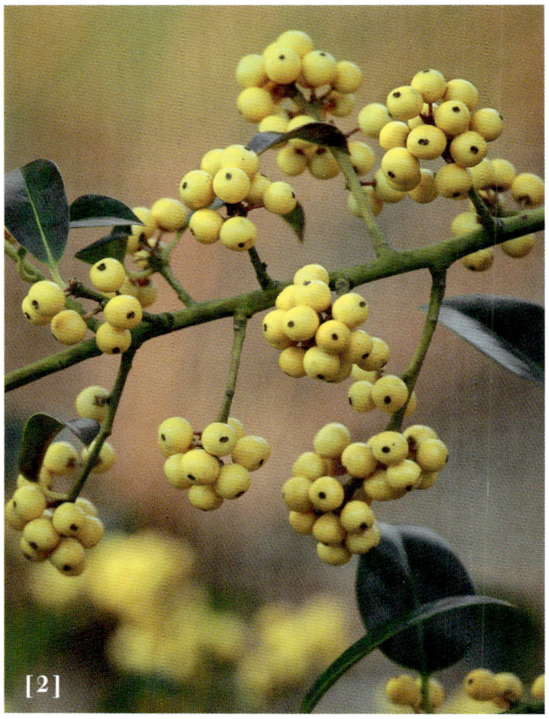
[2]

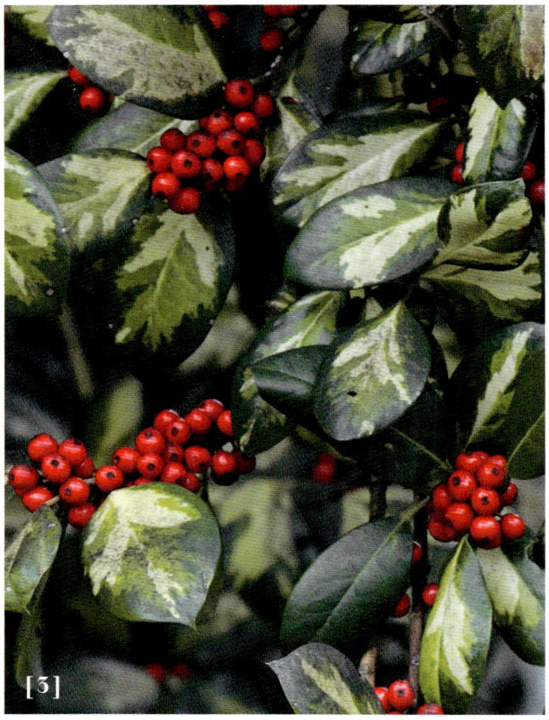
[3]

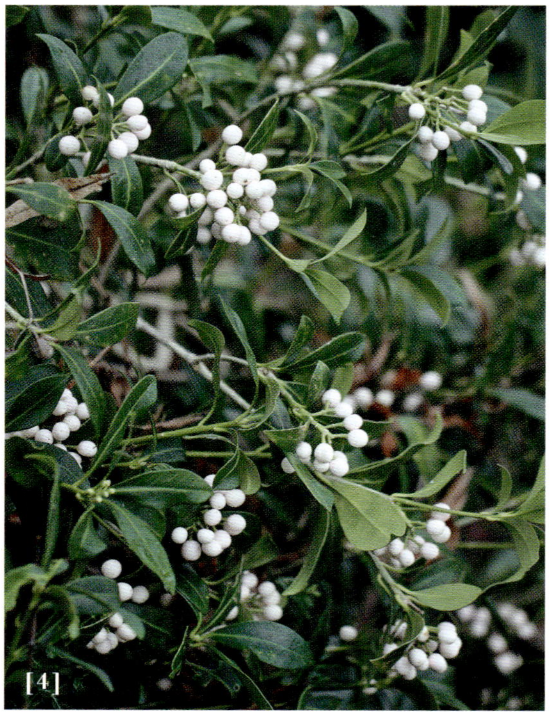
[4]

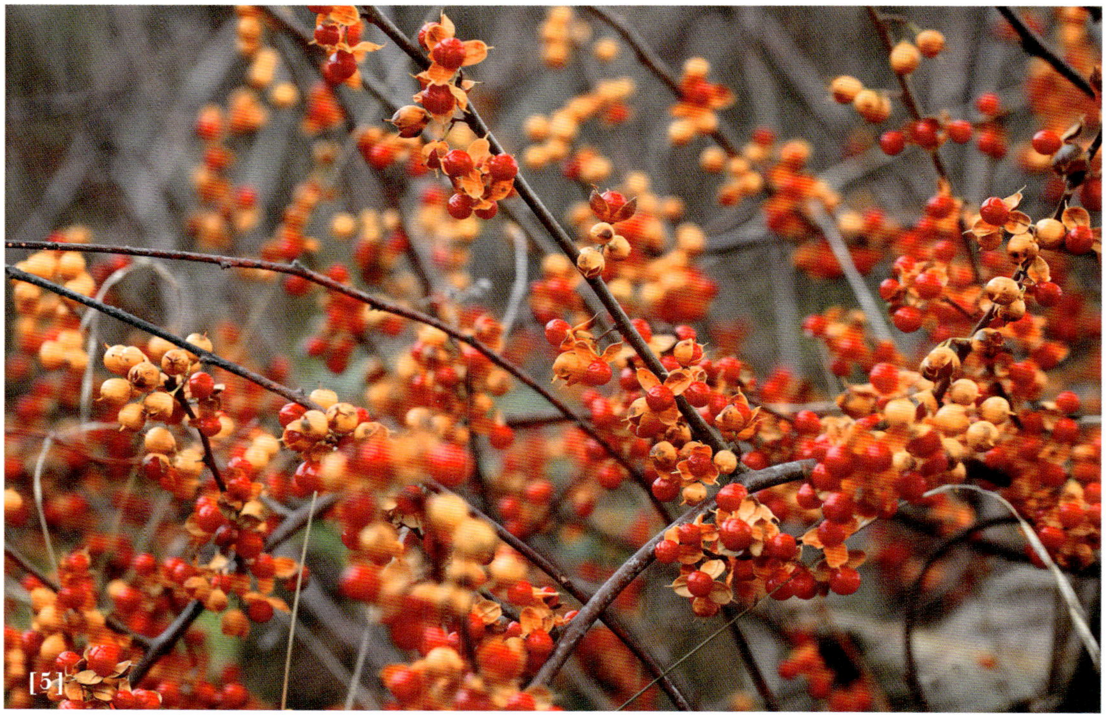
[5]

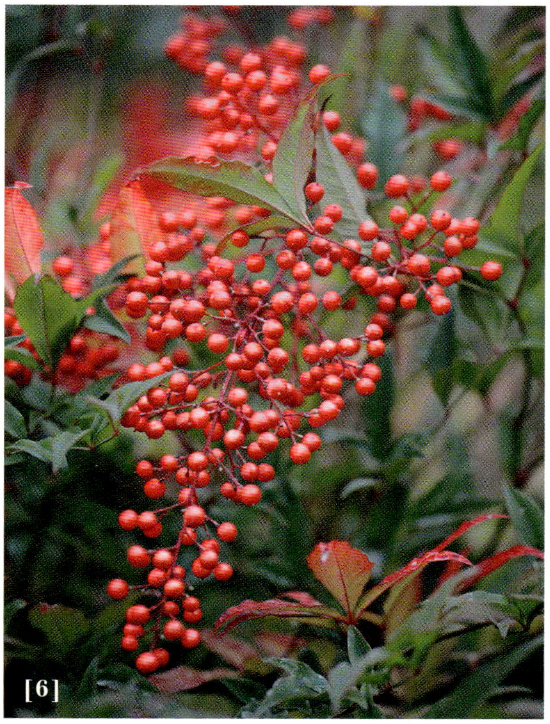
[6]

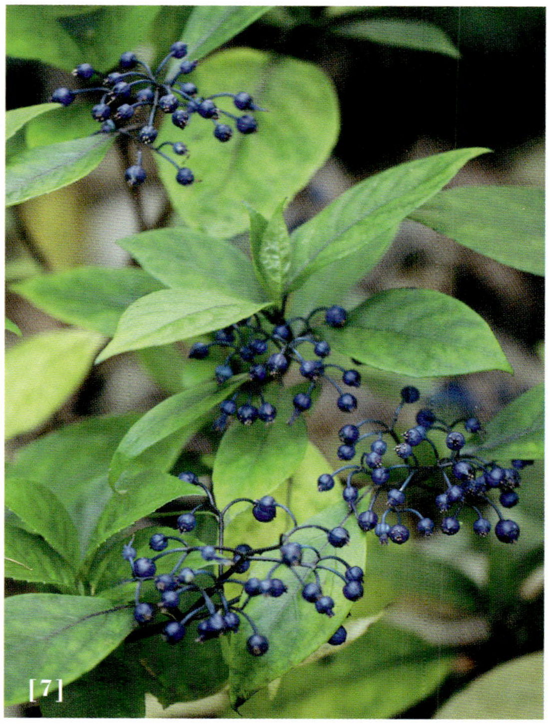
[7]

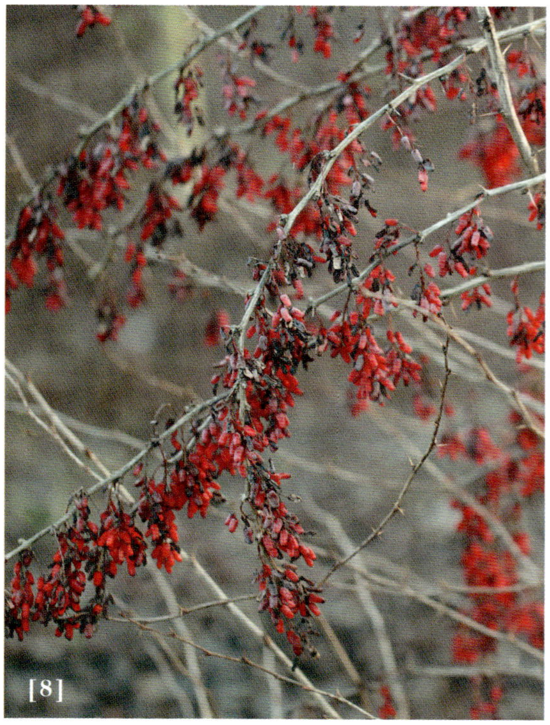
[8]

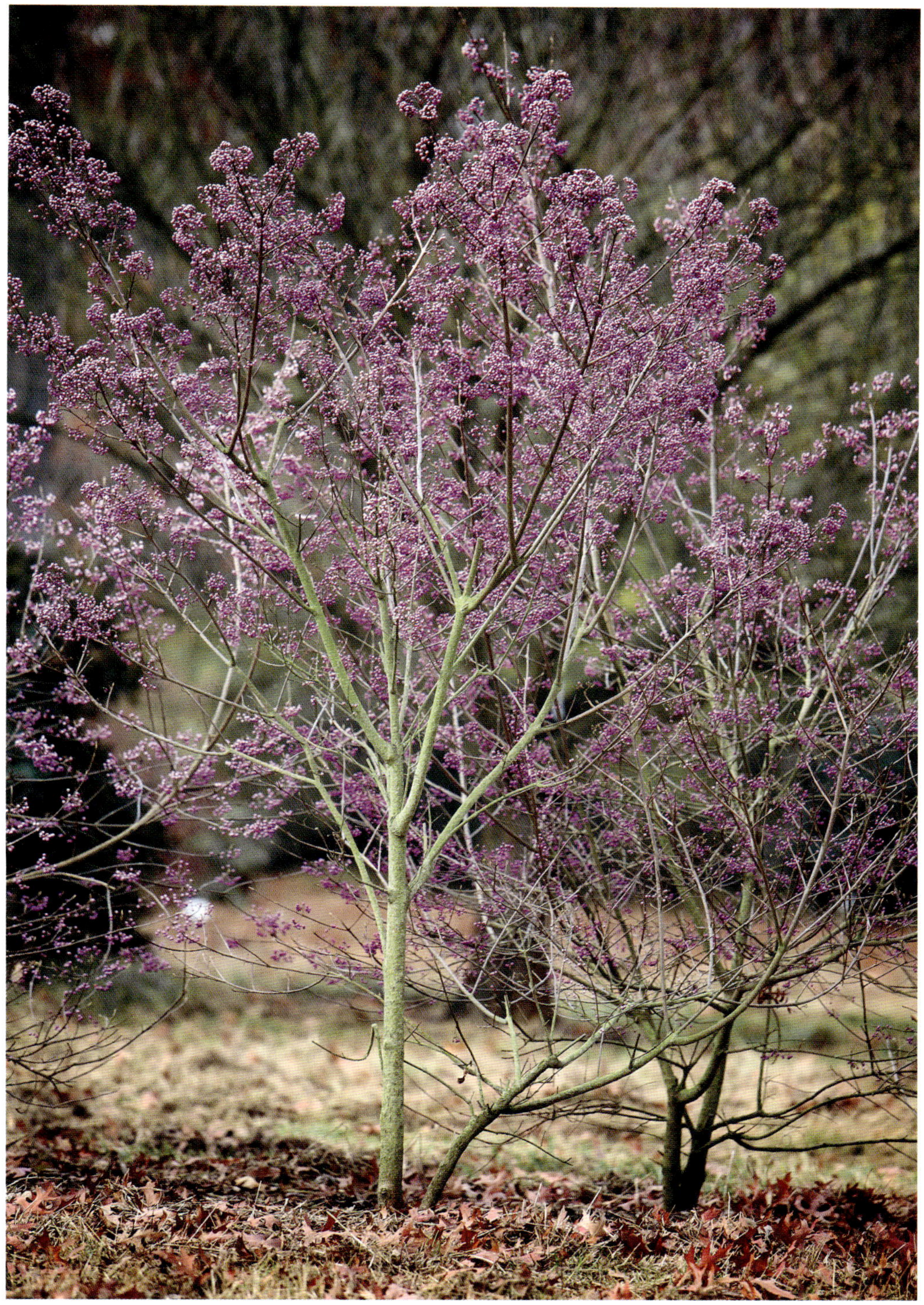

Die einzigartigen lilafarbenen Beeren von *Callicarpa dichotoma* lassen sich wunderbar mit jeglicher weißstämmigen Birkenart kombinieren. Die Sorte 'Profusion' ist besonders außergewöhnlich.
ARBORETUM WESPELAAR, BELGIEN.

LINKS: *Rosa* 'Splendens' [1] mit großen Hagebutten, die nach Myrrhe duften. *Ilex aquifolium* 'Pyramidalis Fructu Luteo' [2] mit gelben Beeren oder der fruchtende *Ilex* × *altaclerensis* 'Lawsoniana' [3] mit seinem eleganten panaschierten Laub sind wirkungsvolle immergrüne Sträucher. Bei *Ilex verticillata* und seinen Hybriden wie 'Sparkleberry' hängen die blanken Zweige schwer von Beeren herab. *Skimmia japonica* 'Wakehurst White' [4] hat reinweiße Beeren, die sich von den glänzenden Blättern abheben. *Celastrus rosthornianus* [5] entfacht im Garten ein Farbenfeuer durch rote Samen in orangegelben Kapseln. *Nandina domestica* 'Richmond' [6] trägt stets ein buntes Blattwerk und reichlich Früchte im Winter. × *Didrangea versicolor* [7] ist für den Gärtner trotz ihrer Frostempfindlichkeit wegen der einzigartigen blauen Beeren eine Versuchung. Bei *Berberis* 'Georgei' [8] müssen sich die scharlachroten Früchte nicht hinter den gelben Blüten oder der schönen Herbstfärbung verstecken.

GETROCKNETE BLÜTENSTÄNDE UND FRÜCHTE

Die Blüten oder Blütenstände zahlreicher Stauden und mancher Sträucher vertrocknen oder bilden dekorative Früchte in einer reichen Farbpalette von Perlmutt über Strohgelb bis hin zu Kastanienfarben oder Schwarz.

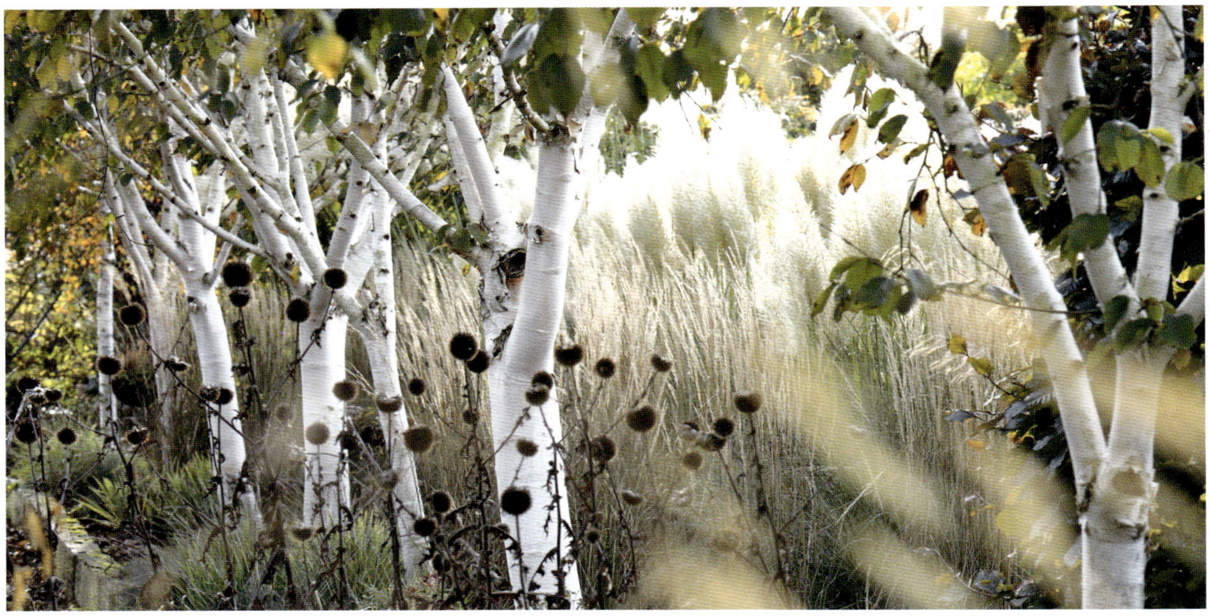

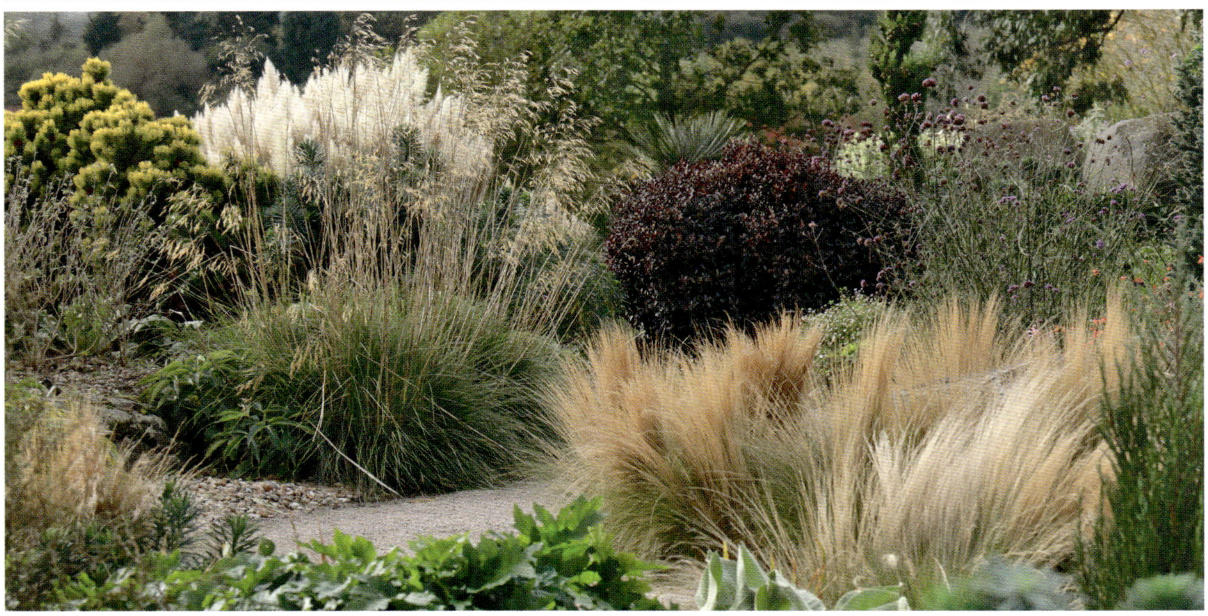

In den englischen Gärten The Manor House oder Hyde Hall geben die langen Wedel der eleganten *Cortaderia* und das Engelshaar von *Stipa* den winterlichen Gestaltungen ihren Rhythmus, die Leichtigkeit und das helle Strahlen.

RECHTS: *Cotinus coggygria* fo. *purpureus* [1] trägt seine Samen in feinen, daunenweichen Bällchen, die wie Wolken auf den Zweigen sitzen. Bei *Aster sp.* [2] schmücken sich die schwarzen Triebe nach einer intensiven malvenfarbenen Herbstblüte mit schönen goldschimmernden Samenbüscheln. *Lunaria rediviva* [3] ist ein wunderbares, ausdauerndes Silberblatt, verträgt Wind und Schneefall und schmückt sich mit länglichen perlmuttfarbenen Schoten. Bei *Phlomis russeliana* [4] verwelken die gelben Blütenköpfe auf dem Stängel, werden schwarz und überdauern so den Winter. *Sedum spectabile* [5] blüht üppig vom Sommer bis in den Herbst, die getrockneten Blütenstände färben sich hübsch kupfer-, kastanienfarben und schwarz. *Cortaderia selloana* 'Aureolineata' [6] bildet elegante Rispen und einen leuchtend gelbgrünen Horst. *Miscanthus nepalensis* [7] und *M. sinensis* 'Große Fontäne' [8] bilden sehr schöne Rispen.

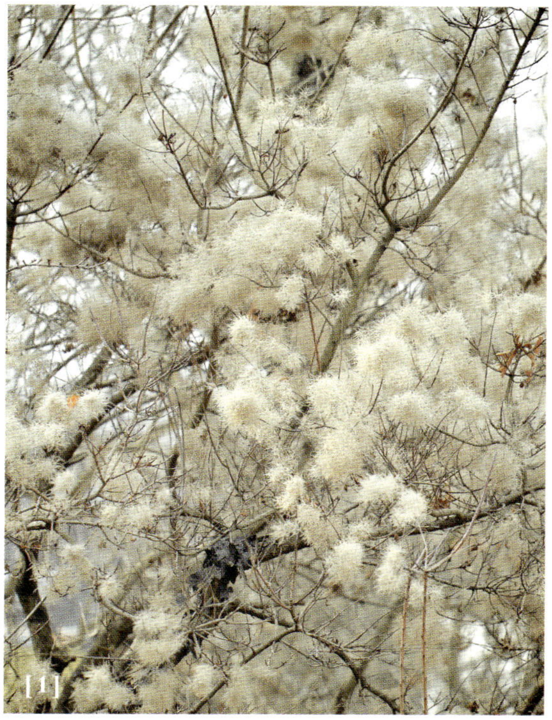
[1]

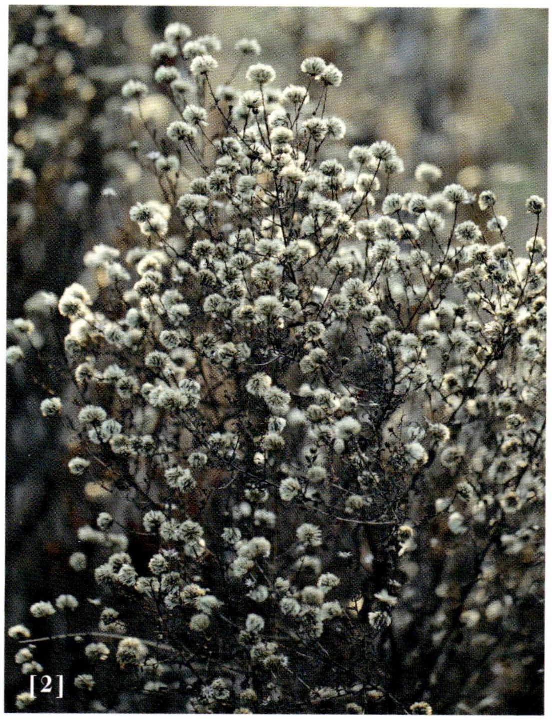
[2]

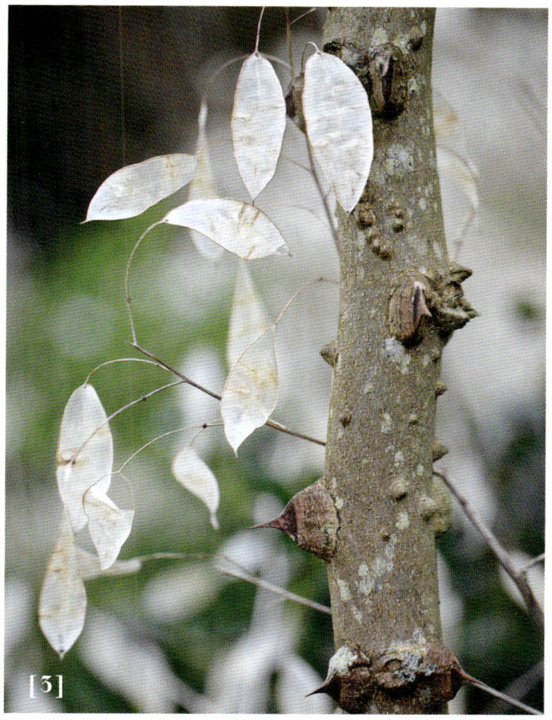
[3]

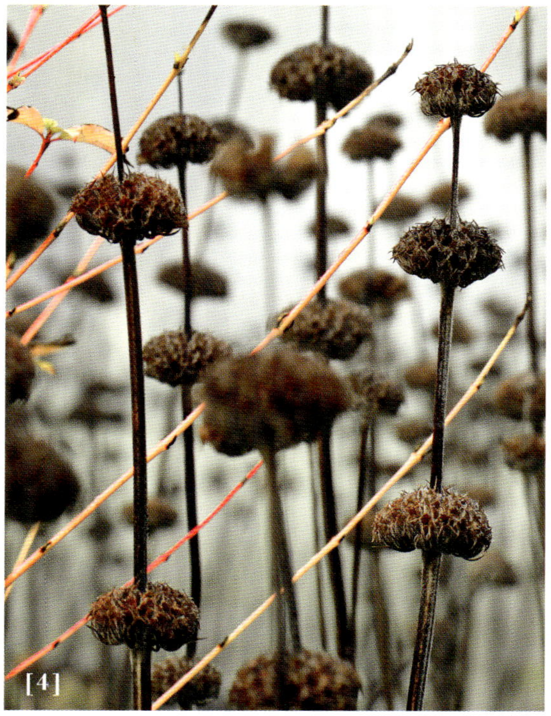
[4]

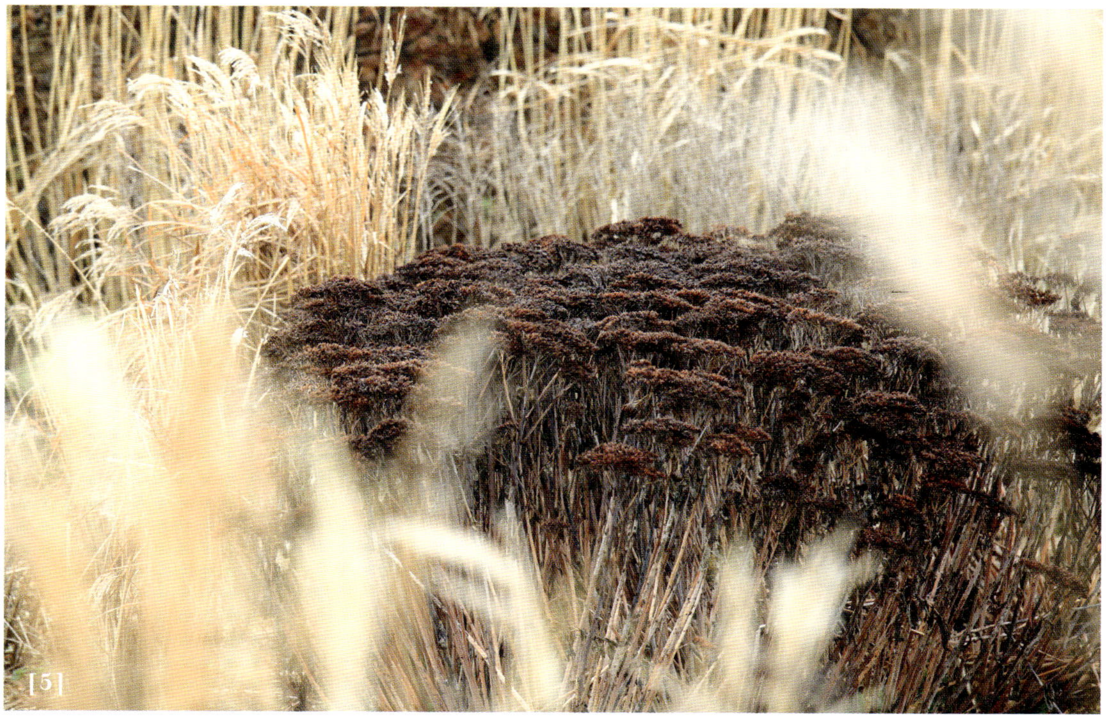
[5]

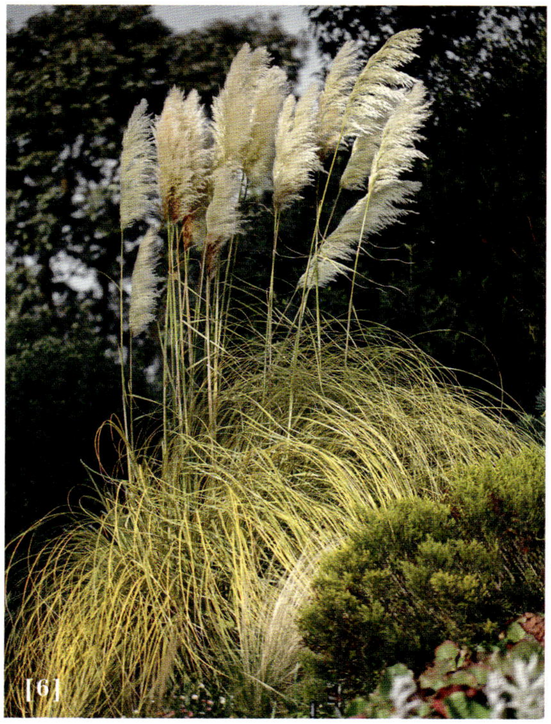
[6]

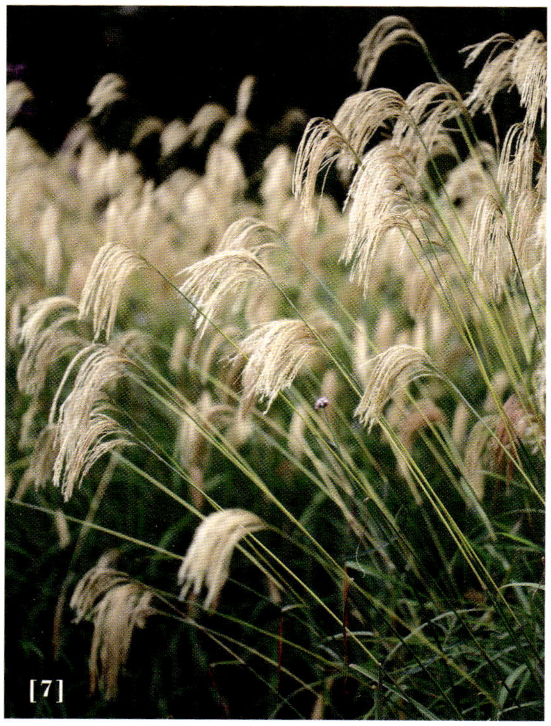
[7]

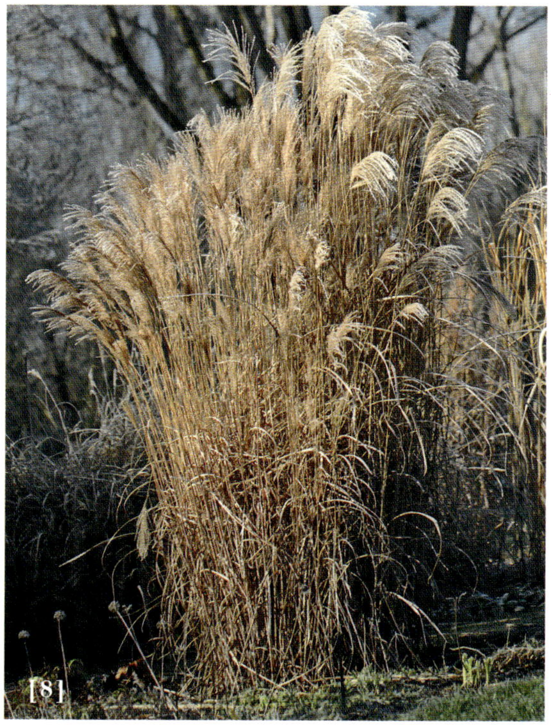
[8]

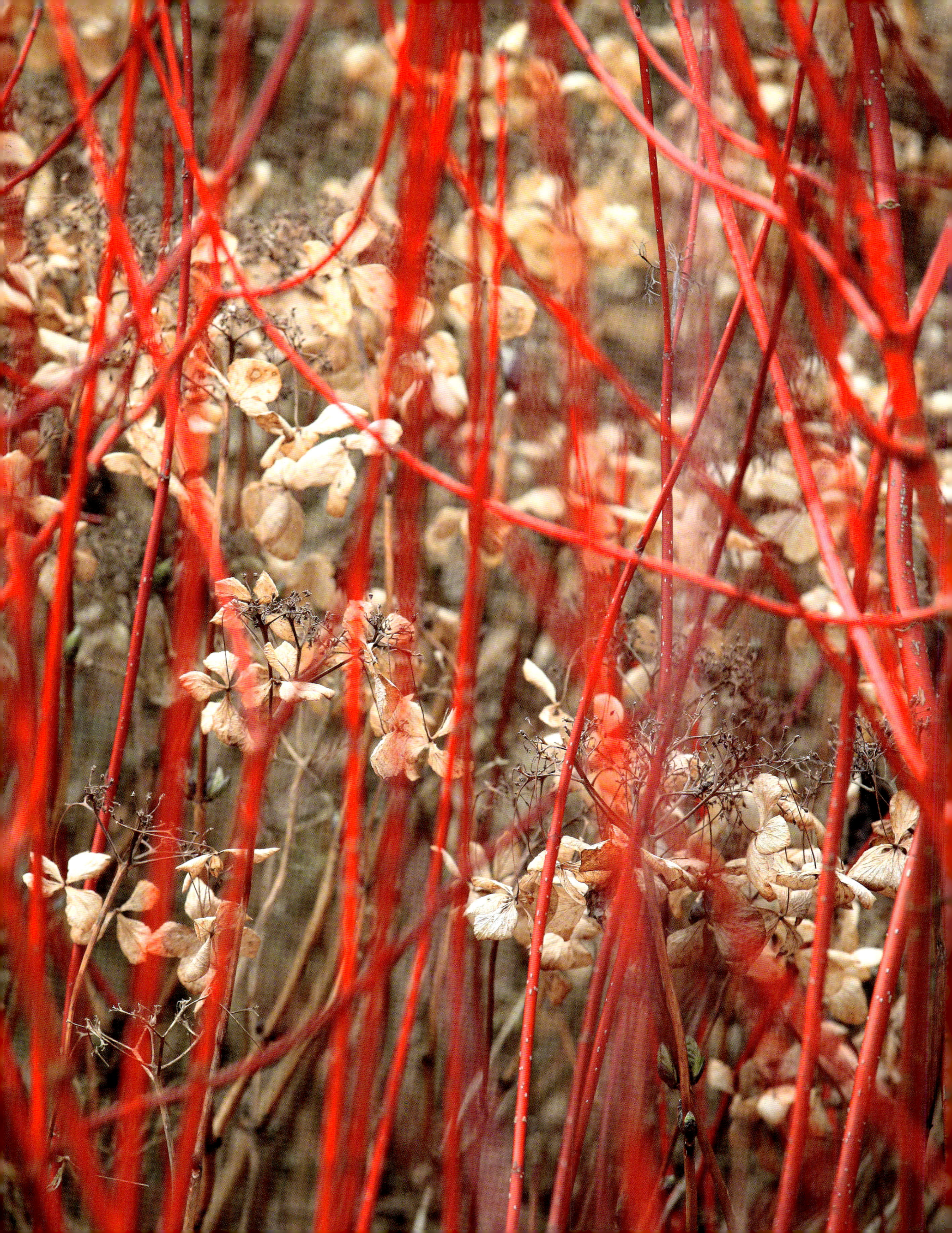

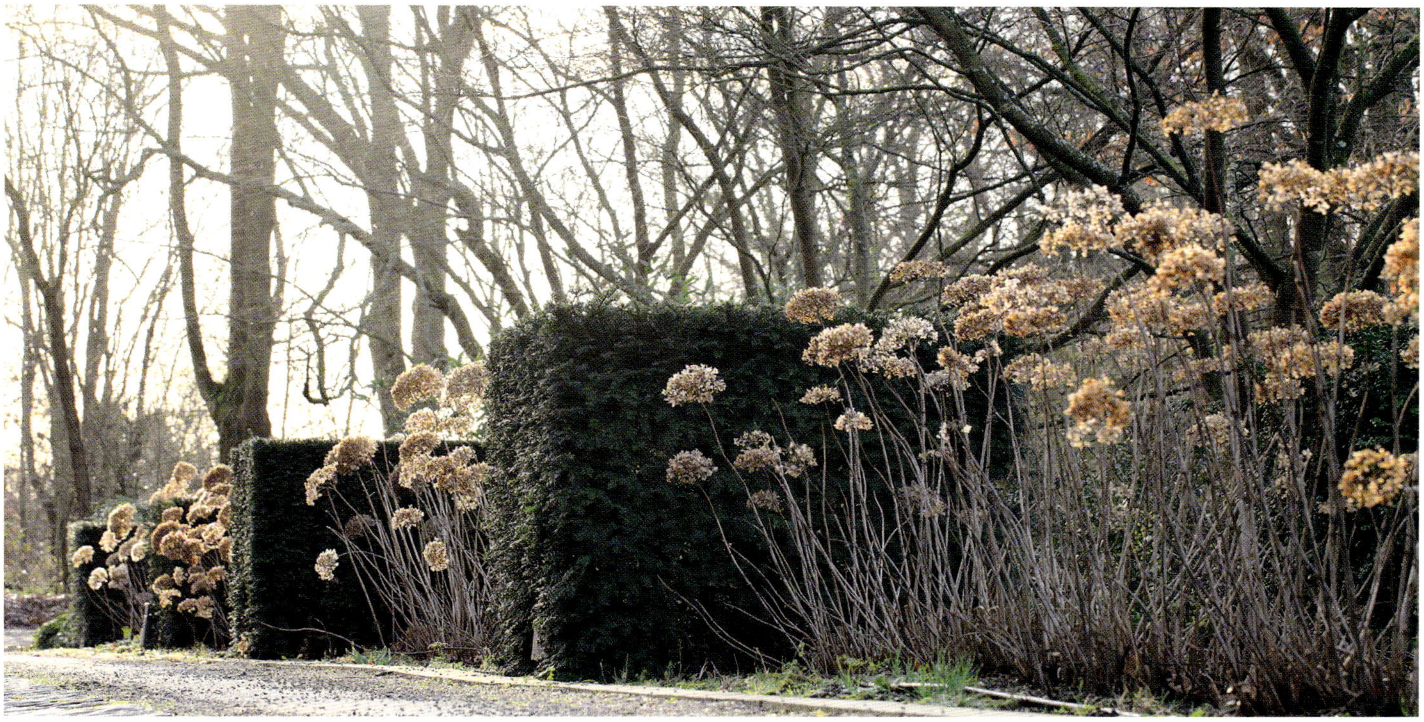

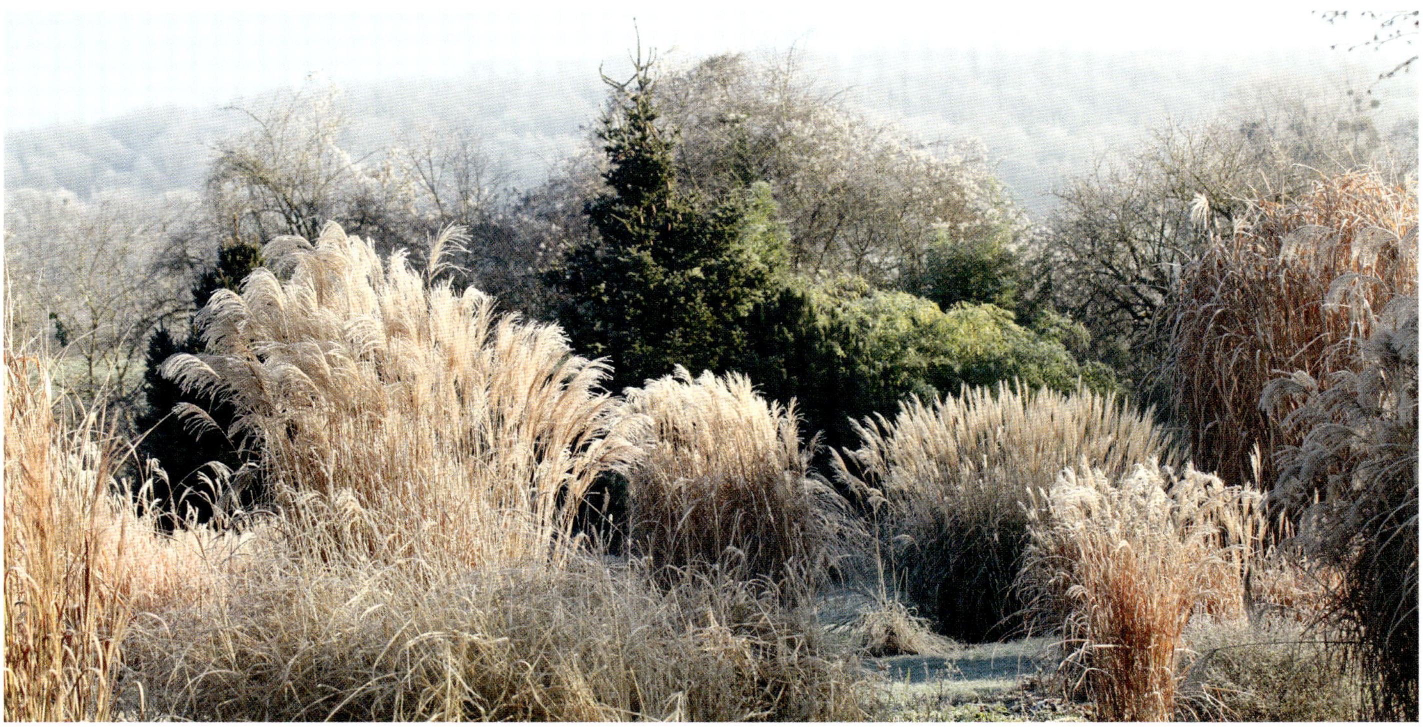

LINKS: Nachdem die Hortensien verwelkt sind, bleiben ihre Kelchblätter an den Stängeln und färben sich strohgelb. Sie passen damit gut zu allen Baumrinden, vor allem zu den roten Trieben von *Cornus alba* 'Westonbirt'.
OBEN: Um die tief stehende Sonne einzufangen und den winterlichen Garten aufzuhellen, sollte man Hortensien mit fülligen Blütenständen wie die Strauchform 'Annabelle' im Garten Jardin du Perdier oder gewisse *H. paniculata*-Züchtungen wählen.
UNTEN: Gräser haben eine ebenso spektakuläre Wirkung, sofern sie schöne Rispen bilden wie *Miscanthus sinensis* 'Gracillimus' und 'Malepartus'. Im Botanischen Garten von la Presle ist eine Szenerie mit zahlreichen *M. sinensis*-Sorten angelegt, darunter 'Krater', 'Kleine Silberspinne', 'Silberfeder' oder auch 'Große Fontäne'.

KONIFEREN MIT ÜBERRASCHUNGSEFFEKT

Ob Riesen oder Zwerge, säulenförmig oder kriechend – Koniferen sind für den Winter-Garten unerlässlich. Man hält sich am besten an Arten, die mit dem ersten Frost die Farbe ändern, auch wenn die klassischen Blautöne ebenfalls attraktiv sind.

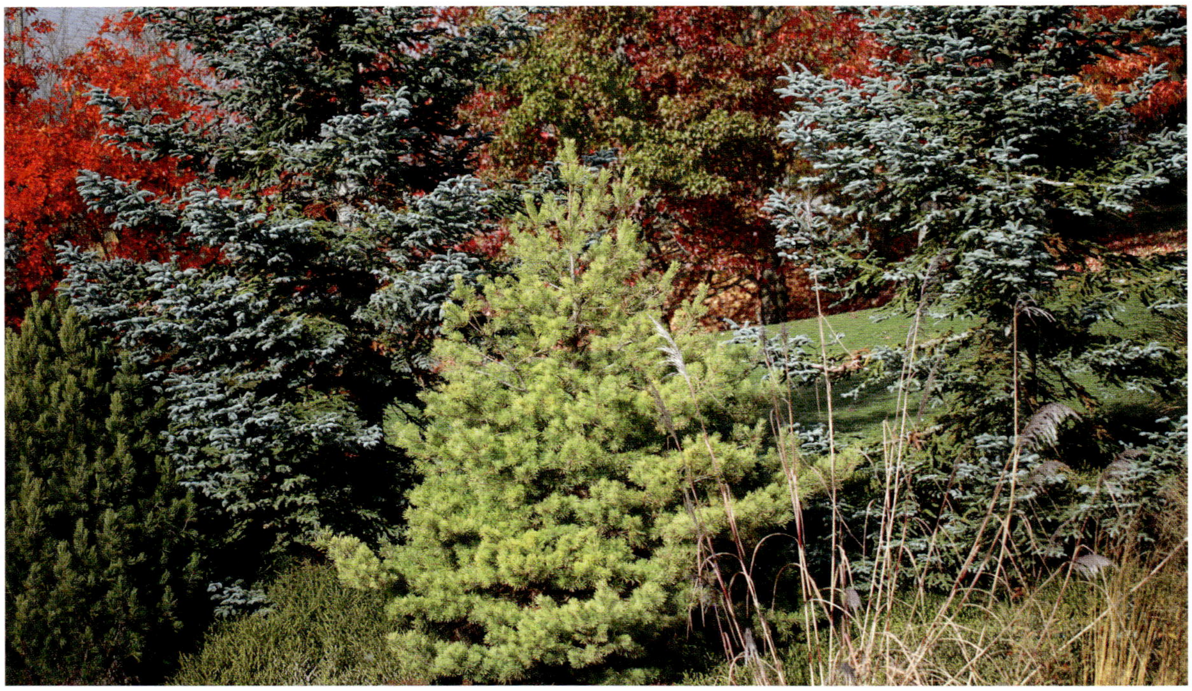

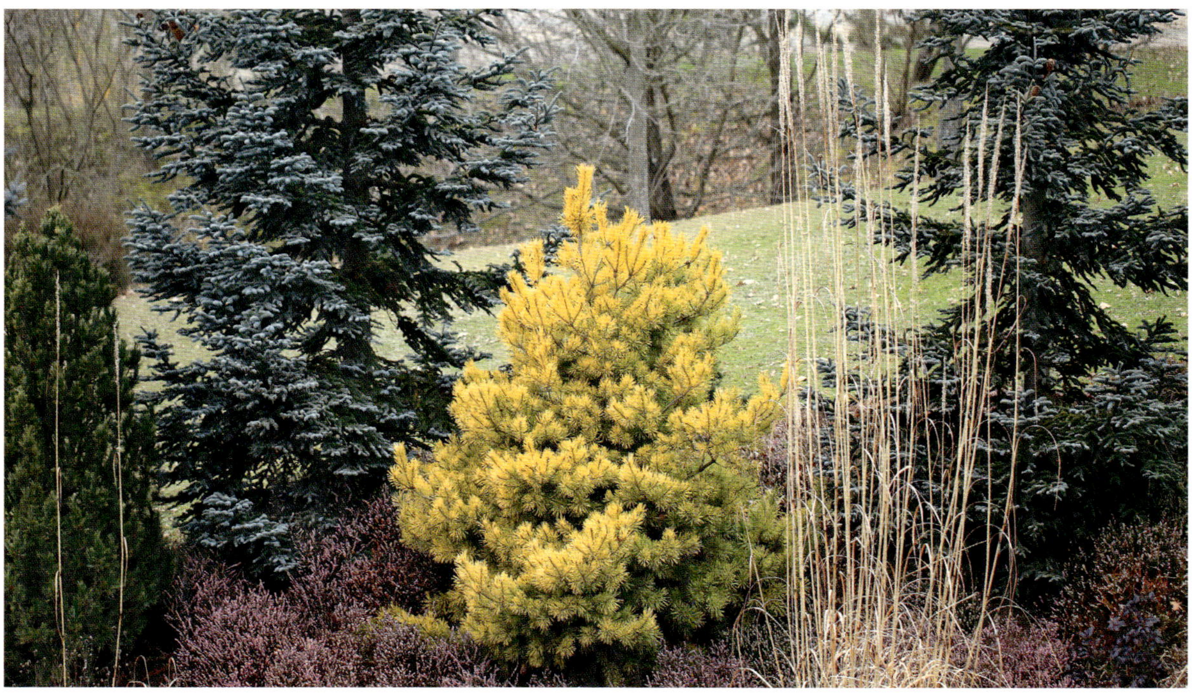

Die blaue Kulisse mit *Abies procera* 'Glauca' wechselt zusammen mit *Pinus sylvestris* 'Gold Medal' im Spätherbst ihre Farbe von Grün zu Goldgelb.

JARDIN DU BOIS MARQUIS, FRANKREICH.

RECHTS: Alle Koniferen auf dieser Seite tragen grünes Blattwerk, das sich im Winter verfärbt.

KUPFERTÖNE: *Podocarpus* 'County Park Fire' [1], *Cryptomeria japonica* 'Elegans' [2] oder der wunderbare Bodendecker *Microbiota decussata* [3] und dessen panaschierte Sorte 'Gold Spot'.

PURPURTÖNE: *Platycladus orientalis* entwickelt ungeahnte pflaumenblaue Nuancen, vor allem die Sorten 'Juniperoides' [5], 'Rosedalis', 'Meldensis' oder 'Sanderi'.

GOLDTÖNE: Die wundervollen Kiefern *Pinus mugo* 'Ophir' [4] oder 'Winter Gold', *Pinus contorta* 'Chief Joseph' [7], *Pinus wallichiana* 'Winter Light' und *Pinus sylvestris* 'Gold Medal' werden im Winter goldgelb. *Abies nordmanniana* 'Golden Spreader' [6] und *Calocedrus decurrens* 'Berrima Gold' [8] sind ebenfalls schöne Arten mit winterlichem Goldgewand.

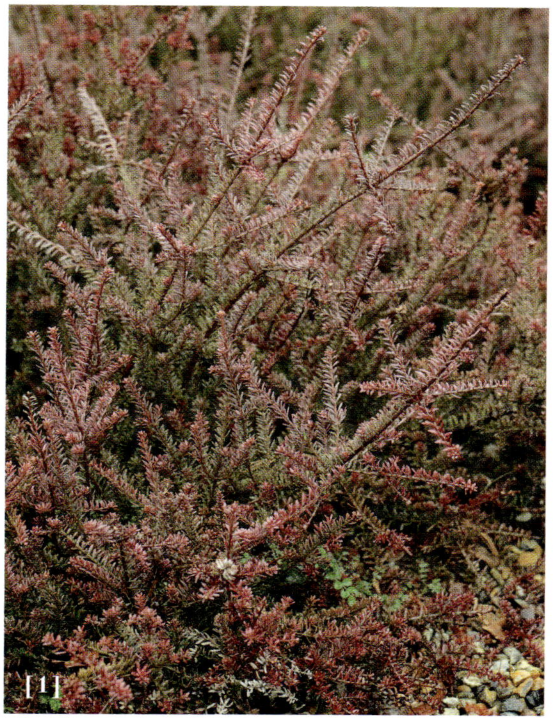
[1]

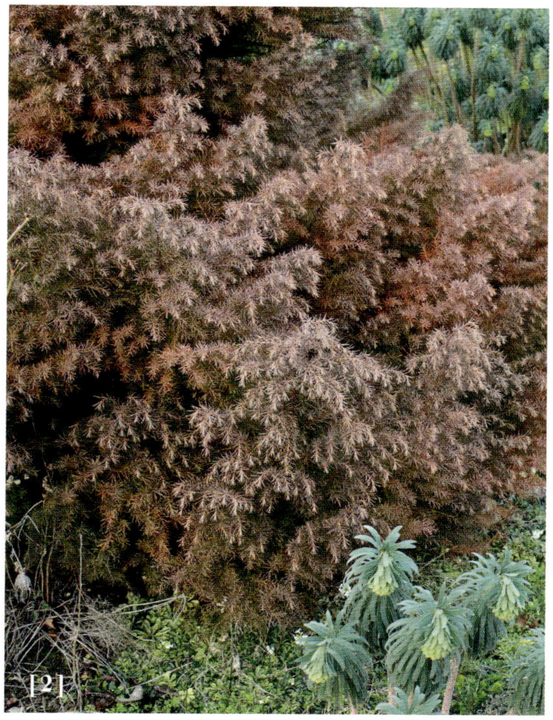
[2]

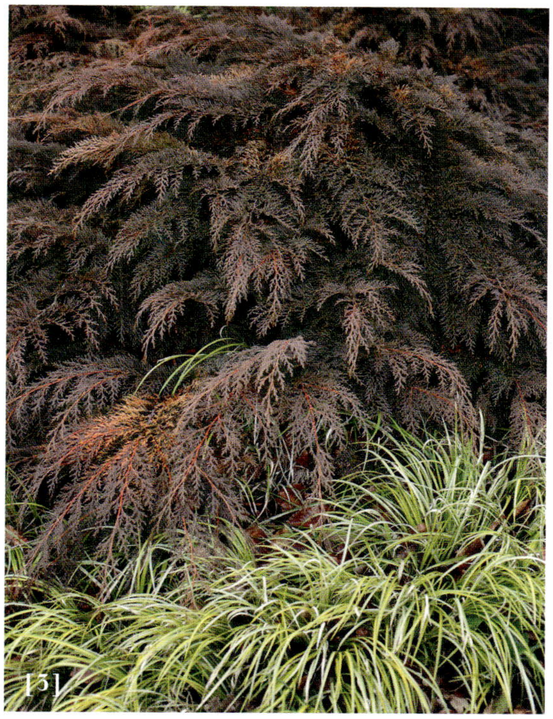
[3]

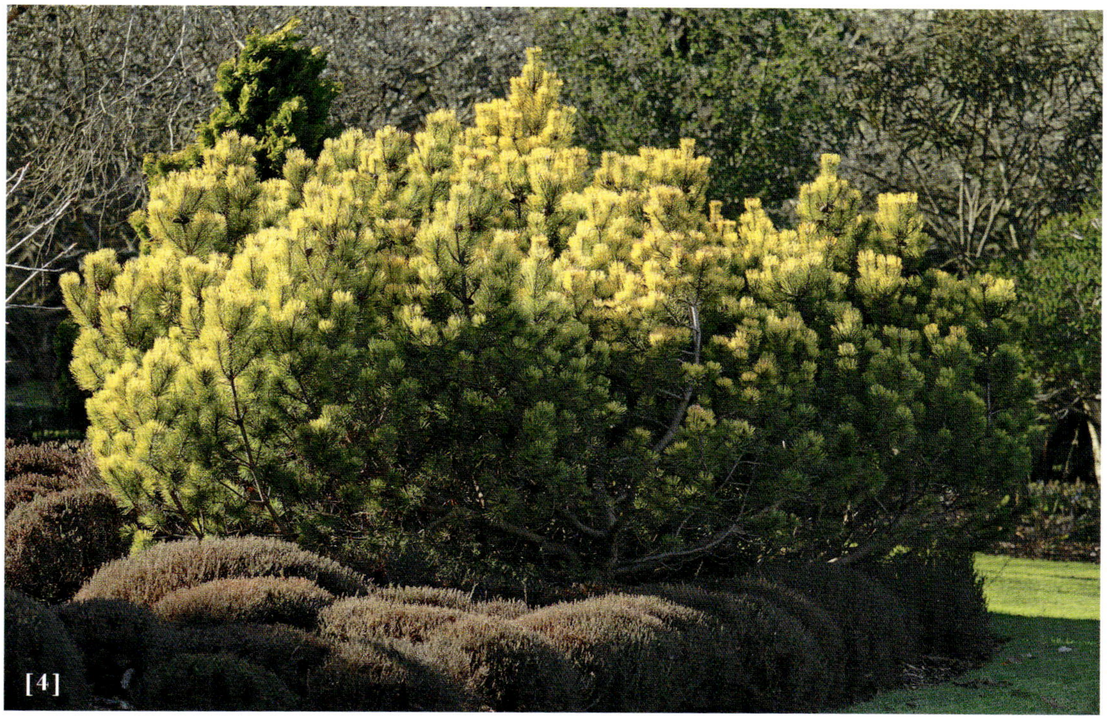
[4]

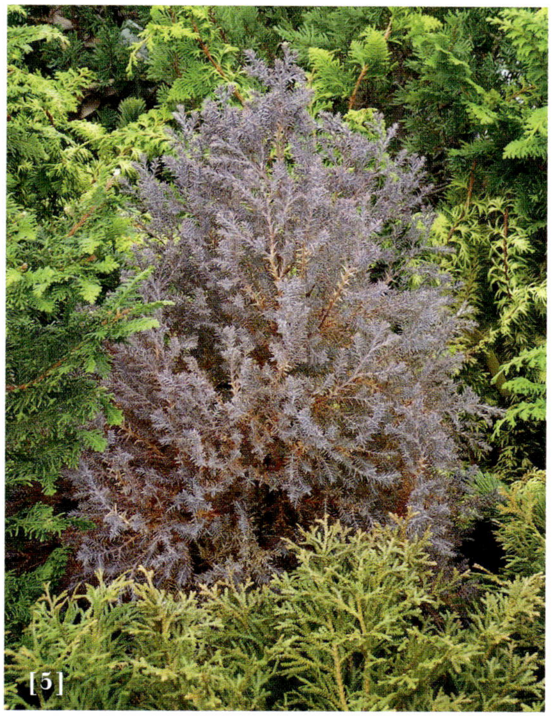
[5]

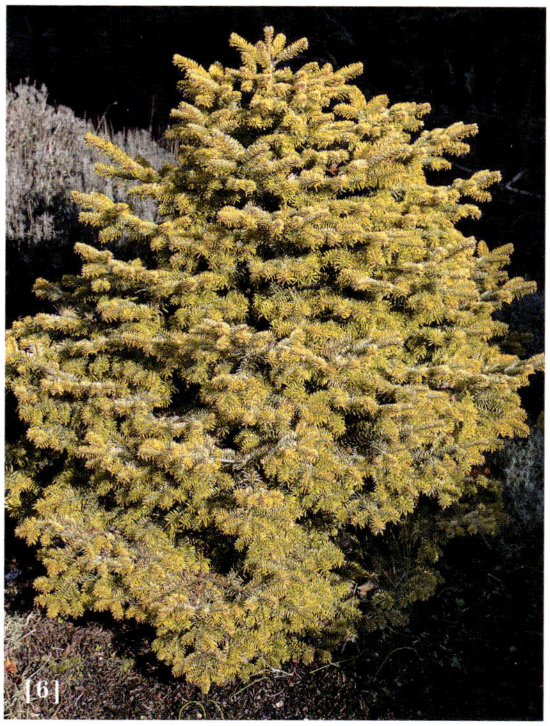
[6]

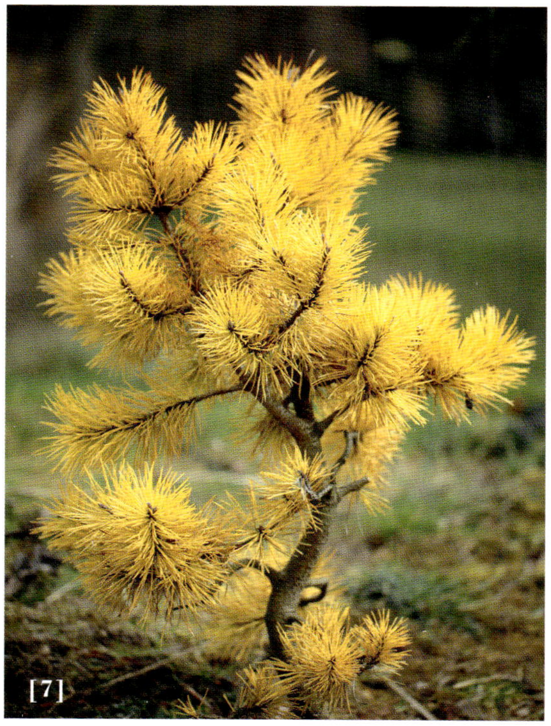
[7]

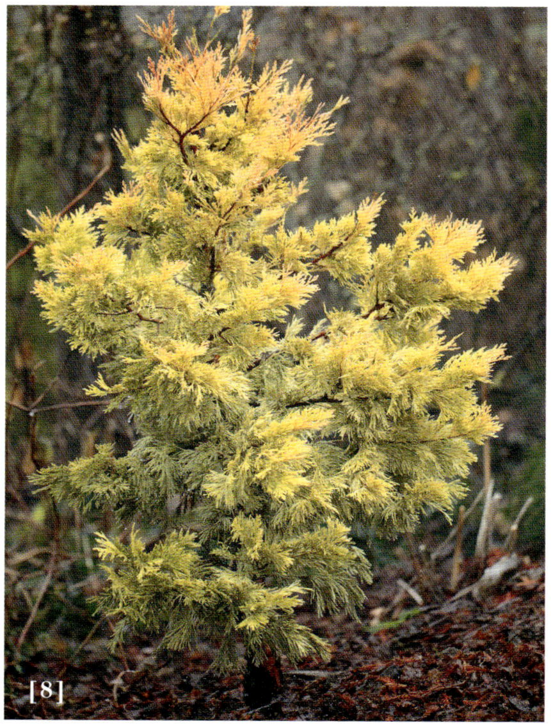
[8]

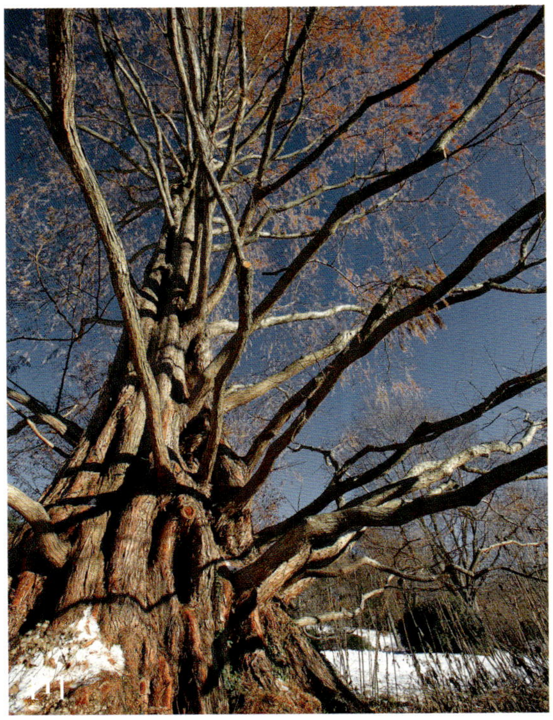
[1]

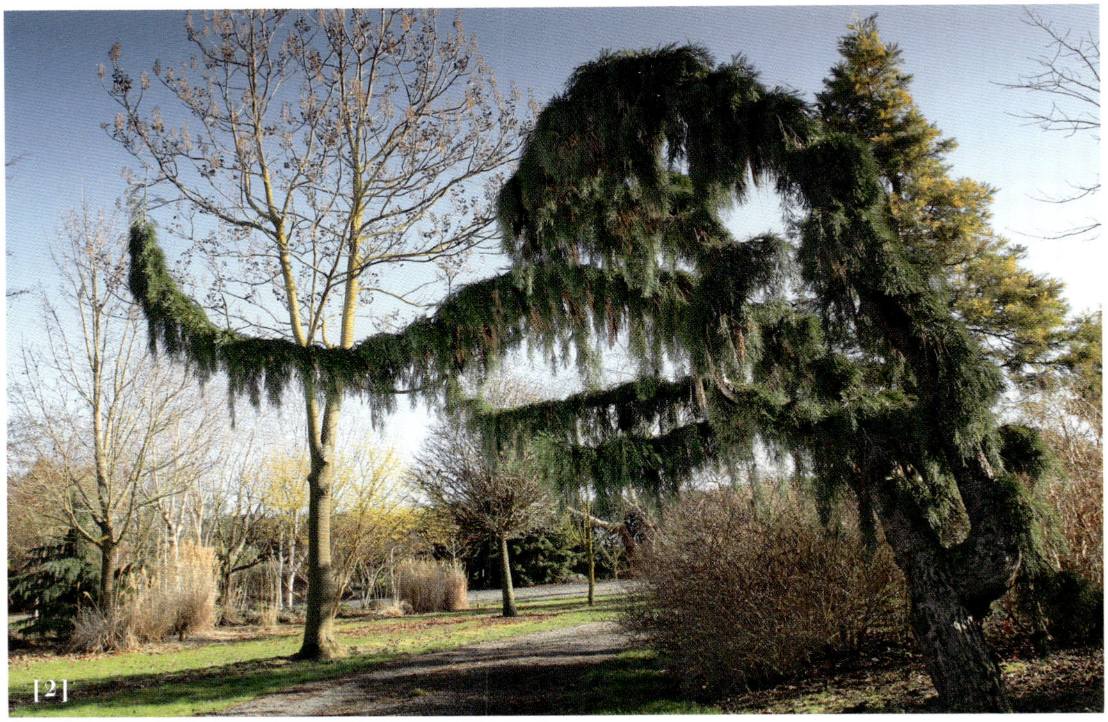
[2]

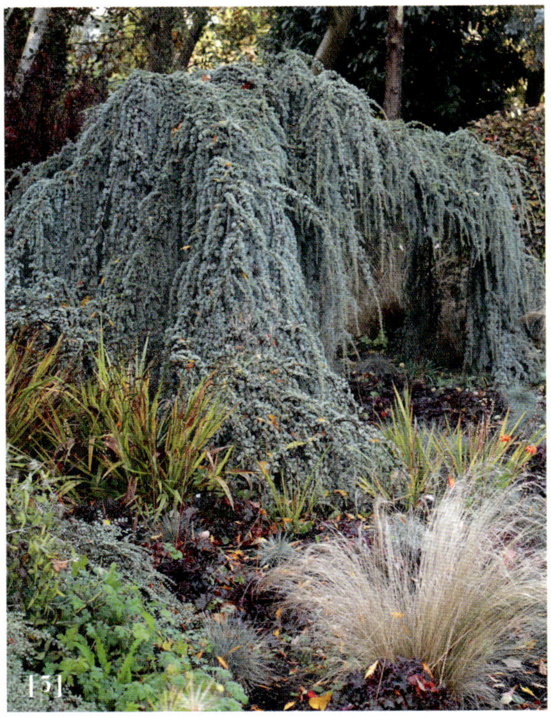
[3]

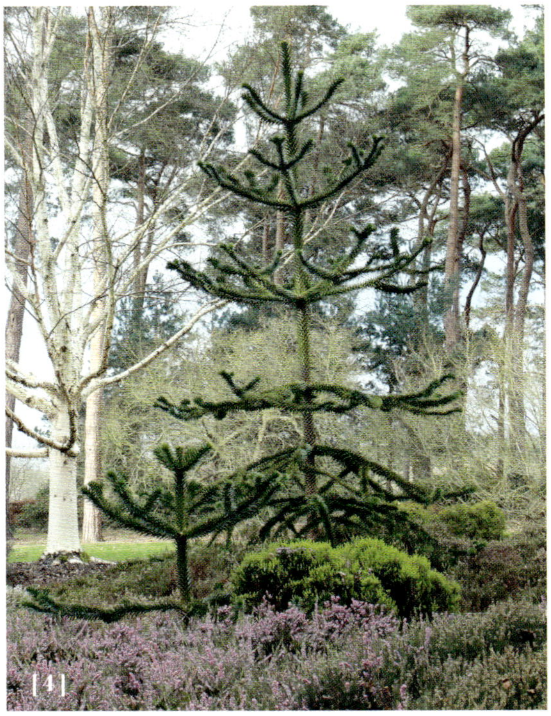
[4]

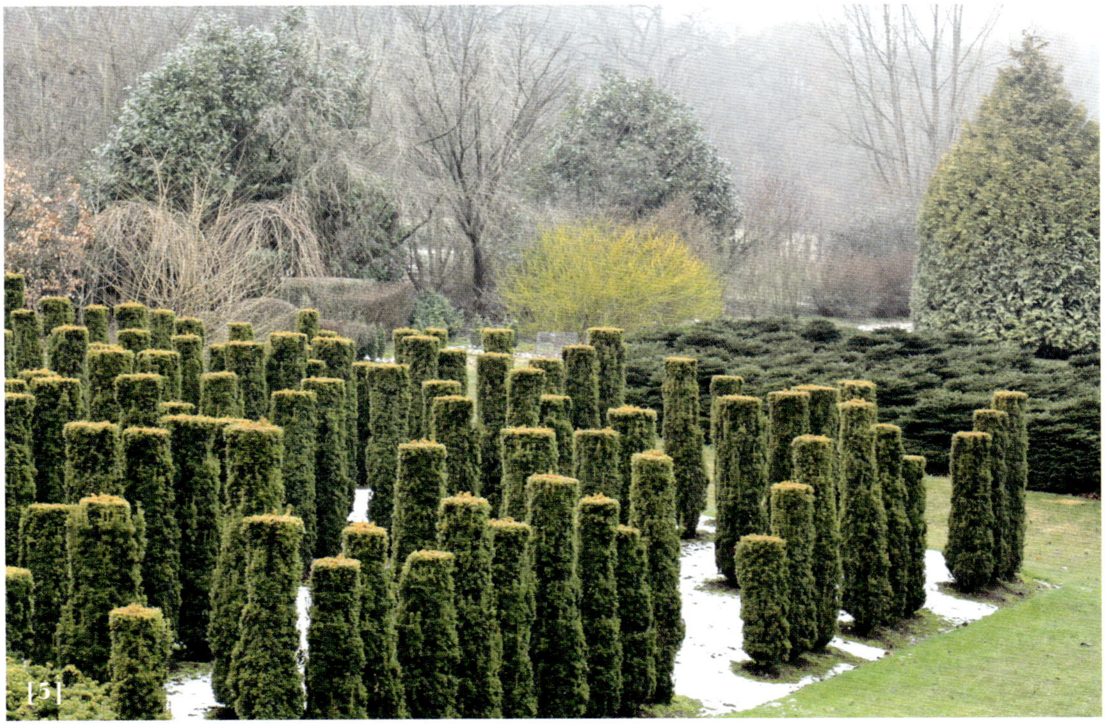
[5]

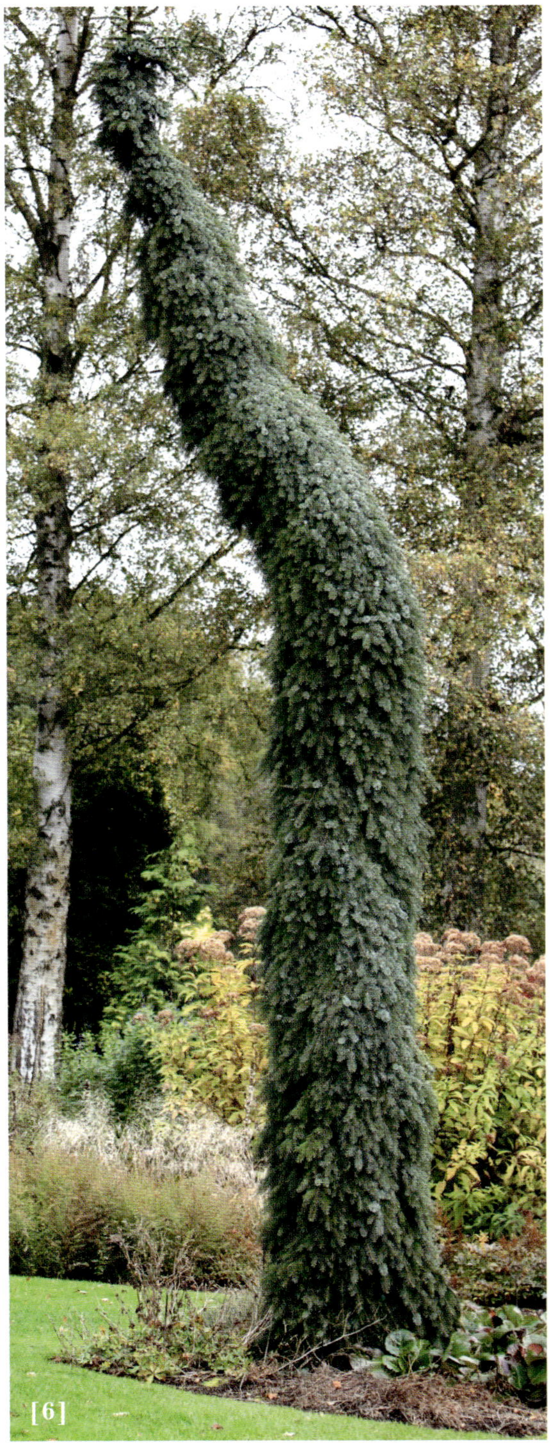
[6]

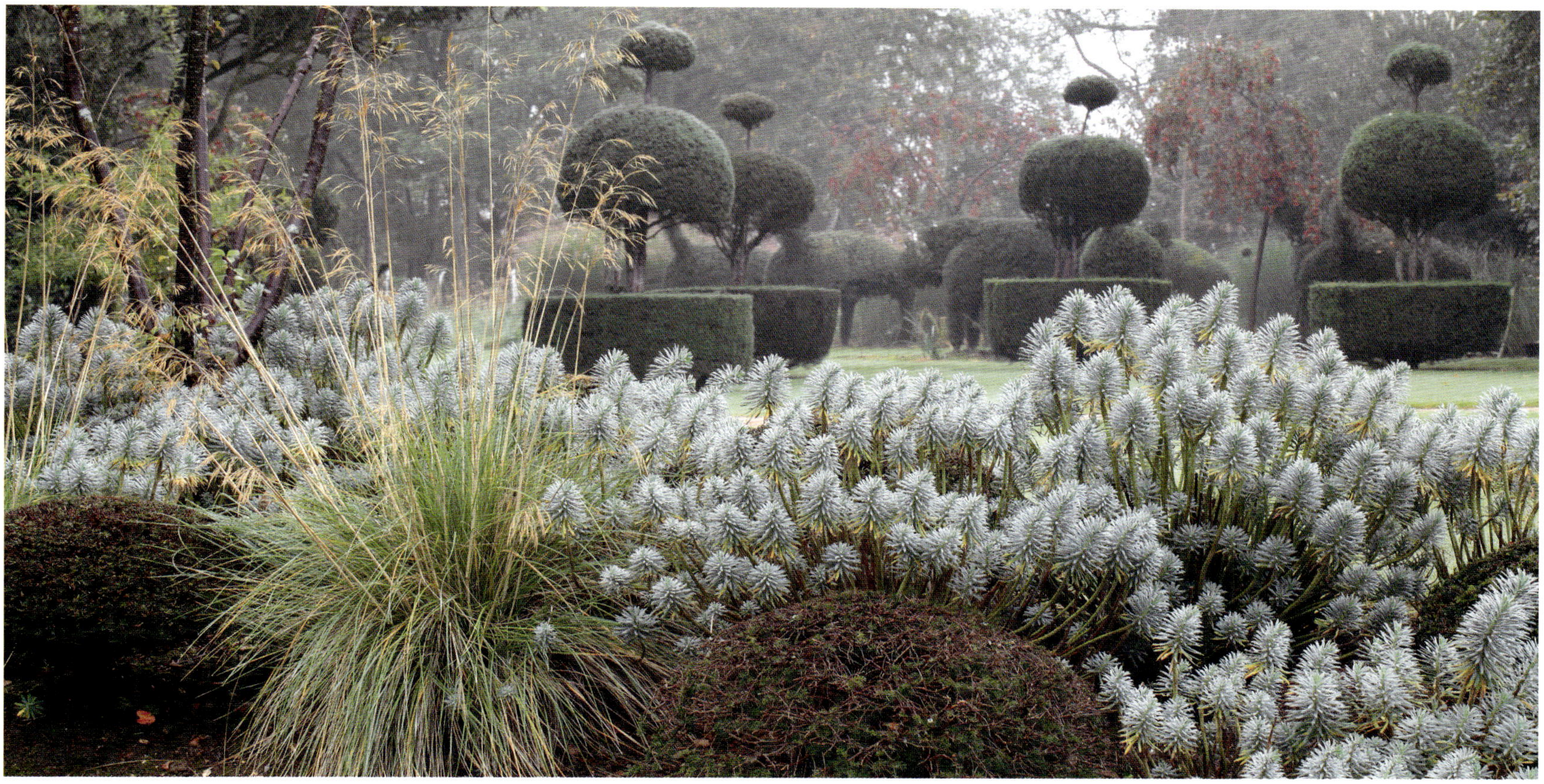

Leicht von Reif oder Schnee bedeckt, machen die Formschnitt-Figuren von *Taxus baccata* den Garten zu einer Zauberwelt.
ÉTANG DE LAUNAY, FRANKREICH.

LINKS: Das Sortiment an Nadelbäumen ist derzeit äußerst reich. Manche dieser Bäume entwickeln eine einzigartige Gestalt. *Metasequoia glyptostroboides* [1], eine der seltenen laubabwerfenden Koniferen mit wundervoller Herbstfärbung, entwickelt einen an der Basis ungewöhnlich gefurchten und verdickten Stamm. *Sequoiadendron giganteum* 'Pendulum' [2] hat eine seltsame Silhouette, die den Winter noch geheimnisvoller macht. *Cedrus atlantica* 'Glauca Pendula' [3] bietet mit der Trauerform einen fast gespenstischen Anblick. *Araucaria araucana* [4] wächst kegelfömig mit regelmäßigen Astkränzen, die im Alter eine Kuppel bilden. *Taxus baccata* 'Fastigiata Aurea' [5] ist in den Gärten von Séricourt pfeilerförmig geschnitten, als Säuleneibe macht sie die Komposition kraftvoll.
Picea omorika 'Pendula Bruns' [6] sieht mit ihren kurzen, dichten und herabhängenden Zweigen wie eine Pflanzenskulptur im Stil von Giacometti aus.

WEITERE IMMERGRÜNE MIT FARBIGEM WINTERKLEID

Bei manchen immergrünen Arten, egal ob den Boden bedeckende Gehölze, Staude oder Strauch, verzaubert der Frost die Blätter: Das Chlorophyll verschwindet zugunsten der Anthocyane und anderer leuchtender *Pigmente*.

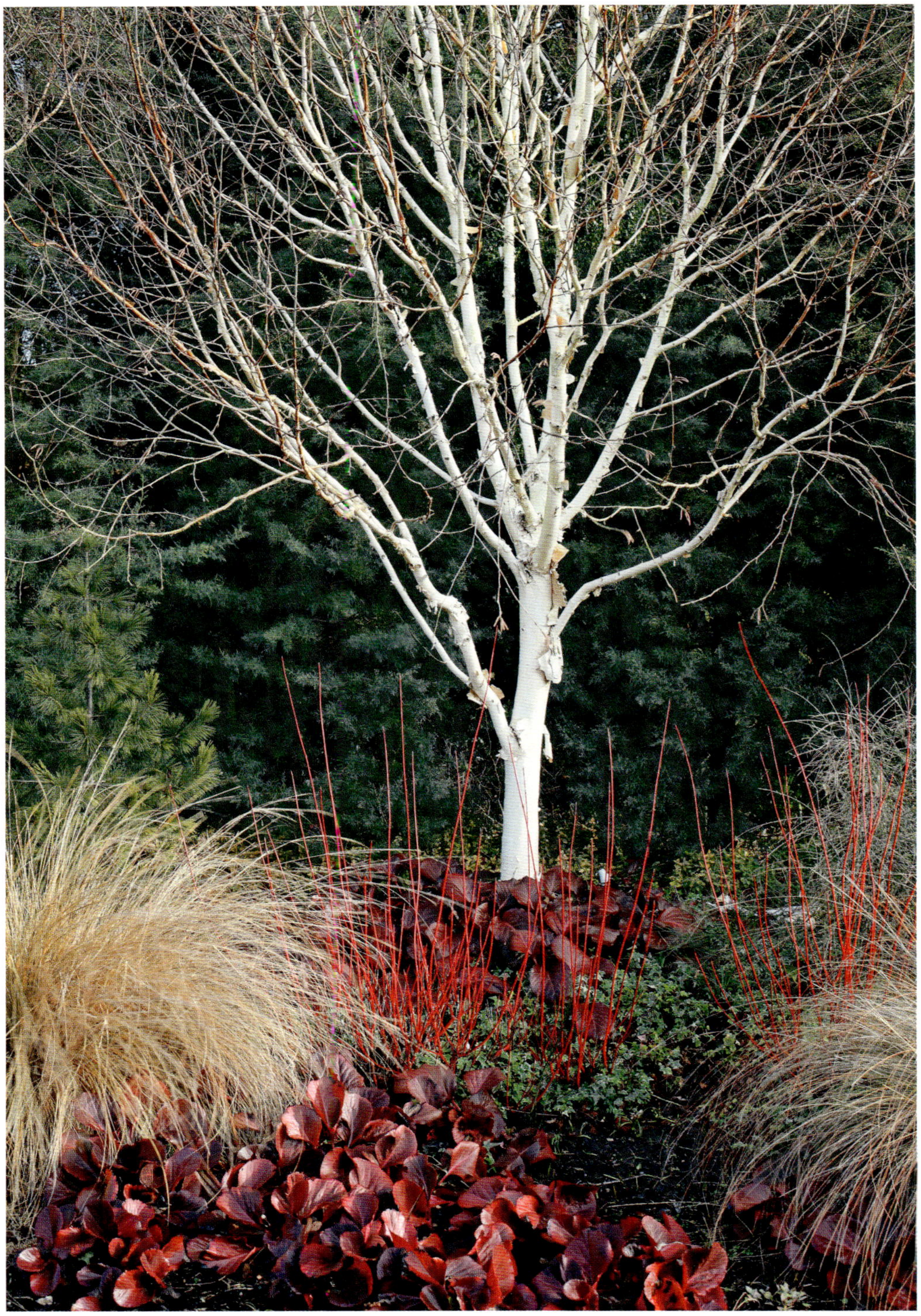

Im Winter überzieht *Bergenia* 'Bressingham Ruby' den Boden und wärmt die Atmosphäre im Garten wie ein Lava-Strom.

BRESSINGHAM GARDENS, ENGLAND.

RECHTS: Die auf dieser Seite gezeigten Immergrünen sind gewöhnlich grün, entwickeln jedoch im Winter erstaunliche Farben. *Leucothoe fontanesiana* 'Rainbow' [1] und in noch stärkerem Maße die Varietät *keiskei* 'Royal Ruby' zeigen sich in schönen Rottönen. *Euonymus fortunei* 'Emerald 'n' Gold' [2] weist nach dem Frost viele wunderbare Farbtupfer auf. *Bergenia* 'Bressingham Ruby' [3] ist ein hervorragender Bodendecker mit Blättern in der Farbe von Roten Beeten, ebenso wie bei der Art *B. purpurascens*. *Mahonia bealei* [4], die oft mit ihrer Cousine *japonica* verwechselt wird, überrascht mit Herbstlaub mitten im Winter. *Mahonia aquifolium* 'Atropurpureum' tendiert mehr zu Purpur, während die Züchtung 'Apollo' [5] fast schwarz ist. *Libertia peregrinans* 'Gold Leaf' [6] bildet ein unübersehbares, schönes Büschel in Gelborange. *Calluna vulgaris* 'Golden Feather' [7] gehört zu den orangefarbenen Heidekrautarten. *Hakonechloa macra* 'Nicolas' [8] präsentiert sich im Herbst als eine feurige Kugel. Ihre Farbe verblasst im Winter, doch hübsche Spuren erhalten sich.

NACHFOLGENDE DOPPELSEITE: SIR HAROLD HILLIER GARDENS, ENGLAND.

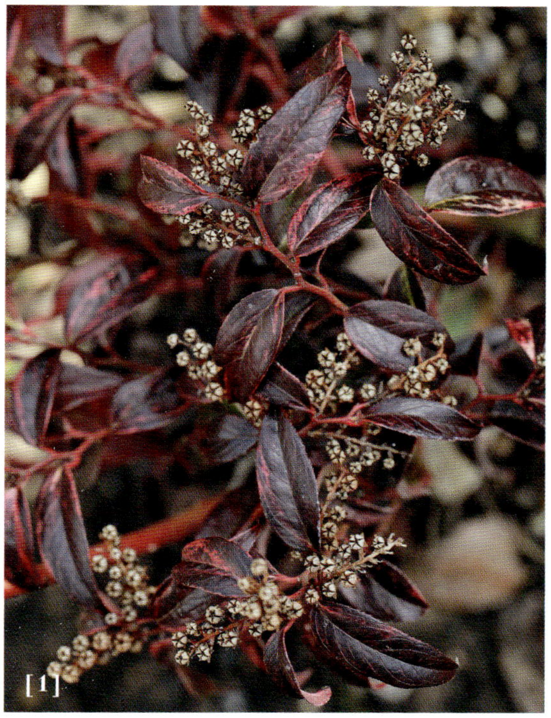

[1]

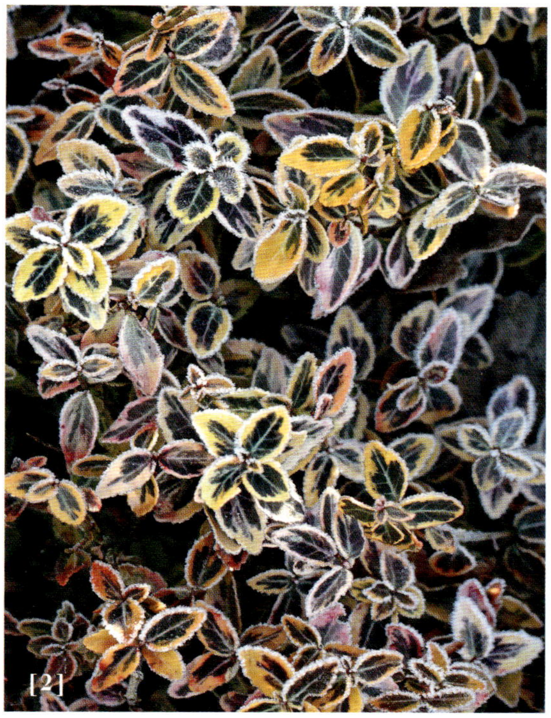

[2]

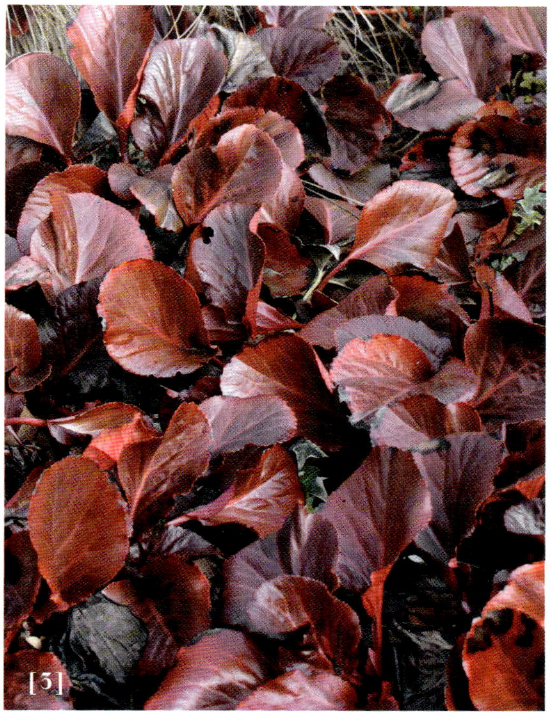

[3]

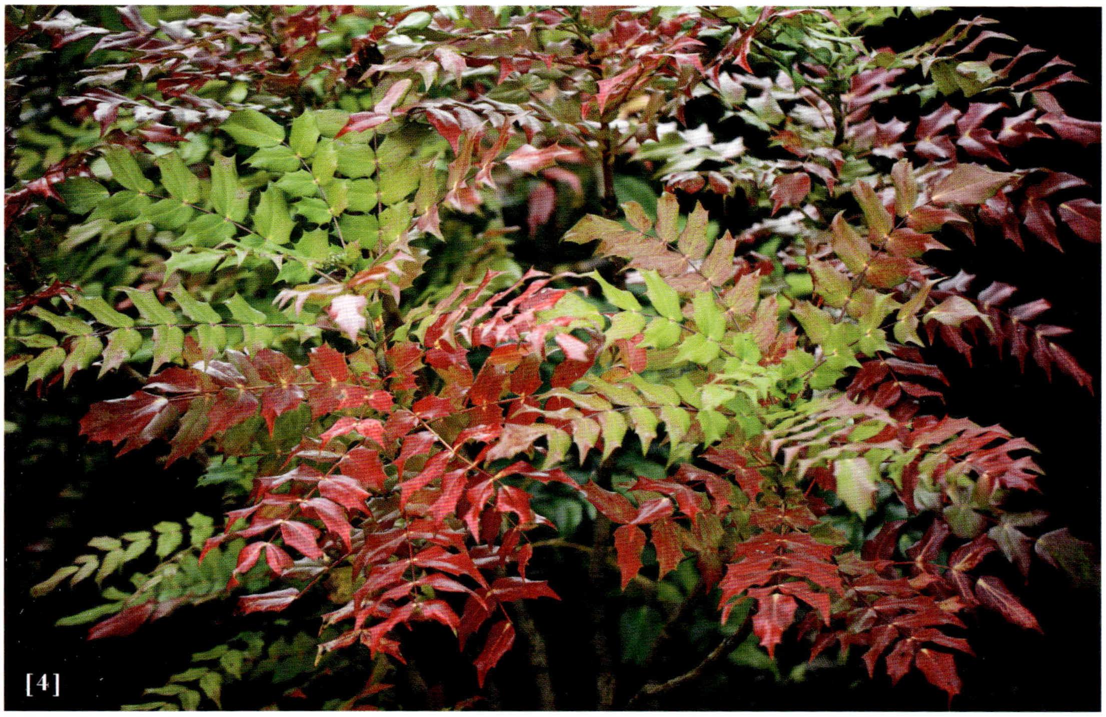

[4]

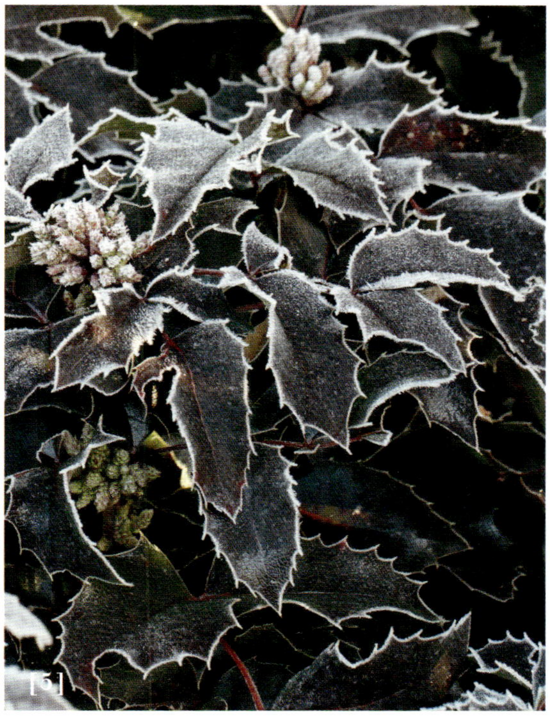

[5]

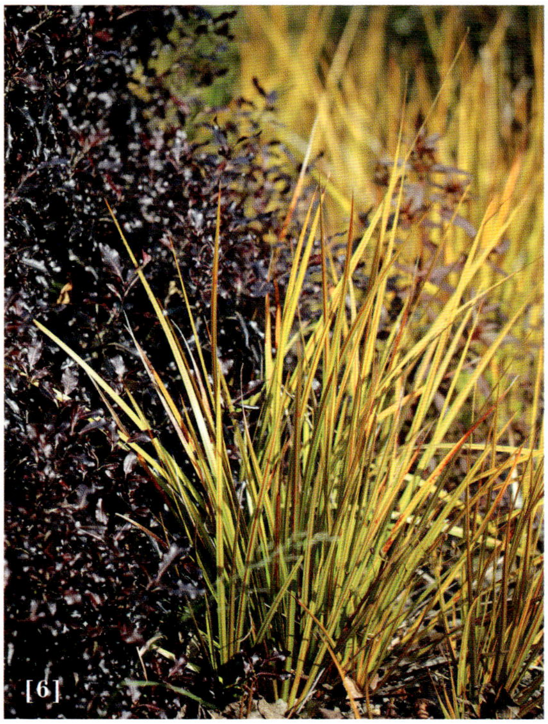

[6]

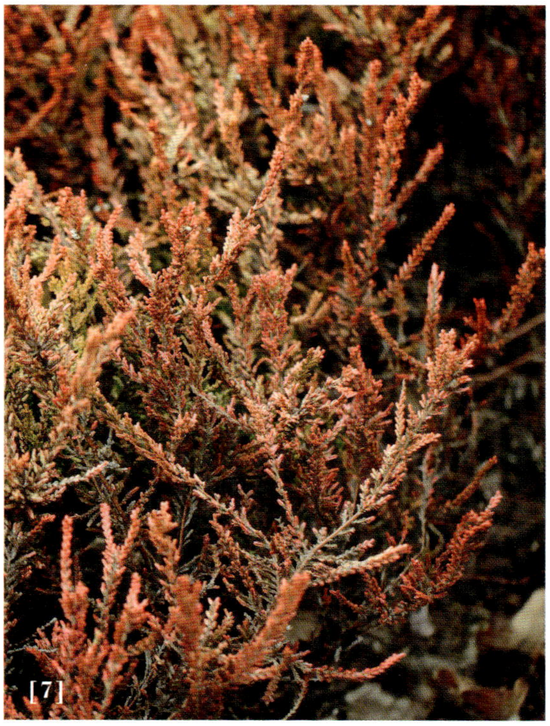

[7]

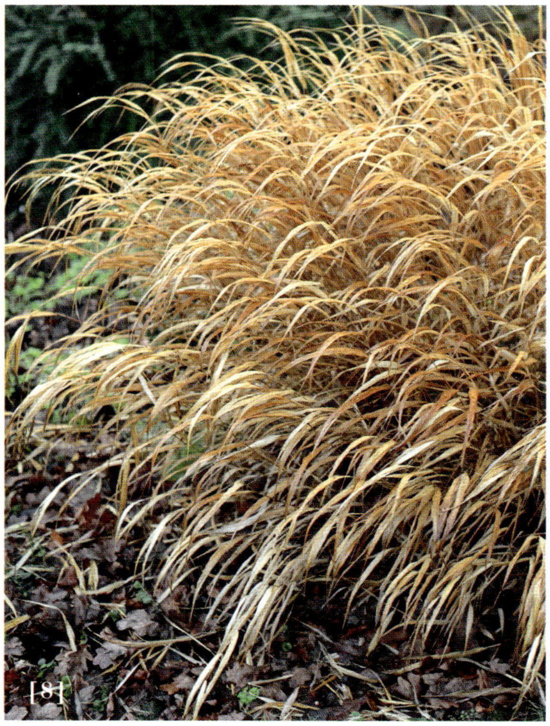

[8]

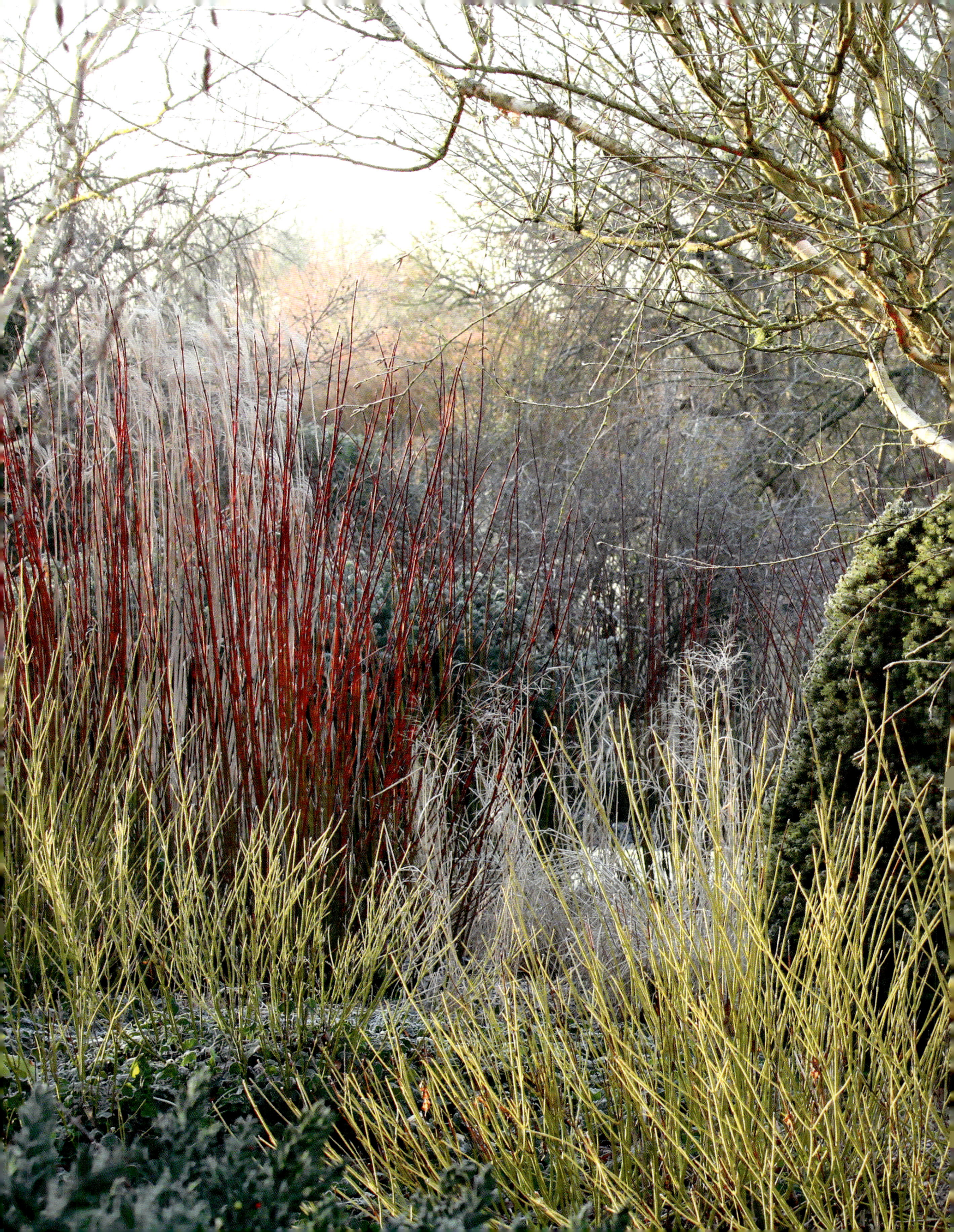

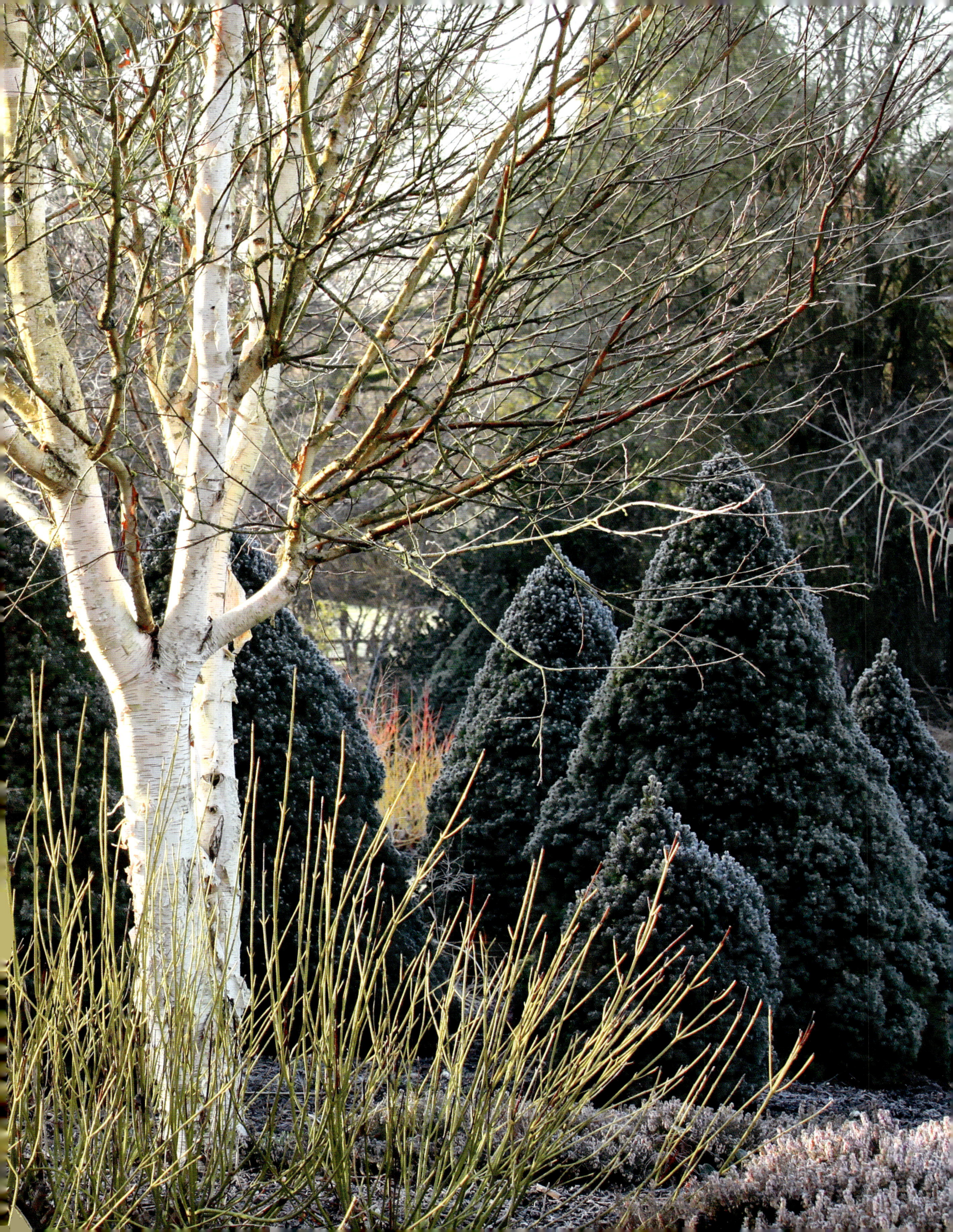

REGISTER

BAUMSCHULEN UND GÄRTNEREIEN

Diese Liste verweist auf spezialisierte Anbieter, präsentiert jedoch nur eine kleine Auswahl. Gartenenthusiasten, die auch zu einer Reise über den Kanal bereit sind, können sich über die Internet-Seite der Royal Horticultural Society unter *www.rhs.org.uk/Plants* informieren. Sie ist einfach zu bedienen. Man muss lediglich den exakten wissenschaftlichen Pflanzennamen eingeben, damit mögliche Anbieter in ganz Großbritannien angezeigt werden.
Sie finden außerdem französische Anbieter von Pflanzen für winterliche Gärten sowie Baumschulen in Deutschland, die Gehölze mit Winterrinde in ihrem Sortiment führen.

BORKEN UND MEHR

- Les Botaniques du Val d'Ouve in Saint-Sauveur-le-Vicomte
- Le Clos du Verbosc in Touffreville-la-Corbeline
- La Grange aux Érables in Montvendre
- Baumschule Brochet-Lanvin in Nanteuil-la-Forêt
- Baumschule Christian Bessard in Polliat
- Baumschule Hennebelle in Boubers-Sur-Canche
- Baumschule Maurice Laurent in Saint-Romain-en-Gal
- Baumschule Philippe Leclercq in Hantay
- Un Jardin au Mont-Blanc in Domancy

BAMBUS

- Bambous de Planbuisson in Buisson-de-Cadouin
- Bambouseraie en Cévennes in Générargues
- Newfi Bamboo in Luzillat
- Baumschule Pépinières de Créa'Paysage in Ploemeur

WINTERLICHE BLÜTENPFLANZEN UND MEHR

- Pépinière Botanique in Gaujacq
- Baumschulen Cavatore in Bormes-les-Mimosas
- Baumschulen Dauguet in Larchamp
- Baumschulen Delabroye in Hantay
- Baumschulen Delay in Vienne
- Baumschule Ellebore in Saint-Jouin-de-Blavou
- Baumschule des Jardin de Bellevue in Beaumont-le-Hareng
- Baumschulen Roué in Plouigneau
- Promesse de fleurs in Houplines

KONIFEREN UND MEHR

- Atypique Flore in Saint-André-Le-Bouchoux
- Pépinières Botaniques Armoricaines in Saint-Adrien
- Baumschule Pépinière Botanique des Montagnes Noires in Spézet
- Baumschulen Laurains in Viâpres-le-Petit

GRÄSER

- Bambous de Planbuisson au Buisson-de-Cadouin
- Baumschule Pépinières de Créa'Paysage in Ploemeur
- Baumschule Jardin Plume in Auzouville-sur-Ry
- Baumschulen Lumen in Creysse
- Baumschule Le jardin d'herbes in Bazouges-la-Pérouse

DEUTSCHLAND

In den Sortimenten dieser Baumschulen finden sich ebenfalls Gehölze mit schöner Winterrinde und mehr.

- Baumschule Bruns, Bad Zwischenahn
- Baumschule Horstmann, Schenefeld
- Baumschule Wilhelm Ley, Meckenheim
- Baumschule Lorenz von Ehren

GÄRTEN

ZUR ILLUSTRATION DIESES BUCHES

Viele Gärten der nachfolgenden Liste öffnen sich das ganze Jahr hindurch mit individuellen Öffnungszeiten für Besucher. Die Informationen dazu finden sich problemlos im Internet. Die anderen Gärten, die dem breiten Publikum nicht zugänglich sind, werden in der Liste als Privatgarten gekennzeichnet. Manchmal sind sie zu besonderen Anlässen geöffnet, doch man kann sie gewöhnlich nach Voranmeldung besuchen.

FRANKREICH

- Bambouseraie en Cévennes, Générargues
- Bambous en Provence, Eyragues
- Jardin All Zen, Luzillat (Privatgarten, Besichtigung nur nach Vereinbarung)
- Botanischer Garten Jardin Botanique de la Presle, Nanteuil-la-Forêt
- Botanischer Garten der Universität Strassburg, Strasbourg
- Jardins de Bellevue, Beaumont-le-Hareng
- Jardin de La Buissonnière, Taluyers (Privatgarten, Besichtigung nur nach Vereinbarung)
- Jardins de l'École du Breuil, Paris
- Jardins de Séricourt, Séricourt
- Jardin du Bois Marquis, Vernioz
- Jardin des Closeraies, Tauxières-Mutry
- Jardins de Kerdalo, Trédarzec
- Jardin de Valérianes, Bosc-Roger-sur-Buchy
- La Bizerie, Saint-Maurice-en-Cotentin
- La Mare aux Trembles, Épreville-près-le-Neubourg (Privatgarten, Besichtigung nur nach Vereinbarung)
- Lambader, Plouvorn (Privatgarten, Besichtigung nur nach Vereinbarung)
- La Pommeraie, Saint-Nicolas-d'Aliermont (Privatgarten)
- Le Clos du Verbosc, Touffreville-la-Corbeline (Privatgarten, Besichtigung nur nach Vereinbarung)
- Le Perdrier, Sucé-sur-Erdre (Privatgarten, Besichtigung nur nach Vereinbarung)
- Les Bambous du Mandarin, Montauroux
- L'Étang de Launay, Varengeville-sur-Mer (Privatgarten, Besichtigung nur nach Vereinbarung)
- Le Vasterival, Sainte-Marguerite-sur-Mer
- Parc de la Tête d'Or, Lyon
- Pépinières Botaniques de Cambremer, Cambremer
- Pépinière Jean-Pierre Hennebelle, Boubers-sur-Canche
- Pépinières Minier, Beaufort-en-Vallée (Privates Arboretum)

ENGLAND

- Anglesey Abbey, Lode
- Bressingham Gardens, Diss
- Botanischer Garten der Universität Cambridge, Cambridge
- Hergest Croft Gardens, Kington
- Kew Royal Botanic Gardens, Richmond
- Lady Farm Gardens, Chelwood (Privatgarten, Besichtigung nur nach Vereinbarung)
- Marks Hall Gardens & Arboretum, Coggeshall
- RHS-Garten Harlow Carr, Harrogate
- RHS-Garten Hyde Hall, Chelmsford
- RHS-Garten Rosemoor, Torrington
- RHS-Garten Wisley, Woking
- Sir Harold Hillier Gardens, Romsey
- Stone Lane Gardens, Chagford
- The Manor House, Stevington
- The Savill Garden, Englefield Green
- Wakehurst Place, Ardingly
- West Green House Gardens, Hartley Wintney
- Westonbirt Arboretum, Tetbury

SCHOTTLAND

- Botanischer Garten Logan, Port Logan
- Royal Botanic Garden Edinburgh, Edinburgh

ITALIEN

- Botanische Gärten der Villa Taranto, Pallanza

BELGIEN

- Arboretum Kalmthout, Kalmthout
- Arboretum Wespelaar, Wespelaar
- Domaine d'Hemelrijk, Essen (Privatgarten, Besichtigung nur für Gruppen nach Vereinbarung)

VEREINIGTE STAATEN VON AMERIKA

- Arnold Arboretum, Universität Harvard, Boston
- The United States National Arboretum, Washington
- Crater-Lake-Nationalpark (Mount Mazama), Oregon
- Botanische Gärten Denver, Denver
- White River National Forest, Aspen, Colorado
- Western Cascade Mountains, Oregon

DANK

Ein Garten – das ist in erster Linie ein Gärtner. Das Feuerwerk der Farben, das mich Winter für Winter begeistert, würde ohne die Gärtner nicht existieren. Dieses Buch gibt mir die Gelegenheit, sie zu würdigen und ihnen meinerseits schöne und rührende Momente zu bescheren. Wer weiß, vielleicht entdecken sie ja den eigenen Garten durch die Augen eines anderen Pflanzenfreundes neu. Diese faszinierenden und leidenschaftlichen, visionären und kühnen Frauen und Männer haben mir großzügig das Tor zu ihren Paradiesen geöffnet. Dafür danke ich ihnen aus tiefstem Herzen. Dreien möchte ich ein besonderes Wort des Dankes widmen: Christian Peyron, Jean-Louis Dantec und Jérôme Goutier. Sie haben mich inspiriert, mir unter die Arme gegriffen und viel zum Erfolg dieses Buchprojekts beigetragen.

Auch gilt meine dankende Anerkennung den Mitarbeitern von Éditions Ulmer und besonders dem Verlagsleiter Antoine Isambert, der mir immer ein offenes Ohr lieh und meine Entscheidungen und Erwartungen voller Begeisterung und Respekt begleitete. Ohne dieses vertrauensvolle Verhältnis wäre das Buch wohl kaum Wirklichkeit geworden.

Abschließend möchte ich meiner Familie und allen engen Freunden für ihre uneingeschränkte Unterstützung unendlich großen Dank sagen. Das Buch ist für mich eine tiefreichende Würdigung meiner familiären Wurzeln und besonders meiner Eltern. Sie vermittelten mir all jene Werte, die ich durch meinen Blick auf die Dinge und in meinen Bildern auf bescheidene und achtsame Weise nun weitergeben möchte.
Es dauerte neun Jahre, um dieses Buch zu verwirklichen. Ich musste die schönsten winterlichen Gartengestaltungen suchen, entdecken, studieren und zu unterschiedlichen Zeiten unter rauen winterlichen Bedingungen fotografieren – obwohl ich eher an das gemäßigte, wärmere Klima gewöhnt bin. Alle haben mich ermutigt, optimistisch gestimmt und mir die Kraft gegeben, jegliche Schwierigkeiten zu überwinden und dieses letzte Projekt meiner Trilogie über die Rinden der Bäume zum Abschluss zu bringen.
Nun schlage ich ein neues Kapitel auf. Völlig befreit und leichten Herzens kann ich mich jetzt neuen botanischen Themen zuwenden, die ebenso einzigartig und faszinierend sind und Sie als Leser hoffentlich verzaubern werden.

BILDNACHWEIS
Alle Fotografien von Cédric Pollet, www-cedric-pollet.com, mit Ausnahme der nachfolgend gelisteten Aufnahmen:
– Adrian Bloom: Foggy Bottom, Bressingham Gardens, S. 10.
– Patrick Murray: *Eucalyptus coccifera*, S. 143.
– Christian Monnet: *Betula gynoterminalis*, p. 146 und *Eucalyptus subcrenulata*, S. 172.
– Alex Bachelet: *Betula albosinensis* 'Cacao', S. 156.
– Franck Sadrin: *Betula utilis* 'Chris Lane', S. 157.
– Mark Dwyer: *Syringa pekinensis* 'China Snow', S. 168.
– Wayne M. Paquette: *Platycladus orientalis* 'Juniperoides', S. 213.
Titelfoto: Cédric Pollet

MIX
Papier aus verantwortungsvollen Quellen
FSC www.fsc.org FSC® C015829

Bibliografische Information der Deutschen Nationalbibliothek
Die Deutsche Nationalbibliothek verzeichnet diese Publikation in der Deutschen Nationalbibliografie; detaillierte bibliografische Daten sind im Internet über http://dnb.d-nb.de abrufbar.

Die französische Originalausgabe erschien 2016 unter dem Titel *Cédric Pollet, Jardins d'hiver une saison réinventée.*

Wollgrasweg 41, 70599 Stuttgart (Hohenheim)
E-Mail: info@ulmer.de
Internet: www.ulmer-verlag.de
Übersetzung: Sabine Hesemann
Umschlagentwurf: red.sign GbR, Stuttgart
Lektorat: Christine Condé, Dr. Manuela Göhner
Satz: BUCHFLINK Rüdiger Wagner, Nördlingen
Druck und Bindung: Printer Trento S.r.L., Trento-Gardolo
Printed in Italy

ISBN 978-3-8186-0107-2